吉林统计年鉴

STATISTICAL YEARBOOK OF JILIN

1 9 9 7

吉林省统计局　编

（总第11期）

中国统计出版社

(京)新登字 041 号

图书在版编目(CIP)数据

吉林统计年鉴 1997/吉林省统计局编. ————北京:中国统计出版社，1997.8

ISBN7-5037-2480-3

Ⅰ.吉…

Ⅱ.吉…

Ⅲ.统计资料-吉林-1997-年鉴

Ⅳ.C832.34-54

中国版本图书馆 CIP 数据核字(97)第 12562 号

中国统计出版社出版

(北京市西城区三里河月坛南街 75 号 100826)

山东省统计局济宁资料印刷厂印刷

*

787×1092 毫米 16 开本 38 印张 20 彩页 110 万字

1997 年 8 月第 1 版 1997 年 8 月济宁第 1 次印刷

印数:1-2000 册

国内定价:148.00 元

《吉林统计年鉴》编辑委员会

《吉林统计年鉴》编辑部

主　　任：蔡跃玲

副 主 任：卞亚萍

成　　员：（以姓氏笔划为序）

王汝山　牛晓红　周学义

易晓杰　葛晓东

彩图摄影：孔庆峰

统计图绘制：邓亦欣

计算机排版：张世巍

封面设计：林　野

英文翻译：杨会晏

《吉林统计年鉴》编辑委员会

《吉林统计年鉴》编辑部

主　　任：蔡跃玲

副 主 任：卞亚萍

成　　员：（以姓氏笔划为序）

王汝山　　牛晓红　　周学义

易晓杰　　葛晓东

彩图摄影：孔庆峰

统计图绘制：邓亦欣

计算机排版：张世巍

封面设计：林　野

英文翻译：杨会晏

编 者 说 明

一、《吉林统计年鉴—1997》是一部反映吉林省国民经济和社会发展情况的资料性年刊。书中收录了全省和各市(州)、县(市)1996年经济和社会各方面的统计数据,以及新中国成立以来各时期的主要统计数据。

二、全书内容分为19个部分,即:1、行政区划和自然资源;2、综合;3、人口;4、从业人员和职工工资;5、固定资产投资;6、能源、原材料消费;7、财政;8、物价;9、人民生活;10、市政公用事业和市(州)、县(市)概况;11、农业;12、工业;13、交通运输和邮电通讯业;14、建筑业;15、批发零售贸易和餐饮业;16、对外经济贸易和旅游业;17、金融和保险;18、教育、科技和文化事业;19、体育、卫生和其他事业。另有两个附录:东北三省国民经济主要指标和主要统计指标解释。

三、本年鉴大部分资料来自定期统计报表,部分资料来自抽样调查。

四、资料中所使用的度量衡单位均采用国际统一标准计量单位。

五、本年鉴中所使用的价值量指标及构成,除已注明外,均按现价口径计算,发展速度按可比价格计算。

六、本年鉴表中的符号使用说明:“…”表示数据不足本表最小单位数;“空格”表示该项统计指标数据不详或无该项数据;“#”表示其中的主要项。

七、本年鉴出版发行以来,受到社会各界的大力支持,谨致谢意。由于我们编辑水平有限,不足之处在所难免,诚恳期望各界读者提出宝贵意见,以便改进我们的工作。

《吉林统计年鉴》编辑部

1997年7月

目　　录

统 计 资 料

行政区划和自然资源

综　　合

人　　口

从业人员和职工工资

固定资产投资

体育、卫生和其他事业

CONTENTS

Chapter 5 INVESTMENT IN FIXED ASSETS

Chapter 6 ENERGY AND MATERIAL

Chapter 7 PUBLIC FINANCE

Chapter 8 PRICE

Chapter 9 PEOPLE'S LIVELIHOOD

Chapter 11 AGRICULTURE

Chapter 12 INDUSTRY

Chapter 13 TRANSPORTAION,POSTAL AND TELECOMMUNICATIONS SERVICES

Chapter 14 CONSTRUCTION

Chapter 15 WHOLESALE,RETAILSALES AND CATERING TRADE

Chapter 16 FOREIGN ECONOMY TRADE AND INTERNATIONAL TOURISM

吉林社會經濟 行業精英

PROFESSION ESSENCE

吉林省信托投資公司

总经理：方中义

吉林省信托投资公司隶属于吉林省财政厅，是经中国人民银行和国家外汇管理局批准成立的经营人民币、外币委托和信托存款、贷款、投资以及证券、担保等业务的国有非银行金融机构。是世界银行“星火”项目贷款的转贷机构，同时负有管理全省财政投资工作的行政职能。

自1985年3月成立，10多年来，公司共安排了2500多个固定资产投资项目，总投资200亿元，其中公司投放项目贷款和投资62亿元，累计投放流动资金和临时贷款20.8亿元。已建成投产的项目2400多个，累计实现产值350多亿元、利税70多亿元，累计增加财政收入30多亿元。公司累计上交税金1.3亿元，累计实现利润8.1亿元。以1993年资产总额32.8亿元为准，在国务院发展研究中心等11个部委1994年中国500家最大服务业企业评比中，在金融保险业列第39位，中国最大服务业企业信托投资业列第22位。1994年公司被吉林省政府确定为省管11家大公司之一。

公司已初步架起以信托业为主，证券、基金、实业为辅的综合性集团公司的框架。截止1996年底，公司独资、合资兴办各类企业32个，在美国、香港设立分支机构，资产总额达51.7亿元，其中金融资产49.4亿元。公司是上海、深圳两个证券交易所的会员，上交所有14个席位，深交所有2个席位。是吉林省证券有限责任公司和吉林省开发投资基金管理公司（筹）的控股公司。公司拥有一支素质较高的投资贷款管理队伍。正式职工184人，其中有高中级专业技术职称76人，占职工总数的41.3%。同时，还建立了由35位包括两院院士、研究员、教授组成的专家咨询网络，并且聘请了两名常年法律顾问。

近年来，在巩固发展国内金融业务的同时，公司努力开拓国际金融市场，加强与国际金融机构之间的合作。1995年协助吉林电力股份有限公司从荷兰商业银行引进资金6500万美元。1996年末累计完成国际短期商业贷款1250万美元。1997年3月19日又完成一项国际银团贷款签约，从香港、新加坡、日本金融市场引进3000万美元，将用于支持吉林省的百万吨玉米深加工项目建设。

公司重点支持的长春第一汽车集团公司

公司重点支持的吉林化学工业公司

与中国石化总公司合资建设年加工150万吨原油的前郭炼油厂

总经理：方中义
地　址：中国吉林省长春市北安路80号
电　话：(0431)　8968665
邮　编：130061

王国发副省长在公司3000万美元国际银团贷款签字仪式上讲话

公司参与贷款投资与泰国正大集团合资建设的吉林德大有限公司图为年加工屠宰肉鸡5千万只生产线

吉林敖東藥業（集團）股份有限公司

董事長、总经理
全国五·一劳动奖章获得者：李秀林

党委书记、副董事长
吉林省劳动模范：朱 雁

世人健康
敖東的職責

省优、部优、印尼金奖、国家、国际专利奖产品

吉林社會經濟 行業精英

PROFESSION ESSENCE

吉林敖東藥業（集團）股份有限公司

亚洲最大的梅花鹿饲养基地—敖东鹿场

吉林敖东药业（集团）股份有限公司是一个以制药工业、养鹿业为基础产业，集印刷业、商业、服务业、房地产业、养殖业于一体的大型现代化上市企业。先后列入吉林省三大药业集团之一，国家中药管理局重点扶持的50强之一，国家农业部百强利税企业之一，中国500家最大医药工业企业之一。先后荣获吉林省“三好企业，吉林省规模大、效益好、后劲足十佳企业”，吉林省文明单位，国家医药管理局、农业部命名的“思想政治工作先进企业”，中华全国总工会授予的“全国模范职工之家”，全国“五一”劳动奖状等称号。

四十年来，敖东药业集团已初步形成了自己的五大优势：（一）资源优势；（二）科技优势；（三）高成长性优势；（四）资金、商誉和社会形象优势；（五）名牌效应强的优势。经过四十年的努力，固定资产原值11,319万元，净资产10,190万元，总资产24,729万元，总负债14,423万元，资产负债率为58.3%，注册资本为5.800万元。“七五”期间企业经济效益居吉林省农垦企业榜首，累计实现销售收入12,044.9万元，实现利税34202万元。“八五”期间连续三年销售收入超亿元，利税超3000万元。1996年实现总产值2.7亿元，比上年增长15%，实现销售收入26,304万元，比上年增长52%，实现利润4,543万元，比上年增长57%，上缴各种税金3,739万元，比上年增长31%。

敖东人把世人健康，视为自己神圣的职业责任，并把它视为指导公司生存与发展的精神支柱。敖东集团愿把公司的物质产品和精神成果奉给社会。

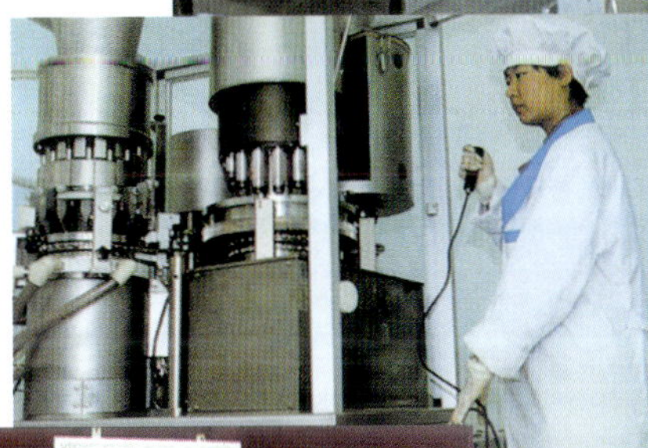

从西德引进的现代化生产设备

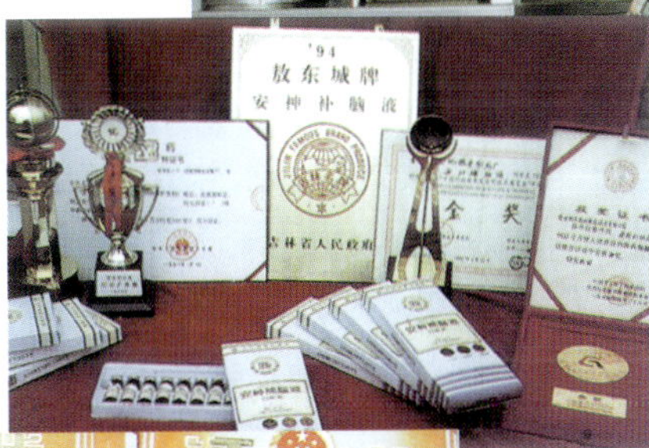

从意大利引进的现代化生产线

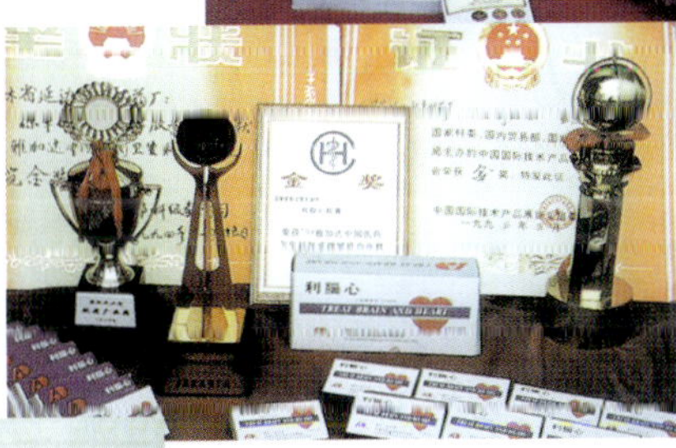

省优、部优、印尼金奖、国家、国际专利奖产品敖东安神补脑液

省优、部优、印尼金奖、国家、国际专利奖产品敖东利脑心

省优、部优、印尼金奖、国家、国际专利奖产品敖东益血生

董事长、总经理：李秀林
党委书记、副董事长：朱 雁
地　址：吉林省敦化市胜利南大街88号
电　话：(0433)　6222692、6222696、6222274、6234890
传　真：(0433)　6222105
邮　编：133700

中國第一汽車集團公司吉林輕型車廠

厂长兼党委书记：王少华

厂门

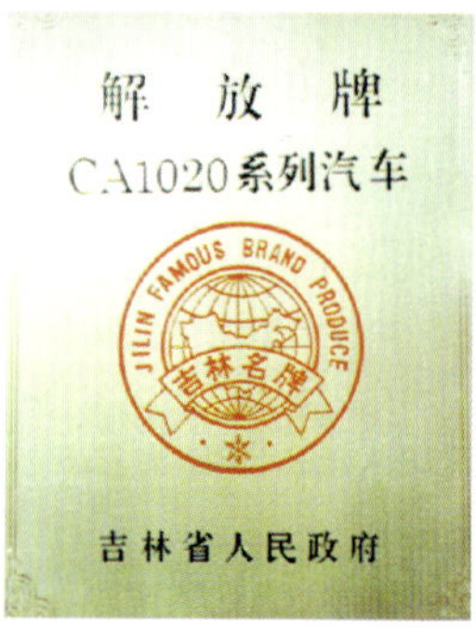

该厂是一汽集团公司直属的利润中心型企业，是专业生产“解放牌”轻型车系列和“吉林牌”微型车系列产品的国有大型企业。

该厂座落于景色秀丽的雾松之乡—吉林市，下设12个专业生产厂、19个业务处室、7个党群部门及职工医院、中小学、技工学校等。截止到1996年底共有职工10629人，专业技术人员1899人。工厂占地82.4万平方米，工业建筑面积24.0万平方米，固定资产原值7.2亿元，净值4.5亿元。

九六年度，工厂果断决策：对内苦练内功，提高产品质量，降低生产成本；对外拼抢市场、增加多样品种、扩大市场份额，使企业各方面均创历史最好水平。全年生产整车3.1万辆，创产值33.8亿元有实现利润1.3亿元。产品不断获得殊荣：CA6440型客车被96年首届中国城市旅游汽车推荐会推荐为“最佳产品”、CA1020系列汽车被吉林省人民政府授予“吉林名牌”称号。96年该厂生产的一吨解放系列汽车获全国同类产品市场占有率第一；性能价格比第一；消费者心目中理想品牌三项第一名，并通过了ISO9000系列标准质量体系认证。

厂长兼党委书记：王少华
地　址：吉林省吉林市吉林大街泰山路12号
传　真：(0432) 4661673
邮　编：132011
电　挂：2151

解放 CA6440豪华面包车

吉林社會經濟 行業精英

PROFESSION ESSENCE

中國第一汽車集團公司專用車廠

该厂是中国第一汽车集团公司的直属专业生产厂，地处长春市东郊长吉公路北线5.5公里处。工厂占地面积32万平方米，现有职工3200余人，具有专业职称的工程技术管理人员400余人。固定资产9000万元，现有各类设备700余台，拥有三条汽车装配线，一条后桥装配线，具有较强的锻造、机加、热处理生产体系以及先进齐全的检测手段。工厂拥有二级设计权，可根据用户的不同需求，开发设计各种改装车和专用车。具有年生产各种改装车、专用车1.5万辆，后桥及车架1.3万辆份，汽车配件60万只，农机齿轮100万只的生产能力。

厂长：杜泽臣

汽车生产形成三大系列共82个车型，中型车系列是国家优质产品，该厂自行研制开发的CA43102五吨自卸车系列在1995年第三届中国科技之星国际博览会上被评为金奖。同时被评为吉林省名牌产品。9吨、16吨平头柴油车、30吨半挂牵引车填补了一汽重型车生产的空白。

汽车零部件的生产形成四大总成系列，即：车架总成、空气管总成、中后桥总成、自卸车操纵阀总成、换向阀总成和齿轮半轴系列。

该厂以质量为根本，全面推行奥迪特评审。具有健全的销售网络，完善的售后服务体系。

该厂全面推行精益生产方式，1991年通过国家一级企业验收，1996年底通过ISO9000系列标准质量体系认证。工厂的宗旨是：造名牌汽车，创一流服务。

中国第一汽车集团公司专用车厂领导班子成员

厂　长：杜泽臣
地　址：吉林省长春市长吉公路北线5公里
电　话：(0431) 49592561-9转2171、2355
邮　编：130102
电　挂：2114

9吨平头长轴柴油载货汽车

15吨平头柴油半挂牵引车底盘

吉林社會經濟 行業精英

PROFESSION ESSENCE

吉林華泰實業集團公司

吉林华泰实业集团公司。位于吉、长两市中间的九台市境内。是省内中一型企业。集团下设两个建筑公司、一个机械化公司、四个商贸公司、三个工厂及一个宾馆。其中：集团公司所属第一、第二糠醛厂年产糠醛 10,000 吨，是全国规模最大的糠醛厂。

省劳动模范、省乡镇企业家、优秀共产党员、集团公司总裁：王恩学

集团公司以建筑业为龙头，融机械化施工、房地产开发、建筑构件制造、汽车运输、化工生产、物资贸易、餐饮娱乐于一体的跨行业集团。

集团公司经济实力雄厚，拥有固定资产 5300 万元，其中施工及生产设备 2800 万元；房屋及厂房 2300 万元；交通运输工具 200 万元。集团公司拥有各类经济技术管理人员 230 人（其中高级职称 8 人），可以承担工业厂房、设备安装、高层及高级建筑施工任务，施工队伍强大，年施工能力 20 万平方米。

“质量第一、信誉至上”是本集团宗旨。几年来，合同履约率 100%，合格率 100%，优良品率 79.3%。

近年来，先后被评为“吉林省先进集体建筑企业”、“省明星企业”、“建筑行业管理排头兵”、“安全生产优胜单位”，吉林省建筑行业 50 强，并进入全国建筑 500 强行列。

集团公司总裁王恩学，多年来先后荣获吉林省劳动模范、吉林省乡镇企业家、长春市首届发展乡镇企业十大功勋、长春市劳动模范、长春市优秀共产党员、长春市优秀科技工作者等荣誉称号。

集团公司将始终不渝地坚持“拼搏、开拓、求誉、务实”的企业精神，不断深化改革，再创辉煌业绩。到本世纪末，实现产值三亿元，利税突破三千万元，固定资产达到八千万元，晋升为建筑一级企业，跻身于国家大型企业之中，集团公司将以极大的热诚，在互惠互利的基础上，愿与海内外各界同仁精诚合作，为发展国内外经济做出贡献。

总　裁：王恩学

地　址：吉林省九台市曙光街 154 号

电　话：(0431) 2323443 2325982

传　真：(0431) 2325982

邮　编：130500

装备水平可满足 20 万平方米施工需要，垂直运输高度可达 120 米的机械化施工设备。

公司下属建筑公司承建的吉林市丰满电厂高层住宅楼

公司所属的第一、第二糠醛厂年产糠醛 10,000 吨，是全国规模最大的糠醛厂

長春市第一面粉廠

朴素大方的工厂正门

法人代表 厂长：尚 朴

该厂是1921年建厂的老字号企业，集粮食购、销、调、存、加工于一体的厂库合一大型粮食骨干企业，现有正式职工1800余人，占地面积6.56万平方米，拥有固定资产5600余万元，年产值可达1.8亿元。

主营业务以小麦加工为主，现有24台具有国内一流的气压磨粉机，年加工小麦能力为15万吨，同时也具有良好的粮食储存条件，年平均储存力达到3.8万吨，年经营量可达20万吨左右，有三条铁路专用线，总长度700米，可同时装（卸）41车。具有较强的接卸和发车能力。

主要产品有特制一等粉、特制二等粉、标准粉、上白粉等。为了适应激烈的市场竞争，适应社会主义市场经济规律的要求，满足消费者不同需求，近年来，我们相继开发了砂子粉，麦心粉，精制饺子粉，面包粉和特白高筋粉等各式小品种，自投放市场以来，深受广大消费者的厚爱和信赖，在追求较好的经济效益的同时，也收到了良好的社会效益，部分产品打入国际市场。

强化企业内部管理，是企业发展的源泉和动力，现在企业有27个部门，有管理人员150余人，有完备的企业规范和各种规章制度，为了适应粮食运行机制的转变，我们也进一步抓了企业内部管理，创造了一个良好的生产经营氛围。

“科学技术是第一生产力”我们深知以科技兴厂是企业发展的必由之路，因此我们特别注重培养科技人员，使他们在企业发展中发挥作用，现在我们共有各类技术人员170余人，有中、高级职称技术人员40余人，形成阶梯合理桔构，这是我们企业发展的中坚力量。

展望未来，困难与希望同在，挑战与机遇并存，我们满怀必胜的信心，要在市场经济大潮中搏风击浪，再创辉煌。

厂　长：尚 朴
地　址：吉林省长春市宽城区铁北二路18号
电　话：(0431) 2938884
邮　编：130052

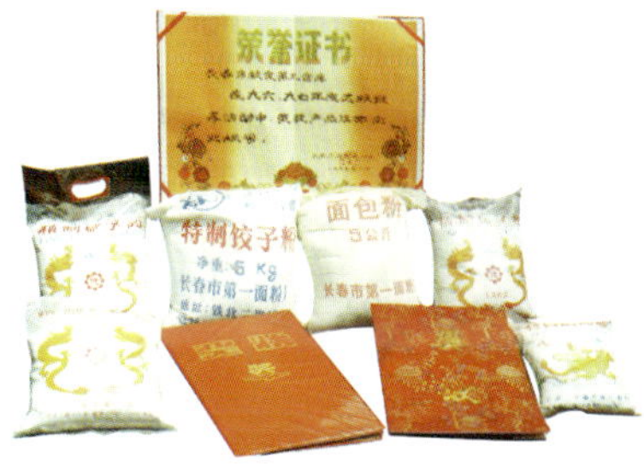

该厂开发的各种小包装产品及获奖证书

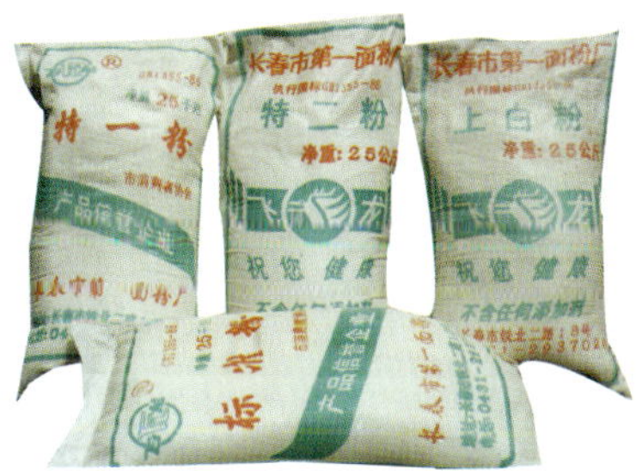

企业主导产品—飞龙牌系列面粉

现代化仓储设施—万吨储粮钢板仓

国内一流的生产设备—气压磨粉机

長春市長華飼料廠

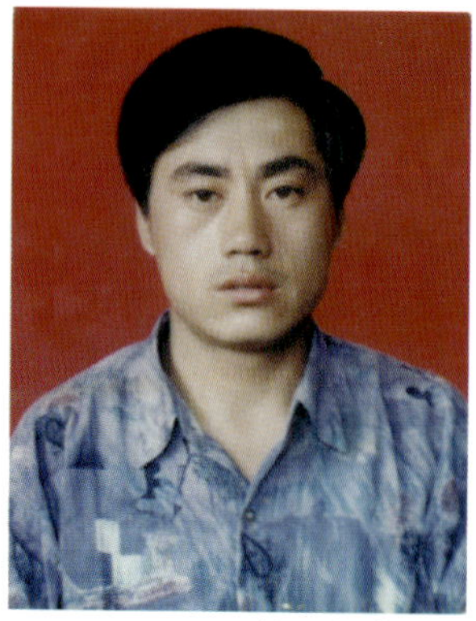

厂长：赵东兵

该厂始建于1991年8月，占地面积4.7万平方米，职工80余人，固定资产1千万元，年生产能力2.1万吨，年人均利税5万元，是吉林省名星企业和吉林省百强乡村企业之一，并被录入《名优精品企业简介》一书，厂长赵东兵是省乡企优秀青年企业家，并被入选《乡企之星》纵书之中。

长华饲料厂地处老虎沟旅游区与柳树水库环抱之中，依山傍水，风光独特。该厂本着：以质量求生存、以信誉求发展、以管理求效益的原则，对产品的产前、产中、产后的各工序进行科学化的严格控制与管理。生产的适用于0-8周龄的雏鸡一号生长料、8-22周龄雏鸡二号生产料与蛋鸡高峰料的产品质量均达国家检验标准。被评为吉林省优秀饲料产品，并被长春市质检所指定为向用户推荐产品。产品畅销全省各地。

该厂全体员工在厂长赵东兵带领下，竭诚欢迎全国各地有识之士前来洽谈业务，我们将以优秀的服务，使您高兴而来，满意而归！

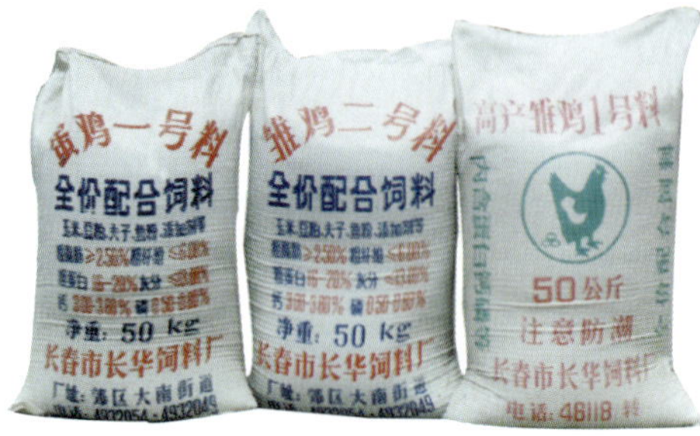

该厂产品

厂　长：赵东兵
地　址：吉林省长春市南关区大南镇
电　话：(0431)4512054　4512049
邮　编：130121

厂门

吉林社會經濟 行業精英

PROFESSION ESSENCE

吉林大橋藥業股份有限公司

该公司于1996年10份正式成立。公司占地面积3.5万平方米，资产总额2224万元，现有员工450人，其中专业技术人员124人，设有五部一室，下设医疗仪器分厂。是一个厂房布局合理、工艺技术先进、设备配套齐全、检测手段完善集治疗、保健、滋补为一体的中型制药企业。

产品以制剂为主，能生产针剂、片剂、胶囊剂、滋补剂、生物制剂等13个剂型，138个品种。其中四个主导产品心脑素胶囊、熊胆清肝口服液、脑心舒口服液、VE胶丸有较强的市场竞争力。产品畅销全国29个省、市，远销世界各国。生产的人参蛤蚧精、脑心舒口服液等23个品种分别获部、省、市优质产品奖和优秀产品奖。公司医疗仪器分厂生产的MR－4型血栓检测仪FM-16型电脑血浆纤维蛋白原测定仪、MPG-3D型多能双通道血液凝聚仪，能准确无误系统的检测出人体的血栓形成原因，目前属国内首创处于领先地位，获国家专利产品，公司年实现产值5000万元，实现利税500万元。多年来被省政府命名为省先进级企业、用户满意企业和产品信誉企业，并创省质量管理奖；被国家统计局列入中国五百家最大医药工业企业之一。

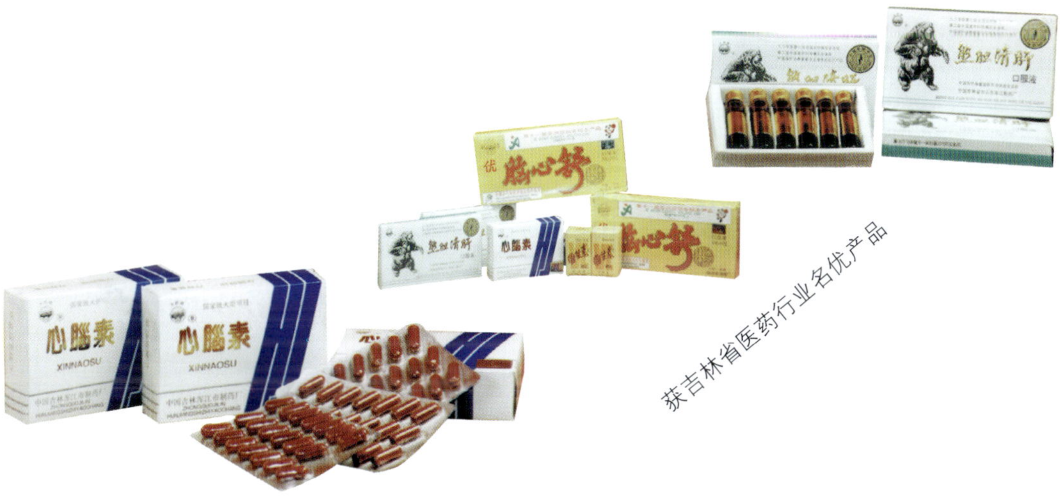

获吉林省医药行业名优产品

总经理：关书璠

地　址：吉林省白山市八道口区民华路1号

电　话：(0439) 3227602　3224105　3237033

邮　编：134300

厂房

厂大门

吉林省舒蘭合成藥廠

厂长：李国顺

该厂是国家卫生部、国家医药管理局定点咖啡因生产厂家，国有中型一档企业，拥有直接进出口权，国家医药管理局 149 户重点企业之一。

从八七年建厂至今，坚持科技为先导，质量为核心，企业效益逐年递增。1996 年在 149 户全国重点医药工业企业中，按销售收入、利润和资金利税率排序，分别排居第 107 位、第 55 位和第 22 位。资产负债率 50%，银行资信是 AAA 企业。被省医药管理局授予“八五”期间省医药系统优秀企业，全国医药系统节能先进企业，全国医药系统质量效益型先进企业。厂长李国顺被评为全国医药系统优秀企业家，细鳞河牌咖啡因被评为“吉林名牌”产品。

忆往昔企业屡创佳绩誉满海内外，看今朝运筹帷幄大展宏伟图。我们拟进一步扩产扩能，靠规模经济占领国内外市场。欢迎各界同仁、海内外朋友与我们投资合作，共创辉煌！

厂　长：李国顺
地　址：吉林省舒兰市人民大路 48 号
电　话：(0432)　8222011
传　真：(0432)　8222113
邮　编：132600

药厂厂区一角

“吉林名牌”产品细鳞河牌咖啡因

吉林鋁業公司

该公司是吉林省第一家集铝冶炼与加工于一身的国有大型企业。自1967年始建以来，公司几经改造，规模由小到大。主要产品由建厂初期的单一的电解原铝，发展到今天可生产铝锭、铝盘条、铝卷板、6063合金棒、16－400平方米各种钢芯铝绞线，以及各种中间铝合金等七种产品，并通过ISO9002质量体系认证。重熔用铝锭为吉林省名牌产品。

该公司是吉林省百强“明星企业 ”、“质量效益型企业”、“三好企业”，1995年为全国大中型工业企业综合评价最优500家，名列389位，全国有色行业“百强企业”排名24，吉林省50户国有大中型企业经济效益综合指数排行第6位。

目前，公司正洽谈合资兴建10万吨电解铝生产线和铝型材、铝轮毂等深加工项目。欢迎国内外厂家、贸易团体前来建立合作、合资关系，共创伟业。

总经理：张允兴

“吉林名牌”产品－重熔用铝锭

总经理：张允兴
地　址：吉林省磐石市阜康街
电　话：(0432)　5222420
传　真：(0432)　5224235
邮　编：132300

公司正门

長春市北聯鋁型材廠

工厂领导正在研究开发新产品

该厂于1993年5月动工建设，1994年5月正式投产，创造了当年建厂、投产的同行业高速度，并在当年获得了国家颁发的生产许可证。北亚铝材投放市场开始，就树立高起点、高标准，实施名牌战略的思想，专门设计出适应北方气侯特点的铝型材产品，并严格执行国家GB5237－93标准，确保产品质量和服务质量。此外，北亚铝材一经投放市场便以其设计合理、壁厚适中、合金度高、表面膜厚征服了广大用户，迅速占领市场。

目前：该厂各项经济指标已跃居全省同行业领先地位。北亚铝材被评为吉林省免检产品和吉林省名牌产品等多种荣誉称号。

如今“北亚铝材，名门气派”已是家喻户晓，深入人心，树立了地方产品的形象。随着市场的扩大，北联铝型材也抓住机遇，不断发展，先后增加设备和建立分厂，提高产量1500吨，现已达到配套年生产力5000吨，产值近亿元的规模，成为吉林省铝材行业龙头企业。

工厂挤压车间的工人正在紧张的工作着

厂　长：戚兆永
地　址：吉林省长春市长吉北线4.5公里处
电　话：(0431) 4592468
邮　编：130102

整洁的工厂正门及办公楼

長春市异型鋼管廠

省乡镇企业家、厂长：金革柱

长春市异型钢管厂于1992年末建成投产，工厂占地面积45,000平方米，建筑面积7,000平方米，固定资产5000万元。工厂现有5个生产车间，分别安装了具有国内流水平的由小到大五条焊管生产线及纵剪机组生产线，可生产各类型圆管，方矩形焊管及其它异型管材，年生产能力可达十万吨以上。

经过短短四年多的发展壮大，长春市异型钢管厂现在已经成为东北最大的高频焊管专业生产厂家之一，96年被农业部确认为国标大二型企业，四年多来，工厂先后多次被市区评为“小型巨人企业”、“明星企业”、“吉林省百强企业”的荣誉称号，厂长金革柱同志被评为省乡镇企业家，市发展乡镇企业百名功臣之一。

工厂技术力量雄厚，设备先进，检测手段齐全，产品畅销全国各地，质量深受广大用户的欢迎和信赖，几年来，为一汽配套生产的各种汽车用排气管一直满足该厂生产及产品质量需要，工厂生产的低压流体输送用焊管，被评为市级新产品。

96年，工厂产值创亿元，利税实现200万元，人均利税达到万元以上。面对“九五”工厂将迈开更大的步伐，谋求更大的发展。“九五”期间，工厂计划再投资8000万元，上连铸连轧板坯生产线，解决管坯供应问题，大幅度降低焊管生产成本，全面完成技术改造。届时，工厂年可生产各类焊管及板坯30万吨，产值6亿元以上。工厂欢迎各届有识之士与我们携手合作，共同为振兴家乡经济，作出巨大贡献！

厂　长：金革柱
地　址：吉林省长春市南岭大街南端
电　话：(0431)　5393595　5393593
邮　编：130022

该厂生产的系列 Φ15－Φ200 方、矩、异型管材产品

Φ90机组

Φ165 II型机组

白城電業局

白城电业局办公楼

局长：程喜清

白城电业局座落在吉林省西北部，是省电力工业局所属的国家大型企业，担负着白城、松原两市全部及黑龙江省泰赉县、内蒙古突泉县、扎来特旗的部分供电任务。

全局现有松原分局和16个基层单位。职工人数为1800人。现有高级职称人数50人，具有中级职称人数176人，具有初级职称人数322人。

全局现有送电线路52条，回长2023.78公里；拥有变电所（塔）24座，主变容量104.035万千伏安；现有配电线路66条，台区850个，配电线路总长1093公里。

全局拥有固定资产（原值）7.9349亿元。拥有动力照明用户19.26万户，1996年售电量达25亿千瓦时。企业综合实力在吉林省工业企业经济指标排行榜中名列第70名。

1996年，被电力部命名为“全国电力系统双文明单位”，东电“思想政治工作先进单位”、“双文明单位”；吉林省纪委、监察厅命名的“全省行风建设先进单位”和吉林省政府命名的“省级三好企业”、“综合治理先进单位”等14项荣誉称号。

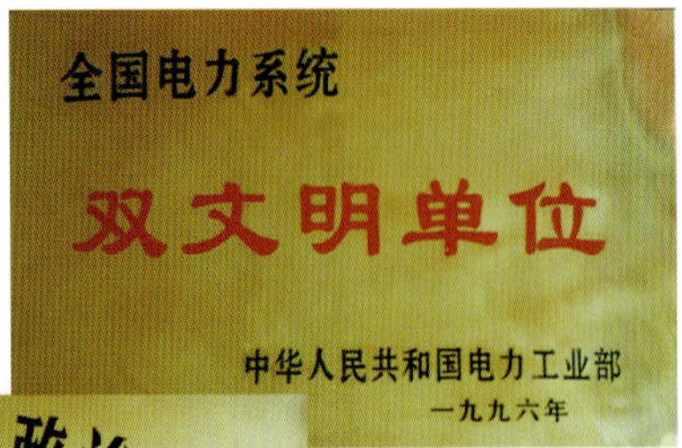

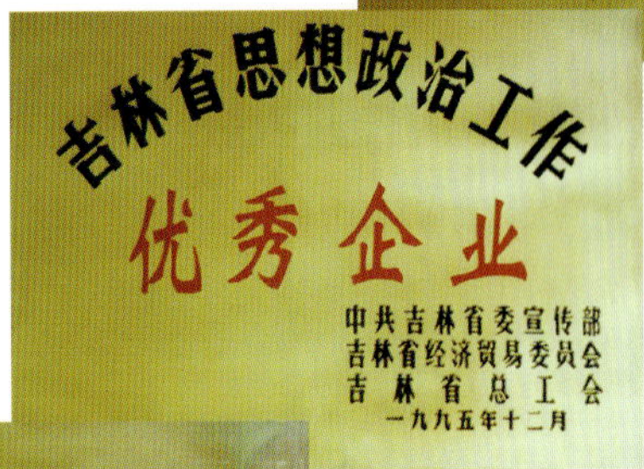

局　长：程喜清
地　址：白城市洮北区长庆北街1号
电　话：(0436) 3220422 3223591 － 4073
传　真：(0436) 3223591 － 4075
邮　编：137000
电　挂：7681

向海渡假村

通化電業局

局长、教授级高级工程师：曹玉龙

通化电业局是隶属吉林省电力工业局的国家大型一类供电企业，主要担负通化地区三市两区两县的供电任务，供电面积15万平方公里。通化电网与白山、丰满、云峰、渭源四大水电厂，浑江、二道江两座火电厂相联，是东北电网的重要组成部分。现有职工3715人，其中主业职工1760人，农电职工735人，集体职工1220人。

主要供电设备有送电线路62条2086.8公里；变电所（塔）32座，主变压器总容量114.25千伏安；配电线路1508公里，配电变压器总容量23.64万千伏安。营业户数17.8万户。固定资产6.84亿元。1996年，售电量达到22.67亿千瓦时，产值达到8.8亿元，销售收入完成8.398亿元，实现利税4.254亿元。

几年来，通化电业局积极进取，顽强拼搏，两个文明建设取得了丰硕成果。曾获得全国五一劳动奖状，全国安全生产先进单位，全国模范职工之家，全国电力系统抗洪抢险先进集体，电力部首批“双文明”单位，东北电网首批“双文明”单位、网一流供电企业和有突出贡献单位等数十项荣誉称号。

局　长：曹玉龙
地　址：吉林省通化市新华大街43号
电　话：(0435) 3242688
传　真：(0435) 3213480
邮　编：134001
电　挂：7193

通化电业调度通讯大楼

吉林省吉雙實業集團

吉林省吉双实业集团前身是吉林省吉双建筑材料股份公司，是省建筑材料骨干企业之一，国家农业部确认为国标中一型企业。

集团下属9个有限责任公司，它是集团核心企业，是吉林规模最大、产量最高、质量最优的石棉水泥瓦生产企业。塑钢门窗有限责任公司、建筑材料有限责任公司、运输有限责任公司、包装材料有限责任公司、工贸有限责任公司、水暖器材有限责任公司、鹿业有限责任公司、大安石棉水泥瓦厂。拥有职工1020人，固定资产达7560万元，集团占地102万平方米，建筑面积3.9万平方米，技术力量雄厚、设备精良、工艺先进，展示着广阔的发展前景。

1996年集团实现总产值1.46亿元，利税1267万元，先后被市政府和省政府命名为先进企业、最佳企业、明星企业、省规模大、效益好企业，农业部表彰的全国500家企业之一。

集团主要产品：吉双牌石棉水泥、小波瓦先后被评为市优、省优、部优产品，1995年被农业部命名为“中国乡镇企业名牌产品”，1996年被省政府命名为“吉林名牌”，被中国保护消费者基金会评为消费者信得过名牌产品，1997年被省技术监督局确认为免检产品；“吉双”牌塑钢门窗被吉林省乡镇企业局命名为“吉林乡企名牌产品”、被吉林消费者协会评为用户满意产品；“吉双”牌塑料编织袋被省乡企局命名为“吉林乡企名牌产品”。

集团产品覆盖东北三省、河北省和内蒙古自治区的16个地市、69个县(市)、329个经销单位，形成了幅员辽阔的销售网络。

吉双实业集团以质量求生存、向管理要效益、坚持用户至上、信誉第一的宗旨。全国乡镇企业家、省优秀企业家、集团总裁薄贵先生欢迎各界朋友光临指导。

董事长兼总经理：薄 贵

正在养生的彩色石棉瓦

集团领导班子

吉林省吉雙實業集團

纺织袋生产线

塑料钢门窗公司一角

集团鹿场饲养的梅花鹿

建材公司一角

荣誉证书

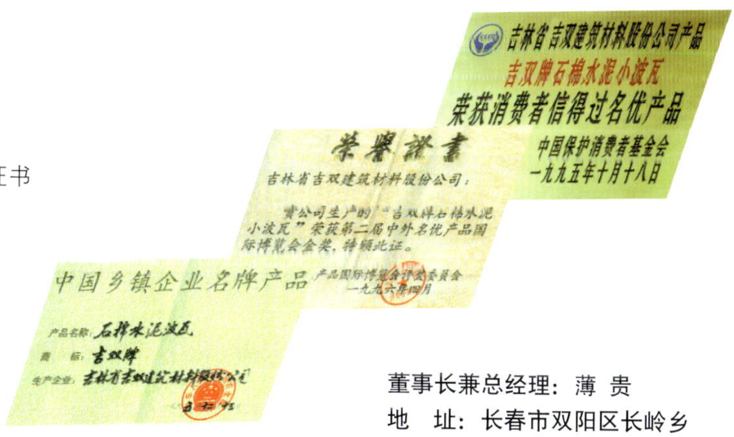

董事长兼总经理：薄 贵

地 址：长春市双阳区长岭乡

电 话：(0431) 4371357

邮 编 130615

長春市新月工貿公司

新月工业小区管委会主任：孙 贵

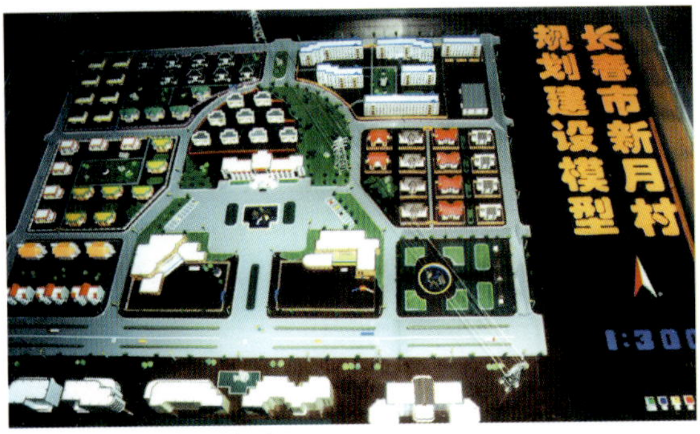

新月村规划建设模型

该公司隶属于市宽城区奋进乡新月村。位于市区西北部，总面积1.5平方公里，地理位置优越，交通方便。现有汽车修理、粮食加工、食品饮料、房地产开发、铁路运输、医疗保健事业等乡镇企业16家。1996年社会总产值2.5亿元，利税2400万元，人均收入4000元，先后被国家农业部和省政府批准为全国乡镇企业东西合作示范区，省级工业小区。

在新月村党总支书记兼公司总经理孙贵的带领下，新月村首批步入长春市亿元村行列。孙贵先后被授予全国、省、市农业劳动模范，省、市 、乡镇优秀企业家等光荣称号。

到本世纪末，全村将实现“三个一”工程，即实现社会总产值10亿元，利税1个亿元，人均收入1万元，成为具有中国特色的社会主义新农村。

新月预制构件厂生产的各种规格预制板

村书记兼总经理：孙 贵
地　址：吉林省长春市新月路1号
电　话：(0431) 7922989
邮　编：130052

新月村工业小区管委会办公楼

吉林省西洋參集團公司

该公司是以中国·加拿大合作靖诚西洋参有限公司为骨干的企业集团。集团现设七个栽培分场、一个种籽催芽厂、靖宇华洋药业公司、靖宇西洋参药业公司。并在上海、北京、广州、武汉、郑州、长春等地设立经销分公司和办事处。现发展西洋参绿色面积55万平方米。年产西洋参干品30吨，现有资产1.09亿元，是国家中型企业。该公司以科技为先导，努力开发西洋参系列产品，已形成五大系列二十多个品种，其中洋参利脑神、活性西洋参胶囊等产品填补国内空白。1996年被省政府评为“吉林省名牌产品”。东方健茶、天然西洋参茶分别荣获中国星火计划国际研讨会暨星火技术和产品展示会金奖 中国科技之星国际博览会金奖。这些产品投放市场后，深受广大消费者青睐。

几年来，集团公司以市场为导向，加强科研与生产的结合，《西洋参大面积优质高产综合技术的研究》和《西洋参系列产品开发及副产物利用的研究》两项课题获省科技进步二等奖。1996年企业实现产值2203万元，利税239万元。企业朝着良性循环方向发展，已形成了农、工、科、贸为一体的集团企业。

为进一步发挥产业优势，使公司走产业化、规模化、集团化的路子，公司将不断开发高科技、高附加值的新产品，加大基础产业规模，力争98年实现产值亿元，利税千万元，成为全省医药支柱产业；到2000年成为全国一定知名度的企业集团。公司将以诚挚的信誉，欢迎国内外各界朋友前来合作，洽谈贸易，共同开创美好未来。

总经理：王 刚

获金奖产品－－天然西洋参

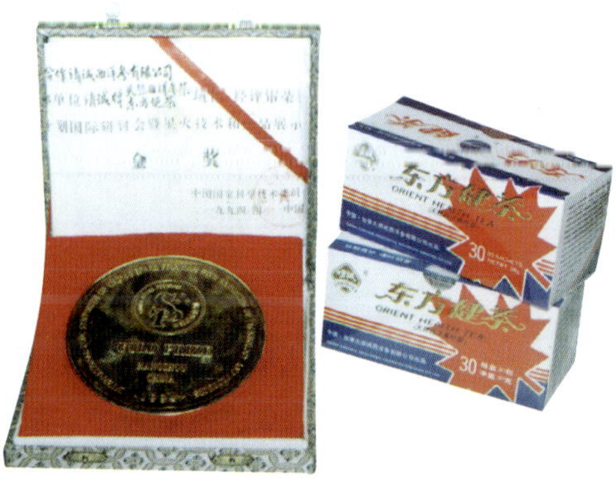

获金奖产品－－东方健茶

总经理：王 刚
地　址：吉林省靖宇县将军路248号
电　话：(0439) 7229398 7229399
传　真：(0439) 7224502
邮　编：135200

吉林大黑山鉬礦

矿长兼党委书记：李永珊

吉林大黑山钼矿位于吉林省永吉县西阳镇，北距吉林市60公里，永吉县城30公里。矿区西侧2公里处有沈吉铁路和沈吉公路通过，交通便利。

吉林大黑山钼矿床是1954年由地质部沈阳地质局－－四大队勘探发现的具有世界规模的特大型钼矿床，资源丰富，储量可靠，钼矿石储量16.5亿吨，钼金属量109万吨，并同时伴生有硫、铜、金、镓、铼等多种有用元素。

吉林大黑山钼矿始建于1985年，1987年7月1日投产。目前，企业生产规模已发展到日采、选2000吨的生产能力。

47%品位的钼精矿

矿山为露天采矿，汽车运输；选矿采用国内先进工艺，企业下设采、选两大主要生产车间，五个辅助生产车间，二个社会服务型单位和十七个职能科室。矿山现有职工1300人，固定资产总额一亿元，近年来，企业效益较好，是吉林省的重要地方有色金属企业。

矿山主要产品为钼精矿，硫精矿和铜精矿。由于产品的品位高、含杂低、质量好，倍受用户欢迎。

吉林大黑山钼矿不仅资源丰富，交通便利，且电力供应方便，水利资源充足，建矿条件十分优越。我们竭诚欢迎国内外客商在扩大矿山生产规模和钼制品深加工方面采取任何形式进行合作。

吉林大黑山钼矿露天采场全貌

吉林大黑山钼矿选矿厂

矿长兼党委书记：李永珊
地　址：吉林省永吉县双河镇
电　话：(0432) 4218461
邮　编：132202

统 计 资 料

統計資料 1

行政区划和自然资源

ADMINISSTRIVE DIVISION AND NATURAL RESOURCES

1—1 行　政　区　划

（1996年末）　　单位：个

市、地、州	市				县	
	合计	地级市	县级市		个数	名称
			个数	名称		
全　省	**28**	**8**	**20**		**21**	
长春市	4	1	3	九台市、榆树市、德惠市	1	农安县
吉林市	5	1	4	蛟河市、桦甸市、舒兰市、磐石市	1	永吉县
四平市	3	1	2	公主岭市、双辽市	2	梨树县、伊通满族自治县
辽源市	1	1			2	东丰县、东辽县
通化市	3	1	2	梅河口市、集安市	3	通化县、辉南县、柳河县
白山市	2	1	1	临江市	4	抚松县、靖宇县、江源县、长白朝鲜族自治县
松原市	1	1			4	长岭县、乾安县、扶余县、前郭尔罗斯蒙古族自治县
白城市	3	1	2	洮南市、大安市	2	镇赉县、通榆县
延边朝鲜族自治州	6		6	延吉市、图们市、敦化市、龙井市、珲春市、和龙市	2	汪清县、安图县

1—1 续表　　（1996年末）　　单位：个

市、地、州	市辖区		城市街道办事处	乡政府	镇政府
	个数	名称			
全　省	**19**		**255**	**468**	**444**
长春市	6	南关区、宽城区、朝阳区、二道区、绿园区、双阳区	67	74	71
吉林市	4	昌邑区、龙潭区、船营区、丰满区	66	58	57
四平市	2	铁西区、铁东区	22	54	55
辽源市	2	龙山区、西安区	14	20	25
通化市	2	东昌区、二道江区	18	49	66
白山市	1	八道江区	9	26	44
松原市	1	宁江区	10	69	37
白城市	1	洮北区	20	67	35
延边朝鲜族自治州			29	51	54

1—2 自然状况和资源

(1996年)

项目	单位	实际数	项目	单位	实际数
一、土地			三、草原		
土地面积	万平方公里	18.74	草原面积	万公顷	295.90
各类土地所占比重			#可利用草原	万公顷	137.7
1. 山地	%	36.0	四、水文、水利		
2. 丘陵	%	5.8	1.河川年径流总量	亿立方米	322.5
3. 平原	%	30.0	#第二松花江	亿立方米	158.32
4. 台地及其他	%	28.2	图们江	亿立方米	37.99
各类用地所占比重			鸭绿江(干流)	亿立方米	37.70
1. 农业用地	%	21.1	浑江	亿立方米	38.45
2. 林业用地	%	48.6	牡丹江	亿立方米	29.84
3. 牧业用地	%	8.1	拉林河	亿立方米	6.05
4. 渔业用地	%	3.4	2.淡水总面积	万公顷	64.0
5. 其他用地	%	18.8	#江河	万公顷	37.3
二、森林			#可养殖面积	万公顷	26.7
有林地面积	万公顷	788.2	#已养殖面积	万公顷	22.4
#用材林	万公顷	638.1	3.水力资源蕴藏量	万千瓦	500.00
经济林	万公顷	12.3	五、矿产资源		
防护林	万公顷	104.2	煤保有储量	亿吨	21.60
特用林	万公顷	29.6	铁矿石保有储量	亿吨	4.59
薪炭林	万公顷	3.0	硅藻土保有储量	亿吨	2.11
疏林地面积	万公顷	14.9	石灰岩保有储量	亿吨	16.22
森林覆盖率	%	42.1	硅灰石保有储量	万吨	5 338.0
森林蓄积量	亿立方米	8.18	油页岩保有储量	亿吨	174.49

統計資料 2

综　合

GENERAL SURVEY

2 综　合

1996年国内生产总值(当年价)	1 337.16亿元
第一产业	376.01亿元
第二产业	543.17亿元
第三产业	417.98亿元
1996年总投资	612.77亿元
1996年总消费	811.44亿元
居民消费	684.50亿元
社会消费	126.94亿元
1996年总产出(当年价格)	3 475.58亿元

国内生产总值构成(%)

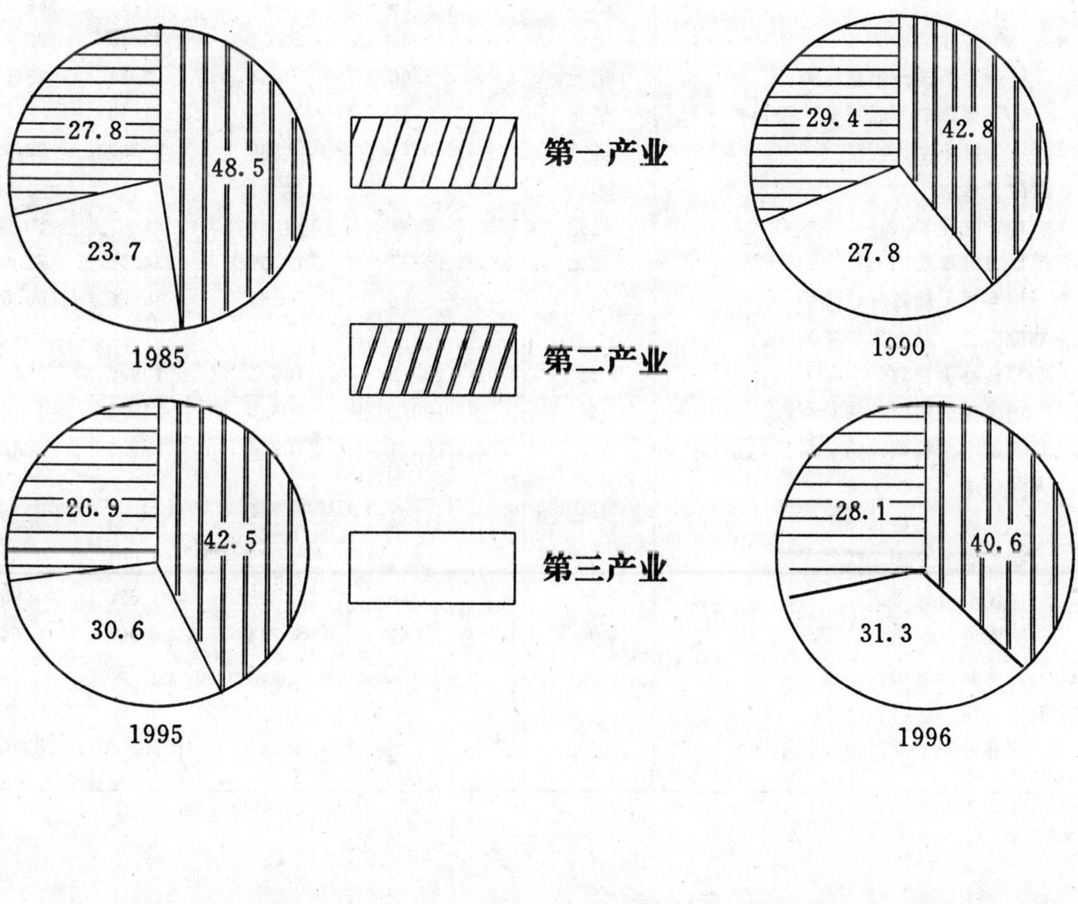

2—1 国民经济

项　　目	单位	1978年	1980年	1985年	1990年
一、综　　合					
年末总人口	万人	2 149.33	2 210.65	2 298.01	2 440.17
全部从业人员	万人	645.38	715.30	930.20	1 169.41
职工人数	万人	324.92	373.88	449.51	517.31
# 国有经济单位	万人	250.02	270.50	304.43	361.98
集体经济单位	万人	74.90	103.38	144.91	154.44
农村劳动者	万人	320.46	338.05	450.01	614.43
城镇个体劳动者	万人		3.37	21.37	29.50
其他劳动者	万人			9.31	8.17
国内生产总值（当年价）	亿元	81.98	98.59	200.44	425.28
二、固定资产投资					
全社会固定资产投资	亿元	18.16	20.88	62.15	93.51
生产性	亿元	14.96	14.04	37.04	60.50
非生产性	亿元	3.20	6.84	25.11	33.01
# 住宅	亿元	1.98	4.91	17.23	24.13
# 基本建设投资	亿元	13.54	14.01	22.40	29.12
更新改造措施投资	亿元	2.06	3.64	12.14	22.57
集体单位固定资产投资	亿元	1.85	1.96	4.40	2.82
城乡个人投资	亿元	0.71	1.28	20.37	23.75
三、财政、金融					
地方财政收入	亿元	16.41	14.39	21.67	50.68
地方财政支出	亿元	16.35	17.32	34.50	71.67
城乡居民储蓄存款余额	亿元	5.86	10.64	43.96	196.59
四、物价指数（以上年价格为100）					
零售物价指数	%	100.2	106.3	109.7	103.9
居民生活费用价格总指数	%	100.1	105.6	110.3	104.9
农副产品收购价格总指数	%	104.1	109.4	106.0	104.5
五、人民生活					
全部职工工资总额	亿元	21.44	27.57	47.44	95.20
全部职工平均工资	元	651	763	1 081	1 888
居民消费水平	元	246	305	522	955
农　　民	元	165	214	384	649
非农业居民	元	427	491	765	1 427
六、农　　业					
农林牧渔业总产值（当年价）	亿元	37.78	47.47	85.89	189.09

主 要 指 标

1991年	1992年	1993年	1994年	1995年	1996年
2 459.69	2 474.01	2 496.08	2 515.61	2 550.87	2 579.14
1 194.69	1 235.02	1 237.67	1 250.24	1 270.77	1 257.14
533.44	541.53	542.99	530.13	520.38	513.31
371.80	379.27	379.86	384.60	386.65	385.81
160.03	157.83	152.44	130.19	115.71	107.97
620.94	646.63	638.82	643.56	647.99	629.05
31.52	38.51	46.68	67.70	94.12	108.00
8.79	8.35	9.18	8.85	8.28	6.78
463.47	558.06	717.95	936.78	1 129.20	1 337.16
113.97	151.08	253.59	302.47	341.85	394.57
75.63	95.55	160.72	193.01	218.98	265.06
38.34	55.53	92.87	109.46	122.87	129.51
27.56	36.85	74.02	49.76	84.23	80.88
40.46	62.08	106.83	137.21	167.05	204.04
25.40	34.01	45.12	54.38	54.13	62.43
5.98	12.17	23.36	25.69	21.21	24.62
22.36	17.24	22.56	27.28	40.86	48.12
62.46	56.99	79.82	51.27	63.28	76.40
79.12	80.02	103.11	104.59	120.90	145.53
253.28	315.42	389.44	535.55	726.28	955.48
105.1	107.1	111.3	119.9	114.2	105.1
106.8	108.0	112.6	120.6	115.2	107.2
89.5	99.6	118.4	132.8	126.6	105.1
106.33	122.06	142.36	188.79	221.00	263.70
2 045	2 308	2 701	3 666	4 430	5 370
1 037	1 233	1 458	1 872	2 292	2 643
678	749	850	1 062	1 291	1 488
1 585	1 958	2 341	2 995	3 665	4 180
188.38	204.39	243.95	405.48	490.28	595.83

2—1 续表 1

项　　目	单位	1978年	1980年	1985年	1990年
主要农产品产量					
粮　食	万吨	914.70	859.60	1 225.26	2 046.52
油　料	万吨	12.29	26.60	48.36	46.74
甜　菜	万吨	45.13	117.67	87.69	116.40
园　参	吨	1 571	2 220	5 167	19 185
水　果	万吨	5.65	4.45	6.59	13.33
猪牛羊肉	万吨	15.64	24.57	29.93	43.38
水产品	万吨	1.03	0.84	2.96	7.09
乡镇企业总产值（当年价）	亿元	7.11	9.09	24.21	152.54
七、工　业					
工业总产值（当年价）	亿元	112.87	134.67	256.75	552.36
轻工业产值	亿元	44.75	53.97	97.48	231.33
重工业产值	亿元	68.12	80.70	159.27	321.03
主要工业产品产量					
布	亿米	1.23	1.66	1.69	1.97
化学纤维	万吨	0.92	1.18	2.02	3.03
机制纸及纸板	万吨	34.00	36.50	48.89	57.02
糖	万吨	4.88	7.09	7.15	5.84
手　表	万只	25.10	31.00	156.00	135.32
家用电冰箱	台		96	23	107 159
电视机	万台	0.21	2.52	24.15	28.71
#彩　电	万台			3.22	11.90
家用洗衣机	万台		0.70	33.55	29.03
原　煤	万吨	2 060.00	1 807.10	2 311.80	2 610.25
原　油	万吨	185.10	176.40	213.02	356.70
发电量	亿千瓦小时	93.24	111.83	133.76	174.46
钢	万吨	20.10	24.30	37.86	74.60
成品钢材	万吨	23.60	30.65	43.34	61.97
汽　车	万辆	5.90	6.72	9.77	7.33
农用化肥	万吨	26.78	29.02	25.50	30.15
木　材	万立方米	581.60	642.50	635.04	598.04
水　泥	万吨	138.30	179.40	295.57	374.54
国有独立核算工业企业主要财务指标					
年底固定资产原值	亿元	119.85	135.32	220.14	417.61
年底固定资产净值平均余额	亿元	77.90	86.02	148.22	292.57

1991年	1992年	1993年	1994年	1995年	1996年
1 898.87	1 840.30	1 900.90	2 015.70	1 992.40	2 326.60
43.54	35.82	28.62	28.68	25.55	21.70
109.56	91.81	97.19	97.56	83.64	70.21
19 765	19 649	20 680	17 195	13 521	14 087
13.06	14.57	18.10	18.67	27.97	31.06
46.78	50.12	57.94	74.77	96.66	130.85
7.86	8.49	9.79	10.50	11.06	12.08
161.26	211.07	331.30	497.72	641.88	854.52
614.38	767.81	1 033.25	1 210.88	1 434.16	1 537.70
244.84	272.66	317.64	367.60	472.08	486.69
369.54	495.15	715.61	843.28	962.08	1 051.01
1.93	1.88	1.56	1.44	1.35	1.34
3.17	3.37	3.52	5.49	6.04	5.40
60.30	61.21	53.75	55.63	59.44	57.91
9.24	10.49	10.93	2.98	6.14	6.95
120.75	113.80	116.36	116.30	123.16	66.28
132 300	140 138	172 500	171 609	72 753	50 905
21.43	18.88	10.66	10.28	5.87	3.08
11.21	13.09	6.10	8.86	5.37	3.08
28.71	28.80	28.43	20.26	2.61	1.98
2 558.75	2 503.51	2 423.93	2 474.82	2 644.31	2 599.64
342.30	344.06	338.43	332.46	342.73	373.60
199.80	204.04	244.93	259.97	284.60	293.98
83.64	104.03	117.50	105.73	115.93	119.11
67.45	86.69	93.48	87.56	88.21	101.57
9.23	14.51	17.70	18.90	18.92	23.22
20.06	30.06	27.93	31.09	31.38	33.33
563.15	515.28	537.57	564.44	543.29	590.67
473.16	572.04	639.57	639.96	678.46	608.46
489.48	556.41	716.45	842.79	1 062.21	1 245.59
346.27	395.98	501.26	516.49	753.13	781.98

2—1 续表 2

项　　目	单 位	1978年	1980年	1985年	1990年
利税总额	亿元	16.66	19.54	33.81	37.65
八、运输、邮电					
货物周转量	亿吨公里	257.82	245.58	343.16	434.71
旅客周转量	亿人公里	78.02	84.29	134.64	147.87
货运量	亿吨	1.07	0.92	1.17	2.31
客运量	亿人	1.19	1.32	1.72	1.87
邮电业务总量	万元	3 853	4 055	8 886	41 556
函　件	万件	7 478	8 333	12 114	15 805
报刊期发数	万份	393	512	952	384
九、能源生产					
能源生产总量	万吨	1 635.60	1 530.30	1 947.20	2 572.30
十、国内商业					
社会消费品零售总额	亿元	38.56	52.83	112.00	198.95
城乡集市贸易成交额	亿元	1.65	2.90	13.65	49.71
十一、外　贸					
进出口总额	万美元	3 704	11 108	55 072	95 272
出口额	万美元	2 357	6 625	42 712	75 172
进口额	万美元	1 347	4 483	12 360	20 100
十二、科学、教育、文化					
国有单位自然科技人员	万人	14.19	14.53	25.41	33.98
在校学生数					
高等学校	人	29 901	38 006	59 481	72 806
中等专业学校	人	31 517	42 421	55 888	65 179
普通中学	万人	205.95	183.14	138.70	119.57
农业职业中学	万人		1.90	14.18	14.32
小　学	万人	342.97	355.29	299.81	276.12
报纸出版	亿份	2.90	1.30	4.50	3.01
杂志出版	亿册	0.10	0.29	0.73	0.44
图书出版	亿册	1.00	1.09	2.01	1.39
十三、卫　生					
医疗卫生机构	个	3 889	4 274	4 568	4 407
卫生技术人员数	万人	7.36	8.57	10.54	12.00
# 医生	万人	3.03	3.45	3.98	5.03
医疗床位数	张	62 714	67 121	78 802	92 133
# 医院床位数	张	58 051	60 682	70 750	83 241

1991年	1992年	1993年	1994年	1995年	1996年
36.05	46.52	66.59	71.18	55.87	44.12
450.28	467.76	479.80	495.64	497.31	501.88
155.11	172.21	171.71	178.09	177.11	168.21
2.36	2.41	2.35	2.63	2.67	2.76
1.93	2.01	1.87	2.07	2.14	2.06
51 394	70 063	106 797	155 114	212 153	290 041
13 151	12 369	13 831	15 416	15 333	14 045
378	628	1 944	595	472	302
2 593.29	2 259.40	2 248.67	2 311.08	2 512.90	2 452.00
223.69	261.47	325.47	396.69	481.54	555.57
62.19	76.10	108.60	144.80	251.46	358.02
134 933	192 278	298 100	361 209	271 474	283 725
102 707	130 678	161 649	202 247	141 932	150 440
32 226	61 600	136 451	158 962	129 542	133 285
38.98	39.44	38.69	40.13	40.67	32.52
72 536	75 686	86 261	95 242	100 785	105 026
68 662	74 115	86 001	96 720	113 969	132 985
124.02	129.80	129.46	126.64	128.74	128.71
14.43	15.16	14.90	15.15	15.04	14.81
267.24	259.95	257.35	264.19	269.03	274.91
3.13	4.30	4.70	6.21	4.79	3.97
0.48	0.55	0.60	0.55	0.52	0.56
1.38	1.40	1.10	1.36	1.16	1.53
4 369	4 189	4 006	3 920	3 891	3 720
12.43	12.77	12.91	13.23	13.42	13.42
5.13	5.15	5.26	5.39	5.61	5.56
92 741	94 856	96 516	94 723	96 645	94 942
83 826	85 570	87 035	85 764	87 768	87 485

2—2 国民经济主要指标发展速度

项目	1996年为下列各年(%)					年平均增长(%)	
	1978	1980	1985	1990	1995	1979—1996	1991—1996
一、综　合							
年末总人口	120.0	116.7	112.2	105.7	101.1	1.0	0.9
全部从业人员	194.8	175.8	135.2	107.5	98.9	3.8	1.2
职工人数	158.0	137.3	114.2	99.2	98.6	2.6	-0.1
# 国有经济单位	154.3	142.6	126.7	106.6	99.8	2.4	1.1
集体经济单位	144.2	104.4	74.5	69.9	93.3	2.1	-5.8
农村劳动者	196.3	186.1	139.8	102.4	97.1	3.8	0.4
城镇个体劳动者		3 210.7	506.3	366.8	115.0		24.2
其他劳动者			72.7	82.9	81.8		-3.1
国内生产总值	533.1	474.3	284.8	191.0	113.7	9.7	11.4
二、固定资产投资							
全社会固定资产投资	2 172.7	1 889.7	634.9	422.0	115.4	18.7	27.1
生产性	1 771.8	1 887.9	715.6	438.1	121.0	17.3	27.9
非生产性	4 047.2	1 893.4	515.8	392.3	105.4	22.8	25.6
# 住宅	4 084.8	1 647.3	469.4	335.2	96.0	22.9	22.3
# 基本建设投资	1 506.9	1 456.4	910.9	700.7	122.1	16.3	38.3
更新改造投资	3 030.6	1 715.1	514.3	276.6	115.3	20.9	18.5
集体单位固定资产投资	1 330.8	1 256.1	559.5	873.0	116.1	15.5	43.5
城乡个人投资	6 777.5	3 759.4	236.2	202.6	117.8	26.4	12.5
三、金　融							
城乡居民储蓄存款余额	163倍	8 980.1	2 173.5	486.0	131.6	32.7	30.1
四、人民生活							
全部职工工资总额	1 230.0	956.5	555.8	277.0	119.3	15.0	18.5
全部职工平均工资	824.9	703.8	496.8	284.4	121.2	12.4	19.0
居民消费水平	292.4	252.7	173.9	160.6	115.3	6.1	8.2
农　民	255.1	216.9	139.0	140.2	115.2	5.3	5.8
非农业居民	263.7	238.5	185.4	164.8	114.1	5.5	8.7
五、农　业							
农林牧渔业总产值	329.7	327.8	220.5	156.7	119.1	6.9	7.8
主要农产品产量							
粮　食	254.4	270.7	189.9	113.7	116.8	5.3	2.2
油　料	176.6	81.6	44.9	46.4	84.9	3.2	-12.0
甜　菜	155.6	59.7	80.1	60.3	83.9	2.5	-8.1
园　参	896.7	634.5	272.6	73.4	104.2	13.0	-5.0

2-2 续表 1

项　　目	1996年为下列各年(%)					年平均增长(%)	
	1978	1980	1985	1990	1995	1979—1996	1991—1996
水　果	549.7	698.0	471.3	233.0	111.0	9.9	15.1
猪牛羊肉	836.6	532.6	437.2	301.6	135.4	12.5	20.2
水产品	1 172.8	1 438.1	408.1	170.4	109.2	14.7	9.3
乡镇企业总产值	103倍	7 258.0	1 932.8	558.7	131.1	29.4	33.2
六、工　业							
工业总产值	657.7	573.8	343.6	211.8	123.5	11.0	13.3
轻工业产值	587.1	511.2	297.6	167.5	119.9	10.3	9.0
重工业产值	697.2	609.4	371.9	245.3	125.5	11.4	16.1
主要工业产品产量							
布	108.9	80.7	79.3	68.0	100.8	0.5	-6.2
化学纤维	587.0	457.6	267.3	178.2	89.4	10.4	10.1
机制纸及纸板	170.3	158.7	118.4	101.6	97.4	3.0	0.3
糖	142.4	98.0	97.2	119.0	113.2	2.0	2.9
手　表	264.1	213.8	42.5	49.0	54.1	5.5	-11.2
家用电冰箱		530倍	2 213倍	47.5	70.0		-11.7
电视机	1 466.7	122.2	12.8	10.7	52.5	16.1	-31.1
#彩　电			95.7	25.9	57.4		-20.2
家用洗衣机		282.9	5.9	6.8	75.9		-36.1
原　煤	126.2	143.9	112.5	99.6	98.3	1.3	-0.1
原　油	201.8	211.8	175.4	104.7	109.0	4.0	0.8
发电量	315.3	262.9	219.8	168.5	103.3	6.6	9.1
钢	592.6	490.2	314.6	159.7	102.7	10.4	8.1
成品钢材	430.4	331.4	234.4	163.9	115.1	8.4	8.6
汽　车	393.6	345.5	237.7	316.8	122.7	7.9	21.2
农用化肥	124.5	114.9	130.7	110.5	106.2	1.2	1.7
木　材	101.6	91.9	93.0	98.8	108.7	0.1	-0.2
水　泥	440.0	339.2	205.9	162.5	89.7	8.6	8.4
国有独立核算工业企业主要财务指标							
年底固定资产原值	1 039.3	920.5	565.8	298.3	117.3	13.9	20.0
年底固定资产净值平均余额	1 003.8	909.1	527.6	267.3	103.8	13.7	17.8
利税总额	264.8	225.8	130.5	117.2	79.0	5.6	2.7
七、运输、邮电							
货物周转量	194.7	204.4	146.3	115.5	100.9	3.8	2.4
旅客周转量	215.6	199.6	124.9	113.8	95.0	4.4	2.2

2—2 续表 2

项　　目	1996年为下列各年(%)					年平均增长(%)	
	1978	1980	1985	1990	1995	1979—1996	1991—1996
货运量	257.9	300.0	235.9	119.5	103.4	5.4	3.0
客运量	173.1	156.1	119.8	110.2	96.3	3.1	1.6
邮电业务总量	7 527.7	7 152.7	3 264.0	698.0	136.7	27.1	38.2
函　件	187.8	168.5	115.9	88.9	91.6	3.6	-1.9
报刊期发数	76.8	59.0	31.7	78.6	64.0	-1.5	-3.9
八、能源生产							
能源生产总量	149.9	160.2	125.9	95.3	97.6	2.3	-0.1
九、国内商业							
社会消费品零售总额	1 440.8	1 051.6	496.0	279.3	115.4	16.0	18.7
城乡集市贸易成交额	217倍	123倍	2 623.4	720.1	142.4	34.8	39.0
十、外　贸							
进出口总额	7 660.0	2 554.2	515.2	297.8	104.5	27.3	19.9
出口额	6 382.7	2 270.8	352.2	200.1	106.0	26.0	12.3
进口额	9 895.0	2 973.1	1 078.4	663.1	102.9	29.1	37.1
十一、科学、教育、文化							
国有单位自然科技人员	229.2	223.8	128.0	95.7	80.0	4.7	-0.1
在校学生数							
高等学校	351.2	276.3	176.6	144.3	104.2	7.2	6.3
中等专业学校	421.9	313.5	237.9	204.0	116.7	8.3	12.6
普通中学	62.5	70.3	92.8	107.6	100.0	-2.6	1.2
小　学	80.2	77.4	91.7	99.6	102.2	-1.2	-0.1
报纸出版	136.9	305.4	88.2	131.9	82.9	1.8	4.7
杂志出版	560.0	193.1	76.7	127.3	107.7	10.0	4.1
图书出版	153.0	140.4	76.1	110.1	131.9	2.4	1.6
十二、卫　生							
医疗卫生机构	95.7	87.0	81.4	84.4	95.6	-0.2	-2.8
专业卫生技术人员数	182.3	156.6	127.3	111.8	100.0	3.4	1.9
# 医生	183.5	161.2	139.7	110.5	99.1	3.4	1.7
医疗床位数	151.4	141.4	120.5	103.0	98.2	2.3	0.5
# 医院床位数	150.7	144.2	123.7	105.1	99.7	2.3	0.8

2—3 国民经济主要比例关系

单位:%

项　　目	1992 年	1993 年	1994 年	1995 年	1996 年
1. 国内生产总值中三次产业比例					
第一产业	23.4	21.7	26.8	26.9	28.1
第二产业	46.1	49.0	44.5	42.5	40.6
#工　　业	40.7	42.9	39.9	36.7	35.2
建 筑 业	5.4	6.1	4.6	5.8	5.4
第三产业	30.5	29.2	28.7	30.6	31.3
#交通运输业	5.4	5.6	5.6	6.2	6.5
商　　业	7.5	7.4	7.5	8.2	8.5
2. 全社会固定资产投资的资金来源比例					
国家预算内投资	4.7	4.7	3.1	1.5	2.0
国内贷款	28.2	28.2	23.2	20.6	26.4
利用外资	5.2	5.2	14.2	16.1	12.4
自筹投资和其他	61.9	61.9	59.5	61.8	59.2
3. 全社会固定资产投资中生产与非生产性建设投资比例					
生产性建设	63.2	63.4	63.8	64.1	67.2
非生产性建设	36.8	36.6	36.2	35.9	32.8
# 住　宅	24.4	29.2	16.5	24.6	20.5
4. 国有单位基本建设投资中能源工业、运输邮电业投资比例					
能源工业	31.6	26.8	17.4	19.1	13.2
运输邮电业	4.6	7.7	9.8	10.2	14.4
5. 财政收入相当于国内生产总值的比例	10.2	11.1	5.3	5.6	5.7
6. 工业总产值中轻重工业比例					

2—3 续表

单位:%

项　　目	1992年	1993年	1994年	1995年	1996年
轻工业	35.5	30.7	31.1	32.9	31.7
重工业	64.5	69.3	68.9	67.1	68.3
7. 农林牧渔业总产值比例					
农　业	71.4	71.9	67.6	61.4	61.0
林　业	2.5	2.6	2.5	1.7	1.3
牧　业	24.5	24.0	28.5	35.4	36.4
渔　业	1.6	1.5	1.4	1.5	1.3
8. 轻工业产值内部比例（乡及乡以上产值）					
以农产品为原料	77.1	70.3	77.2	80.9	80.1
以非农产品为原料	22.9	29.7	22.8	19.1	19.9
9. 重工业产值内部比例（乡及乡以上产值）					
采掘工业	11.3	13.0	12.6	11.7	12.5
原料工业	37.3	35.5	39.6	40.8	38.2
制造工业	51.4	51.5	47.8	47.5	49.3
10. 货运量比例					
铁　　路	27.1	29.1	24.8	23.0	22.3
公　　路	72.8	70.8	73.6	76.8	77.5
水　　运	0.1	0.1	1.6	0.2	0.2
11. 货物周转量比例					
铁　　路	86.8	85.8	83.4	84.5	84.2
公　　路	13.0	14.0	16.1	15.3	15.6
水　　运	0.2	0.2	0.5	0.2	0.2

2—4 按经济类型分的国民经济主要比例关系

单位:%

项　　目	1992年	1993年	1994年	1995年	1996年
1. 全部从业人员比例					
国有单位	30.7	30.7	30.8	30.4	30.7
城镇集体单位	12.8	12.3	10.4	9.1	8.6
其他经济类型	0.4	0.9	1.2	1.4	1.6
城镇个体劳动者	3.1	3.8	5.4	7.4	8.6
乡村劳动力	52.3	51.6	51.5	51.0	50.0
其他劳动者	0.7	0.7	0.7	0.7	0.5
2. 全社会固定资产投资比例					
国有单位	80.5	76.1	82.3	59.5	81.6
集体单位	8.1	9.2	8.5	6.2	6.2
其他经济类型		5.8	0.2	22.3	
城乡个人	11.4	8.9	9.0	12.0	12.2
3. 工业总产值比例					
国有经济	69.8	65.4	62.7	62.1	56.6
集体经济	20.5	20.1	19.5	18.4	17.9
其他经济类型	9.7	14.5	17.8	19.6	25.5
4. 社会消费品零售总额比例					
国有单位	44.4	32.5	27.8	23.9	20.0
集体单位	17.0	13.7	12.6	10.5	8.8
其他经济类型	38.6	53.8	59.6	65.6	71.2
# 个　　体	26.0	33.4	38.0	39.4	42.8

2—5 按总人口平均的国民经济主要指标

项　　目	单　位	1992年	1993年	1994年	1995年	1996年
国内生产总值	元/人	2 246.0	2 868.0	3 703.0	4 414.0	5 163.0
工业总产值	元/人	3 112.5	4 157.8	4 832.2	5 661.4	5 994.9
轻工业产值	元/人	1 105.3	1 278.2	1 467.0	1 863.5	1 897.4
重工业产值	元/人	2 007.2	2 879.6	3 365.2	3 797.8	4 097.5
农林牧渔业总产值	元/人	828.5	981.7	1 618.2	1 935.4	2 322.9
主要工农业产品产量						
原　煤	公斤/人	1 014.9	975.4	987.6	957.4	1 013.5
原　油	公斤/人	139.5	136.2	132.7	135.3	145.7
发电量	千瓦小时/人	827.1	985.6	1 037.4	1 105.5	1 146.1
木　材	立方米/人	0.2	0.2	0.2	0.2	0.2
钢	公斤/人	42.2	47.3	42.2	44.0	46.4
汽　车	辆/万人	58.8	71.3	75.4	80.0	90.5
粮　豆	公斤/人	746.0	764.9	804.4	786.5	907.1
油　料	公斤/人	14.5	11.5	11.4	10.1	8.5
甜　菜	公斤/人	37.2	39.1	38.9	33.0	27.4
固定资产投资额	元/人	612.4	1 020.5	1 207.0	1 349.5	1 538.3
社会消费品零售总额	元/人	1 060.0	1 309.7	1 583.1	1 900.9	2 166.0
对外贸易进出口总额	美元/人	77.9	119.9	197.8	107.2	110.6
地方财政收入	元/人	231.0	321.2	204.6	249.8	297.9
地方财政支出	元/人	324.3	414.9	417.4	477.3	567.4
城乡居民储蓄存款余额	元/人	1 275	1 560	2 129	2 847	3 705
高等学校在校学生	人/万人	30.6	34.6	37.9	39.5	40.7
中等专业学校在校学生	人/万人	30.0	34.6	38.4	44.7	51.8
报纸出版	份/人	17.4	18.9	24.6	18.9	15.5
杂志出版	册/人	2.2	2.4	2.2	2.1	2.2
图书出版	册/人	5.7	4.4	5.4	4.6	6.0
医疗床位数	张/万人	38.3	38.7	37.7	37.9	36.8
卫生技术人员数	人/万人	51.6	51.7	52.6	52.6	52.0
# 医生	人/万人	20.8	21.1	21.4	22.0	21.7

2—6 全省平均每天主要社会经济活动

项　　目	单　位	1992年	1993年	1994年	1995年	1996年
一、全省每天创造的财富						
国内生产总值	万元	15 289.3	19 669.9	26 541.9	30 937.0	36 634.5
农林牧渔业总产值	万元	5 599.7	6 683.5	11 109.0	13 432.3	16 324.1
工业总产值	万元	21 035.9	28 308.3	33 174.8	39 292.0	42 128.8
财政收入	万元	1 561.4	2 187.0	1 404.7	1 733.7	2 093.2
粮　　食	万吨	5.04	5.21	5.52	5.46	6.37
油　　料	吨	981.0	784.0	786.0	700.0	594.0
猪牛羊肉	吨	1 373.0	1 587.0	2 048.0	2 648.0	3 585.0
布	万米	51.5	42.7	39.5	36.4	36.7
机制纸及纸板	吨	1 677.0	1 472.6	1 524.1	1 567.4	1 586.6
原　　煤	万吨	6.9	6.6	6.8	6.6	7.1
发 电 量	万千瓦小时	5 590.1	6 710.4	7 122.5	7 672.9	8 054.2
原　　油	吨	9 426.3	9 272.1	9 108.5	9 387.9	10 235.6
钢	吨	2 850.1	3 219.2	2 896.7	3 052.1	3 263.3
成品钢材	吨	2 375.1	2 561.1	2 398.9	2 211.2	2 782.7
水　　泥	吨	15 672.3	17 522.0	17 533.2	18 031.8	16 670.1
二、每天消费量						
总消费	万元	9 987.90	11 946.80	15 824.40	19 270.70	22 231.20
居民消费	万元	8 392.30	9 997.50	12 976.20	16 059.50	18 753.40
社会消费	万元	1 595.60	1 949.30	2 848.20	3 211.20	3 477.80
社会消费品零售总额	万元	7 163.70	8 916.90	10 868.30	13 192.80	15 221.10
三、每天其他经济活动						
货运量	万吨	65.90	64.40	72.00	73.00	75.60
客运量	万人	55.20	51.10	56.80	58.50	56.40
出版图书	万册	38.4	30.1	37.3	31.8	41.9
出版杂志	万册	15.1	16.4	15.1	14.2	15.3
出版报纸	万份	117.8	128.8	169.9	131.2	108.8
邮寄函件	万件	33.9	37.9	42.2	42.0	38.5
城乡居民储蓄存款余额	万元	8 641.5	10 669.6	14 672.7	19 898.0	26 177.5
四、全省每天人口变动和婚姻						
出　　生	人	778	876	823	838	811
死　　亡	人	338	342	352	339	348
结　　婚	对	604	609	593	580	547
离　　婚	对	51	54	56	59	65

2—7 国内生产总值

（按当年价格计算） 单位：亿元

年份	国内生产总值	第一产业	第二产业	工业	建筑业	第三产业	#运输邮电	商业	人均国内生产总值（元）
1952	16.55	9.19	4.54	4.19	0.35	2.82	0.78	1.03	153
1957	25.22	8.81	10.08	8.91	1.17	6.33	1.29	2.23	202
1962	31.35	9.92	12.89	11.47	1.42	8.54	1.92	2.50	210
1965	42.93	13.19	20.68	19.11	1.57	9.06	2.06	1.88	262
1970	56.07	18.73	26.57	25.29	1.28	10.77	2.67	2.32	303
1975	72.31	21.24	38.49	36.37	2.12	12.58	3.62	1.94	350
1978	81.98	23.98	42.96	40.34	2.62	15.04	4.46	2.69	381
1979	91.12	25.34	49.22	44.56	4.66	16.56	5.13	2.56	417
1980	98.59	27.24	52.24	47.42	4.82	19.11	5.62	2.78	445
1981	111.16	34.31	56.53	51.29	5.24	20.32	4.33	3.88	496
1982	121.67	38.40	60.36	54.21	6.15	22.91	5.19	3.34	538
1983	150.14	56.74	65.38	58.75	6.63	28.02	5.78	6.13	658
1984	174.39	60.04	80.46	72.10	8.36	33.89	6.75	7.54	760
1985	200.44	55.74	97.21	85.29	11.92	47.49	8.25	13.95	868
1986	227.15	64.35	104.30	91.28	13.02	58.50	10.89	18.28	977
1987	297.49	80.57	139.36	123.49	15.87	77.56	15.15	21.01	1 269
1988	368.67	92.59	173.57	155.12	18.45	102.51	18.56	29.98	1 559
1989	391.65	80.53	181.02	164.09	16.93	130.10	22.18	39.47	1 636
1990	425.28	124.99	182.15	163.82	18.33	118.14	21.11	25.47	1 746
1991	463.47	120.47	203.02	181.71	21.31	139.98	25.19	32.26	1 878
1992	558.06	130.82	257.01	227.17	29.84	170.23	30.17	41.63	2 246
1993	717.95	156.05	351.99	308.10	43.89	209.91	39.98	52.81	2 868
1994	936.78	259.40	398.83	354.70	44.13	278.55	54.47	72.61	3 703
1995	1 129.20	303.99	479.46	413.85	65.61	345.75	70.07	93.15	4 414
1996	1 337.16	376.01	543.17	471.34	71.83	417.98	86.27	113.71	5 163

2—7 续表 单位:亿元

年份	国内生产总值	第一产业	第二产业	工业	建筑业	第三产业	#运输邮电	商业
按1952年不变价格计算								
1952	17.97	10.47	4.68	4.33	0.35	2.82	0.78	1.03
1957	25.20	8.25	11.14	9.81	1.33	5.81	1.23	2.05
按1957年不变价格计算								
1957	24.77	8.02	10.42	9.25	1.17	6.33	1.29	2.23
1962	27.45	8.21	12.42	11.19	1.23	6.82	1.74	1.85
1965	38.44	10.61	20.14	18.74	1.40	7.69	1.79	1.59
1970	51.69	12.90	28.36	27.16	1.20	10.43	2.74	2.20
1971	56.07	13.73	26.57	25.29	1.28	10.77	2.67	2.32
按1970年不变价格计算								
1971	60.91	19.40	30.03	28.70	1.33	11.48	2.92	2.63
1975	72.67	20.11	39.52	37.49	2.03	13.04	3.62	1.94
1978	81.55	21.88	44.78	42.20	2.58	14.89	4.46	2.65
1979	86.09	20.13	49.54	44.96	4.58	16.42	5.13	2.53
1980	91.65	19.88	53.55	48.78	4.75	18.22	5.62	2.60
1981	102.87	27.94	55.68	50.90	4.78	19.25	5.62	2.81
按1980年不变价格计算								
1981	108.83	32.05	56.72	51.96	4.76	20.06	4.33	3.80
1982	117.17	35.82	59.27	53.82	5.45	22.08	5.19	3.18
1983	142.58	52.80	63.42	57.55	5.87	26.36	5.78	5.67
1984	160.38	55.05	74.58	67.35	7.23	30.75	6.66	6.69
1985	171.33	48.22	84.10	74.58	9.52	39.01	7.52	11.41
1986	183.82	50.30	87.38	77.86	9.52	46.14	9.90	14.18
1987	218.41	57.99	103.81	93.19	10.62	56.61	13.68	15.05
1988	253.20	59.93	125.68	115.45	10.23	67.59	16.72	20.08
1989	246.87	49.59	120.66	112.89	7.77	76.62	16.96	23.93
1990	255.37	67.78	118.10	110.10	8.00	69.49	18.09	13.50
按1990年不变价格计算								
1990	436.95	136.22	182.59	164.23	18.36	118.14	21.11	25.47
1991	402.94	130.22	193.20	173.32	19.93	133.46	23.56	30.72
1992	519.27	138.65	228.49	203.56	24.93	152.13	27.50	37.20
1993	585.60	149.33	267.99	238.14	29.85	168.28	32.24	41.91
1994	643.01	164.28	283.69	255.49	28.20	195.04	38.81	50.70
1995	705.70	172.49	316.61	285.41	31.20	216.60	44.75	56.94
1996	802.14	200.95	358.58	326.22	32.36	242.61	49.90	62.82

2—8 国内生产总值指数

(按可比价格计算,以1952年为100)

年份	国内生产总值	第一产业	第二产业			第三产业		
				工业	建筑业		#运输邮电	商业
1952	100.0	100.0	100.0	100.0	100.0	100.0	100.0	100.0
1957	140.2	78.8	238.0	226.6	380.0	206.0	157.7	199.0
1962	155.4	80.7	283.7	274.1	399.5	222.0	212.7	165.1
1965	217.6	104.2	460.1	459.0	454.7	250.3	218.8	141.9
1970	292.6	126.7	647.9	665.2	389.7	339.5	334.9	196.4
1975	376.9	136.1	963.6	986.1	618.1	396.5	454.1	164.2
1978	425.6	148.1	1 091.9	1 110.0	785.6	469.3	559.5	224.3
1979	449.3	136.2	1 207.9	1 182.6	1 394.6	517.6	643.5	214.1
1980	478.3	134.5	1 305.7	1 283.1	1 446.3	574.3	705.0	220.0
1981	506.1	154.3	1 330.1	1 309.8	1 440.3	598.5	543.2	297.6
1982	544.8	172.5	1 389.9	1 356.7	1 649.0	658.7	651.1	249.0
1983	663.0	254.2	1 487.2	1 450.7	1 776.1	786.4	725.1	444.0
1984	745.8	265.1	1 748.9	1 697.8	2 187.6	917.4	835.5	523.9
1985	796.7	232.2	1 972.2	1 880.0	2 880.5	1 163.8	943.4	893.5
1986	854.7	242.2	2 049.1	1 962.7	2 880.5	1 376.5	1 241.9	1 110.4
1987	1 015.6	279.2	2 434.4	2 349.2	3 213.4	1 688.9	1 716.1	1 178.6
1988	1 177.4	288.5	2 947.2	2 910.3	3 095.4	2 016.5	1 972.0	1 572.5
1989	1 147.9	238.8	2 829.5	2 845.8	2 351.0	2 285.9	2 127.6	1 873.9
1990	1 187.5	326.3	2 769.5	2 775.4	2 420.6	2 073.2	2 269.3	1 057.2
1991	1 258.1	326.3	2 931.3	2 929.2	2 627.6	2 342.0	2 532.7	1 275.1
1992	1 411.2	332.2	3 465.7	3 440.1	3 286.8	2 669.6	2 956.3	1 544.0
1993	1 591.4	357.8	4 064.8	4 024.5	3 935.5	2 953.0	3 465.8	1 739.5
1994	1 819.0	393.6	4 698.9	4 761.0	3 719.0	3 422.5	4 172.8	2 104.8
1995	1 995.4	413.3	5 244.0	5 318.0	4 113.2	3 802.4	4 869.7	2 363.7
1996	2 268.8	481.5	5 941.5	6 078.5	4 265.4	4 258.7	5 429.7	2 607.2

2—9 国内生产总值项目构成

（1996 年）　　单位：亿元

项　　目	增加值	劳动者报酬	固定资产折旧	生产税净额	营业盈余
国内生产总值	**1 337.16**	**822.65**	**185.28**	**165.34**	**163.89**
第一产业	376.01	323.22	11.13	8.75	32.91
第二产业	543.17	277.05	91.31	129.45	45.36
工　业	471.34	237.56	85.21	119.89	28.68
建筑业	71.83	39.49	6.10	9.56	16.68
第三产业	417.98	222.38	82.84	27.14	85.62
农林牧渔服务业	2.43	2.19	0.24		
地质勘探业、水利管理业	3.01	2.63	0.38		
交通运输、仓储、邮电通讯业	86.27	35.97	25.97	5.20	19.13
批发和零售贸易、餐饮业	113.71	71.29	15.01	3.29	24.12
金融保险业	52.25	10.08	4.10	9.26	28.81
房地产业	23.31	3.06	15.29	2.76	2.20
社会服务业	24.55	10.04	4.37	3.48	6.66
卫生、体育、社会福利业	16.89	12.37	3.37	0.40	0.75
教育、文艺和广播电影电视事业	34.01	28.19	4.48	0.47	0.87
科学研究和综合技术服务业	16.46	9.79	2.92	1.63	2.12
国家政党机关和社会团体	36.07	30.49	5.58		
其他行业	9.02	6.28	1.13	0.65	0.96

2—10 各市县国内生产总值

(1996年)　　单位:万元

市、县	国内生产总值	第一产业	第二产业	工业	建筑业	第三产业	#商业	人均国内生产总值(元)
长春市	**4 882 217**	**1 083 265**	**2 031 960**	**1 756 610**	**275 350**	**1 766 992**	**373 948**	**7 265**
九台市	276 241	118 804	68 094	43 261	24 833	89 343	22 665	3 354
榆树市	517 549	290 660	100 088	70 249	29 839	126 801	40 558	4 277
德惠市	410 772	189 632	122 881	104 022	18 859	98 259	34 705	4 659
农安县	543 958	310 631	106 325	93 145	13 180	127 002	37 011	4 993
吉林市	**2 695 549**	**455 048**	**1 250 694**	**1 030 049**	**220 645**	**989 807**	**204 549**	**6 288**
桦甸市	229 324	67 383	97 766	77 267	20 499	64 175	12 468	5 185
蛟河市	168 900	63 354	40 977	36 805	4 172	64 569	11 756	3 630
舒兰市	231 554	96 868	55 816	45 299	10 517	78 870	16 398	3 477
磐石市	242 447	79 136	79 842	70 314	9 528	83 469	14 976	4 540
永吉县	256 206	86 231	80 226	50 848	29 378	89 749	8 272	3 366
四平市	**1 328 230**	**609 945**	**331 579**	**276 187**	**55 392**	**386 706**	**73 642**	**4 257**
公主岭市	349 842	216 331	66 271	57 376	8 895	67 240	12 735	3 460
双辽市	143 799	77 889	28 104	17 936	10 168	37 806	9 134	3 794
梨树县	346 578	212 298	58 390	48 041	10 349	75 890	13 101	4 175
伊通县	159 945	89 984	36 898	31 478	5 420	33 063	3 396	3 537
辽源市	**448 348**	**145 127**	**118 076**	**106 200**	**11 876**	**185 145**	**49 200**	**3 645**
东丰县	129 763	67 605	30 568	26 520	4 048	31 590	6 575	3 327
东辽县	115 361	68 819	20 017	17 131	2 886	26 525	1 915	2 950
通化市	**1 026 880**	**290 567**	**382 248**	**343 915**	**38 333**	**354 065**	**98 345**	**4 473**
梅河口市	318 276	114 431	90 256	76 404	13 852	113 589	36 613	5 004
集安市	86 691	30 982	29 600	25 965	3 635	26 109	9 097	3 748
通化县	107 221	31 372	55 087	51 565	3 522	20 762	5 512	4 189
辉南县	119 779	40 779	48 000	44 770	3 230	31 000	4 845	3 309
柳河县	119 600	57 214	24 577	22 196	2 381	37 809	8 971	3 215

注：人均国内生产总值是按购买力人口计算的。

2—10 续表　　(1996 年)　　单位:万元

市、县	国内生产总值	第一产业	第二产业	工业	建筑业	第三产业	#商业	人均国内生产总值(元)
白山市	**611 699**	**135 148**	**288 813**	**248 918**	**39 895**	**187 738**	**48 217**	**4 705**
临江市	112 355	25 695	47 727	38 485	9 242	38 933	11 903	5 913
抚松县	124 418	40 747	54 929	50 199	4 730	28 742	8 886	4 147
靖宇县	28 994	10 844	7 352	6 302	1 050	10 798	2 306	2 071
长白县	55 033	18 976	15 447	13 717	1 730	20 610	5 982	6 335
江源县	122 402	18 280	63 345	57 670	5 675	40 777	9 488	4 533
松原市	**1 192 582**	**549 245**	**459 706**	**428 158**	**31 548**	**183 631**	**41 754**	**4 500**
长岭县	183 971	145 134	17 526	15 868	1 658	21 311	8 362	3 016
前郭县	318 323	147 389	124 396	119 460	4 936	46 538	5 152	5 585
乾安县	126 638	56 171	49 499	47 042	2 457	20 968	4 787	4 523
扶余县	237 099	166 803	28 872	20 833	8 039	41 424	11 277	3 387
白城市	**598 064**	**294 328**	**134 678**	**112 521**	**22 157**	**169 058**	**41 325**	**3 036**
洮南市	120 545	76 605	14 396	11 956	2 440	29 544	7 759	2 803
大安市	119 303	52 805	38 586	35 059	3 527	27 912	8 362	2 836
镇赉县	92 298	61 710	13 896	12 638	1 258	16 692	1 415	2 884
通榆县	84 464	57 975	11 916	6 647	5 269	14 573	4 180	2 484
延边朝鲜族自治州	**1 060 329**	**197 429**	**424 996**	**357 031**	**67 965**	**437 904**	**135 929**	**4 863**
延吉市	285 607	8 966	121 885	92 520	29 365	154 756	61 451	7 637
图们市	80 235	6 132	35 730	32 356	3 374	38 373	10 963	5 750
敦化市	234 924	62 636	98 732	87 815	10 917	73 556	20 050	4 950
龙井市	100 449	29 373	35 636	31 825	3 811	35 440	8 367	3 690
珲春市	84 617	16 281	40 512	31 927	8 585	27 824	10 508	4 034
和龙市	78 304	24 380	27 280	24 355	2 925	26 644	6 999	3 332
汪清县	78 918	23 656	28 123	25 325	2 798	27 139	7 893	2 944
安图县	98 501	26 080	37 398	31 708	5 690	35 023	9 678	4 501

2—11 总消费和总投资

(按当年价格计算)　　单位:亿元

年份	总消费	总投资	消费率(%)	投资率(%)
1952	11.76	3.91	71.1	23.6
1957	16.22	6.40	64.3	25.4
1962	22.90	3.76	73.0	12.0
1965	28.88	9.82	67.3	22.9
1970	39.88	13.41	71.1	23.9
1975	47.37	24.86	65.5	34.4
1978	57.91	32.77	70.6	40.0
1979	69.54	26.68	76.3	29.3
1980	76.92	28.96	78.0	29.4
1981	85.12	28.02	76.6	25.2
1982	94.77	35.65	77.9	29.3
1983	112.22	38.59	74.7	25.7
1984	131.64	57.17	75.5	32.8
1985	145.02	81.15	72.4	40.5
1986	165.27	86.83	72.8	38.2
1987	196.18	111.93	65.9	37.6
1988	242.39	134.61	65.7	36.5
1989	266.94	148.26	68.2	37.9
1990	279.73	182.67	65.8	43.0
1991	308.40	193.05	66.5	41.7
1992	364.56	213.10	65.3	38.2
1993	436.06	287.05	60.7	40.0
1994	577.59	389.93	59.6	40.2
1995	703.38	451.02	62.3	39.9
1996	811.44	612.77	57.0	43.0

2—12 总　　消　　费

（按当年价格计算）　　单位:亿元

年　份	总消费	居民消费	农　民	非农业居民	社会消费
1952	11.76	11.25	7.18	4.07	0.51
1957	16.22	15.44	7.84	7.60	0.78
1962	22.90	22.15	9.59	12.56	0.75
1965	28.88	27.86	12.77	15.09	1.02
1970	39.88	37.40	18.19	19.21	2.48
1975	47.37	43.02	19.51	23.51	4.35
1978	57.91	53.02	24.47	28.55	4.89
1979	69.54	61.86	29.85	32.01	7.68
1980	76.92	67.76	31.84	35.92	9.16
1981	85.12	75.13	36.41	38.72	9.99
1982	94.77	83.49	39.76	43.73	11.28
1983	112.22	96.66	49.28	47.38	15.56
1984	131.64	111.76	55.81	55.95	19.88
1985	145.02	120.53	56.42	64.11	24.49
1986	165.27	137.86	61.35	76.51	27.41
1987	196.18	161.49	69.36	92.13	34.69
1988	242.39	203.47	83.21	120.26	38.92
1989	266.94	223.29	91.47	131.82	43.65
1990	279.73	232.73	95.86	136.87	47.00
1991	308.40	255.85	101.03	154.82	52.55
1992	364.56	306.32	111.67	194.65	58.24
1993	436.06	364.91	125.93	238.98	71.15
1994	577.59	473.63	156.13	317.50	103.96
1995	703.38	586.17	191.08	395.09	117.21
1996	811.44	684.50	220.07	464.43	126.94

2—13 总 消 费 构 成

（按当年价格计算） 单位：%

年 份	总消费	居民消费	农 民	非农业居民	社会消费
1952	100.0	95.7	61.1	34.6	4.3
1957	100.0	95.2	48.3	46.9	4.8
1962	100.0	96.7	41.9	54.8	3.3
1965	100.0	96.5	44.2	52.3	3.5
1970	100.0	93.8	45.6	48.2	6.2
1975	100.0	90.8	41.2	49.6	9.2
1978	100.0	91.6	42.3	49.3	8.4
1979	100.0	89.0	42.9	46.1	11.0
1980	100.0	88.1	41.4	46.7	11.9
1981	100.0	88.3	42.8	45.5	11.7
1982	100.0	88.1	42.0	46.1	11.9
1983	100.0	86.1	43.9	42.2	13.9
1984	100.0	84.9	42.4	42.5	15.1
1985	100.0	83.1	38.9	44.2	16.9
1986	100.0	83.4	37.1	46.3	16.6
1987	100.0	82.3	35.4	46.9	17.7
1988	100.0	83.9	34.3	49.6	16.1
1989	100.0	83.6	34.3	49.3	16.4
1990	100.0	83.2	34.3	48.9	16.8
1991	100.0	83.0	32.8	50.2	17.0
1992	100.0	84.0	30.6	53.4	16.0
1993	100.0	83.7	28.9	54.8	16.3
1994	100.0	82.0	27.0	55.0	18.0
1995	100.0	83.3	27.1	56.2	16.7
1996	100.0	84.4	27.2	57.2	15.6

2—14 总消费增长速度

（按可比价格计算，比上年增长） 单位：%

年份	总消费	居民消费	农民	非农业居民	社会消费
1957	-6.8	-8.4	-21.7	10.6	32.8
1962	2.1	3.0	10.7	-2.2	-17.7
1965	3.6	4.7	11.6	-0.3	-18.5
1970	13.8	13.7	5.0	21.6	15.1
1975	5.8	4.4	3.1	5.5	23.7
1978	6.7	7.9	10.0	6.2	-6.0
1979	11.3	9.3	10.7	8.1	35.8
1980	9.3	9.3	6.1	12.0	9.4
1981	7.8	7.4	7.6	7.2	11.7
1982	10.6	9.7	10.0	9.4	18.9
1983	12.3	10.1	19.6	1.3	30.0
1984	14.6	13.0	12.9	13.2	25.2
1985	4.6	2.8	-3.3	9.5	15.9
1986	7.3	5.8	0.8	10.6	15.5
1987	9.8	9.2	8.8	9.5	13.1
1988	6.3	4.7	1.2	7.8	14.0
1989	-5.7	-6.2	-8.7	-4.0	-3.8
1990	1.3	0.8	-1.6	2.8	2.8
1991	4.3	4.1	-0.6	7.4	5.3
1992	6.4	6.8	3.0	9.3	4.3
1993	7.2	6.5	3.1	8.6	10.7
1994	15.0	12.9	7.4	15.9	25.5
1995	7.9	9.1	7.6	9.9	2.2
1996	8.3	9.4	8.9	9.7	3.0

2—15 总　产　出

（按当年价格计算）　　　　单位：亿元

年　份	总产出	第一产业	第二产业	工　业	建筑业	第三产业	#运输邮电	商　业
1952	30.10	12.42	11.80	10.48	1.32	5.88	1.30	1.70
1957	50.64	12.84	23.91	20.80	3.11	13.89	2.04	3.82
1962	66.82	14.24	32.93	30.05	2.88	19.65	3.09	4.62
1965	93.85	17.75	53.12	47.49	5.63	22.98	3.65	4.50
1970	122.18	26.86	69.48	63.47	6.01	25.84	5.08	5.27
1975	175.75	35.27	109.03	99.31	9.72	31.45	6.84	7.69
1978	200.26	37.78	126.08	112.87	13.21	36.40	8.20	8.78
1979	227.30	42.02	143.36	125.74	17.62	41.92	10.38	7.74
1980	247.02	47.47	151.77	134.67	17.10	47.78	12.42	9.42
1981	260.58	56.89	152.89	136.64	16.25	50.80	10.28	12.30
1982	286.83	60.58	170.37	148.75	21.62	55.88	12.35	13.90
1983	340.48	78.11	194.03	172.04	21.99	68.34	15.11	21.03
1984	408.35	88.99	236.70	208.84	27.86	82.66	17.98	26.68
1985	495.98	85.89	297.02	256.75	40.27	113.07	23.09	37.35
1986	562.53	98.43	326.80	282.48	44.32	137.30	30.29	46.42
1987	715.35	120.81	413.33	359.46	53.87	181.21	37.07	52.98
1988	894.03	140.91	516.92	454.24	62.68	236.20	43.44	77.35
1989	1 009.12	133.79	586.22	530.36	55.86	289.11	48.40	97.40
1990	1 081.00	189.09	616.05	552.36	63.69	275.86	47.65	83.23
1991	1 202.64	188.38	687.64	614.38	73.26	326.62	60.10	101.44
1992	1 464.92	204.39	865.90	767.81	98.09	394.63	65.45	121.65
1993	1 929.84	243.95	1 201.13	1 033.25	167.88	484.76	85.52	155.32
1994	2 412.60	405.48	1 372.30	1 210.88	161.42	634.82	118.06	209.20
1995	2 901.39	490.28	1 649.26	1 434.16	215.10	761.85	155.32	275.64
1996	3 475.58	595.83	1 957.83	1 726.13	231.70	921.92	196.71	329.83

2—15 续表

单位:亿元

年份	总产出	第一产业	第二产业	工业	建筑业	第三产业	#运输邮电	商业
按1952年不变价格计算								
1952	32.62	14.28	12.46	11.41	1.32	5.88	1.30	1.70
1957	52.55	12.07	27.26	23.69	3.57	13.22	1.95	3.63
按1957年不变价格计算								
1957	49.18	10.61	24.68	21.57	3.11	13.89	2.04	3.82
1962	57.75	11.72	30.90	28.41	2.49	15.13	2.80	3.40
1965	85.27	14.24	51.56	46.54	5.02	19.47	3.18	3.79
1970	117.32	18.50	74.04	68.18	5.86	24.78	5.08	5.00
1971	133.53	18.69	87.76	80.25	7.51	27.08	5.96	5.29
按1970年不变价格计算								
1971	136.36	27.15	82.08	74.70	7.38	27.13	5.80	5.58
1975	176.04	33.27	111.32	102.19	9.13	31.45	6.84	7.69
1978	201.71	34.47	130.43	117.61	12.82	36.81	8.20	8.44
1979	219.35	33.32	144.85	127.41	17.44	41.18	10.38	7.56
1980	231.91	34.66	151.88	134.82	17.06	45.37	12.42	8.72
1981	234.40	37.10	150.75	136.40	14.35	46.55	10.28	11.01
按1980年不变价格计算								
1981	256.24	53.15	152.97	138.23	14.74	50.12	10.28	12.09
1982	277.65	56.22	167.53	148.39	19.14	53.90	12.35	13.27
1983	326.21	72.62	189.02	169.55	19.47	64.57	15.11	19.54
1984	376.32	80.21	220.79	196.70	24.09	75.32	17.58	23.82
1985	427.16	73.81	259.14	228.14	31.00	94.21	21.05	30.37
1986	464.01	77.02	276.79	244.91	31.88	110.20	27.56	35.85
1987	549.52	88.13	325.46	289.18	36.28	135.93	33.68	37.57
1988	624.18	92.86	378.37	341.68	36.68	152.95	39.49	45.53
1989	637.61	82.04	390.37	363.27	27.10	165.20	44.00	49.04
1990	654.81	103.90	399.80	370.14	29.66	151.11	40.48	40.34
按1990年不变价格计算								
1990	1 103.30	206.90	619.07	555.38	63.60	277.33	49.12	83.23
1991	1 170.55	205.77	655.33	585.36	82.17	309.45	56.06	96.52
1992	1 333.77	211.79	768.40	686.23	82.17	353.58	59.66	108.62
1993	1 535.67	233.01	913.53	799.32	114.21	389.13	68.97	124.55
1994	1 667.40	256.85	966.16	863.01	103.15	444.39	83.52	146.09
1995	1 842.85	272.13	1 095.27	966.54	128.73	475.45	98.39	168.59
1996	2 180.42	324.14	1 313.49	1 182.29	131.20	542.79	114.86	191.76

2—16 总产出部门构成

（按当年价格计算）　　　　单位:%

年　份	总产出	第一产业	第二产业	工　业	建筑业	第三产业	#运输邮电业	商　业
1952	100	41.3	39.2	34.8	4.4	19.5	4.3	5.6
1957	100	25.4	47.2	41.1	6.1	27.4	4.0	7.5
1962	100	21.3	49.3	45.0	4.3	29.4	4.6	6.9
1965	100	18.9	56.6	50.6	6.0	24.5	3.9	4.8
1970	100	22.0	56.9	51.9	5.0	21.1	4.2	4.3
1975	100	20.1	62.0	56.5	5.5	17.9	3.9	4.4
1978	100	18.9	63.0	56.4	6.6	18.1	4.1	4.4
1979	100	18.5	63.1	55.3	7.8	18.4	4.6	3.4
1980	100	19.2	61.4	54.5	6.9	19.4	5.0	3.8
1981	100	21.8	58.7	52.5	6.2	19.5	3.9	4.7
1982	100	21.1	59.4	51.9	7.5	19.5	4.3	4.8
1983	100	22.9	57.0	50.5	6.5	20.1	4.4	6.2
1984	100	21.8	58.0	51.2	6.8	20.2	4.4	6.5
1985	100	17.3	59.9	51.8	8.1	22.8	4.7	7.5
1986	100	17.5	58.1	50.2	7.9	24.4	5.4	8.3
1987	100	16.9	57.8	50.2	7.6	25.3	5.2	7.4
1988	100	15.8	57.8	50.8	7.0	26.4	4.9	8.7
1989	100	13.3	58.1	52.6	5.5	28.6	4.8	9.7
1990	100	17.5	57.0	51.1	5.9	25.5	4.4	7.7
1991	100	15.7	57.2	51.1	6.1	27.1	5.0	8.4
1992	100	14.0	59.1	52.4	6.7	26.9	4.5	8.3
1993	100	12.6	62.2	53.5	8.7	25.2	4.4	8.0
1994	100	16.8	56.9	50.2	6.7	26.3	4.9	8.7
1995	100	16.9	56.8	49.4	7.4	26.3	5.4	9.5
1996	100	17.1	56.4	49.7	6.7	26.5	5.7	9.5

2—17 总 产 出 增 长 速 度

（按可比价格计算，比上年增长）　　单位：%

年　份	总产出	第一产业	第二产业	工　业	建筑业	第三产业	#运输邮电业	商　业
1957	7.2	-5.0	11.5	20.8	-26.2	11.5	-3.5	13.8
1962	-6.5	-4.2	-10.1	-9.8	-13.2	-0.2	4.1	-8.4
1965	10.8	5.3	17.6	22.2	-12.5	-0.6	1.3	-10.0
1970	24.0	35.5	23.0	21.1	51.0	19.1	61.3	29.5
1975	11.6	2.8	17.0	17.9	8.4	3.8	6.7	8.9
1978	13.7	19.2	13.7	9.3	79.8	9.2	15.0	13.1
1979	8.7	-3.3	11.1	8.3	36.0	11.9	26.6	-10.4
1980	5.7	4.0	4.9	5.8	-2.2	10.2	19.7	15.3
1981	1.1	7.0	-0.7	1.2	-15.9	2.6	-17.2	26.3
1982	8.4	5.8	9.5	7.4	29.9	7.5	20.1	9.8
1983	17.5	29.2	12.8	14.3	1.7	19.8	22.3	47.2
1984	15.4	10.5	16.8	16.0	23.7	16.6	16.3	21.9
1985	13.5	-8.0	17.4	16.0	28.7	25.1	19.7	27.5
1986	8.6	4.3	6.8	7.4	2.8	17.0	30.9	18.0
1987	18.4	14.4	17.6	18.1	13.8	23.3	22.2	4.8
1988	13.6	5.4	16.3	18.2	1.1	12.5	17.3	21.2
1989	2.2	-11.7	3.2	6.3	-20.1	8.0	11.4	7.7
1990	2.7	26.6	2.4	1.9	9.4	-8.5	-8.0	-17.7
1991	6.1	-0.5	5.9	5.4	9.9	11.6	14.1	16.0
1992	13.9	2.9	17.3	17.2	17.4	14.3	6.4	12.5
1993	15.1	10.0	18.9	16.5	39.0	10.1	15.6	14.7
1994	13.1	10.2	13.4	16.7	-9.7	14.2	21.1	17.3
1995	12.0	5.9	13.4	12.0	24.8	12.5	17.8	15.4
1996	18.3	19.1	19.9	22.3	1.9	14.2	16.7	13.7

2—18 总投资和总投资构成

（按当年价格计算）

年份	总投资（亿元）	固定资产投资	库存增加	总投资构成（%）	固定资产投资	库存增加
1952	3.91	1.87	2.04	100	47.8	52.2
1957	6.40	4.28	2.12	100	66.9	33.1
1962	3.76	3.92	-0.16	100		
1965	9.82	7.50	2.32	100	76.4	23.6
1970	13.41	8.88	4.53	100	66.2	33.8
1975	24.86	15.44	9.42	100	62.1	37.9
1978	32.77	18.16	14.61	100	55.4	44.6
1979	26.68	19.54	7.14	100	73.2	26.8
1980	28.96	20.80	8.16	100	71.8	28.2
1981	28.02	20.98	7.04	100	74.9	25.1
1982	35.65	27.67	7.98	100	77.6	22.4
1983	38.59	29.33	9.26	100	76.0	24.0
1984	57.17	40.93	16.24	100	71.6	28.4
1985	81.15	62.38	18.77	100	76.9	23.1
1986	86.83	63.40	23.43	100	73.0	27.0
1987	111.93	76.70	35.23	100	68.5	31.5
1988	134.61	92.85	41.76	100	69.0	31.0
1989	148.26	81.73	66.53	100	55.1	44.9
1990	182.67	93.97	88.70	100	51.4	48.6
1991	193.05	117.43	75.62	100	60.8	39.2
1992	213.10	152.57	60.53	100	71.6	28.4
1993	287.05	252.94	34.11	100	88.1	11.9
1994	389.93	320.45	69.48	100	82.2	17.8
1995	451.02	358.14	92.88	100	79.4	20.6
1996	612.77	412.84	199.93	100	67.4	32.6

2—19 总投资增长速度

（按可比价格计算，比上年增长）　　　　单位：%

年　份	总投资	固定资产投资	存货增加
1957	-16.5	-43.1	3 181.9
1962	-48.9	-40.0	
1965	42.0	14.7	924.8
1970	28.4	36.3	15.5
1975	22.3	13.2	40.9
1978	72.1	54.5	100.2
1979	-19.3	6.7	-51.6
1980	8.5	6.4	14.3
1981	-8.0	-5.7	-13.7
1982	22.3	29.0	2.1
1983	6.0	4.7	10.9
1984	39.6	27.0	84.5
1985	32.8	42.1	9.9
1986	1.6	-3.7	18.5
1987	25.0	17.8	43.4
1988	11.0	10.1	12.8
1989	-3.0	-25.2	42.8
1990	22.1	13.1	31.7
1991	4.8	23.6	-15.2
1992	0.4	15.2	-22.6
1993	16.1	44.0	-47.8
1994	10.9	4.3	56.6
1995	7.5	4.4	22.0
1996	22.1	9.1	63.7

2—20 少数民族自治地方人口

州、市、县	总人口(人)		少数民族人口(人)		少数民族人口占总人口比重(%)	
	1995年	1996年	1995年	1996年	1995年	1996年
总　计	**3 226 762**	**3 253 989**	**1 161 045**	**1 160 815**	**36.0**	**35.7**
延边朝鲜族自治州	**2 175 888**	**2 184 543**	**923 406**	**921 622**	**42.4**	**42.2**
延吉市	356 170	368 045	218 549	225 898	61.4	61.4
图们市	139 989	139 113	84 038	82 666	60.0	59.4
敦化市	474 297	474 957	35 122	34 194	7.4	7.2
龙井市	273 031	271 403	188 800	187 576	69.1	69.1
珲春市	208 445	211 090	110 236	110 627	52.9	52.4
和龙市	235 828	234 235	135 158	132 656	57.3	56.6
汪清县	269 273	266 859	94 570	92 446	35.1	34.1
安图县	218 855	218 841	56 933	55 559	26.0	25.4
伊通满族自治县	**448 457**	**455 951**	**170 601**	**170 845**	**38.0**	**37.5**
长白朝鲜族自治县	**86 488**	**87 244**	**15 871**	**15 948**	**18.4**	**18.3**
前郭尔罗斯蒙古族自治县	**515 929**	**526 251**	**51 167**	**52 400**	**9.9**	**10.0**

2—21 少数民族自治地方主要经济指标

项　　目	单　位	1992年	1993年	1994年	1995年	1996年
一、农　　业						
耕地面积	万亩	721.10	556.09	492.20	507.90	502.65
灌溉面积	万亩	180.60	125.21	115.94	111.18	103.95
粮食产量	万吨	208.02	186.87	235.49	220.83	275.04
油料产量	万吨	3.42	1.84	0.99	1.73	1.37
大牲畜年末头数	万头	54.13	55.93	20.03	72.11	76.50
羊年末只数	万只	11.05	34.18	95.90	45.92	51.80
猪年末头数	万头	65.17	66.74	66.39	72.20	72.00
二、工　　业						
钢产量	万吨	1.7	1.1	1.0	1.25	0.96
生铁产量	万吨	1.1	2.0	1.76	1.07	0.96
原煤产量	万吨	384.0	389.9	394.8	365.3	400.7
发电量	万千瓦小时	519 540	608 491	636 962	577 067	616 290
木材产量	万立方米	262.43	403.5	316.88	265.4	645.0
棉布产量	万米	2 679	1 749	1 754	1 822	2 160
三、运输、邮电						
铁路通车里程	公里	533	533	533	533	453
公路通车里程	公里	4 356.0	4 573.0	6 705.0	6 962.0	4 597.0
四、基本建设投资总额	万元	114 984	249 507	138 346	114 384	138 360
五、商　　业						
社会消费品零售总额	万元	448 234	532 861	623 156	731 871	762 124
商品国内纯购进总额	万元	324 473	720 235	717 873	640 989	630 762
六、文化教育						
在校学生数						
高等学校	人	5 044	5 878	6 288	6 833	7 316
中等学校	人	177 531	199 367	201 514	198 259	174 220
小学校	万人	34.89	34.92	35.68	33.19	36.90
教师数						
高等学校	人	1 375	1 340	1 381	1 415	1 453
中等学校	人	13 102	15 190	16 015	15 356	17 345
小学校	人	20 679	19 800	22 900	22 700	24 000
少数民族文字的图书	种	820	1 238	1 614	1 036	1 216
少数民族文字的杂志	种	16	19	19	21	20
少数民族文字的报纸	种	8	11	13	15	13

統計資料 3

人　口

POPUALTION

3	人　口

1996 年年末总人口	2 579.1 万人
＃男性人口	1 315.5 万人
农业人口	1 484.6 万人
城镇人口	2 257.1 万人
1996 年年末总户数	717.94 万户
1996 年平均每户人口	3.59 人
1996 年人口密度	138 人/平方公里

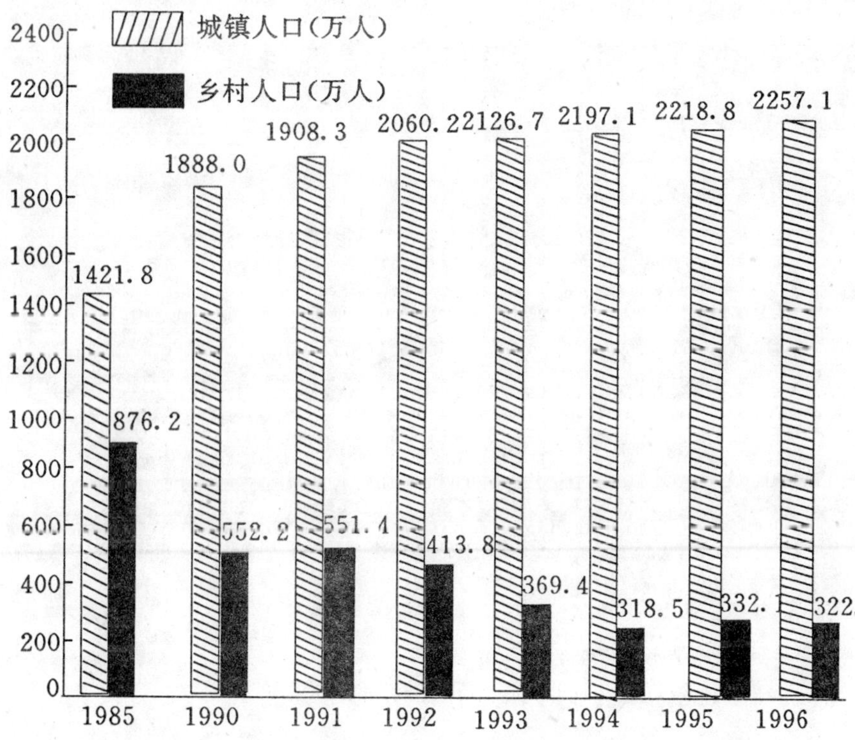

3—1 总 人 口

年 份	人口数(万人)	按性别分		按农业、非农业分		按城乡分		占总人口的比重(%)		
		男	女	农业人口	非农业人口	城镇	乡村	男性人口	非农业人口	城镇人口
1952	1 064.6	561.1	503.5	831.6	233.0	254.3	810.3	52.7	21.9	23.9
1957	1 248.1	656.0	592.1	882.6	365.5	383.8	864.3	52.6	29.3	30.8
1962	1 476.4	768.9	707.5	995.9	480.5	535.4	941.0	52.1	32.5	36.3
1965	1 639.1	850.1	789.0	1 118.9	520.2	578.7	1 060.4	51.9	31.7	35.3
1970	1 860.4	959.0	901.4	1 305.3	555.1	629.4	1 231.0	51.5	29.8	33.8
1975	2 063.9	1 060.5	1 003.4	1 443.4	620.5	722.7	1 341.2	51.4	30.1	35.0
1978	2 149.3	1 102.3	1 047.0	1 489.8	659.5	774.0	1 375.3	51.3	30.7	36.0
1979	2 184.6	1 119.0	1 065.6	1 483.4	701.2	810.4	1 374.2	51.2	32.1	37.1
1980	2 210.7	1 132.1	1 078.6	1 487.4	723.3	853.8	1 356.9	51.2	32.7	38.6
1981	2 230.9	1 141.4	1 089.5	1 485.2	745.7	871.7	1 359.2	51.2	33.4	39.1
1982	2 257.6	1 155.1	1 102.5	1 493.9	763.7	893.9	1 363.7	51.2	33.8	39.6
1983	2 269.5	1 162.3	1 107.2	1 487.4	782.1	877.8	1 391.7	51.2	34.5	38.7
1984	2 284.5	1 170.7	1 113.8	1 481.9	802.6	1 256.1	1 028.4	51.2	35.1	55.0
1985	2 298.0	1 177.4	1 120.6	1 461.0	837.0	1 421.8	876.2	51.2	36.4	61.9
1986	2 315.3	1 186.4	1 128.9	1 458.3	857.0	1 470.7	844.6	51.2	37.0	63.5
1987	2 336.4	1 196.9	1 139.5	1 452.9	883.5	1 597.7	738.7	51.2	37.8	68.4
1988	2 357.4	1 208.3	1 149.1	1 448.7	908.7	1 728.6	628.8	51.3	38.5	74.2
1989	2 395.4	1 228.2	1 167.2	1 464.6	930.8	1 778.3	617.1	51.3	38.9	73.3
1990	2 440.2	1 248.1	1 192.1	1 498.3	951.9	1 888.0	552.2	51.1	39.0	77.4
1991	2 459.7	1 258.5	1 201.2	1 493.5	966.2	1 908.3	551.4	51.2	39.3	77.6
1992	2 474.0	1 265.3	1 208.7	1 488.6	985.4	2 060.2	413.8	51.1	39.8	83.3
1993	2 496.1	1 276.0	1 220.1	1 474.9	1 021.2	2 126.7	369.4	51.1	40.9	85.2
1994	2 515.6	1 285.9	1 229.7	1 465.2	1 050.4	2 197.1	318.5	51.1	41.8	87.3
1995	2 550.9	1 302.8	1 248.1	1 473.1	1 077.8	2 218.8	332.1	51.1	42.3	87.0
1996	2 579.1	1 315.5	1 263.6	1 484.6	1 094.5	2 257.1	322.0	51.0	42.4	87.5

注：1. 本表是公安部门年报数字，以下各表同。
　　2. 城镇人口为城市人口和县辖镇人口之和。

3—2 按人口规模分组的市数

	1995年			1996年		
	市　数（个）	人口数（万人）	占人口总计（%）	市　数（个）	人口数（万人）	占人口总计（%）
总　　计	**27**	**1 622.34**	**100.00**	**28**	**1 678.66**	**100.00**
10-20万人	2	32.45	2.00	2	32.56	1.94
20-30万人	4	94.76	5.84	4	94.98	5.66
30-50万人	12	515.11	31.75	13	558.92	33.29
50-80万人	3	182.20	11.23	3	184.32	10.98
80-100万人	2	169.34	10.44	2	171.70	10.23
100万人以上	4	628.48	38.74	4	636.18	37.90

3—3 按人口规模分组的县数

	1995年			1996年		
	县　数（个）	人口数（万人）	占人口总计（%）	县　数（个）	人口数（万人）	占人口总计（%）
总　　计	**22**	**928.53**	**100.00**	**21**	**900.47**	**100.00**
10万人以下	1	8.65	0.93	1	8.72	0.97
10-20万人	1	14.16	1.52	1	14.15	1.57
20-30万人	5	128.86	13.88	5	129.16	14.34
30-50万人	9	328.31	35.36	8	294.39	32.69
50-80万人	4	257.54	27.74	4	261.15	29.00
80-100万人	1	82.52	8.89	1	83.52	9.28
100万人以上	1	108.49	11.68	1	109.38	12.15

3—4 各市县户数和人口数

（1996年末）　　单位:万人

市、县	总户数（万户）	总人口	按农业、非农业分		按城乡分	
			农业	非农业	城镇	乡村
全省	**717.94**	**2 579.14**	**1 484.59**	**1 094.55**	**2 257.13**	**322.01**
长春市	**177.46**	**676.78**	**409.94**	**266.84**	**625.04**	**51.74**
南关区	16.28	57.14	10.12	47.02	57.14	
宽城区	11.71	39.48	8.84	30.64	39.48	
朝阳区	16.16	61.51	7.43	54.08	61.51	
二道区	10.11	34.54	11.16	23.38	34.54	
绿园区	12.39	44.83	9.76	35.07	44.83	
双阳区	9.87	36.67	28.10	8.57	36.67	
九台市	21.60	82.74	63.26	19.48	82.74	
榆树市	33.31	121.52	104.78	16.74	121.52	
德惠市	21.13	88.96	74.36	14.60	88.96	
农安县	24.90	109.39	92.13	17.26	57.65	51.74
吉林市	**118.12**	**425.97**	**223.83**	**202.14**	**405.98**	**19.99**
昌邑区	13.69	46.63	5.24	41.39	46.63	
龙潭区	9.48	33.03	5.10	27.93	33.03	
船营区	10.89	37.19	4.66	32.53	37.19	
丰满区	6.22	22.51	9.57	12.94	22.51	
桦甸市	12.94	44.12	24.45	19.67	44.12	
蛟河市	13.15	46.43	29.33	17.10	46.43	
舒兰市	18.41	66.78	46.27	20.51	66.78	
磐石市	13.53	53.08	36.69	16.39	53.08	
永吉县	19.81	76.20	62.52	13.68	56.21	19.99
四平市	**90.20**	**313.67**	**206.93**	**106.74**	**265.99**	**47.68**
铁西区	6.51	20.43	3.14	17.29	20.43	
铁东区	8.76	24.87	4.86	20.01	24.87	
公主岭市	27.13	101.13	74.31	26.82	101.13	
双辽市	11.14	38.12	24.64	13.48	38.12	
梨树县	24.26	83.52	63.05	20.47	55.03	28.49
伊通县	12.40	45.60	36.93	8.67	26.41	19.19
辽源市	**35.95**	**123.54**	**66.90**	**56.64**	**100.54**	**23.00**
龙山区	7.73	26.50	4.37	22.13	26.50	
西安区	5.78	18.31	1.68	16.63	18.31	
东丰县	11.05	39.47	29.03	10.44	27.13	12.34
东辽县	11.39	39.26	31.82	7.44	28.60	10.66
通化市	**64.34**	**230.56**	**126.55**	**104.01**	**207.29**	**23.27**

注：城镇人口为城市人口和县辖镇人口之和。

3—4 续表　　(1996年末)　　单位:万人

市、县	总户数(万户)	总人口	按农业、非农业分		按城乡分	
			农业	非农业	城镇	乡村
东昌区	8.34	29.36	4.08	25.28	29.36	
二道江区	4.14	13.77	2.96	10.81	13.77	
梅河口市	17.86	64.46	36.28	28.18	64.46	
集安市	6.70	23.31	15.53	7.78	23.31	
通化县	7.12	25.69	17.98	7.71	17.47	8.22
辉南县	10.44	36.52	22.21	14.31	32.63	3.89
柳河县	9.74	37.45	27.51	9.94	26.29	11.16
白山市	**40.61**	**130.56**	**46.50**	**84.06**	**120.53**	**10.03**
八道江区	10.11	31.94	7.38	24.56	31.94	
临江市	5.93	18.65	7.48	11.17	18.65	
抚松县	9.11	30.25	11.72	18.53	26.70	3.55
靖宇县	4.24	14.15	7.99	6.16	10.75	3.40
长白县	2.68	8.73	4.86	3.87	6.93	1.80
江源县	8.54	26.84	7.07	19.77	25.56	1.28
松原市	**70.14**	**261.87**	**197.59**	**64.28**	**154.55**	**107.32**
宁江区	15.28	48.88	19.15	29.73	48.88	
长岭县	14.54	61.19	51.05	10.14	34.10	27.09
前郭县	14.38	52.62	42.75	9.87	24.64	27.98
乾安县	8.09	28.06	20.31	7.75	16.56	11.50
扶余县	17.85	71.12	64.33	6.79	30.37	40.75
白城市	**55.67**	**197.74**	**120.29**	**77.45**	**169.42**	**28.32**
洮北区	14.54	46.44	20.11	26.33	46.44	
洮南市	12.50	43.07	27.57	15.50	43.07	
大安市	11.96	42.38	27.19	15.19	42.38	
镇赉县	7.63	32.06	21.61	10.45	17.22	14.84
通榆县	9.04	33.79	23.81	9.98	20.31	13.48
延边朝鲜族自治州	**65.45**	**218.45**	**86.06**	**132.39**	**207.79**	**10.66**
延吉市	10.22	36.80	5.23	31.57	36.80	
图们市	3.98	13.91	3.65	10.26	13.91	
敦化市	14.29	47.50	22.46	25.04	47.50	
龙井市	8.80	27.14	12.55	14.59	27.14	
珲春市	6.24	21.11	8.18	12.93	21.11	
和龙市	7.38	23.42	9.77	13.65	23.42	
汪清县	8.08	26.69	13.06	13.63	20.77	5.92
安图县	6.46	21.88	11.16	10.72	17.14	4.74

3—5 全省市辖镇人口

（1996年末） 单位：人

市、区	镇数（个）	总户数（户）	总人口	按农业、非农业分		平均每户人数（人/户）
				非农业人口	农业人口	
全　省	**227**	**1 379 569**	**5 171 476**	**1 136 964**	**4 034 512**	**3.75**
长春市	**57**	**449 525**	**1 804 764**	**176 505**	**1 628 259**	**4.01**
南关区	3	23 934	87 009	22 117	64 892	3.64
宽城区	2	21 531	84 529	24 293	60 236	3.93
朝阳区	2	18 976	65 315	16 688	48 627	3.44
二道区	3	15 480	60 493	7 589	52 904	3.91
绿园区	1	6 036	23 746	2 025	21 721	3.93
双阳区	4	23 216	87 798	4 964	82 834	3.78
九台市	12	88 639	354 892	29 285	325 607	4.00
榆树市	16	139 217	538 654	36 639	502 015	3.87
德惠市	14	112 496	502 328	32 905	469 423	4.47
吉林市	**42**	**280 303**	**1 043 237**	**252 787**	**790 450**	**3.72**
昌邑区	1	4 798	17 256	2 200	15 056	3.60
船营区	1	2 637	11 832	6 044	5 788	4.49
丰满区	1	5 397	20 251	2 674	17 577	3.75
蛟河市	8	63 058	225 926	54 278	171 648	3.58
桦甸市	8	48 851	172 151	68 056	104 095	3.52
舒兰市	9	71 917	272 807	40 639	232 168	3.79
磐石市	14	83 645	323 014	78 896	244 118	3.86
四平市	**28**	**194 694**	**753 361**	**133 002**	**620 359**	**3.87**
铁东区	1	7 964	23 102	6 121	16 981	2.90
公主岭市	19	148 070	587 112	96 540	490 572	3.97
双辽市	8	38 660	143 147	30 341	112 806	3.70
通化市	**28**	**126 837**	**455 377**	**165 838**	**289 539**	**3.59**
东昌区	1	4 696	15 250	3 294	11 956	3.25
二道江区	3	20 627	64 150	42 827	21 323	3.11
梅河口市	14	70 757	261 066	103 177	157 889	3.69
集安市	10	30 757	114 911	16 540	98 371	3.74
白山市	**12**	**41 692**	**145 569**	**65 698**	**79 871**	**3.49**
八道江区	4	16 791	61 188	30 432	30 756	3.64
临江市	8	24 901	84 381	35 266	49 115	3.30
松原市	**2**	**11 826**	**47 703**	**4 956**	**42 747**	**4.03**
宁江区	2	11 826	47 703	4 956	42 747	4.03
白城市	**19**	**88 965**	**328 549**	**88 454**	**240 095**	**3.69**
洮北区	5	23 397	83 715	19 370	64 345	3.58
洮南市	5	25 857	100 144	25 093	75 051	3.87
大安市	9	39 711	144 690	43 991	100 699	3.64
延边朝鲜族自治州	**39**	**185 727**	**592 916**	**249 724**	**343 192**	**3.19**
延吉市	2	4 669	15 100	5 171	9 929	3.23
图们市	4	17 101	56 798	30 548	26 250	3.32
敦化市	10	70 188	227 610	94 171	133 439	3.24
珲春市	3	9 011	29 907	7 561	22 346	3.32
龙井市	10	47 545	147 441	61 146	86 295	3.10
和龙市	10	37 213	116 060	51 127	64 933	3.12

3—6 全省县辖镇人口

（1996年末）　　单位:人

市、县	镇数(个)	总户数(户)	总人口	按农业、非农业分		平均每户人数(人/户)
				农业人口	非农业人口	
全　省	**217**	**1 643 391**	**5 784 677**	**3 571 205**	**2 213 472**	**3.52**
长春市	**14**	**139 511**	**576 450**	**424 463**	**151 987**	**4.13**
农安县	14	139 511	576 450	424 463	151 987	4.13
吉林市	**15**	**148 389**	**562 093**	**433 320**	**128 773**	**3.79**
永吉县	15	148 389	562 093	433 320	128 773	3.79
四平市	**27**	**246 253**	**814 343**	**543 065**	**271 278**	**3.31**
梨树县	18	169 821	550 265	355 892	194 373	3.24
伊通县	9	76 432	264 078	187 173	76 905	3.46
辽源市	**25**	**162 528**	**557 345**	**393 763**	**163 582**	**3.43**
东丰县	13	77 385	271 321	174 911	96 410	3.51
东辽县	12	85 143	286 024	218 852	67 172	3.36
通化市	**38**	**214 138**	**763 970**	**463 654**	**300 316**	**3.57**
通化县	12	49 770	174 751	105 703	69 048	3.51
柳河县	12	70 008	262 871	172 403	90 468	3.75
辉南县	14	94 360	326 348	185 548	140 800	3.46
白山市	**32**	**218 975**	**699 384**	**224 963**	**474 421**	**3.19**
抚松县	12	81 885	266 959	84 021	182 938	3.26
靖宇县	7	33 412	107 503	48 173	59 330	3.22
长白县	6	21 780	69 354	33 983	35 371	3.18
江源县	7	81 898	255 568	58 786	196 782	3.12
松原市	**35**	**300 065**	**1 056 710**	**743 204**	**313 506**	**3.52**
前郭县	9	79 039	246 384	161 422	84 962	3.12
长岭县	12	86 132	341 052	247 735	93 317	3.96
乾安县	6	51 438	165 590	91 004	74 586	3.22
扶余县	8	83 456	303 684	243 043	60 641	3.64
白城市	**16**	**98 853**	**375 330**	**200 215**	**175 115**	**3.80**
镇赉县	7	42 034	172 194	89 304	82 890	4.10
通榆县	9	56 819	203 136	110 911	92 225	3.58
延边朝鲜族自治州	**15**	**114 679**	**379 052**	**144 558**	**234 494**	**3.31**
汪清县	8	63 427	207 651	75 594	132 057	3.27
安图县	7	51 252	171 401	68 964	102 437	3.43

3—7 人口出生率、死亡率、自然增长率

单位:‰

年 份	全 省			市			县		
	出生率	死亡率	自然增长率	出生率	死亡率	自然增长率	出生率	死亡率	自然增长率
1952	44.38	11.50	32.88	44.65	8.69	35.96	44.35	11.87	32.48
1957	35.47	9.06	26.42	47.81	10.56	37.25	32.98	8.74	24.24
1962	40.70	9.96	30.74	41.22	10.06	31.16	40.53	9.93	30.60
1965	40.46	9.68	30.78	34.47	6.89	27.58	42.20	10.49	31.71
1970	33.22	6.37	26.85	29.89	6.49	23.40	34.18	6.34	27.84
1975	19.63	6.71	12.92	13.98	5.75	8.23	21.12	6.97	14.15
1978	19.95	6.08	13.87	17.63	5.50	12.13	20.58	6.23	14.35
1979	19.41	5.52	13.89	16.70	4.94	11.76	20.15	5.67	14.48
1980	15.81	5.79	10.02	14.30	5.36	8.94	16.26	5.91	10.35
1981	17.67	5.32	12.35	17.01	5.23	11.78	17.88	5.35	12.53
1982	16.76	5.83	10.93	18.42	5.48	12.94	16.23	5.94	10.29
1983	12.38	5.35	7.03	12.83	4.73	8.10	11.24	5.54	5.70
1984	11.84	5.34	6.50	12.71	4.90	7.81	11.58	5.47	6.11
1985	11.93	5.34	6.59	13.01	5.20	7.81	11.43	5.40	6.03
1986	13.70	5.39	8.31	15.30	5.32	9.98	12.95	5.42	7.53
1987	15.34	5.48	9.86	16.22	5.43	10.79	14.80	5.51	9.29
1988	14.09	5.18	8.91	14.72	5.10	9.62	13.50	5.25	8.25
1989	17.00	5.05	11.95	15.37	5.14	10.23	18.68	4.97	13.71
1990	18.16	5.65	12.51	18.18	5.82	12.36	18.15	5.43	12.72
1991	11.88	4.81	7.07	11.46	4.82	6.64	12.40	4.80	7.60
1992	11.52	5.00	6.52	11.27	5.00	6.27	11.85	5.00	6.85
1993	12.87	5.03	7.84	12.69	5.12	7.57	13.14	4.90	8.24
1994	11.99	5.12	6.87	12.00	5.33	6.67	11.97	4.79	7.18
1995	12.07	4.88	7.19	11.51	5.01	6.50	13.05	4.66	8.39
1996	11.53	4.95	6.58	11.48	5.15	6.33	11.64	4.59	7.05

3—8 各市县人口自然变动情况

(1996年末)　　单位:人

市、县	年平均人口	出生		死亡		自然增长	
		人数	出生率(‰)	人数	死亡率(‰)	人数	增长率(‰)
全省	**25 650 015**	**295 853**	**11.53**	**126 872**	**4.95**	**168 981**	**6.58**
长春市	**6 720 347**	**89 655**	**13.34**	**34 376**	**5.12**	**55 279**	**8.22**
市区	2 720 650	27 012	9.93	15 183	5.58	11 829	4.35
九台市	823 454	11 366	13.80	4 802	5.83	6 564	7.97
榆树市	1 205 140	21 358	17.72	6 045	5.02	15 313	12.70
德惠市	881 732	18 051	20.47	3 666	4.16	14 385	16.31
农安县	1 089 371	11 868	10.89	4 680	4.30	7 188	6.59
吉林市	**4 256 986**	**41 205**	**9.68**	**21 736**	**5.11**	**19 469**	**4.57**
市区	1 389 188	10 903	7.85	7 724	5.56	3 179	2.29
桦甸市	442 318	3 626	8.20	1 591	3.60	2 035	4.60
蛟河市	465 335	5 738	12.33	2 987	6.42	2 751	5.91
舒兰市	666 016	7 757	11.65	3 002	4.51	4 755	7.14
磐石市	532 922	5 502	10.32	2 565	4.81	2 937	5.51
永吉县	761 207	7 679	10.09	3 867	5.08	3 812	5.01
四平市	**3 118 098**	**32 616**	**10.46**	**13 547**	**4.34**	**19 069**	**6.12**
市区	448 482	5 819	12.97	2 167	4.83	3 652	8.14
公主岭市	1 008 305	7 096	7.04	3 911	3.88	3 185	3.16
双辽市	378 889	4 320	11.40	1 845	4.87	2 475	6.23
梨树县	830 218	9 361	11.28	3 543	4.27	5 818	7.01
伊通县	452 204	6 020	13.31	2 081	4.60	3 939	8.71
辽源市	**1 229 758**	**14 749**	**11.99**	**7 186**	**5.84**	**7 563**	**6.15**
市区	446 205	5 851	13.11	2 464	5.52	3 387	7.59
东丰县	392 626	4 909	12.50	2 352	5.99	2 557	6.51
东辽县	390 927	3 989	10.20	2 370	6.06	1 619	4.14
通化市	**2 283 477**	**20 832**	**9.12**	**12 251**	**5.37**	**8 581**	**3.75**
市区	428 704	4 102	9.57	2 369	5.53	1 733	4.04
梅河口市	633 664	5 870	9.26	2 918	4.60	2 952	4.66
集安市	231 722	2 514	10.85	1 305	5.63	1 209	5.22
通化县	256 014	2 097	8.19	1 718	6.71	379	1.48
辉南县	361 136	3 165	8.76	2 070	5.73	1 095	3.03

3－8 续表 (1996年末) 单位：人

市、县	年平均人口	出生		死亡		自然增长	
		人数	出生率(‰)	人数	死亡率(‰)	人数	增长率(‰)
柳河县	372 237	3 084	8.29	1 871	5.03	1 213	3.26
白山市	**1 298 037**	**12 492**	**9.62**	**5 960**	**4.59**	**6 532**	**5.03**
市区	314 030	3 524	11.22	1 479	4.71	2 045	6.51
临江市	185 546	1 977	10.66	933	5.03	1 044	5.63
抚松县	301 263	2 800	9.29	1 270	4.22	1 530	5.07
靖宇县	141 547	1 683	11.89	641	4.53	1 042	7.36
长白县	86 866	765	8.81	345	3.97	420	4.84
江源县	268 785	1 743	6.48	1 292	4.81	451	1.67
松原市	**2 596 954**	**43 723**	**16.84**	**9 658**	**3.72**	**34 065**	**13.12**
市区	486 375	7 620	15.67	1 626	3.34	5 994	12.33
长岭县	606 506	10 286	16.96	1 967	3.24	8 319	13.72
前郭县	521 090	9 504	18.24	1 759	3.38	7 745	14.86
乾安县	278 427	4 204	15.10	1 066	3.83	3 138	11.27
扶余县	704 556	12 109	17.19	3 240	4.60	8 869	12.59
白城市	**1 966 142**	**21 968**	**11.17**	**7 703**	**3.92**	**14 265**	**7.25**
市区	461 354	5 734	12.43	1 737	3.77	3 997	8.66
洮南市	429 310	4 675	10.89	1 958	4.56	2 717	6.33
大安市	420 657	5 035	11.97	1 563	3.72	3 472	8.25
镇赉县	318 696	2 960	9.29	1 221	3.83	1 739	5.46
通榆县	336 125	3 564	10.60	1 224	3.64	2 340	6.96
延边朝鲜族自治州	**2 180 216**	**18 613**	**8.54**	**14 455**	**6.63**	**4 158**	**1.91**
延吉市	362 108	2 927	8.08	1 899	5.24	1 028	2.48
图们市	139 551	871	6.24	1 157	8.29	-286	-2.06
敦化市	474 627	5 342	11.26	2 875	6.06	2 467	5.20
龙井市	272 217	1 566	5.75	2 266	8.32	-700	-2.57
珲春市	209 768	1 618	7.71	1 276	6.08	342	1.62
和龙市	235 032	1 623	6.91	1 620	6.89	3	0.02
汪清县	268 065	2 250	8.39	1 995	7.44	255	0.95
安图县	218 848	2 416	11.04	1 367	6.24	1 049	4.80

統計資料 4

从业人员和职工工资

EMPLOYMENT AND WAGE

4 从业人员和职工工资

1996 年年末全部从业人员	1 257.32 万人
#职工人数	513.30 万人
1996 年全部职工工资总额	263.69 亿元
#国有单位	216.48 亿元
1996 年全部职工平均工资	5 370 元
#国有单位	5 765 元
1996 年离休、退休、退职职工年末人数	90.57 万人
1996 年离休、退休、退职职工保险福利费	39.91 亿元

职工人数构成(%)

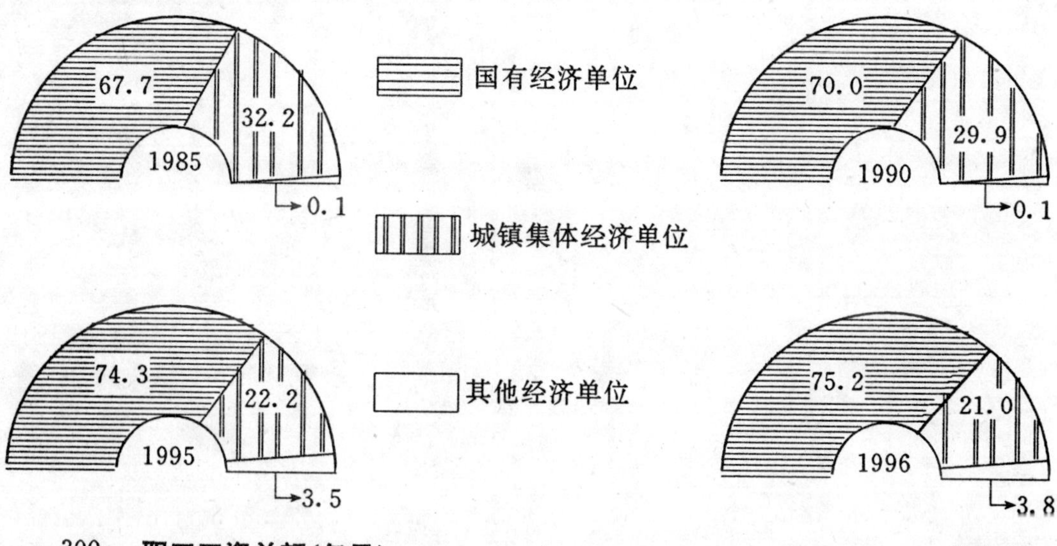

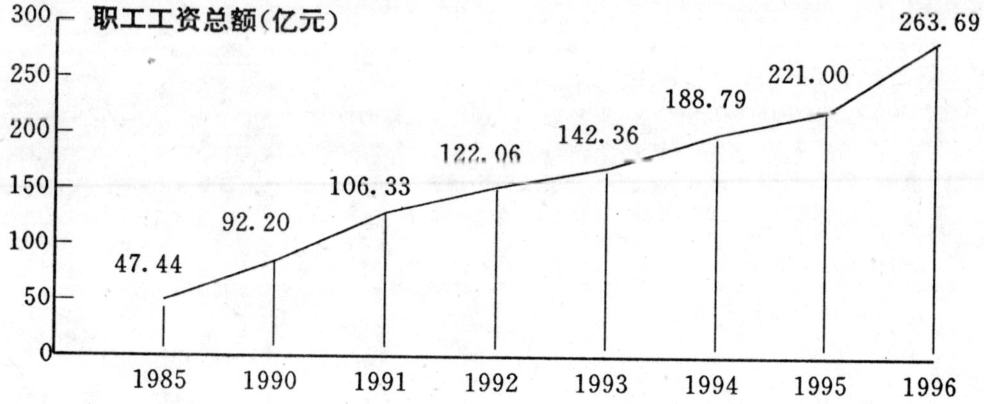

4—1 历年全部从业人员数

单位:万人

年 份	全部从业人员数	按经济类型分							按三次产业分		
		职工人数	国有单位	集体所有制单位	其他所有制单位	城镇个体劳动者	乡村劳动者	其他劳动者	第一产业	第二产业	第三产业
1952	301.73	63.90	48.38	15.52			237.83		236.1	31.0	34.6
1957	327.22	93.25	74.41	18.84			233.97		231.1	43.8	52.3
1962	414.98	146.05	119.19	26.86			268.93		278.4	69.7	66.9
1965	437.79	152.25	124.50	27.75			285.54		293.1	73.3	71.4
1970	532.13	187.60	159.73	27.87			344.53		337.3	100.0	94.8
1975	590.51	256.78	196.41	60.37			333.73		326.1	160.8	103.6
1978	645.38	324.92	250.02	74.90			320.46		318.1	205.0	122.3
1979	671.29	348.59	257.50	91.09		0.81	321.89		318.4	216.3	136.6
1980	715.30	373.88	270.50	103.38		3.37	338.05		329.3	231.7	154.3
1981	754.52	396.48	282.81	113.67		5.57	352.47		349.8	242.0	162.7
1982	849.62	411.24	292.30	118.94		7.58	430.80		413.8	248.0	187.8
1983	847.50	421.88	296.87	125.01		10.60	415.02		410.8	256.9	179.8
1984	867.25	431.34	293.07	138.19	0.08	15.91	410.99	9.01	401.1	258.6	207.6
1985	930.20	449.51	304.43	144.91	0.17	21.37	450.01	9.31	421.9	286.2	222.1
1986	987.95	470.90	320.78	149.95	0.17	21.17	486.50	9.38	432.5	302.6	252.9
1987	1 032.75	486.11	331.87	154.03	0.21	22.96	514.75	8.93	465.8	313.9	253.0
1988	1 106.22	497.48	343.69	153.54	0.25	28.53	571.55	8.66	511.6	324.9	269.7
1989	1 142.19	509.45	352.74	156.19	0.52	29.25	594.92	8.57	549.0	329.7	263.5
1990	1 169.41	517.31	361.98	154.44	0.89	29.50	614.43	8.17	564.8	334.4	270.2
1991	1 194.69	533.44	371.80	160.03	1.61	31.52	620.94	8.79	572.4	339.2	283.1
1992	1 235.02	541.53	379.27	157.83	4.43	38.51	646.63	8.35	590.2	352.6	292.2
1993	1 237.67	542.99	379.86	152.44	10.69	46.68	638.82	9.18	572.5	352.5	312.7
1994	1 250.24	530.13	384.60	130.19	15.34	67.70	643.56	8.85	570.7	343.3	336.2
1995	1 270.77	520.38	386.65	115.71	18.02	94.12	647.99	8.28	572.1	339.2	359.4
1996	1 257.14	513.31	385.81	107.97	19.52	108.00	629.05	6.78	562.3	329.3	365.5

4—2 按经济类型分各行业从业人员数

(1996年末)

行　业	合　计	国　有单位职工	城镇集体所有制单位职工	其他所有制单位职工	城　镇个　体劳动者	乡　村劳动者	其他
绝对数（人）	**12 571 369**	**3 858 113**	**1 079 741**	**195 221**	**1 079 986**	**6 290 548**	**67 760**
1. 农、林、牧、渔业	5622 389	190 208	5 996	8 951	75 301	5 341 544	389
2. 采掘业	580 115	481 959	28 573	626	6 733	61 300	924
3. 制造业	2128 364	1 125 093	597 865	119 191	127 458	151 071	7 686
4. 电力、煤气及水的生产供应业	90 024	84 411	3 861	493	146	1 000	113
5. 建筑业	497 787	199 972	105 644	13 251	11 033	165 109	2 778
6. 地质勘查业、水利管理业	46 503	36 819	593	18		9 000	73
7. 交通运输、仓储及邮电通信业	499 459	240 894	46 247	446	91 551	112 316	8 005
8. 批发和零售贸易、餐饮业	1405 151	418 813	206 389	40 672	607 053	131 049	1 175
9. 金融、保险业	99 505	64 458	27 097	925		6 000	1 025
10. 房地产业	31 922	28 397	1 004	2 116		151	254
11. 社会服务业	288 392	116 840	29 744	7 076	131 541	1 120	2 071
12. 卫生、体育和社会福利业	165 010	132 102	11 934	141	2 511	18 153	169
13. 教育、文化艺术和广播电影电视业	509 570	402 276	964	204	3 182	62 230	40 714
14. 科学研究和综合技术服务业	54 772	50 930	1 545	169		1 969	159
15. 国家机关、党政机关和社会团体	277 140	255 320	1 263			18 413	2 144
16. 其他行业	275 266	29 621	11 022	942	23 477	210 123	81
构　成（%）	**100**	**100**	**100**	**100**	**100**	**100**	**100**
1. 农、林、牧、渔业	44.7	4.9	0.6	4.6	7.0	84.9	0.6
2. 采掘业	4.6	12.5	2.6	0.3	0.6	1.0	1.4
3. 制造业	16.9	29.2	55.4	61.1	11.8	2.4	11.3
4. 电力、煤气及水的生产和供应业	0.7	2.2	0.4	0.3			0.2
5. 建筑业	4.0	5.2	9.8	6.8	1.0	2.6	4.1
6. 地质勘查业、水利管理业	0.4	1.0	0.1			0.1	0.1
7. 交通运输、仓储和邮电通信业	4.0	6.2	4.3	0.2	8.5	1.8	11.8
8. 批发和零售贸易、餐饮业	11.2	10.9	19.1	20.8	56.2	2.1	1.7
9. 金融、保险业	0.8	1.7	2.5	0.5		0.1	1.5
10. 房地产业	0.3	0.7	0.1	1.1			0.4
11. 社会服务业	2.3	3.0	2.8	3.6	12.2		3.1
12. 卫生、体育和社会福利业	1.3	3.4	1.1	0.1	0.2	0.3	0.2
13. 教育、文化艺术和广播电影电视业	4.1	10.4	0.1	0.1	0.3	1.0	60.1
14. 科学研究和综合技术服务业	0.4	1.3	0.1	0.1			0.2
15. 国家机关、党政机关和社会团体	2.2	6.6	0.1			0.3	3.2
16. 其他行业	2.1	0.8	0.9	0.4	2.2	3.4	0.1

4—3 各市县全部从业人员数

(1996年末)　　单位:人

市、县	全部从业人员数	国有单位职工	集体所有制单位职工	其他所有制单位职工	城镇个体劳动者	乡村劳动者	其他劳动者
长春市	**3 462 016**	**962 465**	**281 711**	**74 548**	**321 686**	**1 801 373**	**20 233**
市区	1 608 716	743 764	233 661	66 011	210 916	344 581	9 783
九台市	385 419	52 377	14 191	208	36 892	279 686	2 065
榆树市	598 404	60 766	14 091	729	22 978	496 518	3 322
德惠市	402 407	55 008	13 088	7 600	14 286	311 311	1 114
农安县	467 070	50 550	6 680		36 614	369 277	3 949
吉林市	**2 083 995**	**683 644**	**234 651**	**30 447**	**194 029**	**932 586**	**8 638**
市区	809 932	402 764	155 665	24 883	130 682	93 406	2 532
桦甸市	191 325	48 649	18 732	4 038	12 773	106 097	1 036
蛟河市	207 209	42 609	19 202	616	16 888	126 998	896
舒兰市	304 667	85 378	12 551	428	15 104	190 279	927
磐石市	215 935	50 539	14 475	81	3 011	146 148	1 681
永吉县	354 927	53 705	14 026	401	15 571	269 658	1 566
四平市	**1 468 602**	**360 326**	**96 273**	**17 256**	**96 246**	**890 439**	**8 062**
市区	245 353	125 344	33 339	14 076	33 901	38 549	144
公主岭市	438 432	83 107	31 600	1 338	21 527	298 175	2 685
双辽市	393 485	76 803	14 855	1 114	17 028	280 750	2 935
梨树县	205 861	29 319	6 493	517	11 612	156 863	1 057
伊通县	185 471	45 753	9 986	211	12 178	116 102	1 241
辽源市	**614 323**	**194 804**	**58 756**	**6 294**	**48 383**	**305 097**	**989**
市区	253 244	140 076	46 903	6 229	30 862	29 068	106
东丰县	179 891	33 430	4 634		10 721	131 023	83
东辽县	181 188	21 298	7 219	65	6 800	145 006	800
通化市	**1 034 041**	**303 088**	**89 686**	**11 810**	**90 590**	**536 713**	**2 154**
市区	216 611	116 148	41 733	1 555	18 911	31 838	426
梅河口市	252 452	52 730	14 749	4 137	40 201	139 449	1 186
集安市	110 723	28 514	7 007	218	5 276	69 701	7
通化县	123 461	28 903	7 009	1 364	4 854	81 232	99
辉南县	176 483	44 670	9 578	596	15 164	106 331	144

市、县	全部从业人员数	国有单位职工	集体所有制单位职工	其他所有制单位职工	城镇个体劳动者	乡村劳动者	其他劳动者
柳河县	154 311	32 123	6 610	940	6 184	108 162	292
白山市	**542 523**	**269 435**	**51 880**	**10 942**	**38 380**	**170 753**	**1 133**
市区	159 582	99 127	17 852	5 264	11 160	25 874	305
临江市	82 236	33 700	4 837	2 179	5 701	35 800	19
抚松县	124 828	66 219	12 251	510	5 524	40 290	34
靖宇县	52 209	16 741	2 788	507	4 384	27 775	14
长白县	41 694	16 359	2 717	813	3 519	18 196	90
江源县	81 974	37 289	11 435	1 669	8 092	22 818	671
松原市	**1 191 185**	**238 262**	**39 488**	**5 521**	**100 124**	**796 380**	**11 410**
市区	227 134	107 896	12 233	2 864	24 974	77 895	1 272
长岭县	229 153	32 589	7 192	56	9 922	177 420	1 974
前郭县	216 567	44 650	7 121	2 086	10 153	150 327	2 230
乾安县	133 271	26 897	5 717	500	10 952	87 660	1 545
扶余县	385 060	26 230	7 225	15	44 123	303 078	4 389
白城市	**845 595**	**254 229**	**57 534**	**2 889**	**70 521**	**457 539**	**2 883**
市区	210 778	91 598	17 651	1 619	22 456	77 043	411
洮南市	182 539	43 258	11 144	245	10 605	116 880	407
大安市	168 221	43 767	11 049	370	15 263	96 261	1 511
镇赉县	127 736	39 086	5 260	512	10 398	71 930	550
通榆县	156 321	36 520	12 430	143	11 799	95 425	4
延边朝鲜族自治州	**1 101 011**	**436 477**	**106 048**	**35 514**	**120 027**	**399 668**	**3 277**
延吉市	203 268	92 937	15 266	15 433	53 947	25 281	404
图们市	62 592	27 779	6 235	2 762	8 251	17 276	289
敦化市	242 209	82 391	30 483	7 810	14 152	105 780	1 593
龙井市	124 181	45 675	9 890	1 416	9 164	57 908	128
珲春市	112 952	48 065	9 832	2 889	10 731	41 324	111
和龙市	112 448	43 285	14 515	2 289	8 888	43 341	130
汪清县	139 967	53 988	10 349	2 052	8 589	64 375	614
安图县	103 394	42 357	9 478	863	6 305	44 383	8

4—4 全 部 职 工 人 数

单位：人

项 目	1992年	1993年	1994年	1995年	1996年
全 省	**5 415 331**	**5 429 971**	**5 301 291**	**5 203 831**	**5 133 075**
#女职工	2 155 703	2 164 289	2 096 611	2 096 135	2 074 204
#下岗职工					414 809
一、按经济类型分					
国有单位	3 792 681	3 798 619	3 846 035	3 866 560	3 858 113
集体所有制单位	1 578 352	1 524 423	1 301 880	1 157 089	1 079 741
其他所有制单位	44 298	106 929	153 376	180 182	195 221
二、按企业、事业机关分					
企 业	4 342 885	4 433 143	4 227 436	4 113 777	4 029 401
事业、机关	1 072 446	996 828	1 073 855	1 090 054	1 103 674
三、按国民经济行业分					
1. 农、林、牧、渔业	237 212	209 804	211 961	215 324	205 155
2. 采 掘 业	487 458	545 648	524 582	510 958	511 158
3. 制 造 业	1989 577	2 068 932	1 973 566	1 890 186	1 842 149
4. 电力、煤气及水的生产和供应业	80 797	78 527	75 778	77 477	88 765
5. 建 筑 业	387 814	383 736	363 505	339 708	318 867
6. 地质勘查业、水利管理业	67 729	52 376	42 400	41 355	37 430
7. 交通运输、仓储及邮电通信业	395 156	295 835	296 489	285 181	287 587
8. 批发和零售贸易、餐饮业	693 062	737 719	695 984	706 849	665 874
9. 金融、保险业	74 964	79 015	85 652	89 020	92 480
10. 房 地 产 业	35 306	32 612	31 704	33 392	31 517
11. 社 会 服 务 业	121 827	148 547	158 018	152 259	153 660
12. 卫生、体育和社会福利业	142 165	140 503	140 868	140 823	144 177
13. 教育、文化艺术和广播电影电视业	381 644	356 713	380 435	388 256	403 444
14. 科学研究和综合技术服务业	41 897	46 077	53 304	51 971	52 644
15. 国家机关、党政机关和社会团体	278 723	231 800	248 239	262 739	256 583
16. 其 他 行 业		22 127	18 806	18 333	41 585

4—5 国有单位职工人数

单位:人

项目	1992年	1993年	1994年	1995年	1996年
全省	**3 792 681**	**3 798 619**	**3 846 035**	**3 866 560**	**3 858 113**
#下岗职工					264 383
一、按隶属关系分					
中央	764 581	771 441	780 143	785 200	766 745
地方	3 028 100	3 027 178	3 065 892	3 081 360	3 091 368
二、按企业、事业、机关分					
企业	2 766 133	2 845 203	2 810 663	2 804 944	2 782 672
事业、机关	1 026 548	953 416	1 035 372	1 061 616	1 075 441
三、按国民经济行业分					
1. 农、林、牧、渔业	218 504	198 611	200 802	202 370	190 208
2. 采掘业	407 005	479 275	474 676	479 914	481 959
3. 制造业	1146 475	1 175 672	1 142 391	1 146 811	1 125 093
4. 电力、煤气及水的生产和供应业	72 875	72 937	72 947	72 869	84 411
5. 建筑业	216 353	223 441	227 686	211 922	199 972
6. 地质勘查业、水利管理业	66 803	51 723	41 801	40 785	36 819
7. 交通运输、仓储和邮电通信业	333 708	240 272	250 814	241 606	240 894
8. 批发和零售贸易、餐饮业	343 758	397 124	412 970	424 992	418 813
9. 金融、保险业	54 734	59 617	62 225	65 169	64 458
10. 房地产业	31 842	29 645	29 186	29 601	28 397
11. 社会服务业	89 945	107 852	113 673	113 774	116 840
12. 卫生、体育和社会福利业	126 143	124 507	126 486	128 433	132 102
13. 教育、文化艺术和广播电影电视业	378 538	352 920	379 400	387 012	402 276
14. 科学研究和综合技术服务业	39 040	43 427	51 731	50 267	50 930
15. 国家机关、党政机关和社会团体	266 958	224 155	246 533	260 754	255 320
16. 其他行业		17 441	12 714	10 281	29 621

4—6 城镇集体所有制单位职工人数

单位:人

项　　目	1992年	1993年	1994年	1995年	1996年
全　省	**1 578 352**	**1 524 423**	**1 301 880**	**1 157 089**	**1 079 741**
#下岗职工					141 084
一、按企业、事业、机关分					
企　　业	1 532 454	1 481 053	1 263 868	1 128 873	1 051 552
事业、机关	45 898	43 370	38 012	28 216	28 189
二、按国民经济行业分					
1. 农、林、牧、渔业	17 081	5 349	4 057	4 339	5 996
2. 采　掘　业	80 453	66 373	49 575	30 260	28 573
3. 制　造　业	817 836	817 171	726 930	630 283	597 865
4. 电力、煤气及水的生产和供应业	7922	5 510	2 709	2 941	3 861
5. 建　筑　业	169 059	159 466	130 493	117 976	105 644
6. 地质勘查业、水利管理业	926	653	460	552	593
7. 交通运输、仓储及邮电通信业	61 448	55 563	45 660	43 541	46 247
8. 批发和零售贸易、餐饮业	335 960	321 190	252 630	243 188	206 389
9. 金融、保险业	20 230	19 081	23 243	23 671	27 097
10. 房　地　产　业	2486	1 719	1 229	1 462	1 004
11. 社　会　服　务　业	30 818	37 721	40 904	34 257	29 744
12. 卫生、体育和社会福利业	15 987	15 931	14 305	12 296	11 934
13. 教育、文化艺术和广播电影电视业	3106	3 768	828	1 023	964
14. 科学研究和综合技术服务业	2675	2 603	1 436	1 635	1 545
15. 国家机关、党政机关和社会团体	11 765	7 645	1 706	1 985	1 263
16. 其　他　行　业		4680	5 715	7 680	11 022

4—7 其他各种所有制单位职工人数

单位：人

项　　目	1992年	1993年	1994年	1995年	1996年
全　　省	**44 298**	**106 929**	**153 376**	**180 182**	**195 221**
1. 农、林、牧、渔业	1027	5 844	7 102	8 615	8 951
2. 采掘业			331	784	626
3. 制造业	25 266	76 089	104 245	113 092	119 191
4. 电力、煤气、水的生产供应业		80	122	1 667	493
5. 建筑业	2402	829	5 326	9 810	13 251
6. 地质普查、水利管理业			139	18	18
7. 交通运输、仓储及邮电通信业			15	34	446
8. 批发和零售贸易、餐饮业	13 344	19 405	30 384	38 669	40 672
9. 金融、保险业		317	184	180	925
10. 房地产业	978	1 248	1 289	2 329	2 116
11. 社会服务业	1064	2 974	3 441	4 228	7 076
12. 卫生、体育和社会福利业	35	65	77	94	141
13. 教育、文化艺术和广播电视业		25	207	221	204
14. 科学研究和综合技术服务业	182	47	137	69	169
15. 国家机关、党政机关和社会团体					
16. 其他		6	377	372	942

4—8 城镇失业人数

单位：万人

项　　目	1992年	1993年	1994年	1995年	1996年
城镇失业人数	9.08	7.72	7.46	7.76	9.33
#失业青年	8.68	7.26	6.98	6.61	6.89
占城镇失业人数的比重（%）	95.6	94.0	93.6	85.2	73.8
失业率（%）	1.5	1.3	1.2	1.3	1.5

4—9 历年职工工资总额、平均工资和指数

年份	工资总额（万元）	#国有单位	城镇集体所有制单位	平均工资（元）	#国有单位	城镇集体所有制单位	平均工资指数（以上年为100）	#国有单位
1952	21 456	21 456		480	480		100.0	100.0
1957	53 424	53 424		699	699		101.6	101.6
1962	83 614	83 614		661	661		106.5	106.5
1965	90 881	90 881		740	740		99.0	99.0
1970	105 069	105 069		698	698		94.6	94.6
1975	163 236	135 328	27 908	657	690	534	97.8	98.5
1978	214 393	176 392	38 001	651	712	467		104.6
1979	234 639	189 914	44 725	700	753	539	105.7	104.0
1980	275 684	219 028	56 656	763	827	588	103.2	104.0
1981	298 349	232 138	66 211	770	840	611	99.3	100.0
1982	323 142	250 121	73 021	799	863	637	99.6	98.6
1983	340 615	259 049	81 566	823	881	680	98.6	97.7
1984	393 211	292 497	100 635	927	1 008	751	108.8	110.5
1985	474 432	352 057	122 217	1 081	1 175	880	105.7	105.7
1986	556 845	417 486	139 173	1 221	1 333	974	106.6	107.0
1987	644 136	484 259	159 616	1 366	1 491	1 088	104.0	104.0
1988	789 012	595 701	192 919	1 630	1 771	1 311	99.2	98.7
1989	870 776	662 084	207 837	1 755	1 914	1 388	91.9	92.2
1990	951 989	734 882	215 591	1 888	2 068	1 456	102.6	103.0
1991	1 063 309	816 534	243 947	2 045	2 233	1 596	101.4	101.1
1992	1 220 550	945 410	264 870	2 308	2 526	1 759	104.2	105.7
1993	1 423 561	1 109 906	281 071	2 701	2 974	1 952	103.4	104.0
1994	1 887 916	1 509 813	314 723	3 666	3 997	2 568	110.2	109.1
1995	2 210 027	1 809 128	318 902	4 430	4 803	3 032	104.9	104.3
1996	2 636 962	2 164 775	364 074	5 370	5 765	3 752	112.6	111.5

注：本表平均工资指数按实际工资计算，即扣除了职工生活费用价格变动因素。

4—10 分行业职工工资总额和平均工资

(1996 年)

行业	工资总额(万元)			平均工资(元)		
	全部职工	#国有	城镇集体	全部职工	#国有	城镇集体
全　省	**2 636 962**	**2 164 775**	**364 074**	**5 370**	**5 765**	**3 752**
1. 农、林、牧、渔业	74 184	66 927	1 722	3 711	3 600	3 300
2. 采掘业	246 341	237 810	8 328	5 019	5 099	3 505
3. 制造业	887 204	630 896	190 871	5 140	5 837	3 580
4. 电力、煤气及水的生产和供应业	80 355	76 838	3 043	9 222	9 261	8 388
5. 建筑业	177 318	122 194	48 846	5 594	5 887	5 036
6. 地质勘查业、水利管理业	17 618	17 385	222	4 752	5 765	4 245
7. 交通运输、仓储及邮电通信业	198 122	184 907	12 986	7 168	7 867	3 176
8. 批发和零售贸易、餐饮业	246 359	167 639	56 845	3 987	4 274	3 057
9. 金融、保险业	73 500	54 497	18 282	7 877	8 322	6 798
10. 房地产业	17 906	16 119	338	6 073	6 100	3 486
11. 社会服务业	78 494	63 096	10 680	5 269	5 479	3 915
12. 卫生、体育和社会福利业	85 152	79 648	5 380	5 946	6 069	4 539
13. 教育、文化艺术和广播电影电视业	234 828	234 102	568	5 897	5 896	5 875
14. 科学研究和综合技术服务业	38 437	37 532	804	7 378	7 452	5 145
15. 国家机关、党政机关和社会团体	153 386	152 610	776	6 048	6 048	6 143
16. 其他行业	27 758	22 575	4 383	6 981	7 728	4 558

4—11 各 市 县 职 工 工 资

（1996 年）

市、县	职工工资总额（万元）	国有	集体	其他	平均工资（元）	国有	集体	其他
长春市	**832 837**	**656 980**	**125 108**	**50 749**	**6 370**	**6 844**	**4 547**	**7 027**
市区	713 118	559 236	108 690	45 192	6 856	7 498	4 717	7 079
九台市	25 923	22 049	3 744	130	4 248	4 410	3 461	6 250
榆树市	35 289	28 960	6 040	289	4 761	4 889	4 265	3 983
德惠市	32 936	23 947	3 851	5 138	4 380	4 383	2 934	6 899
农安县	25 571	22 788	2 783		4 493	4 532	4 195	
吉林市	**531 352**	**414 110**	**95 923**	**21 319**	**5 639**	**6 082**	**4 136**	**7 212**
市区	383 581	290 796	73 231	19 554	6 549	7 168	4 700	8 090
桦甸市	31 929	23 821	6 954	1 154	4 617	5 029	3 887	2 956
蛟河市	22 113	17 449	4 459	205	3 768	4 240	2 636	3 321
舒兰市	35 465	31 765	3 517	183	3 688	3 813	2 828	4 336
磐石市	30 141	25 700	4 412	29	4 628	5 135	2 942	3 724
永吉县	28 123	24 579	3 350	194	4 166	4 163	2 419	5 280
四平市	**187 328**	**155 977**	**24 118**	**7 233**	**4 331**	**4 645**	**2 974**	**4 624**
市区	75 539	61 020	8 796	5 723	4 815	5 274	3 093	4 486
公主岭市	45 837	35 852	9 084	901	4 375	4 645	3 445	7 493
双辽市	30 651	27 424	2 803	424	3 760	3 893	2 774	4 434
梨树县	13 721	12 132	1 467	122	3 821	4 232	2 180	2 368
伊通县	21 580	19 549	1 968	63	4 035	4 462	2 079	3 000
辽源市	**89 614**	**77 611**	**10 268**	**1 735**	**4 178**	**4 467**	**2 897**	**3 249**
市区	63 516	54 490	7 313	1 713	4 191	4 507	2 884	3 246
东丰县	14 795	13 744	1 051		4 002	4 239	2 312	
东辽县	11 303	9 377	1 904	22	4 347	4 596	3 439	3 492
通化市	**170 196**	**141 708**	**24 327**	**4 161**	**4 572**	**4 949**	**3 250**	**3 768**
市区	82 040	66 364	13 692	1 984	5 155	5 816	3 369	4 506
梅河口市	22 930	19 300	2 720	910	3 753	4 006	2 938	2 484
集安市	13 668	11 925	1 692	51	4 074	4 227	3 307	2 279
通化县	16 208	12 921	2 478	809	4 857	4 976	4 064	6 189
辉南县	21 790	19 065	2 518	207	4 373	4 729	2 851	3 047

4－11 续表　　　　　　　　　　（1996年）

市　、县	职工工资总额（万元）	国有	集体	其他	平均工资（元）	国有	集体	其他
柳河县	13 560	12 133	1 227	200	3 850	4 106	2 501	2 612
白山市	**133 225**	**114 749**	**14 416**	**4 060**	**4 137**	**4 394**	**2 856**	**3 922**
市区	53 745	45 188	6 340	2 217	4 479	4 647	3 625	4 214
临江市	14 970	13 047	1 165	758	4 042	4 157	2 956	4 446
抚松县	29 143	26 744	2 253	146	3 806	4 188	1 848	2 905
靖宇县	6 960	6 097	717	146	3 695	3 898	2 646	3 008
长白县	9 808	8 675	874	259	5 021	5 401	3 304	3 123
江源县	18 599	14 998	3 067	534	3 716	4 056	2 667	3 403
松原市	**157 845**	**143 895**	**12 556**	**1 394**	**5 671**	**6 149**	**3 230**	**2 557**
市区	91 391	85 276	5 497	618	7 488	7 975	4 482	2 164
长岭县	14 745	13 029	1 694	22	3 827	4 165	2 357	3 946
前郭县	25 683	22 489	2 547	647	4 821	5 130	3 468	3 094
乾安县	11 674	10 597	975	102	3 568	3 943	1 800	2 361
扶余县	14 352	12 504	1 843	5	4 520	4 987	2 765	3 067
白城市	**112 752**	**98 516**	**13 272**	**964**	**3 671**	**3 956**	**2 404**	**3 322**
市区	45 610	40 464	4 609	537	4 234	4 516	2 792	3 325
洮南市	18 209	15 597	2 507	105	3 511	3 774	2 436	4 363
大安市	16 433	14 221	2 093	119	3 029	3 332	1 873	2 980
镇赉县	17 411	15 717	1 525	169	3 876	4 024	2 844	3 340
通榆县	15 089	12 517	2 538	34	3 120	3 443	2 140	2 418
延边朝鲜族自治州	**259 187**	**214 663**	**28 027**	**16 497**	**4 839**	**5 111**	**3 405**	**4 961**
延吉市	72 352	56 485	6 543	9 324	6 049	6 211	4 698	6 327
图们市	19 141	16 121	2 424	596	5 300	5 906	4 021	2 139
敦化市	44 935	36 113	5 861	2 961	4 382	4 629	3 356	4 197
龙井市	26 113	21 558	3 868	687	4 815	4 930	4 201	5 299
珲春市	27 435	23 704	2 568	1 163	4 759	5 149	2 842	4 526
和龙市	21 871	18 716	2 389	766	4 278	4 656	2 723	3 566
汪清县	24 069	21 371	2 049	649	3 763	4 033	2 246	3 535
安图县	23 271	20 595	2 325	351	4 620	5 049	2 658	4 247

4—12 国有单位分行业职工工资总额

单位:万元

行业	1992年	1993年	1994年	1995年	1996年
全省	**945 410**	**1 109 906**	**1 509 813**	**1 809 128**	**2 164 775**
1. 农、林、牧、渔业	36 373	37 117	47 542	58 316	66 927
2. 采掘业	111 757	141 106	176 792	205 728	237 810
3. 制造业	279 585	342 370	422 219	522 708	630 896
4. 电力、煤气及水的生产和供应业	21 334	25 532	42 645	53 177	76 838
5. 建筑业	74 163	91 683	105 612	115 107	122 194
6. 地质勘查业、水利管理业	18 682	15 008	18 038	17 201	17 385
7. 交通运输、仓储及邮电通信业	94 045	92 560	130 653	163 395	184 907
8. 批发和零售贸易、餐饮业	64 858	84 008	106 532	130 228	167 639
9. 金融、保险业	12 993	18 205	40 879	45 303	54 497
10. 房地产业	7214	7 307	11 839	13 074	16 119
11. 社会服务业	20 150	27 343	42 259	52 002	63 096
12. 卫生、体育和社会福利业	31 078	35 970	53 570	66 434	79 648
13. 教育、文化艺术和广播电影电视业	95 265	104 170	167 884	197 393	234 102
14. 科学研究和综合技术服务业	10 549	14 028	27 360	30 262	37 532
15. 国家机关、党政机关和社会团体	67 364	68 475	110 717	133 465	152 610
16. 其他行业		5024	5 272	5 335	22 575

4—13 国有单位分行业职工平均工资

单位:元

行　　业	1992年	1993年	1994年	1995年	1996年
全　　省	**2 526**	**2 974**	**3 997**	**4 803**	**5 765**
1. 农、林、牧、渔业	1722	1 932	2 426	2 959	3 600
2. 采掘业	2764	3 104	3 865	4 489	5 099
3. 制造业	2472	2 962	3 763	4 716	5 837
4. 电力、煤气及水的生产和供应业	3087	3 806	5 931	7 395	9 261
5. 建筑业	3141	3 656	4 403	5 182	5 887
6. 地质勘查业、水利管理业	2853	2 897	4 252	4 270	4 758
7. 交通运输、仓储及邮电通信业	2910	3 990	5 324	6 925	7 867
8. 批发和零售贸易、餐饮业	1969	2 208	2 701	3 238	4 274
9. 金融、保险业	2452	3 147	6 703	7 034	8 322
10. 房地产业	2376	2 682	4 286	4 667	6 100
11. 社会服务业	2242	2 604	3 714	4 625	5 479
12. 卫生、体育和社会福利业	2511	2 935	4 280	5 217	6 069
13. 教育、文化艺术和广播电影电视业	2550	2 982	4 516	5 156	5 896
14. 科学研究和综合技术服务业	2734	3 272	5 470	6 067	7 452
15. 国家机关、党政机关和社会团体	2559	3 042	4 535	5 234	6 048
16. 其他行业		2875	4 242	5 175	7 728

4—14 国有单位分行业分项目职工工资总额

（1996年） 单位：万元

行业	职工工资总额	#计时和计件标准工资	奖金和计件超额工资	津贴和补贴
全省	**2 164 775**	**1 232 700**	**250 787**	**597 031**
1. 农、林、牧、渔业	66 927	45 566	2 177	15 545
2. 采掘业	237 810	133 107	31 084	60 689
3. 制造业	630 896	349 527	100 962	147 434
4. 电力、煤气及水的生产和供应业	76 838	41 701	17 114	15 795
5. 建筑业	122 194	76 352	20 289	22 179
6. 地质勘查业、水利管理业	17 385	10 012	472	6 372
7. 交通运输、仓储及邮电通信业	184 907	100 823	31 567	48 522
8. 批发和零售贸易、餐饮业	167 639	110 343	8 824	43 371
9. 金融、保险业	54 497	23 073	2 208	27 006
10. 房地产业	16 119	10 358	949	4 528
11. 社会服务业	63 096	37 819	6 337	17 449
12. 卫生、体育和社会福利业	79 648	42 702	4 119	29 839
13. 教育、文化艺术和广播电影电视业	234 102	129 421	11 454	86 346
14. 科学研究和综合技术服务业	37 532	20 074	2 428	13 936
15. 国家机关、党政机关和社会团体	152 610	90 083	7 586	50 788
16. 其他行业	22 575	11 739	3 217	7 232

4—15 城镇集体所有制单位分行业职工工资总额和平均工资

行　　业	1992年	1993年	1994年	1995年	1996年
工资总额（万元）	**264 870**	**281 071**	**314 723**	**318 902**	**364 074**
1. 农、林、牧、渔业	1708	890	924	1 293	1 722
2. 采掘业	13 114	11 634	12 004	7 403	8 328
3. 制造业	130 814	144 285	163 117	162 860	190 871
4. 电力、煤气及水的生产和供应业	2038	1 798	1 689	2 390	3 043
5. 建筑业	42 623	41 263	46 002	45 856	48 846
6. 地质勘查业、水利管理业	153	129	113	221	222
7. 交通运输、仓储及邮电通信业	10 994	14 502	10 129	10 462	12 986
8. 批发和零售贸易、餐饮业	45 910	45 732	50 525	53 274	56 845
9. 金融、保险业	4668	4 867	11 577	13 251	18 282
10. 房地产业	592	401	448	622	338
11. 社会服务业	5229	7 852	10 453	11 141	10 680
12. 卫生、体育和社会福利业	3207	3 646	4 400	5 133	5 380
13. 教育、文化艺术和广播电影电视业	533	669	315	531	568
14. 科学研究和综合技术服务业	553	796	578	798	804
15. 国家机关、党政机关和社会团体	2736	1 554	680	703	776
16. 其他行业		1053	1 769	2 964	4 383
平均工资（元）	**1759**	**1 952**	**2 568**	**3 032**	**3 752**
1. 农、林、牧、渔业	1129	1 762	2 297	3 639	3 300
2. 采掘业	1626	1 859	2 571	3 086	3 505
3. 制造业	1692	1 892	2 438	2 857	3 580
4. 电力、煤气及水的生产和供应业	2655	3 343	6 043	8 282	8 388
5. 建筑业	2533	2 659	3 535	4 184	5 036
6. 地质勘查业、水利管理业	1702	2 218	3 157	4 027	4 245
7. 交通运输、仓储及邮电通信业	1891	2 851	2 297	2 734	3 176
8. 批发和零售贸易、餐饮业	1436	1 487	2 086	2 391	3 057
9. 金融、保险业	2367	2 606	5 176	5 742	6 798
10. 房地产业	2230	4 007	3 631	4 334	3 486
11. 社会服务业	1796	2 203	2 685	3 547	3 915
12. 卫生、体育和社会福利业	2039	2 311	3 140	4 218	4 539
13. 教育、文化艺术和广播电影电视业	1728	1 777	3 802	5 227	5 875
14. 科学研究和综合技术服务业	2164	3 145	3 999	4 985	5 145
15. 国家机关、党政机关和社会团体	2369	2 059	3 971	4 695	6 143
16. 其他行业		2255	3 069	3 843	4 558

4—16 城乡劳动力资源与分配平衡表

单位:万人

项　　目	1995年			1996年		
	城乡合计	城　镇	乡　村	城乡合计	城　镇	乡　村
一、年末劳动力资源总数	**1 728.6**	**734.7**	**993.9**	**1 765.3**	**764.9**	**1 000.4**
#当年新增加的劳动力资源	49.0	21.2	27.8	40.5	18.6	21.9
年末劳动年龄内全部人数	1 791.2	761.5	1 029.7	1 813.5	773.6	1 039.9
#不计入劳动力资源的人数	63.0	20.8	42.2	57.3	17.8	39.5
二、经济活动人口	**1 278.5**	**617.1**	**661.4**	**1 266.4**	**626.5**	**639.9**
(一) 从业人员	1270.7	609.3	661.4	1 257.1	617.2	639.9
1. 按经济类型分组						
(1) 国有经济	410.6	384.6	26.0	391.8	384.2	7.6
(2) 集体经济	747.9	113.6	634.3	737.6	106.3	631.3
(3) 私有经济	14.7	14.4	0.3	15.5	15.5	
(4) 个体经济	79.4	78.8	0.6	92.5	92.5	
(5) 联营经济	0.3	0.2	0.1	0.3	0.3	
(6) 股份制经济	9.9	9.8	0.1	10.3	10.2	0.1
(7) 外商投资经济	6.2	6.2		7.2	6.4	0.8
(8) 港、澳、台投资经济	1.5	1.5		1.7	1.6	0.1
(9) 其他经济	0.2	0.2		0.2	0.2	
2. 按国民经济行业分组						
(1) 农、林、牧、渔业	577.2	23.6	553.6	562.3	27.2	535.1
(2) 采掘业	60.1	50.6	9.5	58.0	50.1	7.9
(3) 制造业	217.9	198.6	19.3	212.5	195.4	17.1
(4) 电力、煤气及水的生产和供应业	7.8	7.7	0.1	9.0	8.8	0.2
(5) 建筑业	51.0	33.0	18.0	49.8	31.9	17.9
(6) 地质勘查业、水利管理业	4.9	4.0	0.9	4.6	3.7	0.9
(7) 交通运输、仓储及邮电通信业	49.6	37.1	12.5	49.9	37.9	12.0
(8) 批发和零售贸易、餐饮业	139.2	124.4	14.8	140.7	126.1	14.6
(9) 金融、保险业	9.5	8.9	0.6	9.9	9.2	0.7
(10) 房地产业	3.4	3.3	0.1	3.2	3.1	0.1
(11) 社会服务业	27.2	26.6	0.6	28.8	28.5	0.3
(12) 卫生、体育和社会福利业	16.4	14.4	2.0	16.5	14.6	1.9
(13) 教育、文化艺术和广播电影电视业	50.5	42.1	8.4	51.0	43.0	8.0
(14) 科学研究和综合技术服务业	5.9	5.6	0.3	5.5	5.3	0.2
(15) 国家机关、政党机关和社会团体	22.6	20.5	2.1	27.7	25.7	2.0
(16) 其他行业	21.5	2.9	18.6	27.7	6.7	21.0
(二) 失业人员	7.8	7.8		9.3	9.3	
三、非经济活动人口	**450.1**	**117.6**	**332.5**	**498.9**	**138.4**	**360.5**
#16岁以上在校学生	62.3	39.1	23.2	64.7	40.6	24.1
家务劳动者	289.5	76.8	212.7	262.5	69.6	192.9

4—17 国有单位在职职工分行业保险福利费

(1996年)　　单位:万元

行业	费用总额	医疗卫生费	丧葬费及抚恤费	生活困难补助费	文娱体育宣传费
全　省	**211 762**	**108 489**	**5 941**	**4 810**	**14 174**
1. 农、林、牧、渔业	9704	4 071	418	298	1 208
2. 采掘业	19 212	8 308	922	543	1 243
3. 制造业	67 035	32 251	1 461	1 226	5 643
4. 电力、煤气及水的生产和供应业	9229	5 203	95	100	294
5. 建筑业	11 176	4 768	292	205	1 694
6. 地质勘查业、水利管理业	1971	870	95	58	161
7. 交通运输、仓储及邮电通信业	13 622	8 251	313	220	743
8. 批发和零售贸易、餐饮业	13 582	6 991	491	576	400
9. 金融、保险业	7882	4 490	127	158	345
10. 房地产业	3023	1 987	32	104	150
11. 社会服务业	2891	1 599	66	47	183
12. 卫生、体育和社会福利业	9613	5 542	318	350	348
13. 教育、文化艺术和广播电影电视业	15 368	6 405	653	567	624
14. 科学研究和综合技术服务业	7103	4 992	121	58	403
15. 国家机关、党政机关和社会团体	17 388	11 654	436	276	648
16. 其他行业	2963	1 107	101	24	87

4—17 续表　　(1996年)　　单位:万元

行业	计划生育补贴	集体福利设施及集体福利事业补贴	冬季取暖补贴	其他
全　省	**6 843**	**33 914**	**15 444**	**22 147**
1. 农、林、牧、渔业	817	567	1 499	826
2. 采掘业	268	4 096	816	3 016
3. 制造业	1881	17 373	3 604	3 596
4. 电力、煤气及水的生产和供应业	102	2 347	268	820
5. 建筑业	305	1 201	904	1 807
6. 地质勘查业、水利管理业	96	286	208	197
7. 交通运输、仓储及邮电通信业	407	1 393	960	1 335
8. 批发和零售贸易、餐饮业	560	1 286	1 440	1 838
9. 金融、保险业	296	689	842	935
10. 房地产业	61	146	122	421
11. 社会服务业	121	203	312	360
12. 卫生、体育和社会福利业	406	700	683	1 266
13. 教育、文化艺术和广播电影电视业	701	1 734	1 821	2 863
14. 科学研究和综合技术服务业	138	728	235	428
15. 国家机关、党政机关和社会团体	563	962	1 306	1 543
16. 其他行业	121	203	424	896

4—18 离休、退休、退职职工年末人数

单位:人

项　　目	1992年	1993年	1994年	1995年	1996年
全　　省	**756 714**	**828 854**	**874 731**	**1 040 941**	**905 755**
国有单位	572 577	633 765	678 221	807 670	721 138
城镇集体所有制单位	181 735	190 440	186 322	219 454	174 360
其他所有制单位	2 402	4 649	10 188	13 817	10 257

4—19 离休、退休、退职职工保险福利费用总额

单位:万元

项　　目	1992年	1993年	1994年	1995年	1996年
全　　省	**182 825**	**235 838**	**289 090**	**387 871**	**399 149**
国有单位	150 809	196 392	248 762	336 474	347 113
城镇集体所有制单位	31 072	38 214	37 075	46 447	43 989
其他所有制单位	944	1 232	3 253	4 950	8 047

4—20 国有单位非在职职工保险福利费

单位:万元

项　　目	1992年	1993年	1994年	1995年	1996年
全　　省	**150 809**	**196 392**	**248 762**	**336 474**	**347 113**
离　休　金	17 571	20 641	28 934	39 472	40 219
退　休　金	75 324	96 201	156 840	210 232	235 850
退职生活费	1 433	1 478	1 996	2 669	3 092
医疗卫生费	20 350	27 632	33 932	42 137	40 660
护　理　费	607	798			
生　活　补　贴	8 205	9 483			
交通费补贴	1 550	2 434	2 771	5 518	5 052
丧葬抚恤救济费	2 580	3 249	3 767	3 834	3 456
其他（含冬季取暖补贴）	23 183	34 476	20 522	32 612	18 785

統計資料 5

固定资产投资

INVESTMENT IN FIXED ASSETS

5 固定资产投资

1996年全社会固定资产投资	394.57亿元
国有经济单位及其他经济类型单位投资	321.83亿元
集体经济单位投资	24.62亿元
城镇	4.89亿元
农村	19.73亿元
城乡个人投资	48.12亿元
城镇	11.68亿元
农村	36.44亿元

全社会固定资产投资(亿元)

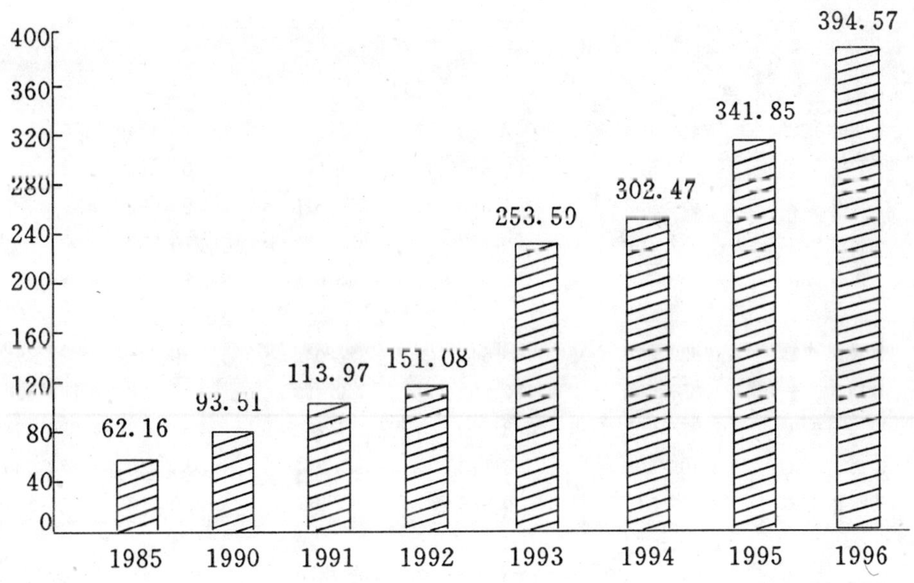

5—1 全 社 会 固

年 份	全社会固定资产投资	国有单位及其他经济类型				
		合 计	基本建设	更新改造	其他投资	房地产业
1952	18 559	17 800	17 309	491		
1957	42 240	38 010	36 921	1 089		
1962	39 150	27 149	24 246	2 903		
1965	67 887	58 956	53 217	5 739		
1970	88 184	70 600	58 290	12 310		
1975	154 449	127 299	95 063	32 236		
1978	181 631	155 969	135 389	20 580		
1979	195 372	172 123	142 929	29 194		
1980	208 798	176 463	140 100	36 363		
1981	209 790	170 519	91 594	64 812	14 113	
1982	275 055	220 784	119 683	82 759	18 342	
1983	293 320	219 905	133 050	78 220	8 635	
1984	409 334	255 014	144 818	82 339	27 857	
1985	621 557	373 829	223 967	121 442	28 420	
1986	634 122	421 174	232 483	159 217	29 474	
1987	769 970	539 577	269 896	206 065	63 616	
1988	930 322	678 053	372 848	254 625	50 580	
1989	800 996	581 280	290 737	213 991	76 552	
1990	935 080	669 374	291 155	225 695	87 691	64 833
1991	1 139 671	856 280	404 643	254 042	120 297	77 298
1992	1 510 786	1 216 686	620 762	340 093	112 528	143 303
1993	2 535 919	2 076 697	1 068 260	451 247	260 930	296 260
1994	3 024 672	2 494 908	1 372 110	543 772	154 138	424 888
1995	3 418 533	2 797 845	1 670 545	541 280	229 646	356 374
1996	3 945 710	3 218 270	2 040 374	624 301	251 511	302 084

定资产投资

单位:万元

集体经济单位			个人投资		
合计	城镇	农村	合计	城镇	农村
221	128	93	538	118	420
3 692	772	2 920	538	238	300
10 895	662	10 233	1 106	476	630
4 754	172	4 582	4 177	877	3 300
11 330	718	10 612	6 254	1 454	4 800
19 496	1 285	18 211	7 654	3 424	4 230
18 495	1 507	16 988	7 167	4 447	2 720
15 575	1 334	14 241	7 674	5 114	2 560
19 574	4 097	15 477	12 761	5 881	6 880
22 588	6 713	15 875	16 683	6 763	9 920
23 762	8 271	15 491	30 509	8 021	22 488
33 907	9 449	24 458	39 508	12 648	26 860
21 571	12 675	8 896	132 749	14 794	117 955
43 985	19 223	24 762	203 743	21 446	182 297
43 798	23 255	20 543	169 150	27 279	141 871
63 668	24 424	39 244	166 725	34 261	132 464
72 600	37 936	34 664	179 669	46 542	133 127
42 792	25 087	17 705	176 924	44 423	132 501
28 236	17 990	10 246	237 470	40 658	196 812
59 834	26 912	32 922	223 557	37 153	186 404
121 667	43 453	78 214	172 433	30 833	141 600
233 622	62 191	171 431	225 600	97 957	127 643
256 935	59 734	197 201	272 829	133 482	139 347
212 110	45 811	166 299	408 578	105 539	303 039
246 240	48 965	197 275	481 200	116 815	364 385

5-1 续表

单位:万元

年 份	按构成分			按用途分		
	建筑安装工程	设备、工具、器具购置	其他费用	生产性建设	非生产性建设	#住宅
1952	12 168	4 612	1 779	11 464	7 095	2 708
1957	27 845	12 789	1 606	33 393	8 847	4 203
1962	22 565	15 163	1 422	34 221	4 929	2 525
1965	40 450	23 580	3 857	55 139	12 748	7 594
1970	52 072	30 224	5 888	76 739	11 445	8 554
1975	99 634	48 692	6 123	127 553	26 896	15 059
1978	110 853	61 811	8 967	149 582	32 049	19 754
1979	129 980	54 584	10 808	143 822	51 550	34 264
1980	148 578	52 772	7 448	140 360	68 438	49 115
1981	153 595	47 899	8 296	126 030	83 760	57 153
1982	200 499	60 991	13 565	154 441	120 614	82 136
1983	207 339	68 435	17 546	173 754	119 566	74 796
1984	322 621	71 806	14 907	238 187	171 147	118 432
1985	481 529	107 709	32 319	370 440	251 117	172 342
1986	429 468	175 307	29 347	362 757	271 365	182 512
1987	489 975	245 887	34 108	481 527	288 443	220 034
1988	600 742	246 015	83 565	624 970	305 352	203 785
1989	531 282	211 054	58 660	534 925	266 071	190 408
1990	608 594	253 669	72 817	604 996	330 084	241 290
1991	711 498	294 718	133 455	756 293	383 378	275 610
1992	962 770	341 451	206 565	955 493	555 293	368 529
1993	1 619 650	574 362	341 907	1 607 197	928 722	740 171
1994	1 858 118	761 485	405 069	1 930 132	1 094 540	497 648
1995	2 240 811	747 086	430 636	2 189 764	1 228 769	842 257
1996	2 450 260	1 119 624	375 826	2 650 647	1 295 063	808 848

5－2 国有单位按三次产业分的固定资产投资

年　　份	投　资　额　（万元）			比重(以国有投资总额为100)		
	第一产业	第二产业	第三产业	第一产业	第二产业	第三产业
1952	171	12 419	5 210	1.0	69.8	29.2
1957	901	27 901	9 208	2.4	73.4	24.2
1962	3 654	18 200	5 295	13.5	67.0	19.5
1965	4 791	29 926	14 239	8.1	67.7	24.2
1970	2 307	55 970	12 323	3.3	79.3	17.4
1975	3 807	98 524	29 968	3.0	73.5	23.5
1978	3 155	124 609	28 205	2.0	79.9	18.1
1979	4 824	127 019	40 280	2.8	73.8	23.4
1980	5 049	122 699	48 715	2.9	69.5	27.6
1981	3 987	112 839	53 693	2.3	66.2	31.5
1982	6 307	148 441	66 036	2.8	67.2	29.9
1983	2 673	154 933	62 299	1.2	70.5	28.3
1984	2 640	171 366	81 008	1.0	67.2	31.8
1985	3 388	251 374	119 067	0.9	67.2	31.9
1986	2 607	293 910	124 657	0.6	69.8	29.6
1987	4 861	419 567	115 149	0.9	77.8	21.3
1988	6 676	496 746	174 631	1.0	73.3	25.7
1989	10 860	434 633	135 787	1.8	74.8	23.4
1990	21 130	458 840	189 391	3.2	68.5	28.3
1991	16 755	586 802	252 723	2.0	68.5	29.5
1992	15 997	791 812	408 877	1.3	65.1	33.6
1993	18 169	1 068 443	847 836	0.9	55.3	43.8
1994	14 784	1 389 373	1 086 497	0.6	55.8	43.6
1995	4 742	1 893 144	899 959	0.2	67.7	32.1
1996	15 097	1 776 991	1 426 182	0.5	55.2	44.3

5—3 地方全社会

年 份	地方全社会固定资产投资	国有单位及其他经济类型				
		合 计	基本建设	更新改造	其他投资	房地产业
1952	4 710	3 951	3 559	392		
1957	14 849	10 619	9 748	871		
1962	25 272	13 271	11 007	2 264		
1965	32 846	23 915	19 439	4 476		
1970	59 459	41 875	32 642	9 233		
1975	98 850	71 700	47 523	24 177		
1978	94 751	69 089	52 934	16 155		
1979	103 379	80 130	57 417	22 713		
1980	124 503	92 168	63 684	28 484		
1981	139 858	100 587	38 510	61 066	1 011	
1982	193 959	139 688	41 687	80 159	17 842	
1983	182 119	108 704	46 662	53 457	8 585	
1984	304 291	149 971	62 294	60 320	27 357	
1985	480 443	232 715	106 804	97 991	27 920	
1986	483 744	270 796	110 392	132 256	28 148	
1987	585 604	355 211	120 534	171 718	62 959	
1988	690 714	438 445	176 323	212 988	49 134	
1989	606 213	387 140	135 959	176 056	74 525	
1990	693 643	428 960	137 730	146 053	85 180	59 997
1991	831 765	551 180	194 742	166 888	116 527	73 023
1992	1 053 038	763 891	279 138	241 565	108 212	134 976
1993	1 919 559	1 465 655	639 548	297 973	253 713	274 421
1994	2 419 356	1 890 362	946 025	389 221	152 670	402 446
1995	2 673 703	2 053 015	1 146 018	373 113	187 109	346 775
1996	2 557 206	1 829 766	859 278	423 745	250 620	296 123

固定资产投资

单位:万元

集体经济单位			个人投资		
合计	城镇	农村	合计	城镇	农村
221	128	93	538	118	420
3 692	772	2 920	538	238	300
10 895	662	10 233	1 106	476	630
4 754	172	4 582	4 177	877	3 300
11 330	718	10 612	6 254	1 454	4 800
19 496	1 285	18 211	7 654	3 424	4 230
18 495	1 507	16 988	7 167	4 447	2 720
15 575	1 334	14 241	7 674	5 114	2 560
19 574	4 097	15 477	12 761	5 881	6 880
22 588	6 713	15 875	16 683	6 763	9 920
23 762	8 271	15 491	30 509	8 021	22 488
33 907	9 449	24 458	39 508	12 648	26 860
21 571	12 675	8 896	132 749	14 794	117 955
43 985	19 223	24 762	203 743	21 446	182 297
43 798	23 255	20 543	169 150	27 279	141 871
63 668	24 424	39 244	166 725	34 261	132 464
72 600	37 936	34 664	179 669	46 542	133 127
42 149	24 444	17 705	176 924	44 423	132 501
27 213	16 967	10 246	237 470	40 658	196 812
57 028	24 106	32 922	223 557	37 153	186 404
116 714	38 500	78 214	172 433	30 833	141 600
228 304	57 601	170 703	225 600	97 957	127 643
256 165	58 964	197 201	272 829	133 482	139 347
212 110	45 811	166 299	408 578	105 539	303 039
246 240	48 965	197 275	481 200	116 815	364 385

5—4 全社会新

年份	全社会新增固定资产	国有单位及其他经济类型				
		合计	基本建设	更新改造	其他投资	房地产业
1952	15 224	14 491	14 000	491		
1957	53 499	49 400	48 397	1 003		
1962	35 112	23 217	20 915	2 302		
1965	76 820	67 917	63 441	4 476		
1970	64 449	46 958	37 972	8 986		
1975	114 217	87 273	62 774	24 499		
1978	109 603	84 411	72 907	11 504		
1979	141 793	118 827	96 794	22 033		
1980	152 593	122 024	95 908	26 116		
1981	184 018	145 392	69 676	63 720	11 996	
1982	229 186	176 501	80 080	80 830	15 591	
1983	325 672	254 188	186 407	60 142	7 639	
1984	411 045	258 958	155 680	68 353	34 925	
1985	500 730	255 551	146 676	88 092	20 783	
1986	554 999	342 485	199 115	121 816	21 554	
1987	669 709	443 462	232 120	159 018	52 324	
1988	756 589	515 452	296 152	181 725	37 575	
1989	690 755	473 601	246 010	166 632	60 959	
1990	862 131	593 250	227 339	232 876	72 946	60 089
1991	969 732	664 655	329 114	168 991	95 584	70 966
1992	836 881	557 752	231 461	192 860	21 929	111 502
1993	1 761 676	1 313 618	531 448	337 421	173 641	271 108
1994	2 193 107	1 664 616	741 726	419 864	190 975	312 051
1995	2 229 127	1 603 124	700 853	417 579	240 338	244 354
1996	4 073 188	3 373 759	2 358 641	466 079	238 575	310 464

增固定资产

单位:万元

集体经济单位			个人投资		
合　计	城　镇	农　村	合　计	城　镇	农　村
195	102	93	538	118	420
3 561	641	2 920	538	238	300
10 789	556	10 233	1 106	476	630
4 726	144	4 582	4 177	877	3 300
11 237	625	10 612	6 254	1 454	4 800
19 290	1 079	18 211	7 654	3 424	4 230
18 025	1 037	16 988	7 167	4 447	2 720
15 292	1 051	14 241	7 674	5 114	2 560
17 808	2 331	15 477	12 761	5 881	6 880
21 943	6 068	15 875	16 683	6 763	9 920
22 176	6 685	15 491	30 509	8 021	22 488
31 976	7 518	24 458	39 508	12 648	26 860
19 338	10 442	8 896	132 749	14 794	117 955
41 436	16 674	24 762	203 743	21 446	182 297
43 364	22 821	20 543	169 150	27 279	141 871
59 522	20 278	39 244	166 725	34 261	132 464
61 468	26 804	34 664	179 669	46 542	133 127
40 230	22 525	17 705	176 924	44 423	132 501
31 411	21 165	10 246	237 470	40 685	196 785
51 520	18 598	32 922	223 557	37 153	186 404
106 696	28 482	78 214	172 433	30 833	141 600
222 458	51 755	170 703	225 600	97 957	127 643
255 662	58 461	197 201	272 829	133 482	139 347
217 425	51 126	166 299	408 578	105 539	303 039
218 229	37 495	180 734	481 200	116 815	364 385

5—5 地方全社会

年 份	地方全社会新增固定资产	国有单位及其他经济类型				
		合 计	基本建设	更新改造	其他投资	房地产业
1952	3 201	2 468	2 076	392		
1957	17 680	13 581	12 779	802		
1962	23 189	11 294	9 499	1 795		
1965	35 705	26 802	23 311	3 491		
1970	45 480	27 989	21 249	6 740		
1975	76 684	49 740	31 365	18 375		
1978	71 672	46 480	37 449	9 031		
1979	78 990	56 024	38 871	17 153		
1980	98 783	68 214	47 762	20 452		
1981	118 071	79 445	29 306	49 280	859	
1982	159 787	107 102	27 889	64 047	15 166	
1983	185 262	113 778	65 373	41 108	7 297	
1984	292 372	140 285	66 966	50 066	23 253	
1985	409 733	164 554	69 779	71 043	23 732	
1986	428 729	216 215	94 496	101 175	20 544	
1987	514 509	288 262	103 659	132 566	52 037	
1988	580 343	341 206	140 000	152 073	49 133	
1989	532 236	315 652	118 291	138 043	59 318	
1990	646 252	378 573	99 098	152 003	71 256	56 216
1991	687 951	414 188	135 220	121 589	92 585	64 794
1992	807 248	551 042	231 461	192 860	21 929	104 792
1993	1 047 769	697 082	376 552	193 809	103 559	218 023
1994	1 683 137	1 178 604	437 074	313 822	127 571	300 137
1995	1 706 290	1 111 707	364 176	288 285	238 170	221 076
1996	2 244 657	1 545 228	687 661	315 527	234 854	307 186

新增固定资产

单位:万元

集体经济单位			个人投资		
合计	城镇	农村	合计	城镇	农村
195	102	93	538	118	420
3 561	641	2 920	538	238	300
10 789	556	10 233	1 106	476	630
4 726	144	4 582	4 177	877	3 300
11 237	625	10 612	6 254	1 454	4 800
19 290	1 079	18 211	7 654	3 424	4 230
18 025	1 037	16 988	7 167	4 447	2 720
15 292	1 051	14 241	7 674	5 114	2 560
17 808	2 331	15 477	12 761	5 881	6 880
21 943	6 068	15 875	16 683	6 763	9 920
22 176	6 685	15 491	30 509	8 021	22 488
31 976	7 518	24 458	39 508	12 648	26 860
19 338	10 442	8 896	132 749	14 794	117 955
41 436	16 674	24 762	203 743	21 446	182 297
43 364	22 821	20 543	169 150	27 279	141 871
59 522	20 278	39 244	166 725	34 261	132 464
61 468	26 804	34 664	177 669	46 542	131 127
39 661	21 956	17 705	176 923	44 423	132 500
30 209	19 963	10 246	237 470	40 658	196 812
50 206	17 214	32 992	223 557	37 153	186 404
83 773	28 482	55 291	172 433	30 833	141 600
125 087	46 873	78 214	225 600	97 957	127 643
231 704	55 016	176 688	272 829	133 482	139 347
186 005	49 326	136 679	408 578	105 539	303 039
218 229	37 495	180 734	481 200	116 815	364 385

5—6 全社会竣

年份	总计	国有单位及其他经济类型				
		合计	基本建设	更新改造	其他投资	房地产业
1952	116.72	62.23	62.23			
1957	271.72	187.50	187.50			
1962	193.75	55.52	55.52			
1965	395.61	158.59	158.59			
1970	478.73	146.00	146.00			
1975	489.51	184.81	184.81			
1978	864.02	188.32	188.32			
1979	664.48	274.48	274.48			
1980	773.92	378.82	318.86	59.96		
1981	1 135.03	390.63	220.05	170.58		
1982	1 495.41	440.00	246.00	194.00		
1983	1 671.62	383.50	290.00	93.50		
1984	1 862.53	466.15	300.00	103.20	62.95	
1985	2 006.65	501.72	380.27	97.06	24.39	
1986	2 352.81	576.01	443.40	103.88	28.73	
1987	1 933.32	436.94	310.93	111.01	15.00	
1988	1 463.45	500.19	350.69	128.71	20.79	
1989	1 368.34	477.39	232.78	76.51	168.10	
1990	1 096.12	433.10	231.24	74.49	10.81	116.56
1991	1 074.09	508.26	260.38	71.45	30.64	145.79
1992	1 379.95	731.66	381.49	88.73	14.36	247.08
1993	1 833.56	1 019.81	481.59	75.74	58.67	403.81
1994	1 987.49	968.95	488.04	82.53	71.06	327.32
1995	2 007.60	859.50	447.00	62.70	21.90	327.90
1996	1 923.04	828.77	435.49	71.49	281.93	39.86

工房屋面积

单位:万平方米

集体经济单位			个人投资		
合　计	城　镇	农　村	合　计	城　镇	农　村
0.49	0.49		54.00	12.00	42.00
30.22	1.22	29.00	54.00	24.00	30.00
51.23	1.23	50.00	87.00	24.00	63.00
28.02	2.02	26.00	209.00	44.00	165.00
56.73	3.73	53.00	276.00	36.00	240.00
95.70	4.70	91.00	209.00	68.00	141.00
518.70	5.70	513.00	157.00	89.00	68.00
224.00	6.00	218.00	166.00	102.00	64.00
105.10	7.10	98.00	290.00	118.00	172.00
361.40	17.40	344.00	383.00	135.00	248.00
99.86	18.18	81.68	955.55	107.40	848.15
280.86	28.02	252.84	1 007.26	159.04	848.22
55.28	36.00	19.28	1 341.10	161.55	1 179.55
143.25	36.87	106.38	1 361.68	182.31	1 179.37
87.86	39.91	47.95	1 688.94	211.19	1 477.75
88.81	33.81	55.00	1 407.57	236.57	1 171.00
111.08	38.72	72.36	852.18	270.25	581.93
38.58	24.05	14.53	852.37	213.05	639.32
35.59	19.86	15.73	627.43	145.02	482.41
35.12	20.46	14.66	530.71	171.10	359.61
63.76	23.24	40.52	584.53	101.41	483.12
147.40	45.51	101.89	666.35	254.01	412.34
293.84	14.41	279.43	724.70	290.41	434.29
124.00	31.90	92.10	1 024.10	220.10	804.00
95.61	20.77	74.84	998.66	264.88	733.78

5—7 全社会竣工

年份	总计	国有单位及其他经济类型				
		合计	基本建设	更新改造	其他投资	房地产业
1952	89.81	35.81	35.81			
1957	134.45	79.64	79.64			
1962	109.31	22.00	22.00			
1965	266.85	57.01	57.01			
1970	311.62	34.00	34.00			
1975	274.12	62.34	62.34			
1978	248.46	80.50	80.50			
1979	326.01	155.72	155.72			
1980	505.02	212.80	190.48	22.32		
1981	623.12	227.00	136.17	90.83		
1982	1 203.03	250.00	161.00	89.00		
1983	1 131.75	213.36	184.00	29.36		
1984	1 484.83	226.89	178.00	24.00	24.89	
1985	1 476.58	263.79	232.55	21.99	9.25	
1986	1 973.58	287.64	262.15	15.93	9.56	
1987	1 536.12	189.21	152.49	30.68	6.04	
1988	1 059.38	211.19	164.07	33.61	13.51	
1989	930.15	148.51	122.61	17.21	8.69	
1990	917.24	292.67	114.26	10.15	51.70	116.56
1991	761.58	290.19	136.41	18.42	6.46	128.90
1992	834.35	428.85	204.46	14.81	2.66	206.92
1993	1 183.86	668.32	296.85	11.19	25.83	334.45
1994	1 162.90	566.54	285.12	10.86	19.96	250.60
1995	1 423.10	526.70	256.90	6.70	5.90	257.20
1996	1 505.45	511.86	264.66	4.81	21.40	220.99

住宅建筑面积

单位:万平方米

集体经济单位			个人投资		
合计	城镇	农村	合计	城镇	农村
			54.00	12.00	42.00
0.81	0.21	0.60	54.00	24.00	30.00
0.31	0.20	0.11	87.00	24.00	63.00
0.84	0.34	0.50	209.00	44.00	165.00
1.62	0.62	1.00	276.00	36.00	240.00
2.78	0.78	2.00	209.00	68.00	141.00
10.96	0.96	10.00	157.00	89.00	68.00
4.29	0.29	4.00	166.00	102.00	64.00
2.22	0.22	2.00	290.00	118.00	172.00
13.12	6.12	7.00	383.00	135.00	248.00
7.14	5.60	1.54	945.89	104.02	841.87
231.92	10.40	221.52	686.47	152.09	534.38
27.77	17.20	10.57	1 230.17	152.09	1 078.08
50.48	16.33	34.15	1 162.31	167.29	995.02
24.55	14.44	10.11	1 661.39	197.53	1 463.86
30.38	11.38	19.00	1 316.53	213.53	1 103.00
12.07	9.18	2.89	836.12	253.19	582.93
11.61	9.51	2.10	770.03	203.36	566.67
10.51	6.97	3.54	614.06	171.33	442.73
11.38	7.77	3.61	460.01	159.29	300.72
17.11	6.80	10.22	388.39	95.21	293.18
39.71	22.30	17.41	475.83	224.49	251.34
42.04	37.23	4.81	554.32	270.03	284.29
22.80	14.90	7.90	873.60	208.60	665.00
16.27	10.61	5.66	977.32	243.54	733.78

5－8 各时期固定资产投资和交付使用率

单位:亿元

	投资总额	基本建设投资	#地方投资	更新改造投资	房地产开发及其他固定资产投资	新增固定资产	固定资产交付使用率(%)
“一五”时期	23.53	22.82	3.55	0.71		20.87	88.70
“二五”时期	34.67	31.49	19.12	3.18		25.68	74.10
1963-1965	16.44	14.73	5.38	1.71		14.66	89.20
“三五”时期	22.70	19.14	11.29	3.56		15.82	69.70
“四五”时期	55.21	40.88	21.29	14.33		36.88	66.80
“五五”时期	69.94	57.72	25.62	12.22		46.16	66.00
1976	10.27	8.37	4.45	1.90		6.57	64.00
1977	9.21	7.51	3.72	1.70		7.07	76.80
1978	15.60	13.54	5.29	2.06		8.44	54.10
1979	17.21	14.29	5.74	2.92		11.88	69.00
1980	17.65	14.01	6.37	3.64		12.20	69.10
“六五”时期	124.00	71.32	29.60	42.95	9.73	106.30	85.70
1981	17.05	9.16	3.85	6.48	1.41	13.34	78.20
1982	22.08	11.97	4.17	8.28	1.83	16.09	72.90
1983	21.99	13.31	4.67	7.82	0.86	25.42	115.60
1984	25.50	14.48	6.23	8.23	2.79	25.89	101.50
1985	37.38	22.40	10.68	12.14	2.84	25.56	68.40
“七五”时期	288.95	145.71	68.09	105.96	37.28	236.84	82.00
1986	42.12	23.25	11.04	15.92	2.95	34.25	81.30
1987	53.96	26.99	12.05	20.61	6.36	44.35	82.20
1988	67.80	37.28	17.63	25.46	5.06	51.55	76.00
1989	58.13	29.07	13.60	21.40	7.66	47.36	81.50
1990	66.94	29.12	13.77	22.57	15.25	59.33	88.60
“八五”时期	934.17	513.63	320.53	213.04	207.50	596.29	63.83
1991	85.62	40.46	19.47	25.40	19.76	69.46	81.10
1992	121.67	62.08	27.91	34.01	25.58	88.70	72.90
1993	193.44	106.83	63.95	45.12	41.49	118.83	61.40
1994	249.07	137.21	94.60	54.38	57.48	158.99	63.38
1995	284.37	167.05	114.60	54.13	63.19	160.31	56.37
“九五”时期							
1996	321.83	204.04	85.93	62.43	55.36	337.38	104.83

5—9 各时期按用途和建设性质分基本建设投资

单位:亿元

	按用途分			按建设性质分	
	生产性建设	非生产性建设	#住宅	#新建项目	改、扩建项目
"一五"时期	18.34	4.48	1.81	15.05	7.50
"二五"时期	26.53	4.96	1.92	13.87	16.32
1963-1965	12.01	2.72	1.26	5.57	8.67
"三五"时期	17.38	1.76	0.73	6.19	9.92
"四五"时期	32.80	8.08	3.24	18.36	21.50
"五五"时期	42.83	14.89	8.45	20.57	36.28
1976	6.76	1.61	0.67	3.95	4.16
1977	5.79	1.72	0.71	3.12	4.21
1978	11.18	2.36	1.17	5.21	8.26
1979	9.98	4.31	2.62	4.87	9.23
1980	9.12	4.89	3.28	3.42	10.42
"六五"时期	36.61	34.71	19.17	21.05	44.21
1981	5.22	3.94	2.56	2.93	6.18
1982	6.46	5.51	3.45	3.20	8.37
1983	7.04	6.27	3.23	4.37	8.75
1984	7.29	7.19	3.40	5.18	7.51
1985	10.60	11.80	6.53	5.37	13.40
"七五"时期	89.58	56.13	27.46	40.85	86.05
1986	12.30	10.95	5.69	5.54	14.64
1987	17.64	9.35	4.02	5.79	19.03
1988	22.12	15.16	7.93	9.56	21.31
1989	17.80	11.27	6.05	8.30	15.81
1990	19.72	9.40	3.77	11.66	15.26
"八五"时期	354.83	158.78	81.14	180.61	286.59
1991	27.54	12.92	6.18	15.69	21.44
1992	39.14	22.94	10.79	22.83	34.01
1993	69.63	37.19	22.25	36.70	58.89
1994	93.85	43.35	22.04	52.28	72.82
1995	124.67	42.38	19.88	53.11	99.43
"九五"时期					
1996	148.59	55.45	22.29	72.84	113.25

5—10 各时期农、轻、重和运输邮电业基本建设投资

单位:亿元

	农 业	轻工业	重工业	#能源工业	运输邮电业
“一五”时期	0.79	1.06	16.53	3.69	0.67
“二五”时期	2.32	1.82	20.05	7.02	1.86
1963-1965	2.13	0.89	8.29	2.67	1.14
“三五”时期	2.93	1.24	12.07	2.66	0.83
“四五”时期	4.77	2.43	25.17	10.60	3.19
“五五”时期	5.10	3.12	37.34	13.84	1.71
1976	0.90	0.29	5.32	2.74	0.57
1977	0.88	0.31	4.93	2.26	0.40
1978	1.05	0.59	9.83	3.41	0.25
1979	1.15	0.61	9.45	3.02	0.24
1980	1.06	1.32	7.81	2.41	0.32
“六五”时期	2.55	4.54	36.20	19.69	1.75
1981	0.52	1.11	4.46	2.22	0.12
1982	0.57	0.76	6.87	3.10	0.37
1983	0.62	0.72	7.18	4.54	0.29
1984	0.40	0.73	7.23	4.14	0.37
1985	0.44	1.22	10.46	5.69	0.59
“七五”时期	5.74	10.35	75.79	43.69	7.02
1986	0.74	1.11	10.97	6.03	0.95
1987	1.14	2.54	15.27	8.37	0.94
1988	0.99	2.64	18.97	11.31	1.61
1989	0.91	1.47	15.28	8.06	1.52
1990	1.96	2.59	15.30	9.92	2.00
“八五”时期	6.26	31.36	301.55	112.52	41.55
1991	1.64	3.77	22.22	13.20	2.16
1992	1.42	2.91	37.33	19.62	2.86
1993	1.50	3.59	56.80	28.59	8.24
1994	1.26	6.79	76.30	23.94	13.78
1995	0.44	14.30	108.90	27.17	14.51
“九五”时期					
1996	0.79	19.04	120.39	31.97	29.42

5—11 按概况分的固定资产投资和新增固定资产

（1996 年）　　　　　　　　　　　　　　　　　　单位：万元

	总计	#基本建设	更新改造	其他投资	#城镇集体	房地产业
投资额和新增固定资产						
计划总投资	9 065 887	6 252 068	1 459 481	482 249	82 612	872 089
实际需要的投资	10 439 507	7 395 953	1 585 166	492 817	88 035	965 571
累计完成投资	6 955 621	4 881 200	1 108 166	385 299	73 162	580 956
累计新增固定资产	4 182 871	2 899 919	653 566	293 547	53 726	335 839
本年底未完工程累计投资	2 128 797	1 417 764	386 022	90 396	18 325	234 615
本年计划投资	3 462 231	2 095 668	682 115	308 841	48 883	375 607
本年完成投资	**3 267 235**	**2 040 374**	**624 301**	**300 476**	**48 965**	**302 084**
按构成分：						
1. 建筑工程	1 703 605	989 650	232 583	233 220	28 479	248 152
2. 安装工程	329 449	248 123	55 502	13 773	3 437	12 051
3. 设备、工具、器具购置	865 773	522 279	286 253	46 156	13 627	11 085
#购置旧设备	11 233	9 983	944	306	305	
4. 其他费用	368 408	280 322	49 963	7 327	3 422	30 796
#旧建筑物购置费	7 866	1 817	2 324	212	212	3 513
按工程用途分：						
1. 农、林、牧、渔业用	15 105	12 605	1 331	1 169		
2. 工业、建筑业用	1 813 989	1 164 657	442 437	206 895	37 193	
3. 商业、运输邮电业用	501 428	308 589	92 976	45 779	1 249	54 084
4. 住宅	450 498	222 958	26 734	30 054	6 905	170 752
5. 其他	486 215	331 565	60 823	16 579	3 618	77 248
按隶属关系分：						
1. 中央	1 389 395	1 181 096	200 556	1 782		5 961
2. 省	651 047	340 759	85 291	169 114	231	55 883
3. 地区	737 193	269 463	229 714	75 808	9 193	162 208
4. 县	352 076	221 240	62 964	37 198	25 132	30 674
5. 其他	137 524	27 816	45 776	16 574	14 409	47 358
本年新增固定资产	**3 411 252**	**2 358 641**	**466 079**	**276 068**	**37 493**	**310 464**

(19

	总计	#国有经济	基本建设	#国有经济
总　计	**2 965 151**	**2 488 911**	**2 040 374**	**1 793 384**
一、农、林、牧、渔业	8 640	8 400	7 983	7 743
二、采　掘　业	265 753	264 905	58 649	58 649
#煤炭采选业	22 795	22 720	17 517	17 517
石油和天然气开采业	209 404	209 404	24 500	24 500
三、制　造　业	1 473 381	1 086 790	1 016 028	786 949
#食品加工业	23 490	10 060	13 938	7 719
食品制造业	31 855	4 584	29 310	3 252
饮料制造业	23 621	18 849	14 254	14 254
纺织业	19 933	8 292	2 850	200
石油加工及炼焦业	9 937	9 937	3 288	3 288
医药制造业	13 388	6 195	2 292	1 152
四、电力、煤气及水的生产和供应业	343 554	341 276	319 746	317 468
#电力、蒸汽、热水的生产和供应业	235 880	235 880	220 160	220 160
自来水的生产和供应业	94 949	92 671	93 339	91 061
五、建　筑　业	25 136	20 605	20 555	19 940
六、地质勘查业、水利管理业	6 896	6 896	6 896	6 896
#水利管理业	5 765	5 765	5 765	5 765
七、交通运输、仓储及邮电通信业	423 924	416 130	294 159	286 425
#邮电通信业	75 682	75 682	40 819	40 819
八、批发和零售贸易、餐饮业	59 650	34 667	32 333	30 042
九、金融、保险业	34 338	31 182	30 818	30 440
十、社会服务业	64 111	34 758	9 437	9 437
十一、卫生、体育和社会福利业	9 983	9 406	9 406	9 406
十二、教育、文化艺术及广播电影电视业	90 286	78 793	77 798	77 798
十三、科学研究和综合技术服务业	9 003	6 358	8 728	6 083
十四、国家机关、政党机关和社会团体	133 743	132 183	131 756	130 196
十五、其　他　行　业	16 753	16 562	16 082	15 912
农轻重				
农业	8 640	8 400	7 983	7 743
轻工业	309 267	163 711	190 447	121 616
农产品	180 920	56 913	92 337	26 924
非农产品	128 347	106 798	98 110	94 692
重工业	1 773 421	1 529 260	1 203 976	1 041 450
采掘业	265 753	264 905	58 649	58 649
原材料业	354 672	336 028	240 494	232 264
制造业	1 152 996	928 327	904 833	750 537

的固定资产投资

96年） 单位:万元

更新改造	#国有经济	其他投资	#国有经济	集体经济
624 301	**476 020**	**300 476**	**219 507**	**48 965**
650	650	7	7	
34 059	34 059	173 045	172 197	848
4 889	4 889	389	314	75
26 062	26 062	158 842	158 842	
407 328	296 460	50 025	3 381	37 115
5 723	2 341	3 829		3 215
1 332	1 332	1 213		73
7 867	4 595	1 500		1 500
16 640	8 092	443		443
6 649	6 649			
9 131	5 043	1 965		507
23 808	23 808			
15 720	15 720			
1 610	1 610			
534	216	4 047	449	3 598
87 456	87 456	42 309	42 249	60
34 109	34 109	754	754	
22 188	4 625	5 129		2 178
742	742	2 778		2 508
44 827	25 295	9 847	26	2 252
		577		385
990	990	11 498	5	
275	275			
817	817	1 170	1 170	
627	627	44	23	21
650	650	7	7	
98 237	42 095	20 583		15 077
76 524	29 989	12 059		8 791
21 713	12 106	8 524		6 286
366 958	312 232	202 487	175 578	22 886
34 059	34 059	173 045	172 197	848
107 840	100 383	6 338	3 381	1 584
225 059	177 790	23 104		20 454

5—13 按行业分

(19

	总 计	#国有经济	基本建设	#国有经济
总 计	**3 100 788**	**2 659 370**	**2 358 641**	**2 124 417**
一、农、林、牧、渔业	6 348	6 098	5 691	5 441
二、采 掘 业	256 217	255 407	50 131	50 131
#煤炭采选业	17 978	17 941	12 978	12 978
石油和天然气开采业	209 404	209 404	24 500	24 500
三、制 造 业	1 817 498	1 463 891	1 492 899	1 266 372
#食品加工业	73 110	8 597	44 720	4 736
食品制造业	7 958	4 472	4 513	3 140
饮料制造业	6 360	3 833	108	108
纺织业	12 469	10 688	1 650	800
石油加工及炼焦业	7 114	7 114	3 488	3 488
医药制造业	10 000	3 633	2 868	1 508
四、电力、煤气及水的生产和供应业	185 945	183 667	166 627	164 349
#电力、蒸汽、热水的生产和供应业	165 277	165 277	153 757	153 757
自来水的生产和供应业	12 005	9 727	10 685	8 407
五、建 筑 业	25 609	21 646	21 091	20 981
六、地质勘查业、水利管理业	4 273	4 273	4 273	4 273
#水利管理业	2 595	2 595	2 595	2 595
七、交通运输、仓储及邮电通信业	409 535	409 002	320 186	319 713
#邮电通信业	70 287	70 287	37 393	37 393
八、批发和零售贸易、餐饮业	56 814	26 329	27 586	25 648
九、金融、保险业	37 046	31 370	31 006	30 628
十、社会服务业	68 627	29 457	12 036	12 036
十一、卫生、体育和社会福利业	9 231	8 489	8 489	8 489
十二、教育、文化艺术及广播电影电视业	56 834	55 221	55 133	55 133
十三、科学研究和综合技术服务业	6 176	5 076	5 993	4 893
十四、国家机关、政党机关和社会团体	143 591	142 591	141 127	140 127
十五、其 他 行 业	17 044	16 853	16 373	16 203
总计中:				
农业	6 348	6 098	5 691	5 441
轻工业	174 084	58 921	68 518	20 825
农产品	143 741	42 435	54 798	10 743
非农产品	30 343	16 486	13 720	10 082
重工业	2 085 576	1 844 044	1 641 139	1 460 027
采掘业	256 217	255 407	50 131	50 131
原材料业	244 583	222 242	175 234	161 729
制造业	1 584 776	1 366 395	1 415 774	1 248 167

的新增固定资产

96 年）　　　　单位：万元

更新改造	*国有经济	其他投资	*国有经济	集体经济
466 079	**333 188**	**276 068**	**201 765**	**37 493**
650	650	7	7	
33 539	33 539	172 547	171 737	810
4 735	4 735	265	228	37
26 062	26 062	158 842	158 842	
288 713	193 526	35 886	3 993	24 166
27 045	3 861	1 345		1 345
1 332	1 332	2 113		73
4 752	3 725	1 500		1 500
10 376	9 888	443		443
3 626	3 626			
5 067	2 125	2 065		307
19 318	19 318			
11 520	11 520			
1 320	1 320			
520	216	3 998	449	3 549
64 934	64 934	24 415	24 355	60
32 140	32 140	754	754	
23 881	681	5 347		3 367
742	742	5 298		2 698
31 595	17 395	24 996	26	2 272
		742		550
83	83	1 618	5	
183	183			
1 294	1 294	1 170	1 170	
627	627	44	23	21
650	650	7	7	
90 677	38 096	14 889		9 161
80 424	31 692	8 519		4 965
10 253	6 404	6 370		4 196
250 893	208 287	193 544	175 730	15 815
33 539	33 539	172 547	171 737	810
63 728	56 520	5 621	3 993	620
153 626	118 228	15 376		14 385

5—14 按行业分的

(19

	总　计	#国有经济	基本建设	#国有经济
总　计	**1 581 717**	**1 250 641**	**859 278**	**757 182**
一、农、林、牧、渔业	8 640	8 400	7 983	7 743
二、采　掘　业	243 360	242 512	39 399	39 399
#煤炭采选业	4 148	4 073	1 341	1 341
石油和天然气开采业	209 404	209 404	24 500	24 500
三、制　造　业	473 465	231 768	121 564	37 379
#食品加工业	23 490	10 060	13 938	7 719
食品制造业	31 855	4 584	29 310	3 252
饮料制造业	23 621	18 849	14 254	14 254
纺织业	19 933	8 292	2 850	200
石油加工及炼焦业	3 181	3 181	245	245
医药制造业	12 871	5 678	1 950	810
四、电力、煤气及水的生产和供应业	181 082	178 804	168 604	166 326
#电力、蒸汽、热水的生产和供应业	73 408	73 408	69 018	69 018
自来水的生产和供应业	94 949	92 671	93 339	91 061
五、建　筑　业	24 220	19 689	19 639	19 024
六、地质勘查业、水利管理业	4 782	4 782	4 782	4 782
#水利管理业	4 309	4 309	4 309	4 309
七、交通运输、仓储及邮电通信业	290 584	282 790	242 954	235 220
#邮电通信业	13 789	13 789	9 234	9 234
八、批发和零售贸易、餐饮业	58 158	33 175	30 841	28 550
九、金融、保险业	5 165	2 279	1 923	1 545
十、社会服务业	64 111	34 758	9 437	9 437
十一、卫生、体育和社会福利业	8 321	7 744	7 744	7 744
十二、教育、文化艺术及广播电影电视业	71 827	60 334	59 339	59 339
十三、科学研究和综合技术服务业	6 005	3 360	5 730	3 085
十四、国家机关、政党机关和社会团体	125 244	123 684	123 257	121 697
十五、其　他　行　业	16 753	16 562	16 082	15 912
总计中：				
农业	8 640	8 400	7 983	7 743
轻工业	307 676	162 120	189 875	121 044
农产品	179 846	55 839	92 107	26 694
非农产品	127 830	106 281	97 768	94 350
重工业	590 231	490 964	139 692	122 060
采掘业	243 360	242 512	39 399	39 399
原材料业	168 514	149 870	84 889	76 659
制造业	178 357	98 582	15 404	6 002

地方固定资产投资

96 年）　　　　　　　　　　　　　　　　　　　　　　　　　　单位：万元

更新改造	#国有经济	其他投资	#国有经济	集体经济
423 745	**275 464**	**298 694**	**217 995**	**48 965**
650	650	7	7	
31 674	31 674	172 287	171 439	848
2 504	2 504	303	228	75
26 062	26 062	158 842	158 842	
301 876	191 008	50 025	3 381	37 115
5 723	2 341	3 829		3 215
1 332	1 332	1 213		73
7 867	4 595	1 500		1 500
16 640	8 092	443		443
2 936	2 936			
8 956	4 868	1 965		507
12 478	12 478			
4 390	4 390			
1 610	1 610			
534	216	4 047	449	3 598
6 075	6 075	41 555	41 495	60
4 555	4 555			
22 188	4 625	5 129		2 178
734	734	2 508		2 508
44 827	25 295	9 847	26	2 252
		577		385
990	990	11 498	5	
275	275			
817	817	1 170	1 170	
627	627	44	23	21
650	650	7	7	
97 218	41 076	20 583		15 077
75 680	29 145	12 059		8 791
21 538	11 931	8 524		6 286
248 810	194 084	201 729	174 820	22 886
31 674	31 674	172 287	171 439	848
77 287	69 830	6 338	3 381	1 584
139 849	92 580	23 104		20 454

5—15 按行业分的

（19

	总　计	#国有经济	基本建设	#国有经济
总　　计	**1 275 445**	**1 003 587**	**687 661**	**620 397**
一、农、林、牧、渔业	6 348	6 098	5 691	5 441
二、采　掘　业	239 695	238 885	34 555	34 555
#煤炭采选业	4 703	4 666	192	192
石油和天然气开采业	209 404	209 404	24 500	24 500
三、制　造　业	320 965	134 318	78 392	18 825
#食品加工业	73 110	8 597	44 720	4 736
食品制造业	7 958	4 472	4 513	3 140
饮料制造业	6 360	3 833	108	108
纺织业	12 469	10 688	1 650	800
石油加工及炼焦业	3 581	3 581	445	445
医药制造业	9 642	3 275	2 510	1 150
四、电力、煤气及水的生产和供应业	30 103	27 825	19 927	17 649
#电力、蒸汽、热水的生产和供应业	9 435	9 435	7 057	7 057
自来水的生产和供应业	12 005	9 727	10 685	8 407
五、建　筑　业	24 949	20 986	20 431	20 321
六、地质勘查业、水利管理业	2 204	2 204	2 204	2 204
#水利管理业	1 854	1 854	1 854	1 854
七、交通运输、仓储及邮电通信业	315 505	314 972	285 797	285 324
#邮电通信业	13 551	13 551	9 024	9 024
八、批发和零售贸易、餐饮业	56 301	25 816	27 073	25 135
九、金融、保险业	4 080	1 004	648	270
十、社会服务业	68 627	29 457	12 036	12 036
十一、卫生、体育和社会福利业	8 052	7 310	7 310	7 310
十二、教育、文化艺术及广播电影电视业	47 210	45 597	45 509	45 509
十三、科学研究和综合技术服务业	3 710	2 610	3 527	2 427
十四、国家机关、政党机关和社会团体	130 652	129 652	128 188	127 188
十五、其　他　行　业	17 044	16 853	16 373	16 203
总计中：				
农业	6 348	6 098	5 691	5 441
轻工业	172 295	57 132	67 930	20 237
农产品	142 310	41 004	54 568	10 513
非农产品	29 985	16 128	13 362	9 724
重工业	418 468	343 896	64 944	50 792
采掘业	239 695	238 885	34 555	34 555
原材料业	71 123	48 782	24 071	10 566
制造业	107 650	56 229	6 318	5 671

地方新增固定资产

96年）　　　　单位:万元

更新改造	#国有经济	其他投资	#国有经济	集体经济
315 527	**182 636**	**272 257**	**200 554**	**37 493**
650	650	7	7	
33 050	33 050	172 090	171 280	810
4 246	4 246	265	228	37
26 062	26 062	158 842	158 842	
206 687	111 500	35 886	3 993	24 166
27 045	3 861	1 345		1 345
1 332	1 332	2 113		73
4 752	3 725	1 500		1 500
10 376	9 888	443		443
3 136	3 136			
5 067	2 125	2 065		307
10 176	10 176			
2 378	2 378			
1 320	1 320			
520	216	3 998	449	3 549
6 047	6 047	23 661	23 601	60
4 527	4 527			
23 881	681	5 347		3 367
734	734	2 698		2 698
31 595	17 395	24 996	26	2 272
		742		550
83	83	1 618	5	
183	183			
1 294	1 294	1 170	1 170	
627	627	44	23	21
650	650	7	7	
89 476	36 895	14 889		9 161
70 223	30 401	8 519		4 965
10 253	6 404	6 370		4 196
160 437	117 831	193 087	175 273	15 815
33 050	33 050	172 090	171 280	810
41 431	34 223	5 621	3 993	620
85 956	50 558	15 376		14 385

5—16 各市县固定资产投资

（1996年）　　　　单位：万元

市、县	固定资产投资合计	基本建设	更新改造	房地产开发	国有其他	城镇集体
长春市	**919 950**	**457 600**	**231 684**	**192 506**	**15 473**	**17 861**
市区	866 558	432 019	217 095	191 126	14 282	7 450
九台市	20 142	9 684	2 320			8 138
榆树市	11 055	2 972	6 717			1 366
德惠市	12 743	6 037	5 326	1 380		
农安县	9 452	6 888	226		1 191	907
吉林市	**991 632**	**792 649**	**118 049**	**61 049**	**4 003**	**15 308**
市区	927 174	750 450	101 567	57 662	3 060	14 435
桦甸市	20 193	18 450	1 472		271	
蛟河市	7 370	4 654	693	591	672	760
舒兰市	12 220	8 718	315	2 500		113
磐石市	18 174	4 102	13 776	296		
永吉县	6 501	6 275	226			
四平市	**181 735**	**129 969**	**35 328**	**9 847**	**6 478**	**113**
市区	66 897	30 305	21 675	8 989	5 902	26
公主岭市	50 060	48 072	1 781		120	87
双辽市	17 274	14 784	2 034		456	
梨树县	1 059	379	680			
伊通县	46 445	36 429	9 158	858		
辽源市	**47 044**	**16 483**	**18 948**	**5 820**	**4 545**	**1 248**
市区	39 397	15 597	16 622	5 682	613	883
东丰县	4 322	163	2 296	138	1 360	365
东辽县	3 325	723	30		2 572	
通化市	**81 753**	**36 540**	**28 095**	**8 532**	**3 381**	**2 307**
市区	45 414	13 580	18 073	7 918	3 381	704
梅河口市	11 647	5 982	4 165			360
集安市	8 356	7 280	432	354		290
通化县	7 804	3 113	3 931	260		500
辉南县	6 088	4 515	1 120			453
柳河县	2 444	2 070	374			

5—16 续表　　　　　　　　　　(1996年)　　　　　　　　　　单位:万元

市、县	固定资产投资合计	基本建设	更新改造	房地产开发	国有其他	城镇集体
白　山　市	**155 946**	**128 093**	**17 709**	**2 846**	**4 957**	**1 992**
市　区	72 443	55 419	13 978	1 805	135	757
临江市	18 875	16 136	2 739			
抚松县	48 099	45 443		270	1 597	789
靖宇县	3 707	2 204	992	140		371
长白县	6 104	5 468		631	5	
江源县	6 718	3 423			3 220	75
松　原　市	**270 657**	**68 194**	**38 682**	**4 424**	**158 842**	**515**
市　区	244 187	51 523	33 512		158 842	310
长岭县	7 506	4 495	2 806			205
前郭县	8 974	2 186	2 364	4 424		
乾安县	1 177	1 177				
扶余县	8 813	8 813				
白　城　市	**81 958**	**45 848**	**19 465**	**4 552**	**11 458**	**635**
市　区	51 972	26 162	13 458	3 862	7 870	620
洮南市	6 105	5 375	280	450		
大安市	7 750	5 216	2 519			15
镇赉县	7 914	4 628	1 948		1 338	
通榆县	8 217	4 467	1 260	240	2 250	
延边朝鲜族自治州	**239 107**	**122 027**	**62 571**	**11 786**	**10 370**	**8 996**
延吉市	110 127	52 533	21 918	9 433	2 113	2 220
图们市	14 766	7 329	3 729			3 708
敦化市	22 135	9 145	10 471	570	1 133	816
龙井市	40 021	20 300	19 593			128
珲春市	10 310	7 275	2 491			544
和龙市	13 617	7 435	817		3 158	760
汪清县	10 066	4 716	816	1 783	1 931	820
安图县	18 065	13 294	2 736		2 035	
不　分　地　区	**296 441**	**242 671**	**53 770**			

5—17 固定资产投

(19

	总　计	#国有经济	基本建设	#国有经济	更新改造	#国有经济
一、本年资金来源合计	3 299 672	2 476 946	1 935 684	1 652 561	653 771	456 298
1. 上年末结余资金	136 540	52 220	11 242	11 142	39 565	18 607
2. 本年资金来源小计	3163 132	2 424 726	1 924 442	1 641 419	614 206	437 691
①国家预算内资金	50 569	46 835	40 157	39 419	6 043	6 043
②国内贷款	784 880	665 020	517 728	479 327	155 798	131 592
③债券	113 078	98 699	95 697	95 697	2 800	2 800
④利用外资	500 950	259 314	367 436	240 045	88 058	19 269
#外商直接投资	162 916	22 201	67 906	13 405	51 668	8 796
⑤自筹资金	1 414 048	1 129 227	747 746	638 016	346 857	267 187
(1) 中央各部门自筹	158 102	157 832	118 965	118 965	34 850	34 850
(2) 省自筹	264 281	254 741	231 119	222 502	19 901	19 878
(3) 地（市）自筹	68 468	66 990	44 243	43 993	8 330	8 330
(4) 县自筹	55 958	54 858	41 060	40 712	2 094	2 014
(5) 企、事业单位自有资金	800 857	566 559	312 359	211 844	281 682	202 115
#发行股票	4 356	2 351	2 700	700	1 651	1 651
⑥其他资金来源	299 607	225 631	155 678	148 915	14 650	10 800
#集资	149 032	137 728	129 203	126 167	1 555	1 555
二、本年各项应付款合计	561 500	433 514	273 775	263 005	75 535	58 796
#工程款	325 925	254 248	136 542	130 379	41 381	33 862
设备、器材款	56 957	39 795	15 793	12 116	23 875	18 672

资资金来源财务表

96年）　　　　　　　　　　　　　　　　　　　　　单位:万元

其他投资	#国有经济	城镇集体	房地产业	#国有经济	城镇集体
277 920	191 129	51 807	432 297	176 958	5 877
1 208		1 103	84 525	22 471	2 425
276 712	191 129	50 704	347 772	154 487	3 452
2 289	693	1 596	2 080	680	
24 607	2 714	17 260	86 747	51 387	653
			14 581	202	
22 352		1 518	23 104		
21 552		718	21 790		
215 860	182 485	24 954	103 585	41 539	861
4 287	4 017				
13 261	12 361	900			
15 895	14 667	1 228			
12 804	12 132	672			
169 613	139 308	22 154	37 203	13 292	522
5		5			
11 604	5 237	5 376	117 675	60 679	1 938
6 038	212	4 835	12 236	9 794	
35 305	30 657	3 710	176 885	81 056	3 046
32 762	29 382	2 606	115 240	60 625	1 123
2 336	1 232	1 104	14 953	7 775	1 878

(19

国别(地区)名称	总计	#国有经济	基本建设	#国有经济
亚洲	216 346	115 044	129 586	112 936
#香港	25 106	1 828	15 272	5
澳门				
台湾	174			
印度尼西亚				
日本	89 548	84 942	85 000	84 942
马来西亚	10 147			
菲律宾				
新加坡				
韩国	86 880	28 074	27 789	27 789
泰国	4 371	200	1 525	200
非洲	120			
欧洲	8 000		8 000	
#比利时	92 497	68 698	81 608	58 808
丹麦				
英国				
德国				
法国	30 627	6 828	22 940	140
爱尔兰	3 980	3 980	3 980	3 980
意大利				
卢森堡	54 688	54 688	54 688	54 688
荷兰				
希腊				
葡萄牙				
西班牙				
芬兰	3 202	3 202		
瑞士				
美洲				
#加拿大				
美国				
大洋洲	39 574	31 387	34 537	26 996
#澳大利亚	4 462	4 391		
新西兰	35 112	26 996	34 537	26 996
其他	3 969			

资利用外资情况

96 年）　　　　　　　　　　　　　　　　　　　　　　单位:万元

更新改造	#国有经济	其他投资	集体经济
65 854	2 108	20 906	718
9 142	1 823	692	300
174			
4 368		180	80
10 147			
39 177	285	19 914	338
2 846			
		120	
10 889	9 890		
7 687	6 688		
3 202	3 202		
4 391	4 391	646	
4 391	4 391	71	
		575	
3 969			

5—19 基本建设投资和新增固定资产

单位:万元

项 目	1992年	1993年	1994年	1995年	1996年
投 资 额	620 762	1 068 260	1 372 110	1 670 545	2 040 374
新增固定资产	231 461	531 448	741 726	700 853	2 358 641
固定资产交付使用率（%）	37.3	49.7	54.1	42.0	115.6
在投资总额中地方项目					
投 资 额	279 138	639 548	946 025	1 146 018	859 278
新增固定资产	231 461	376 552	437 074	364 176	687 661
固定资产交付使用率（%）	82.9	58.9	46.2	31.8	80.0

5—20 基本建设施工和建成的项目个数

项 目	1992年	1993年	1994年	1995年	1996年
施工项目（个）	1 472	1 695	1 490	1 271	1 344
#大 中 型	24	23	24	24	23
全部建成投产项目（个）	921	1 061	920	808	910
#大 中 型	6	2	1	3	1
投产项目占施工项目（%）	62.6	62.6	61.7	63.6	67.7
#大 中 型	25.0	8.7	4.2	12.5	4.3

5—21 按行业分的基本建设投资和新增固定资产

（1996 年）　　　　单位:万元

行　　业	按工程用途分						新增固定资产
	投资额	农林牧渔业用	工业、建筑业用	商业、运输邮电业用	住宅	其他	
全　省	**2 040 374**	**12 608**	**1 164 654**	**308 589**	**222 958**	**331 565**	**2 358 641**
一、农、林、牧、渔业	7 983	3 241	321	50	3 530	841	5 691
二、采掘业	58 649	1 157	53 013		3 430	1 049	50 131
三、制造业	1 016 028	170	832 721	969	61 621	120 547	1 492 899
四、电力、煤气及水的生产和供应业	319 746		267 212	7	7 385	45 142	166 627
五、建筑业	20 555		8 344	84	7 999	4 128	21 091
六、地质勘查业、水利管理业	6 896	2 193			1 558	3 145	4 273
七、交通运输、仓储及邮电通信业	294 159			272 220	15 041	6 898	320 186
八、批发和零售贸易、餐饮业	32 333			15 601	12 002	4 730	27 586
九、金融、保险业	30 818			297	6 974	23 547	31 006
十、房地产业							
十一、社会服务业	9 437		1 137	2 761	816	4 723	12 036
十二、卫生、体育和社会福利业	9 406				4 070	5 336	8 489
十三、教育、文化艺术和广播电影电视业	77 798		18	927	29 798	47 055	55 133
十四、科学研究和综合技术服务业	8 728	150	10		3 072	5 106	5 003
十五、国家机关、政党机关和社会团体	131 756	5 677	78	14 794	61 362	49 845	141 127
十六、其他行业	16 082	20	1 800	879	4 300	9 083	16 373

5—22 按行业分的地方基本建设投资和新增固定资产

（1996年） 单位：万元

行业	按工程用途分						新增固定资产
	投资额	农林牧渔业用	工业、建筑业用	商业、运输邮电业用	住宅	其他	
全省	**859 278**	**11 929**	**266 806**	**265 141**	**131 123**	**184 279**	**687 661**
一、农、林、牧、渔业	7 983	3 241	321	50	3 530	841	5 691
二、采掘业	39 399	1 157	34 743		2 550	949	34 555
三、制造业	121 564	170	97 598	969	10 214	12 613	78 392
四、电力、煤气及水的生产和供应业	168 604		122 757	7	3 289	42 551	19 927
五、建筑业	19 639		8 344	84	7 083	4 128	20 431
六、地质勘查业、水利管理业	4 782	1 514			473	2 795	2 204
七、交通运输、仓储及邮电通信业	242 954			230 263	5 793	6 898	285 797
八、批发和零售贸易、餐饮业	30 841			15 075	11 066	4 700	27 073
九、金融、保险业	1 923			150	132	1 641	648
十、房地产业							
十一、社会服务业	9 437		1 137	2 761	816	4 723	12 036
十二、卫生、体育和社会福利业	7 744				3 104	4 640	7 310
十三、教育、文化艺术和广播电影电视业	59 339		18	109	21 056	38 156	45 509
十四、科学研究和综合技术服务业	5 730	150	10		1 129	4 441	3 527
十五、国家机关、政党机关和社会团体	123 257	5 677	78	14 794	56 588	46 120	128 188
十六、其他行业	16 082	20	1 800	879	4 300	9 083	16 373

5—23 各市县基本建设施工、投产项目个数

(1996年)　　单位:个

市、县	施工项目个数	全部建成投产项目个数	市、县	施工项目个数	全部建成投产项目个数
长春市	**226**	**104**	**白山市**	**175**	**131**
市区	149	40	市区	57	40
九台市	30	28	临江市	19	14
榆树市	14	9	抚松县	37	32
德惠市	15	12	靖宇县	17	14
农安县	18	15	长白县	25	18
吉林市	**209**	**154**	江源县	20	13
市区	81	43	**松原市**	**68**	**48**
桦甸市	48	40	市区	32	20
蛟河市	18	15	长岭县	7	4
舒兰市	26	23	前郭县	6	5
磐石市	15	13	乾安县	16	15
永吉县	21	20	扶余县	7	4
四平市	**96**	**59**	**白城市**	**132**	**104**
市区	47	28	市区	54	39
公主岭市	31	18	洮南市	25	23
双辽市	8	7	大安市	12	9
梨树县	6	3	镇赉县	21	15
伊通县	4	3	通榆县	20	18
辽源市	**51**	**34**	**延边朝鲜族自治州**	**239**	**171**
市区	33	23	延吉市	56	39
东丰县	3	1	图们市	33	27
东辽县	15	10	敦化市	39	28
通化市	**141**	**103**	龙井市	25	12
市区	45	23	珲春市	27	22
梅河口市	17	13	和龙市	27	16
集安市	24	18	汪清县	13	12
通化县	23	21	安图县	19	15
辉南县	20	19	**不分地区**	**6**	**1**
柳河县	12	9			

5—24 各市县基本建设投资和新增固定资产

（1996 年） 单位：万元

市、县	按工程用途分						新增固定资产
	投资额	农林牧渔业用	工业、建筑业用	商业、运输邮电业用	住宅	其他	
长春市	**457 600**	**3 621**	**246 287**	**22 709**	**73 410**	**111 573**	**397 766**
市区	432 019	1 979	244 145	19 340	61 949	104 606	340 121
九台市	9 684	577	283	1 902	4 167	2 755	8 840
榆树市	2 972	15	50	374	1 595	938	2 411
德惠市	6 037		386	870	2 933	1 848	37 504
农安县	6 888	1 050	1 423	223	2 766	1 426	8 890
吉林市	**792 649**	**677**	**614 815**	**2 616**	**46 664**	**127 877**	**1 237 453**
市区	750 450	150	603 636	1 847	24 073	120 744	1 201 683
桦甸市	18 450	171	6 871	519	8 114	2 775	12 503
蛟河市	4 654		2 290		559	1 805	3 909
舒兰市	8 718	296		250	7 187	985	9 159
磐石市	4 102				3 446	656	3 602
永吉县	6 275	60	2 018		3 285	912	6 597
四平市	**129 969**	**316**	**102 109**	**5 896**	**7 539**	**14 109**	**72 777**
市区	30 305	177	11 869	3 137	5 386	9 736	22 825
公主岭市	48 072	63	40 378	2 759	1 593	3 279	13 527
双辽市	14 784	59	14 200			525	932
梨树县	379	17	135			227	344
伊通县	36 429		35 527		560	342	35 149
辽源市	**16 483**	**15**	**12 730**	**373**	**1 469**	**1 896**	**16 126**
市区	15 597	10	12 700	275	1 254	1 358	15 576
东丰县	163				155	8	5
东辽县	723	5	30	98	60	530	545
通化市	**36 540**	**1 027**	**3 692**	**13 475**	**8 046**	**10 300**	**36 607**
市区	13 580	105	415	3 304	4 112	5 644	11 449
梅河口市	5 982		2 770	830	658	1 724	6 562
集安市	7 280	8	10	6 596	416	250	9 343
通化县	3 113	524	445	930	899	315	2 494
辉南县	4 515	185	52	218	1 961	2 099	4 999
柳河县	2 070	205		1 597		268	1 760

5－24 续表 （1996年） 单位：万元

市、县	按工程用途分						新增固定资产
	投资额	农林牧渔业用	工业、建筑业用	商业、运输邮电业用	住宅	其他	
白山市	**128 093**	**1 540**	**90 034**	**7 561**	**11 856**	**17 102**	**116 896**
市区	55 419	263	38 291	1 233	4 565	11 067	76 009
临江市	16 136		11 291	1 431	2 821	593	20 344
抚松县	45 443	1 157	38 437	2 334	1 193	2 322	8 285
靖宇县	2 204	90	817	282	276	739	2 462
长白县	5 468	10	242	2 116	1 256	1 844	6 717
汀源县	3 423	20	956	165	1 745	537	3 079
松原市	**68 194**	**5 012**	**34 391**	**13 978**	**4 949**	**9 864**	**63 043**
市区	51 523		32 621	8 706	2 357	7 839	48 872
长岭县	4 495		687	1 837	1 072	899	3 138
前郭县	2 186		1 003		825	358	1 528
乾安县	1 177	12	80	317		768	1 097
扶余县	8 813	5 000		3 118	695		8 408
白城市	**45 848**	**400**	**12 241**	**4 764**	**18 316**	**10 127**	**42 067**
市区	26 162	390	10 015	2 055	7 099	6 603	23 181
洮南市	5 375	10		2 261	2 194	910	5 897
大安市	5 216		2 226	220	1 112	1 658	3 336
镇赉县	4 628				3 787	841	4 981
通榆县	4 467			228	4 124	115	4 672
延边朝鲜族自治州	**122 027**		**18 765**	**27 947**	**46 598**	**28 717**	**100 370**
延吉市	52 533		431	15 684	23 980	12 438	47 966
图们市	7 329		60	122	5 871	1 276	11 508
敦化市	9 145		2 115	44	4 881	2 105	5 919
龙井市	20 300		6 437	9 325	2 149	2 389	9 450
珲春市	7 275		1 732	94	1 161	1 288	9 303
和龙市	7 435		75	2 068	3 036	2 256	6 512
汪清县	4 716		3 800	284	235	397	1 221
安图县	13 294		4 115	326	2 285	6 568	8 431
不分地区	**242 671**		**29 590**	**209 270**	**3 811**		**275 231**

5—25 各市县基本建设施工、竣工房屋面积

(1996年)

市、县	施工面积(平方米)		竣工面积(平方米)		竣工率(%)	
	合计	#住宅	合计	#住宅	合计	#住宅
长春市	**2 245 223**	**1 202 633**	**1 147 259**	**687 831**	**51.1**	**57.2**
市区	1 938 365	1 035 457	888 801	531 955	45.9	51.4
九台市	103 017	54 207	99 017	54 207	96.1	100.0
榆树市	42 491	18 980	25 791	15 460	60.7	81.5
德惠市	81 424	49 011	65 424	49 011	80.3	100.0
农安县	79 926	44 978	68 226	37 198	85.4	82.7
吉林市	**2 568 541**	**767 887**	**958 401**	**599 298**	**37.3**	**78.0**
市区	2 076 127	403 498	535 526	269 364	25.8	66.8
桦甸市	170 393	119 168	146 013	113 968	85.7	95.6
蛟河市	48 227	14 445	27 843	7 445	57.7	51.5
舒兰市	144 870	124 745	133 550	115 945	92.2	92.9
磐石市	58 207	50 954	44 752	37 499	76.9	73.6
永吉县	70 717	55 077	70 717	55 077	100.0	100.0
四平市	**556 923**	**140 659**	**242 374**	**100 104**	**43.5**	**71.2**
市区	319 677	104 684	130 828	72 659	40.9	69.4
公主岭市	200 660	26 009	75 260	17 479	37.5	67.2
双辽市	14 570		14 570		100.0	
梨树县	3 050		2 750		90.2	
伊通县	18 966	9 966	18 966	9 966	100.0	100.0
辽源市	**115 352**	**38 506**	**67 531**	**25 554**	**58.5**	**66.4**
市区	94 820	33 474	60 691	24 314	64.0	72.6
东丰县	5 292	4 092	300	300	5.7	7.3
东辽县	15 240	940	6 540	940	42.9	100.0
通化市	**308 031**	**134 521**	**200 011**	**111 319**	**64.9**	**82.8**
市区	159 037	68 744	68 357	51 594	43.0	75.1
梅河口市	48 488	15 854	44 188	15 854	91.1	100.0
集安市	12 622	5 260	8 558	5 260	67.8	100.0
通化县	32 081	17 035	25 133	10 983	78.3	64.5
辉南县	51 465	27 628	51 265	27 628	99.6	100.0
柳河县	4 338		2 510		57.9	

5—25 续表 (1996年)

市、县	施工面积(平方米) 合计	#住宅	竣工面积(平方米) 合计	#住宅	竣工率(%) 合计	#住宅
白山市	**416 201**	**202 775**	**331 180**	**157 929**	**79.6**	**77.9**
市区	178 836	77 008	136 564	48 829	76.4	63.4
临江市	52 402	40 068	52 402	40 068	100.0	100.0
抚松县	62 915	21 283	49 562	11 511	78.8	54.1
靖宇县	18 622	3 954	18 222	3 954	97.9	100.0
长白县	47 222	24 392	28 746	17 497	60.9	71.7
江源县	56 204	36 070	45 684	36 070	81.3	100.0
松原市	**179 576**	**63 929**	**142 762**	**44 593**	**79.5**	**69.8**
市区	108 390	35 209	98 364	25 973	90.8	73.8
长岭县	28 551	10 350	18 063	10 350	63.3	100.0
前郭县	14 300	11 700	4 900	4 900	34.3	41.9
乾安县	15 752		12 152		77.1	
扶余县	12 583	6 670	9 283	3 370	73.8	50.5
白城市	**532 697**	**323 302**	**376 653**	**240 733**	**70.7**	**74.5**
市区	213 191	107 262	124 173	76 719	58.2	71.5
洮南市	63 157	48 368	54 457	39 668	86.2	82.0
大安市	93 156	25 438	71 722	19 004	77.0	74.7
镇赉县	79 507	67 688	59 115	47 296	74.4	69.9
通榆县	83 686	74 546	67 186	58 046	80.3	77.9
延边朝鲜族自治州	**1 115 989**	**745 483**	**825 352**	**616 880**	**74.0**	**82.7**
延吉市	527 322	350 840	381 660	293 323	72.4	83.6
图们市	135 915	109 436	117 035	95 056	86.1	86.9
敦化市	108 586	73 391	82 687	57 965	76.1	79.0
龙井市	99 916	42 241	41 980	20 001	42.0	47.3
珲春市	109 183	85 480	94 433	79 080	86.5	92.5
和龙市	67 227	47 511	47 251	34 871	70.3	73.4
汪清县	18 378	5 000	18 378	5 000	100.0	100.0
安图县	49 462	31 584	41 928	31 584	84.8	100.0
不分地区	**60 000**	**57 000**	**58 000**	**57 000**	**96.7**	**100.0**

5—26 基本建设

(19

单位名称	项目名称	经济类型	行业类别
中国第一汽车集团公司	一汽大众年产15万辆轿车工程	中外合资	汽车
长春热电一厂扩建工程管理处	长春热电一厂扩建工程	国有经济	火电
中国第一汽车集团公司	年产15万辆轿车一汽配套工程	国有经济	汽车
长春市引松入长工程建设办公室	长春市引松入长供水与环境工程	国有经济	供水
长春市工业供水公司	长春工业供水厂	国有经济	供水
吉林新源玉米开发有限公司	二期工程	中外合资	食品
吉林化学工业公司	三十万吨乙烯及其配套工程	国有经济	化工
丰满发电厂	三期扩建工程	国有经济	水电
吉林市化纤股份有限公司	六万吨腈纶工程	股份公司	化工
四平热电厂建设管理处	热电厂新建工程	国有经济	火电
双辽发电厂建设管理处	新建工程1号2号机组	国有经济	火电
双辽发电厂建设管理处	新建工程3号4号机组	国有经济	火电
辽源矿务局	矿区基建	国有经济	煤炭
通化矿务局	扩建	国有经济	煤炭
浑江发电厂	浑江发电厂四期工程	国有经济	火电
松江河发电厂建设管理处	松江河梯级水电站	国有经济	水电
吉林省油田管理局	油田基建项目	国有经济	石油
吉林省油田管理局	油田热电厂工程	国有经济	火电
珲春林业局	珲春林业局	国有经济	森工
吉林省电力建设局	吉林省电力送变电工程	国有经济	供电
吉林省交通厅	长春-四平高速公路	股份经济	公路
吉林省交通厅	长春-吉林高速公路	股份经济	公路

大中型项目一览表

96年）

隶属关系	建设性质	开工时间	计划总投资	本年完成投资	本年新增固定资产
中　央	新　建	1990年10月	890 636	144 894	166 960
中　央	扩　建	1992年04月	37 803	18 700	25 748
中　央	扩　建	1994年04月	78 430	21 227	25 355
市	新　建	1994年05月	146 000	40 200	
市	扩　建	1995年07月	69 979	42 381	
省	扩　建	1993年05月	34 745	4 700	
省	扩　建	1993年11月	1 214 738	650 247	1 145 012
中　央	扩　建	1993年11月	53 000	12 083	1 007
市	扩　建	1994年10月	161 940	30 179	1 591
中　央	新　建	1992年07月	56 146	6 823	
中　央	新　建	1990年10月	282 265	32 715	32 715
中　央	扩　建		270 261	3 100	
中　央	扩　建	1950年11月	89 122	5 200	
中　央	扩　建	1956年01月	62 207	4 096	406
中　央	扩　建	1994年08月	40 247	33 900	57 650
中　央	新　建	1994年06月	149 800	37 730	239
省	扩　建	1991年01月	188 461	24 500	24 500
省	新　建	1996年05月	151 600	2 000	
市	扩　建	1994年03月	20 658	6 197	3 379
中　央	新　建	1979年03月	112 594	11 600	
省	新　建	1995年04月	249 300	83 300	
省	新　建	1996年12月	228 000	85 000	

5—27 基本建设大中型项目建设规模及新增生产能力

（1996 年）

单位名称	能力名称	单位	建设规模	本年施工规模合计	累计新增生产能力	#本年新增
中国第一汽车集团公司	轿车	万辆/年	15.00	15.00		
长春热电一厂扩建工程管理处	火力发电	万千瓦	10.00	10.00	5.00	2.50
长春市引松入长工程建设办公室	自来水供应	万吨/日供水	30.00	30.00		
长春市工业供水公司	自来水供应	万吨/日供水	25.00	25.00	14.00	14.00
吉林新源玉米开发有限公司	化学药制剂	吨/年	1 000.00	1 000.00		
吉林化学工业公司	乙烯	万吨/年	30.00	30.00		
丰满发电厂	水力发电	万千瓦	28.00	28.00		
吉林市化纤股份有限公司	化学纤维	万吨/年	6.00	6.00		
四平热电厂建设管理处	火力发电	万千瓦	20.00	20.00		
双辽发电厂建设管理处	火力发电	万千瓦	60.00			
辽源矿务局	原煤开采	万吨/年	414.00	120.00	294.00	
通化矿务局	原煤开采	万吨/年	637.00	85.00	552.00	
浑江发电厂	火力发电	万千瓦	20.00	20.00		
松江河发电厂建设管理处	水力发电	万千瓦	51.00	51.00		
吉林省油田管理局	原油开采	万吨/年	12.70	12.70	12.70	12.70
吉林省电力建设局	输电线路	公里	724.00	557.00	35.00	35.00
吉林省交通厅	高速公路	公里	133.00	133.00	133.00	133.00
珲春林业局	木材采运	万立方米/年	24.00	15.00	7.00	2.00

5—28 基本建设新增生产能力

（1996年）

项目	单位	数量
原油开采	万吨/年	13
发电机组容量	万千瓦	5
输电线路长度（11万伏及以上）	公里	35
变电设备能力（11万伏及以上）	万千伏安	21
木材采运	万立方米/年	4
食用植物油	日处理原料/吨	924
新建公路	公里	158
其中：高速公路	公里	133
改建公路	公里	256
市内电话自动交换机	门	20 000
水库容量	亿立方米	1
文化馆	平方米	1 731
医院病床	张	773
高等院校学生席位	个	1 918
中等学校学生席位	个	42 447
小学及其他学生席位	个	21 259

5—29 更新改造投资

单位:万元

项　　目	1992年	1993年	1994年	1995年	1996年
投　资　总　额	**340 093**	**451 247**	**543 772**	**541 280**	**624 301**
1. 按隶属关系分					
部直属项目	98 528	153 274	154 551	168 167	200 556
地方项目	241 565	297 973	389 221	373 113	423 745
#省属项目	79 103	103 164	112 731	104 903	85 291
地（市）属项目	106 276	145 080	211 988	202 246	229 714
县属和其他项目	56 186	49 729	62 417	57 221	108 740
2. 按资金来源分					
国家投资	5074	17 328	5 371	12 325	5 619
国内贷款	129 017	109 653	192 211	139 965	158 572
利用外资	5 400	30 549	56 953	65 946	89 275
自筹投资	189 601	210 190	263 992	322 281	352 730
# 企事业自筹	136 644	182 769	208 410	287 932	286 554
其他投资	11 001	83 527	25 245	763	18 105
3. 按农轻重分					
# 农　业	1999	356	462	297	650
轻工业	80 729	112 628	118 139	102 757	98 237
重工业	203 774	252 927	326 216	344 059	366 958
4. 按构成分					
建筑安装工程	154 657	182 913	212 298	203 844	288 085
设备工器具购置	159 740	240 990	298 505	294 578	286 253
其他投资	25 696	27 344	32 969	42 858	49 963
5. 按建设性质分					
# 新　建	5349	12 676	23 585	19 934	41 087
改　建	192 590	204 564	266 395	265 400	228 648
扩　建	127 752	228 221	244 368	248 484	348 293

5—30 按用途分的更新改造投资和构成

项　　目	1992 年	1993 年	1994 年	1995 年	1996 年
绝对数（万元）	**340 093**	**451 247**	**543 772**	**541 280**	**624 301**
一、生产性建设	319 994	421 243	524 613	525 727	536 744
#增　　产	115 653	131 977	147 110	131 756	208 411
节约措施	15 003	17 073	11 639	13 668	9 536
#节约能源	13 677	14 812	6 459	11 674	2 613
增加品种	97 858	124 049	176 872	169 676	126 174
提高产品质量	17 252	23 057	32 947	54 480	41 282
三废治理	9 375	10 025	17 301	10 930	3 228
二、非生产性建设	20 099	30 004	19 159	15 553	87 557
#住　　宅	7 979	11 099	9 729	4 863	26 734
构　成（%）	**100**	**100**	**100**	**100**	**100**
一、生产性建设	94.1	93.4	96.5	97.1	85.9
#增　　产	34.0	29.2	27.1	24.3	33.4
节约措施	4.4	3.8	2.1	2.5	1.5
#节约能源	4.0	3.3	1.9	2.2	0.4
增加品种	28.8	27.5	32.5	31.3	20.2
提高产品质量	5.1	5.1	6.1	10.1	6.6
三废治理	2.8	2.2	3.2	2.0	0.5
二、非生产性建设	5.9	6.6	3.5	2.9	14.1
#住　　宅	2.3	2.5	1.8	0.9	4.3

5—31 按行业分更新改造投资和新增固定资产

(1996 年)　　　　单位:万元

行业	按工程用途分						新增固定资产
	投资额	农林牧渔业用	工业、建筑业用	商业、运输邮电业用	住宅	其他	
全省	**624 301**	**1 331**	**442 437**	**92 976**	**26 734**	**60 823**	**466 079**
一、农、林、牧、渔业	650	628	17		5		650
二、采掘业	34 059		33 958			101	33 539
三、制造业	407 328		396 543	5 135	1 383	4 267	288 713
四、电力、煤气及水的生产和供应业	23 808		10 119		483	13 206	19 318
五、建筑业	534	15	324			195	520
六、地质勘查业、水利管理业							
七、交通运输、仓储及邮电通信业	87 456			69 593	17 863		64 934
八、批发和零售贸易、餐饮业	22 188	20		16 568		5 600	23 881
九、金融、保险业	742		734			8	742
十、房地产业							
十一、社会服务业	44 827	600		1 680	7 000	35 547	31 595
十二、卫生、体育和社会福利业							
十三、教育、文化艺术和广播电影电视业	990					990	83
十四、科学研究和综合技术服务业	275	68	115			92	183
十五、国家机关、政党机关和社会团体	817					817	1 294
十六、其他行业	627		627				627

5—32 按行业分的地方更新改造投资和新增固定资产

（1996 年） 单位：万元

行业	按工程用途分						新增固定资产
	投资额	农林牧渔业用	工业、建筑业用	商业、运输邮电业用	住宅	其他	
全省	**423 745**	**1 331**	**332 836**	**26 576**	**8 871**	**54 131**	**315 527**
一、农、林、牧、渔业	650	628	17			5	650
二、采掘业	31 674		31 573			101	33 050
三、制造业	301 876		297 039	2 253	1 383	1 201	206 687
四、电力、煤气及水的生产和供应业	12 478		2 407		483	9 588	10 176
五、建筑业	534	15	324			195	520
六、地质勘查业、水利管理业							
七、交通运输、仓储及邮电通信业	6 075			6 075			6 047
八、批发和零售贸易、餐饮业	22 188	20		16 568		5 600	23 881
九、金融、保险业	734		734				734
十、房地产业							
十一、社会服务业	44 827	600		1 680	7 000	35 547	31 595
十二、卫生、体育和社会福利业							
十三、教育、文化艺术和广播电影电视业	990					990	83
十四、科学研究和综合技术服务业	275	68	115			92	183
十五、国家机关、政党机关和社会团体	817					817	1 294
十六、其他行业	627		627				627

5－33 各市县更新改造施工、投产项目个数

（1996 年）　　单位：个

市、县	施工项目个数	全部建成投产项目个数	市、县	施工项目个数	全部建成投产项目个数
长春市	**265**	**57**	**白山市**	**77**	**59**
市区	239	40	市区	71	57
九台市	4	4	临江市	2	1
榆树市	8	1	抚松县		
德惠市	13	11	靖宇县	4	1
农安县	1	1	长白县		
吉林市	**199**	**145**	江源县		
市区	175	137	**松原市**	**18**	**14**
桦甸市	2	1	市区	14	13
蛟河市	2	1	长岭县	2	
舒兰市	3	2	前郭县	2	1
磐石市	16	3	乾安县		
永吉县	1	1	扶余县		
四平市	**40**	**30**	**白城市**	**30**	**26**
市区	20	13	市区	15	12
公主岭市	4	3	洮南市	1	1
双辽市	6	6	大安市	5	5
梨树县	4	4	镇赉县	7	7
伊通县	6	4	通榆县	2	1
辽源市	**64**	**35**	**延边朝鲜族**		
市区	49	31	**自治州**	**115**	**70**
东丰县	12	3	延吉市	16	4
东辽县	3	1	图们市	6	2
通化市	**101**	**77**	敦化市	41	34
市区	79	62	龙井市	17	6
梅河口市	8	6	珲春市	11	4
集安市	3	2	和龙市	9	5
通化县	5	2	汪清县	5	5
辉南县	2	2	安图县	10	10
柳河县	4	3	**不分地区**	**143**	**126**

5－34 各市县更新改造施工、竣工房屋面积

（1996 年）

市、县	施工面积（平方米）		竣工面积（平方米）		竣工率（%）	
	合计	#住宅	合计	#住宅	合计	#住宅
长春市	**670 801**	**19 060**	**428 810**	**13 100**	**63.9**	**68.7**
市区	631 595	13 100	413 676	13 100	65.5	100.0
九台市	2 696		2 696		100.0	
榆树市	23 034	5 960	280		1.2	
德惠市	13 476		2 158		53.1	
农安县						
吉林市	**168 047**	**10 501**	**123 197**	**10 501**	**73.3**	**100.0**
市区	136 737		94 399		69.0	
桦甸市	400					
蛟河市	3 706		3 706		100.0	
舒兰市	400		400		100.0	
磐石市	26 804	10 501	24 692	10 501	92.1	100.0
永吉县						
四平市	**77 952**		**21 940**		**28.1**	
市区	21 919		20 142		91.9	
公主岭市	1 681					
双辽市	120		120		100.0	
梨树县	1 678		1 678		100.0	
伊通县	52 554					
辽源市	**14 163**		**9 068**		**64.0**	
市区	10 175		5 080		49.9	
东丰县	3 988		3 988		100.0	
东辽县						
通化市	**35 963**		**24 383**		**67.8**	
市区	17 433		8 913		51.1	
梅河口市	4 304		1 244		28.9	
集安市						
通化县	11 449		11 449		100.0	
辉南县	1 200		1 200		100.0	
柳河县	1 577		1 577		100.0	

5—34 续表　　　　　　　　　　(1996年)

市　、县	施工面积(平方米)		竣工面积(平方米)		竣工率(%)	
	合计	#住宅	合计	#住宅	合计	#住宅
白　山　市	**14 250**		**11 100**		**77.9**	
市　　区	6 061		4 911		81.0	
临 江 市	7 332		5 332		72.7	
抚 松 县						
靖 宇 县	857		857		100.0	
长 白 县						
江 源 县						
松　原　市	**5 819**		**5 819**		**100.0**	
市　　区						
长 岭 县	4 989		4 989		100.0	
前 郭 县	830		830		100.0	
乾 安 县						
扶 余 县						
白　城　市	**10 175**		**6 775**		**66.6**	
市　　区	6 142		6 142		100.0	
洮 南 市						
大 安 市						
镇 赉 县	633		633		100.0	
通 榆 县	3 400					
延边朝鲜族自　治　州	**144 842**	**7 536**	**57 881**	**7 536**	**40.0**	**100.0**
延 吉 市	17 539		5 060		28.8	
图 们 市	583		583		100.0	
敦 化 市	18 130		16 930		93.4	
龙 井 市	89 831		18 506		20.6	
珲 春 市	14 356	7 456	13 156	7 456	91.6	100.0
和 龙 市	2 667	80	1 910	80	71.6	100.0
汪 清 县	243		243		100.0	
安 图 县	1 493		1 493		100.0	
不 分 地 区	**302 947**	**180 000**	**25 877**	**17 000**	**8.5**	**9.4**

5—35 更新改造限额以上项目建设规模及新增生产能力

（1996年）

单位及项目名称	能力名称	单位	建设规模	本年施工规模合计	累计新增生产能力	其中：本年新增
长春拖拉机制造厂						
引进迪尔拖拉机底盘创造技术	拖拉机制造	台/年	3 000	2 000	2 000	
	大中型拖拉机制造	台/年	3 000	2 000	2 000	
长春轮胎厂						
年产75万条子午胎项目	轮胎外胎	万条/年	75	75		
吉林纸业股份有限公司						
增产3.9万吨/年纸袋纸	机制纸及纸板	万吨/年	3.90	3.90		
中化四平联合化工总厂						
2万吨/年离子膜烧碱技术改造	烧碱	万吨/年	2	2	2	2
双辽县玻璃厂						
浮法玻璃技术改造工程	平板玻璃	万重量箱/年	215	215		
吉林炭素厂						
一次焙烧工程	石墨及炭素制品	吨/年	15 000	9 000	9 000	9 000
吉林市吉诺尔电器集团公司						
无氟冰箱改造	家用电冰箱	万台/年	15	15		
中国石化前郭炼油厂						
聚丙烯工程	塑料树脂及共聚物	吨/年	4	4		

5—36 更新改造

(19

单 位 名 称	项 目 名 称	经济类型	行 业 类 别
中国第一汽车集团公司	中高级轿车项目	国有经济	小轿车制造
卫生部长春生物制品研究所	脑炎狂犬生产线	国有经济	生物制品业
长春拖拉机制造厂	引进迪尔拖拉机底盘创造技术	国有经济	拖拉机制造
长春轮胎厂	年产75万条子午胎项目	国有经济	轮胎制造业
长春市半导体厂	发光管生产线技术改造	国有经济	半导体器件
中国第一汽车集团公司	一汽配套工程车轮钢圈	国有经济	小轿车制造
中国第一汽车集团公司	一汽配套工程散热器厂	国有经济	小轿车制造
中国第一汽车集团公司	一汽配套工程吉标厂(改造)	国有经济	小轿车制造
中国第一汽车集团公司	一汽配套工程转向机厂(改造)	国有经济	小轿车制造
中国第一汽车集团公司	一汽配套工程内饰件厂(改造)	国有经济	小轿车制造
吉林纸业股份有限公司	增产3.9万吨/年纸袋纸	股份有限公司	机制纸及纸板
丰满发电厂	大坝加固工程	国有经济	水力发电业
四平联合收割机总厂	半喂水稻收割机	国有经济	机械化农机具
中化四平联合化工总厂	2万吨/年离子膜烧碱技术改造	国有经济	烧碱制造
双辽县玻璃厂	浮法玻璃技术改造工程	国有经济	建筑用玻璃
中国第一汽车集团公司(辽弹)	八五轻型轿车电机改造	国有经济	小轿车制造
延边农药厂	多抗霉素技改工程	国有经济	农药原药制造
吉林炭素厂	一次焙烧工程	国有经济	冶金用碳素制品业
吉林市无线电元件厂	片式电解电容器	国有经济	电子元件制造业
吉林市吉诺尔电器集团公司	无氟冰箱改造	国有经济	电冰箱制造业
中国石化前郭炼油厂	聚丙烯工程	国有经济	原油加工

限额以上项目一览表

96 年）

隶属关系	建设性质	开工时间	计划总投资	本年完成投资	本年新增固定资产
中　央	扩　建	1986 年 09 月	28 850	1 268	1 052
中　央	扩　建	1989 年 12 月	6 231	175	
地　属	扩　建	1985 年 07 月	3 740	767	767
地　属	扩　建	1991 年 11 月	33 113	14 402	
地　属	扩　建	1991 年 08 月	4 350	1 200	4 350
中　央	扩　建	1993 年 12 月	7 974	1 719	
中　央	扩　建	1993 年 05 月	8 126	284	27
中　央	扩　建	1994 年 06 月	3 978	358	
中　央	扩　建	1994 年 06 月	3 109	1 231	1 075
中　央	扩　建	1994 年 06 月	4 711	1 578	1 240
地　属	改　建	1993 年 05 月	19 963	4 000	200
中　央	改　建	1986 年 01 月	12 000	1 395	
地　属	扩　建	1993 年 11 月	3 987	1 947	721
中　央	扩　建	1994 年 10 月	12 191	11 270	11 271
县　属	新　建	1995 年 12 月	30 346	8 010	
中　央	扩　建	1993 年 01 月	4 839	2 392	662
地　属	扩　建	1991 年 10 月	4 605	46	
地　属	改　建	1996 年 05 月	8 204	2 953	
地　属	改　建	1996 年 01 月	5 016	2 500	
地　属	扩　建	1996 年 10 月	19 868	4 100	
中　央	扩　建	1996 年 06 月	52 833	3 713	490

5—37 按行业分的农

（19

	本年固定资产投资资金来源				
	小　　计	国家资金	国内贷款	引进外资	自筹资金
总　　计	**197 275**	**2 488**	**42 254**	**10 673**	**84 919**
一、农、林、牧、渔业	44 352	1 207	8 006	1 972	21 374
二、采掘业	10 420	85	2 025	50	4 706
#煤炭采选业	3 752		583		1 150
石油和天然气开采业	187		3		68
三、制造业	115 769	698	27 389	7 876	49 066
#食品加工业	11 085		1 734		5 414
食品制造业	2 436	50	922	338	596
饮料制造业	20 519	150	4 806	337	10 962
纺　织　业	1 159	30	46	250	375
医药制造业	1 371		900		385
四、电力、蒸汽、热水生产和供应业	169		60		109
五、建筑业	1 476		618		474
六、地质勘查业、水利管理业	93				93
七、交通运输、仓储及邮电通信业	1 473	91	10		865
八、批发和零售贸易、餐饮业	14 922	25	1 996	700	5 293
九、房地产业	80		30		50
十、社会服务业	90			60	30
十一、卫生、体育和社会福利业	297	21	20		226
十二、教育、文化艺术和广播电影电视业	6 110	336	2 020	15	1 988
十三、科学研究和综合技术服务业					
十四、国家机关、政党机关和社会团体					
十五、其他行业	2 024	25	80		645

村集体固定资产投资

96年）

单位：万元

群众集资	其他资金	房屋建筑面积（平方米）			
		施工面积	#住宅	竣工面积	#住宅
5 717	**51 224**	**1 059 882**	**63 466**	**748 356**	**56 606**
2 032	9 761	203 121	13 550	149 056	13 550
214	3 340	23 323	2 073	17 456	1 741
60	1 959	5 670		1 040	
	116	560		504	
1 648	29 092	462 768	21 883	400 103	21 347
	3 937	68 985		64 243	
430	100	40 110		40 110	
270	3 994	40 394	1 260	37 947	1 000
100	358	4 870	2 750	4 758	2 750
	86				
10	374	9 055		8 887	
		80		80	
	507	9 290		9 066	
140	6 768	242 504	1 036	60 302	871
		1 000	1 000	1 000	1 000
		235	168	188	141
10	20	6 386	460	6 386	460
449	1 303	70 755	6 706	70 267	6 706
1 214	60	31 365	16 590	25 565	10 790

5—38 商品房屋销售与出租情况

（1996年） 单位：万平方米

	实际销售	预售	空置	出租	实际销售额（万元）
房屋面积合计	**118.9**	**10.9**	**116.8**	**14.2**	**176 172**
#外销（租）	5.1	…			13 827
个人	52.5	1.1		2.3	67 993
1. 住　宅	95.1	7.4	84.3	6.6	112 641
#别墅、高档公寓	0.6		0.9		1 076
安居工程	25.5	2.5	17.5	1.9	24 641
#个人	50.2	1.8		2.2	56 392
2. 办公楼	4	2	9.5	…	6 884
3. 商业营业用房	19.2	1.5	20.1	3.4	55 058
4. 其他	0.6		2.9	3.9	1 589

5—39 商品房施工、竣工房屋面积及竣工价值

（1996年） 单位：万平方米

	施工面积	#新开工	竣工面积	竣工房屋价值（万元）
房屋建筑面积合计	**570.9**	**210.9**	**281.9**	**302 347**
按用途分：				
1. 住宅	379.7	176.6	221	170 338
#别墅、高档公寓	1.8	1.2	0.6	870
安居工程	77.9	45.6	44.8	35 607
2. 办公楼	47.9	11.4	17.4	25 946
3. 商业营业用房	112.4	11.3	34.3	91 866
4. 其他	30.9	11.6	9.2	14 197

统计资料 6

能源和原材料消费

ENERGY AND MATERIAL

6 能源和原材料消费

1996 年能源生产总量	2 452.0 万吨标准煤
原煤	1 671.1 万吨标准煤
原油	533.7 万吨标准煤
天然气	25.5 万吨标准煤
水电	221.7 万吨标准煤

能源生产总量构成(%)

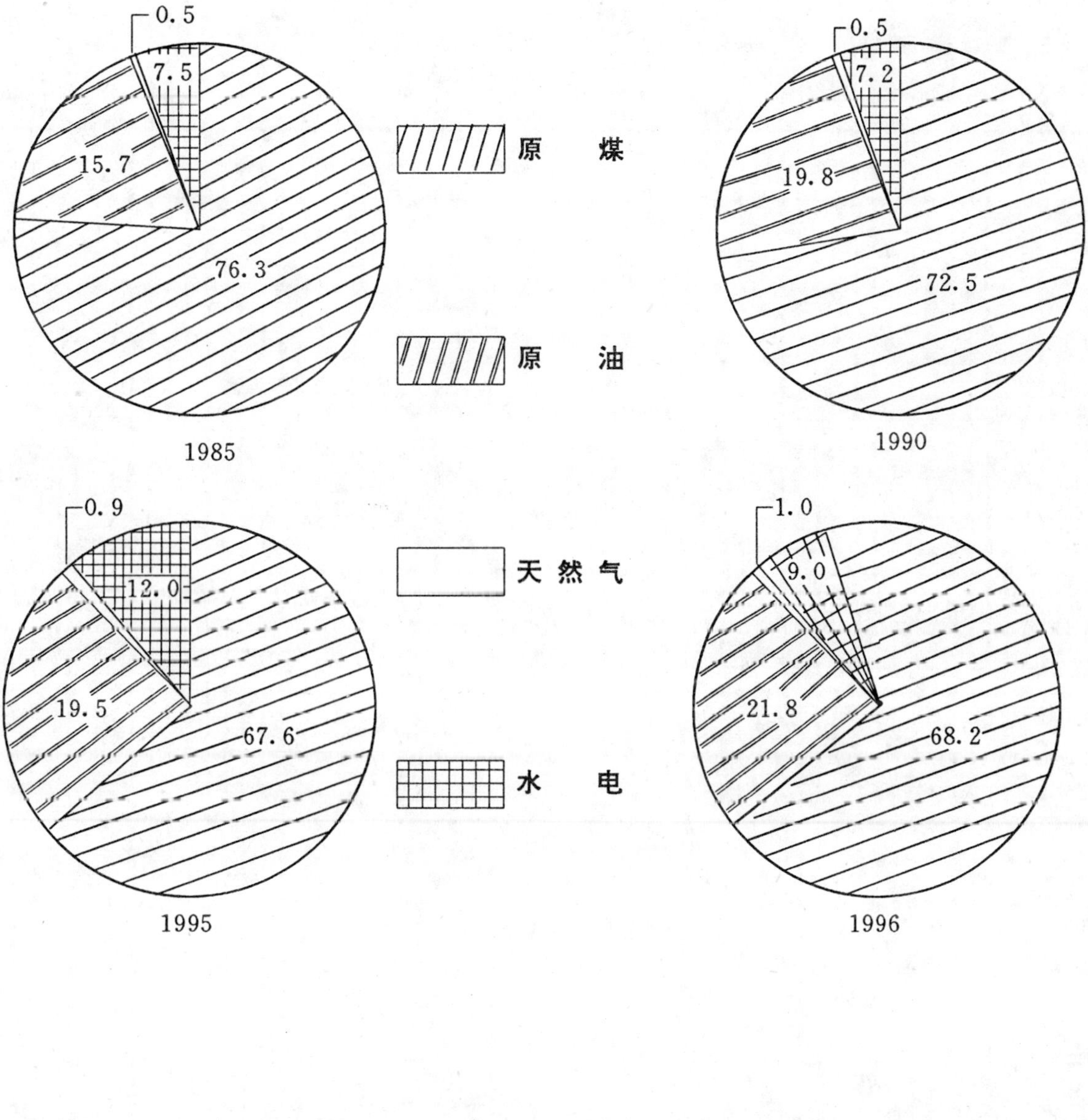

6—1 历年能源生产总量及构成

单位:万吨标准煤

年份	能源生产总量	原煤	原油	天然气	水电	占能源生产总量的(%) 原煤	原油	天然气	水电
1952	313.9	269.3	0.9		43.7	85.79	0.29		13.92
1957	528.1	436.8	5.3		86.0	82.72	1.00		16.28
1962	749.7	676.4	4.4		68.9	90.22	0.59		9.19
1965	745.3	661.0	7.7		76.6	88.69	1.03		10.28
1970	1 073.4	906.6	115.1		51.7	84.46	10.72		4.82
1975	1 393.1	1 103.5	193.8		95.8	79.21	13.91		6.88
1978	1 635.6	1 324.6	264.7		46.3	80.99	16.18		2.83
1979	1 689.4	1 337.4	266.3	20.2	65.5	79.16	15.76	1.20	3.88
1980	1 530.3	1 162.0	252.3	30.5	85.5	75.93	16.49	1.99	5.59
1981	1 493.2	1 111.5	233.4	12.3	136.0	74.44	15.63	0.82	9.11
1982	1 538.5	1 217.3	243.1	11.2	66.9	79.12	15.80	0.73	4.35
1983	1 637.2	1 274.2	254.4	11.1	97.5	77.83	15.54	0.68	5.95
1984	1 787.6	1 373.9	273.7	9.5	130.5	76.86	15.31	0.53	7.30
1985	1 947.2	1 486.5	304.5	10.1	146.1	76.34	15.64	0.52	7.50
1986	2 142.2	1 521.1	338.7	12.4	270.0	71.00	15.81	0.58	12.61
1987	2 201.6	1 505.7	409.7	12.8	273.4	68.39	18.61	0.58	12.42
1988	2 292.4	1 591.4	450.1	12.9	238.0	69.43	19.63	0.56	10.38
1989	2 369.9	1 741.8	488.9	13.5	125.7	73.50	20.63	0.57	5.30
1990	2 572.3	1 864.5	509.6	13.1	185.1	72.48	19.81	0.51	7.20
1991	2 593.3	1 827.7	489.0	16.8	259.8	70.50	18.85	0.65	10.00
1992	2 259.4	1 609.5	491.5	22.4	136.0	71.24	21.75	0.99	6.02
1993	2 248.7	1 558.2	483.5	27.3	179.7	69.30	21.50	1.21	7.99
1994	2 311.1	1 590.8	474.9	23.1	222.2	68.83	20.55	1.00	9.62
1995	2 512.9	1 698.3	489.6	22.3	302.7	67.58	19.48	0.89	12.05
1996	2 452.0	1 671.1	533.7	25.5	221.7	68.20	21.80	1.00	9.00

注:水电用3.64折算。

6—2 分行业电力消费量

行业	1995年		1996年	
	实物量（万千瓦时）	标准量（吨标准煤）	实物量（万千瓦时）	标准量（吨标准煤）
总　　计	**1 860 217**	**7 515 277**	**1 853 645**	**7 488 726**
采掘业	213 766	863 615	245 312	991 061
煤炭采选业	95 410	385 456	107 235	433 229
石油和天然气开采业	63 363	255 987	73 658	297 578
黑色金属矿采选业	1 470	5 939	414	1 673
有色金属矿采选业	19 135	77 305	20 193	81 580
非金属矿采选业	4 529	18 297	7 268	29 363
其他矿采选业	21	85	27	109
木材及竹材采运业	29 838	120 546	36 517	147 529
制造业	1 390 461	5 617 462	1 251 970	5 057 959
食品加工业	30 470	123 099	22 702	91 716
食品制造业	14 112	57 012	11 436	46 201
饮料制造业	17 751	71 714	13 875	56 055
烟草加工业	2 701	10 912	2 665	10 767
纺织业	102 502	414 108	25 691	103 792
服装及其他纤维制品制造业	2 507	10 128	2 259	9 126
皮革、毛皮、羽绒及其制品业	964	3 895	3 185	12 867
木材加工及竹、藤、棕、草制品业	8 368	33 807	10 426	42 121
家具制造业	1 805	7 292	2 596	10 488
造纸及纸制品业	75 918	306 709	81 259	328 286
印刷业	4 691	18 952	2 711	10 952
文教体育用品制造业	492	1 988	366	1 479
石油加工及炼焦业	15 119	61 081	16 457	66 486
化学原料及化学制品制造业	347 320	1 403 173	350 755	1 417 050
医药制造业	9 374	37 871	7 757	31 338
化学纤维制造业	33 083	133 655	34 700	140 188
橡胶制品业	4 360	17 614	4 453	17 990

注：1. 统计范围为县及县以上独立核算的工业企业、建筑企业和运输邮电企业。
2. 折标准煤系数为4. 04。

6－2 续表

行　　业	1995年		1996年	
	实物量（万千瓦时）	标准量（吨标准煤）	实物量（万千瓦时）	标准量（吨标准煤）
塑料制品业	8 840	35 714	6 493	26 232
非金属矿物制品业	154 035	622 301	127 412	514 744
黑色金属冶炼及压延加工业	243 307	982 960	234 360	946 814
有色金属冶炼及压延加工业	131 525	531 361	121 317	490 121
金属制品业	9 462	38 226	7 654	30 922
普通机械制造业	17 957	72 546	14 136	57 109
专用设备制造业	21 058	85 074	20 776	83 935
交通运输设备制造业	109 577	442 691	105 369	425 691
武器弹药制造业	4 003	16 172	3 493	14 112
电气机械及器材制造业	10 913	44 089	9 707	39 216
电子及通信设备制造业	3 484	14 075	4 022	16 249
仪器仪表及文化、办公用机械制造业	3 352	13 542	2 917	11 785
其他制造业	1 411	5 700	1 021	4 125
电力、煤气及水的生产和供应业	216 297	873 840	259 764	1 049 447
电力、蒸汽、热水生产和供应业	187 468	757 371	225 872	912 523
煤气生产和供应业	3 581	14 467	4 621	18 669
自来水生产和供应业	25 248	102 002	29 271	118 255
建筑业	20 936	84 581	35 355	142 834
土木工程建筑业	19 609	79 220	33 093	133 696
线路、管道和设备安装业	1 169	4 723	1 872	7 563
装修装饰业	158	638	390	1 576
运输邮电业	18 757	75 778	61 244	247 426
#铁路运输业	5 427	21 925	8 474	34 235
公路运输业	1 963	7 931	1 954	7 894
管道运输业	4 632	18 713	47 618	192 377
航空运输业				
邮电通信业	6 735	27 209	3 111	12 568

6—3 主要物资消费量

项目	单位	1992年	1993年	1994年	1995年	1996年
生铁	吨	929 909	1 116 348	1 011 784	1 122 679	1 225 342
钢材	吨	1 543 905	1 906 450	1 682 803	1 567 993	1 571 221
铜	吨	4 039	5 080	5 297	6 664	3 345
铝	吨	30 581	27 752	10 350	14 522	8 306
铅	吨	2 361	2 661	3 187	2 611	1 888
锌	吨	5 858	5 761	6 674	4 511	4 116
铜材	吨	8 994	9 361	10 223	15 194	7 941
铝材	吨	4 365	4 395	7 434	7 389	6 734
硫酸	吨	132 592	124 558	97 015	162 724	97 853
烧碱	吨	103 680	99 740	107 943	117 598	130 113
纯碱	吨	105 784	104 873	96 051	97 283	101 610
橡胶	吨	24 462	22 835	19 876	9 564	12 689
水泥	吨	2 220 141	2 739 022	2 151 437	2 276 491	1 953 180
平板玻璃	重量箱	747 769	891 852	448 875	461 582	421 774
原木	立方米	3 319 791	2 911 855	2 756 289	3 993 417	3 252 690
# 原木直接消费	立方米	2 559 640	2 011 121	2 290 526	3 101 408	2 683 094
锯材	立方米	459 447	744 661	521 039	398 425	420 494

6—4 国民经济各行业生产用钢材消费量

单位:吨

行　　业	1992 年	1993 年	1994 年	1995 年	1996 年
总　　计	**1 147 535**	**1 502 825**	**1 682 803**	**1 567 993**	**1 571 221**
采掘业	81 706	113 047	96 415	131 445	142 668
煤炭采选业	39 726	12 910	22 158	24 275	25 152
石油和天然气开采业	27 745	84 492	59 169	92 556	106 146
黑色金属矿采选业	228	9	42	199	275
有色金属矿采选业	3 431	2 750	3 152	3 627	2 969
非金属矿采选业	663	1 807	1 169	954	723
木材及竹材采运业	9 913	11 081	10 725	9 834	7 404
制造业	931 775	1 272 205	1 140 053	1 025 622	1 022 002
食品加工业	2 086	2 683	2 376	2 213	1 716
食品制造业	1 976	2 541	2 251	196	962
饮料制造业	1 202	1 546	1 369	1 407	1 546
烟草加工业	165	212	188	545	675
纺织业	1 478	569	1 066	705	493
服装及其他纤维制品制造业	28	738	93	198	41
皮革、毛皮、羽绒及其制品业	267	43	117	15	3
木材加工及竹、藤、棕、草制品业	1 908	1 631	9 086	2 614	1 990
家具制造业	2 371	968	1 108	1 504	5 196
造纸及纸制品业	7 623	8 424	5 921	6 769	4 824
印刷、记录媒介的复制	571	175	276	118	942
文教体育用品制造业	162	231	162	229	6
石油加工及炼焦业	2 625	2 383	4 413	4 670	2 569
化学原料及化学制品制造业	62 698	238 685	41 165	33 986	26 738
医药制造业	777	755	374	876	595
化学纤维制造业	2 507	959	1 955	11 393	3 073
橡胶制品业	722	1 272	2 300	547	681
塑料制品业	455	1 031	1 067	609	526

注：94 年以后口径是县及县以上各种经济类型的独立核算的工业企业、县及县以上独立核算的建筑企业运输邮电企业。

6—4 续表 单位:吨

行业	1992年	1993年	1994年	1995年	1996年
非金属矿物制品业	31 678	31 227	29 158	29 603	22 252
黑色金属冶炼及压延加工业	41 667	113 489	125 811	92 573	93 930
有色金属冶炼及压延加工业	5 120	5 304	4 971	3 705	4 103
金属制品业	110 890	107 613	97 652	81 697	67 578
普通机械制造业	65 057	83 690	73 577	81 237	65 595
专用设备制造业	78 068	100 428	88 999	99 577	101 169
交通运输设备制造业	449 744	513 489	594 347	526 358	577 062
武器弹药制造业	7 989	10 277	9 107	7 417	7 923
电气机械及器材制造业	41 274	32 884	34 078	28 241	21 314
电子及通信设备制造业	3 552	2 397	1 603	1 405	1 407
仪器仪表及文化、办公用机械制造业	7 010	6 330	5 180	4 097	6 135
其他制造业	105	231	283	1 118	958
电力、煤气及水的生产和供应业	12 503	41 378	27 285	22 716	26 480
电力、蒸汽、热水生产和供应业	11 345	39 578	25 868	17 806	24 423
煤气生产和供应业	396	1 311	866	4 173	1 166
自来水生产和供应业	762	489	551	737	891
建筑业			392 387	359 227	335 821
土木工程建筑业			373 663	343 387	320 032
线路、管道和设备安装业			17 437	13 640	13 736
建筑物的装修装饰业			1 287	2 200	2 053
交通运输、仓储及邮电通讯业	58 734	67 454	26 663	28 983	44 250
铁路运输业	51 214	58 145	24 277	21 445	38 544
公路运输业	1 388	1 593	63		1 017
管道运输业	1 079	1 239	49		
水上运输业	740	849	85		48
邮电通信业	4 313	5 628	2 189	7 538	4 641

6—5 国民经济各行业生产用木材消费量

单位:立方米

行　　业	1992年	1993年	1994年	1995年	1996年
总　　计	**2 862 504**	**2 590 830**	**3 034 570**	**3 670 355**	**3 288 558**
采掘业	565 590	426 537	826 803	929 163	725 127
煤炭采选业	217 186	91 460	153 466	187 537	144 996
石油和天然气开采业	6 051	9 778	5 851	11 300	10 058
黑色金属矿采选业	398			29	2 144
有色金属矿采选业	9 466	6 677	8 817	14 549	9 881
非金属矿采选业	6 653	4 685	3 978	2 657	3 336
木材及竹材采运业	325 836	313 937	654 691	713 091	554 712
制造业	2 224 383	2 080 914	1 945 161	2 472 919	2 286 382
食品加工业	673	626	729	3 669	246
食品制造业	22	21	33	3	
饮料制造业	180	167	165	718	76
烟草加工业					
纺织业	625	94	377	537	71
服装及其他纤维制品制造业	62	261	159	134	10
皮革、毛皮、羽绒及其制品业	405		66		
木材加工及竹、藤、棕、草制品业	319 726	402 259	446 147	497 801	309 983
家具制造业	79 056	52 847	36 430	42 872	61 997
造纸及纸制品业	1 301 545	1 187 378	1 064 054	1 400 418	1 420 250
印刷、记录媒介的复制	54	19	285	1 018	522
文教体育用品制造业	6 268	7 544	19 185	6 116	14 788
石油加工及炼焦业	636	1 131	814	943	873
化学原料及化学制品制造业	41 924	22 151	26 366	18 265	15 594
医药制造业	829	405	1 326	3 701	5 707
化学纤维制造业	343 939	231 832	226 161	394 982	350 636
橡胶制品业	90	49	17	104	300
塑料制品业	58	121	130	4 272	180

注：94年以后口径是县及县以上各种经济类型的独立核算的工业企业、县及县以上独立核算的建筑企业和运输邮电企业。

6—5 续表

单位:立方米

行　业	1992年	1993年	1994年	1995年	1996年
非金属矿物制品业	22 769	19 330	30 988	22 313	29 965
黑色金属冶炼及压延加工业	9 327	16 479	5 658	8 303	10 644
有色金属冶炼及压延加工业	3 583	3 769	1 749	679	2 389
金属制品业	11 095	960	2 855	2 323	1 587
普通机械制造业	8 979	8 341	8 122	5 599	7 361
专用设备制造业	4 489	4 171	3 867	2 819	2 830
交通运输设备制造业	59 080	105 986	62 893	48 876	45 295
武器弹药制造业	2 245	2 085	2 401	3 284	646
电气机械及器材制造业	3 526	3 332	2 030	1 539	1 849
电子及通信设备制造业	253	429	91	13	3
仪器仪表及文化、办公用机械制造业	2 844	5 009	709	406	703
其他制造业	101	4 118	1 354	1 212	1 877
电力、煤气及水的生产和供应业	4 913	6 891	9 434	9 456	6 206
电力、蒸汽、热水生产和供应业	4 801	6 776	9 282	9 109	4 446
煤气生产和供应业	10	19	17	13	
自来水生产和供应业	102	96	135	334	1 760
建筑业			231 279	237 861	240 921
土木工程建筑业			229 109	234 702	232 873
线路、管道和设备安装业			1 530	1 663	6 568
建筑物的装修装饰业			640	1 496	1 480
交通运输、仓储及邮电通讯业	38 914	41 140	21 893	20 956	29 922
#铁路运输业	38 681	37 565	17 410	1 206	12 782
公路运输业	117	213	70	261	661
管道运输业					
水上运输业	116	123	7		
邮电通信业	2 199	3 239	4 406	8 089	11 479

6—6 主要能源按国民经济行业分组消费量

（1996 年）

行业	原煤（吨）	焦炭（吨）	焦炉煤气（万立方米）	原油（吨）	汽油（吨）
总计	**31 296 222**	**1 614 651**	**52 189**	**5 325 747**	**260 388**
采掘业	1 460 465	3 109		346 806	63 186
煤炭采选业	646 627	1 384			9 105
石油和天然气开采业	75 833	511		346 806	18 447
黑色金属矿采选业	2 494				421
有色金属矿采选业	50 393	966			2 085
非金属矿采选业	52 950	103			1 359
其他矿采选业	445				33
木材及竹材采运业	631 723	145			31 736
制造业	9 185 688	1 593 783	45 368	4 954 174	105 573
食品加工业	544 423	5 561		3 864	5 150
食品制造业	221 598			2	1 659
饮料制造业	548 029			20	3 941
烟草加工业	26 934				1 188
纺织业	280 543	38			2 092
服装及其他纤维制品制造业	42 269	10			734
皮革、毛皮、羽绒及其制品业	18 692	9			4 324
木材加工及竹、藤、棕、草制品业	128 201	27		1	2 418
家具制造业	13 151				282
造纸及纸制品业	735 916	344			4 014
印刷业	34 949	3			1 119
文教体育用品制造业	9 770				55
石油加工及炼焦业	35 778	4		1 466 468	2 533
化学原料及化学制品制造业	1 463 328	255 641	9 271	3 454 539	14 694
医药制造业	335 453	3 054		2	2 735
化学纤维制造业	522 062	278		5 012	1 002
橡胶制品业	95 817	43		35	658
塑料制品业	46 265	133			1 569

注：统计范围为县及县以上独立核算工业、交通运输邮电企业。

6—6 续表 1 （1996 年）

行业	原煤（吨）	焦炭（吨）	焦炉煤气（万立方米）	原油（吨）	汽油（吨）
非金属矿物制品业	1 337 637	183 973	720	18 794	10 075
黑色金属冶炼及压延加工业	320 160	1 048 335	34 998	1 037	8 351
有色金属冶炼及压延加工业	106 856	645		1 626	1 527
金属制品业	52 907	15 032	17	56	11 506
普通机械制造业	249 333	12 771		10	2 957
专用设备制造业	211 369	16 136			4 042
交通运输设备制造业	1 570 144	48 638			12 336
武器弹药制造业	59 277	660			1 217
电气机械及器材制造业	76 262	1 651	362	2 703	2 058
电子及通信设备制造业	45 800	56			434
仪器仪表及文化、办公用机械制造业	44 325	727		5	533
其他制造业	8 440	14			370
电力、煤气及水的生产和供应业	19 224 144	16 340	6 821		7 310
电力、蒸汽、热水生产和供应业	19 072 879	58			5 728
煤气生产和供应业	103 884	16 282	6 821		601
自来水生产和供应业	47 381				981
建筑业	171 608	834			27 457
土木工程建筑业	113 819	818			26 078
线路、管道和设备安装业	12 011	8			1 141
装修装饰业	45 778	8			238
运输邮电业	1 254 317	585		24 767	56 862
#铁路运输业	1 160 595	235			2 871
公路运输业	33 103				49 998
管道运输业	6 996			24 744	320
航空运输业					
交通运输辅助业中港口业	272			23	211
邮电通信业	53 139	350			3 391

6—6 续表 2 （1996 年）

行　　业	煤　油（吨）	柴　油（吨）	燃料油（吨）	液化石油气（吨）	炼厂干气（吨）
总　　计	**27 474**	**289 820**	**842 810**	**8 945**	**119 564**
采掘业	59	77 271	70 820	8 040	32 614
煤炭采选业	40	3 568			
石油和天然气开采业		53 631	70 816	7 927	32 614
黑色金属矿采选业		183		1	
有色金属矿采选业	19	1 550	4	112	
非金属矿采选业		992			
其他矿采选业		13			
木材及竹材采运业		17 334			
制造业	2 059	79 257	753 265	905	86 950
食品加工业	31	3 580	118		
食品制造业	1	178			
饮料制造业		686			
烟草加工业		68			
纺织业	6	591		278	
服装及其他纤维制品制造业	16	469			
皮革、毛皮、羽绒及其制品业		5			
木材加工及竹、藤、棕、草制品业		504	5 140		
家具制造业		14			
造纸及纸制品业	21	1 125	5 548		
印刷业	1	42	5		
文教体育用品制造业		3			
石油加工及炼焦业	42	934	19 143	269	20 188
化学原料及化学制品制造业	101	6 560	655 090		66 762
医药制造业	6	307	16		
化学纤维制造业	22	997			
橡胶制品业		61			
塑料制品业		307			

6—6 续表 3 (1996 年)

行　　业	煤　油（吨）	柴　油（吨）	燃料油（吨）	液化石油气（吨）	炼厂干气（吨）
非金属矿物制品业	11	48 689	27 114	282	
黑色金属冶炼及压延加工业	2	6 412	13 514		
有色金属冶炼及压延加工业	1	647	2	22	
金属制品业	3	249			
普通机械制造业	67	911	3	3	
专用设备制造业	29	1 350	18		
交通运输设备制造业	1 624	3 884	27 524	1	
武器弹药制造业	28	246			
电气机械及器材制造业	8	311	30	50	
电子及通信设备制造业		26			
仪器仪表及文化、办公用机械制造业	23	34			
其他制造业	16	67			
电力、煤气及水的生产和供应业	1	22 984	18 218		
电力、蒸汽、热水生产和供应业	1	22 609	12 333		
煤气生产和供应业		245	5 885		
自来水生产和供应业		130			
建筑业	33	17 259	475		
土木工程建筑业	33	16 302	475		
线路、管道和设备安装业		946			
装修装饰业		11			
运输邮电业	25 322	93 049	32		
#铁路运输业	20	80 327			
公路运输业	46	11 328	30		
管道运输业					
航空运输业	25 256				
交通运输辅助业中港口业		210			
邮电通信业		242	2		

6—7 地 区 能 源 平 衡 表(实 物 量)

(1996 年)

	原煤(万吨)	焦炭(万吨)	原油(万吨)	汽油(万吨)	煤油(万吨)
一、可供本地区消费的能源量	**4 928.54**	**20.64**	**532.55**	**-62.52**	**0.33**
1. 年初库存量	586.43	10.51	23.69	33.01	0.74
2. 一次能源生产量	2599.64		373.60		
3. 回收能					
4. 外省(区、市)调入量	2420.00	20.91	159.69		
5. 进口量					
6. 我轮、机在外国加油量					
7. 本省(区、市)调出量(-)	-80.00			-61.01	
8. 出口量(-)					
9. 外轮、机在我国的加油量(-)					
10. 年末库存量(-)	-597.53	-10.78	-24.43	-34.52	-0.41
二、加工转换投入(-)产出(+)量	**-2129.68**	**140.80**	**-521.72**	**163.61**	**2.42**
1. 火力发电	-1605.33		-0.03	-0.05	
2. 供热	-415.61		-0.05	-0.03	
3. 洗选煤	-105.38				
4. 炼焦		99.37			
5. 炼油			-521.64	163.69	2.42
6. 制气		41.43			
#焦炭再投入量(-)					
7. 煤制品加工	-3.09				
三、损失量					
#运输和输配损失					
四、终端消费量	**2 796.09**	**161.44**	**10.83**	**101.01**	**2.75**
(一)第一产业	45.73			4.65	
1. 农、林、牧、渔业	45.73			4.65	
(二)第二产业	2084.99	161.40	8.36	33.98	0.22
1. 工业	2065.57	161.30	8.36	30.67	0.21
#用作原料、材料	73.00				
2. 建筑业	19.42	0.10		3.31	0.01
(三)第三产业	402.98	0.04	2.47	58.73	2.53
1. 交通运输、仓储及邮电通讯业	131.29	0.04	2.47	17.11	2.53
2. 批发和零售贸易业、餐饮业	117.84			4.78	
3. 其他	153.85			36.84	
(四)生活消费	262.39			3.65	
城镇	198.65			3.65	
乡村	63.74				
五、平衡差额	**2.77**			**0.08**	
六、消费量合计	**4 925.77**	**161.44**	**532.55**	**101.09**	**2.75**

6—7 续表 (1996年)

	柴　　油 (万　吨)	燃料油 (万　吨)	液化石油气 (万　　吨)	天 然 气 (亿立方米)	电　　力 (亿千瓦小时)
一、可供本地区消费的能源量	**-57.53**	**-11.65**	**3.12**	**2.10**	**44.62**
1. 年初库存量	14.52	15.38	0.29		
2. 一次能源生产量				2.10	60.91
3. 回收能					
4. 外省(区、市)调入量	5.74		3.07		48.09
5. 进口量					0.04
6. 我轮、机在外国加油量					
7. 本省(区、市)调出量(-)	-61.96	-13.54			-64.42
8. 出口量(-)					
9. 外轮、机在我国的加油量(-)					
10. 年末库存量(-)	-15.83	-13.49	-0.24		
二、加工转换投入(-)产出(+)量	**122.27**	**71.99**	**16.32**	**-0.33**	**228.93**
1. 火力发电	-0.71	-9.44		-0.24	228.93
2. 供　热	-0.08	-14.70			
3. 洗选煤					
4. 炼　　焦					
5. 炼　　油	123.06	96.10	16.32		
6. 制　　气				-0.09	
#焦炭再投入量(-)					
7. 煤制品加工					
三、损失量					**22.56**
#运输和输配损失					22.56
四、终端消费量	**64.74**	**60.34**	**19.44**	**1.77**	**251.74**
(一)第一产业	31.22				4.79
1. 农、林、牧、渔业	31.22				4.79
(二)第二产业	19.78	59.91	0.90	1.45	190.39
1. 工　　　业	17.16	59.85	0.90	1.44	186.69
#用作原料、材料					
2. 建　筑　业	2.62	0.06		0.01	3.70
(三)第三产业	13.74	0.43	2.32		22.48
1. 交通运输、仓储及邮电通讯业	6.09	0.43			7.22
2. 批发和零售贸易业、餐饮业	1.84		2.32		4.90
3. 其　　　他	5.81				10.36
(四)生活消费			16.22	0.32	34.08
城　　镇			16.22	0.32	17.44
乡　　村					16.64
五、平衡差额					**-0.75**
六、消费量合计	**65.53**	**84.45**	**19.44**	**2.10**	**274.30**

6—8 地区能源平衡表(标准量)

(1996年) 单位:万吨标准煤

	原煤	焦炭	原油	汽油	柴油
一、可供本地区消费的能源量	**3 168.08**	**20.05**	**760.79**	**-91.99**	**-83.83**
1. 年初库存量	376.96	10.21	33.84	48.57	21.16
2. 一次能源生产量	1671.05		533.72		
3. 回收能					
4. 外省(区、市)调入量	1555.58	20.31	228.13		8.36
5. 进口量					
6. 我轮、机在外国加油量					
7. 本省(区、市)调出量(-)	-51.42			-89.77	-90.28
8. 出口量(-)					
9. 外轮、机在我国的加油量(-)					
10. 年末库存量(-)	-384.09	-10.47	-34.90	-50.79	-23.07
二、加工转换投入(-)产出(+)量	**-1368.96**	**136.78**	**-745.32**	**240.74**	**178.16**
1. 火力发电	-1031.91		-0.04	-0.07	-1.03
2. 供热	-267.15		-0.07	-0.04	-0.12
3. 洗选煤	-67.91				
4. 炼焦		96.53			
5. 炼油			-745.21	240.85	179.31
6. 制气		40.25			
#焦炭再投入量(-)					
7. 煤制品加工	-1.99				
三、损失量					
#运输和输配损失					
四、终端消费量	**1 797.34**	**156.83**	**15.47**	**148.63**	**94.33**
(一)第一产业	29.40			6.84	45.49
1. 农、林、牧、渔业	29.40			6.84	45.49
(二)第二产业	1340.24	156.79	11.94	50.00	28.82
1. 工业	1327.76	156.69	11.94	45.13	25.00
#用作原料、材料	46.92				
2. 建筑业	12.48	0.10		4.87	3.82
(三)第三产业	259.04	0.04	3.53	86.42	20.02
1. 交通运输、仓储及邮电通讯业	84.39	0.04	3.53	25.18	8.87
2. 批发和零售贸易业、餐饮业	75.75			7.03	2.68
3. 其他	98.90			54.21	8.47
(四)生活消费	168.67			5.37	
城镇	127.69			5.37	
乡村	40.97				
五、平衡差额	**1.78**			**0.12**	
发电、供热效率、消费合计					

6−8 续表　　(1996年)　　单位:万吨标准煤

	燃料油	液化石油气	天然气	电力	合计（当量值）
一、可供本地区消费的能源量	**-16.64**	**5.35**	**25.50**	**54.84**	**4 033.65**
1. 年初库存量	21.97	0.50			522.47
2. 一次能源生产量			25.50	74.86	2 305.13
3. 回收能					
4. 外省（区、市）调入量		5.26		59.10	2 067.86
5. 进口量				0.05	0.05
6. 我轮、机在外国加油量					
7. 本省（区、市）调出量（-）	-19.34			-79.17	-329.98
8. 出口量（-）					
9. 外轮、机在我国的加油量（-）					
10. 年末库存量（-）	-19.27	-0.41			-531.88
二、加工转换投入（-）产出（+）量	**102.85**	**27.98**	**-4.00**	**281.35**	**-877.37**
1. 火力发电	-13.44		-2.91	281.35	-719.86
2. 供热	-21.00				-86.87
3. 洗选煤					-13.15
4. 炼焦					-5.62
5. 炼油	137.29	27.98			-49.65
6. 制气			-1.09		-1.11
#焦炭再投入量（-）					
7. 煤制品加工					-1.11
三、损失量				**27.73**	**27.73**
#运输和输配损失				27.73	27.73
四、终端消费量	**86.21**	**33.33**	**21.50**	**309.39**	**3 127.58**
（一）第一产业				5.89	87.62
1. 农、林、牧、渔业				5.89	87.62
（二）第二产业	85.60	1.54	17.61	233.99	2 286.07
1. 工业	85.51	1.54	17.49	229.44	2 259.36
#用作原料、材料					46.92
2. 建筑业	0.09		0.12	4.55	26.70
（三）第三产业	0.61	3.98		27.63	412.28
1. 交通运输、仓储及邮电通讯业	0.61			8.87	136.63
2. 批发和零售贸易业、餐饮业		3.98		6.02	96.21
3. 其他				12.73	179.43
（四）生活消费		27.81	3.89	41.88	341.62
城镇		27.81	3.89	21.43	280.19
乡村				20.45	61.42
五、平衡差额				**-0.92**	**0.98**
发电、供热效率、消费合计				**28.10**	**4 032.68**

6—9 分行业产值能耗表

(1996 年)　　单位:万吨标准煤

	产值能耗(吨/万元)	产　值(亿元)	能源消费合　　计	终端消费	损 失 量	加工转换损失合计
一、工　　业	**3.04**	**1 012.18**	**3 074.28**	**2 918.16**	**85.45**	**70.67**
轻 工 业	2.41	336.21	811.78	811.78		
重 工 业	3.35	675.97	2 262.47	2 106.35	85.45	70.67
(一)采 掘 业	5.31	58.90	313.02	295.35		17.67
煤炭采选业	10.37	14.28	148.12	133.86		14.26
石油和天然气开采业	5.55	10.03	55.71	52.30		3.41
黑色金属矿采选业	5.28	1.19	6.28	6.28		
有色金属矿采选业	4.10	4.08	16.73	16.73		
非金属矿采选业	4.48	5.83	26.14	26.14		
其他矿采选业	1.88	0.78	1.47	1.47		
木材及竹材采运业	2.58	22.71	58.59	58.59		
(二)制造业	2.64	913.23	2 409.13	2 357.01		52.12
食品加工业	1.11	86.03	95.32	95.32		
食品制造业	6.16	18.66	114.89	114.89		
饮料制造业	2.55	25.38	64.72	64.72		
烟草加工业	0.34	13.59	4.68	4.68		
纺织业	1.38	20.97	29.02	29.02		
服装及其他纤维制品制造业	0.71	12.77	9.09	9.09		
皮革、毛皮、羽绒及其制品业	1.02	5.11	5.21	5.21		
木材加工及竹、藤、棕、草制品业	1.20	31.60	37.80	37.80		
家具制造业	0.97	4.25	4.14	4.14		
造纸及纸制品业	3.67	23.17	85.02	85.02		
印刷业、记录媒介的复制	1.06	6.85	7.25	7.25		
文教体育用品制造业	1.57	0.87	1.37	1.37		
石油加工及炼焦业	3.58	11.10	39.72	35.05		4.67
化学原料及化学制品制造业	5.45	107.58	586.44	544.41		42.03
医药制造业	0.66	46.45	30.47	30.47		
化学纤维制造业	0.99	12.49	12.39	12.39		
橡胶制品业	1.60	6.59	10.53	10.53		
塑料制品业	0.71	16.92	11.99	11.99		

注:电、热按等值计算。下表同。

6－9 续表 （1996 年） 单位:万吨标准煤

	产值能耗（吨/万元）	产 值（亿元）	能源消费合 计	终端消费	损 失 量	加工转换损失合计
非金属矿物制品业	8.67	61.87	536.56	536.56		
黑色金属冶炼及压延加工业	8.13	40.05	325.73	320.56		5.17
有色金属冶炼及压延加工业	6.45	13.09	84.41	84.41		
金属制品业	0.94	23.71	22.35	22.35		
普通机械制造业	4.25	20.20	85.95	85.95		
专用设备制造业	1.08	23.73	25.55	25.55		
交通运输设备制造业	0.62	231.81	142.89	142.65		0.24
武器弹药制造业	1.98	4.06	8.05	8.05		
电气机械及器材制造业	0.56	16.37	9.18	9.18		
电子及通信设备制造业	0.35	14.81	5.15	5.15		
仪器仪表、文化办公用机械制造业	1.38	3.38	4.65	4.65		
其他制造业	0.88	9.77	8.56	8.56		
（三）电力、煤气及水的生产和供应业	8.79	40.05	352.20	265.86	85.45	0.89
电力、蒸汽、热水生产和供应业	8.90	35.98	320.33	234.88	85.45	
煤气生产和供应业	8.39	2.24	18.79	17.90		0.89
自来水的生产和供应业	7.15	1.83	13.08	13.08		
二、建筑业	**0.29**	**132.64**	**38.57**	**38.57**		
土木工程建筑业	0.31	113.75	34.98	34.98		
线路、管道和设备安装业	0.17	16.54	2.78	2.78		
装修装饰业	0.33	2.35	0.77	0.77		
三、交通运输、仓储及邮电通信业	**3.28**	**48.68**	**159.87**	**159.87**		
铁路运输业	4.83	19.31	93.34	93.34		
公路运输业	4.63	6.35	29.38	29.38		
管道运输业	24.94	0.97	24.19	24.19		
水上运输业	0.53	0.43	0.23	0.23		
航空运输业	6.66	0.56	3.73	3.73		
交通运输辅助业						
其他交通运输业						
仓储业						
邮电通信业	0.42	21.06	8.94	8.94		

統計資料 7

财 政

PUBLIC FINANCE

7 财　政

1996 年地方财政收入	76.40 亿元
＃各项税收	57.76 亿元
企业收入	1.71 亿元
1996 年地方财政支出	145.53 亿元
＃基本建设支出	7.57 亿元
支援农村生产支出和各项农业事业费	8.90 亿元
文教科技卫生事业费	40.48 亿元

地方财政收入、财政支出(亿元)

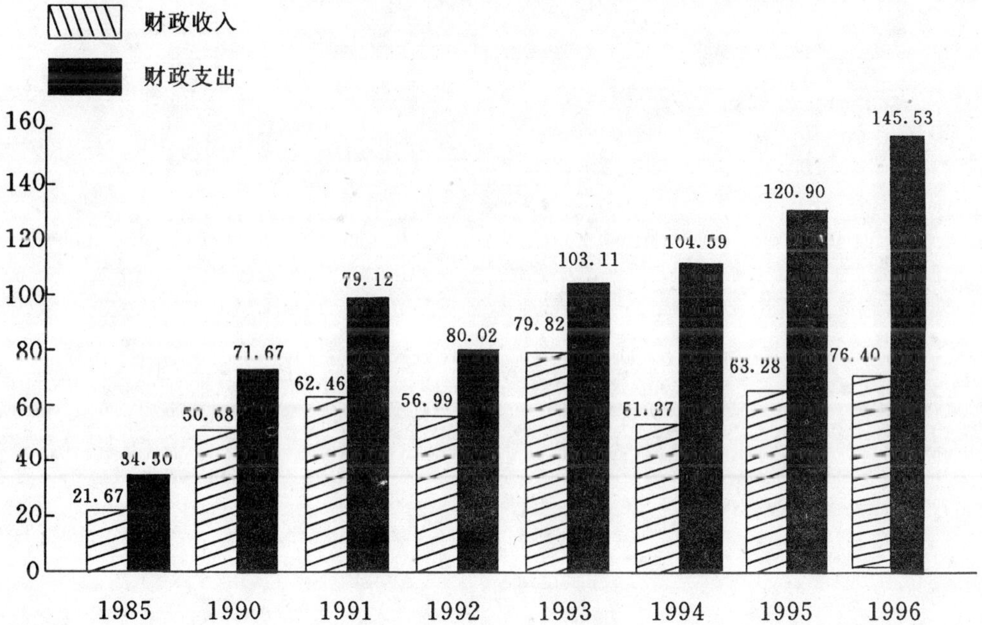

7—1 历年地方财政收支总额

单位:亿元

年份	总收入	#企业收入	#各项税收	总支出	#基本建设支出	#支援农村生产和各项农业事业费	#文教、科学、卫生事业费	#行政管理费
1952	3.57	1.07	2.30	1.02	0.33	0.01	0.22	0.27
1957	6.85	3.35	3.44	2.62	0.69	0.29	0.75	0.55
1962	4.92	0.70	4.17	3.93	0.71	0.77	1.09	0.66
1965	7.26	1.51	5.69	5.34	1.72	0.44	1.36	0.76
1970	10.31	2.43	7.85	9.65	4.63	0.59	1.45	0.78
1975	12.71	2.23	10.46	12.32	4.24	1.19	2.40	1.01
1978	16.41	3.68	11.87	16.35	5.54	1.89	3.02	1.25
1979	12.65	0.40	11.93	17.88	5.17	2.36	3.40	1.50
1980	14.39	1.30	12.58	17.32	3.13	2.45	4.32	1.70
1981	10.72	-2.24	12.44	15.87	2.21	2.18	4.94	1.76
1982	11.97	-2.17	13.49	17.30	2.25	2.35	5.72	2.06
1983	14.12	-1.83	15.18	19.41	3.02	2.31	6.51	2.44
1984	15.22	-2.75	17.28	23.34	3.41	2.66	7.56	3.09
1985	21.67	-2.16	23.30	34.50	4.90	3.03	9.15	2.99
1986	29.52	1.40	27.18	50.12	5.11	4.24	11.02	3.69
1987	37.52	3.21	32.02	53.23	3.66	3.71	11.25	4.22
1988	43.32	0.97	38.03	61.26	1.47	3.06	13.36	4.99
1989	49.40	-0.79	44.59	67.14	3.80	5.22	15.02	5.81
1990	50.68	-1.58	46.14	71.67	3.51	4.94	16.25	6.50
1991	62.46	0.26	48.76	79.12	4.21	5.12	17.43	5.77
1992	56.99	-0.90	53.01	80.02	4.52	5.82	20.10	7.33
1993	79.82	-1.22	74.51	103.11	6.71	6.89	23.56	9.06
1994	51.27	0.08	41.85	104.59	5.27	7.86	31.89	10.87
1995	63.28	3.06	47.76	120.90	5.71	9.16	35.04	12.04
1996	76.40	1.71	57.76	145.53	7.57	8.90	40.48	14.05

7—2 地方财政收支总额和指数

单位:万元

项　　目	1992年	1993年	1994年	1995年	1996年
绝 对 数					
总 收 入	569 889	798 244	512 669	632 803	763 998
总 支 出	800 186	1 031 060	1 045 932	1 209 012	1 455 266
收 支 差 额	-230 297	-232 816	-533 263	-576 209	-691 268
指数（以上年为100）					
总 收 入	106.0	140.1	120.7	123.4	120.7
总 支 出	101.1	128.9	101.4	115.6	120.4

7—3 地方财政分项目收支

（1996年）

单位:万元

项　　目	绝对数	比　重（%）	项　　目	绝对数	比　重（%）
一、财政收入	**763 998**	**100**	挖潜改造和科技三项费用	97 091	6.7
各项税收	577 622	75.6	工、交、商业部门事业费	39 953	2.7
# 工商税收	496 128	64.9	支援农村生产支出和各项农		
农 业 税	81 494	10.7	业事业费	88 966	6.1
企业收入	17 066	2.2	文教、科技、卫生事业费	404 776	27.8
国家能源交通重点建设基金			抚恤和社会福利救济费	36 455	2.5
收入	339	0.1	行政管理费	140 450	9.7
其他收入	168 971	22.1	价格补贴支出	185 118	12.7
二、财政支出	**1 455 266**	**100**	其他支出	386 784	26.7
基本建设支出	75 673	5.1			

注：1995年财政体制改革，财政收入为地方级财政收入，财政支出口径不变。

7—4 地方财政分项目收入

单位:万元

项　　目	1992年	1993年	1994年	1995年	1996年
企业收入	-9 004	-12 244	814	30 593	17 066
# 工业收入	39 503	33 054	26 397	36 944	14 600
各项税收	530 145	745 108	418 457	477 560	577 622
# 工商税收	499 973	716 741	361 204	423 689	496 128
农 业 税	20 754	18 958	35 125	53 871	81 494
其他收入	48 748	65 380	93 398	124 650	169 310

注：其他收入包括国家能源交通重点建设基金收入。下表同。

7—5 地方财政收入构成

(以财政收入总计为100)　　单位:%

项　　目	1992年	1993年	1994年	1995年	1996年
企业收入	-1.6	-1.5	0.2	4.8	2.2
# 工业收入	6.9	11.4	5.1	5.8	1.9
各项税收	93.0	93.3	81.6	75.5	75.6
# 工商税收	87.7	89.8	70.5	67.0	64.0
农 业 税	3.6	2.4	6.9	8.5	10.7
其他收入	8.6	8.2	18.2	19.7	22.2

7—6 地方财政分项目支出

单位:万元

项　　目	1992年	1993年	1994年	1995年	1996年
基本建设支出	45 247	67 081	52 739	57 074	75 673
支援农村生产支出和各项农业事业费	58 170	68 883	78 646	91 569	88 966
文教科技卫生事业费	200 965	235 624	318 911	350 393	404 776
抚恤和社会福利救济费	18 584	20 956	28 567	35 025	36 455
工交商部门事业费	16 869	23 179	25 637	28 570	39 953
行政管理费	73 334	90 631	108 683	120 431	140 450
其　　他	387 017	524 706	432 749	525 950	668 993

注：其他支出中包括价格补贴、挖潜改造资金和科技三项费用。下表同。

7—7 地方财政支出构成

(以财政支出总计为100)　　单位:%

项　　目	1992年	1993年	1994年	1995年	1996年
基本建设支出	5.7	6.5	5.0	4.7	5.1
支援农村生产支出和各项农业事业费	7.3	6.7	7.5	7.6	6.1
文教科技卫生事业费	25.1	22.9	30.5	29.0	27.8
抚恤和社会福利救济费	2.3	2.0	2.7	2.8	2.5
工交商部门事业费	2.1	2.2	2.5	2.4	2.7
行政管理费	9.2	8.8	10.4	10.0	9.7
其　　他	48.3	50.9	41.4	43.5	46.1

7—8 各市县财政收支与国内生产总值的比例

(1996年)

市、县	财政收入(万元)	财政支出(万元)	财政收入占国内生产总值的比重(%)	市、县	财政收入(万元)	财政支出(万元)	财政收入占国内生产总值的比重(%)
长春市	**169 699**	**297 488**	**3.5**	**白山市**	**26 419**	**49 812**	**4.3**
市区	133 230	223 911		市区	11 327	21 521	
九台市	8 390	15 744	3.0	临江市	2 906	5 670	2.6
榆树市	11 798	20 863	2.3	抚松县	5 507	7 528	4.4
德惠市	8 011	17 540	2.0	靖宇县	1 832	5 445	6.3
农安县	8 270	19 430	1.5	长白县	2 467	5 608	4.5
吉林市	**114 474**	**182 118**	**4.2**	江源县	2 380	4 040	
市区	86 093	124 470		**松原市**	**37 684**	**68 763**	**3.2**
桦甸市	3 430	9 963	1.5	市区	16 167	23 154	
蛟河市	5 847	9 242	3.5	长岭县	3 894	9 779	2.1
舒兰市	6 783	13 538	2.9	前郭县	10 168	19 998	3.2
磐石市	5 724	12 224	2.4	乾安县	3 024	6 844	2.4
永吉县	6 597	12 681	2.6	扶余县	4 431	8 988	1.9
四平市	**43 656**	**86 999**	**3.3**	**白城市**	**23 311**	**61 343**	**3.9**
市区	16 052	34 602		市区	7 126	23 772	
公主岭市	9 755	17 584	2.8	洮南市	3 997	9 505	3.3
双辽市	5 487	10 422	3.8	大安市	5 133	10 601	4.3
梨树县	7 538	14 576	2.2	镇赉县	3 761	8 574	4.1
伊通县	4 824	9 815	3.0	通榆县	3 294	8 891	3.9
辽源市	**16 833**	**37 456**	**3.8**	**延边朝鲜族**			
市区	8 337	19 288		**自治州**	**47 574**	**127 491**	**4.5**
东丰县	4 775	9 840	3.7	延吉市	14 366	26 399	5.0
东辽县	3 721	8 328	3.2	图们市	4 168	8 247	5.2
通化市	**40 718**	**87 847**	**4.0**	敦化市	8 003	13 976	3.4
市区	12 050	31 249		龙井市	4 768	9 939	4.7
梅河口市	8 477	16 343	2.7	珲春市	3 716	8 895	4.4
集安市	3 142	7 906	3.6	和龙市	4 217	7 827	5.4
通化县	7 359	12 803	6.9	汪清县	4 406	8 949	5.6
辉南县	4 841	10 845	4.0	安图县	4 267	7 951	4.3
柳河县	4 849	8 701	4.1				

統計資料 8

物价

PRICE

8 物　价

(以 1995 年为 100)

1996 年商品零售价格指数	105.1
1996 年居民消费价格指数	107.2
1996 年农副产品收购价格指数	105.1
1996 年农村工业品零售价格总指数	105.3
1996 年农贸市场农产品成交价格总指数	95.8
1996 年工农业商品综合比价指数	100.2

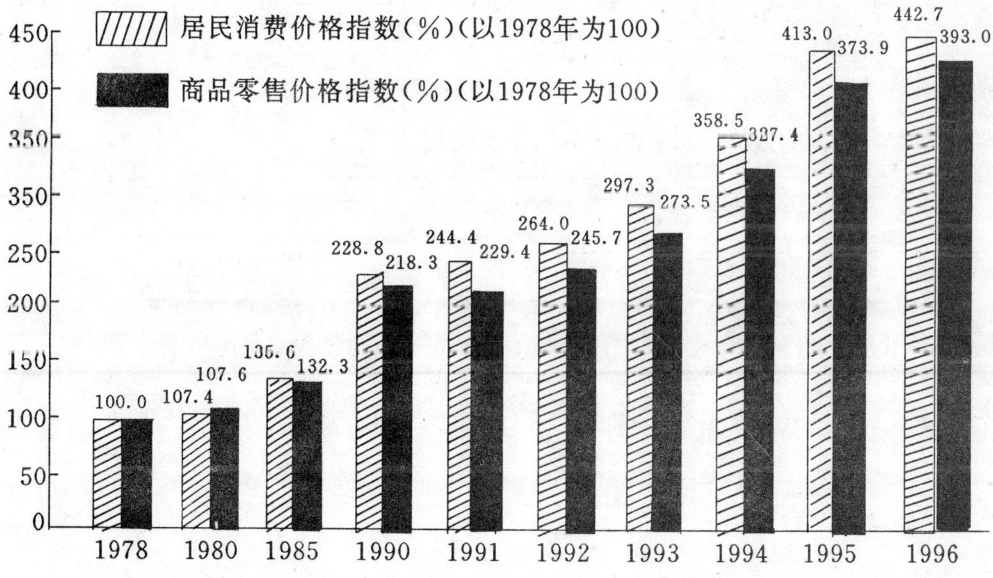

8—1 历年各种物价总指数

（以上年价格为100）

年份	零售物价总指数	居民生活消费价格总指数	农副产品收购价格总指数	农村工业品零售价格总指数	农贸市场农产品成交价格总指数	工农业商品综合比价指数（以农副产品收购价格总指数为100）
1978	100.2	100.1	104.1	100.2		96.3
1979	101.2	101.7	117.5	100.4	97.2	85.4
1980	106.3	105.6	109.4	100.8	96.9	92.1
1981	101.7	101.6	110.0	101.3	104.0	92.1
1982	103.0	104.2	100.5	101.9	104.4	101.4
1983	102.6	101.5	102.9	101.6	105.7	98.7
1984	104.2	103.5	105.6	102.5	105.2	97.1
1985	109.7	110.3	106.0	105.3	118.2	99.3
1986	105.4	106.0	109.8	102.1	105.6	93.0
1987	107.5	107.6	108.0	104.7	115.9	96.9
1988	119.9	120.3	107.0	115.9	123.2	108.3
1989	116.9	117.2	118.7	117.1	113.9	98.7
1990	103.9	104.9	104.5	106.4	97.3	101.8
1991	105.1	106.8	89.5	105.9	99.9	118.3
1992	107.1	108.0	99.6	104.8	100.9	105.2
1993	111.3	112.6	118.4	111.3	111.3	94.0
1994	119.9	120.6	132.8	113.5	126.0	85.5
1995	114.2	115.2	126.6	114.2	116.6	90.2
1996	105.1	107.2	105.1	105.3	95.8	100.2

8—2 历年各种物价总指数

(以1978年价格为100)

年份	零售物价总指数	居民生活消费价格总指数	农副产品收购价格总指数	农村工业品零售价格总指数	农贸市场农产品成交价格总指数	工农业商品综合比价指数(以农副产品收购价格总指数为100)
1979	101.2	101.7	117.5	100.4	97.2	85.4
1980	107.6	107.4	128.5	101.2	94.2	78.8
1981	109.4	109.1	141.4	102.5	98.0	72.5
1982	112.7	113.7	142.1	104.4	102.3	73.5
1983	115.6	118.8	146.2	106.1	108.1	72.6
1984	120.5	123.0	154.4	108.8	113.7	70.5
1985	132.2	135.7	163.7	114.6	134.2	65.1
1986	139.3	143.8	179.7	117.0	141.7	63.1
1987	149.7	154.7	194.1	122.5	164.2	68.3
1988	179.5	186.1	207.7	142.0	202.3	67.4
1989	209.6	218.1	246.5	166.3	230.4	68.6
1990	218.0	228.8	257.6	176.9	224.2	69.8
1991	229.4	244.4	230.8	187.3	224.0	81.2
1992	245.7	264.0	229.9	196.3	226.0	85.4
1993	273.5	297.3	272.2	218.5	251.5	80.3
1994	327.4	358.5	361.5	248.0	317.6	68.7
1995	373.9	413.0	457.7	283.2	370.3	62.0
1996	393.0	442.7	481.0	298.2	354.7	62.1

8—3 零售物价分类指数

(以上年价格为100)

项目	1992年	1993年	1994年	1995年	1996年
零售物价总指数	**107.1**	**111.3**	**119.9**	**114.2**	**105.1**
一、食品类	108.2	113.5	131.0	121.9	104.3
粮食	128.9	122.4	139.5	140.4	105.3
鲜菜	103.8	108.7	139.7	115.8	109.8
肉禽蛋	99.8	112.0	133.8	119.7	99.7
水产品	99.0	112.8	119.1	110.8	98.4
其它食品	102.6	113.8	126.0	123.8	110.3
# 鲜果	99.9	114.8	117.9	113.7	102.8
二、饮料、烟酒类	102.7	103.3	113.7	111.4	108.2
三、服装、鞋帽类	102.4	103.8	114.3	118.6	108.6
四、纺织品类	102.4	103.8	110.7	112.8	107.3
五、中西药品类	106.3	108.2	109.7	109.1	109.7
六、化妆品类			111.3	109.0	105.6
七、书报杂志类	104.8	105.8	129.2	114.0	135.0
八、文化体育用品类	97.5	101.0	110.8	107.7	105.5
九、日用品类	103.0	105.3	110.8	107.6	106.8
十、家用电器类			103.5	100.5	99.8
十一、首饰类			116.6	97.7	98.6
十二、燃料类	127.5	159.7	117.1	103.6	103.4
十三、建筑材料类	105.3	127.3	115.4	105.1	101.7
十四、机电产品类			100.4	95.0	96.9
十五、农业生产资料价格指数	104.5	109.3	120.2	130.2	111.5

8—4 零售物价分类指数

（以1978年价格为100）

项　　目	1992年	1993年	1994年	1995年	1996年
零售物价总指数	**245.7**	**273.5**	**327.4**	**373.9**	**393.0**
一、食品类	280.5	318.4	417.1	508.4	530.3
粮　　食	210.1	257.2	358.8	503.8	530.5
鲜　　菜	409.8	445.5	622.4	720.7	791.3
肉禽蛋	341.9	382.9	512.3	613.2	611.4
水产品	629.7	710.3	846.0	937.4	922.4
其它食品	266.7	303.5	382.4	473.4	522.2
# 鲜果	185.3	212.7	250.8	285.2	293.2
二、饮料、烟酒类	176.1	181.9	206.8	230.4	249.3
三、服装、鞋帽类	181.2	188.1	215.0	255.0	277.0
四、纺织品类	181.2	188.1	208.2	234.8	252.0
五、中西药品类	226.2	244.7	268.4	292.8	321.2
六、化妆品类					
七、书报杂志类	393.2	416.0	537.5	612.8	827.3
八、文化体育用品类	135.7	137.1	151.9	163.6	172.6
九、日用品类	170.0	180.1	210.0	226.0	241.1
十、家用电器类					
十一、首饰类					
十二、燃料类	339.4	542.0	631.7	657.5	679.9
十三、建筑材料类	126.5	161.0	185.8	195.3	198.6
十四、机电产品类					
十五、农业生产资料价格指数	198.0	216.4	260.1	338.7	377.7

8—5 零售物价分类指数

(1996年)

项目	以1978年为100	以1980年为100	以1985年为100	以1990年为100	以1995年为100
零售物价总指数	**393.0**	**365.3**	**297.4**	**180.9**	**105.1**
一、食品类	530.3	474.4	369.1	214.2	104.3
粮　食	530.5	529.4	507.7	343.6	105.3
鲜　菜	791.3	855.1	424.6	231.7	109.8
肉禽蛋	611.4	462.3	370.9	172.0	99.7
水产品	922.4	625.7	307.6	144.6	98.4
其它食品	522.2	522.2	356.2	216.2	110.3
# 鲜果	293.2	555.7	275.4	173.9	102.8
二、饮料、烟酒类	249.3	249.3	205.9	144.7	108.2
三、服装、鞋帽类	276.9	274.9	262.9	164.3	108.6
四、纺织品类	251.9	250.2	239.3	149.5	107.3
五、中西药品类	321.2	312.5	265.3	155.6	109.7
六、化妆品类					105.6
七、书报杂志类	827.3	827.4	655.0	221.7	135.0
八、文化体育用品类	172.6	167.4	162.0	120.0	105.5
九、日用品类	241.4	236.5	214.8	142.3	106.8
十、家用电器类					99.8
十一、首饰类					98.6
十二、燃料类	679.9	678.3	637.7	381.5	103.4
十三、建筑材料类	198.6	198.6	198.6	167.8	101.7
十四、机电产品类					96.9
十五、农业生产资料价格指数	377.7	375.1	300.9	211.1	111.5

8—6 城镇零售物价分类指数

（以上年价格为100）

项　　目	1992年	1993年	1994年	1995年	1996年
城镇零售物价总指数	**107.7**	**111.9**	**120.1**	**114.0**	**105.1**
一、食品类	108.7	114.0	131.0	121.5	104.3
粮　食	130.4	123.6	141.6	140.8	106.3
鲜　菜	103.8	108.7	138.8	115.7	108.1
肉禽蛋	99.9	112.6	132.1	119.5	100.1
水产品	99.0	112.7	119.7	110.5	98.6
其它食品	102.6	114.7	127.3	123.7	110.8
# 鲜果	99.8	115.8	125.2	113.1	102.4
二、饮料、烟酒类	103.2	103.1	114.5	111.2	108.7
三、服装、鞋帽类	102.6	104.0	114.4	119.9	108.5
四、纺织品类	102.6	104.0	111.2	112.9	107.4
五、中西药品类	106.9	109.5	110.1	108.6	110.5
六、化妆品类			111.0	108.7	104.5
七、书报杂志类	104.4	105.7	131.8	113.4	135.9
八、文化体育用品类	97.6	101.3	111.8	107.5	105.3
九、日用品类	103.1	105.7	111.1	107.4	107.0
十、家用电器类			103.2	99.5	99.3
十一、首饰类			117.3	97.4	98.5
十二、燃料类	129.3	159.2	118.7	103.2	103.4
十三、建筑材料类	105.7	105.7	116.8	103.3	101.6
十四、机电产品类			98.7	93.6	95.5

8—7 农村零售物价分类指数

（以上年价格为100）

项　　目	1992年	1993年	1994年	1995年	1996年
农村零售物价总指数	**103.7**	**108.6**	**119.7**	**115.4**	**105.0**
一、食品类	105.3	108.9	130.9	124.7	104.3
粮　　食	114.0	116.1	136.4	139.6	103.9
鲜　　菜			141.7	116.8	114.3
肉禽蛋	99.2	99.9	141.4	120.5	98.4
水产品	100.9	115.0	117.2	112.4	97.2
其它食品	102.8	105.4	121.0	124.9	108.1
# 鲜果	100.6	103.7	109.6	118.8	104.0
二、饮料、烟酒类	100.8	103.7	106.6	114.2	105.5
三、服装、鞋帽类	101.1	102.3	114.1	111.3	109.1
四、纺织品类	101.1	102.3	109.4	111.9	107.0
五、中西药品类	104.6	103.8	107.7	111.3	105.2
六、化妆品类			111.8	110.4	108.7
七、书报杂志类	109.8	106.7	122.6	116.3	132.2
八、文化体育用品类	96.8	99.1	106.8	109.8	107.0
九、日用品类	102.8	103.4	107.9	109.0	105.9
十、家用电器类			104.5	105.6	101.2
十一、首饰类			115.8	100.1	98.8
十二、燃料类	103.6	169.0	112.1	106.0	103.5
十三、建筑材料类	104.6	130.6	113.6	110.3	102.4
十四、机电产品类			103.3	102.5	101.4
十五、农业生产资料价格指数	104.5	109.3	120.2	130.2	111.5

8—8 居民生活消费价格分类指数

(以上年价格为100)

项 目	1992年	1993年	1994年	1995年	1996年
居民生活消费价格总指数	**108.0**	**112.6**	**120.6**	**115.2**	**107.2**
一、食品	108.2	113.5	127.3	120.6	105.0
二、衣着类	102.4	103.8	112.0	114.5	107.4
三、家庭设备及用品类	103.0	105.3	108.2	107.1	105.1
四、医疗保健类	106.3	108.2	108.6	108.5	107.9
五、交通和通讯工具	106.1	130.1	105.5	98.0	99.8
六、娱乐教育文化用品类	97.5	101.0	110.5	106.1	111.1
七、居住	114.6	136.1	130.7	104.3	117.0
1. 住房	114.6	136.1	126.7	106.2	119.2
2. 水、电、燃料	108.4	130.8	134.1	103.2	116.0
八、服务项目类	112.2	124.5	116.3	113.6	111.9
1. 电讯费			126.3	106.0	103.4
2. 邮电费	102.2	113.1	102.2	100.2	109.9
3. 交通费	106.1	130.1	100.7	106.6	118.0
4. 洗理美容费			128.2	119.5	109.2
5. 文娱费	126.2	173.2	126.3	120.3	117.8
6. 学杂保育费	110.3	110.1	117.8	117.7	110.3
7. 修理及其他服务费	110.2	124.2	116.2	113.3	114.4
8. 医疗保健服务费	143.7	130.8	104.9	107.7	107.5

8—9 居民生活消费价格分类指数

(以 1978 年价格为 100)

项　　目	1992 年	1993 年	1994 年	1995 年	1996 年
居民生活消费价格总指数	**264.0**	**297.3**	**358.5**	**413.0**	**442.7**
一、食品	280.5	318.4	405.3	488.8	513.2
二、衣着类	181.2	188.1	210.7	241.3	259.2
三、家庭设备及用品类	179.9	189.4	204.9	219.5	230.7
四、医疗保健类	226.2	244.7	265.7	288.3	311.1
五、交通和通讯工具					
六、娱乐教育文化用品类	135.7	137.1	151.5	160.7	178.5
七、居住	171.2	233.0	304.5	317.6	371.6
1. 住房	171.2	233.0	295.2	313.5	373.7
2. 水、电、燃料	237.0	310.0	415.7	429.0	497.6
八、服务项目类	313.7	390.6	454.3	516.1	577.5
1. 电讯费					
2. 邮电费		278.6	284.7	285.3	313.5
3. 交通费	259.3	337.3	370.0	394.4	468.9
4. 洗理美容费					
5. 文娱费	475.5	823.6	1 040.2	1 251.4	1 474.1
6. 学杂保育费	393.2	432.9	510.0	600.3	662.1
7. 修理及其他服务费		384.0	446.2	505.5	578.3
8. 医疗保健服务费	458.7	600.0	629.4	677.9	728.7

8—10 居民生活消费价格分类指数

（1996年）

项　　目	以1978年为100	以1980年为100	以1985年为100	以1990年为100	以1995年为100
居民生活消费价格总指数	**442.7**	**412.6**	**326.5**	**193.3**	**107.2**
一、食品	513.2	364.8	357.2	215.7	105.0
二、衣着类	259.2	257.1	245.9	153.7	107.4
三、家庭设备及用品类	230.7	226.2	205.5	136.1	105.1
四、医疗保健类	311.1	302.7	256.9	137.9	107.9
五、交通和通讯工具					99.8
六、娱乐教育文化用品类	178.5	173.3	167.6	124.1	111.1
七、居住				258.3	117.0
1. 住房				259.9	119.2
2. 水、电、燃料				366.7	116.0
八、服务项目类	577.5	566.3	483.9	254.9	111.9
1. 电讯费					103.4
2. 邮电费	313.5	313.5	255.2		109.9
3. 交通费	468.9	423.2	404.0	216.0	118.9
4. 洗理美容费					109.2
5. 文娱费	1474.1	1 455.7	1 447.4	554.8	117.8
6. 学杂保育费	662.1	662.1	566.4	358.8	110.3
7. 修理及其他服务费	578.3	560.3	430.7	227.8	114.4
8. 医疗保健服务费	728.7	728.7	474.9	258.8	107.5

8－11 农贸市场农产品成交价格分类指数

(以1978年价格为100)

项　　目	1992年	1993年	1994年	1995年	1996年
总　指　数	**226.0**	**251.5**	**317.6**	**370.3**	**354.7**
1. 粮　　食	116.0	124.9	178.0	286.8	293.7
2. 油　　脂	115.1	126.6	183.4	224.3	190.2
3. 肉 禽 蛋	207.9	233.7	312.0	372.5	355.4
4. 水 产 品	349.4	400.1	466.1	521.6	489.3
5. 鲜　　菜	320.3	348.5	439.5	479.5	477.1
6. 干　　菜	235.0	255.2	287.0	273.8	264.5
7. 鲜　　果	357.5	400.0	451.2	521.1	514.3
8. 干　　果	240.3	301.6	368.9	411.7	417.1

8—12 农贸市场农产品成交价格分类指数

（以上年价格为 100）

项　　目	1992 年	1993 年	1994 年	1995 年	1996 年
总 指 数	**100.9**	**111.3**	**126.3**	**116.6**	**95.8**
1. 粮　　食	99.6	107.7	142.5	161.1	102.4
2. 油　　脂	96.2	110.0	144.9	122.3	84.8
3. 肉 禽 蛋	98.7	112.4	133.5	119.4	95.4
4. 水 产 品	97.5	114.5	116.5	111.9	93.8
5. 鲜　　菜	102.2	108.8	126.1	109.1	99.5
6. 干　　菜	114.9	108.6	112.5	95.4	96.6
7. 鲜　　果	98.4	111.9	112.8	115.5	98.7
8. 干　　果	103.0	125.5	122.3	111.6	101.3

8—13 农贸市场农产品成交价格分类指数

（1996 年）

项　　目	以 1978 年为 100	以 1980 年为 100	以 1985 年为 100	以 1990 年为 100	以 1995 年为 100
总 指 数	**354.7**	**369.3**	**265.6**	**158.3**	**95.8**
粮　　食	293.7	329.3	528.7	197.4	102.4
油 脂 类	190.2	233.5	275.4	154.3	84.8
鲜　　菜	477.1	532.1	279.9	180.1	99.5
干　　菜	264.5	269.5	233.9	128.3	96.6
肉 禽 蛋	355.4	379.6	295.4	160.1	95.4
水 产 品	489.3	439.0	220.1	133.4	93.8
鲜　　果	514.3	486.9	220.3	151.6	98.7
干　　果	417.1	395.2	271.6	162.7	101.3

8－14　农副产品收购价格分类指数

（以1978年价格为100）

项　　目	1992年	1993年	1994年	1995年	1996年
总　指　数	**229.9**	**272.2**	**361.5**	**457.7**	**481.0**
一、粮食类	198.5	242.0	331.5	426.3	451.0
二、经济作物类	182.2	184.0	285.0	370.2	417.2
三、竹木材类	1 069.6	1 365.9	1 621.3	1 663.5	577.2
四、工业用油漆类	121.1	198.5	271.5	291.3	284.6
五、禽畜产品类	309.2	360.8	479.5	661.2	610.9
六、蚕茧蚕丝类	282.5	282.8	289.3	289.3	482.3
七、干鲜果类	355.0	362.5	441.5	507.7	484.9
八、干鲜菜及调味品类	368.2	415.0	519.6	610.5	611.7
#鲜　　菜	275.0	298.9	405.9	502.9	501.9
九、药　材　类	107.3	123.4	105.6	207.2	162.7
十、土副产品类	186.4	186.6	212.4	317.8	299.8
十一、水产品类	472.5	480.5	595.8	619.0	685.9

8—15 农副产品收购价格分类指数

（以上年价格为100）

项　　目	1992年	1993年	1994年	1995年	1996年
总　指　数	**99.6**	**118.4**	**132.8**	**126.6**	**105.1**
一、粮食类	109.8	121.9	137.0	128.6	105.8
二、经济作物类	97.8	101.0	154.9	129.9	112.7
三、竹木材类	158.3	127.7	118.7	102.6	87.0
四、工业用油漆类	111.5	163.9	136.8	107.3	97.7
五、禽畜产品类	103.7	116.7	132.9	137.9	92.4
六、蚕茧蚕丝类	150.0	100.1	102.3	100.0	166.7
七、干鲜果类	74.9	102.1	121.8	115.0	95.5
八、干鲜菜及调味品类	129.7	112.7	125.2	117.5	100.2
#鲜　　菜	86.5	108.7	135.8	123.9	99.8
九、药　材　类	87.7	115.0	85.6	196.2	78.5
十、土副产品类	97.5	100.1	113.8	149.6	94.4
十一、水产品类	120.1	101.7	124.0	103.9	110.8

8—16 农副产品收购价格分类指数

（1996年）

项　　目	以1978年为100	以1980年为100	以1985年为100	以1990年为100	以1995年为100
总　指　数	**481.0**	**374.1**	**293.5**	**186.4**	**105.1**
一、粮食类	451.0	375.3	345.4	215.0	105.8
二、经济作物类	417.2	353.5	341.9	222.7	112.7
食用植物油及油料	406.7	351.5	350.0	234.9	113.1
烟　　叶	480.4	444.3	336.0	246.9	136.7
糖　　料	527.2	421.9	421.9	225.2	97.4
三、竹木材类	577.2	110.3	110.3	273.7	87.0
四、工业用油漆类	284.6	284.6	284.6	191.8	97.7
五、禽畜产品类	610.9	494.5	384.7	204.4	92.4
肉　　畜	740.2	593.4	448.7	206.5	93.7
禽　　蛋	760.2	597.1	452.0	211.8	139.0
皮　　张	325.6	270.7	220.1	214.3	62.4
鬃　　毛	235.0	235.0	207.0	174.7	108.0
六、蚕茧蚕丝类	482.3	475.6	515.6	232.7	166.7
七、干鲜果类	484.9	463.2	364.6	182.8	95.5
八、干鲜菜及调味品类	611.7	424.6	290.1	254.9	100.2
#鲜　　菜	501.9	368.5	234.5	185.1	99.8
九、药　材　类	162.7	152.0	136.0	155.7	78.5
十、土副产品类	299.8	290.1	238.6	156.0	94.4
十一、水产品类	685.9	523.3	151.6	120.3	110.8

8－17 工业品出厂价格分类指数

（以上年价格为100）

类　　别	1992年	1993年	1994年	1995年	1996年
全部工业品	**108.3**	**107.9**	**115.7**	**115.0**	**103.8**
一、轻工业	104.5	108.5	120.7	126.6	101.4
以农产品为原料	105.2	190.3	123.7	128.7	102.1
以非农产品为原料	101.8	105.5	109.7	118.5	98.3
二、重工业	111.1	140.6	112.7	108.8	104.9
采掘业	119.4	163.9	112.8	112.6	107.3
原材料工业	111.9	148.8	116.0	106.0	103.3
加工工业	106.5	126.0	109.7	110.2	105.7

8－17 续表　　（以上年价格为100）

类　　别	1992年	1993年	1994年	1995年	1996年
全部工业品	**108.3**	**107.9**	**115.7**	**115.0**	**103.8**
一、生产资料	100.1	137.3	112.7	112.4	104.6
采掘业	119.4	163.3	113.2	111.8	107.0
原材料工业	109.5	138.7	115.2	112.5	103.4
加工工业	107.0	126.0	109.9	112.5	105.0
二、生活资料	105.2	108.9	122.9	121.6	101.3
食品类	107.8	112.3	125.9	124.2	101.0
衣着类	101.6	107.1	143.9	123.7	100.3
一般日用品	105.6	106.1	113.1	124.3	101.8
耐用消费品	100.5	102.9	104.3	106.2	104.0

8—18 按部门分工业品出厂价格指数

（以上年价格为100）

部　　门	1992年	1993年	1994年	1995年	1996年
总 指 数	**108.3**	**107.9**	**115.7**	**115.0**	**103.8**
冶金工业	113.6	154.0	105.0	102.2	100.4
电力工业	118.0	173.1	128.3	108.0	105.3
煤炭及炼焦工业	114.9	129.2	115.4	112.9	109.9
石油工业	112.4	189.5	113.8	103.4	103.7
化学工业	100.6	105.0	114.3	130.1	103.3
机械工业	106.3	126.1	108.2	106.6	104.8
建筑材料工业	113.5	123.7	107.7	106.9	105.0
森林工业	120.5	173.9	117.0	109.3	106.5
食品工业	107.8	103.3	125.9	124.2	101.0
纺织工业	101.5	104.0	137.8	131.1	93.7
缝纫工业	91.7	115.0	107.8	119.6	92.6
皮革工业	102.6	110.3	107.9	145.7	115.1
造纸工业	103.0	107.7	101.3	140.7	110.0
文教艺术用品工业	102.9	113.2	108.4	111.6	99.8
其他工业	106.1	110.4	118.6	128.8	104.4

8—19 主要原材料、燃料、动力购进价格分类指数

(以上年价格为100)

类别	1992年	1993年	1994年	1995年	1996年
总指数	**125.5**	**173.9**	**113.9**	**113.0**	**101.7**
燃料动力类	129.8	183.8	111.9	108.7	106.1
黑色金属材料类	120.8	179.4	106.7	96.1	97.5
有色金属材料及电线类	112.6	121.6	107.3	137.2	93.1
化工原料类	102.0	113.8	111.7	131.2	96.6
木材及纸浆类	106.0	150.0	119.5	122.7	102.1
建筑材料类	120.1	125.6	114.3	107.6	99.6
非金属矿类	104.2	121.9	116.5	98.2	97.5
农副产品类	118.1	120.0	126.2	138.3	107.2
纺织原料类	101.3	97.7	181.2	127.3	94.5

8—20 固定资产投资价格指数

(以上年价格为100)

类别	1992年	1993年	1994年	1995年	1996年
总指数	**116.4**	**128.8**	**107.3**	**109.6**	**103.0**
建筑安装工程	119.4	141.7	108.0	106.8	105.7
设备、工器具购置	110.1	116.2	109.3	112.1	98.4
其他费用	114.0	116.7	110.2	120.0	99.2

统计资料 9

人民生活

PEOPLE'S LIVELIHOOD

9 人民生活

1996 年居民人均消费水平(按当年价格计算)	2 643 元
农民	1 488 元
非农业居民	4 180 元
1996 年城乡居民储蓄存款余额	955.48 亿元
城镇	847.89 亿元
农村	107.59 亿元
1996 年城镇居民人均生活费收入	3 453.72 元
1996 年农民人均纯收入	2 125.56 元

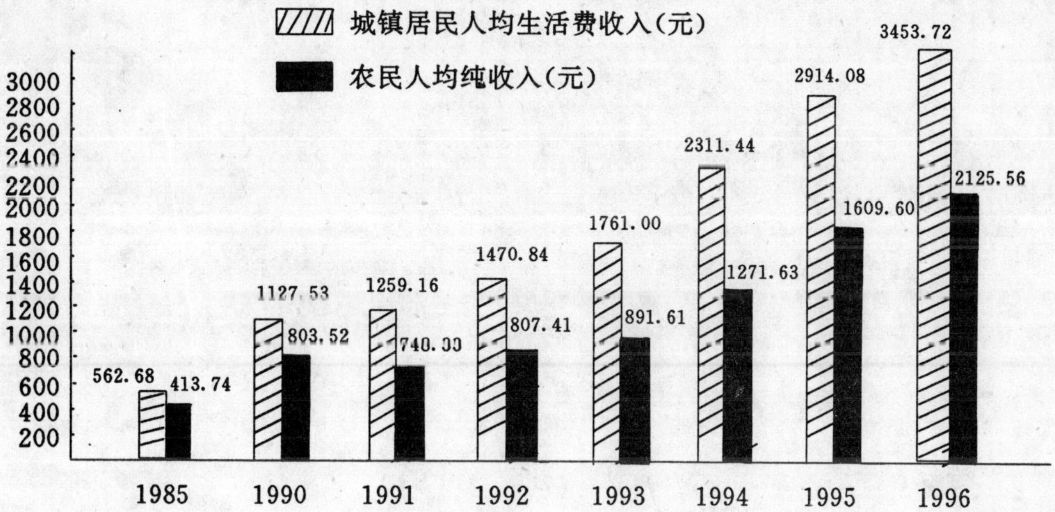

9—1 历年居民年平均消费水平

年份	居民消费水平（元）	农民	非农业居民	居民消费水平指数（以1952年为100）	农民	非农业居民
1952	104	86	165	100	100	100
1957	123	90	201	100.9	84.0	115.2
1962	149	100	237	94.9	76.9	102.0
1965	171	120	266	114.4	95.1	122.0
1970	202	143	334	141.5	108.3	172.4
1975	208	142	355	148.3	102.4	195.3
1978	246	165	427	166.0	117.0	215.0
1979	283	203	449	178.7	130.7	218.1
1980	305	214	491	192.1	137.6	237.7
1981	335	245	513	204.1	147.5	247.0
1982	369	267	564	222.3	162.5	263.3
1983	424	331	599	242.9	194.2	261.3
1984	487	376	691	272.9	219.8	289.2
1985	522	384	765	279.1	214.8	305.8
1986	593	420	884	292.9	217.9	327.4
1987	689	476	1 038	317.2	237.8	349.4
1988	860	573	1 316	329.1	241.5	366.0
1989	933	628	1 405	305.4	219.8	342.5
1990	955	649	1 427	302.2	212.9	344.0
1991	1 037	678	1 585	311.3	209.6	362.8
1992	1 233	749	1 958	330.0	215.8	389.5
1993	1 458	850	2 341	349.0	224.0	411.9
1994	1 872	1 062	2 995	389.8	242.4	460.1
1995	2 292	1 291	3 665	421.0	259.1	496.9
1996	2 643	1 488	4 180	485.4	298.5	567.0

注：本表绝对数按当年价格计算，指数按可比价格计算。

9—2 各市县居民年平均消费水平

(1996 年)

市、县	居民消费水平(元)	农民	非农业居民	居民消费水平指数(以上年为100)	农民	非农业居民
长春市	**2 407**	**1 568**	**3 704**	**115.4**	**115.1**	**116.4**
九台市	1 880	1 502	3 106	116.9	115.0	120.0
榆树市	2 013	1 845	3 040	121.0	119.4	125.2
德惠市	2 228	2 056	3 102	110.0	106.7	123.0
农安县	2 467	2 169	4 064	115.7	115.9	114.4
吉林市	**2 818**	**1 473**	**4 295**	**118.6**	**129.7**	**114.6**
桦甸市	2 488	2 135	2 935	175.6	189.6	163.1
蛟河市	1 664	1 444	2 043	114.2	122.8	105.0
舒兰市	1 703	1 420	2 340	148.3	174.2	124.3
磐石市	2 250	1 721	3 417	132.8	132.8	133.0
永吉县	1 574	1 418	2 294	126.7	126.8	125.5
四平市	**2 104**	**1 589**	**3 106**	**111.7**	**102.5**	**122.1**
公主岭市	1 917	1 474	2 360	113.2	117.1	110.9
双辽市	2 165	2 015	2 439	113.8	113.1	114.8
梨树县	2 462	2 182	3 329	115.9	119.6	108.7
伊通县	2 484	2 412	2 773	129.6	134.3	115.8
辽源市	**2 314**	**1 810**	**2 918**	**115.0**	**114.8**	**115.6**
东丰县	1 954	2 099	1 554	113.7	113.8	113.5
东辽县	1 309	1 160	1 949	112.2	112.1	112.7
通化市	**2 269**	**1 625**	**3 040**	**112.1**	**110.3**	**113.1**
梅河口市	2 947	2 465	3 548	115.6	113.2	117.1
集安市	1 683	1 586	1 867	104.5	102.5	108.0
通化县	1 846	1 526	2 602	106.4	107.6	104.2
辉南县	1 893	1 453	2 582	131.5	158.8	113.1
柳河县	1 665	1 376	2 484	128.2	131.9	123.9
白山市	**2 944**	**2 757**	**3 049**	**133.5**	**150.3**	**125.9**

9—2 续表 (1996年)

市、县	居民消费水平(元)	农民	非农业居民	居民消费水平指数(以上年为100)	农民	非农业居民
临江市	2 742	2 238	3 108	100.9	87.6	110.1
抚松县	2 176	1 541	2 599	113.0	116.7	111.6
靖宇县	1 625	1 259	2 113	116.5	116.7	116.4
长白县	3 304	2 568	3 834	109.3	109.0	114.1
江源县	2 985	1 894	3 368	125.9	79.1	142.5
松原市	**2 066**	**1 586**	**3 330**	**121.2**	**119.5**	**123.6**
长岭县	1 903	1 549	3 707	115.8	113.5	122.2
前郭县	2 640	2 007	4 013	140.5	134.2	146.7
乾安县	1 864	1 742	2 170	112.9	111.2	116.4
扶余县	1 565	1 496	2 185	121.0	120.3	127.0
白城市	**1 973**	**1 461**	**2 766**	**119.6**	**124.0**	**116.1**
洮南市	1 748	1 071	3 011	113.2	86.4	142.5
大安市	1 325	819	2 236	130.0	129.2	130.5
镇赉县	1 781	1 758	1 824	150.5	163.1	131.8
通榆县	2 030	1 756	2 690	146.3	150.7	141.5
延边朝鲜族自治州	**2 968**	**1 848**	**3 705**	**105.9**	**111.3**	**103.5**
延吉市	4 615	2 306	4 997	109.4	110.9	109.0
图们市	3 055	1 995	3 441	106.7	110.3	105.7
敦化市	2 495	1 825	3 102	115.8	133.5	107.6
龙井市	2 923	2 245	3 515	111.5	121.7	105.8
珲春市	2 947	2 500	3 217	97.6	104.0	94.3
和龙市	2 006	1 644	2 266	111.3	114.2	109.7
汪清县	1 963	1 629	2 289	102.3	108.1	97.8
安图县	2 789	2 185	3 421	109.8	116.8	104.7

9—3 城乡居民储蓄存款余额

项　目	1992年	1993年	1994年	1995年	1996年
年末余额（万元）	**3154 161**	**3 894 402**	**5 355 545**	**7 262 777**	**9 554 798**
城　镇	2 711 717	3 358 443	4 660 488	6 405 960	8 478 882
农　村	442 444	535 959	695 057	856 817	1 075 916
每个居民平均（元）	**1275**	**1 560**	**2 129**	**2 847**	**3 705**
城　镇	1 316	1 579	2 121	2 887	3 756
农　村	1 069	1 451	2 182	2 580	3 341

9—4 城乡居民家庭生活抽样调查情况

项　目	1992年	1993年	1994年	1995年	1996年
农民家庭					
每一农村劳动力负担人数（人）	1.66	1.58	1.51	1.52	1.51
人均纯收入（元）	807.41	891.61	1 271.63	1 609.60	2 125.56
人均生活费支出（元）	643.13	670.02	853.73	1 494.62	1 513.19
#食品支出（元）	381.52	399.89	532.47	841.85	803.38
人均生活用房面积（平方米）	14.19	15.96	18.14	16.07	16.51
城镇居民家庭					
每一城镇就业者负担人数（人）	1.73	1.74	1.72	1.79	1.78
人均生活费收入（元）	1470.84	1 761.00	2 311.44	2 914.08	3 453.72
人均生活费支出（元）	1374.72	1 596.00	2 096.40	2 598.00	3 037.32
#食品支出（元）	690.72	780.24	1 034.52	1 330.44	1 438.92
人均居住面积（平方米）	8.30	8.61	9.04	8.92	9.42

9—5 城镇居民家庭基本情况

项　　目	单 位	1992 年	1993 年	1994 年	1995 年	1996 年
调 查 户 数	户	1 350	1 350	1 350	1 350	1 350
平均每户人口	人	3.35	3.30	3.26	3.21	3.18
平均每户就业人口数	人	1.94	1.90	1.89	1.79	1.79
全民职工	人	1.49	1.49	1.52	1.42	1.41
集体职工	人	0.39	0.35	0.31	0.27	0.26
个体劳动者	人	0.04	0.03	0.04	0.06	0.07
其他就业者	人	0.02	0.01	0.01	0.01	0.01
平均每户就业面	%	57.90	57.60	58.00	55.76	56.29
平均每一就业者负担人数	人	1.73	1.74	1.72	1.79	1.78
平均每户退休人口数	人	0.27	0.29	0.30	0.40	0.38
平均每人每年全部收入	元	1 642.20	1 957.44	2 581.44	3 176.28	3 806.40
#生活费收入	元	1 470.84	1 761.00	2 311.44	2 914.08	3 453.72
平均每人每年生活费支出	元	1 374.72	1 596.00	2 096.40	2 598.00	3 037.32
就业人员平均劳动收入	元	2 279.46	2 763.58	3 609.25	4 109.24	5 389.10
国有职工	元	2 253.72	2 645.40	3 472.32	4 287.72	5 387.64
集体职工	元	1 549.92	1 843.20	2 345.28	2 738.76	3 582.60
个体劳动者	元	4 892.52	3 965.64	3 888.55	6 243.24	10 894.44
其他就业者	元	984.24	1 473.60	1 175.28	1 461.24	1 330.08
退休人员年收入	元	3 483.36	4 806.24	3 023.92	6 163.08	7 121.52
人均居住面积	平方米	8.32	8.61	9.04	8.92	9.42

注：1992 年以后个体劳动者收入为雇主经营者净收益和个体被雇者收入之和。

9—6 城镇居民家庭平均每人购买的主要商品数量

项　　目	单 位	1992年	1993年	1994年	1995年	1996年
粮　　食	公斤	93.84	83.28	89.40	94.20	90.12
菜　　类	公斤	138.72	155.52	125.04	139.68	137.76
油 脂 类	公斤	5.28	5.64	7.20	7.20	7.08
猪　　肉	公斤	13.44	13.68	11.76	12.60	13.08
牛 羊 肉	公斤	3.00	3.24	2.52	2.40	3.96
家　　禽	公斤	2.76	3.24	3.00	2.16	2.40
蛋　　类	公斤	8.04	8.64	8.88	9.72	9.24
鱼　　虾	公斤	7.08	6.84	8.04	6.60	6.72
食　　糖	公斤	1.08	1.08	0.96	1.08	1.32
卷　　烟	盒	25.08	23.52	22.32	21.48	22.56
酒和饮料	公斤	11.28	12.48	11.52	14.04	14.04
棉　　布	米	0.84	0.70	0.50	0.36	0.45
化 纤 布	米	1.13	1.01	0.83	0.68	0.62
呢　　绒	米	0.15	0.15	0.17	0.16	0.13
绸　　缎	米	0.19	0.14	0.13	0.12	0.16
皮　　鞋	双	0.75	0.84	0.84	0.89	0.89
肥　　皂	块	5.14	4.69	4.91	3.92	4.36
煤　　炭	公斤	283.98	231.11	187.43	234.79	193.69

9—7 城镇居民家庭平均每百户年末耐用消费品拥有量

项　　目	单　位	1992年	1993年	1994年	1995年	1996年
自 行 车	辆	200.39	204.24	205.63	180.58	179.92
缝 纫 机	架	53.44	53.97	51.96	52.45	49.46
电 风 扇	台	43.18	45.72	49.01	47.99	50.84
洗 衣 机	台	87.26	88.99	89.40	86.84	87.15
电 冰 箱	台	29.82	35.64	40.96	48.28	52.05
大 衣 柜	个	62.28	63.26	61.46	56.10	54.32
写 字 台	个	45.88	46.74	46.88	44.43	45.32
电 炊 具	个	104.61	110.61	118.16	113.35	124.28
彩色电视机	台	68.04	72.71	81.08	85.49	89.16
黑白电视机	台	42.92	39.18	35.81	28.49	25.33
录 音 机	台	69.50	71.76	72.11	68.10	66.82
照 相 机	架	18.00	20.63	23.50	21.47	24.24

9—8 城镇居民家庭基本情况

(1996年)

项　　目	单位	总平均	最　低 收入户	低　收 入　户	中　等 偏下户	中　等 收入户	中　等 偏上户	高　收 入　户	最　高 收入户
调 查 户 数	户	1 350	135	135	270	270	270	135	135
各组户数占总户数比重	%	100	10	10	20	20	20	10	10
平均每户家庭人口数	人	3.18	3.52	3.51	3.35	3.14	3.04	3.00	2.67
平均每户就业人口数	人	1.79	1.77	1.84	1.82	1.79	1.83	1.80	1.64
平均每户就业面	%	56.29	50.28	52.42	54.33	57.01	60.2	60.0	61.42
平均每一就业者负担人数（包括本人）	人	1.78	1.99	1.91	1.84	1.75	1.66	1.67	1.63
平均每人实际收入	元	3 806.40	1 902.36	2 475.48	3 012.84	3 643.56	4 556.28	5 352.96	6 992.76
#生活费收入	元	3 453.72	1 703.76	2 212.68	2 706.36	3 314.64	4 148.88	4 914.84	6 366.96
平均每人实际支出	元	3 523.92	2 239.80	2 375.40	2 929.92	3 346.68	4 124.04	4 983.96	5 625.00
#生活费支出	元	3 037.32	1 801.80	2 101.80	2 569.08	2 940.60	3 660.00	4 027.68	4 765.68

9—9 城镇居民家庭平均每人消费支出

(1996 年)　　单位:元

项　目	总平均	最低收入户	低收入户	中等偏下户	中等收入户	中等偏上户	高收入户	最高收入户
消费性支出	**3 037.32**	**1 801.80**	**2 101.80**	**2 569.08**	**2 940.60**	**3 660.00**	**4 027.68**	**4 765.68**
一、食品类	1 438.92	1 050.84	1 106.88	1 294.32	1 423.44	1 591.32	1 773.00	2 063.64
粮食	259.56	240.60	225.48	258.12	254.76	273.48	270.12	301.44
淀粉及薯类	28.44	24.00	23.28	26.40	29.04	30.96	31.08	36.72
干豆类及制品	35.04	28.80	30.12	32.88	33.84	37.44	42.36	43.92
油脂类	55.80	57.36	48.84	56.52	57.48	52.20	54.24	66.24
肉禽及制品	308.52	204.12	223.68	270.96	317.76	347.64	393.12	446.76
蛋类	70.20	57.00	61.56	63.00	65.88	78.60	80.64	95.28
水产品类	63.96	40.20	47.64	59.04	64.56	74.28	77.28	89.04
菜类	187.56	142.32	147.48	170.16	185.40	206.76	226.92	260.52
调味类	26.52	22.20	21.96	24.12	26.52	28.68	29.76	35.52
糖类	14.40	8.28	9.36	11.64	13.68	16.44	24.84	20.52
烟草类	45.24	35.76	39.36	41.76	41.76	49.32	51.72	66.36
酒和饮料	64.92	43.20	46.92	54.24	68.52	75.96	76.68	96.72
干鲜瓜果类	108.48	58.08	73.56	91.08	109.44	129.60	142.56	175.92
坚果及果仁	16.68	12.24	11.52	13.92	16.20	18.24	24.12	26.16
糕点类	26.04	14.76	20.28	21.36	26.40	31.80	32.64	38.52
奶及奶制品	24.72	13.68	18.36	17.88	21.60	30.48	40.68	41.16
其他食品	33.48	16.20	20.28	25.32	33.12	40.08	56.76	54.12
在外用餐	69.00	31.68	36.96	55.68	57.24	69.00	117.00	167.88
食品加工费	0.36	0.36	0.24	0.24	0.24	0.36	0.48	0.84
二、衣着类	543.24	224.52	334.32	409.56	532.56	739.80	800.88	860.40
三、设备用品及服务	161.40	68.88	75.24	125.40	158.04	208.80	234.84	304.80
四、医疗保健	138.00	71.64	97.08	113.52	122.52	164.64	204.48	241.68
五、交通和通讯	137.40	40.92	85.80	97.80	139.32	175.68	193.32	276.60
交通	61.08	23.64	43.44	35.88	58.68	78.96	82.80	137.40
通讯	76.32	17.28	42.36	61.92	80.64	96.72	110.52	139.20
六、娱乐文教服务	243.24	114.84	161.16	197.04	224.04	288.84	359.04	447.84
耐用消费品	39.00	5.28	7.44	27.00	42.84	45.00	42.60	128.88
教育	144.96	89.28	114.96	128.16	126.36	165.00	225.00	208.20
文化娱乐	59.28	20.28	38.76	41.88	54.84	78.84	91.44	110.76
七、居住	253.20	180.48	172.80	248.64	239.76	317.04	269.28	334.08
住房	82.56	39.60	25.68	83.28	65.28	136.44	90.72	120.48
水、电、燃料、其他	170.64	140.88	147.12	165.36	174.48	180.60	178.56	213.60
水	13.92	11.28	10.68	13.20	14.64	15.36	15.60	17.04
电	52.68	41.52	41.04	47.28	54.48	57.96	61.44	70.20
燃料	91.20	84.60	90.48	92.76	97.32	89.28	83.16	96.00
其它	12.84	3.48	4.92	12.12	8.04	18.00	18.36	30.36
八、杂项商品和服务	121.92	49.68	68.52	82.80	100.92	173.88	192.84	236.64
个人消费	100.20	40.08	57.12	65.28	88.68	149.64	149.64	183.00
其他商品	10.20	6.48	8.04	6.24	6.60	8.28	24.84	23.64
其他服务	11.52	3.12	3.36	11.28	5.64	15.96	18.36	30.00

9—10 城镇居民家庭平均每人购买的主要商品数量

（1996 年）

项　　目	单位	总平均	最低收入户	低收入户	中等偏下户	中等收入户	中等偏上户	高收入户	最高收入户
粮食	公斤	90.12	89.40	79.44	91.08	87.24	93.72	92.28	98.88
油脂类	公斤	7.08	7.20	6.24	7.20	7.32	6.48	6.84	8.40
菜类	公斤	137.76	120.72	117.36	132.36	132.72	146.40	151.92	177.72
猪肉	公斤	13.08	9.60	10.20	12.12	13.20	14.28	15.24	18.60
牛羊肉	公斤	3.96	2.76	2.88	3.36	4.32	4.08	5.28	5.40
家禽	公斤	2.40	1.80	1.80	2.40	2.40	2.52	2.76	3.12
蛋类	公斤	9.24	7.56	8.28	8.40	8.76	10.32	10.56	12.48
鱼虾	公斤	6.72	4.68	5.64	6.60	6.84	7.32	7.32	8.64
食糖	公斤	1.32	0.84	0.84	1.08	1.08	1.20	3.12	1.44
卷烟	盒	22.56	22.08	21.36	22.80	20.40	22.68	24.24	27.00
酒和饮料	公斤	14.04	10.08	11.28	11.76	15.12	15.84	16.32	20.28
#啤酒	公斤	8.04	5.28	6.24	6.24	8.40	9.24	10.68	12.60
茶叶	公斤					0.12			0.12
鲜奶	公斤	1.56	1.32	1.20	0.96	0.96	1.92	2.64	3.60
棉布	米	0.45	0.31	0.35	0.40	0.39	0.44	0.55	0.89
化纤布	米	0.62	0.37	0.50	0.53	0.57	0.68	1.09	0.79
呢绒	米	0.13	0.06	0.05	0.12	0.14	0.17	0.20	0.20
绸缎	米	0.16	0.07	0.07	0.13	0.12	0.28	0.25	0.23
皮鞋	双	0.89	0.50	0.63	0.75	0.92	1.12	1.09	1.27
肥皂	块	4.36	4.25	4.03	4.03	4.04	4.87	4.40	5.30
洗衣粉	公斤	1.19	1.02	1.04	1.17	1.28	1.18	1.39	1.26
煤炭	公斤	193.69	244.87	229.23	225.87	200.10	187.74	109.43	91.96
液化石油气	公斤	12.38	9.53	9.89	10.96	12.02	13.69	14.74	18.14

9—11 城镇居民家庭平均每百户年末耐用消费品拥有量

(1996年)

项目	单位	总平均	最低收入户	低收入户	中等偏下户	中等收入户	中等偏上户	高收入户	最高收入户
毛皮大衣	件	49.83	18.06	46.36	45.18	52.92	58.60	65.22	55.26
呢大衣	件	194.51	144.98	159.88	183.85	192.47	222.61	224.29	218.06
大衣柜	个	54.32	39.84	53.08	56.25	53.42	54.27	58.18	64.25
沙发	个	145.95	109.68	96.68	140.93	137.39	176.62	174.86	168.38
写字台	个	45.32	30.89	39.47	43.70	46.94	52.96	51.82	43.85
组合家具	套	47.35	44.70	45.67	51.60	47.13	48.62	50.93	37.53
沙发床	个	35.20	24.41	22.06	36.21	33.02	40.20	50.85	35.83
自行车	辆	179.92	153.93	176.72	190.45	182.67	180.47	190.32	169.03
缝纫机	架	49.46	43.32	47.00	49.49	47.85	50.75	54.17	53.93
电风扇	台	50.84	29.11	46.76	53.58	52.29	57.43	49.39	56.56
洗衣机	台	87.15	71.58	85.10	88.28	87.37	90.20	92.96	90.20
电冰箱	台	52.05	28.14	42.75	49.90	49.29	60.97	67.69	61.62
摩托车	辆	3.04	3.04	0.69	2.83	3.87	3.24	3.44	3.32
彩色电视机	台	89.16	66.88	83.72	86.03	90.26	97.21	100.53	93.48
黑白电视机	台	25.33	41.78	27.73	28.77	22.27	19.19	20.97	22.35
立体声收录机	台	27.33	23.28	18.22	25.51	30.49	29.29	27.85	33.36
普通录音机	台	39.49	33.52	40.00	40.61	38.97	41.03	41.50	38.62
照相机	架	24.24	7.85	17.08	20.38	22.81	30.04	34.57	36.40
电炊具	个	124.28	99.72	114.21	122.06	127.02	126.68	136.96	140.40

9—12 农民家庭基本情况

项　　目	单　位	1992年	1993年	1994年	1995年	1996年
一、调查户数	户	1 600	1 600	1 600	1 600	1 600
二、调查户常住人口	人	912	6 742	6 612	6 436	6 426
户均常住人口	人/户	4.33	4.21	4.13	4.02	4.02
三、户均整半劳动力	人/户	2.61	2.67	2.74	2.64	2.66
平均每个劳动力负担人数	人	1.66	1.58	1.51	1.52	1.51
整半劳动力占人口比重	%	60.37	63.45	66.34	65.62	66.29
四、常住人口中国家职工人数	人/户	0.04	0.04	0.05	0.05	0.06
职工人数占常住人口比重	%	0.90	1.02	1.23	1.15	1.37
五、乡村企业从业人数	人	30	43	56	63	90
乡村企业人数占常住人口比重	%	0.43	0.64	0.85	0.98	1.40
六、平均每百名劳动力中：						
文盲半文盲	人	7.06	6.97	6.65	5.02	3.99
小学文化程度	人	38.77	39.50	37.77	37.06	35.23
初中文化程度	人	44.68	44.02	46.10	49.21	51.60
高中文化程度	人	8.47	8.60	8.52	7.60	7.63
中专文化程度	人	0.91	0.75	0.80	0.73	1.29
大专文化程度	人	0.12	0.16	0.16	0.38	0.26
七、年末使用房屋间数	间/户	4.84	2.96	3.10	3.00	2.94
#新建房屋间数	间/户	0.14	0.05	0.04	0.09	0.10
八、年末使用房屋面积	平方米/人	18.10	15.96	16.06	16.07	16.51
#住房面积	平方米/人	14.19	15.96	16.06	16.07	16.51
#砖木结构	平方米/人	7.72	9.86	10.06	9.45	10.87
钢筋混凝土结构	平方米/人	0.21	0.39	0.46	0.81	0.50
九、年末每间房屋价值	元/间	1 348.93	2 082.25	2 114.01	3 475.98	4 057.23
新建房屋价值	元/间	1 978.54	2 894.14	3 959.06	5 738.68	6 023.49
新建房屋每平方米价值	元	147.61	149.93	173.91	238.71	262.30
十、年末生产性固定资产原值	元/户	2 581.05	3 037.38	3 520.48	4 533.16	4 767.51

9—13 农民家庭平均每人总收入

单位:元

项　　目	1992 年	1993 年	1994 年	1995 年	1996 年
全年总收入	**1 333.27**	**1 462.88**	**2 008.67**	**2 819.54**	**3 349.64**
一、劳动者的报酬收入	105.20	97.06	110.82	165.59	279.02
1. 在集体组织中劳动的报酬	26.54	37.13	46.85	32.24	52.10
2. 在企业劳动得到的报酬	62.97	52.59	60.58	103.81	168.50
3. 其他单位劳动得到的报酬	15.69	7.34	3.39	29.54	58.42
二、家庭经营收入	1 204.33	1 339.92	1 814.23	2 481.45	2 876.08
1. 种植业收入	990.10	1 099.31	1 526.81	2 057.34	2 371.12
2. 林业收入	0.77	2.08	2.26	3.10	7.27
3. 牧业收入	145.44	147.97	183.66	256.64	296.87
4. 渔业收入	0.47	0.28	0.44	1.68	6.75
5. 手工业收入	6.52	5.57	2.53	39.11	32.71
6. 采集捕猎收入	13.79	13.99	18.93	32.83	37.89
7. 工业收入	7.98	6.15	7.57	12.67	15.10
8. 建筑业收入	5.61	5.31	11.35	13.76	9.26
9. 运输业收入	15.26	22.04	22.97	20.15	32.98
10. 商业收入	4.19	14.44	19.88	11.31	8.92
11. 饮食业收入	0.69	1.87	2.00	6.15	5.73
12. 服务业收入	1.65	1.95	2.30	3.71	3.22
13. 其他家庭经营收入	11.86	18.96	13.53	23.00	48.27
三、转移性收入	21.97	17.87	17.60	27.14	41.69
1. 在外人口寄回和带回	0.72	0.57	1.00	3.47	7.47
2. 农村外部亲友赠送收入	3.15	4.12	3.87	4.69	6.63
3. 调查补贴	6.79	4.79	5.70	5.97	9.44
4. 保险赔款		0.44	0.19	0.15	0.55
5. 救济金			0.01	0.18	0.40
6. 救灾款				0.02	0.11
7. 退休金			0.41	0.32	0.38
8. 抚恤金				0.48	0.46
9. 五保户的供给	0.01	0.80	0.08	0.18	
10. 奖励收入	0.50	0.19	0.22	0.60	0.52
11. 土地征用补偿收入		0.57	0.29	0.75	2.82
12. 其他转移收入	10.80	6.39	5.83	10.33	12.91
四、财产性收入	1.77	8.03	65.51	145.36	152.84
1. 利息收入	0.12	2.51	0.16	1.88	1.78
2. 股息收入		0.01		0.16	0.01
3. 租金收入		0.74	0.32	3.15	5.64
4. 出让特许权收入					0.09
5. 集体财产收入			0.38	0.04	
6. 其他财产收入	1.65	4.77	64.65	140.13	145.32

注：本表按国家定购价和市场价的综合平均价计算。下表同。

9—14 农民家庭平均每人纯收入

单位:元

项　　目	1992年	1993年	1994年	1995年	1996年
全年纯收入	**807.41**	**891.61**	**1 271.63**	**1 609.60**	**2 125.56**
按来源分:					
一、劳动者的报酬收入	105.20	97.06	110.81	165.59	279.02
二、家庭经营纯收入	685.26	773.97	1 083.41	1 277.47	1 661.45
种植业收入	580.54	648.14	950.17	1 129.53	1 386.14
林业收入	0.61	1.80	1.96	1.40	6.30
牧业收入	48.35	49.82	44.24	38.72	114.30
渔业收入	0.28	0.28	0.27	0.70	4.40
手工业收入	4.93	4.76	1.15	9.02	7.92
采集捕猎收入	13.79	13.99	18.93	32.83	37.89
工业收入	5.62	4.40	6.06	8.12	11.87
#粮食加工收入	4.52	4.15	6.05	6.14	9.87
建筑业收入	5.47	4.41	9.67	10.81	8.14
运输业收入	9.58	14.12	14.49	12.23	23.35
商业收入	3.80	10.99	19.42	6.35	8.15
饮食业收入	0.54	1.39	1.87	5.50	3.87
服务业收入	1.60	1.36	1.92	2.32	1.83
其　　他	10.15	18.51	13.26	19.94	47.29
三、转移性收入	15.18	13.08	11.90	21.17	32.25
四、财产性收入	1.77	7.50	65.51	145.36	152.84

9—15 农民家庭平均每人现金收入

单位:元

项　　目	1992年	1993年	1994年	1995年	1996年
年内现金收入	**1 028.01**	**1 183.96**	**1 586.26**	**2 330.62**	**2 970.17**
一、劳动者的报酬收入	104.56	96.92	110.37	165.32	278.94
1. 在集体组织中劳动得到的报酬	26.16	37.11	46.82	32.22	52.08
2. 在企业劳动得到的报酬	62.98	52.47	60.16	103.58	168.45
3. 其他单位劳动得到的报酬	15.42	7.34	3.39	29.52	58.42
二、家庭经营现金收入	668.31	767.20	1 176.59	1 586.13	2 063.07
1. 出售产品的现金	624.75	694.70	1 095.17	1 488.48	1 932.50
2. 工业加工费的现金收入	7.32	6.15	7.47	12.58	15.10
3. 建筑业的现金收入	5.60	5.31	11.35	13.76	9.26
4. 运输业的现金收入	15.26	22.04	22.97	20.15	32.98
5. 商业的现金收入	4.19	14.44	19.88	11.31	8.92
6. 饮食业的现金收入	0.69	1.87	2.00	6.15	5.73
7. 服务业的现金收入	1.65	1.95	2.30	3.71	3.22
8. 其他家庭经营的现金收入	8.85	20.74	15.45	29.99	55.37
三、转移性收入	29.63	29.76	30.71	47.01	64.26
1. 在外人口寄回和带回	0.71	0.48	0.96	3.43	7.47
2. 亲友赠送收入	13.15	17.41	17.96	26.25	31.10
3. 调查补贴	5.48	3.75	5.15	4.43	7.81
4. 保险赔款		0.44	0.19	0.15	0.55
5. 救济金			0.01	0.18	0.40
6. 救灾款				0.02	0.11
7. 退休金			0.41	0.32	0.38
8. 抚恤金		0.80	0.08	0.48	0.46
9. 五保户的供给	0.01			0.18	
10. 奖励收入	0.49	0.18	0.22	0.60	0.52
11. 土地征用补贴收入		0.57	0.29	0.75	2.82
12. 其他转移性收入	9.79	6.13	5.44	10.22	12.65
四、财产性收入	21.93	35.00	26.43	55.42	49.19
1. 利息收入	0.12	2.51	0.16	1.88	1.78
2. 股息收入		0.01		0.16	0.01
3. 租金收入		0.74	0.32	3.15	5.64
4. 出让特许权收入					0.09
5. 出售财物的收入	20.16	26.97	22.80	39.57	33.09
6. 集体财产收入			0.38	0.04	
7. 其他财产收入	1.65	4.77	2.77	10.62	8.57
五、储蓄借贷现金收入	203.58	255.08	242.16	476.74	514.71
1. 银行信用社得到的贷款	50.28	40.50	33.82	40.54	64.52
2. 借入款	84.08	117.88	130.72	276.62	314.78
3. 收回借出款	52.05	81.12	56.51	100.32	110.68
4. 从银行信用社取回存款	16.97	15.58	21.07	58.11	24.66
5. 转让股票收入			0.03		
6. 收回投资款	0.20		0.01	1.15	0.07

9—16 农民家庭平均每人总支出

单位:元

项　　目	1992 年	1993 年	1994 年	1995 年	1996 年
全 年 总 支 出	**916.00**	**1 260.95**	**1 646.87**	**2 864.23**	**2 856.81**
一、家庭经营费用支出	374.33	418.19	558.80	975.76	982.05
1. 种植业生产支出	264.80	302.89	404.12	699.57	753.37
2. 林业生产支出	0.16	0.28	0.80	1.70	0.97
3. 牧业生产支出	97.09	98.15	139.42	217.92	182.57
4. 渔业生产支出	0.20	0.68	0.17	0.98	2.35
5. 手工业生产支出	1.59	0.81	1.38	30.09	24.79
6. 工业生产支出	2.36	1.75	1.51	4.55	3.23
7. 建筑业支出	0.14	0.90	1.68	2.95	1.12
8. 运输业支出	5.68	7.92	8.48	7.92	8.64
9. 商业支出	0.39	3.45	0.46	4.96	0.77
10. 饮食业支出	0.15	0.48	0.13	0.65	1.86
11. 服务业支出	0.05	0.59	0.38	1.39	1.39
12. 其他经营支出	1.72	0.29	0.27	3.08	0.98
二、购置生产用固定资产支出	29.50	51.27	52.60	156.47	102.81
# 大中型铁木农具	0.47	0.80	0.60	5.99	2.86
农林牧渔业机械	15.89	11.14	16.32	42.29	46.17
工业机械	0.73	0.70	0.77	0.88	3.25
运输机械	3.55	14.89	2.57	34.74	11.44
役畜、产品畜	8.86	16.19	27.30	56.61	25.79
三、缴纳税金	40.03	35.63	42.64	52.03	58.45
第一产业的税金	37.87	33.53	40.48	50.29	57.43
第二产业的税金	0.04	0.04	0.05	0.07	0.03
第三产业的税金	2.12	2.06	2.11	1.67	0.99
四、上交集体承包任务	36.25	40.64	36.17	43.53	45.73
五、集体提留和摊派	28.71	23.95	36.92	57.54	49.28
六、生活消费支出	643.13	670.02	853.73	1 494.62	1 513.19
七、其他非借贷性支出	32.11	21.25	66.01	84.28	105.30

9—17 农民家庭平均每人现金支出

单位:元

项　　目	1992年	1993年	1994年	1995年	1996年
年内现金支出合计	**1 032.83**	**1 127.51**	**1 355.32**	**2 521.16**	**2 678.06**
一、生产费用支出的现金	290.56	356.38	454.39	936.10	938.54
1. 家庭经营费用支出的现金	261.06	305.11	401.80	779.63	835.72
(1) 种植业生产支出	212.40	253.47	335.48	620.27	696.26
(2) 林业生产支出	0.16	0.28	0.74	1.70	0.97
(3) 牧业生产支出	36.31	34.75	51.18	101.34	93.48
(4) 渔业生产支出	0.20	0.41	0.16	0.74	2.24
(5) 手工业生产支出	1.59	0.81	1.38	30.09	24.79
(6) 工业生产支出	2.36	1.75	1.50	4.55	3.23
(7) 建筑业支出	0.14	0.90	1.68	2.95	1.12
(8) 运输业支出	5.68	7.92	8.48	7.92	8.64
(9) 商业支出	0.34	3.45	0.46	4.96	0.77
(10) 饮食业支出	0.15	0.48	0.08	0.65	1.86
(11) 服务业支出	0.05	0.59	0.38	1.39	1.39
(12) 其他现金支出	1.67	0.29	0.27	3.07	0.98
2. 购置生产用固定资产支出	29.50	51.27	52.60	156.47	102.81
二、缴纳税金	40.03	34.36	42.64	51.72	57.02
第一产业的税金	37.82	32.26	40.48	49.98	56.00
第二产业的税金	0.05	0.04	0.05	0.07	0.03
第三产业的税金	2.16	2.06	2.11	1.67	0.99
三、上交集体承包任务现金	35.39	40.30	36.17	41.06	45.16
四、集体提留和摊派	28.27	23.95	36.92	57.54	49.28
五、生活消费支出的现金	393.65	423.13	539.00	1 092.91	1 192.73
六、其他非借贷性支出	68.08	66.86	85.66	131.30	148.69
1. 寄给和带给在外人口的	3.48	4.40	4.77	8.96	9.18
2. 赠送亲友的现金	43.96	50.13	58.22	96.95	113.04
3. 利息支出		1.58	1.70	0.88	1.36
4. 租金支出		0.01	0.19	0.58	0.13
5. 支付保险费支出		0.39	0.48	0.67	0.75
6. 购买特许权支出		0.27	0.05	0.12	0.17
7. 土地有偿使用费支出		0.67	0.64	3.13	3.70
8. 罚款			2.01	2.20	1.50
9. 其他现金支出	20.64	9.41	17.60	17.81	18.86
七、储蓄借贷现金支出	176.85	182.53	160.54	210.53	246.64

9—18 农民家庭平均每人主要消费品消费量

项目	单位	1992年	1993年	1994年	1995年	1996年
粮食（原粮）	公斤	304.11	324.16	331.54	348.60	281.47
#稻谷	公斤	138.32	134.95	133.00	143.46	120.29
蔬菜	公斤	148.60	142.91	168.67	159.83	149.05
植物油	公斤	4.45	4.08	4.97	5.48	4.22
动物油	公斤	1.73	1.43	1.19	2.09	1.13
猪肉	公斤	8.56	8.70	7.49	10.61	9.86
牛羊肉	公斤	0.45	0.35	0.31	0.49	0.82
家禽	公斤	0.88	0.88	1.31	1.97	1.64
蛋类	公斤	3.45	4.05	5.14	6.90	5.32
鱼虾	公斤	1.72	1.98	2.27	3.54	3.74
食糖	公斤	0.70	0.45	0.48	0.63	0.81
水果	公斤	6.11	8.66	9.49	9.23	10.00
糕点	公斤	1.05	1.22	1.35	1.92	1.76
卷烟	盒	15.50	15.05	15.55	21.90	24.63
酒类	公斤	6.61	7.65	8.21	8.08	11.43
棉布	米	0.45	0.54	0.36	0.54	0.44
化纤布	米	1.55	1.49	1.28	1.70	1.68
呢绒	米	0.07	0.06	0.06	0.09	0.05
绸缎	米	0.03	0.01	0.01	0.02	0.01
毛线及毛线织品	克	58.00	51.88	104.36	186.76	185.54
胶鞋、球鞋、皮鞋	双	0.90	0.81	0.79	1.07	1.09
肥皂	块	2.43	2.10	1.78	1.91	1.68
洗衣粉	公斤	0.68	0.76	0.77	1.16	1.21

9—19 农民家庭平均每百户年末耐用消费品拥有量

项目	单位	1992年	1993年	1994年	1995年	1996年
自行车	辆	121.56	122.63	120.75	129.75	126.25
缝纫机	台	65.38	69.75	73.69	71.63	96.69
收音机	台	43.94	39.44	38.75	31.19	30.38
钟表	只	244.07	234.75	249.38	221.88	220.19
#手表	只	157.60	147.88	159.44	129.60	130.56
电视机	台	79.69	84.81	91.44	95.63	99.56
#彩电	台	6.31	9.06	12.81	18.63	25.81
收录机	台	26.50	27.81	32.69	35.44	40.13
电风扇	台	1.50	1.50	9.31	6.69	6.00
洗衣机	台	28.81	30.63	35.75	41.25	45.75
电冰箱	台	0.38	0.50	1.44	2.25	2.63
摩托车	辆	0.81	1.56	1.31	3.38	5.81

9—20 农民家庭经营耕地情况

项　　目	单　位	1992年	1993年	1994年	1995年	1996年
一、经营耕地面积	亩/人	4.99	5.28	5.69	5.59	4.73
#承包地面积	亩/人	4.45	4.56	5.03	4.99	4.36
自留地面积	亩/人	0.44	0.54	0.51	0.34	0.32
二、经营山地面积	亩/人	0.74	0.09	0.16	0.08	0.08
#承包山地面积	亩/人	0.02	0.03	0.02	0.05	0.06
自留山地面积	亩/人	0.02	0.06	0.13	0.02	0.01

9—21 按农民人均纯收入分组的农民家庭基本情况

(1996年)

项　　目	单　位	总平均	0—100元	100—200元	200—300元	300—400元	400—500元	500—600元
调查户数	户	1 600	4	4	8	8	17	20
平均每户常住人口	人	4.02	3.75	4.50	4.75	4.25	4.59	3.90
调查户常住人口	人	6 426	15	18	38	34	78	78
平均每户整半劳动力	人	2.66	3.25	3.75	2.88	3.13	2.65	2.90
平均每个劳动力负担人口	人	1.51	1.15	1.20	1.65	1.36	1.73	1.34
平均每户年内新建房屋间数	间	0.10						
平均每户年末使用房屋间数	间	2.94	3.00	3.75	2.75	2.63	2.82	3.00
平均每人年末使用房屋面积	平方米	16.51	17.07	19.22	13.47	12.76	17.28	17.03
#居住面积	平方米	16.51	17.07	19.22	13.47	12.76	17.28	17.03
平均每户经营耕地面积	亩	18.99	21.80	14.23	12.72	14.27	19.15	18.14

9—21 续表 1 (1996 年)

项　　目	单 位	600—800 元	800—1000 元	1000—1200 元	1200—1300 元	1300—1500 元	1500—1700 元	1700—2000 元
调查户数	户	48	89	109	53	130	139	192
平均每户常住人口	人	4.15	4.42	4.36	4.25	3.99	4.20	4.10
调查户常住人口	人	199	393	475	225	519	584	788
平均每户整半劳动力	人	2.58	2.84	2.90	2.87	2.64	2.65	2.56
平均每个劳动力负担人口	人	1.60	1.55	1.50	1.48	1.51	1.58	1.60
平均每户年内新建房屋间数	间	0.08	0.06	0.15	0.09	0.04	0.17	0.11
平均每户年末使用房屋间数	间	2.83	2.76	2.78	2.81	2.88	2.95	2.84
平均每人年末使用房屋面积	平方米	15.31	13.60	14.19	14.42	17.34	15.14	15.47
#居住面积	平方米	15.31	13.60	14.19	14.42	17.34	15.14	15.47
平均每户经营耕地面积	亩	13.52	15.48	15.44	14.85	16.38	16.57	17.68

9—21 续表 2 (1996 年)

项　　目	单 位	2000—2500 元	2500—3000 元	3000—3500 元	3500—4000 元	4000—4500 元	4500—5000 元	5000 元以上
调查户数	户	262	180	128	77	52	34	46
平均每户常住人口	人	4.10	3.82	3.74	3.70	3.81	3.09	3.35
调查户常住人口	人	1 074	687	479	285	198	105	154
平均每户整半劳动力	人	2.69	2.69	2.47	2.57	2.58	2.41	2.48
平均每个劳动力负担人口	人	1.52	1.42	1.52	1.44	1.48	1.28	1.35
平均每户年内新建房屋间数	间	0.17	0.05	0.10	0.10	0.19		
平均每户年末使用房屋间数	间	3.03	3.05	3.03	2.94	3.12	3.26	2.89
平均每人年末使用房屋面积	平方米	16.69	18.13	18.40	17.53	18.63	23.68	20.22
#居住面积	平方米	16.69	18.13	18.40	17.53	18.63	23.68	20.22
平均每户经营耕地面积	亩	19.81	21.23	22.11	24.85	25.23	21.88	26.60

9－22 按农民人均纯收入分组的农民家庭平均每人生活消费支出

（1996年）

项　　目	总平均	0－100元	100－200元	200－300元	300－400元	400－500元	500－600元
生活消费支出合计	**1 513.19**	**1 527.60**	**1 585.94**	**1 134.66**	**1 074.76**	**1 294.78**	**1 206.68**
一、食　　品	803.38	879.20	928.72	589.95	651.26	585.36	700.87
主　　食	327.43	309.60	281.89	249.42	267.24	221.45	305.36
副　　食	309.69	401.33	452.06	236.71	269.38	219.88	263.72
其他食品	132.98	154.93	159.78	96.82	98.03	107.92	114.32
在外饮食	22.28	1.73	1.78	3.18	5.35	28.54	4.50
食品加工费	11.00	11.60	33.22	3.82	11.26	7.56	12.97
二、衣　　着	159.43	161.33	129.17	117.32	137.41	118.28	112.81
服　　装	74.54	71.80	46.44	50.61	50.79	58.19	53.78
衣着材料	21.82	27.93	3.94	14.37	12.68	16.14	17.90
鞋袜帽类	52.75	39.40	48.72	43.18	55.21	38.71	31.64
衣着加工修理费	1.47	8.80	1.50	2.11	6.35	1.03	2.77
其　　他	8.85	13.40	28.56	7.05	12.38	4.22	6.72
三、居　　住	176.97	65.87	183.11	37.11	79.03	99.76	88.01
住　　房	113.18	27.87	119.00	1.58	23.68	56.19	34.22
电　　费	23.20	14.00	26.11	11.29	26.29	17.55	22.81
燃　　料	35.56	24.00	37.44	23.74	27.29	26.01	29.51
其　　他	5.03		0.56	0.50	1.76		1.47
四、家庭设备、用品及服务	68.19	74.60	58.78	45.79	41.68	50.13	58.81
耐用消费品	15.10	14.47		4.45	2.29	4.69	11.23
室内装饰品	0.38				0.12		
床上用品	4.28	15.40	0.22	1.39	0.24	1.54	3.27
家庭日用杂品	45.64	44.07	53.17	39.74	33.29	42.79	42.33
家俱材料	0.85						
设备用品加工修理费	0.54	0.33	0.72		5.29		0.04
其　　他	1.41	0.33	4.67	0.21	0.44	1.10	1.94
五、医疗保健	66.18	44.40	30.56	28.11	39.91	27.44	66.40
医疗卫生保健用品	43.15	19.73	18.22	8.58	20.62	22.49	56.15
医疗保健服务费	22.52	24.67	12.33	19.26	19.06	4.95	9.83
其他	0.51			0.26	0.24		0.41
六、交通和通讯	58.27	7.40	83.00	161.84	37.65	21.73	26.38
交通工具	32.73		20.72	141.32	6.24	10.09	11.14
通讯工具	0.66						
交通费	21.34	3.33	62.28	18.89	29.26	11.32	12.45
邮电费	1.56	3.93		0.42			0.79
交通、通讯工具修理费	1.98	0.13		1.21	2.15	0.32	2.00
七、文教娱乐用品及服务	144.14	286.20	171.39	135.63	50.06	351.35	100.51
文化教育娱乐用品	53.93	14.33	158.83	89.66	13.29	13.19	57.18
文化教育娱乐服务	90.21	271.87	12.56	45.97	36.76	338.15	43.33
八、其他商品和服务	36.63	8.60	1.22	18.92	37.76	40.74	52.88
商品性支出	11.74	5.00	0.06	3.08	18.41	10.13	9.27
服务支出	24.89	3.60	1.17	15.84	19.35	30.62	43.62

9—22 续表 1 (1996 年)

项目	600—800 元	800—1000 元	1000—1200 元	1200—1300 元	1300—1500 元	1500—1700 元	1700—2000 元
生活消费支出合计	**1 294.12**	**1 196.66**	**1 288.75**	**1 422.24**	**1 295.98**	**1 297.73**	**1 338.74**
一、食品	681.89	705.66	733.63	763.88	741.71	725.98	746.97
主食	286.43	295.68	303.35	330.83	289.61	304.90	313.08
副食	259.63	275.77	281.00	293.67	306.50	276.03	279.20
其他食品	116.83	116.12	118.01	116.57	119.88	122.53	127.08
在外饮食	12.04	10.16	20.70	15.27	14.51	13.57	18.46
食品加工费	6.96	7.93	10.58	7.55	11.21	8.95	9.14
二、衣着	125.47	129.43	133.16	145.88	159.45	137.55	147.81
服装	53.15	56.88	62.76	67.62	71.68	57.43	66.85
衣着材料	12.34	14.51	16.13	19.93	23.16	21.45	23.06
鞋袜帽类	48.31	48.99	47.23	48.52	54.48	46.53	49.65
衣着加工修理费	0.73	1.19	2.42	1.78	1.60	1.69	1.21
其他	10.94	7.85	4.61	8.03	8.54	10.45	7.03
三、居住	263.88	87.94	150.69	238.20	106.06	129.61	143.43
住房	185.17	33.20	99.48	186.51	46.07	70.00	88.12
电费	21.09	17.72	20.28	17.13	23.44	20.19	19.21
燃料	40.96	27.21	29.03	32.75	35.74	36.15	34.53
其他	16.67	9.80	1.89	1.82	0.82	3.28	1.57
四、家庭设备、用品及服务	55.10	52.80	58.10	58.62	62.65	60.49	58.03
耐用消费品	5.45	9.76	14.57	9.90	12.07	9.09	8.53
室内装饰品	0.09	0.15	0.64		0.26	0.81	0.14
床上用品	2.19	1.90	3.40	5.69	4.11	5.01	5.19
家庭日用杂品	43.58	36.45	37.59	42.18	43.36	43.51	40.98
家俱材料	3.02	0.07	0.48		1.04	0.24	1.56
设备用品加工修理费		0.15	0.52	0.22	1.00	0.32	0.57
其他	0.79	4.34	0.89	0.63	0.81	1.51	1.05
五、医疗保健	41.57	45.71	56.01	40.45	73.53	51.74	51.41
医疗卫生保健用品	27.38	32.27	40.09	32.63	47.47	37.45	39.48
医疗保健服务费	13.46	13.31	15.53	7.76	25.96	13.80	11.53
其他	0.73	0.13	0.39	0.06	0.10	0.49	0.40
六、交通和通讯	24.07	36.57	35.87	22.16	27.27	49.13	29.16
交通工具	3.93	11.10	16.14	5.05	4.82	28.79	7.57
通讯工具		0.01	0.13			3.53	1.17
交通费	18.21	22.39	15.55	14.95	20.42	15.46	18.30
邮电费	1.04	2.23	2.55	1.13	0.64	0.73	0.98
交通、通讯工具修理费	0.80	0.83	1.50	1.03	1.39	0.63	1.14
七、文教娱乐用品及服务	92.05	118.40	94.24	137.49	102.83	120.98	132.67
文化教育娱乐用品	31.97	38.19	39.10	65.30	27.21	39.29	44.55
文化教育娱乐服务	60.08	80.22	55.14	72.19	75.62	81.70	88.11
八、其他商品和服务	10.09	20.15	27.05	15.57	22.48	22.25	29.27
商品性支出	2.68	8.21	15.82	6.09	10.55	5.30	10.36
服务支出	7.40	11.94	11.23	9.48	11.93	16.96	18.91

9—22 续表 2　　　　　　　　　　(1996 年)

项　　目	2000—2500 元	2500—3000 元	3000—3500 元	3500—4000 元	4000—4500 元	4500—5000 元	5000 元以上
生活消费支出合计	**1 507.39**	**1 793.97**	**1 780.62**	**1 876.68**	**2 252.60**	**2 267.29**	**2 135.48**
一、食　　品	802.25	904.93	894.54	882.32	987.99	1 184.14	1 127.49
主　　食	327.32	374.57	364.44	344.45	368.80	396.18	465.31
副　　食	302.85	342.43	338.67	349.22	406.53	486.02	430.88
其他食品	133.58	142.81	147.03	148.97	163.79	240.67	179.99
在外饮食	28.15	33.48	32.13	25.75	31.24	44.70	24.41
食品加工费	10.34	11.64	12.28	13.93	17.64	16.57	26.90
二、衣　　着	157.91	181.04	184.80	168.51	231.39	286.11	225.58
服　　装	76.48	84.07	89.57	85.80	112.97	146.52	119.05
衣着材料	21.21	25.92	25.11	21.04	27.10	34.96	35.05
鞋袜帽类	51.08	57.99	57.99	52.26	81.09	84.02	61.40
衣着加工修理费	1.34	1.23	1.10	1.38	1.15	0.81	1.45
其　　他	7.80	11.82	11.02	8.03	9.08	19.80	8.64
三、居　　住	187.87	212.00	238.73	318.31	270.31	204.33	199.22
住　　房	123.73	140.66	171.85	234.26	205.60	115.07	78.29
电　　费	21.43	21.44	26.65	24.31	31.62	36.53	82.20
燃　　料	35.51	42.09	36.77	43.25	31.76	52.12	36.87
其　　他	7.21	7.81	3.46	16.49	1.33	0.61	1.86
四、家庭设备、用品及服务	63.17	88.78	97.98	69.83	84.76	109.22	93.39
耐用消费品	13.06	31.78	28.30	14.76	16.77	16.97	27.44
室内装饰品	0.13	0.49	1.57	0.11	0.30		0.14
床上用品	4.97	4.84	3.62	2.71	6.31	5.38	3.97
家庭日用杂品	43.05	47.41	60.05	50.41	59.68	85.37	58.99
家俱材料	0.46	1.40	2.36		0.23		0.31
设备用品加工修理费	0.59	0.97	0.15	0.52	0.49		0.98
其　　他	0.91	1.89	1.93	1.31	0.97	1.50	1.56
五、医疗保健	62.54	87.72	65.66	96.31	183.19	96.50	69.86
医疗卫生保健用品	44.43	57.30	43.60	51.79	41.54	78.04	53.54
医疗保健服务费	17.49	29.48	21.20	43.53	141.24	17.76	16.32
其他	0.62	0.94	0.85	0.99	0.40	0.70	
六、交通和通讯	75.16	118.41	54.21	61.96	119.35	102.26	94.79
交通工具	49.14	87.30	29.34	20.88	86.91	49.17	54.19
通讯工具	0.08	1.24			0.03		1.73
交通费	22.24	25.97	22.45	31.48	22.02	41.60	32.47
邮电费	0.77	2.16	0.71	5.73	6.44	1.33	0.87
交通、通讯工具修理费	2.94	1.73	1.70	3.87	3.95	10.15	5.53
七、文教娱乐用品及服务	125.76	160.82	192.66	207.03	239.61	249.70	241.26
文化教育娱乐用品	43.68	73.33	79.58	75.36	93.35	174.37	88.58
文化教育娱乐服务	82.08	87.48	113.08	131.67	146.26	75.33	152.68
八、其他商品和服务	32.73	40.28	52.04	72.41	136.00	35.02	83.89
商品性支出	9.03	20.26	11.84	25.50	11.24	14.97	21.94
服务支出	23.71	20.03	40.20	46.91	124.76	20.05	61.95

9—23 按农民人均纯收入分组的农民家庭平均每人购买主要商品数量

（1996年）

项目	单位	总平均	0—100元	100—200元	200—300元	300—400元	400—500元	500—600元
蔬菜	公斤	36.95	101.73	13.67	52.37	53.06	37.99	16.58
猪肉	公斤	5.83	9.67	8.17	4.00	4.15	3.58	5.06
牛肉	公斤	0.73	0.33	2.11	0.53	0.62	0.27	0.45
羊肉	公斤	0.08			0.11	0.03	0.01	0.03
食糖	公斤	0.81	0.73	1.11	0.50	0.50	0.64	1.08
糕点	公斤	1.76	1.67	2.72	2.05	1.26	0.88	1.58
糖果	公斤	0.27	0.20	1.17	0.26	0.26	0.14	0.24
卷烟	盒	24.63	35.73	27.00	19.68	15.71	18.96	23.06
酒	公斤	14.24	18.47	7.33	6.87	9.82	13.32	12.65
#啤酒	公斤	7.03	11.20	2.67	3.00	4.12	4.40	7.81
茶叶	公斤	0.09	0.43	0.01	0.06	0.01	0.09	0.04
水果	公斤	15.93	32.00	22.94	12.87	10.62	15.13	11.04
棉布（包括成衣折量）	米	0.44	0.93	0.22	0.26	0.24	0.21	0.36
化纤布（包括成衣折量）	米	1.68	1.47	0.61	0.95	1.15	1.54	1.37
呢绒（包括成衣折量）	米	0.05	0.07	0.11	0.08	0.03		0.03
绸缎	米	0.01						
毛线及毛线织品	公斤	0.19	0.19	0.09	0.07	0.13	0.17	0.18
尼龙衫裤	件	0.04			0.18		0.03	0.01
棉毛衫裤	件	0.11	0.07	0.17	0.18	0.12	0.05	0.27
卫生衫裤	件	0.36	0.40	0.72	0.16	0.12	0.24	0.40
皮鞋	双	0.34	0.27	0.17	0.24	0.41	0.26	0.15
胶鞋	双	0.66	0.60	1.28	0.87	0.41	0.60	0.99
球鞋	双	0.09	0.07	0.17	0.03	0.12	0.01	0.05
床褥单	条	0.04	0.07				0.01	0.03
肥皂	块	1.68	5.33	1.33	2.89	2.47	0.23	3.12
洗衣粉	公斤	1.21	1.13	1.50	0.66	0.56	1.04	1.41

9—23 续表 1　　　　　　　　(1996年)

项　　　目	单　位	600—800元	800—1000元	1000—1200元	1200—1300元	1300—1500元	1500—1700元	1700—2000元
蔬菜	公斤	18.72	32.40	27.88	19.60	24.49	32.61	33.01
猪肉	公斤	4.67	4.81	5.21	6.37	5.43	5.21	6.06
牛肉	公斤	0.47	0.78	0.67	0.48	0.60	0.63	0.41
羊肉	公斤	0.08	0.08	0.06	0.05	0.05	0.05	0.06
食糖	公斤	0.98	0.66	0.83	0.85	0.68	0.70	0.68
糕点	公斤	1.36	1.61	2.04	2.22	1.60	1.74	1.55
糖果	公斤	0.20	0.16	0.27	0.26	0.26	0.33	0.24
卷烟	盒	25.41	20.78	23.60	22.51	22.94	23.29	23.79
酒	公斤	11.01	12.59	11.95	11.60	11.52	12.26	13.23
#啤酒	公斤	5.09	5.89	5.80	6.05	5.68	5.38	6.49
茶叶	公斤	0.08	0.09	0.05	0.11	0.06	0.07	0.09
水果	公斤	13.69	12.28	12.10	14.88	15.94	14.84	14.82
棉布（包括成衣折量）	米	0.29	0.45	0.32	0.71	0.29	0.35	0.35
化纤布（包括成衣折量）	米	1.01	1.20	1.54	1.43	1.65	1.39	1.66
呢绒（包括成衣折量）	米	0.04	0.05	0.03	0.08	0.05	0.03	0.03
绸缎	米				0.01			0.01
毛线及毛线织品	公斤	0.16	0.14	0.12	0.14	0.22	0.14	0.20
尼龙衫裤	件	0.06	0.03	0.04	0.07	0.04	0.04	0.02
棉毛衫裤	件	0.18	0.13	0.13	0.07	0.11	0.09	0.08
卫生衫裤	件	0.30	0.35	0.37	0.38	0.43	0.39	0.34
皮鞋	双	0.28	0.31	0.27	0.39	0.34	0.26	0.30
胶鞋	双	0.95	0.78	0.73	0.45	0.66	0.68	0.73
球鞋	双	0.07	0.07	0.26	0.16	0.11	0.06	0.05
床褥单	条	0.01	0.03	0.05	0.03	0.03	0.06	0.03
肥皂	块	2.12	2.05	2.36	1.82	2.39	2.03	1.54
洗衣粉	公斤	0.85	0.88	1.32	0.76	1.04	0.97	1.15

9—23 续表 2　　(1996 年)

项　　目	单　位	2000—2500 元	2500—3000 元	3000—3500 元	3500—4000 元	4000—4500 元	4500—5000 元	5000 元以上
蔬菜	公斤	43.99	37.59	44.35	48.28	73.20	66.70	39.98
猪肉	公斤	6.18	6.38	5.75	5.36	6.29	9.50	8.36
牛肉	公斤	0.80	0.90	0.86	0.88	1.18	2.14	0.77
羊肉	公斤	0.06	0.09	0.07	0.34	0.21	0.07	0.02
食糖	公斤	0.85	0.83	0.92	0.58	0.93	0.89	1.77
糕点	公斤	1.78	1.71	1.88	1.76	2.48	2.11	1.74
糖果	公斤	0.24	0.34	0.38	0.20	0.22	0.39	0.27
卷烟	盒	26.11	23.09	25.84	29.71	29.06	36.46	29.99
酒	公斤	14.70	14.99	15.79	16.51	19.87	33.90	23.49
#啤酒	公斤	7.41	7.38	8.41	8.08	10.02	16.14	13.36
茶叶	公斤	0.08	0.11	0.10	0.17	0.15	0.14	0.25
水果	公斤	16.38	18.15	17.72	17.99	16.64	24.46	24.42
棉布（包括成衣折量）	米	0.39	0.63	0.61	0.73	0.59	0.30	0.45
化纤布（包括成衣折量）	米	1.72	1.73	1.97	1.94	2.67	3.39	2.25
呢绒（包括成衣折量）	米	0.05	0.07	0.06	0.03	0.04	0.07	0.01
绸缎	米		0.03	0.02		0.01		
毛线及毛线织品	公斤	0.19	0.18	0.25	0.17	0.28	0.35	0.25
尼龙衫裤	件	0.04	0.05	0.05	0.06	0.05	0.02	0.02
棉毛衫裤	件	0.09	0.11	0.15	0.05	0.16	0.13	0.17
卫生衫裤	件	0.37	0.33	0.40	0.31	0.34	0.62	0.20
皮鞋	双	0.32	0.38	0.40	0.33	0.61	0.58	0.42
胶鞋	双	0.63	0.60	0.51	0.65	0.56	0.71	0.59
球鞋	双	0.07	0.07	0.10	0.09	0.04	0.14	0.06
床褥单	条	0.02	0.03	0.07	0.02	0.12	0.06	0.08
肥皂	块	1.35	1.45	0.89	1.66	0.91	1.59	0.81
洗衣粉	公斤	1.23	1.53	1.34	1.23	1.56	1.99	2.01

9—24 按农民人均纯收入分组的农民家庭平均每百户年末耐用消费品拥有量

（1996 年）

项目	单位	总平均	0—100元	100—200元	200—300元	300—400元	400—500元	500—600元
自行车	辆	126.25	150.00	200.00	163.00	125.00	124.00	145.00
缝纫机	架	96.69	75.00	100.00	75.00	50.00	59.00	75.00
钟	只	89.63	100.00	100.00	125.00	100.00	76.00	95.00
手表	只	130.56	200.00	100.00	100.00	100.00	135.00	145.00
#电子表	只	47.50	50.00		38.00	38.00	71.00	55.00
电风扇	台	6.00				25.00	12.00	5.00
洗衣机	台	45.75	75.00	25.00	63.00	50.00	41.00	50.00
电冰箱	台	2.63				13.00	6.00	
摩托车	辆	5.81			13.00	38.00	24.00	
大型家具	件	257.25	450.00	225.00	250.00	300.00	200.00	285.00
#沙发	个	27.81	25.00		63.00	50.00	18.00	35.00
大衣柜	个	57.75	75.00	100.00	50.00	88.00	53.00	50.00
写字台	张	28.94	75.00		25.00	38.00	12.00	40.00
收音机	台	30.38	100.00	25.00	50.00	13.00	35.00	40.00
黑白电视机	台	73.75	75.00	100.00	88.00	50.00	71.00	85.00
彩色电视机	台	25.81	25.00	25.00	13.00	38.00	35.00	35.00
收录机	台	40.13	25.00	50.00	50.00	50.00	35.00	45.00
照相机	架	1.25						

9—24 续表 1　　(1996 年)

项　目	单位	600—800元	800—1000元	1000—1200元	1200—1300元	1300—1500元	1500—1700元	1700—2000元
自行车	辆	127.00	126.00	148.00	140.00	134.00	127.00	119.00
缝纫机	架	60.00	66.00	279.00	75.00	71.00	71.00	68.00
钟	只	90.00	90.00	90.00	81.00	89.00	91.00	93.00
手表	只	117.00	122.00	140.00	142.00	118.00	142.00	134.00
#电子表	只	48.00	43.00	50.00	55.00	44.00	40.00	50.00
电风扇	台	6.00	3.00	5.00	6.00	4.00	6.00	7.00
洗衣机	台	42.00	36.00	40.00	32.00	42.00	40.00	43.00
电冰箱	台	4.00	1.00	5.00	4.00	2.00		1.00
摩托车	辆	2.00	1.00	1.00	4.00	6.00	5.00	3.00
大型家具	件	208.00	238.00	234.00	247.00	228.00	274.00	253.00
#沙发	个	25.00	20.00	24.00	40.00	21.00	26.00	23.00
大衣柜	个	56.00	62.00	47.00	62.00	55.00	63.00	53.00
写字台	张	27.00	29.00	25.00	28.00	25.00	33.00	33.00
收音机	台	29.00	20.00	27.00	28.00	31.00	31.00	33.00
黑白电视机	台	79.00	84.00	73.00	70.00	73.00	78.00	77.00
彩色电视机	台	21.00	25.00	29.00	26.00	22.00	23.00	19.00
收录机	台	33.00	42.00	38.00	43.00	32.00	41.00	39.00
照相机	架		1.00			2.00	1.00	

9—24 续表 2 (1996年)

项目	单位	2000—2500元	2500—3000元	3000—3500元	3500—4000元	4000—4500元	4500—5000元	5000元以上
自行车	辆	127.00	121.00	119.00	123.00	115.00	112.00	109.00
缝纫机	架	72.00	68.00	230.00	73.00	67.00	68.00	67.00
钟	只	90.00	84.00	91.00	84.00	94.00	91.00	89.00
手表	只	133.00	123.00	113.00	144.00	146.00	150.00	117.00
#电子表	只	44.00	47.00	40.00	52.00	73.00	68.00	52.00
电风扇	台	7.00	6.00	3.00	6.00	15.00	3.00	9.00
洗衣机	台	46.00	52.00	57.00	52.00	54.00	65.00	41.00
电冰箱	台	2.00	2.00	4.00	3.00	6.00	3.00	11.00
摩托车	辆	7.00	9.00	4.00	8.00	15.00	9.00	7.00
大型家具	件	278.00	269.00	245.00	261.00	290.00	350.00	209.00
#沙发	个	32.00	32.00	24.00	35.00	46.00	35.00	15.00
大衣柜	个	56.00	62.00	55.00	65.00	65.00	91.00	39.00
写字台	张	29.00	27.00	30.00	29.00	29.00	29.00	26.00
收音机	台	30.00	39.00	25.00	27.00	33.00	24.00	28.00
黑白电视机	台	76.00	74.00	68.00	65.00	62.00	59.00	70.00
彩色电视机	台	24.00	27.00	28.00	34.00	38.00	44.00	20.00
收录机	台	40.00	40.00	44.00	49.00	46.00	53.00	28.00
照相机	架	3.00	2.00	1.00		8.00	3.00	

統計資料 10

市政公用事业和市(县)概况

GENERAL SURVEY OF CITIES (PREFECTURE), COUNTIES (CITIES)

10—1 城市公用事业国有单位职工人数

（系统内）　　　　　　　　　　　　单位：人

项　　目	1992 年	1993 年	1994 年	1995 年	1996 年
合　　计	**52 795**	**56 883**	**60 351**	**66 444**	**64 659**
市内公共交通业	14 828	16 157	17 358	21 471	20 940
园林绿化业	6 515	6 685	6 732	6 700	6 750
环境卫生业	16 334	17 155	18 719	19 163	20 039
市政工程业	15 118	16 886	17 542	19 110	16 930

10—2 城市规模和建设用地

项　　目	单　位	1992 年	1993 年	1994 年	1995 年	1996 年
城市人口	万人	774.7	1 460.3	1 574.6	1 561.6	986.8
# 非农业人口	万人	624.0	723.2	777.5	813.3	749.94
建成区面积	平方公里	569.5	650.2	703.8	757.9	815.33
# 城市建设用地面积	平方公里	534.5	579.0	614.2	617.9	649.81
工业用地	平方公里	121.2	134.0	137.3	139.0	134.73
仓储用地	平方公里	33.0	34.6	36.7	37.6	35.8
对外交通用地	平方公里	29.4	33.4	30.9	27.0	24.69
生活居住用地	平方公里	200.0	215.5	223.1	234.9	241.58
其他用地	平方公里	150.9	161.5	186.2	179.1	213.01
国家建设征用土地	平方公里	5.3	7.8	7.5	27.1	6.43

10—3 城市公用事业基本情况

（全社会）

项目	单位	1992年	1993年	1994年	1995年	1996年
自来水全年供水总量	万吨	147 546	130 453	144 722	146 139	142 585
# 生活用水量	万吨	24 570	27 534	29 343	30 323	33 633
平均每人生活用水	吨	47.8	48.9	49.8	49.3	52.1
用水普及率	%	82.4	77.8	75.9	75.6	82.6
公共车辆（汽车、电车）总数	辆	2865	2 540	2 969	4 662	4 604
平均每万人拥有	辆	4.9	3.7	4.0	4.8	5.7
铺装道路长度	公里	2 402	2 703	2 896	3 395	3 412
平均每万人拥有	公里	3.8	3.7	3.7	4.2	4.5
铺装道路面积	万平方米	2 433	2 775	3 028	3 407	3 511
平均每万人拥有	万平方米	3.9	3.8	3.9	4.2	4.7
下水道长度	公里	1 908	2 195	2 321	2 962	3 045
平均每万人拥有	公里	3.1	3.0	3.0	3.6	4.1
公用煤气、液化气						
人工煤气全年供气量	万立方米	16 835	15 658	16 718	28 768	17 394
# 家庭用量	万立方米	13 174	11 204	11 664	11 815	13 847
煤气管道长度	公里	1 151	1 243	1 342	1 466	1 701
液化气家庭用量	万吨	7.9	8.9	3.5	7.9	8.7
用气普及率	%	48.4	47.7	45.9	51.4	59.4
城市绿化						
绿地面积	公顷	11 862	13 264	13 218	16 611	16 198
平均每万人拥有	公顷	19.0	18.3	17.0	20.4	21.6
公园、动物园个数	个	43	51	53	66	61
公园、动物园面积	公顷	1 128	1 243	1 334	2 274	1 697
清洁卫生						
清运垃圾	万吨	483.0	550.0	565.0	594.0	550.7
清运粪便	万吨	118.0	125.0	145.0	154.0	142.8
每万人拥有公共厕所	座	14.3	10.0	10.0	9.0	9.4

注：人均拥有指标按城市人口中的非农业人口计算。

10—4 城市房屋建筑及住房情况

项　　目	单　位	1992年	1993年	1994年	1995年	1996年
年末实有房屋建筑面积	万平方米	13 475	14 983	16 156	17 334	18 233
# 私人自管房	万平方米	2 401	3 030	3 754	4 225	4 210
年末实有住宅建筑面积	万平方米	7 426	8 401	9 330	10 197	10 838
# 私人自管房	万平方米	2 316	2 902	3 520	3 900	3 672
年内新建房屋竣工面积	万平方米	816.0	1 068.7	1 013.7	1 291.1	939.3
# 住宅面积	万平方米	581.1	744.2	761.4	921.4	609.2
年内房屋减少面积	万平方米	262.9	264.5	196.8	160.5	124.0
# 住宅面积	万平方米	184.0	193.6	147.1	115.4	84.77
年末住宅居住面积	万平方米	3 802.8	4 317.9	4 743.1	5 239.7	5 507.8
# 人均居住面积	万平方米	5.9	6.2	6.5	6.9	7.3
解决缺房户	户	49 844	63 539	47 710	69 621	22 144

10—5 城市自来水情况

（系统内）

项　　目	单　位	1992年	1993年	1994年	1995年	1996年
水厂个数	个	42	56	61	63	56
年末自来水生产能力	万吨/日	146.8	161.8	163.7	168.9	194.4
年末自来水管道长度	公里	3 854	4 129	4 212	3 679	3 888
全年供水总量	万吨	40 834	44 897	49 516	51 140	53 051
# 生活用水	万吨	21 078	22 424	24 223	24 399	29 300
生产用水	万吨	14 535	15 941	15 486	15 128	14 833
用水人口	万人	443.5	472.4	491.6	492.7	503.17
# 非农业用水人口	万人	430.4	456.9	476.2	475.5	487.7
人均生活日用水量	升	134.2	128.8	131.1	128.8	159.5

10—6 城市煤气、液化石油气情况

（系统内）

项　　目	单　位	1992年	1993年	1994年	1995年	1996年
人工煤气生产能力	万立方米/日	56.8	87.8	109.9	111.5	111.5
人工煤气管道长度	公里	1 151	1 243	1 342	1 466	1 561.6
全年供气量						
人工煤气	万立方米	10 779	10 913	11 567	12 234	13 362
# 生活用量	万立方米	8 246	7 669	7 876	8 584	9 878
液化石油气	吨	30 281	30 273	22 747	23 708	18 223
# 生活用量	吨	30 262	30 167	22 641	23 553	17 269
用气人口						
人工煤气	万人	71.6	78.1	83.4	103.4	117.47
液化石油气	万人	107.7	115.6	109.1	113.5	92.37

10—7 城市集中供热情况

（系统内）

项　　目	单　位	1992年	1993年	1994年	1995年	1996年
供热能力						
蒸　气	吨/小时	132	172	172	187	188
热　水	百万千卡/小时	902	1 596	1 684	2 091	2 151
供热总量						
蒸　气	吨/年	526 393	486 977	513 008	511 103	540 000
热　水	万百万千焦/年	86 976.0	1 238.0	1 580.3	1 535.1	1 609.0
管道长度						
蒸　气	公里	10	12	13	11	12
热　水	公里	305	392	611	654	721
供热面积	万平方米	1 208	1 663	2 104	2 328	2 624

10—8 城市市政情况

（系统内）

项目	单位	1992年	1993年	1994年	1995年	1996年
年末实有铺装道路长度	公里	2 288	2 449	2 629	2 584	2 617
年末实有铺装道路面积	万平方米	2 338	2 549	2 760	2 743	2 810
人行道面积	万平方米	629	680	740	1 162	1 279
城市桥梁数	座	244	269	284	465	313
城市下水道总长度	公里	1 798	1 998	2 101	2 319	2 391
城市污水排放量	万吨/日	100.6	228.0	110.0	116.0	143.6
城市路灯	千盏	60.2	65.7	72.4	69.7	70.4

10—9 城市公共汽车情况

（1996年系统内）

市、州	运营车辆（辆）	#小公共	标准运营车数（标台）	#小公共	营运线路网长度（公里）	行驶里程（万车公里）	客运总量（万人次）	#小公共	年末职工人数（人）
全省	**3 357**	**2 113**	**3 203**	**1 399**	**1 252**	**11 740**	**55 896**	**18 928**	**19 575**
长春市	1 315	746	1 475	522	641	6 542	24 906	7 946	8 879
吉林市	648	309	659	216	188	2 307	14 421	3 497	6 060
四平市	265	198	217	139	80	715	3 258	365	1 005
辽源市	191	170	161	103	67	816	1 090	400	980
通化市	179	123	108	62	85	303	2 645	1 000	936
白山市	178	140	116	67	42	520	1 491	824	630
松原市	76	76	44	44	35	27	1 200	1 200	146
白城市	51		36		44	196	261		246
延边朝鲜族自治州	454	351	387	246	70	314	6 624	3 696	693

10—10 城市园林绿化情况

（系统内）

项　　　目	单位	1992年	1993年	1994年	1995年	1996年
城市园林绿地面积	公顷	10 320	11 700	12 266	7 376	7 197
# 公共绿地	公顷	2 840	3 198	3 315	2 316	2 530
公园个数	个	40	48	50	55	50
动物园个数	个	1	1	1	1	
年游人量	万人次	1 132	1 201	1 240	1 667	1 094
全年植树	万株	607.0	645.0	589.0	488.0	486.98
苗圃面积	公顷	963.0	992.0	1 048.0	919.0	818.81

10—11 城市环境卫生情况

项　　　目	单位	1992年	1993年	1994年	1995年	1996年
实际清扫面积	万平方米	4 982	5 466	5 672	6 193	6 286
生活垃圾清运量	万吨	483.0	550.0	565.0	594.0	551.0
粪便清运量	万吨	118.0	125.0	145.0	154.0	143.0
环卫机械总数	辆	1 451	1 542	1 542	1 576	1 650
公共厕所	座	8 927	7 134	7 041	7 272	7 062

10—12 城市设施水平

项目	单位	1992年	1993年	1994年	1995年	1996年
人均居住面积	平方米	6.0	6.2	6.5	6.9	7.3
城市人口用水普及率	%	82.4	77.8	75.9	75.6	82.6
城市煤气普及率	%	48.4	47.7	45.9	51.4	59.4
每万人拥有公共汽（电）车	辆	4.9	3.7	4.0	4.8	5.7
人均拥有铺装道路面积	平方米	3.9	3.8	3.9	4.2	4.7
人均公共绿地面积	平方米	4.7	4.6	4.3	3.0	3.8
每万人拥有公共厕所	座	14.3	10.0	10.0	9.0	9.4

10—13 环保系统人员基本情况

单位：人

项目	1992年	1993年	1994年	1995年	1996年
合计	**2 885**	**3 074**	**3 384**	**3 572**	**3 689**
# 科学技术业务人员	1 716	1 768	1 976	1 678	2 051
# 工程技术人员	1 571	1 768	1 976	1 678	2 051
# 监测人员	813	829	924	1 226	1 301
行政干部	536	695	672	544	998

10—14 工业企业废水处理设施和处理情况

项　　目	单 位	1992年	1993年	1994年	1995年	1996年
废水处理设施数量	套	779	784	890	946	735
总　投　资	万元	35 367	47 501	86 793	81 426	131 734
工业废水	万吨	45 422	44 221	41 542	46 891	43 738
工业废水处理量	万吨	37 625	38 509	37 284	40 287	40 916
工业废水达标量	万吨	25 493	22 418	21 032	24 223	26 193
工业废水处理达标量	万吨	12 419	7 275	8 144	8 578	14 025

10—15 废 气 排 放 和 处 理 情 况

项　　目	单 位	1992年	1993年	1994年	1995年	1996年
废气排放总量	亿立方米	3 360.14	2 886.12	2 842.45	3 162.74	3 347.90
燃料燃烧过程中废气排放量	亿立方米	2 576.76	2 047.61	2 035.60	2 242.48	2 415.67
# 经过消烟除尘的	亿立方米	1 710.88	1 917.80	1 853.88	2 039.99	2 272.12
生产工艺过程中废气排放量	亿立方米	776.83	838.51	806.86	920.26	932.23
# 经过净化处理的	亿立方米	318.05	379.85	399.63	482.80	411.56
二氧化硫	万吨	23.45	18.82	18.43	20.15	19.86
烟　　尘	万吨	60.73	34.22	33.25	36.72	33.93
工业粉尘排放量	万吨	12.69	11.18	14.90	14.83	12.44
工业粉尘回收量	万吨	60.18	62.86	63.21	99.04	105.77

10—16 工业固体废物排放和处理利用情况

项　　目	单　位	1992年	1993年	1994年	1995年	1996年
工业固体废物产生量	万吨	1 522.37	1 674.14	1 677.33	1 671.63	1 661.30
工业固体废物排放量	万吨	15.78	11.88	14.98	12.29	8.58
占废物产生量的比重	%	1.04	0.71	0.89	0.74	0.52
历年工业固体废物堆存总量	万吨	15 690.03	14 862.42	16 450.44	17 624.49	18 561.09
工业固体废物占地面积	万平方米	1 124.51	1 568.66	2 063.96	1 861.91	2 628.54
工业固体废物处置量	万吨	113.33	171.58	137.20	130.38	110.32
工业固体废物贮存量	万吨	757.68	838.36	836.50	790.98	833.76
“三废”综合利用产品产值	万吨	38 686.40	44 233.80	45 536.10	77 314.80	63 327.80
“三废”综合利用利润	万吨	9 544.70	25 253.40	19 932.20	37 742.10	23 130.50

10—17 排污收费和污染赔（罚）款情况

项　　目	单　位	1992年	1993年	1994年	1995年	1996年
排污费交纳单位	个	11 209	14 229	14 468	19 948	23 698
征 收 排 污 费	万元	8 436	7 224	7 613	8 815	9 414
支 出 排 污 费	万元	5 126	5 150	3 482	6 600	8 075
污　染　事　故	次	24	25	32	48	27
污染赔款总额	万元	32.1	143.6	189.2	193.5	53.5
污染罚款总额	万元	3.9	13.9	13.5	9.1	45.7

10—18 企事业单位污染治理情况

项　　目	单 位	1992年	1993年	1994年	1995年	1996年
治理污染资金总额	万元	15 290	22 175	29 842	46 201	55 634
按资金来源分						
基建资金	万元	669	365	4 722	20 540	27 457
更改资金	万元	3 842	12 823	11 338	14 410	5 683
综合利用利润留成	万元	1 162	560	626	916	331
环保补助资金（包括贷款）	万元	3399	2 197	3 258	2 402	1 769
其　他	万元	6 218	6 230	9 898	7 933	20 394
按资金使用分						
治理废水	万元	5 137	8 729	13 964	23 980	40 902
治理废气	万元	5 047	10 449	12 030	8 917	11 995
治理固体废物	万元	1 980	2 601	3 450	12 009	2 264
治理噪声	万元	81	120	158	378	271
其　他	万元	3 045	276	240	917	202
当年安排治理项目	个	854	573	653	607	148
当年竣工项目	个	796	509	592	547	164
当年竣工项目中当年安排的	个	796	509	592	547	148
治理废水	个	135	109	139	142	49
治理废气	个	524	280	314	225	91
治理固体废物	个	35	30	29	29	5
治理噪声	个	75	61	76	119	14
其　他	个	27	29	34	32	5

10—19 长春、吉林、四平市基本情况

（1996 年）

项目	单位	长春市		吉林市		四平市	
		全市	市区	全市	市区	全市	市区
一、综合							
年末总人口	万人	677	274.2	426.0	139.36	313.7	45.30
# 非农业人口	万人	267	198.8	202.1	114.80	106.7	37.30
年平均人口	万人	672	272.1	425.7	138.93	311.8	44.85
年出生人口	人	89 655	27 012	41 205	10 903	32 616	5 819
年死亡人口	人	34 376	15 183	21 736	7 724	13 547	2 167
年末总户数	万户	177	76.5	118.1	40.28	90.2	15.27
年末全部从业人员数	万人	346	160.9	212.5	84.17	146.9	24.54
# 城镇个体劳动者	万人	32	21.1	15.4	9.83	9.6	3.39
城镇失业人员年末数	人	15 640	11 963	16 074	13 829	8 909	3 380
土地面积	平方公里	18 881	3 116	27 120	1 755	14 080	407
# 建成区面积	平方公里		145		107		32
国内生产总值（当年价格）	万元	4 882 217	3 133 697	2 695 549	1 567 118	1 328 230	332 897
第一产业	万元	1 083 265	173 538	455 048	62 076	609 945	14 695
第二产业	万元	2 031 960	1 634 572	1 250 694	896 067	331 579	134 923
#工业增加值	万元	1 756 610	1 445 933	1 030 049	749 516	276 187	120 644
第三产业	万元	1 766 992	1 325 587	989 807	608 975	386 706	183 279
二、农业							
农林牧渔业总产值（当年价格）	万元	1 729 213	290 940	702 453	82 015	1 003 081	22 009
农林牧渔业商品产值（当年价格）	万元	1 338 024	241 259	477 323	65 108	739 143	18 523
年末实有耕地面积	千公顷	1 101	147	387	29	603	13
蔬菜产量	万吨	220	69.5	92.4	23.28	76.7	7.84
水果产量	吨	30 235	10 129	85 919	8 610	59 635	5 732
猪肉产量	吨	310 255	41 030	115 787	11 710	255 239	4 010
牛羊肉产量	吨	61 580	8 988	49 405	2 336	64 675	723
牛羊奶产量	吨	46 241	32 004	19 929	17 296	26 844	2 699
禽蛋产量	吨	196 063	84 297	76 474	21 656	108 596	3 556
禽肉产量	吨	273 437	30 188	46 374	11 314	56 061	852
水产品产量	吨	17 374	2 735	19 558	3 665	5 878	88
三、工业							
乡及乡以上工业企业及生产单位数	个	3 002	2 091	2 927	1 598	1 435	519
#国有经济	个	568	423	541	247	348	135
私营经济	个	11	11	31	31	5	
股份制经济	个	37	35	7	5	21	18
外商及港澳台投资经济	个	146	135	83	54	51	22
全部工业总产值（当年价格）（新规定，下同）	万元	6 066 793	5 029 447	3 756 765	2 867 152	1 236 545	478 257
乡及乡以上工业销售总产值（当年价格）	万元	4 558 625	4 048 807	3 071 807	2 598 832	796 710	386 404
乡及乡以上工业总产值（当年价格）	万元	4 757 848	4 234 544	3 199 486	2 699 886	859 784	408 366
#国有经济	万元	3 331 444	3 159 412	2 388 382	2 034 181	448 209	226 859
私营经济	万元	17 185	17 185	1 350	1 350	249	
股份制经济	万元	153 242	150 651	230 502	230 238	20 182	33 653
外商及港澳台投资经济	万元	673 828	515 441	121 042	114 491	106 380	48 869
全部独立核算工业企业经济指标							
工业总产值（当年价）	万元	4 574 832	4 213 742	3 171 170	2 690 625	854 335	405 688
工业销售产值（当年价）	万元	4 363 668	4 028 913	3 049 720	2 594 802	791 925	383 823
工业增加值（生产法）	万元	1 319 826	1 209 587	951 859	776 539	214 578	106 490

注：此部分由于资料来源不同，与其他部分分市县资料数据略有差别，此资料仅供研究市、县问题时使用。

10—19 续表 1 (1996 年)

项目	单位	长春市		吉林市		四平市	
		全市	市区	全市	市区	全市	市区
全部职工年平均人数	万人	59	49.3	52.9	35.16	21.4	10.75
流动资产年末合计	万元	3 747 188	3 506 411	2 387 523	2 055 215	733 255	393 734
流动资产年平均余额	万元	3 429 186	3 199 834	2 355 568	2 048 524	688 481	382 102
固定资产原价合计	万元	3 754 356	3 529 311	4 453 573	3 547 323	1 178 766	580 614
固定资产净值合计	万元	2 770 293	2 596 675	3 234 082	2 583 185	945 380	447 771
固定资产净值年平均	万元	2 374 423	2 206 459	2 681 472	2 055 400	860 208	416 362
产品销售收入	万元	4 427 539	4 120 239	2 876 312	2 408 235	811 666	401 974
# 产品销售税金及附	万元	88 809	78 724	69 296	62 336	18 726	13 763
本年应交增值税	万元	197 103	186 281	132 188	112 223	46 047	25 153
利润总额	万元	-6 072	-4 324	41 964	29 009	-63 960	-31 486
四、商业、外贸与外经、旅游							
批发零售贸易业商品销售总额	万元	2 493 410	2 123 590	863 393	610 285	590 597	158 675
社会消费品零售总额	万元	1 713 536	1 437 849	1 170 562	838 193	505 668	215 097
批发零售贸易业、餐饮业网点数	个	147 685	97 933	94 009	48 317	50 931	19 409
#个体	个	141 736	94 176	87 043	44 348	45 749	18 489
批发零售贸易业、餐饮业人员数	人	430 674	295 802	225 820	124 897	147 956	38 197
#个体	人	261 441	194 708	127 462	68 960	64 784	21 929
外贸口岸进口总额(海关数)	万美元	79 863					
外贸口岸出口总额(海关数)	万美元	64 201					
实际利用外资	万美元	7 200	6 718	1 532	1 511	4 815	4 222
三资企业: 年末实有企业单位数	个	877	866	260	208	68	31
年末从业人员数	人	58 526	50 632	11 599	10 518	8 824	6 390
境外旅游者人数	人	33 193		16 019		362	
涉外旅馆数	个	23		14		4	
房间数	间	4 148		1 213		280	
旅游外汇收入	万美元	1 500		201		17	
五、财政、金融、保险							
中央财政预算内收入	万元	218 678	197 948	162 491	142 588	37 892	23 556
地方财政预算内收入	万元	231 116	190 739	152 455	118 393	51 118	21 609
# 工商税收	万元	95 525	82 124	97 529	79 192	26 702	13 695
地方财政预算内支出	万元	297 488	223 911	183 011	125 146	87 289	34 772
#科学事业费支出	万元	974	875	1 227	1 112	456	313
#教育事业费支出	万元	57 407	30 984	35 256	16 480	23 196	6 304
金融机构数	个	1 548	1 401	1 395	561	192	29
# 保险机构数	个	20	12	20	10	16	11
城乡居民储蓄年末余额	万元	3 318 786	2 691 508	1 761 195	1 134 043	780 352	327 335
年末金融机构各项贷款余额	万元	5 364 391	3 915 578	2 780 463	1 935 024	1 947 886	652 370
年末金融机构存款余额	万元	4 654 498	3 923 403	2 353 404	1 652 797	988 516	432 505
承保额	万元	7 087 355	5 378 984	5 098 595	3 822 050	3 231 038	1 087 152
保费	万元	24 317	17 742	22 445	15 325	8 776	4 363
已决赔款	万元	22 790	15 559	8 574	5 575	5 526	2 921
六、固定资产投资							
国有经济固定资产投资	万元	588 027	550 471	851 603	794 020	142 562	63 362
# 住宅建设	万元	73 333	61 389	47 409	23 527	11 213	8 407
城镇集体固定资产投资	万元	17 861	7 450	15 308	14 435	376	289
# 住宅建设	万元	1 320	90	1 232	482	273	263

10—19 续表 2 (1996年)

项目	单位	长春市		吉林市		四平市	
		全市	市区	全市	市区	全市	市区
其他类型经济固定资产投资	万元	242 729	238 721	64 009	61 057	38 632	3 246
# 住宅建设	万元	7 960	7 960	678	546	2 517	2 312
房地产开发投资额	万元	192 506	191 126	61 049	57 662	9 847	8 989
# 商品住宅	万元	86 262	85 472	45 885	44 086	6 454	5 596
全年新增固定资产	万元	896 586	802 460	1 392 189	1 342 510	125 628	68 816
# 国有经济新增固定资产	万元	507 628	477 050	1 298 885	1 258 568	112 613	64 882
施工住宅建筑面积（包括商品房）	万平方米	332	311.1	180.5	135.87	30.6	26.15
竣工住宅建筑面积（包括商品房）	万平方米	177	158.7	122.0	82.55	22.8	19.28
商品房屋销售额	万元	73 829	73 829	38 270	35 244	19 892	18 792
商品房屋销售建筑面积	万平方米	38	38.3	27.7	23.01	14.4	12.83
七、交通、邮电、电力							
铁路客运量	万人	2 064	2 064	1 003	424	515.7	126.60
铁路货运量	万吨	854	854	1 684	586	306	16
公路营运里程	公里	15 977	3 049	13 170	7 173	27 361	11 554
民用运输车辆拥有量	辆	75 752	67 595	94 304	55 249	66 903	15 334
# 私有车辆拥有量	辆	5 640	692	43 239	25 949	24 993	7 577
公路客运量	万人	2 692	654.7	1 835	365	1 585	333
公路货运量	万吨	8 509	6 278	2 289	1 498	1 943	669
年末邮电局（所）数	处	276	142	178	48	152	23
邮电业务总量（1990年不变价格）	万元	107 927	94 001	51 795	39 305	19 482	10 004
电话交换机装机总容量	门	1 014 117	829 157	590 505	401 406	236 385	116 596
# 程控	门	948 743	767 281	564 049	386 735	227 698	114 076
年末电话机数	部	614 103	515 332	389 425	281 576	141 700	60 896
年末无线寻呼用户数	户	305 287	278 876	160 368	142 503	46 001	29 548
年末移动电话用户数	户	64 663	57 220	31 861	27 328	9 625	6 272
全年用电量	万千瓦小时	556 504	445 477	861 806	670 837	236 735	82 075
# 工业用电	万千瓦小时	314 561	272 455	758 158	631 997	150 556	56 028
城乡居民生活用电	万千瓦小时	119 382	70 510	56 311	21 452	44 370	14 263
八、市政公用事业							
年末实有铺装道路总长度	公里		871		658		186
年末实有铺装道路面积	万平方米		938		573		204.31
城市下水道总长度	公里		1 177		584		105
水厂综合生产能力（包括各单位自备水源）	万吨/日		90.1		389		12
年末供水管道总长度	公里		1 129		741		196
全年供水总量	万吨		27 086		85 895		2 362
生活用水量	万吨		15 488		4 878		800
生活用水人口	万人		182.1		108.90		33.90
# 非农业用水人口	万人		180		106.40		32.70
煤气（人工、天然气）供气总量	万立方米		17 207		3 988		1 786
# 家庭用量	万立方米		10 429		3 963		348
家庭用煤气人口	人		1 089 700		240 000		134 000
液化石油气供气总量	吨		13 042		37 500		3 000
# 家庭用量	吨		12 108		37 500		3 000
家庭用液化气人口	人		498 000		840 000		76 000
年末实有公共汽（电）车营运车辆数	辆		1907		708		224
全年公共汽（电）车客运总数	万人次		37 337		18 491		3 054

10—19 续表 3　　　　　　　　(1996年)

项　　目	单　位	长春市		吉林市		四平市	
		全　市	市　区	全　市	市　区	全　市	市　区
年末实有出租汽车数	辆		11 580		6 191		1 450
园林绿地面积	公顷		4 637		4 669		162
# 公共绿地面积	公顷		608		658		123
建成区绿化覆盖面积	公顷		5 923		3 402		654
工业废水排放总量	万吨		4 122		20 254		747
工业废水排放达标量	万吨		3 495		16 355		343
其中：处理排放达标量	万吨		1 165		9 254		158
工业废水处理量	万吨		1 627		13 454		158
工业废水处理回用量	万吨		344		3 642		92
生活污水排放量	万吨						
生活污水处理量	万吨						
工业废气排放总量	万标立米		4 623 254		1 021 041		338 790
工业二氧化硫去除量	吨		35 939		6 861		3 739
工业二氧化硫排放量	吨		3 006		28 451		1 705
工业粉尘排放量	吨		13 999		14 253		1 087
工业粉尘去除量	吨		50 420		220 206		1 796
工业固体废物产生量	万吨		142		389		35
工业固体废物综合利用量	万吨		115		193		28
环境噪声达标面积	平方公里		72		85		10
生活垃圾粪便清运量	万吨		106		70		41
生活垃圾粪便无害化处理量	万吨		106		46		10
住宅建筑面积	万平方米	3 380	2 751	2 235	1 660	1 462.5	515
住宅居住面积	万平方米	1 682	1 375.5	1 136.6	830	533.0	268.48
居住人口（与居住面积一致）	万人	228	184.6	165.9	120	75.8	34.42
九、劳动工资、人民生活							
年末全部职工人数	万人	132	104.3	98.9	61.40	47.4	17.28
#国有经济全部职工人数	万人	96	74.4	72.2	43.17	36.0	12.53
全部职工平均人数	万人	131	104.0	98.2	61.60	43.3	15.69
全部职工工资总额	万元	832 837	713 118	571 373	414 593	187 328	75 539
居民人均可支配收入	元		4 164		4 262		3 437
居民人均消费支出	元		3 459		3 423		2 762
每百户拥有黑白电视机	台		28		20		28
每百户拥有彩色电视机	台		101		102		80
每百户拥有电冰箱	台		73		68		44
每百户拥有录像机	台		31		23		18
居民消费价格指数（以上年为100）	%		110.9		107.30		106.70
商品零售价格指数（以上年为100）	%		106.1		105.30		105.20
# 食品价格指数	%		102.7		106.80		103.80
职工保险福利费用总额	万元	81 251	76 146	48 558	38 860	9 880	1 246
年末离休、退休、退职人员数	万人	28	22.4	18.1	11.87	7	2.54
离休、退休、退职人员保险福利费用总额	万元	155 209	139 508	73 604	52 766	28 040	11 420
社会福利院数	个	5	3	3	2	1	1
社会福利院床位数	张	1 100	940	640	600	250	250
十、教育、卫生、文化							
学校数：　高等学校	个	27	27	8	8	2	2
中等专业学校	个	50	43	20	19	10	7

10—19 续表 4 (1996 年)

项目	单位	长春市		吉林市		四平市	
		全市	市区	全市	市区	全市	市区
普通中学	个	421	172	291	87	188	23
农、职业中学	个	94	52	49	13	17	4
技工学校	个	45	41	39	31	15	10
小学	个	1 915	493	1 669	222	1 278	63
教师数： 高等学校	人	10 827	10 827	2 207	2 207	540	540
中等专业学校	人	3 379	2 860	1 655	1 566	818	456
普通中学	人	23 691	10 230	14 809	5 573	9 881	1 756
农、职业中学	人	2 053	907	1 518	755	772	233
技工学校	人	1 509	1 331	1 654	1 392	731	427
小学	人	38 348	13 002	24 203	6 439	18 134	1 961
学生数： 高等学校	人	74 007	74 007	19 524	19 524	4 421	4 421
中等专业学校	人	47 584	39 738	27 434	25 888	14 966	6 962
普通中学	万人	33	14.2	22.7	7.74	14.9	2.12
农、职业中学	人	37 473	16 545	22 332	8 386	8 209	1 159
技工学校	人	21 129	18 442	16 190	13 830	5 877	4 484
小学	万人	72	24.5	41.8	12.01	35.7	4.13
成人高等教育学校在校学生数	人	32 198	32 198	15 493	9 800	1 529	1 081
成人中等教育学校在校学生数	人	45 823	42 103	4 453	3 360	4 348	2 422
各类专业技术人员数	万人	33	24.6	19.2	11.82	8.8	2.80
# 中级技术职称以上人员	万人	12	10.2	5.7	3.66	2.5	1
剧场、影剧院数	个	12	9	32	18	25	7
公共图书馆	个	11	7	10	5	5	1
公共图书馆总藏量	千册、件	4 506	4 190	1 608	1 296	499	306
# 图书	千册	3 707	3 399	1 568	1 256	487	297
图书出版印数	万册	12 879	12 879				
杂志出版印数	万册	3 865	3 865	1 279	1 279		
报纸出版印数	万印张	17 213	17 175	5 617	5 505	1 194	902
卫生机构数	个	733	523	1 066	564	343	186
# 医院	个	303	169	213	70	144	24
卫生机构床位数	张	24 626	19 244	18 973	12 203	9 779	4 000
# 医院床位数	张	23 278	18 068	16 939	10 574	8 810	3 700
卫生技术人员数	人	37 919	28 066	24 106	14 804	14 311	4 243
# 医生	人	15 659	11 802	10 240	6 131	5 734	1 986
医院、卫生院诊疗人次数	万人次	1 265	1 041.6	923	580	445.9	141.64
婴儿死亡率	‰	30	17.0	25.3	20.35	23.2	16.88
十一、社会治安							
火灾起数	起		1 067		533		21
火灾死伤人数	人		39		8		3
火灾损失折款数	万元		232		161		51
交通事故件数	件		2 141		1 803		108
交通事故死伤人数	人		937		711		47
刑事案件发案数	件		5 506		9 024		1 891
犯罪人数	人		5 080		4 212		927

10—20 辽源、通化、白山市基本情况

(1996年)

项目	单位	辽源市		通化市		白山市	
		全市	市区	全市	市区	全市	市区
一、综合							
年末总人口	万人	123.5	44.81	230.6	43.13	130.56	31.94
# 非农业人口	万人	56.6	38.76	104.0	36.09	84.05	24.56
年平均人口	万人	123.0	44.62	228.3	42.87	129.80	31.40
年出生人口	人	14 749	5 851	20 832	4 102	12 492	3 524
年死亡人口	人	7 186	2 464	12 251	2 369	5 960	1 479
年末总户数	万户	36.0	13.51	64.3	12.48	40.61	10.11
年末全部从业人员数	万人	61.4	25.32	103.4	21.66	54.25	15.96
# 城镇个体劳动者	万人	4.8	3.09	9.1	1.89	3.23	0.98
城镇失业人员年末数	人	6 921	5 394	11 194	5 857	9 097	5 067
土地面积	平方公里	5 123	206	15 195	761	17 852	1 373
# 建成区面积	平方公里		28		77		18
国内生产总值(当年价格)	万元	448 348	164 967	1 026 880	273 543	611 699	168 497
第一产业	万元	145 127	8 703	290 567	15 789	135 148	20 606
第二产业	万元	118 076	62 345	382 248	130 645	288 813	100 013
#工业增加值	万元	106 200	52 482	343 915	123 425	248 918	82 545
第三产业	万元	185 145	93 919	354 065	127 109	187 738	47 878
二、农业							
农林牧渔业总产值(当年价格)	万元	227 833	14 902	469 365	26 616	208 726	34 486
农林牧渔业商品产值(当年价格)	万元	183 882	11 992	327 326	22 937	144 318	23 795
年末实有耕地面积	千公顷	146	5	196	5	56	8
蔬菜产量	万吨	20	11.14	48.3	9.64	26.24	5.70
水果产量	吨	10 574	424	17 414	999	9 844	3 657
猪肉产量	吨	37 105	3 331	77 938	6 557	29 004	7 549
牛羊肉产量	吨	21 496	255	19 349	1 016	9 676	2 009
牛羊奶产量	吨	3 306	2 271	432	278	201	
禽蛋产量	吨	18 159	3 392	33 586	8 928	21 033	4 428
禽肉产量	吨	14 007	2 088	73 542	4 812	4 453	1 359
水产品产量	吨	2 139	58	8 618	50	3 260	680
三、工业							
乡及乡以上工业企业及生产单位数	个	826	440	1 475	465	689	160
#国有经济	个	175	113	337	108	181	56
私营经济	个	4	4	7	5	5	
股份制经济	个	4	4	8	4	7	3
外商及港澳台投资经济	个	11	7	44	17	25	7
全部工业总产值(当年价格)(新规定,下同)	万元	545 559	269 608	1 154 415	444 918	654 588	262 377
乡及乡以上工业销售总产值(当年价格)	万元	317 814	215 585	784 562	365 398	473 741	198 957
乡及乡以上工业总产值(当年价格)	万元	351 478	230 374	851 637	390 442	505 615	211 492
#国有经济	万元	212 662	168 139	562 501	315 979	334 887	147 356
私营经济	万元	777	777	1 239	696	3 550	
股份制经济	万元	8 850	8 850	62 815	16 524	31 772	28 570
外商及港澳台投资经济	万元	6 005	3 884	44 117	11 175	17 652	6 398
全部独立核算工业企业经济指标							
工业总产值(当年价)	万元	349 009	230 310	824 903	388 636	481 599	209 860
工业销售产值(当年价)	万元	316 205	215 521	760 945	363 628	452 877	197 918
工业增加值(生产法)	万元	76 450	47 452	260 296	108 071	183 136	63 341

10—20 续表 1 (1996年)

项目	单位	辽源市		通化市		白山市	
		全市	市区	全市	市区	全市	市区
全部职工年平均人数	万人	16.2	12.20	22.2	9.80	21.43	7.44
流动资产年末合计	万元	416 708	300 483	789 394	358 296	389 686	196 574
流动资产年平均余额	万元	377 553	275 283	742 558	339 356	357 576	171 764
固定资产原价合计	万元	587 683	478 499	996 826	594 909	748 379	410 975
固定资产净值合计	万元	443 538	361 276	739 008	459 004	537 874	302 279
固定资产净值年平均	万元	415 883	343 106	694 740	430 201	503 599	278 019
产品销售收入	万元	315 160	223 105	817 248	443 707	437 256	186 356
# 产品销售税金及附	万元	5 212	1 846	9 254	4 213	9 888	1 976
本年应交增值税	万元	15 712	11 275	37 880	22 334	21 239	11 544
利润总额	万元	-28 068	-27 055	17 246	-366	-8 672	-10 206
四、商业、外贸与外经、旅游							
批发零售贸易业商品销售总额	万元	123 960	58 770	299 818	82 949	160 258	72 182
社会消费品零售总额	万元	188 980	130 694	416 303	125 618	282 493	89 777
批发零售贸易业、餐饮业网点数	个	22 578	11 199	44 235	9 367	22 386	6 541
#个体	个	21 485	10 612	41 084	8 335	21 102	6 178
批发零售贸易业、餐饮业人员数	人	59 549	33 572	126 121	35 246	58 338	19 572
#个体	人	31 539	17 940	79 353	18 869	39 472	8 831
外贸口岸进口总额（海关数）	万美元			1 107		1 411	
外贸口岸出口总额（海关数）	万美元			847		1 648	
实际利用外资	万美元	395	349	567	68	4 398	289
三资企业：年末实有企业单位数	个	45	35	84	33	123	54
年末从业人员数	人	2 498	2 033	7 221	2 535	8 881	3 702
境外旅游者人数	人	129		12 075		5 384	
涉外旅馆数	个	1		4		4	
房间数	间	85		394		231	
旅游外汇收入	万美元	4		236		89	
五、财政、金融、保险							
中央财政预算内收入	万元	13 264	8 149	34 090	10 300	17 119	9 325
地方财政预算内收入	万元	19 756	11 260	50 570	16 076	32 867	14 519
# 工商税收	万元	10 200	6 951	24 553	9 615	17 884	9 331
地方财政预算内支出	万元	37 456	19 288	88 269	31 249	49 812	21 581
#科学事业费支出	万元	120	90	705	581	242	142
#教育事业费支出	万元	10 217	4 361	19 633	4 992	10 981	3 028
金融机构数	个	49	33	73	25	146	50
# 保险机构数	个	7	3	18	7	13	5
城乡居民储蓄年末余额	万元	340 215	211 441	797 111	258 223	558 069	288 683
年末金融机构各项贷款余额	万元	667 514	354 125	1 184 865	435 213	703 070	427 968
年末金融机构存款余额	万元	404 995	278 069	927 186	299 623	660 210	347 890
承保额	万元	560 073	397 095	709 309	290 180	652 065	246 133
保费	万元	3 819	2 414	6 327	2 785	6 360	2 394
已决赔款	万元	1 604	871	3 238	1 171	3 105	1 141
六、固定资产投资							
国有经济固定资产投资	万元	39 761	37 687	69 508	39 646	140 835	67 974
# 住宅建设	万元	1 469	1 314	8 131	4 042	11 444	4 410
城镇集体固定资产投资	万元	1 248	283	2 307	704	1 992	757
# 住宅建设	万元			169		718	550

10—20 续表 2 (1996 年)

项目	单位	辽源市		通化市		白山市	
		全市	市区	全市	市区	全市	市区
其他类型经济固定资产投资	万元	215	215	6 279	5 139	10 334	1 968
# 住宅建设	万元			85		487	230
房地产开发投资额	万元	5 820	5 682	8 532	7 918	2 846	1 805
# 商品住宅	万元	3 917	3 779	6 993	6 419	2 846	1 805
全年新增固定资产	万元	46 794	39 183	81 888	45 331	143 561	92 528
# 国有经济新增固定资产	万元	35 131	33 846	79 632	44 753	141 509	92 041
施工住宅建筑面积（包括商品房）	万平方米	20	14.52	25.8	17.11	24.83	10.67
竣工住宅建筑面积（包括商品房）	万平方米	14.9	9.73	21.0	14.10	18.92	6.41
商品房屋销售额	万元	7 757	7 664	5 129	4 833	2 623	1 722
商品房屋销售建筑面积	万平方米	6.8	6.68	6.0	5.82	2.42	1.23
七、交通、邮电、电力							
铁路客运量	万人	118.4	57.55	834.5	413.80	375.48	119.10
铁路货运量	万吨	203.7	108.72	940	396	969	337
公路营运里程	公里	1 517	98	15 843	2 749	5 894	2 912
民用运输车辆拥有量	辆	7 486	2 935	15 124	4 909	18 928	5 667
# 私有车辆拥有量	辆	4 290	868	1 726	429	6 710	1 533
公路客运量	万人	1 310	796.20	1 941	489	914	307.60
公路货运量	万吨	879	421.50	2 310	810	2 178	1 049
年末邮电局（所）数	处	66	35	154	26	101	32
邮电业务总量（1990 年不变价格）	万元	8765	7 087	20 571	8 568	12 471	6 638
电话交换机装机总容量	门	113 116	79 520	287 843	116 913	168 920	78 644
# 程控	门	105 676	72 560	272 901	108 216	154 088	67 752
年末电话机数	部	68 342	53 254	163 422	62 168	114 417	51 982
年末无线寻呼用户数	户	25 048	20 784	43 018	21 104	21 462	14 720
年末移动电话用户数	户	4 052	3 497	9 066	4 171	5 594	3 744
全年用电量	万千瓦小时	95 014	56 163	226 149	126 169	193 134	156 907
# 工业用电	万千瓦小时	78 239	44 527	153 881	91 941	170 827	146 831
城乡居民生活用电	万千瓦小时	14 531	6 766	17 694	6 352	11 493	4 899
八、市政公用事业							
年末实有铺装道路总长度	公里		88		134		66
年末实有铺装道路面积	万平方米		153		121		71.64
城市下水道总长度	公里		90		55		57
水厂综合生产能力（包括各单位自备水源）	万吨/日		11.20		13		6.90
年末供水管道总长度	公里		91		224		101
全年供水总量	万吨		2 901		1 492		1 94
生活用水量	万吨		995		528		892
生活用水人口	万人		35.60		27.60		18.80
# 非农业用水人口	万人		33.60		27.60		18.40
煤气（人工、天然气）供气总量	万立方米				991		
# 家庭用量	万立方米				928		
家庭用煤气人口	人				130 000		
液化石油气供气总量	吨		4 070		655		1 116
# 家庭用量	吨		4 050		405		1 116
家庭用液化气人口	人		14 400		52 000		62 000
年末实有公共汽（电）车营运车辆数	辆		191		366		127
全年公共汽（电）车客运总数	万人次		1090		3 845		1 302

10—20 续表 3　　　　　　　　(1996年)

项　　目	单　位	辽源市		通化市		白山市	
		全　市	市　区	全　市	市　区	全　市	市　区
年末实有出租汽车数	辆		820		640		144
园林绿地面积	公顷		648		483		409
# 公共绿地面积	公顷		136		247		124
建成区绿化覆盖面积	公顷		670		2 080		420
工业废水排放总量	万吨		436		2 930		944
工业废水排放达标量	万吨		248		2 491		518
其中：处理排放达标量	万吨		45		1 462		495
工业废水处理量	万吨		63		10 043		2 954
工业废水处理回用量	万吨		2		8 551		2 397
生活污水排放量	万吨						
生活污水处理量	万吨						
工业废气排放总量	万标立米		638 211		2 560 289		743 752
工业二氧化硫去除量	吨		7 547.47		11 600		3 261
工业二氧化硫排放量	吨		124.54		828		19 882
工业粉尘排放量	吨		646.84		11 474		1 398
工业粉尘去除量	吨				552 132		
工业固体废物产生量	万吨		41		126		202
工业固体废物综合利用量	万吨		26		95		36
环境噪声达标面积	平方公里		13				4
生活垃圾粪便清运量	万吨		29		21		18
生活垃圾粪便无害化处理量	万吨				11		
住宅建筑面积	万平方米	579.4	465	988	571	602.80	239
住宅居住面积	万平方米	340.8	274.42	509.1	290.20	367.18	134.54
居住人口（与居住面积一致）	万人	47.7	38.76	64.8	37.80	47.36	18.50
九、劳动工资、人民生活							
年末全部职工人数	万人	26.0	19.32	40.5	16.54	33.22	12.22
#国有经济全部职工人数	万人	19.5	14.01	30.3	11.61	26.94	9.91
全部职工平均人数	万人	21.4	15.15	37.2	15.92	32.20	12
全部职工工资总额	万元	89 614	63 517	170 196	82 039	133 225	53 746
居民人均可支配收入	元		3 209		3 559		3 700
居民人均消费支出	元		2 667		2 828		2 771
每百户拥有黑白电视机	台		22		33		25
每百户拥有彩色电视机	台		79		92		88
每百户拥有电冰箱	台		33		39		36
每百户拥有录像机	台		14		12		9
居民消费价格指数（以上年为100）	%		107		105.20		106.40
商品零售价格指数（以上年为100）	%		104.40		104.70		105.10
# 食品价格指数	%		103.40		104.50		106
职工保险福利费用总额	万元	5 645	4 115	10 347	4 794	9 526	3 174
年末离休、退休、退职人员数	万人	5.3	4.25	7.6	3.53	5.24	2.83
离休、退休、退职人员保险福利费用总额	万元	19 821	15 487	23 083	10 067	18 871	8 451
社会福利院数	个	2	2	1		1	1
社会福利院床位数	张	250	250	250		120	120
十、教育、卫生、文化							
学校数：　高等学校	个			1	1		
中等专业学校	个	6	6	9	7	4	4

10—20 续表 4　　　　　　　　(1996年)

项　　目	单位	辽源市		通化市		白山市	
		全市	市区	全市	市区	全市	市区
普通中学	个	91	25	191	29	107	28
农、职业中学	个	6	3	23	7	18	4
技工学校	个	11	11	4	2	7	5
小学	个	576	64	1 050	69	599	95
教师数：　高等学校	人			243	243		
中等专业学校	人	441	441	567	459	207	207
普通中学	人	4 036	1 394	8 586	1 782	4 785	1 383
农、职业中学	人	221	92	1 007	301	757	229
技工学校	人	208	208	154	110	792	651
小学	人	6 426	1 668	12 749	1 811	7 837	1 945
学生数：　高等学校	人			1 700	1 700		
中等专业学校	人	7 779	7 779	7 243	5 657	2 350	2 350
普通中学	万人	5.7	1.98	12.8	2.30	6.17	1.820
农、职业中学	人	3 277	1 282	11 773	1 915	11 089	3 364
技工学校	人	4 530	4 530	3 660	2 470	4 390	3 765
小学	万人	11.7	4.24	23.6	3.60	12.99	3.820
成人高等教育学校在校学生数	人	3 194	3 194	2 275	1 854		
成人中等教育学校在校学生数	人	1 017	1 017	210 728	1 326		
各类专业技术人员数	万人	3.0	1.51	6.1	1.69	2.63	1.14
# 中级技术职称以上人员	万人	0.7	0.37	1.4	0.51	0.95	0.63
剧场、影剧院数	个	4	3	6	2	2	
公共图书馆	个	3	1	6	1	4	1
公共图书馆总藏量	千册、件	317	242	574	263	264	115
# 图书	千册	286	202	518	248	251	109
图书出版印数	万册						
杂志出版印数	万册						
报纸出版印数	万印张	5	5	578	410	215	215
卫生机构数	个	147	70	200	38	462	75
# 医院	个	67	18	53	22	115	24
卫生机构床位数	张	4 741	2 384	7 853	3 076	7 158	2 141
# 医院床位数	张	4 741	2 384	6 317	2 919	5 039	2 062
卫生技术人员数	人	5 272	2 949	10 228	3 113	8 186	2 623
# 医生	人	2 100	1 100	4 285	1 316	3 580	1 240
医院、卫生院诊疗人次数	万人次	127.8	63.18	449.1	153.07	109.85	27.45
婴儿死亡率	‰	21.0	13.95	31.0	20.86	30.52	20.84
十一、社会治安							
火灾起数	起		237		123		149
火灾死伤人数	人		21		2		94
火灾损失折款数	万元		62		54		240
交通事故件数	件		68		86		99
交通事故死伤人数	人		68		29		100
刑事案件发案数	件		838		1 037		1 190
犯罪人数	人		856		830		547

10—21 松原、白城市、延边州基本情况

（1996年）

项　　目	单　位	松原市		白城市		延边朝鲜族自治州
		全　市	市　区	全　市	市　区	
一、综合						
年末总人口	万人	261.9	48.88	197.7	46.44	218.4
#非农业人口	万人	64.3	29.74	77.5	26.33	132.4
年平均人口	万人	259.7	48.64	196.6	46.14	218.0
年出生人口	人	43 723	7 620	21 968	5 734	18 613
年死亡人口	人	9 658	1 626	7 703	1 737	14 455
年末总户数	万户	70.1	15.27	55.7	14.54	65.5
年末全部从业人员数	万人	119.1	22.71	84.6	21.10	112.0
#城镇个体劳动者	万人	10.0	2.50	7.0	2.25	10.2
城镇失业人员年末数	人	9 489	4 385	4 358	1 181	11 656
土地面积	平方公里	22 034	1 170	25 767	1 818	42 700
#建成区面积	平方公里		31		32	166
国内生产总值（当年价格）	万元	1 192 582	326 551	598 064	198 766	1 062 029
第一产业	万元	549 245	33 748	294 328	45 233	197 429
第二产业	万元	459 706	239 413	134 678	64 316	424 996
#工业增加值	万元	428 158	224 955	112 521	52 562	357 031
第三产业	万元	183 631	53 390	169 058	89 217	439 604
二、农业						
农林牧渔业总产值（当年价格）	万元	840 934	50 526	475 199	67 804	301 464
农林牧渔业商品产值（当年价格）	万元	581 896	4 365	276 118	38 287	209 161
年末实有耕地面积	千公顷	704	41	543	79	222
蔬菜产量	万吨	37.1	12.99	35.6	13.17	31.0
水果产量	吨	48 479	6 504	2 417	1 703	46 097
猪肉产量	吨	97 289	9 611	71 601	10 739	31 007
牛羊肉产量	吨	21 001	2 497	16 486	1 026	19 633
牛羊奶产量	吨	7 361	300	14 877	2 010	2 299
禽蛋产量	吨	66 745	2 842	27 057	4 051	17 302
禽肉产量	吨	21 022	600	23 743	1 648	3 772
水产品产量	吨	23 729	2 700	36 500	104	3 700
三、工业						
乡及乡以上工业企业及生产单位数	个	672	137	859	133	1 717
#国有经济	个	135	24	275	77	440
私营经济	个	19		1		43
股份制经济	个	10	5	1		53
外商及港澳台投资经济	个	9	4	9	5	198
全部工业总产值（当年价格）（新规定，下同）	万元	954 567	633 427	367 654	178 857	1 078 593
乡及乡以上工业销售总产值（当年价格）	万元	802 622	616 456	313 191	134 703	828 325
乡及乡以上工业总产值（当年价格）	万元	834 106	613 773	338 519	165 258	883 732
#国有经济	万元	736 779	589 683	238 080	128 445	611 080
私营经济	万元	945		56		3 383
股份制经济	万元	7 407	4 820	413		51 913
外商及港澳台投资经济	万元	8 170	16	8 137	8 137	89 784
全部独立核算工业企业经济指标						
工业总产值（当年价）	万元	831 561	612 696	333 981	136 759	862 297
工业销售产值（当年价）	万元	801 026	615 386	309 489	133 148	808 611
工业增加值（生产法）	万元	405 289	350 894	82 313	41 596	277 565

10—21 续表 1 （1996 年）

项目	单位	松原市 全市	松原市 市区	白城市 全市	白城市 市区	延边朝鲜族自治州
全部职工年平均人数	万人	10.0	5.58	11.8	4.05	32.12
流动资产年末合计	万元	798 183	627 367	370 722	134 082	819 981
流动资产年平均余额	万元	642 902	497 001	352 576	122 774	772 926
固定资产原价合计	万元	1 426 338	1 102 608	439 919	264 553	1 257 457
固定资产净值合计	万元	872 610	651 442	333 963	199 165	922 813
固定资产净值年平均	万元	802 688	601 328	314 948	190 035	865 224
产品销售收入	万元	766 630	584 716	274 163	123 042	827 530
# 产品销售税金及附	万元	32 385	30 303	3 391	1 278	33 120
本年应交增值税	万元	39 624	37 027	21 665	14 957	41 368
利润总额	万元	-5 555	6 351	-37 139	-9 651	-53 262
四、商业、外贸与外经、旅游						
批发零售贸易业商品销售总额	万元	365 860	97 986	323 167	116 138	518 580
社会消费品零售总额	万元	322 840	72 018	349 703	148 420	605 620
批发零售贸易业、餐饮业网点数	个	47 912	11 343	42 134	15 496	49 287
#个体	个	46 131	10 962	39 782	14 776	45 146
批发零售贸易业、餐饮业人员数	人	128 777	28 365	116 896	39 083	125 518
#个体	人	79 494	19 208	66 090	23 334	72 597
外贸口岸进口总额（海关数）	万美元					
外贸口岸出口总额（海关数）	万美元					
实际利用外资	万美元	500		53	43	7 606
三资企业： 年末实有企业单位数	个	51		32	15	596
年末从业人员数	人	1 363		4 337	1 943	21 207
境外旅游者人数	人	98		150		
涉外旅馆数	个	3		2		
房间数	间	256		233		
旅游外汇收入	万美元	8		4		
五、财政、金融、保险						
中央财政预算内收入	万元	55 037	35 428	18 683	7 072	56 420
地方财政预算内收入	万元	47 155	22 129	25 855	9 670	61 680
# 工商税收	万元	28 297	15 912	14 903	6 478	22 441
地方财政预算内支出	万元	68 763	23 184	61 343	23 772	127 491
#科学事业费支出	万元	161	61	647	583	1 103
#教育事业费支出	万元	17 704	3 908	16 260	4 538	26 718
金融机构数	个	659	100	179	49	112
# 保险机构数	个	26	3	12	6	23
城乡居民储蓄年末余额	万元	502 888	72 135	358 972	163 112	1 085 325
年末金融机构各项贷款余额	万元	1 505 401	39 470	903 816	305 053	1 678 270
年末金融机构存款余额	万元	659 150	79 883	455 142	210 945	1 217 092
承保额	万元	572 632	72 678	827 588	404 710	2 386 274
保费	万元	5 299	870	5 116	1 954	14 280
已决赔款	万元	613	519	2 816	1 218	7 071
六、固定资产投资						
国有经济固定资产投资	万元	265 660	1 953	67 451	46 341	173 758
# 住宅建设	万元	4 229	620	18 316	7 099	48 050
城镇集体固定资产投资	万元	505	300	635	620	8 996
# 住宅建设	万元			520	520	2 936

10—21 续表 2　　　　　　　　　(1996 年)

项　　目	单　位	松原市		白城市		延边朝鲜族自治州
		全　市	市　区	全　市	市　区	
其他类型经济固定资产投资	万元	159 347	300	7 569	7 569	65 375
# 住宅建设	万元	17 627		520	275	5 397
房地产开发投资额	万元	4 424		4 552	4 172	12 508
# 商品住宅	万元	3 824		3 057	3 057	11 877
全年新增固定资产	万元	4 424		73 650	44 919	206 475
# 国有经济新增固定资产	万元	4 424		73 015	44 309	143 732
施工住宅建筑面积（包括商品房）	万平方米	3.3		33.1	11.53	115.1
竣工住宅建筑面积（包括商品房）	万平方米	3.9		24.9	8.48	95.7
商品房屋销售额	万元	3 055		6 965	6 965	9 985
商品房屋销售建筑面积	万平方米	3.2		3.6	3.64	10.2
七、交通、邮电、电力						
铁路客运量	万人			508.2	204.73	665.6
铁路货运量	万吨			308	126	610
公路营运里程	公里	12 633	4 036	3 184	542	25 988
民用运输车辆拥有量	辆	53 897	18 063	55 765	9 102	51 969
# 私有车辆拥有量	辆	17 306	89	45 235	4 919	32 763
公路客运量	万人	854	288	372.2	55.30	2 602
公路货运量	万吨	943	368	458	116	1 879
年末邮电局（所）数	处	120	76	127	27	158
邮电业务总量（1990 年不变价格）	万元	11 698	9 135	12 113	6 142	45 110
电话交换机装机总容量	门	174 922	135 752	180 581	72 942	441 747
# 程控	门	167 370	129 868	175 551	70 082	423 665
年末电话机数	部	118 318	92 249	107 845	49 806	266 238
年末无线寻呼用户数	户	92 249	22 682	23 845	14 357	71 605
年末移动电话用户数	户	5 505	4 518	5 025	3 029	20 620
全年用电量	万千瓦小时	160 618	46 045	86 449	31 432	259 632
# 工业用电	万千瓦小时	127 871	34 190	32 764	10 052	195 192
城乡居民生活用电	万千瓦小时	27 754	10 484	12 101	4 285	31 247
八、市政公用事业						
年末实有铺装道路总长度	公里		116		66	630
年末实有铺装道路面积	万平方米		123		89	563
城市下水道总长度	公里		129		93	389
水厂综合生产能力(包括各单位自备水源)	万吨/日		8.47		7.30	35.4
年末供水管道总长度	公里		69		149	833
全年供水总量	万吨		964		2 925	8 717
生活用水量	万吨		783		1 457	4 384
生活用水人口	万人		22.50		24	88.2
# 非农业用水人口	万人		22		24	79.9
煤气（人工、天然气）供气总量	万立方米					62
# 家庭用量	万立方米					62
家庭用煤气人口	人					20 000
液化石油气供气总量	吨		32 347		4 030	8 267
# 家庭用量	吨		9 580		4 030	8 080
家庭用液化气人口	人		141 500		177 000	420 000
年末实有公共汽（电）车营运车辆数	辆		76		51	530
全年公共汽（电）车客运总数	万人次		1200		261	7 693

10—21 续表 3　　　　　　　　(1996年)

项　　目	单位	松原市		白城市		延边朝鲜族自治州
		全市	市区	全市	市区	
年末实有出租汽车数	辆		672		76	4 429
园林绿地面积	公顷		524		619	1 596
# 公共绿地面积	公顷		65		95	335
建成区绿化覆盖面积	公顷		567		635	1 340
工业废水排放总量	万吨		468		920	7 915
工业废水排放达标量	万吨		330		238	1 109
其中：处理排放达标量	万吨		312		49	568
工业废水处理量	万吨		312		880	4 055
工业废水处理回用量	万吨		912		831	2 587
生活污水排放量	万吨					5 879
生活污水处理量	万吨					160
工业废气排放总量	万标立米		2 490 921		395 986	2 800 589
工业二氧化硫去除量	吨		17 496		8 238	22 948
工业二氧化硫排放量	吨		2 666			515
工业粉尘排放量	吨		440		3 439	8 669.7
工业粉尘去除量	吨				4 901	62 561
工业固体废物产生量	万吨		80		11	230
工业固体废物综合利用量	万吨		48		8	55
环境噪声达标面积	平方公里		6		11	2
生活垃圾粪便清运量	万吨		62		31	111
生活垃圾粪便无害化处理量	万吨					36
住宅建筑面积	万平方米	547	547	708.6	365	1 508
住宅居住面积	万平方米	273.5	273.50	359	174	734.4
居住人口（与居住面积一致）	万人	28.9	28.93	51	23.50	101.3
九、劳动工资、人民生活						
年末全部职工人数	万人	28.3	12.30	31.5	11.09	57.8
#国有经济全部职工人数	万人	23.8	10.79	25.4	9.16	43.6
全部职工平均人数	万人	27.8	12.21	30.7	10.77	53.6
全部职工工资总额	万元	157 845	91 392	112 752	45 610	259 187
居民人均可支配收入	元		3 747		3 308	
居民人均消费支出	元		2 887		2 639	
每百户拥有黑白电视机	台		6		24	
每百户拥有彩色电视机	台		94		88	
每百户拥有电冰箱	台		56		47	
每百户拥有录像机	台		16		5	
居民消费价格指数（以上年为100）	%		106.20		106.50	
商品零售价格指数（以上年为100）	%		105.20		105	
# 食品价格指数	%		104.10		105.40	
职工保险福利费用总额	万元	10 564	238	39 280	1 390	200 563
年末离休、退休、退职人员数	万人	3.0	0.30	4.5	1.56	11.9
离休、退休、退职人员保险福利费用总额	万元	17 391	2 989	15 038	4 784	470 915
社会福利院数	个	1	1	2		1
社会福利院床位数	张	80	80	800		365
十、教育、卫生、文化						
学校数：　高等学校	个			1	1	1
中等专业学校	个	2		10	8	9

10—21 续表 4 (1996年)

项目	单位	松原市		白城市		延边朝鲜族自治州
		全市	市区	全市	市区	
普通中学	个	167	12	157	41	191
农、职业中学	个	25	3	32	4	35
技工学校	个	5		9	4	22
小学	个	1 224	73	1 000	160	801
教师数：高等学校	人			227	227	1 453
中等专业学校	人	48		976	754	612
普通中学	人	9 015	1 042	6 701	1 629	9 737
农、职业中学	人	1 316	153	1 341	166	918
技工学校	人	276		297	109	801
小学	人	18 413	1 577	13 083	2 019	14 344
学生数：高等学校	人			1 658	1 658	7 316
中等专业学校	人	1 554		16 107	12 357	7 968
普通中学	万人	12.1	1.46	9.4	2.51	12.2
农、职业中学	人	23 793	1 548	19 871	2 093	10 269
技工学校	人	2 718		3 514	2 310	5 229
小学	万人	33.4	2.96	21.1	4.47	23.1
成人高等教育学校在校学生数	人	1 111	206	7 146	2 745	12 311
成人中等教育学校在校学生数	人	1 713		3 492	2 038	6 925
各类专业技术人员数	万人	4.1	0.55	4.6	0.83	12.3
# 中级技术职称以上人员	万人	0.8	0.11	1.4	0.30	4.2
剧场、影剧院数	个	3	1	15	4	10
公共图书馆	个	4	1	6	2	9
公共图书馆总藏量	千册、件	287	83	254	125	1 128
# 图书	千册	257	80	228	113	1 041
图书出版印数	万册					2 297
杂志出版印数	万册					120
报纸出版印数	万印张	596		970	912	2 823
卫生机构数	个	166	16	282	110	259
# 医院	个	27	5	133	31	166
卫生机构床位数	张	5 606	951	6 660	1 990	9 546
# 医院床位数	张	3 813	864	4 655	1 783	7 404
卫生技术人员数	人	8 584	1 209	9 501	3 322	12 724
# 医生	人	3 179	431	4 069	1 521	5 125
医院、卫生院诊疗人次数	万人次	216.2	41.58	364	137	557.4
婴儿死亡率	‰	29.1	19.30	31.4	21.02	13.8
十一、社会治安						
火灾起数	起		104		222	132
火灾死伤人数	人		1		3	7
火灾损失折款数	万元		17		126	494
交通事故件数	件		157		50	502
交通事故死伤人数	人		148		68	547
刑事案件发案数	件		379		1 054	10 648
犯罪人数	人		479		683	3 763

10—22 九台、榆树、德惠、蛟河、桦甸市基本情况

(1996年)

项　　目	单　位	九台市	榆树市	德惠市	蛟河市	桦甸市
一、综合						
年末总人口	万人	82.7	121.5	89.0	46.4	44.1
# 非农业人口	万人	19.5	16.7	14.6	17.1	19.7
年平均人口	万人	82.3	120.5	88.2	46.5	44.2
年出生人口	人	11 366	21 358	18 051	5 738	3 626
年死亡人口	人	4 802	6 045	3 666	2 987	1 591
年末总户数	万户	21.6	33.3	21.1	13.2	12.9
年末全部从业人员数	万人	38.5	59.8	40.2	21.1	19.3
# 城镇个体劳动者	万人	3.7	2.3	1.4	1.5	1.1
城镇失业人员年末数	人	2 145	1 220	242	817	175
土地面积	平方公里	3 100	4 705	3 435	6 050	6 250
# 建成区面积	平方公里	16	23	20	13	13
国内生产总值（当年价格）	万元	276 241	517 549	410 772	168 900	229 324
第一产业	万元	118 804	290 660	189 632	63 354	67 383
第二产业	万元	68 094	100 088	122 881	40 977	97 766
#工业增加值	万元	43 261	70 249	104 022	36 805	77 267
第三产业	万元	89 343	126 801	98 259	64 569	64 175
二、农业						
农林牧渔业总产值（当年价格）	万元	187 129	422 502	323 742	95 321	96 701
农林牧渔业商品产值（当年价格）	万元	132 266	331 461	240 511	58 611	65 603
年末实有耕地面积	千公顷	160	291	212	50	45
蔬菜产量	万吨	15.4	62.7	35.5	9.7	11.6
水果产量	吨	2 917	5 320	2 857	2 001	20 456
猪肉产量	吨	33 827	83 715	43 023	12 994	12 633
牛羊肉产量	吨	4 949	23 373	8 127	13 901	7 885
牛羊奶产量	吨	2 065	5 315	3 418	10	382
禽蛋产量	吨	19 125	42 020	23 581	6 079	10 772
禽肉产量	吨	13 292	22 038	94 756	2 359	2 897
水产品产量	吨	3 963	1 210	4 660	1 571	1 252
三、工业						
乡及乡以上工业企业及生产单位数	个	243	252	205	206	303
#国有经济	个	47	29	42	42	64
私营经济	个					
股份制经济	个		2		1	
外商及港澳台投资经济	个	1	3	6	6	6
全部工业总产值（当年价格）（新规定，下同）	万元	162 680	216 368	353 004	143 832	163 750
乡及乡以上工业销售总产值（当年价格）	万元	51 768	82 475	259 449	65 237	121 642
乡及乡以上工业总产值（当年价格）	万元	56 389	92 634	243 123	70 430	126 392
#国有经济	万元	22 765	33 472	49 171	42 016	92 385
私营经济	万元					
股份制经济	万元		2 590		214	
外商及港澳台投资经济	万元	3 396	10 855	143 322	1 982	212
全部独立核算工业企业经济指标						
工业总产值（当年价）	万元	56 359	92 634	80 939	70 421	119 449
工业销售产值（当年价）	万元	51 738	82 475	84 417	65 228	115 126
工业增加值（生产法）	万元	16 533	28 476	22 296	23 305	67 789

10—22 续表 1 (1996年)

项目	单位	九台市	榆树市	德惠市	蛟河市	桦甸市
全部职工年平均人数	万人	2.1	2.6	2.5	2.6	3.7
流动资产年末合计	万元	62 338	69 292	53 752	41 180	56 737
流动资产年平均余额	万元	59 458	64 330	50 711	41 330	51 681
固定资产原价合计	万元	51 619	67 504	57 600	65 975	416 772
固定资产净值合计	万元	39 596	52 585	44 432	47 764	282 435
固定资产净值年平均	万元	39 744	48 183	44 088	40 992	287 687
产品销售收入	万元	51 115	87 493	61 715	61 935	121 409
# 产品销售税金及附	万元	1 221	1 657	1 307	1 016	1 998
本年应交增值税	万元	1 810	2 213	2 251	1 848	2 823
利润总额	万元	-514	-868	-5 176	497	21 377
四、商业、外贸与外经、旅游						
批发零售贸易业商品销售总额	万元	78 471	114 003	76 947	41 124	47 905
社会消费品零售总额	万元	78 487	73 019	49 804	52 652	57 021
批发零售贸易业、餐饮业网点数	个	7 358	15 245	12 407	8 369	6 893
#个体	个	7 123	14 191	11 886	7 891	6 446
批发零售贸易业、餐饮业人员数	人	24 322	38 348	32 722	16 681	16 179
#个体	人	10 087	16 044	15 253	9 895	10 481
外贸口岸进口总额（海关数）	万美元					
外贸口岸出口总额（海关数）	万美元					
实际利用外资	万美元			482	21	
三资企业： 年末实有企业单位数	个		4	4	10	8
年末从业人员数	人		816	6 910	315	173
境外旅游者人数	人					
涉外旅馆数	个					
房间数	间					
旅游外汇收入	万美元					
五、财政、金融、保险						
中央财政预算内收入	万元	4 140	4 150	4 640	2 331	4 121
地方财政预算内收入	万元	8 390	11 798	9 689	5 847	4 684
# 工商税收	万元	4 139	3 443	3 055	3 066	2 772
地方财政预算内支出	万元	15 744	20 863	17 640	9 242	9 963
#科学事业费支出	万元	20	15	18	24	29
#教育事业费支出	万元	5 207	8 039	5 813	3 064	3 021
金融机构数	个	33	40	39	133	154
# 保险机构数	个	3	2	2	2	2
城乡居民储蓄年末余额	万元	151 797	158 191	129 230	122 454	137 481
年末金融机构各项贷款余额	万元	280 816	449 721	329 213	131 319	166 601
年末金融机构存款余额	万元	176 722	180 084	156 438	139 868	184 584
承保额	万元	939 513	230 276	318 848	153 154	264 640
保费	万元	1 444	1 806	1 634	1 312	1 521
已决赔款	万元	1 522	1 537	2 307	593	581
六、固定资产投资						
国有经济固定资产投资	万元	12 931	10 115	6 631	6 019	19 815
# 住宅建设	万元	4 167	2 448	2 933	774	7 982
城镇集体固定资产投资	万元	8 138	1 366		760	
# 住宅建设	万元	68	1 072		750	

10—22 续表 2　　　　　　(1996 年)

项　　目	单　位	九台市	榆树市	德惠市	蛟河市	桦甸市
其他类型经济固定资产投资	万元			3 768		378
# 住宅建设	万元					132
房地产开发投资额	万元		756	270	591	2 500
# 商品住宅	万元		756		299	1 300
全年新增固定资产	万元	16 503	5 666	61 407	5 975	18 304
# 国有经济新增固定资产	万元	11 240	4 068	6 125	4 774	12 926
施工住宅建筑面积（包括商品房）	万平方米	5.5	5.7	4.9	3.8	15.6
竣工住宅建筑面积（包括商品房）	万平方米	5.4	4.9	4.8	1.9	15.1
商品房屋销售额	万元				276	2 750
商品房屋销售建筑面积	万平方米				0.3	4.3
七、交通、邮电、电力						
铁路客运量	万人				178	26
铁路货运量	万吨				131	28
公路营运里程	公里	799	691	1 740	1 265	1 470
民用运输车辆拥有量	辆	1 620	1 497	2 094	5 370	7 120
# 私有车辆拥有量	辆	900	334	1 298	3 130	2 784
公路客运量	万人	615.6	540	380	347	367
公路货运量	万吨	631	448	758	312	175
年末邮电局（所）数	处	32	41	27	25	23
邮电业务总量（1990 年不变价格）	万元	3243	4 073	2 862	2 447	2 885
电话交换机装机总容量	门	44 953	60 048	33 260	35 706	32 589
# 程控	门	41 972	60 048	32 960	34 976	28 148
年末电话机数	部	24 865	27 708	18 699	21 039	20 318
年末无线寻呼用户数	户	6 472	7 646	5 883	4 433	4 562
年末移动电话用户数	户	1 789	2 200	1 403	807	1 345
全年用电量	万千瓦小时	26 286	32 218	31 420	20 623	29 068
# 工业用电	万千瓦小时	12 814	6 826	15 130	12 053	12 583
城乡居民生活用电	万千瓦小时	9 409	17 586	12 855	5 659	7 393
八、市政公用事业						
年末实有铺装道路总长度	公里	53	78	81	70	43
年末实有铺装道路面积	万平方米	45.9	70	84	50	34
城市下水道总长度	公里	33	26	30	27	16
水厂综合生产能力(包括各单位自备水源)	万吨/日	1.1	9	3.7	2	1.6
年末供水管道总长度	公里	109	51	109	33	95
全年供水总量	万吨	400	723	1 090	517	454
生活用水量	万吨	240	271	204	248	340
生活用水人口	万人	13.7	7.5	8.9	10.1	6
# 非农业用水人口	万人	11.5	7.3	7.1	8.6	5.5
煤气（人工、天然气）供气总量	万立方米					
# 家庭用量	万立方米					
家庭用煤气人口	人					
液化石油气供气总量	吨	2000	1 560		600	830
# 家庭用量	吨	1 800	1 560		600	830
家庭用液化气人口	人	101 000	40 000	120 000	40 000	80 000
年末实有公共汽（电）车营运车辆数	辆	20	12		20	
全年公共汽（电）车客运总数	万人次	120	123		84	

10—22 续表 3　　　　(1996年)

项　目	单位	九台市	榆树市	德惠市	蛟河市	桦甸市
年末实有出租汽车数	辆	132	135	760	76	56
园林绿地面积	公顷	163	201	157	138	410
# 公共绿地面积	公顷	32	19	25	28	26
建成区绿化覆盖面积	公顷	174	240	218	144	104
工业废水排放总量	万吨	34	169	466	363	183
工业废水排放达标量	万吨		63	66	173	110
其中：处理排放达标量	万吨		56	66	6	90
工业废水处理量	万吨		56	66	672	90
工业废水处理回用量	万吨		265	14	473	86
生活污水排放量	万吨					
生活污水处理量	万吨					
工业废气排放总量	万标立米	47 283	69 826	75 626	344 090	983 535
工业二氧化硫去除量	吨	586	669	1 483		
工业二氧化硫排放量	吨	330	30	27	516	4 502
工业粉尘排放量	吨	15	1.6	31	5	254
工业粉尘去除量	吨		40	28		1 980
工业固体废物产生量	万吨	5	6	15	6	42
工业固体废物综合利用量	万吨	2	5	15	5	7
环境噪声达标面积	平方公里	1	2	1	3	4
生活垃圾粪便清运量	万吨	40	26	30	9	8
生活垃圾粪便无害化处理量	万吨		23	3		5
住宅建筑面积	万平方米	172	287	170	142	216
住宅居住面积	万平方米	99.5	118	89	72.1	120
居住人口（与居住面积一致）	万人	16.8	13.6	12.8	12.5	13.8
九、劳动工资、人民生活						
年末全部职工人数	万人	6.7	7.6	7.6	6.6	7.3
#国有经济全部职工人数	万人	5.2	6.1	5.5	4.6	5.0
全部职工平均人数	万人	6.1	7.4	7.5	6.3	7.1
全部职工工资总额	万元	25 923	35 289	32 936	26 010	33 601
居民人均可支配收入	元			3 538	3 016	
居民人均消费支出	元			2 604	2 315	
每百户拥有黑白电视机	台			36	36	
每百户拥有彩色电视机	台			62	78	
每百户拥有电冰箱	台			42	38	
每百户拥有录像机	台			10	6	
居民消费价格指数（以上年为100）	%			106.2	107.9	
商品零售价格指数（以上年为100）	%			104.5	107.2	
# 食品价格指数	%			104.2	106.7	
职工保险福利费用总额	万元	647	1 502	1 501	1 687	1 153
年末离休、退休、退职人员数	万人	1.1	1.9	1.1	1.0	0.8
离休、退休、退职人员保险福利费用总额	万元	3 465	6 398	1 941	3 913	3 144
社会福利院数	个	1		1		1
社会福利院床位数	张	120		40		40
十、教育、卫生、文化						
学校数：　高等学校	个					
中等专业学校	个	2	2	1		

10—22 续表 4 (1996年)

项 目	单 位	九台市	榆树市	德惠市	蛟河市	桦甸市
普通中学	个	48	68	55	32	35
农、职业中学	个	7	11	5	4	7
技工学校	个	1	1	1	1	1
小学	个	323	398	310	247	202
教师数： 高等学校	人					
中等专业学校	人	144	190	44		
普通中学	人	3 198	3 947	2 776	1 514	1 538
农、职业中学	人	118	234	228	143	134
技工学校	人	58	48	41	16	61
小学	人	5 346	8 266	4 704	2 930	3 329
学生数： 高等学校	人					
中等专业学校	人	2 474	2 381	590		
普通中学	万人	4	4.6	4.6	3.1	2.0
农、职业中学	人	3 142	3 342	5 050	3 078	2 211
技工学校	人	755	538	1 154	388	206
小学	万人	8.8	12.3	11.0	4.9	5.3
成人高等教育学校在校学生数	人				1 111	1 781
成人中等教育学校在校学生数	人	1 118	836	1 201	261	260
各类专业技术人员数	万人	1.7	2.8	1.3	1.2	1.3
# 中级技术职称以上人员	万人	0.4	0.6	0.3	0.1	0.4
剧场、影剧院数	个	1	1		3	2
公共图书馆	个	1	1	1	1	1
公共图书馆总藏量	千册、件	64	69	109	64	67
# 图书	千册	62	63	109	64	67
图书出版印数	万册					
杂志出版印数	万册					
报纸出版印数	万印张		38		10	102
卫生机构数	个	64	59	40	95	106
# 医院	个	33	41	26	21	26
卫生机构床位数	张	1 452	1 397	872	1 146	1 220
# 医院床位数	张	1 332	1 397	860	1 138	1 198
卫生技术人员数	人	2 613	2 421	2 037	1 518	2 188
# 医生	人	907	1 079	843	726	994
医院、卫生院诊疗人次数	万人次	51.5	79.0	44.6	44	80
婴儿死亡率	‰	32.8	40.9	40.2	28.2	26.4
十一、社会治安						
火灾起数	起	18	163	41	12	25
火灾死伤人数	人					
火灾损失折款数	万元	6	23	78	13	24
交通事故件数	件	159	194	269	386	117
交通事故死伤人数	人	143	208	317	151	150
刑事案件发案数	件	445	388	430	753	645
犯罪人数	人	525	1 103	409	425	626

10—23 舒兰、磐石、公主岭、双辽、梅河口市基本情况

（1996 年）

项　目	单　位	舒兰市	磐石市	公主岭市	双辽市	梅河口市
一、综合						
年末总人口	万人	66.8	53.1	101	38.1	62.5
# 非农业人口	万人	20.5	16.4	27	13.5	27.2
年平均人口	万人	66.6	53.3	101	37.9	62.4
年出生人口	人	7 757	5 502	7 096	4 320	5 870
年死亡人口	人	3 002	2 565	3 911	1 845	2 918
年末总户数	万户	18.4	13.5	27	11.1	17.9
年末全部从业人员数	万人	30.7	21.6	44	18.6	25.2
# 城镇个体劳动者	万人	1.3	0.2	2	1.2	4.0
城镇失业人员年末数	人	513	414	2 433	842	2 019
土地面积	平方公里	4 600	3 960	4 058	3 121	2 174
# 建成区面积	平方公里	8	8	20	13	34
国内生产总值（当年价格）	万元	231 554	242 447	349 842	143 799	331 194
第一产业	万元	96 868	79 136	216 331	77 889	114 431
第二产业	万元	55 816	79 842	66 271	28 104	103 174
#工业增加值	万元	45 299	70 314	57 367	17 936	89 322
第三产业	万元	78 870	83 469	67 240	37 806	113 589
二、农业						
农林牧渔业总产值（当年价格）	万元	148 634	115 851	357 415	125 782	181 637
农林牧渔业商品产值（当年价格）	万元	89 532	81 191	259 834	94 883	136 294
年末实有耕地面积	千公顷	83	65	219	98	64
蔬菜产量	万吨	15.9	2.1	31	4.8	17.6
水果产量	吨	4 035	5 019	5 849	629	3 681
猪肉产量	吨	27 240	19 922	78 138	27 200	36 815
牛羊肉产量	吨	6 594	11 783	22 630	8 690	4 901
牛羊奶产量	吨	271	125	5 823	1 310	128
禽蛋产量	吨	10 805	6 901	50 969	10 011	9 924
禽肉产量	吨	13 406	3 233	25 866	4 455	44 078
水产品产量	吨	4 520	3 140	1 920	1 050	5 418
三、工业						
乡及乡以上工业企业及生产单位数	个	236	284	327	160	309
#国有经济	个	58	61	67	36	40
私营经济	个			5		
股份制经济	个		1	2	1	
外商及港澳台投资经济	个	6	4	18	2	12
全部工业总产值（当年价格）（新规定，下同）	万元	167 778	241 423	314 174	118 230	271 818
乡及乡以上工业销售总产值（当年价格）	万元	93 118	145 404	180 575	79 607	167 007
乡及乡以上工业总产值（当年价格）	万元	100 267	152 919	189 234	90 824	180 158
#国有经济	万元	73 675	121 297	69 114	74 041	76 482
私营经济	万元			249		
股份制经济	万元		50	4 941	588	
外商及港澳台投资经济	万元	1 629	1 469	52 100	347	28 858
全部独立核算工业企业经济指标						
工业总产值（当年价）	万元	95 631	151 994	188 976	89 443	164 214
工业销售产值（当年价）	万元	88 932	144 471	180 482	78 491	151 166
工业增加值（生产法）	万元	30 459	41 960	53 069	10 213	50 823

10—23 续表 1 (1996年)

项 目	单 位	舒兰市	磐石市	公主岭市	双辽市	梅河口市
全部职工年平均人数	万人	5.6	3.8	5	1.7	3.5
流动资产年末合计	万元	74 247	117 938	159 804	56 456	111 649
流动资产年平均余额	万元	74 865	102 092	140 981	52 237	103 557
固定资产原价合计	万元	171 572	193 000	163 133	317 261	87 913
固定资产净值合计	万元	125 763	149 633	123 617	289 410	67 231
固定资产净值年平均	万元	116 928	136 648	114 131	243 484	65 382
产品销售收入	万元	96 779	145 919	161 194	115 790	133 324
# 产品销售税金及附	万元	1 398	1 727	1 252	1 325	1 718
本年应交增值税	万元	4 280	8 659	7 881	8 418	3 698
利润总额	万元	-3 867	-2 114	-7 155	-24 969	1 603
四、商业、外贸与外经、旅游						
批发零售贸易业商品销售总额	万元	74 143	39 941	156 476	75 568	94 761
社会消费品零售总额	万元	73 403	63 007	91 929	63 948	115 690
批发零售贸易业、餐饮业网点数	个	7 874	8 106	10 480	3 973	12 776
#个体	个	7 420	7 333	9 886	3 572	12 258
批发零售贸易业、餐饮业人员数	人	24 029	17 235	32 733	16 876	41 579
#个体	人	10 998	9 207	14 924	5 368	27 933
外贸口岸进口总额（海关数）	万美元					
外贸口岸出口总额（海关数）	万美元					
实际利用外资	万美元				39	230
三资企业：年末实有企业单位数	个	8	6	21	3	13
年末从业人员数	人	175	167	600	90	2 600
境外旅游者人数	人					
涉外旅馆数	个					
房间数	间					
旅游外汇收入	万美元					
五、财政、金融、保险						
中央财政预算内收入	万元	4 803	5 173	5 841	3 442	6 199
地方财政预算内收入	万元	8 213	7 150	11 660	5 487	10 219
# 工商税收	万元	4 013	4 172	5 191	3 434	3 828
地方财政预算内支出	万元	13 538	12 224	17 584	10 422	16 343
#科学事业费支出	万元	28	27	31	50	18
#教育事业费支出	万元	4 672	3 747	5 754	2 799	4 392
金融机构数	个	195	144	58	41	13
# 保险机构数	个	2	2	2	1	3
城乡居民储蓄年末余额	万元	124 991	115 924	203 457	56 301	183 565
年末金融机构各项贷款余额	万元	204 964	170 803	450 360	298 703	207 118
年末金融机构存款余额	万元	147 275	131 873	249 277	76 794	208 208
承保额	万元	307 368	410 602	1 657 330	123 297	215 023
保费	万元	1 630	1 362	1 543	778	1 612
已决赔款	万元	729	522	898	526	852
六、固定资产投资						
国有经济固定资产投资	万元	9 333	17 878	14 587	46 445	9 790
# 住宅建设	万元	7 487	4 354	1 388	1 418	743
城镇集体固定资产投资	万元	113		87		360
# 住宅建设	万元			10		

10—23 续表 2　　　　　　　　　　(1996 年)

项　　目	单　位	舒兰市	磐石市	公主岭市	双辽市	梅河口市
其他类型经济固定资产投资	万元	574		35 386		1 140
# 住宅建设	万元			205		
房地产开发投资额	万元		296		858	
# 商品住宅	万元		200		858	
全年新增固定资产	万元	10 421	8 156	15 627	36 974	11 273
# 国有经济新增固定资产	万元	9 734	8 060	6 546	36 974	10 933
施工住宅建筑面积（包括商品房）	万平方米	13	6.7	3	1.6	1.7
竣工住宅建筑面积（包括商品房）	万平方米	12.1	4.8	2	1.6	1.7
商品房屋销售额	万元				1 100	
商品房屋销售建筑面积	万平方米				1.6	
七、交通、邮电、电力						
铁路客运量	万人	153	74	210	131.5	249.7
铁路货运量	万吨	432	297	121	89	289
公路营运里程	公里	1 011	1 126	6 254	1 630	11 632
民用运输车辆拥有量	辆	7 985	6 159	15 700	668	4 308
# 私有车辆拥有量	辆	4 976	3 435	14 100	72	204
公路客运量	万人	152	326	651	125	391
公路货运量	万吨	135	108	622	112	674
年末邮电局（所）数	处	24	32	44	26	32
邮电业务总量（1990 年不变价格）	万元	2 897	2 063	4 299	1 414	4 638
电话交换机装机总容量	门	43 034	46 078	41 124	25 547	46 588
# 程控	门	39 008	43 942	38 483	25 397	44 784
年末电话机数	部	26 223	23 068	37 168	13 351	34 594
年末无线寻呼用户数	户	3 962	3 377	8 920	2 018	11 336
年末移动电话用户数	户	1 283	587	1 774	389	2 599
全年用电量	万千瓦小时	39 516	82 484	39 151	57 062	51 476
# 工业用电	万千瓦小时	27 841	70 805	21 581	26 756	39 762
城乡居民生活用电	万千瓦小时	8 851	5 767	11 996	3 378	8 711
八、市政公用事业						
年末实有铺装道路总长度	公里	70	26	78	33	48
年末实有铺装道路面积	万平方米	72.5	30	128	38.8	66
城市下水道总长度	公里	27	18	50	35	82
水厂综合生产能力(包括各单位自备水源)	万吨/日	2.2	3	5	0.5	2.2
年末供水管道总长度	公里	67	42	67	30	62
全年供水总量	万吨	312	541	1 204	131	1 470
生活用水量	万吨	185	219	517	117	650
生活用水人口	万人	6.5	6.6	12	3.8	12
# 非农业用水人口	万人	6.5	5.9	12	3.8	11.5
煤气（人工、天然气）供气总量	万立方米			357		
# 家庭用量	万立方米			43		
家庭用煤气人口	人			1 000		
液化石油气供气总量	吨	1 050	1 600	1 305		900
# 家庭用量	吨	1 050	1 200	1 245		800
家庭用液化气人口	人	59 000	46 500	59 000		120 000
年末实有公共汽（电）车营运车辆数	辆	73		105		176
全年公共汽（电）车客运总数	万人次	177		576		114

10－23 续表 3　　　　　　　(1996 年)

项　　目	单　位	舒兰市	磐石市	公主岭市	双辽市	梅河口市
年末实有出租汽车数	辆	250	32	513		500
园林绿地面积	公顷	189	28	444	62	287
# 公共绿地面积	公顷	65	6	82	51	25
建成区绿化覆盖面积	公顷	198	49	369	62	322
工业废水排放总量	万吨	178	207	317	112	5 213
工业废水排放达标量	万吨	89	172	25	70	388
其中：处理排放达标量	万吨	89	161	9	26	388
工业废水处理量	万吨	152	164	9	26	388
工业废水处理回用量	万吨	120	75	577	147	299
生活污水排放量	万吨					
生活污水处理量	万吨					
工业废气排放总量	万标立米	1 191 000	394 167	198 739	1 985 747	208 295
工业二氧化硫去除量	吨		1 361	3 318	2 374	2 217
工业二氧化硫排放量	吨	2 600	10 774			303
工业粉尘排放量	吨	240	666	1 364	11.8	59
工业粉尘去除量	吨	750	8 631	1 000	590.5	
工业固体废物产生量	万吨	45	34	27	41	15
工业固体废物综合利用量	万吨	17	16	27	2	11
环境噪声达标面积	平方公里	5	2		6	
生活垃圾粪便清运量	万吨	7	3	15	16	17
生活垃圾粪便无害化处理量	万吨	7		10		8
住宅建筑面积	万平方米	93	124	201	115	313
住宅居住面积	万平方米	52	62.5	101	64	172.6
居住人口（与居住面积一致）	万人	11	8.6	16	11.3	20.1
九、劳动工资、人民生活						
年末全部职工人数	万人	10.0	6.6	12	5.6	7.2
#国有经济全部职工人数	万人	8.7	5.1	8	4.6	5.3
全部职工平均人数	万人	9.8	6.6	10	5.3	6.1
全部职工工资总额	万元	37 259	30 609	45 837	21 580	22 931
居民人均可支配收入	元				2 965	
居民人均消费支出	元				2 522	
每百户拥有黑白电视机	台				32	
每百户拥有彩色电视机	台				56	
每百户拥有电冰箱	台				14	
每百户拥有录像机	台				4	
居民消费价格指数（以上年为100）	%				106.6	
商品零售价格指数（以上年为100）	%				105.3	
# 食品价格指数	%				108.1	
职工保险福利费用总额	万元	3 187	2 063	1 236	4 969	1 854
年末离休、退休、退职人员数	万人	2.1	1.2	2	0.9	1.6
离休、退休、退职人员保险福利费用总额	万元	5 655	2 591	7 643	3 116	4 573
社会福利院数	个					1
社会福利院床位数	张					250
十、教育、卫生、文化						
学校数：　高等学校	个					
中等专业学校	个			2		2

10—23 续表 4 （1996 年）

项　　目	单　位	舒兰市	磐石市	公主岭市	双辽市	梅河口市
普通中学	个	43	43	50	32	48
农、职业中学	个	4	5	5	3	6
技工学校	个	2	2	2	1	1
小学	个	299	289	428	190	275
教师数：　高等学校	人					
中等专业学校	人			188		108
普通中学	人	1 945	1 954	2 892	1 222	2 517
农、职业中学	人	161	120	170	179	242
技工学校	人	75	43	196	55	16
小学	人	3 988	4 059	5 586	2 288	3 615
学生数：　高等学校	人					
中等专业学校	人			6 381		1 586
普通中学	万人	3.2	3.1	5	1.9	3.8
农、职业中学	人	3 738	1 245	2 176	2 505	4 354
技工学校	人	710	224	560	391	660
小学	万人	6.3	5.8	14	3.6	7.1
成人高等教育学校在校学生数	人	1 256	1 545			427
成人中等教育学校在校学生数	人	141	145	518		167
各类专业技术人员数	万人	1.8	1.8	2	1.1	1.3
# 中级技术职称以上人员	万人	0.6	0.6	1	0.3	0.3
剧场、影剧院数	个	1	8	5	5	1
公共图书馆	个	1	1	1	1	1
公共图书馆总藏量	千册、件	21	111	80	22	76
# 图书	千册	21	111	77	22	71
图书出版印数	万册					
杂志出版印数	万册					
报纸出版印数	万印张			253	18	178
卫生机构数	个	98	91	75	37	41
# 医院	个	31	33	39	24	10
卫生机构床位数	张	1 667	1 121	2 444	915	1 535
# 医院床位数	张	1 630	1 101	1 837	565	1 290
卫生技术人员数	人	2 085	1 898	3 379	1 941	2 857
# 医生	人	849	782	1 585	963	1 183
医院、卫生院诊疗人次数	万人次	82	67	107	76.2	111.2
婴儿死亡率	‰	28.1	39.0	23	29.3	30.1
十一、社会治安						
火灾起数	起	60	22	56	93	98
火灾死伤人数	人	1	2	1		
火灾损失折款数	万元	19	22	67	50	34
交通事故件数	件	150	147	104	46	63
交通事故死伤人数	人	127	167	149	57	82
刑事案件发案数	件	797	730	371	366	685
犯罪人数	人	570	456	492	229	389

10－24 集安、临江、洮南、大安、延吉市基本情况

(1996年)

项　　目	单　位	集安市	临江市	洮南市	大安市	延吉市
一、综合						
年末总人口	万人	23.3	18.6	43.1	42.4	36.8
# 非农业人口	万人	7.8	11.2	15.5	15.2	31.6
年平均人口	万人	23.2	18.6	42.9	42.1	36.2
年出生人口	人	2 514	1 977	4 675	5 035	2 927
年死亡人口	人	1 305	933	1 958	1 563	1 899
年末总户数	万户	6.7	5.9	12.5	12.0	10.2
年末全部从业人员数	万人	11.1	8.2	18.2	16.8	20.3
# 城镇个体劳动者	万人	0.5	0.6	1.1	1.5	5.4
城镇失业人员年末数	人	785	756	1 043	755	5 237
土地面积	平方公里	3 217	3 009	5 103	4 879	1 350
# 建成区面积	平方公里	14	6	16	10	32
国内生产总值（当年价格）	万元	86 691	112 355	120 545	112 724	285 607
第一产业	万元	30 982	25 695	76 605	46 226	8 966
第二产业	万元	29 600	47 727	14 396	38 586	121 885
#工业增加值	万元	25 965	38 485	11 956	35 059	92 520
第三产业	万元	26 109	38 933	29 544	27 912	154 756
二、农业						
农林牧渔业总产值（当年价格）	万元	49 556	37 748	119 317	94 645	14 561
农林牧渔业商品产值（当年价格）	万元	31 839	23 834	80 478	62 569	11 597
年末实有耕地面积	千公顷	15	9	121	91	8
蔬菜产量	万吨	3.5	7.9	3.3	10.7	3.9
水果产量	吨	3 517	2 131	367	35	5 959
猪肉产量	吨	5 732	5 528	15 870	15 342	2 015
牛羊肉产量	吨	702	708	3 216	4 050	866
牛羊奶产量	吨		154	3 809	1 808	318
禽蛋产量	吨	1 609	4 362	5 540	7 686	1 800
禽肉产量	吨	650	824	3 770	10 680	634
水产品产量	吨	780	900	4 527	13 850	85
三、工业						
乡及乡以上工业企业及生产单位数	个	149	100	152	180	440
#国有经济	个	48	15	57	53	87
私营经济	个	1	5			8
股份制经济	个		2	1		12
外商及港澳台投资经济	个	5	7	1		94
全部工业总产值（当年价格）（新规定，下同）	万元	71 683	80 449	72 267	87 454	241 171
乡及乡以上工业销售总产值（当年价格）	万元	41 391	59 887	47 349	57 259	201 962
乡及乡以上工业总产值（当年价格）	万元	41 710	62 312	52 087	57 817	206 584
#国有经济	万元	32 613	32 518	38 046	29 573	131 503
私营经济	万元	201	3 550			679
股份制经济	万元		3 061	413		11 107
外商及港澳台投资经济	万元	428	2 297			39 734
全部独立核算工业企业经济指标						
工业总产值（当年价）	万元	41 710	58 697	51 932	60 777	201 169
工业销售产值（当年价）	万元	41 391	56 094	47 294	57 124	196 331
工业增加值（生产法）	万元	15 401	28 394	8 035	15 101	71 491

10—24 续表 1 (1996年)

项　　目	单　位	集安市	临江市	洮南市	大安市	延吉市
全部职工年平均人数	万人	1.8	2.9	2.4	1.8	4.2
流动资产年末合计	万元	67 894	34 285	80 347	46 653	168 956
流动资产年平均余额	万元	66 876	27 923	79 678	42 765	156 707
固定资产原价合计	万元	106 185	75 425	70 260	35 883	271 955
固定资产净值合计	万元	62 683	48 542	54 932	27 269	208 401
固定资产净值年平均	万元	57 330	46 949	53 041	26 583	181 375
产品销售收入	万元	37 592	53 109	37 362	42 659	191 576
# 产品销售税金及附	万元	412	1 385	522	486	20 104
本年应交增值税	万元	2 000	3 318	1 601	2 156	11 382
利润总额	万元	1 712	1 162	12 738	2 215	11 235
四、商业、外贸与外经、旅游						
批发零售贸易业商品销售总额	万元	21 881	24 878	61 964	43 377	228 579
社会消费品零售总额	万元	36 450	49 980	61 874	45 699	279 015
批发零售贸易业、餐饮业网点数	个	5 611	3 369	7 737	6 152	14 794
#个体	个	5 131	3 218	7 290	5 746	13 785
批发零售贸易业、餐饮业人员数	人	14 372	7 021	17 353	19 233	43 989
#个体	人	9 088	4 125	9 165	8 542	26 406
外贸口岸进口总额（海关数）	万美元					
外贸口岸出口总额（海关数）	万美元					
实际利用外资	万美元	67	2 051	10		1 298
三资企业：　年末实有企业单位数	个	13	13	4		313
年末从业人员数	人	400	1 479	2 394	.	7 497
境外旅游者人数	人					
涉外旅馆数	个					
房间数	间					
旅游外汇收入	万美元					
五、财政、金融、保险						
中央财政预算内收入	万元	2 714	1 719	2 733	4 127	10 224
地方财政预算内收入	万元	3 963	3 601	3 997	5 133	19 146
# 工商税收	万元	1 232	2 163	2 186	2 729	8 899
地方财政预算内支出	万元	7 906	5 670	9 505	10 601	26 399
#科学事业费支出	万元	47	3	24	17	88
#教育事业费支出	万元	2 217	1 455	2 867	3 474	5 962
金融机构数	个	10	21	33	11	38
# 保险机构数	个	3	2	2	3	5
城乡居民储蓄年末余额	万元	89 045	62 100	56 379	49 592	359 690
年末金融机构各项贷款余额	万元	137 449	70 620	190 399	119 958	433 452
年末金融机构存款余额	万元	100 243	73 568	68 848	62 359	422 386
承保额	万元	193 171	65 875	227 221	102 875	786 078
保费	万元	842	759	903	1 192	3 151
已决赔款	万元	406	288	562	657	1 705
六、固定资产投资						
国有经济固定资产投资	万元	7 662	10 509	5 655	7 753	76 066
# 住宅建设	万元	416	2 564	2 194	1 112	24 233
城镇集体固定资产投资	万元	290			15	2 220
# 住宅建设	万元					1 185

10—24 续表 2　　　　　　　　　　(1996 年)

项　　目	单　位	集安市	临江市	洮南市	大安市	延吉市
其他类型经济固定资产投资	万元		8 366			24 644
# 住宅建设	万元		257			4 309
房地产开发投资额	万元	354		380		10 155
# 商品住宅	万元	354				9 943
全年新增固定资产	万元	10 389	22 164	6 137	5 888	114 061
# 国有经济新增固定资产	万元	9 159	22 164	6 137	5 873	71 238
施工住宅建筑面积（包括商品房）	万平方米	1.1	4	4.8	2.5	62.1
竣工住宅建筑面积（包括商品房）	万平方米	1.1	4	5.5	1.9	51.0
商品房屋销售额	万元	288				9 346
商品房屋销售建筑面积	万平方米	0.2				9.4
七、交通、邮电、电力						
铁路客运量	万人	17.6	52.9	40.8	140.8	158.2
铁路货运量	万吨	26	106	37	105	37
公路营运里程	公里	319	179	609	698	7 807
民用运输车辆拥有量	辆	2 249	1 914	4 271	11 995	15 271
# 私有车辆拥有量	辆	98	611	2 666	10 707	10 213
公路客运量	万人	137.9	61.3	65.3	130	327
公路货运量	万吨	158	100	108	142	443
年末邮电局（所）数	处	20	15	25	31	19
邮电业务总量（1990 年不变价格）	万元	1982	1 301	1 658	2 188	22 250
电话交换机装机总容量	门	31 862	23 822	32 823	37 750	132 958
# 程控	门	30 672	20 572	32 573	37 410	129 448
年末电话机数	部	18 577	14 286	14 276	18 501	87 877
年末无线寻呼用户数	户	3 680	1 761	2 451	4 177	37 494
年末移动电话用户数	户	420	493	349	816	9 902
全年用电量	万千瓦小时	10 020	10 699	15 255	15 322	65 631
# 工业用电	万千瓦小时	2 311	8 172	8 560	8 712	45 076
城乡居民生活用电	万千瓦小时	1 365	1 571	2 319	1 286	7 898
八、市政公用事业						
年末实有铺装道路总长度	公里	36	23	25	52	103
年末实有铺装道路面积	万平方米	34	27	28.8	54	105
城市下水道总长度	公里	10	9	21	30	124
水厂综合生产能力(包括各单位自备水源)	万吨/日	2	2	6.5	1	19
年末供水管道总长度	公里	79	44	36	25	157
全年供水总量	万吨	350	515	1 014	253	2 890
生活用水量	万吨	62	290	264	170	2 189
生活用水人口	万人	4	7.2	5.8	10.5	34.1
# 非农业用水人口	万人	3.5	6.3	5.8	10.3	29.7
煤气（人工、天然气）供气总量	万立方米					62
# 家庭用量	万立方米					62
家庭用煤气人口	人					20 000
液化石油气供气总量	吨	800		300	1 060	2 249
# 家庭用量	吨	800		300	1 060	2 149
家庭用液化气人口	人	50 000		12 000	40 000	129 000
年末实有公共汽（电）车营运车辆数	辆	5	56	15		410
全年公共汽（电）车客运总数	万人次	2	234	14		6 462

10—24 续表 3 (1996年)

项目	单位	集安市	临江市	洮南市	大安市	延吉市
年末实有出租汽车数	辆	80	58	16	384	2 759
园林绿地面积	公顷	1 166	85	298	150	482
# 公共绿地面积	公顷	37	33	24	20	105
建成区绿化覆盖面积	公顷	218	92	382	160	440
工业废水排放总量	万吨	98	478	704	125	212
工业废水排放达标量	万吨	17	123	130	14	151
其中：处理排放达标量	万吨	4	119	130		50
工业废水处理量	万吨	108	238	130		51
工业废水处理回用量	万吨	48	155	60		
生活污水排放量	万吨					
生活污水处理量	万吨					
工业废气排放总量	万标立米	106 325	204 073	175 971	14	595 341
工业二氧化硫去除量	吨	1 152.6	1 171	1 298	1 600	
工业二氧化硫排放量	吨		94	89		1 524
工业粉尘排放量	吨	601	646	201	2 500	1 117
工业粉尘去除量	吨	2 404	594	155		11 400
工业固体废物产生量	万吨	17	16	6	6	5
工业固体废物综合利用量	万吨	2	9	5	5	5
环境噪声达标面积	平方公里		2	6	1	
生活垃圾粪便清运量	万吨	3	5	7	9	38
生活垃圾粪便无害化处理量	万吨					
住宅建筑面积	万平方米	104	96	191.6	152	588
住宅居住面积	万平方米	46.3	52.6	106	79	258.6
居住人口（与居住面积一致）	万人	6.9	7.5	13.5	14	33.4
九、劳动工资、人民生活						
年末全部职工人数	万人	3.6	4.1	5.5	5.5	12.4
#国有经济全部职工人数	万人	2.9	3.4	4.3	4.4	9.3
全部职工平均人数	万人	3.4	3.7	5.2	5.4	12.0
全部职工工资总额	万元	13 668	14 970	18 209	16 433	72 352
居民人均可支配收入	元					4 728
居民人均消费支出	元					3 610
每百户拥有黑白电视机	台					17
每百户拥有彩色电视机	台					91
每百户拥有电冰箱	台					71
每百户拥有录像机	台					28
居民消费价格指数（以上年为100）	%					105.6
商品零售价格指数（以上年为100）	%					103.5
# 食品价格指数	%					104.5
职工保险福利费用总额	万元	494	246	1 066	60	593
年末离休、退休、退职人员数	万人	0.4	0.2	1.0	0.9	2.5
离休、退休、退职人员保险福利费用总额	万元	1 328	770	3 822	1 497	1 330
社会福利院数	个			2		1
社会福利院床位数	张			800		365
十、教育、卫生、文化						
学校数：高等学校	个					1
中等专业学校	个				1	8

10—24 续表 4　　　　(1996年)

项　　目	单　位	集安市	临江市	洮南市	大安市	延吉市
普通中学	个	21	12	30	31	19
农、职业中学	个	2	3	7	8	3
技工学校	个	1		1	1	5
小学	个	138	106	247	226	42
教师数：　高等学校	人					1 453
中等专业学校	人				148	540
普通中学	人	914	581	1 219	1 497	1 814
农、职业中学	人	144	99	254	369	285
技工学校	人	28		31	44	156
小学	人	1 474	1 118	2 224	3 595	2 286
学生数：　高等学校	人					7 316
中等专业学校	人				2 240	6 499
普通中学	万人	1.1	0.7	1.9	1.9	2.2
农、职业中学	人	1 496	1 414	3 293	6 265	2 701
技工学校	人	530		570	301	854
小学	万人	2.0	1.6	4.8	4.8	3.9
成人高等教育学校在校学生数	人	237		610	420	5 450
成人中等教育学校在校学生数	人	144		291	795	4 037
各类专业技术人员数	万人	0.6	0.3	0.8	1.0	3.2
# 中级技术职称以上人员	万人	0.1	0.1	0.2	0.2	1.5
剧场、影剧院数	个	1	1	2	2	3
公共图书馆	个	1		1	1	2
公共图书馆总藏量	千册、件	60		28	27	434
# 图书	千册	60		28	27	380
图书出版印数	万册					2 297
杂志出版印数	万册					120
报纸出版印数	万印张			56	2	2 770
卫生机构数	个	29	64	73	36	95
# 医院	个	4	18	28	6	23
卫生机构床位数	张	673	851	1 498	1 436	3 112
# 医院床位数	张	321	785	1 198	931	2 486
卫生技术人员数	人	818	926	1 794	1 716	3 830
# 医生	人	391	378	826	701	1 561
医院、卫生院诊疗人次数	万人次	26.2	10.2	78	45.1	143.4
婴儿死亡率	‰	33.4	32.7	37.3	33.6	18.2
十一、社会治安						
火灾起数	起	15	3	23	128	25
火灾死伤人数	人			3		1
火灾损失折款数	万元	36	1	23	54	208
交通事故件数	件	36	38	119	212	150
交通事故死伤人数	人	30	33	129	163	169
刑事案件发案数	件	518	195	422	240	3 379
犯罪人数	人	351	128	356	304	794

10—25 图们、敦化、珲春、龙井、和龙市基本情况

（1996年）

项　　目	单　位	图们市	敦化市	珲春市	龙井市	和龙市
一、综合						
年末总人口	万人	13.9	47.5	21.1	27.1	23.4
# 非农业人口	万人	10.2	25.0	12.9	14.6	13.7
年平均人口	万人	14.0	47.5	21.0	27.2	23.5
年出生人口	人	871	5 342	1 618	1 566	1 623
年死亡人口	人	1 157	2 875	1 276	2 266	1 620
年末总户数	万户	4.0	14.3	6.2	8.8	7.4
年末全部从业人员数	万人	6.3	24.2	11.3	12.4	11.2
# 城镇个体劳动者	万人	0.8	1.4	1.1	0.9	0.9
城镇失业人员年末数	人	1 547	878	772	845	1 180
土地面积	平方公里	1 142	11 545	5 142	2 591	5 069
# 建成区面积	平方公里	34	17	48	10	11
国内生产总值（当年价格）	万元	80 235	234 924	84 617	100 449	78 304
第一产业	万元	6 132	62 636	16 281	29 373	24 380
第二产业	万元	35 730	98 732	40 512	35 636	27 280
#工业增加值	万元	32 356	87 815	31 927	31 825	24 355
第三产业	万元	38 373	73 556	27 824	35 440	26 644
二、农业						
农林牧渔业总产值（当年价格）	万元	9041	96 715	24 765	44 931	36 992
农林牧渔业商品产值（当年价格）	万元	5982	79 451	14 210	29 262	21 536
年末实有耕地面积	千公顷	9	63	21	33	25
蔬菜产量	万吨	2.7	6.3	2.6	6.1	3.6
水果产量	吨	1 575	3 120	3 053	25 355	5 023
猪肉产量	吨	1 281	9 380	2 791	4 555	4 089
牛羊肉产量	吨	402	7 831	994	2 660	2 283
牛羊奶产量	吨	404	483	131	140	40
禽蛋产量	吨	1 124	6 765	1 389	1 852	981
禽肉产量	吨	77	1 881	181	271	308
水产品产量	吨	40	1 930	560	380	125
三、工业						
乡及乡以上工业企业及生产单位数	个	149	209	136	242	175
#国有经济	个	43	48	34	75	57
私营经济	个	1				1
股份制经济	个	3	19	8		7
外商及港澳台投资经济	个	13	18	15	24	13
全部工业总产值（当年价格）（新规定，下同）	万元	112 623	248 260	91 645	114 375	74 072
乡及乡以上工业销售总产值（当年价格）	万元	98 054	171 587	74 285	88 129	53 777
乡及乡以上工业总产值（当年价格）	万元	100 971	189 218	79 548	97 785	60 624
#国有经济	万元	88 721	95 273	56 557	76 812	43 020
私营经济	万元		80			1 694
股份制经济	万元	158	34 949	981		4 024
外商及港澳台投资经济	万元	4 462	12 955	13 790	6 934	3 609
全部独立核算工业企业经济指标						
工业总产值（当年价）	万元	100 719	185 956	74 647	96 676	55 464
工业销售产值（当年价）	万元	97 707	168 395	71 240	87 004	48 709
工业增加值（生产法）	万元	39 354	70 545	25 184	14 341	17 988

10—25 续表 1 (1996 年)

项目	单位	图们市	敦化市	珲春市	龙井市	和龙市
全部职工年平均人数	万人	2.3	7.6	3.5	3.0	4.1
流动资产年末合计	万元	83 012	176 812	85 825	113 646	54 349
流动资产年平均余额	万元	82 514	157 202	82 096	104 544	53 693
固定资产原价合计	万元	157 998	175 928	170 298	166 614	90 334
固定资产净值合计	万元	107 145	129 943	125 473	119 074	67 070
固定资产净值年平均	万元	106 314	117 557	117 780	117 006	64 794
产品销售收入	万元	95 041	188 655	69 670	85 898	50 010
# 产品销售税金及附	万元	2 676	2 975	825	846	1 580
本年应交增值税	万元	4 985	10 249	3 875	3 844	2 180
利润总额	万元	-12 056	7 905	-3 246	-11 436	-4 234
四、商业、外贸与外经、旅游						
批发零售贸易业商品销售总额	万元	24 748	77 525	44 082	50 199	48 958
社会消费品零售总额	万元	40 875	86 236	50 732	42 725	32 524
批发零售贸易业、餐饮业网点数	个	4 205	7 302	5 361	4 964	3 852
#个体	个	3 840	6 805	4 894	4 356	3 564
批发零售贸易业、餐饮业人员数	人	9 721	17 470	13 516	13 020	8 469
#个体	人	5 983	10 914	7 820	6 437	4 437
外贸口岸进口总额（海关数）	万美元					
外贸口岸出口总额（海关数）	万美元					
实际利用外资	万美元	406	1 061	616	2 695	277
三资企业： 年末实有企业单位数	个	39	45	73	54	30
年末从业人员数	人	2 143	1 908	1 578	1 659	1 236
境外旅游者人数	人					
涉外旅馆数	个					
房间数	间					
旅游外汇收入	万美元					
五、财政、金融、保险						
中央财政预算内收入	万元	3 533	6 892	2 773	4 336	2 167
地方财政预算内收入	万元	5 606	10 147	4 899	6 091	5 038
# 工商税收	万元	2 097	3 304	1 885	2 029	1 132
地方财政预算内支出	万元	8 247	13 976	8 895	9 936	7 827
#科学事业费支出	万元	45	35	24	28	13
#教育事业费支出	万元	1 652	3 857	2 610	2 917	2 815
金融机构数	个	11	8	10	10	9
# 保险机构数	个	3	4	2	2	2
城乡居民储蓄年末余额	万元	76 077	199 949	85 080	91 919	82 314
年末金融机构各项贷款余额	万元	137 479	191 679	178 024	187 906	112 454
年末金融机构存款余额	万元	87 087	238 810	106 082	101 495	89 168
承保额	万元	191 049	349 190	288 456	271 310	239 975
保费	万元	1 474	2 554	1 314	1 429	1 468
已决赔款	万元	516	1 306	571	885	612
六、固定资产投资						
国有经济固定资产投资	万元	11 058	17 874	13 630	9 669	11 589
# 住宅建设	万元	5 871	5 508	2 149	4 636	3 113
城镇集体固定资产投资	万元	3 708	816	128	544	760
# 住宅建设	万元	170	648	98	405	607

10—25 续表 2 （1996 年）

项目	单位	图们市	敦化市	珲春市	龙井市	和龙市
其他类型经济固定资产投资	万元	1 338	8 535	26 263	97	1 547
# 住宅建设	万元	1 088				
房地产开发投资额	万元		570			
# 商品住宅	万元		570			
全年新增固定资产	万元	16 353	31 536	13 503	12 326	14 495
# 国有经济新增固定资产	万元	11 785	14 628	8 977	11 782	11 044
施工住宅建筑面积（包括商品房）	万平方米	14.1	12.5	4.7	9.9	4.8
竣工住宅建筑面积（包括商品房）	万平方米	12.7	11.0	2.5	9.3	3.5
商品房屋销售额	万元		550			
商品房屋销售建筑面积	万平方米		0.7			
七、交通、邮电、电力						
铁路客运量	万人	168.3	74.5		61.5	56.1
铁路货运量	万吨	127	53		28	110
公路营运里程	公里	548	4 748	471	2 822	2 241
民用运输车辆拥有量	辆	4 031	6 704	5 088	4 987	5 203
# 私有车辆拥有量	辆	2 624	3 914	3 021	3 191	3 261
公路客运量	万人	125	584	363	407	269
公路货运量	万吨	208	511	167	159	173
年末邮电局（所）数	处		13	16	19	21
邮电业务总量（1990 年不变价格）	万元	3162	4 485	3 884	3 899	2 457
电话交换机装机总容量	门	29 816	59 173	52 125	52 931	37 128
# 程控	门	27 776	57 973	51 856	52 081	31 608
年末电话机数	部	18 298	35 970	24 146	33 453	20 597
年末无线寻呼用户数	户	3 483	9 968	6 188	4 369	2 997
年末移动电话用户数	户	1 376	2 730	1 730	1 422	1 263
全年用电量	万千瓦小时	30 913	26 488	17 060	36 859	11 663
# 工业用电	万千瓦小时	27 805	17 142	12 672	31 045	8 483
城乡居民生活用电	万千瓦小时	1 651	7 886	3 579	4 369	1 450
八、市政公用事业						
年末实有铺装道路总长度	公里	40	127	170	36	29
年末实有铺装道路面积	万平方米	43.2	103	152	36	33
城市下水道总长度	公里	36	58	87	19	18
水厂综合生产能力(包括各单位自备水源)	万吨/日	3	8	7	3.3	1.7
年末供水管道总长度	公里	83	66	183	34	57
全年供水总量	万吨	500	945	2 413	676	532
生活用水量	万吨	327	498	309	574	138
生活用水人口	万人	8.4	12.4	8.6	7.8	6.1
# 非农业用水人口	万人	8.3	11.6	7.8	7.2	5.4
煤气（人工、天然气）供气总量	万立方米					
# 家庭用量	万立方米					
家庭用煤气人口	人					
液化石油气供气总量	吨	594	2 227	697	400	1 200
# 家庭用量	吨	594	2 227	690	400	1 200
家庭用液化气人口	人	30 000	79 000	40 000	18 000	64 000
年末实有公共汽（电）车营运车辆数	辆	3		18		46
全年公共汽（电）车客运总数	万人次			69		175

10—25 续表 3 (1996年)

项目	单位	图们市	敦化市	珲春市	龙井市	和龙市
年末实有出租汽车数	辆	120	710	550	70	55
园林绿地面积	公顷	39	285	152	383	31
# 公共绿地面积	公顷	19	97	10	33	30
建成区绿化覆盖面积	公顷	133	291	119	128	46
工业废水排放总量	万吨	2 852	100	654	3 148	233
工业废水排放达标量	万吨	332	71		98	167
其中：处理排放达标量	万吨	62	55		69	1
工业废水处理量	万吨	445	161		2 435	1
工业废水处理回用量	万吨	327	93	55	2 034	56
生活污水排放量	万吨					
生活污水处理量	万吨					
工业废气排放总量	万标立米	258 858	88 890	753 454	508 006	65 496
工业二氧化硫去除量	吨	2 315	2 028	6 148		1 094
工业二氧化硫排放量	吨			406	6 183	
工业粉尘排放量	吨	552	4		993	180
工业粉尘去除量	吨	350			846	2 370
工业固体废物产生量	万吨	16	8	95	53	12
工业固体废物综合利用量	万吨	4	6	21	10	7
环境噪声达标面积	平方公里	1				
生活垃圾粪便清运量	万吨	14	13	21	7	9
生活垃圾粪便无害化处理量	万吨			4		
住宅建筑面积	万平方米	139	240	181	108	124
住宅居住面积	万平方米	73.2	117.9	96.8	54.0	73.4
居住人口（与居住面积一致）	万人	8.3	15.2	13.7	9.4	8.2
九、劳动工资、人民生活						
年末全部职工人数	万人	3.7	12.1	6.1	5.7	6.0
#国有经济全部职工人数	万人	2.8	8.2	4.8	4.6	4.3
全部职工平均人数	万人	3.6	10.2	5.8	5.4	5.1
全部职工工资总额	万元	19 141	44 935	27 434	26 113	21 871
居民人均可支配收入	元					
居民人均消费支出	元					
每百户拥有黑白电视机	台					
每百户拥有彩色电视机	台					
每百户拥有电冰箱	台					
每百户拥有录像机	台					
居民消费价格指数（以上年为100）	%					
商品零售价格指数（以上年为100）	%					
# 食品价格指数	%					
职工保险福利费用总额	万元	139	363	204	188	196
年末离休、退休、退职人员数	万人	1.0	1.0	1.3	1.5	1.5
离休、退休、退职人员保险福利费用总额	万元	229	957	536	631	387
社会福利院数	个					
社会福利院床位数	张					
十、教育、卫生、文化						
学校数：　高等学校	个					
中等专业学校	个		1			

10—25 续表 4　　(1996年)

项目	单位	图们市	敦化市	珲春市	龙井市	和龙市
普通中学	个	16	39	18	25	22
农、职业中学	个	1	20	2	3	1
技工学校	个	3	4	1	2	3
小学	个	35	300	65	68	61
教师数：　高等学校	人					
中等专业学校	人		72			
普通中学	人	712	1 809	984	1 102	1 084
农、职业中学	人	102	177	93	73	64
技工学校	人	122	173	20	63	89
小学	人	818	3 449	1 517	1 350	1 667
学生数：　高等学校	人					
中等专业学校	人		1 469			
普通中学	万人	0.9	2.6	1.2	1.5	1.2
农、职业中学	人	752	3 540	919	646	741
技工学校	人	941	1 752	118	515	390
小学	万人	1.5	4.8	2.5	2.6	2.5
成人高等教育学校在校学生数	人	656	1 040	550	1 543	1 189
成人中等教育学校在校学生数	人	228	285	867	1 084	384
各类专业技术人员数	万人	0.9	2.1	1.0	1.1	1.4
# 中级技术职称以上人员	万人	0.3	0.5	0.4	0.4	0.3
剧场、影剧院数	个	1	1	1	1	1
公共图书馆	个	1	1	1	1	1
公共图书馆总藏量	千册、件	139	109	90	85	101
# 图书	千册	139	107	80	80	100
图书出版印数	万册					
杂志出版印数	万册					
报纸出版印数	万印张			53		
卫生机构数	个	27	160	22	55	43
# 医院	个	11	29	15	21	23
卫生机构床位数	张	688	1 509	768	819	1 244
# 医院床位数	张	557	1 255	768	551	912
卫生技术人员数	人	1 130	2 564	1 197	1 234	1 411
# 医生	人	503	1 126	454	530	519
医院、卫生院诊疗人次数	万人次	38.9	102.4	51.6	67.1	53.2
婴儿死亡率	‰	25.4	26.2	24.9	21.1	25.7
十一、社会治安						
火灾起数	起	19	15	18	16	14
火灾死伤人数	人			4		
火灾损失折款数	万元	73	67	34	61	31
交通事故件数	件	19	73	33	43	48
交通事故死伤人数	人	32	69	43	58	54
刑事案件发案数	件	746	2 015	865	1 217	773
犯罪人数	人	259	497	444	268	286

10－26 农安、永吉、梨树、伊通、东丰县基本情况

(1996 年)

项目	单位	农安县	永吉县	梨树县	伊通满族自治县	东丰县
一、综合						
年末总人口	万人	109.4	76.2	83.5	45.6	39.5
# 非农业人口	万人	17.3	13.7	20.5	8.7	10.4
年平均人口	万人	108.9	76.1	83.0	45.2	39.3
年出生人口	人	11 868	7 679	9 361	6 020	4 909
年死亡人口	人	4 680	3 867	3 543	2 081	2 352
年末总户数	万户	24.9	19.8	24.3	12.4	11.1
年末全部从业人员数	万人	46.7	35.6	39.4	20.6	18.0
# 城镇个体劳动者	万人	3.2	1.5	1.5	1.1	0.9
城镇失业人员年末数	人	70	768	1 447	807	965
土地面积	平方公里	5 400	4 505	4 209	2 941	2 487
# 建成区面积	平方公里	17	6	7	44	20
国内生产总值（当年价格）	万元	543 958	256 206	346 578	159 945	129 763
第一产业	万元	310 631	86 231	212 298	89 984	67 605
第二产业	万元	106 325	80 226	58 390	36 898	30 568
#工业增加值	万元	93 145	50 848	48 041	31 478	26 520
第三产业	万元	127 002	89 749	75 890	33 063	31 590
二、农业						
农林牧渔业总产值（当年价格）	万元	504 900	163 931	350 687	147 188	106 421
农林牧渔业商品产值（当年价格）	万元	392 527	117 278	251 187	114 716	95 553
年末实有耕地面积	千公顷	291	115	186	88	74
蔬菜产量	万吨	37.0	29.8	29.2	4.1	5.2
水果产量	吨	9 012	45 798	7 425	40 000	5 678
猪肉产量	吨	108 660	31 288	122 813	23 078	16 730
牛羊肉产量	吨	16 143	6 906	15 222	17 410	11 409
牛羊奶产量	吨	3 439	1 845	15 806	1 206	666
禽蛋产量	吨	27 040	20 261	25 860	18 200	7 890
禽肉产量	吨	113 163	13 165	13 390	11 498	7 518
水产品产量	吨	4 806	5 410	1 580	1 240	1 130
三、工业						
乡及乡以上工业企业及生产单位数	个	211	300	248	181	200
#国有经济	个	27	69	65	45	39
私营经济	个					
股份制经济	个					
外商及港澳台投资经济	个	1	7	4	5	2
全部工业总产值（当年价格）（新规定，下同）	万元	305 294	172 830	229 996	95 888	141 527
乡及乡以上工业销售总产值（当年价格）	万元	116 125	47 574	108 144	41 981	73 286
乡及乡以上工业总产值（当年价格）	万元	131 158	49 592	122 109	49 253	83 206
#国有经济	万元	66 624	24 828	63 042	15 153	36 940
私营经济	万元					
股份制经济	万元					
外商及港澳台投资经济	万元	814	1 259	4 154	909	1 966
全部独立核算工业企业经济指标						
工业总产值（当年价）	万元	131 158	43 050	121 573	48 655	81 827
工业销售产值（当年价）	万元	116 125	41 161	107 712	41 418	71 986
工业增加值（生产法）	万元	42 934	11 807	29 174	15 632	19 655

10—26 续表 1 (1996年)

项目	单位	农安县	永吉县	梨树县	伊通满族自治县	东丰县
全部职工年平均人数	万人	2.1	2.0	3.2	1.1	2.6
流动资产年末合计	万元	55 394	42 206	90 015	33 245	81 738
流动资产年平均余额	万元	54 835	37 076	86 546	26 617	75 096
固定资产原价合计	万元	48 323	58 931	86 661	31 098	78 403
固定资产净值合计	万元	37 005	45 302	60 119	19 094	60 368
固定资产净值年平均	万元	35 949	43 817	62 012	24 219	56 234
产品销售收入	万元	106 977	42 035	94 166	38 542	66 692
# 产品销售税金及附	万元	5 900	821	1 502	884	2 913
本年应交增值税	万元	4 549	2 355	3 148	1 446	2 953
利润总额	万元	4 810	2 938	712	-1 062	-555
四、商业、外贸与外经、旅游						
批发零售贸易业商品销售总额	万元	100 399	49 995	168 388	31 490	41 808
社会消费品零售总额	万元	74 377	86 286	88 388	46 306	38 027
批发零售贸易业、餐饮业网点数	个	14 742	14 450	13 816	3 253	6 803
#个体	个	14 360	13 605	10 731	3 071	6 493
批发零售贸易业、餐饮业人员数	人	39 480	26 799	49 003	11 147	14 530
#个体	人	25 349	17 921	16 961	5 602	8 415
外贸口岸进口总额（海关数）	万美元					
外贸口岸出口总额（海关数）	万美元					
实际利用外资	万美元			492	62	
三资企业： 年末实有企业单位数	个	3	20	9	4	8
年末从业人员数	人	168	251	1 427	317	408
境外旅游者人数	人					
涉外旅馆数	个					
房间数	间					
旅游外汇收入	万美元					
五、财政、金融、保险						
中央财政预算内收入	万元	9 940	3 475	3 406	1 647	3 646
地方财政预算内收入	万元	8 270	8 168	7 538	4 824	4 775
# 工商税收	万元	2 764	4 314	2 679	1 703	1 787
地方财政预算内支出	万元	19 430	12 778	14 576	9 855	9 889
#科学事业费支出	万元	46	7	22	40	15
#教育事业费支出	万元	7 364	4 272	5 222	3 117	3 401
金融机构数	个	8	208	49	15	10
# 保险机构数	个	2	2	1	1	3
城乡居民储蓄年末余额	万元	188 060	126 302	128 589	64 670	77 940
年末金融机构各项贷款余额	万元	389 063	171 752	377 656	168 797	174 778
年末金融机构存款余额	万元	217 815	97 007	153 150	76 790	90 552
承保额	万元	219 734	140 781	347 862	15 397	60 697
保费	万元	1 691	1 295	1 272	820	970
已决赔款	万元	1 865	574	920	261	477
六、固定资产投资						
国有经济固定资产投资	万元	8 305	4 538	17 109	1 059	1 282
# 住宅建设	万元	2 766	3 285			155
城镇集体固定资产投资	万元	907				365
# 住宅建设	万元	90				

10—26 续表 2　　　　　　　　(1996年)

项　　目	单　位	农安县	永吉县	梨树县	伊通满族自治县	东丰县
其他类型经济固定资产投资	万元	240	2 000			
# 住宅建设	万元					
房地产开发投资额	万元					138
# 商品住宅	万元					138
全年新增固定资产	万元	57 683	6 823	3 187	1 024	4 281
# 国有经济新增固定资产	万元	8 305	4 823	3 187	1 024	677
施工住宅建筑面积（包括商品房）	万平方米	28.0	5.5			3.7
竣工住宅建筑面积（包括商品房）	万平方米	27.3	5.5			3.5
商品房屋销售额	万元					93
商品房屋销售建筑面积	万平方米					0.2
七、交通、邮电、电力						
铁路客运量	万人		148	47.6		
铁路货运量	万吨		210	80		
公路营运里程	公里	1 050	1 125	5 268	2 655	800
民用运输车辆拥有量	辆	2 946	12 421	3 299	1 321	1 952
# 私有车辆拥有量	辆	2 416	2 965	2 368	876	1 546
公路客运量	万人	501.8	278	366	110	181
公路货运量	万吨	394	61	413	127	221
年末邮电局（所）数	处	34	26	35	24	31
邮电业务总量（1990年不变价格）	万元	3747	2 198	2 447	1 318	1 679
电话交换机装机总容量	门	4 699	31 692	29 998	18 366	33 596
# 程控	门	46 482	31 242	29 998	18 366	33 116
年末电话机数	部	27 499	17 251	20 319	9 966	15 088
年末无线寻呼用户数	户	6 410	1 531	3 585	1 930	4 264
年末移动电话用户数	户	2 051	511	761	429	555
全年用电量	万千瓦小时	21 103	19 278	37 211	21 236	9 646
# 工业用电	万千瓦小时	7 335	2 879	11 628	7 540	6 413
城乡居民生活用电	万千瓦小时	9 022	7 189	9 407	5 326	2 768
八、市政公用事业						
年末实有铺装道路总长度	公里	64	18	25	3	29
年末实有铺装道路面积	万平方米	78	18	21	7	57
城市下水道总长度	公里	23	7	18	2	30
水厂综合生产能力(包括各单位自备水源)	万吨/日	3	1.5	1	9	1
年末供水管道总长度	公里	102	46	55	6	20
全年供水总量	万吨	287	145	264	3 102	255
生活用水量	万吨	165	110	87	1 450	15
生活用水人口	万人	4.9	3.6	5.6	2.9	6.0
# 非农业用水人口	万人	4.9	3.2	5.6	0.9	5.7
煤气（人工、天然气）供气总量	万立方米					
# 家庭用量	万立方米					
家庭用煤气人口	人					
液化石油气供气总量	吨	7206	220	603	16	1 000
# 家庭用量	吨	4 250	220	543	14	1 000
家庭用液化气人口	人	141 667	30 000	52 158	49 000	121 000
年末实有公共汽（电）车营运车辆数	辆	9	31		51	
全年公共汽（电）车客运总数	万人次	36.8	407		100.2	

10－26 续表 3 （1996 年）

项　　目	单　位	农安县	永吉县	梨树县	伊通满族自治县	东丰县
年末实有出租汽车数	辆	104	76	170	130	130
园林绿地面积	公顷	412	27	118	445	256
# 公共绿地面积	公顷	124	4	11	22	57
建成区绿化覆盖面积	公顷	753	49	140	12	256
工业废水排放总量	万吨	71	554	301	92	98
工业废水排放达标量	万吨	46	423	65		8
其中：处理排放达标量	万吨	46	423	506	61	4
工业废水处理量	万吨	46	396	506	3	41
工业废水处理回用量	万吨		187	358		27
生活污水排放量	万吨	60	65	183	580	240
生活污水处理量	万吨	10				
工业废气排放总量	万标立米	43	25 552	459 311	5	184 630
工业二氧化硫去除量	吨			2 487	890	1 735
工业二氧化硫排放量	吨				870	
工业粉尘排放量	吨	18	1 325.4	11 732	1 300	14 675
工业粉尘去除量	吨		530	31 572	520	
工业固体废物产生量	万吨	1	59	24	13	8
工业固体废物综合利用量	万吨	1	14	24	1	8
环境噪声达标面积	平方公里	3	3	4	3	
生活垃圾粪便清运量	万吨	24	4	1	13	12
生活垃圾粪便无害化处理量	万吨	13				10
住宅建筑面积	万平方米	128.6		95	385.5	93.4
住宅居住面积	万平方米	91.9		50.3	287.1	51.4
居住人口（与居住面积一致）	万人	13.3		6.5	45.6	7.0
九、劳动工资、人民生活						
年末全部职工人数	万人	5.7	6.9	9.3	3.6	3.8
#国有经济全部职工人数	万人	5.1	5.5	7.7	2.9	3.3
全部职工平均人数	万人	5.7	6.9	8.2	3.6	3.7
全部职工工资总额	万元	25 571	29 301	30 651	13 721	14 795
居民人均可支配收入	元					
居民人均消费支出	元					
每百户拥有黑白电视机	台					
每百户拥有彩色电视机	台					
每百户拥有电冰箱	台					
每百户拥有录像机	台					
居民消费价格指数（以上年为100）	%					
商品零售价格指数（以上年为100）	%					
# 食品价格指数	%					
职工保险福利费用总额	万元	1455	1 608	1 703	726	780
年末离休、退休、退职人员数	万人	1.1	1.2	1.1	0.5	0.7
离休、退休、退职人员保险福利费用总额	万元	3 897	5 535	3 196	2 665	3 047
社会福利院数	个					
社会福利院床位数	张					
十、教育、卫生、文化						
学校数：　高等学校	个					
中等专业学校	个	2	1	1		

10—26 续表 4 (1996年)

项　目	单　位	农安县	永吉县	梨树县	伊通满族自治县	东丰县
普通中学	个	78	51	53	30	45
农、职业中学	个	19	16	4	1	2
技工学校	个	1	2	1	1	
小学	个	391	410	366	231	235
教师数：　高等学校	人					
中等专业学校	人	141	89	171		
普通中学	人	3 540	2 285	2 653	1 358	1 510
农、职业中学	人	566	205	129	61	85
技工学校	人	31	67	32	21	
小学	人	7 030	3 458	5 408	2 891	2 260
学生数：　高等学校	人					
中等专业学校	人	2 401	1 546	1 623		
普通中学	万人	5.3	3.6	3.6	2.0	2.1
农、职业中学	人	9 394	3 674	1 694	675	1 435
技工学校	人	240	832	340	102	
小学	万人	14.9	7.4	10.2	3.7	3.8
成人高等教育学校在校学生数	人			448	700	
成人中等教育学校在校学生数	人	565	286	708		
各类专业技术人员数	万人	3.0	1.3	1.9	0.9	0.8
# 中级技术职称以上人员	万人	0.6	0.2	0.5	0.2	0.2
剧场、影剧院数	个	1		6	2	1
公共图书馆	个	1	1	1	1	1
公共图书馆总藏量	千册、件	74	49	64	6	56
# 图书	千册	74	49	64	4	50
图书出版印数	万册					
杂志出版印数	万册					
报纸出版印数	万印张				21	
卫生机构数	个	47	112	44	32	34
# 医院	个	34	32	34	23	7
卫生机构床位数	张	1 661	1 616	1 651	899	1 347
# 医院床位数	张	1 621	1 298	1 481	887	828
卫生技术人员数	人	2 782	1 613	2 709	1 341	1 255
# 医生	人	1 028	758	1 052	587	554
医院、卫生院诊疗人次数	万人次	48.6	70	67.0	53.6	32.3
婴儿死亡率	‰	22.4	19.8	18.3	12.4	18.9
十一、社会治安						
火灾起数	起	49	74	19	42	178
火灾死伤人数	人	2	1	1	12	9
火灾损失折款数	万元	120	13	32	51	8
交通事故件数	件	90	234	176	57	85
交通事故死伤人数	人	108	257	162	79	89
刑事案件发案数	件	442	367	277	296	285
犯罪人数	人	610	518	361	307	350

10—27 东辽、通化、辉南、柳河、抚松县基本情况

（1996 年）

项　　目	单　位	东辽县	通化县	辉南县	柳河县	抚松县
一、综合						
年末总人口	万人	39.3	25.7	36.5	37.4	30.3
#非农业人口	万人	7.4	7.7	14.3	9.9	18.5
年平均人口	万人	39.1	25.6	36.1	37.2	30.1
年出生人口	人	14 403	2 097	3 165	3 084	2 800
年死亡人口	人	11 158	1 718	2 074	1 871	1 270
年末总户数	万户	11.4	7.1	10.4	9 374	9.1
年末全部从业人员数	万人	18.1	16.1	17.6	14.1	12.5
#城镇个体劳动者	万人	0.6	0.4	1.3	0.5	0.4
城镇失业人员年末数	人	562	1 117	1 530	1 046	1 984
土地面积	平方公里	2 430	3 725	2 247	3 350	6 530
#建成区面积	平方公里	128	4	6	29	4
国内生产总值（当年价格）	万元	115 361	100 940	119 779	119 600	124 418
第一产业	万元	68 819	25 091	40 779	57 214	40 747
第二产业	万元	20 017	55 087	48 000	24 577	54 929
#工业增加值	万元	17 131	51 565	44 770	22 196	50 199
第三产业	万元	26 525	20 762	31 000	37 809	28 742
二、农业						
农林牧渔业总产值（当年价格）	万元	106 510	50 189	69 706	91 636	59 647
农林牧渔业商品产值（当年价格）	万元	79 071	27 704	43 567	64 985	42 358
年末实有耕地面积	千公顷	66 702	27	39	45 633	15
蔬菜产量	万吨		3.7	7	6.9	5.1
水果产量	吨	2 472	1 852	3 775	35 905	708
猪肉产量	吨	17 065	9 659	10 853	8 322	4 692
牛羊肉产量	吨	9 787	4 902	3 698	247	1 558
牛羊奶产量	吨	415	21	2	3	47
禽蛋产量	吨	9 209	4 400	5 025	3 700	2 803
禽肉产量	吨	3 927	684	3 388	24 910	594
水产品产量	吨	951	410	10 853	900	1 020
三、工业						
乡及乡以上工业企业及生产单位数	个	186	174	187	192	126
#国有经济	个	23	38	63	41	32
私营经济	个	11	1			
股份制经济	个		2	2		
外商及港澳台投资经济	个	2	3	1	6	2
全部工业总产值（当年价格）（新规定，下同）	万元	134 424	156 179	201 658	84 482	111 742
乡及乡以上工业销售总产值（当年价格）	万元	28 945	92 992	1 455 323	47 283	90 317
乡及乡以上工业总产值（当年价格）	万元	37 807	103 829	155 958	55 863	99 273
#国有经济	万元	7 583	43 548	127 103	43 100	76 406
私营经济	万元	328	342			
股份制经济	万元		39 361	6 930		
外商及港澳台投资经济	万元	155	979	1 248	1 430	982
全部独立核算工业企业经济指标						
工业总产值（当年价）	万元	36 870	103 429	154 932	48 306	92 487
工业销售产值（当年价）	万元	28 699	92 613	144 790	42 397	85 851
工业增加值（生产法）	万元	9343	48 022	154 108	11 527	44 471

10－27 续表 1 (1996年)

项　　目	单　位	东辽县	通化县	辉南县	柳河县	抚松县
全部职工年平均人数	万人	1.4	1.9	4	1.7	5.6
流动资产年末合计	万元	34 487	112 511	111 332	50 380	69 827
流动资产年平均余额	万元	27 174	101 981	110 668	47 650	68 224
固定资产原价合计	万元	30 481	78 143	83 656	53 001	117 881
固定资产净值合计	万元	29 799	61 526	53 717	39 556	79 657
固定资产净值年平均	万元	16 543	56 825	50 946	38 593	72 837
产品销售收入	万元	25 363	89 227	143 171	38 891	90 575
# 产品销售税金及附	万元	453	1 199	1 724	609	2 958
本年应交增值税	万元	1 484	6 215	10 764	795	3 058
利润总额	万元	-459	1 895	-1 960	-2 876	950
四、商业、外贸与外经、旅游						
批发零售贸易业商品销售总额	万元	23 382	28 224	40 283	31 721	31 574
社会消费品零售总额	万元	20 259	32 592	45 693	60 259	52 299
批发零售贸易业、餐饮业网点数	个	4 436	3 411	7 043	5 926	3 454
#个体	个	4 341	2 610	6 746	3 945	3 052
批发零售贸易业、餐饮业人员数	人	7 756	6 688	14 146	12 858	20 771
#个体	人	5 132	4 801	10 821	7 952	13 876
外贸口岸进口总额（海关数）	万美元					13 876
外贸口岸出口总额（海关数）	万美元					
实际利用外资	万美元		23	58	643	173
三资企业：　年末实有企业单位数	个		13	3	5	34
年末从业人员数	人		328	410	386	717
境外旅游者人数	人					717
涉外旅馆数	个					
房间数	间					
旅游外汇收入	万美元					
五、财政、金融、保险						
中央财政预算内收入	万元	1 469	4 590	82 433		2 338
地方财政预算内收入	万元	3 721	8 465	6 998	6 893	6 687
# 工商税收	万元	1 462	2 403	4 949	3 649	2 853
地方财政预算内支出	万元	8 328	12 903	11 110	8 758	7 573
#科学事业费支出	万元	15	23	18	20	22
#教育事业费支出	万元	2 793	2 995	3 539	2 817	2 712
金融机构数	个	7	9	11	10	32
# 保险机构数	个	2	2	3	3	2
城乡居民储蓄年末余额	万元	50 834	75 741	108 840	89 820	116 388
年末金融机构各项贷款余额	万元	138 611	114 869	124 111	117 959	105 170
年末金融机构存款余额	万元	36 374	89 984	142 090	9 097	136 065
承保额	万元	102 281	90 656	107 764	92 822	165 497
保费	万元	435	899	1 225	987	1 523
已决赔款	万元	256	568	638	524	661
六、固定资产投资						
国有经济固定资产投资	万元	792	4 609	5 357	2 444	47 040
# 住宅建设	万元		969	1 961		1 193
城镇集体固定资产投资	万元	600	500	453		789
# 住宅建设	万元		169			

10—27 续表 2 (1996年)

项目	单位	东辽县	通化县	辉南县	柳河县	抚松县
其他类型经济固定资产投资	万元			278		
# 住宅建设	万元					
房地产开发投资额	万元		260			270
# 商品住宅	万元		220			270
全年新增固定资产	万元	3 330	5 091	6 667	3 137	10 941
# 国有经济新增固定资产	万元	608	5 091	6 119	3 137	10 152
施工住宅建筑面积（包括商品房）	万平方米	1.8	3.2	2.8	2	2.4
竣工住宅建筑面积（包括商品房）	万平方米	1.8	0.1	2.8	2	1.5
商品房屋销售额	万元		8	1 974		295
商品房屋销售建筑面积	万平方米		0.0	2.8		0.3
七、交通、邮电、电力						
铁路客运量	万人		24.8	73.8	54.8	49.9
铁路货运量	万吨		30	131.1	68	96
公路营运里程	公里	1 375	980	2 539	4 850	819
民用运输车辆拥有量	辆	2 599	1 459	1 393	1 249	5 334
# 私有车辆拥有量	辆	1 876	239	512	1 059	2 311
公路客运量	万人	319.8	225	177.2	392	104.1
公路货运量	万吨	215.8	219	212.1	940	81
年末邮电局（所）数	处		27	21	28	24
邮电业务总量（1990年不变价格）	万元		1369	1 885	1 864	2 409
电话交换机装机总容量	门		21 044	32 368	33 199	35 998
# 程控	门		20 944	32 368	33 099	35 898
年末电话机数	部		12 694	18 828	17 344	27 237
年末无线寻呼用户数	户		1 614	2 720	2 564	1 902
年末移动电话用户数	户		581	783	512	760
全年用电量	万千瓦小时	9 930	11 245	30 521	13 500	11 048
# 工业用电	万千瓦小时	2 060	5 859	21 473	8 100	6 598
城乡居民生活用电	万千瓦小时	4 648	2 065	2 539	2 700	1 672
八、市政公用事业						
年末实有铺装道路总长度	公里	8	9	26	11	35
年末实有铺装道路面积	万平方米	16.6	20	29.2	10	31
城市下水道总长度	公里	8	7	28	16	27
水厂综合生产能力(包括各单位自备水源)	万吨/日	0.1	2	1.6	1	1
年末供水管道总长度	公里	10	72	79	32	29
全年供水总量	万吨	36	120	532	360	237
生活用水量	万吨	7	115	238	216	95
生活用水人口	万人	1.4	2.6	7.6	3.1	3.8
# 非农业用水人口	万人	1.4	2.4	7.5	2.9	3.4
煤气（人工、天然气）供气总量	万立方米				123	
# 家庭用量	万立方米				98	
家庭用煤气人口	人				23 000	
液化石油气供气总量	吨		750	625	850	560
# 家庭用量	吨		500	575	530	530
家庭用液化气人口	人		32 000	2	26 000	39 000
年末实有公共汽（电）车营运车辆数	辆					
全年公共汽（电）车客运总数	万人次					

10－27 续表 3 (1996年)

项 目	单 位	东辽县	通化县	辉南县	柳河县	抚松县
年末实有出租汽车数	辆	90	89	112	150	
园林绿地面积	公顷	52	34	40	9	132
# 公共绿地面积	公顷	10	26	32	4	9
建成区绿化覆盖面积	公顷	48	121	41	16	133
工业废水排放总量	万吨	42	183	108	70	95
工业废水排放达标量	万吨		24	67	8	13
其中：处理排放达标量	万吨		24	67	7	13
工业废水处理量	万吨		24	67	7	82
工业废水处理回用量	万吨		253	642	691	24
生活污水排放量	万吨	258	80	112	110	125
生活污水处理量	万吨			80		
工业废气排放总量	万标立米	130 918	47 081	130 213	73 075	75 919
工业二氧化硫去除量	吨	570	1 580	1 801.8	851	47
工业二氧化硫排放量	吨		951	1 801.8	267	1 211
工业粉尘排放量	吨	553	682	4 202	2 210	
工业粉尘去除量	吨	1 429	84	4 309		
工业固体废物产生量	万吨	5	32	7	4	6
工业固体废物综合利用量	万吨	5	7	6	4	6
环境噪声达标面积	平方公里		4	1	2	2
生活垃圾粪便清运量	万吨	1	2	22	4	5
生活垃圾粪便无害化处理量	万吨			22		
住宅建筑面积	万平方米	21	47.7	118	141	53.7
住宅居住面积	万平方米	15	22.8	59	39	29.5
居住人口（与居住面积一致）	万人	2	3.6	8.8	5.7	4
九、劳动工资、人民生活						
年末全部职工人数	万人	2.9	3.7	5.5	4	7.9
#国有经济全部职工人数	万人	2.1	2.9	4.5	3.2	6.6
全部职工平均人数	万人	2.6	3.3	5.0	3.5	7.7
全部职工工资总额	万元	11 303	16 208	21 790	13 560	29 143
居民人均可支配收入	元					4 031
居民人均消费支出	元					3 195
每百户拥有黑白电视机	台					26
每百户拥有彩色电视机	台					96
每百户拥有电冰箱	台					36
每百户拥有录像机	台					8
居民消费价格指数（以上年为100）	%					104.3
商品零售价格指数（以上年为100）	%					104.5
# 食品价格指数	%					100.5
职工保险福利费用总额	万元	750	789	1 244	1 173	4 870
年末离休、退休、退职人员数	万人	0.4	0.5	0.9	0.0	1.5
离休、退休、退职人员保险福利费用总额	万元	1 311	1 120	2 976	3 022	6 595
社会福利院数	个		21			
社会福利院床位数	张		420			
十、教育、卫生、文化						
学校数： 高等学校	个			1		
中等专业学校	个					

10—27 续表 4 (1996年)

项目	单位	东辽县	通化县	辉南县	柳河县	抚松县
普通中学	个	21	26	31	37	25
农、职业中学	个	1	1	2	3	5
技工学校	个			2		
小学	个	277	167	156	245	153
教师数： 高等学校	人			12		
中等专业学校	人					
普通中学	人	1 132	899	1 596	1 528	1 300
农、职业中学	人	44	31	123	207	225
技工学校	人			22		
小学	人	2 498	1 653	2 582	2 696	1 925
学生数： 高等学校	人			101		
中等专业学校	人					
普通中学	万人	1.7	1.1	2.1	2.4	1.8
农、职业中学	人	560	371	752	2 454	3 718
技工学校	人			321		
小学	万人	2.8	2.8	3.4	4.7	3.1
成人高等教育学校在校学生数	人		493	62	80	
成人中等教育学校在校学生数	人		220	253	88	
各类专业技术人员数	万人	0.6	0.7	1.3	0.7	0.4
# 中级技术职称以上人员	万人	0.1	0.1	0.2	0.1	0.1
剧场、影剧院数	个		12	12	3	1
公共图书馆	个	1	1	192	1	1
公共图书馆总藏量	千册、件	19	95	230	63	50
# 图书	千册	19	95	193	63	50
图书出版印数	万册					
杂志出版印数	万册					
报纸出版印数	万印张					
卫生机构数	个	26	29	68	30	43
# 医院	个	3	5	27	29	9
卫生机构床位数	张	1 010	531	1 275	786	2 413
# 医院床位数	张	518	385	1 245	778	880
卫生技术人员数	人	920	941	1 266	1 184	1 867
# 医生	人	384	377	583	438	771
医院、卫生院诊疗人次数	万人次	32.4	19.6	51.5	48.0	36.2
婴儿死亡率	‰	12.7	1.6	6.0	11.7	11.9
十一、社会治安						
火灾起数	起	178	26	108	95	16
火灾死伤人数	人	4		2	1	1
火灾损失折款数	万元	13	12	22	47	40
交通事故件数	件	49	51	32	42	60
交通事故死伤人数	人	49	40	51	31	74
刑事案件发案数	件	284	544	410	363	328
犯罪人数	人	410	539	231	348	176

10—28 靖宇、长白、江源、前郭、长岭县基本情况

(1996 年)

项 目	单 位	靖宇县	长白朝鲜族自治县	江源县	前郭尔罗斯蒙古族自治县	长岭县
一、综合						
年末总人口	万人	39.3	8.73	26.8	52.6	61.2
# 非农业人口	万人	7.4	3.87	19.8	9.9	10.1
年平均人口	万人	39.1	8.69	26.9	52.1	60.6
年出生人口	人	14 403	765	1 743	9 504	10 286
年死亡人口	人	11 158	345	1 292	1 759	1 967
年末总户数	万户	11.4	2.68	8.5	14.4	14.5
年末全部从业人员数	万人	18.1	4.17	8.2	8.5	4.2
# 城镇个体劳动者	万人	0.6	0.32	0.7	1.0	1.0
城镇失业人员年末数	人	562	240	310	1 700	1 139
土地面积	平方公里	2 430	2 498	1 348	3	5 728
# 建成区面积	平方公里	128	4	8	3	103
国内生产总值（当年价格）	万元	115 361	55 033	122 402	296 029	175 146
第一产业	万元	68 819	18 976	18 280	150 095	136 309
第二产业	万元	20 017	15 447	63 345	99 396	17 526
#工业增加值	万元	17 131	13 717	57 670	94 460	15 868
第三产业	万元	26 525	20 610	40 777	46 538	21 311
二、农业						
农林牧渔业总产值（当年价格）	万元	106 510	30 068	28 563	227 749	213 058
农林牧渔业商品产值（当年价格）	万元	79 071	20 207	21 633	166 682	115 818
年末实有耕地面积	千公顷	66 702	7	7	182	182
蔬菜产量	万吨		1.18	4.9	48	6.3
水果产量	吨	2 472	1 733	1 152	21 094	13 570
猪肉产量	吨	17 065	2 065	5 709	32 520	21 327
牛羊肉产量	吨	9 787	832	2 381	5 467	6 026
牛羊奶产量	吨	415			1 275	220
禽蛋产量	吨	9 209	1 400	6 729	10 800	15 453
禽肉产量	吨	3 927	197	798	13 338	341
水产品产量	吨	951	140	70	13 600	400
三、工业						
乡及乡以上工业企业及生产单位数	个	186	91	86	157	131
#国有经济	个	23	30	16	40	28
私营经济	个	11				
股份制经济	个		2		5	
外商及港澳台投资经济	个	2	4	4	1	1
全部工业总产值（当年价格）（新规定，下同）	万元	134 424	41 872	137 214		65 566
乡及乡以上工业销售总产值（当年价格）	万元	28 945	26 700	81 126	116 306	26 703
乡及乡以上工业总产值（当年价格）	万元	37 897	27 599	87 556	130 871	35 230
#国有经济	万元	7 583	16 350	52 365	108 346	20 709
私营经济	万元	328				
股份制经济	万元		141		2 587	
外商及港澳台投资经济	万元	155	2 028	5 728	4 149	
全部独立核算工业企业经济指标						
工业总产值（当年价）	万元	36 870	20 278	86 010	130 691	35 160
工业销售产值（当年价）	万元	28 699	19 963	79 677	116 125	26 638
工业增加值（生产法）	万元	9343	10 195	31 680	48 915	7 890

10—28 续表 1 （1996 年）

项　　目	单　位	靖宇县	长白朝鲜族自治县	江源县	前郭尔罗斯蒙古族自治县	长岭县
全部职工年平均人数	万人	1.4	0.86	4.1	1.6	0.9
流动资产年末合计	万元	34 487	20 855	55 229	62 269	52 445
流动资产年平均余额	万元	27 174	22 996	55 206	55 005	45 882
固定资产原价合计	万元	30 481	26 928	95 805	245 637	29 399
固定资产净值合计	万元	29 799	23 469	65 803	165 564	23 654
固定资产净值年平均	万元	16 543	23 011	65 105	142 538	23 397
产品销售收入	万元	25 363	15 154	79 345	113 828	19 300
# 产品销售税金及附	万元	453	971	2 285	901	236
本年应交增值税	万元	1 484	726	1 876	1 333	359
利润总额	万元	-459	146	-551	-8 643	-1 284
四、商业、外贸与外经、旅游						
批发零售贸易业商品销售总额	万元	23 382	15 782	7 713	84 594	92 733
社会消费品零售总额	万元	20 259	15 190	56 534	95 008	72 008
批发零售贸易业、餐饮业网点数	个	4 436	2 490	3 846	12 922	8 551
#个体	个	4 341	2 411	3 692	12 389	
批发零售贸易业、餐饮业人员数	人	7 756	5 333	9 970	26 498	29 790
#个体	人	5 132	3 585	6 031	16 020	20 040
外贸口岸进口总额（海关数）	万美元					
外贸口岸出口总额（海关数）	万美元					
实际利用外资	万美元		626	194		489
三资企业：　年末实有企业单位数	个		6	11	2	3
年末从业人员数	人		626	1 669	311	131
境外旅游者人数	人					
涉外旅馆数	个					
房间数	间					
旅游外汇收入	万美元					
五、财政、金融、保险						
中央财政预算内收入	万元	1 469	1 017	1 963	14 655	931
地方财政预算内收入	万元	3 721	2 839	3 017	13 081	3 894
# 工商税收	万元	1 462	891	1 688	4 576	1 364
地方财政预算内支出	万元	8 328	5 633	4 040	19 998	9 779
#科学事业费支出	万元	15	53	4	50	35
#教育事业费支出	万元	2 793	1 367	1 027	4 875	3 170
金融机构数	个	7	21		5	6
# 保险机构数	个	2	2		3	1
城乡居民储蓄年末余额	万元	50 834	45 142		182 398	60 880
年末金融机构各项贷款余额	万元	138 611	41 805		451 490	285 559
年末金融机构存款余额	万元	36 374	51 171		243 146	83 112
承保额	万元	102 281	70 071	77 024	176 829	50 306
保费	万元	435	545	876	1 444	451
已决赔款	万元	256	260	450	599	251
六、固定资产投资						
国有经济固定资产投资	万元	792	5 468	6 648	4 550	7 301
# 住宅建设	万元		1 256	1 745	825	4 293
城镇集体固定资产投资	万元	600		75		205
# 住宅建设	万元			75		205

10—28 续表 2 (1996年)

项目	单位	靖宇县	长白朝鲜族自治县	江源县	前郭尔罗斯蒙古族自治县	长岭县
其他类型经济固定资产投资	万元					3 769
# 住宅建设	万元					1 684
房地产开发投资额	万元		631		555	
# 商品住宅	万元		631		550	
全年新增固定资产	万元	3 330	7 348	6 335	555	3 903
# 国有经济新增固定资产	万元	608	7 348	6 260	555	3 698
施工住宅建筑面积（包括商品房）	万平方米	1.8	3.30	3.7	0.5	3.5
竣工住宅建筑面积（包括商品房）	万平方米	1.8	2.61	3.7	0.5	1.0
商品房屋销售额	万元		530		254	
商品房屋销售建筑面积	万平方米		0.76		0.2	
七、交通、邮电、电力						
铁路客运量	万人			153.6	110	
铁路货运量	万吨			430	150	
公路营运里程	公里	1 375	722	382		
民用运输车辆拥有量	辆	2 599	1 540	3 114	137	
# 私有车辆拥有量	辆	1 876	643	1 211	137	
公路客运量	万人	319.8	69	121.8	250	113
公路货运量	万吨	215.8	27	462	350	48
年末邮电局（所）数	处		13			1
邮电业务总量（1990年不变价格）	万元		1 004			1 427
电话交换机装机总容量	门		16 936			25 668
# 程控	门		16 406			24 278
年末电话机数	部		11 407			17 322
年末无线寻呼用户数	户		971			2 336
年末移动电话用户数	户		262			487
全年用电量	万千瓦小时	9 930	4 572	3 583		10 717
# 工业用电	万千瓦小时	2 060	2 815	1 811		4 259.5
城乡居民生活用电	万千瓦小时	4 648	765	1 442		5 512.9
八、市政公用事业						
年末实有铺装道路总长度	公里	8	21	29	91	28 106
年末实有铺装道路面积	万平方米	16.6	16	26	15	247 900
城市下水道总长度	公里	8	15	5	11	13
水厂综合生产能力(包括各单位自备水源)	万吨/日	0.1	0.50	1	0.5	2.0
年末供水管道总长度	公里	10	26	19	32	77
全年供水总量	万吨	36	145	360	155	707
生活用水量	万吨	7	90	200	75	67
生活用水人口	万人	1.4	2.80	4.9	5	1.8
# 非农业用水人口	万人	1.4	2	4.7	4	1.8
煤气（人工、天然气）供气总量	万立方米					
# 家庭用量	万立方米					
家庭用煤气人口	人					
液化石油气供气总量	吨		49		2 252	1 400
# 家庭用量	吨		33		2 200	1 400
家庭用液化气人口	人		4 772		45 000	
年末实有公共汽（电）车营运车辆数	辆		15	10	299	
全年公共汽（电）车客运总数	万人次		135	65	249	

10—28 续表 3 (1996年)

项目	单位	靖宇县	长白朝鲜族自治县	江源县	前郭尔罗斯蒙古族自治县	长岭县
年末实有出租汽车数	辆	90	120	606	260	
园林绿地面积	公顷	52	78	74	5	5
# 公共绿地面积	公顷	10	17	27	1	5
建成区绿化覆盖面积	公顷	48	81	74	3	177
工业废水排放总量	万吨	42	5	141	40	88
工业废水排放达标量	万吨			138		
其中：处理排放达标量	万吨			14		68
工业废水处理量	万吨			73		
工业废水处理回用量	万吨			64	160	
生活污水排放量	万吨	258	108	50	160	50
生活污水处理量	万吨					
工业废气排放总量	万标立米	130 918	5 110	205 474	11 567	22 700
工业二氧化硫去除量	吨	570		71		1 135
工业二氧化硫排放量	吨		82	1 522	710	
工业粉尘排放量	吨	553	100	1 759		
工业粉尘去除量	吨	1 429				
工业固体废物产生量	万吨	5		41		6 810
工业固体废物综合利用量	万吨	5		7		6 810
环境噪声达标面积	平方公里		3	2	2	1
生活垃圾粪便清运量	万吨	1	5	6	2	3
生活垃圾粪便无害化处理量	万吨		3			
住宅建筑面积	万平方米	21	49.34	90.4	36	
住宅居住面积	万平方米	15	25.33	81.9	17.1	
居住人口（与居住面积一致）	万人	2	3.10	9.2	4.2	
九、劳动工资、人民生活						
年末全部职工人数	万人	2.9	1.99	5.0	5.4	4.0
#国有经济全部职工人数	万人	2.1	1.60	3.7	4.5	3.3
全部职工平均人数	万人	2.6	1.95	5	5.3	3.9
全部职工工资总额	万元	11 303	9 808	18 599	25 683	14 745
居民人均可支配收入	元				3 555	
居民人均消费支出	元				3 390	
每百户拥有黑白电视机	台				90	
每百户拥有彩色电视机	台				50	
每百户拥有电冰箱	台				80	
每百户拥有录像机	台				40	
居民消费价格指数（以上年为100）	%					
商品零售价格指数（以上年为100）	%					
# 食品价格指数	%					
职工保险福利费用总额	万元	750	642	245		
年末离休、退休、退职人员数	万人	0.4	0.17	0.2		
离休、退休、退职人员保险福利费用总额	万元	1 311	803	899		
社会福利院数	个				9	31
社会福利院床位数	张				170	621
十、教育、卫生、文化						
学校数： 高等学校	个					
中等专业学校	个					

10—28 续表 4　　(1996年)

项　　目	单　位	靖宇县	长白朝鲜族自治县	江源县	前郭尔罗斯蒙古族自治县	长岭县
普通中学	个	21	13	16	56	40
农、职业中学	个	1	1	3	11	1
技工学校	个			2	1	
小学	个	277	43	84	294	271
教师数：　高等学校	人					
中等专业学校	人				48	
普通中学	人	1 132	452	607	4 087	1 831
农、职业中学	人	44	59	115	515	35
技工学校	人			141	70	
小学	人	2 498	750	1 142	5 867	4 069
学生数：　高等学校	人					
中等专业学校	人					
普通中学	万人	1.7	0.46	0.8	3.6	2.9
农、职业中学	人	560	1 121	1 287	3 206	876
技工学校	人			625	9 885	
小学	万人	2.8	0.79	1.8	9.3	9.4
成人高等教育学校在校学生数	人					
成人中等教育学校在校学生数	人					
各类专业技术人员数	万人	0.6	0.34	0.0		1.1
# 中级技术职称以上人员	万人	0.1	0.07	0.0		0.2
剧场、影剧院数	个				1	2
公共图书馆	个	1	1		1	1
公共图书馆总藏量	千册、件	19	63		110	
# 图书	千册	19	60		100	
图书出版印数	万册					
杂志出版印数	万册					
报纸出版印数	万印张					
卫生机构数	个	26	17	24	43	40
# 医院	个	3	2	12	12	3
卫生机构床位数	张	1 010	368	1 158	1 669	1 205
# 医院床位数	张	518	170	962	1 604	530
卫生技术人员数	人	920	416	1 257	2 874	1 824
# 医生	人	384	190	511	1 167	538
医院、卫生院诊疗人次数	万人次	32.4	9.10	7.6	10	
婴儿死亡率	‰	12.7	15.90	21	27.8	26.9
十一、社会治安						
火灾起数	起	178	12	1	51	92
火灾死伤人数	人	4	2		1	5
火灾损失折款数	万元	13	15	40	29	48
交通事故件数	件	49	23	52	104	87
交通事故死伤人数	人	49	16	71	120	77
刑事案件发案数	件	284	145	440	414	163
犯罪人数	人	410	88	346	284	240

10—29 乾安、扶余、镇赉、通榆、汪清、安图县基本情况

(1996年)

项目	单位	乾安县	扶余县	镇赉县	通榆县	汪清县	安图县
一、综合							
年末总人口	万人	28.1	71.1	32.1	33.8	26.7	21.9
# 非农业人口	万人	7.8	6.8	10.4	10.0	13.6	10.7
年平均人口	万人	27.8	70.5	31.9	33.6	26.8	21.9
年出生人口	人	4 204	12 109	2 960	3 564	2 250	2 416
年死亡人口	人	1 066	3 240	1 221	1 224	1 995	1 367
年末总户数	万户	8.1	17.9	7.6	9.0	8.1	6.5
年末全部从业人员数	万人	12.4	34.1	13.6	16.7	14.0	10.4
# 城镇个体劳动者	万人	1.1	4.4	1.9	2.2	0.8	0.6
城镇失业人员年末数	人	1 240		1 250	2 700	690	1 007
土地面积	平方公里	3 617	4 626	5 389	8 496	8 994	7 438
# 建成区面积	平方公里	16	8	13	13	7	7
国内生产总值(当年价格)	万元	126 638	237 099	92 298	84 464	78 883	98 501
第一产业	万元	56 171	166 803	61 710	57 975	23 621	26 080
第二产业	万元	49 499	28 872	13 896	11 916	28 123	37 398
#工业增加值	万元	47 042	20 833	12 638	6 647	25 325	31 708
第三产业	万元	20 968	41 424	16 692	14 573	27 139	35 023
二、农业							
农林牧渔业总产值(当年价格)	万元	96 926	252 675	99 819	93 809	34 961	39 498
农林牧渔业商品产值(当年价格)	万元	67 284	182 868	46 240	47 206	21 591	23 457
年末实有耕地面积	千公顷	73	226	104	147 330	36	27
蔬菜产量	万吨	48	70	48	4 090	2.7	3.1
水果产量	吨	1 300	6 011	39	239	1 424	588
猪肉产量	吨	10 286	23 545	19 124	10 526	3 327	3 569
牛羊肉产量	吨	2 256	4 755	3 720	4 476	2 655	1 942
牛羊奶产量	吨		5 566	2 850	5 200	63	720
禽蛋产量	吨	6 010	31 640	5 860	4 100	1 282	2 109
禽肉产量	吨	2 900	3 843	4 845	2 234	206	214
水产品产量	吨	729	6 300	13 200	4 500	100	480
三、工业							
乡及乡以上工业企业及生产单位数	个	81	166	135	143	201	165
#国有经济	个	28	15	54	43	55	47
私营经济	个		19			2	30
股份制经济	个					1	3
外商及港澳台投资经济	个	3				13	8
全部工业总产值(当年价格)(新规定,下同)	万元	32 411	76 172	42 872	28 240	85 380	98 718
乡及乡以上工业销售总产值(当年价格)	万元	17 329	25 829	29 181	18 796	65 829	74 702
乡及乡以上工业总产值(当年价格)	万元	24 428	29 805	31 958	28 240	70 259	78 743
#国有经济	万元	11 273	6 768	20 931	21 085	54 457	64 737
私营经济	万元		945				929
股份制经济	万元					5	689
外商及港澳台投资经济	万元	4 005				4 656	3 644
全部独立核算工业企业经济指标							
工业总产值(当年价)	万元	23 244	29 769	30 596	26 746	69 405	78 260
工业销售产值(当年价)	万元	17 084	25 793	27 869	18 153	65 002	74 223
工业增加值(生产法)	万元	5676	10 404	6 806	5 813	23 864	24 842

10—29 续表 1 (1996年)

项目	单位	乾安县	扶余县	镇赉县	通榆县	汪清县	安图县
全部职工年平均人数	万人	0.8	1.2	1.4	1.2	4.4	3.1
流动资产年末合计	万元	31 313	24 789	53 906	36 769	65 690	71 697
流动资产年平均余额	万元	26 387	18 627	58 781	33 107	65 149	71 121
固定资产原价合计	万元	29 501	19 194	32 336	24 165	94 876	129 454
固定资产净值合计	万元	22 821	15 850	20 875	19 101	72 826	92 886
固定资产净值年平均	万元	23 725	11 704	20 646	13 887	69 812	90 585
产品销售收入	万元	20 549	28 238	25 534	25 182	68 197	78 453
# 产品销售税金及附	万元	155	791	682	260	2 273	1 838
本年应交增值税	万元	574	331	960	571	2 301	2 580
利润总额	万元	379	-2 358	-5 822	-6 021	-1 425	-17 594
四、商业、外贸与外经、旅游							
批发零售贸易业商品销售总额	万元	44 222	46 325	42 243	59 445	42 736	22 394
社会消费品零售总额	万元	34 332	49 474	32 876	60 834	38 973	35 503
批发零售贸易业、餐饮业网点数	个	5 309	9 753	6 091	6 658	5 202	3 607
#个体	个	5 092	9 441	4 976	5 777	4 610	3 292
批发零售贸易业、餐饮业人员数	人	16 743	27 381	18 562	22 667	12 037	7 296
#个体	人	8 998	15 228	10 020	10 685	6 614	3 986
外贸口岸进口总额（海关数）	万美元						
外贸口岸出口总额（海关数）	万美元						
实际利用外资	万美元					289	964
三资企业： 年末实有企业单位数	个	2	5			13	19
年末从业人员数	人	20	128			1 802	3 384
境外旅游者人数	人						
涉外旅馆数	个						
房间数	间						
旅游外汇收入	万美元						
五、财政、金融、保险							
中央财政预算内收入	万元	2 591	1 432	3 632	1 119	2 109	2 177
地方财政预算内收入	万元	3 024	5 021	3 761	3 294	5 103	5 170
# 工商税收	万元	1 895	1 041	2 218	1 292	1 238	1 250
地方财政预算内支出	万元	6 844	8 988	8 734	8 891	8 949	7 951
#科学事业费支出	万元	13	2	17	6	13	30
#教育事业费支出	万元	2 008	3 743	2 603	2 778	2 636	2 278
金融机构数	个	11	7	5	7	10	16
# 保险机构数	个	2	3	1	2	2	3
城乡居民储蓄年末余额	万元	47 543	66 482	37 840	38 916	97 706	92 590
年末金融机构各项贷款余额	万元	176 042	299 227	132 928	46 940	120 749	117 263
年末金融机构存款余额	万元	48 499	52 895	46 971	141 842	109 250	106 231
承保额	万元	56 817	39 092	34 401	51 933	144 871	115 335
保费	万元	306	402	314	490	1 742	1 148
已决赔款	万元	291	168	156	217	929	547
六、固定资产投资							
国有经济固定资产投资	万元	1 177	8 755	7 348	9 110	7 769	18 246
# 住宅建设	万元	600	695	2 642	4 900	255	2 285
城镇集体固定资产投资	万元					820	
# 住宅建设	万元						

10—29 续表 2　　　　　　　　(1996 年)

项　　目	单　位	乾安县	扶余县	镇赉县	通榆县	汪 清 县	安 图 县
其他类型经济固定资产投资	万元		58	1 327	1 179	389	
# 住宅建设	万元				519		
房地产开发投资额	万元				350	1 783	
# 商品住宅	万元				350	1 364	
全年新增固定资产	万元	2 018	8 358	7 105		6 942	7 796
# 国有经济新增固定资产	万元	1 097	8 300	6 105		6 382	7 796
施工住宅建筑面积（包括商品房）	万平方米	9.2	1.3	5.4	8.1	3.9	3.2
竣工住宅建筑面积（包括商品房）	万平方米	8.1	0.9	3.8	7.2	2.5	3.2
商品房屋销售额	万元		240		350	89	
商品房屋销售建筑面积	万平方米		0.3		0.4	0.1	
七、交通、邮电、电力							
铁路客运量	万人		179	72.7	49.8	86.8	60.2
铁路货运量	万吨		100	21.9	18.5	238	67.6
公路营运里程	公里	400	433	624	780	2 917	4 131
民用运输车辆拥有量	辆	1 210	13 915	9 179	3 482	5 087	5 598
# 私有车辆拥有量	辆	1 109	13 915	7 825	2 286	3 015	3 524
公路客运量	万人	148	66	62.5	76	295	232
公路货运量	万吨	118	78	106	60	115	103
年末邮电局（所）数	处	18	26	22	22	21	20
邮电业务总量（1990 年不变价格）	万元	1138		1 113	1 011	2 546	2 427
电话交换机装机总容量	门	9 828	10 000	17 758	10 919	37 068	40 548
# 程控	门	9 600	10 000	17 758	10 680	33 455	39 468
年末电话机数	部	6 914	7 036	12 585	11 692	21 767	23 130
年末无线寻呼用户数	户	1 673	1 624	1 528	1 332	3 157	3 949
年末移动电话用户数	户	500	516	445	386	1 002	1 195
全年用电量	万千瓦小时	9 746	10 338	16 469	6 977	27 452	25 630
# 工业用电	万千瓦小时	2 456	3 860	7 200	1 670	20 954	16 567
城乡居民生活用电	万千瓦小时	4 627	6 478	4 833	1 296	5 417	2 812
八、市政公用事业							
年末实有铺装道路总长度	公里	34	33	41	61	27	37
年末实有铺装道路面积	万平方米	14	24	46.4	54	33	37
城市下水道总长度	公里	26	14	22	10	23	15
水厂综合生产能力(包括各单位自备水源)	万吨/日	0.7	1	2.2	0.5	1	1
年末供水管道总长度	公里	204	18	80	137	26	37
全年供水总量	万吨	255	207	706	153	405	498
生活用水量	万吨	185	98	174	5	245	232
生活用水人口	万人	7.3	4.3	5.5	4.4	6	4.6
# 非农业用水人口	万人	6.8	3.6	5.3		5.2	4.3
煤气（人工、天然气）供气总量	万立方米						
# 家庭用量	万立方米						
家庭用煤气人口	人						
液化石油气供气总量	吨	260	900			530	
# 家庭用量	吨	260	900			460	
家庭用液化气人口	人	38 000	19 000			44 000	45 000
年末实有公共汽（电）车营运车辆数	辆	196	222				7
全年公共汽（电）车客运总数	万人次	7250	218			486	306

10—29 续表 3　　　　　　　(1996 年)

项　　目	单　位	乾安县	扶余县	镇赉县	通榆县	汪 清 县	安 图 县
年末实有出租汽车数	辆	35	110			165	
园林绿地面积	公顷	757	5	473	109	104	118
# 公共绿地面积	公顷	426	2	85	109	3	38
建成区绿化覆盖面积	公顷	2	9	122	331	65	106
工业废水排放总量	万吨	160	39	439	240	360	481
工业废水排放达标量	万吨			35		218	366
其中：处理排放达标量	万吨			239		16	373
工业废水处理量	万吨			35		16	366
工业废水处理回用量	万吨						
生活污水排放量	万吨	40	8	60	224		249
生活污水处理量	万吨						
工业废气排放总量	万标立米		24 556	260 037		183 745	423 830
工业二氧化硫去除量	吨		392	1 580.9		375	2 977
工业二氧化硫排放量	吨						110
工业粉尘排放量	吨			75		5 288	1
工业粉尘去除量	吨					47 588	7
工业固体废物产生量	万吨		3	3		6	43
工业固体废物综合利用量	万吨		2	3		2	6
环境噪声达标面积	平方公里			3			1
生活垃圾粪便清运量	万吨	40	33		2	6	4
生活垃圾粪便无害化处理量	万吨						
住宅建筑面积	万平方米	81.1		126		90	73
住宅居住面积	万平方米	56.2		62.2		45	36.3
居住人口（与居住面积一致）	万人	7.3		7.6		7.6	5.4
九、劳动工资、人民生活							
年末全部职工人数	万人	3.3	3.4	4.5		6.6	5.3
#国有经济全部职工人数	万人	2.7	2.6	4.0		5.4	4.2
全部职工平均人数	万人	3.3	3.2	4.5		6.4	5.0
全部职工工资总额	万元	11 674	14 352	174 108		24 069	23 272
居民人均可支配收入	元						
居民人均消费支出	元						
每百户拥有黑白电视机	台						
每百户拥有彩色电视机	台						
每百户拥有电冰箱	台						
每百户拥有录像机	台						
居民消费价格指数（以上年为100）	%					104.1	
商品零售价格指数（以上年为100）	%					104.1	
# 食品价格指数	%					102.8	
职工保险福利费用总额	万元	492	385	855	556	2 463	2 927
年末离休、退休、退职人员数	万人	0.4	0.3	0.7	0.2	1.2	0.8
离休、退休、退职人员保险福利费用总额	万元	294	533	2 902	791	5 027	4 122
社会福利院数	个	15	26				13
社会福利院床位数	张	316	830				375
十、教育、卫生、文化							
学校数：　高等学校	个	1					
中等专业学校	个	3			1		

10—29 续表 4 （1996 年）

项　目	单　位	乾安县	扶余县	镇赉县	通榆县	汪 清 县	安 图 县
普通中学	个	27	30	27	28	27	25
农、职业中学	个	3	3	2	10	2	3
技工学校	个	1		1	1	3	1
小学	个	189	397	176	191	131	99
教师数：　高等学校	人	3					
中等专业学校	人	50			73		
普通中学	人	1 106	1 830	1 426	930	1 213	1 019
农、职业中学	人	96	510	52	469	102	51
技工学校	人	20		63	37	138	40
小学	人	2 415	4 485	2 557	2 688	1 895	1 362
学生数：　高等学校	人	300					
中等专业学校	人	405			1 300		
普通中学	万人	1.2	2.5	1.5	1.5	1.5	1.2
农、职业中学	人	1 474	7 775	1 032	6 618	480	490
技工学校	人	103		175	46	584	75
小学	万人	3.8	8.0	2.9	4.1	2.7	2.7
成人高等教育学校在校学生数	人	310		731	582	297	1 586
成人中等教育学校在校学生数	人	405	2 200	214	190	315	325
各类专业技术人员数	万人	0.7	0.9	5 959	0.9	1.5	1.1
# 中级技术职称以上人员	万人	0.1	0.1	1 727	0.2	0.3	0.3
剧场、影剧院数	个	1	1	2	1	1	1
公共图书馆	个	1		1	1	1	1
公共图书馆总藏量	千册、件	260		26	22	84	86
# 图书	千册	160		23		71	84
图书出版印数	万册						
杂志出版印数	万册						
报纸出版印数	万印张						
卫生机构数	个	34	35	36	36	39	31
# 医院	个	17	30	20	23	26	18
卫生机构床位数	张	780	925	1 200	948	833	573
# 医院床位数	张	610	925	803	894	783	573
卫生技术人员数	人	1 373	1 019	859	1 707	1 467	1 047
# 医生	人	458	586	263	694	534	427
医院、卫生院诊疗人次数	万人次	10.2	37.2	35	35	53.5	47.3
婴儿死亡率	‰	3.0	34.6	22	1	7.2	15.9
十一、社会治安							
火灾起数	起	6	88	19	17	10	15
火灾死伤人数	人	2			3	2	
火灾损失折款数	万元	40	141	33	20	35	42
交通事故件数	件	18	181	19	210	91	24
交通事故死伤人数	人	24	259	22	163	49	49
刑事案件发案数	件	301	186	174	245	674	979
犯罪人数	人	161	228	141	280	234	260

統計資料 11

农 业

AGRICULTURE

11 农 业

1996 年乡村劳动力 629.05 万人
1996 年农、林、牧、渔业总产值(当年价) 595.83 亿元
1996 年农、林、牧、渔业增加值 376.01 亿元
1996 年粮食总产量 2 326.6 万吨

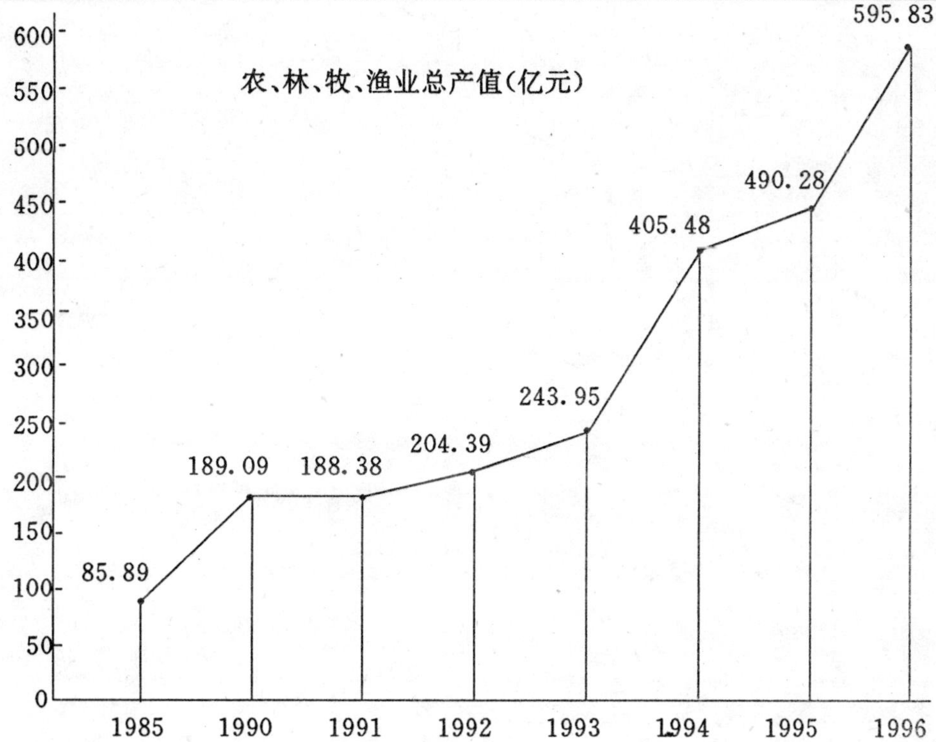

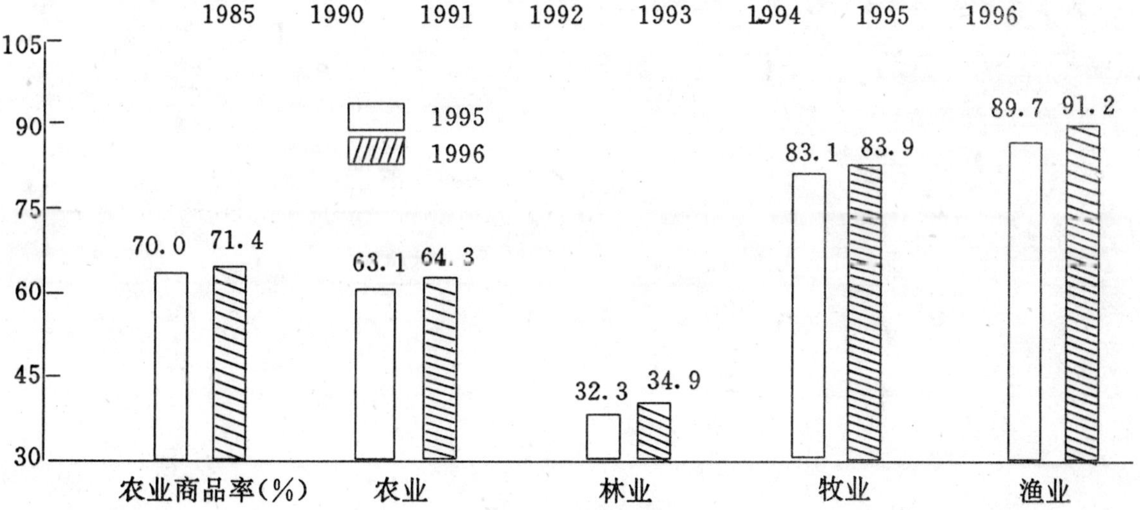

11—1 农村基层组织情况

项　　目	单位	1992年	1993年	1994年	1995年	1996年
一、农村基层组织						
乡 政 府	个	560	530	482	475	468
镇 政 府	个	366	396	438	443	444
村民委员会	个	10 288	10 305	10 299	10 234	10 139
二、乡村户数、人口、劳动力						
乡 村 户 数	万户	347.76	348.35	348.40	348.82	351.10
乡村人口数	万人	1 477.36	1 466.15	1 445.04	1 434.54	1 436.90
乡村劳动力	万人	646.63	638.82	643.56	631.11	629.05
按性别分						
男劳动力	万人	374.89	368.35	371.78	369.81	366.26
女劳动力	万人	271.74	270.47	271.78	261.30	262.79
按行业分						
农、林、牧、渔业	万人	565.80	556.53	553.73	537.44	534.15
工　　业	万人	24.64	22.80	24.29	23.70	21.34
建 筑 业	万人	10.55	13.22	14.57	15.45	16.51
交通运输和邮电业	万人	7.40	8.65	10.14	10.70	11.23
批发零售贸易、餐饮及仓储业	万人	7.88	9.71	12.13	12.69	13.10
金融保险业	万人	0.33	0.43			
其他非农行业	万人	30.03	27.48	28.70	31.13	32.72
#外出合同临时工	万人	10.02	12.83	14.92	16.09	17.83

11—2 各市县农村基层组织和乡村建设情况

(1996年)　　单位:人

市、县	乡政府(个)	镇政府(个)	乡村户数(户)	乡村人口数(人)	村民委员会(个)	#自来水受益村	通汽车村
全　　省	**468**	**444**	**3 510 910**	**14 368 671**	**10 139**	**3 360**	**8 200**
长 春 市	**74**	**71**	**993 812**	**4 255 604**	**1 707**	**195**	**1 433**
市　区	14	15	201 983	810 629	324	45	299
九台市	13	12	155 380	634 976	310	21	279
榆树市	21	16	266 298	1 098 825	388	102	344
德惠市	9	14	172 250	778 731	307	7	242
农安县	17	14	197 901	932 443	378	20	269
吉 林 市	**58**	**57**	**522 632**	**2 058 227**	**1 624**	**409**	**1 363**
市　区	10	3	60 715	224 910	137	59	127
桦甸市	8	8	52 531	216 027	179	69	170
蛟河市	8	8	68 303	261 125	260	70	230
舒兰市	12	9	109 506	419 669	321	29	232
磐石市	9	14	77 933	334 171	286	116	278
永吉县	11	15	153 644	602 325	441	66	326
四 平 市	**54**	**55**	**511 631**	**2 049 730**	**1 212**	**105**	**855**
市　区	4	1	21 996	80 814	36	17	36
公主岭市	13	19	173 522	726 075	413	28	264
双辽市	10	8	67 349	261 635	186	11	119
梨树县	14	18	162 500	630 010	336	17	234
伊通县	13	9	86 264	351 196	241	32	202
辽 源 市	**20**	**25**	**169 410**	**650 489**	**543**	**74**	**486**
市　区	3		16 288	54 700	30	6	24
东丰县	10	13	72 644	282 355	229	47	215
东辽县	7	12	80 478	313 434	284	21	247
通 化 市	**49**	**66**	**305 436**	**1 247 855**	**1 039**	**562**	**958**
市　区	3	4	19 673	68 423	43	33	43
梅河口市	13	14	83 571	387 826	302	108	227
集安市	9	10	39 973	146 203	131	80	125
通化县	9	12	45 543	171 619	160	63	160
辉南县	4	14	52 608	209 232	161	84	161

市 、县	乡政府（个）	镇政府（个）	乡村户数（户）	乡村人口数（人）	村民委员会（个）	#自来水受益村	通汽车村
柳河县	11	12	64 068	264 552	242	194	242
白山市	**26**	**44**	**98 877**	**398 358**	**544**	**410**	**488**
市区	4	4	16 974	67 508	65	50	59
临江市	3	8	17 305	68 904	70	46	70
抚松县	6	12	24 913	99 594	161	135	147
靖宇县	5	7	14 526	64 758	111	73	79
长白县	5	6	10 071	36 375	77	67	75
江源县	3	7	15 088	61 219	60	39	58
松原市	**69**	**37**	**433 405**	**1 843 852**	**1 146**	**418**	**706**
市区	7	1	38 859	152 911	84	38	69
长岭县	19	12	106 257	477 423	251	34	147
前郭县	16	10	87 179	399 572	246	98	196
乾安县	9	6	49 571	199 783	167	107	88
扶余县	18	8	151 539	614 163	398	141	206
白城市	**67**	**35**	**264 345**	**1 093 811**	**908**	**220**	**574**
市区	10	5	46 775	192 463	154	10	88
洮南市	16	5	67 410	276 359	220	17	186
大安市	17	9	57 674	248 290	224	99	134
镇赉县	10	7	39 793	166 642	142	35	56
通榆县	14	9	52 693	210 057	168	59	110
延边朝鲜族自治州	**51**	**54**	**211 362**	**770 745**	**1 416**	**967**	**1 337**
延吉市	4	2	13 344	44 207	67	51	66
图们市	1	4	9 319	33 084	62	56	62
敦化市	10	10	53 711	200 716	395	267	363
龙井市	7	10	31 607	109 532	178	109	148
珲春市	8	3	21 748	75 013	125	49	125
和龙市	5	10	23 932	88 104	158	117	154
汪清县	10	8	32 165	120 159	223	146	217
安图县	6	7	25 446	99 930	208	172	202

11—3 各市县乡村劳动力

(1996年末) 单位:人

市、县	合计	农、林、牧、渔业	工业	建筑业
长春市	**1 801 373**	**1 517 335**	**62 870**	**63 189**
市区	344 581	256 441	27 438	13 770
九台市	279 686	247 895	3 318	9 421
榆树市	496 518	416 109	15 185	17 730
德惠市	311 311	274 086	6 596	11 233
农安县	369 277	322 804	10 333	11 035
吉林市	**932 586**	**786 671**	**27 714**	**24 114**
市区	93 406	61 643	7 192	4 114
桦甸市	106 097	91 661	4 695	2 861
蛟河市	126 998	107 354	2 681	2 495
舒兰市	190 279	168 003	4 819	4 367
磐石市	146 148	124 167	3 624	3 684
永吉县	269 658	233 843	4 703	6 593
四平市	**890 439**	**765 019**	**26 270**	**21 210**
市区	38 549	23 752	3 671	2 603
公主岭市	298 175	247 587	8 896	6 499
双辽市	116 102	104 858	3 012	2 148
梨树县	280 750	249 452	9 022	5 867
伊通县	156 863	139 370	1 669	4 093
辽源市	**305 097**	**240 858**	**13 465**	**12 264**
市区	29 068	14 939	4 021	2 331
东丰县	131 023	106 798	4 013	5 346
东辽县	145 006	119 121	5 431	4 587
通化市	**536 713**	**426 513**	**27 292**	**16 465**
市区	31 838	16 327	5 897	2 683
梅河口市	139 449	112 281	6 499	4 948
集安市	69 701	49 101	2 066	2 465
通化县	81 232	63 614	4 299	2 563
辉南县	106 331	90 057	3 881	2 201

11—3 续表 1　　(1996年末)　　单位:人

市、县	合计	农、林、牧、渔业	工业	建筑业
柳河县	108 162	95 133	4 650	1 605
白山市	**170 753**	**129 503**	**14 278**	**5 630**
市区	25 874	15 505	4 211	1 694
临江市	35 800	26 622	2 847	1 336
抚松县	40 290	33 609	1 446	783
靖宇县	27 775	23 671	1 378	457
长白县	18 196	15 079	530	253
江源县	22 818	15 017	3 866	1 107
松原市	**796 380**	**718 393**	**17 810**	**11 956**
市区	77 895	68 591	1 848	1 719
长岭县	177 420	154 665	7 808	3 075
前郭县	150 327	137 515	2 259	2 023
乾安县	87 660	82 895	2 250	610
扶余县	303 078	274 727	3 645	4 529
白城市	**457 539**	**421 900**	**8 782**	**5 399**
市区	77 043	66 837	3 692	1 834
洮南市	116 880	108 279	2 285	1 079
大安市	96 261	89 065	1 312	1 376
镇赉县	71 930	67 753	1 019	758
通榆县	95 425	89 966	474	352
延边朝鲜族自治州	**399 668**	**335 352**	**14 890**	**4 882**
延吉市	25 281	19 715	725	373
图们市	17 276	14 711	642	160
敦化市	105 780	91 163	3 756	1 522
龙井市	57 908	49 797	1 853	492
珲春市	41 324	33 465	1 965	812
和龙市	43 341	34 494	1 697	302
汪清县	64 375	55 716	1 709	721
安图县	44 383	36 291	2 543	500

市 、 县	运输邮电业	批发零售贸易餐饮及仓储业	其他非农行业	#外出合同临时工
长 春 市	**35 476**	**33 519**	**88 984**	**51 123**
市 区	10 651	7 657	28 624	19 204
九 台 市	3 471	3 611	11 970	7 648
榆 树 市	12 281	11 887	23 326	10 333
德 惠 市	4 390	4 693	10 313	6 595
农 安 县	4 683	5 671	14 751	7 343
吉 林 市	**17 176**	**21 246**	**55 665**	**37 135**
市 区	3 189	4 094	13 174	8 219
桦 甸 市	1 845	2 518	2 517	1 323
蛟 河 市	1 786	2 575	10 107	6 275
舒 兰 市	3 385	3 212	6 493	4 305
磐 石 市	2 364	3 584	8 725	6 198
永 吉 县	4 607	5 263	14 649	10 815
四 平 市	**16 851**	**14 384**	**46 705**	**21 006**
市 区	2 133	1 782	4 608	3 517
公主岭市	3 607	4 374	27 212	8 315
双 辽 市	775	2 815	2 494	857
梨 树 县	8 205	2 784	5 420	3 975
伊 通 县	2 131	2 629	6 971	4 342
辽 源 市	**8 216**	**6 889**	**23 405**	**9 961**
市 区	2 298	1 439	4 040	2 266
东 丰 县	3 174	2 772	8 920	3 179
东 辽 县	2 744	2 678	10 445	4 516
通 化 市	**10 878**	**16 873**	**38 692**	**26 268**
市 区	1 760	2 882	2 289	1 165
梅河口市	3 841	4 480	7 400	3 529
集 安 市	1 143	1 736	13 190	11 257
通 化 县	1 007	2 436	7 313	4 590
辉 南 县	1 874	2 772	5 546	3 418

11—3 续表 3　　(1996年末)　　单位:人

市、县	运输邮电业	批发零售贸易餐饮及仓储业	其他非农行业	#外出合同临时工
柳河县	1 253	2 567	2 954	2 309
白山市	**5 894**	**6 721**	**8 727**	**4 343**
市区	1 624	1 317	1 523	162
临江市	1 049	1 460	2 486	1 656
抚松县	1 012	1 411	2 029	932
靖宇县	774	879	616	348
长白县	473	726	1 135	514
江源县	962	928	938	731
松原市	**6 324**	**13 323**	**28 574**	**10 336**
市区	1 021	1 094	3 622	2 543
长岭县	965	4 618	6 289	3 292
前郭县	1 405	2 193	4 932	1 642
乾安县	270	785	850	200
扶余县	2 663	4 633	12 881	2 659
白城市	**3 585**	**6 509**	**11 364**	**3 896**
市区	1 263	1 274	2 143	500
洮南市	946	1 429	2 862	909
大安市	726	1 264	2 518	1 183
镇赉县	316	654	1 430	598
通榆县	334	1 888	2 411	706
延边朝鲜族自治州	**7 916**	**11 585**	**25 043**	**14 214**
延吉市	421	875	3 172	1 897
图们市	323	525	915	528
敦化市	2 439	3 249	3 651	1 862
龙井市	771	1 231	3 764	2 693
珲春市	1 177	1 386	2 519	1 302
和龙市	644	943	5 261	2 827
汪清县	991	1 750	3 488	2 307
安图县	1 150	1 626	2 273	798

11—4 历年农林牧渔业总产值

单位:万元

年份	农林牧渔业总产值	农业	林业	牧业	渔业
1952	124 202	105 584	2 608	15 761	249
1957	128 403	105 342	3 852	18 310	899
1962	142 398	121 294	2 563	17 259	1 282
1965	177 503	145 571	5 503	25 187	1 242
1970	268 630	228 846	11 282	27 427	1 075
1975	352 655	293 797	10 932	46 868	1 058
1978	377 802	322 304	8 689	46 053	756
1979	420 165	349 935	11 345	58 045	840
1980	474 714	355 633	24 685	93 921	475
1981	568 851	448 089	19 613	99 659	1 490
1982	605 821	489 451	25 438	88 291	2 641
1983	781 074	654 232	20 991	102 799	3 052
1984	889 892	728 135	35 481	122 327	3 949
1985	858 946	639 086	33 162	181 240	5 458
1986	984 291	760 681	29 426	185 824	8 360
1987	1 208 072	931 445	29 281	234 506	12 840
1988	1 409 127	1 064 075	28 374	294 988	21 690
1989	1 337 893	915 159	34 563	362 535	25 636
1990	1 890 862	1 406 693	41 878	414 219	28 072
1991	1 883 833	1 357 374	44 185	451 642	30 632
1992	2 043 897	1 460 004	51 028	500 181	32 684
1993	2 439 490	1 746 325	51 014	603 514	38 637
1994	4 054 784	2 708 102	85 391	1 201 396	59 895
1995	4 902 775	3 014 416	82 828	1 733 154	72 377
1996	5 958 265	3 636 702	75 679	2 167 898	77 986

11－4 续表 单位:万元

年　　份	农林牧渔业总产值	农　业	林　业	牧　业	渔　业
按 1952 年不变价格计算					
1952	142 761	121 360	3 000	18 205	196
1957	120 646	101 736	4 904	13 248	758
按 1957 年不变价格计算					
1957	106 101	87 068	3 203	15 072	758
1962	117 176	99 640	2 206	14 233	1 097
1965	142 421	116 726	4 450	20 265	980
1970	185 007	157 483	7 793	18 940	791
1971	186 940	151 371	8 505	26 386	678
按 1970 年不变价格计算					
1971	271 505	219 710	9 527	41 741	527
1975	332 694	277 153	10 375	44 123	1 043
1978	344 719	293 961	8 034	42 141	583
1979	333 228	276 582	8 942	47 230	474
1980	346 632	277 959	14 927	53 248	498
1981	371 044	299 969	16 135	54 165	775
按 1980 年不变价格计算					
1981	531 500	420 121	29 194	80 579	1 606
1982	562 169	440 958	31 037	88 291	1 883
1983	726 192	607 413	31 204	85 392	2 183
1984	802 132	667 511	36 412	95 592	2 617
1985	738 071	570 990	37 015	126 454	3 612
1986	770 190	607 888	32 199	125 477	4 626
1987	881 313	722 321	30 588	122 822	5 582
1988	928 648	749 571	30 715	141 163	7 199
1989	820 386	627 513	30 667	154 166	8 040
1990	1 039 045	840 536	26 428	163 253	8 828
按 1990 年不变价格计算					
1990	2 069 034	1 566 775	61 307	414 952	26 000
1991	2 057 663	1 515 327	62 094	451 428	28 814
1992	2 117 863	1 536 296	62 106	489 151	30 310
1993	2 330 128	1 673 993	60 232	560 651	35 252
1994	2 568 513	1 735 378	63 796	731 593	37 746
1995	2 721 266	1 690 012	59 221	932 215	39 818
1996	3 241 411	1 987 760	55 944	1 154 003	43 704

11—5 历年农林牧渔业总产值指数

（以 1949 年为 100）

年　份	农林牧渔业总产值	农　业	林　业	牧　业	渔　业
1949	100.0	100.0	100.0	100.0	100.0
1952	153.0	150.7	1 153.8	148.5	75.4
1957	129.3	126.3	1 886.2	108.0	291.5
1962	142.8	100.7	1 299.0	67.7	421.9
1965	173.5	122.3	2 620.5	111.1	376.9
1970	225.4	165.9	4 589.1	103.7	304.2
1975	279.1	197.3	5 454.1	148.3	516.1
1978	289.2	220.6	4 223.5	148.3	288.5
1979	279.5	207.6	4 700.8	166.2	234.5
1980	290.8	208.6	7 847.1	187.4	246.4
1981	311.2	225.1	8 482.2	190.6	383.5
1982	329.2	236.3	9 017.7	208.8	449.6
1983	425.2	325.5	9 066.2	201.9	521.3
1984	469.7	357.7	10 579.3	226.0	624.9
1985	432.2	306.0	10 754.5	229.0	862.5
1986	451.0	325.8	9 355.2	296.7	1 104.6
1987	516.1	387.1	8 891.9	290.4	1 332.2
1988	543.8	401.7	8 928.8	333.8	1 719.0
1989	480.4	336.3	8 910.1	364.5	1 919.8
1990	608.4	450.5	7 678.5	386.0	2 108.0
1991	605.1	435.7	7 777.1	419.9	2 336.1
1992	622.8	441.7	7 782.7	455.0	2 458.2
1993	685.3	520.8	7 547.9	545.2	2 859.0
1994	755.4	539.9	7 994.5	711.4	3 061.3
1995	800.3	525.8	7 421.2	906.5	3 229.3
1996	953.3	618.4	7 010.5	1 122.2	3 544.5

11—5 续表 （以上年为100）

年份	农林牧渔业总产值	农业	林业	牧业	渔业
1952	130.4	132.2	548.4	109.0	44.7
1957	95.0	91.9	361.7	92.2	116.4
1962	95.7	92.2	101.7	132.1	78.8
1965	105.3	104.8	153.6	100.7	125.3
1970	135.5	142.9	116.1	99.4	150.7
1975	102.8	101.5	129.0	104.7	91.2
1978	119.3	124.8	76.4	100.0	76.1
1979	96.7	94.1	111.3	112.1	81.3
1980	104.0	100.5	166.9	112.7	105.1
1981	107.0	107.9	108.1	101.7	155.6
1982	105.8	105.0	106.3	109.6	117.2
1983	129.2	137.7	100.5	96.7	115.9
1984	110.5	109.9	116.7	111.9	119.9
1985	92.0	85.5	101.7	132.3	138.0
1986	104.4	106.5	87.0	99.2	128.1
1987	114.4	118.8	95.0	97.9	120.7
1988	105.4	103.8	100.4	114.9	129.0
1989	88.3	83.7	99.8	109.2	111.7
1990	126.7	133.9	86.2	105.9	109.8
1991	99.5	90.7	101.3	108.8	110.8
1992	102.9	101.4	100.0	108.4	105.2
1993	110.0	109.0	97.0	114.6	116.3
1994	110.2	103.7	105.9	130.5	107.1
1995	105.9	97.4	92.8	127.4	105.5
1996	119.1	117.6	94.5	123.8	109.8

11—6 农林牧渔业总产值构成

（以农林牧渔业总产值为100）　　单位：%

年份	农林牧渔业总产值	农业	林业	牧业	渔业
1949	100	86.2	0.3	13.2	0.3
1952	100	85.0	2.1	12.7	0.2
1957	100	82.0	3.0	14.3	0.7
1962	100	85.2	1.8	12.1	0.9
1965	100	82.0	3.1	14.2	0.7
1970	100	85.2	4.2	10.2	0.4
1975	100	83.3	3.1	13.3	0.3
1978	100	85.3	2.3	12.2	0.2
1979	100	83.3	2.7	13.8	0.2
1980	100	74.9	5.2	19.8	0.1
1981	100	78.8	3.4	17.5	0.3
1982	100	80.8	4.2	14.6	0.4
1983	100	83.6	2.7	13.3	0.4
1984	100	81.8	4.0	13.7	0.5
1985	100	74.4	3.9	21.1	0.6
1986	100	77.3	3.0	18.9	0.8
1987	100	77.1	2.4	19.4	1.1
1988	100	75.5	2.0	20.9	1.6
1989	100	68.4	2.6	27.1	1.9
1990	100	74.4	2.2	21.9	1.5
1991	100	72.1	2.3	24.0	1.6
1992	100	71.4	2.5	24.5	1.6
1993	100	71.9	2.6	24.0	1.5
1994	100	67.6	2.5	28.5	1.4
1995	100	61.4	1.7	35.4	1.5
1996	100	61.0	1.3	36.4	1.3

11－7 各市县农村非农行业总产值

(1996 年)　　单位:万元

市　、县	合　计	农村工业总产值	农村建筑业总产值	农村运输业总产值	农村批发零售贸易餐饮业产值
全　省	**7 243 570**	**4 154 844**	**773 597**	**970 670**	**1 344 459**
长 春 市	**2 390 733**	**1 506 347**	**221 205**	**240 511**	**422 670**
市　区	1 425 650	891 966	100 286	154 295	279 103
九台市	210 271	119 696	27 926	24 577	38 072
榆树市	257 445	155 574	29 363	29 004	43 504
德惠市	175 061	121 414	15 559	15 012	23 076
农安县	322 306	217 697	48 071	17 623	38 915
吉 林 市	**1 242 866**	**659 965**	**168 898**	**201 958**	**212 045**
市　区	261 702	155 026	24 768	45 372	36 536
桦甸市	137 894	62 126	22 697	27 286	25 785
蛟河市	206 942	98 593	26 574	31 546	50 229
舒兰市	174 147	84 160	26 047	21 732	42 208
磐石市	208 410	118 214	27 668	25 959	36 569
永吉县	253 771	141 846	41 144	50 063	20 718
四 平 市	**1 134 557**	**602 283**	**140 590**	**179 161**	**212 523**
市　区	209 330	157 106	20 506	21 028	10 690
公主岭市	455 356	176 590	67 291	90 279	121 196
双辽市	74 846	40 456	5 885	10 775	17 730
梨树县	267 227	151 263	32 810	44 151	39 003
伊通县	127 798	76 868	14 098	12 928	23 904
辽 源 市	**432 193**	**263 926**	**45 568**	**61 446**	**61 253**
市　区	79 125	43 573	8 424	13 170	13 958
东丰县	178 511	99 140	20 247	24 370	34 754
东辽县	174 557	121 213	16 897	23 906	12 541
通 化 市	**627 137**	**340 869**	**66 539**	**104 501**	**115 228**
市　区	89 843	47 339	7 975	14 366	20 163
梅河口市	234 259	135 803	27 767	50 211	20 478
集安市	90 010	35 786	5 760	9 682	38 782
通化县	114 416	64 452	15 537	17 202	17 225
辉南县	31 247	22 120	4 303	2 822	2 002

11—7 续表　　(1996年)　　单位:万元

市　、县	合　计	农村工业总产值	农村建筑业总产值	农村运输业总产值	农村批发零售贸易餐饮业产值
柳河县	67 362	35 369	5 197	10 218	16 578
白山市	**425 903**	**228 484**	**26 474**	**56 416**	**114 529**
市区	114 050	61 990	9 188	17 732	25 140
临江市	59 318	35 083	3 770	7 163	13 302
抚松县	64 370	29 338	4 882	9 747	20 403
靖宇县	22 992	8 407	804	4 465	9 316
长白县	44 976	22 008	3 036	5 768	14 164
江源县	120 197	71 658	4 794	11 541	32 204
松原市	**380 032**	**181 288**	**40 562**	**57 136**	**101 046**
市区	51 412	23 591	9 335	8 439	10 047
长岭县	76 465	40 080	8 485	8 610	19 290
前郭县	90 195	32 073	6 979	18 877	32 266
乾安县	38 248	17 807	2 762	5 008	12 671
扶余县	123 712	67 737	13 001	16 202	26 772
白城市	**248 178**	**164 893**	**34 245**	**21 120**	**27 920**
市区	86 348	58 008	9 730	7 310	11 300
洮南市	59 824	30 539	9 405	10 700	9 180
大安市	57 115	44 805	8 160	1 070	3 080
镇赉县	27 446	22 756	1 500	1 050	2 140
通榆县	17 445	8 785	5 450	990	2 220
延边朝鲜族自治州	**361 971**	**206 789**	**29 516**	**48 421**	**77 245**
延吉市	31 480	19 963	3 782	1 737	5 998
图们市	13 814	8 338	1 264	648	3 564
敦化市	135 162	87 301	9 181	23 926	14 754
龙井市	39 066	24 884	4 424	2 177	7 581
珲春市	23 454	9 635	1 252	2 540	10 027
和龙市	30 205	14 936	2 585	3 881	8 803
汪清县	52 674	20 430	5 965	7 817	18 462
安图县	36 116	21 302	1 063	5 695	8 056

11—8 各市县农林牧渔业总产值

（1996 年）　　　　单位:万元

市、县	农林牧渔业总产值	农业产值	林业产值	牧业产值	渔业产值
长春市	**1 729 213**	**992 951**	**5 105**	**719 342**	**11 815**
市区	290 940	145 131	1 280	142 669	1 860
九台市	187 129	120 169	788	63 477	2 695
榆树市	422 502	277 695	946	143 038	823
德惠市	323 742	178 418	492	141 663	3 169
农安县	504 900	271 538	1 599	228 495	3 268
吉林市	**702 453**	**405 935**	**8 951**	**274 230**	**13 337**
市区	82 015	35 420	741	43 391	2 463
桦甸市	96 701	63 408	900	31 516	877
蛟河市	95 321	53 841	4 320	36 138	1 022
舒兰市	148 634	78 800	903	65 676	3 255
磐石市	115 851	70 685	1 233	41 892	2 041
永吉县	163 931	103 781	854	55 617	3 679
四平市	**1 003 081**	**607 699**	**3 509**	**388 356**	**3 517**
市区	22 009	14 565	46	7 345	53
公主岭市	357 415	216 784	913	138 412	1 306
双辽市	125 782	79 896	728	44 633	525
梨树县	350 687	206 753	995	142 149	790
伊通县	147 188	89 701	827	55 817	843
辽源市	**227 833**	**137 983**	**975**	**87 420**	**1 455**
市区	14 902	6 622	12	8 228	40
东丰县	106 421	66 549	514	38 590	768
东辽县	106 510	64 812	449	40 602	647
通化市	**469 365**	**257 339**	**14 795**	**190 972**	**6 259**
市区	26 616	7 743	736	18 102	35
梅河口市	181 638	85 325	2 638	89 668	4 007
集安市	49 556	38 106	2 117	8 787	546
通化县	50 178	27 801	5 298	16 800	279
辉南县	69 734	44 623	1 715	22 616	780

11—8 续表　　　　(1996年)　　　　单位:万元

市、县	农林牧渔业总产值	农业产值	林业产值	牧业产值	渔业产值
柳河县	91 643	53 741	2 291	34 999	612
白山市	**208 718**	**136 684**	**11 415**	**58 632**	**1 987**
市区	34 486	18 093	1 434	14 497	462
临江市	37 748	22 457	2 907	11 772	612
抚松县	59 649	47 465	3 743	7 851	590
靖宇县	18 206	11 950	191	5 840	225
长白县	30 066	23 347	1 499	5 170	50
江源县	28 563	13 372	1 641	13 502	48
松原市	**840 934**	**600 999**	**7 542**	**219 085**	**13 308**
市区	50 526	36 194	562	12 215	1 555
长岭县	213 058	160 833	2 062	49 859	304
前郭县	227 749	153 860	2 403	64 686	6 800
乾安县	96 926	71 857	917	23 787	365
扶余县	252 675	178 255	1 598	68 538	4 284
白城市	**475 199**	**291 333**	**8 952**	**151 236**	**23 678**
市区	67 804	48 148	1 044	18 550	62
洮南市	119 317	81 284	1 575	33 379	3 079
大安市	94 645	50 150	1 005	34 989	8 501
镇赉县	99 819	50 734	2 401	37 708	8 976
通榆县	93 614	61 017	2 927	26 610	3 060
延边朝鲜族自治州	**301 469**	**205 779**	**14 435**	**78 625**	**2 630**
延吉市	14 560	7 460	391	6 651	58
图们市	9 041	5 646	209	3 154	32
敦化市	96 716	67 116	2 963	25 286	1 351
龙井市	44 931	34 498	750	9 417	266
珲春市	24 764	15 997	1 555	6 801	411
和龙市	36 995	24 662	2 915	9 333	85
汪清县	34 963	23 515	3 474	7 873	101
安图县	39 499	26 885	2 178	10 110	326

11—9 农林牧渔业总产值、物质消耗、增加值和比重

项目	1992年	1993年	1994年	1995年	1996年
农林牧渔业总产值（万元）	**2043 897**	**2 439 490**	**4 054 784**	**4 902 775**	**5 958 265**
农业	1 460 004	1 746 325	2 708 102	3 014 416	3 636 702
林业	51 028	51 014	85 391	82 828	75 679
牧业	500 181	603 514	1 201 396	1 733 154	2 167 898
渔业	32 684	38 637	59 895	72 377	77 986
农林牧渔业中间消耗（万元）	**720 753**	**853 622**	**1 460 776**	**1 862 872**	**2 198 139**
农业	474 618	537 446	828 554	968 210	1 104 273
林业	17 119	18 119	28 764	26 956	25 932
牧业	218 671	284 530	580 275	840 593	1 038 912
渔业	10 345	13 527	23 183	27 113	29 022
农林牧渔业增加值（万元）	**1323 144**	**1 585 868**	**2 594 008**	**3 039 903**	**3 760 126**
农业	984 301	1 208 879	1 879 548	2 046 206	2 532 429
林业	33 909	32 895	56 627	55 872	49 747
牧业	282 595	318 984	621 121	892 561	1 128 986
渔业	22 339	25 110	36 712	45 264	48 964
占农林牧渔业总产值比重（%）					
农林牧渔业中间消耗	**35.3**	**35.0**	**36.0**	**38.0**	**36.9**
农业	32.5	30.8	30.6	32.1	30.4
林业	33.5	35.5	33.7	32.5	34.3
牧业	43.7	47.1	48.3	48.5	47.9
渔业	31.7	35.0	38.7	37.5	37.2
农林牧渔业增加值	**64.5**	**63.0**	**64.0**	**62.0**	**63.1**
农业	67.4	69.2	69.4	67.9	69.6
林业	66.5	64.5	66.3	67.5	65.7
牧业	56.5	52.9	51.7	51.5	52.1
渔业	68.3	65.0	61.3	62.5	62.8

11—10 农林牧渔业商品产值和商品率

项　　目	1992年	1993年	1994年	1995年	1996年
农林牧渔业商品产值（万元）	**1310 595**	**1 608 680**	**2 744 079**	**3 433 447**	**4 252 949**
一、农业（含其他农业）	854 469	1 038 794	1 698 940	1 901 802	2 337 627
二、林　　业	13 784	14 683	25 721	26 726	26 407
三、牧　　业	369 024	473 584	964 725	1 439 993	1 817 818
四、渔　　业	29 884	35 818	54 693	64 926	71 097
农业商品率（%）	**64.1**	**65.9**	**67.7**	**70.0**	**71.4**
一、农业（含其他农业）	61.5	62.3	66.2	63.1	64.3
二、林　　业	27.0	28.8	30.1	32.3	34.9
三、牧　　业	73.8	78.5	80.3	83.1	83.9
四、渔　　业	91.4	92.7	91.3	89.7	91.2

11—11 各市县农林牧渔业商品产值

(1996年) 单位:万元

市、县	农林牧渔业商品产值	农业商品产值	林业商品产值	牧业商品产值	渔业商品产值
长春市	**1 335 363**	**675 148**	**2 714**	**646 837**	**10 664**
市区	241 259	105 179	560	133 965	1 555
九台市	132 252	80 179	350	49 298	2 425
榆树市	331 461	194 696	583	135 452	730
德惠市	239 705	114 060	91	122 727	2 827
农安县	390 686	181 034	1 130	205 395	3 127
吉林市	**471 183**	**243 139**	**2 465**	**213 648**	**11 931**
市区	64 726	24 966	358	37 172	2 230
桦甸市	65 602	41 075	216	23 681	630
蛟河市	58 489	27 822	918	28 891	858
舒兰市	89 532	42 118	252	44 080	3 082
磐石市	81 190	42 080	715	36 575	1 820
永吉县	111 644	65 078	6	43 249	3 311
四平市	**739 143**	**399 020**	**1 377**	**335 446**	**3 300**
市区	18 523	12 213	9	6 253	48
公主岭市	259 834	154 963	474	103 105	1 292
双辽市	94 883	52 086	240	42 057	500
梨树县	251 187	117 792	354	132 390	651
伊通县	114 716	61 966	300	51 641	809
辽源市	**183 882**	**87 003**	**350**	**95 149**	**1 380**
市区	11 992	5 363		6 591	38
东丰县	93 774	43 450	210	49 384	730
东辽县	78 116	38 190	140	39 174	612
通化市	**297 970**	**129 180**	**7 474**	**155 181**	**6 135**
市区	24 600	8 141	314	16 213	31
梅河口市	133 181	51 472	1 542	76 160	4 007
集安市	33 847	26 808	770	5 763	506
通化县	23 780	8 023	3 052	12 453	252
辉南县	34 921	13 177	1 026	19 977	741

11—11 续表　　(1996年)　　单位:万元

市、县	农林牧渔业商品产值	农业商品产值	林业商品产值	牧业商品产值	渔业商品产值
柳河县	47 542	21 559	770	24 615	598
白山市	**142 287**	**91 538**	**4 529**	**44 631**	**1 589**
市区	23 713	10 986	739	11 624	364
临江市	21 907	14 928	865	5 515	599
抚松县	42 317	33 985	1 462	6 534	336
靖宇县	12 503	6 407	100	5 786	210
长白县	20 206	15 568	1 258	3 348	32
江源县	21 641	9 664	105	11 824	48
松原市	**598 261**	**436 480**	**1 981**	**147 688**	**12 112**
市区	38 445	28 216	318	8 520	1 391
长岭县	127 545	95 072	619	31 581	273
前郭县	163 664	113 744	301	42 819	6 800
乾安县	67 543	51 046	169	15 978	350
扶余县	201 064	148 402	574	48 790	3 298
白城市	**275 793**	**149 546**	**941**	**103 701**	**21 605**
市区	38 287	24 622		13 603	62
洮南市	80 279	56 791	120	20 371	2 997
大安市	62 569	28 609	59	26 422	7 479
镇赉县	46 240	12 302	720	25 058	8 160
通榆县	48 418	27 222	42	18 247	2 907
延边朝鲜族自治州	**209 067**	**126 573**	**4 576**	**75 537**	**2 381**
延吉市	11 597	4 439	265	6 839	54
图们市	6 064	3 114	53	2 873	24
敦化市	79 453	52 826	459	24 950	1 218
龙井市	29 257	18 633	347	10 014	263
珲春市	14 070	7 195	636	5 868	371
和龙市	21 502	10 826	1 046	9 554	76
汪清县	23 667	14 781	1 136	7 683	67
安图县	23 457	14 759	634	7 756	308

11—12 商品粮基地基本情况

项　　目	单　位	1992年	1993年	1994年	1995年	1996年
商品粮基地县数	个	28	28	28	27	26
农业人口	万人	1 224.0	1 206.7	1 201.81	1 108.71	1 109.9
耕地面积	万公顷	331.8	330.6	332.3	303.3	302.76
农林牧渔业总产值（现价）	亿元	165.2	199.9	337.1	380.3	458.1
粮食播种面积	万公顷	306.6	245.9	304.6	277.1	279.9
粮食总产量	万吨	1 819.9	1 831.3	1 974.9	1 814.4	2 139.7
粮食每公顷产量	公斤	5 940	7 440	6 480	6 555	7 650
每一农业人口生产粮食	公斤	1 486.0	1 517.7	1 643.3	1 636.5	1 927.8
向国家交售商品粮	万吨	766.3	727.1	791.0	722.3	837.2
每一农业人口交售商品粮	公斤	626.1	602.6	658.2	651.5	754.3

11—13 按农业人口平均的农业生产主要指标

项　　目	单　位	1992年	1993年	1994年	1995年	1996年
农林牧渔业总产值（现价）	元	1373.0	1 646.3	2 767.5	3 328.3	4 013.4
农林牧渔业增加值（现价）	元	888.8	1 070.2	1 770.5	2 063.7	2 532.8
粮食产量	公斤	1 236.2	1 282.8	1 375.8	1 352.6	1 567.2
油料产量	公斤	24.1	19.3	19.6	17.3	14.6
猪牛羊肉产量	公斤	33.7	30.1	51.0	65.2	88.1
禽蛋产量	公斤	20.5	22.1	27.6	33.2	38.1
水产品产量	公斤	5.7	6.6	7.2	7.5	8.1
水果产量	公斤	9.9	12.2	12.7	19.0	20.9
蔬菜产量	公斤	300.5	335.6	349.8	360.2	395.8

11—14 商品粮基地县基本情况

（1996年）

市、县	农业人口（万人）	耕地面积（万公顷）	农林牧渔业总产值（现价）（万元）	粮食播种面积（公顷）	粮食总产量（万吨）	每公顷粮食产量（公斤）	向国家交售商品粮（万吨）
总计	**1 109.90**	**302.76**	**4 581 522**	**2 798 504**	**2 139.72**	**7 645**	**837.17**
九台市	63.26	15.97	187 129	143 682	97.31	6 773	36.86
榆树市	104.78	29.07	422 502	256 109	216.09	8 437	97.66
农安县	92.12	29.10	504 900	273 375	217.59	7 959	114.65
德惠市	74.37	21.23	323 742	184 586	127.05	6 883	43.03
双阳区	28.10	7.02	125 428	63 369	57.66	9 098	
桦甸市	24.45	4.50	96 701	41 151	33.58	8 159	15.70
蛟河市	29.33	4.98	95 321	42 129	27.06	6 422	8.83
永吉县	62.52	11.54	163 931	102 793	62.39	6 070	26.99
舒兰市	46.27	8.27	148 634	76 695	52.77	6 881	33.66
磐石市	36.69	6.48	115 851	60 117	47.23	7 857	21.46
公主岭市	74.31	21.90	357 415	210 036	205.00	9 760	76.39
梨树县	63.05	18.59	350 687	182 144	177.56	9 748	68.27
伊通县	36.92	8.76	147 188	86 029	75.45	8 770	25.25
双辽县	24.64	9.81	125 782	96 840	78.06	8 060	29.63
东丰县	29.04	7.38	106 421	71 282	55.25	7 751	20.93
东辽县	31.81	6.67	106 510	64 753	55.00	8 494	22.35
梅河口市	36.28	6.36	181 638	58 297	50.13	8 601	9.96
辉南县	22.21	3.94	69 734	36 884	30.04	8 144	10.09
通化县	17.98	2.75	50 178	24 951	10.64	4 266	1.94
宁江区	19.14	4.11	50 526	38 787	27.40	7 065	24.76
洮南市	27.58	12.10	119 317	124 765	75.83	6 078	20.30
大安市	27.19	9.13	94 645	78 412	35.03	4 468	14.98
镇赉县	21.61	10.41	99 819	99 637	51.66	5 185	18.25
长岭县	51.04	18.20	213 058	156 328	125.86	8 051	40.92
前郭县	42.76	18.18	227 749	174 148	125.08	7 183	46.61
敦化市	22.45	6.31	96 716	51 205	23.00	4 492	7.70

11—15 耕　地　面　积

项　　目	1992年	1993年	1994年	1995年	1996年
年末实有耕地面积（千公顷）	3931.6	3 937.8	3 955.4	3 953.2	3 958.5
水　　田	455.4	433.7	416.8	425.2	441.9
旱　　地	3 476.2	3 504.2	3 538.6	3 528.0	3 516.6
当年增加的耕地面积（千公顷）	9.7	17.5	30.5	17.3	19.1
# 新开荒地面积	4.8	2.6	3.6	4.6	8.1
当年减少的耕地面积（千公顷）	16.0	11.3	12.9	19.5	13.8
# 国家基建占地	1.9	4.0	2.9	2.9	3.4
集体基建占地	0.6	2.1	2.7	1.8	0.6
农民个人建房面积	0.3	0.4	0.6	0.7	0.6
平均每一农业人口占有（公顷）					
耕地面积	0.26	0.27	0.27	0.27	0.27
有效灌溉面积	0.06	0.06	0.06	0.06	0.06
# 水浇地	0.03	0.03	0.03	0.03	0.03

11—16 各 市 县 耕 地 面 积

(1996年)

市、县	耕地面积(公顷)	水田	旱地	#水浇地	平均每一农业人口占有(公顷) 耕地面积	有效灌溉面积	#水浇地
长春市	**1 101 113**	**94 962**	**1 006 151**	**94 648**	**0.27**	**0.05**	**0.02**
市区	147 421	14 904	132 517	15 446	0.20	0.04	0.02
九台市	159 677	17 003	142 674	10 717	0.25	0.04	0.02
榆树市	290 691	26 088	264 603	29 762	0.28	0.05	0.03
德惠市	212 316	33 061	179 255	19 129	0.29	0.07	0.03
农安县	291 008	3 906	287 102	19 594	0.32	0.03	0.02
吉林市	**386 987**	**111 315**	**275 672**	**48 455**	**0.17**	**0.07**	**0.02**
市区	29 298	10 415	18 883	7 115	0.12	0.07	0.03
桦甸市	45 037	6 157	38 880	3 203	0.18	0.04	0.01
蛟河市	49 774	10 313	39 461	5 717	0.17	0.05	0.02
舒兰市	82 743	28 851	53 892	6 819	0.18	0.08	0.01
磐石市	64 755	15 982	48 773	9 908	0.18	0.07	0.03
永吉县	115 380	39 597	75 783	15 693	0.18	0.09	0.03
四平市	**603 282**	**48 654**	**554 628**	**56 556**	**0.29**	**0.05**	**0.03**
市区	12 718	47	12 671	1 083	0.16	0.01	0.04
公主岭市	219 018	10 098	208 920	17 912	0.29	0.04	0.02
双辽市	98 055	8 770	89 285	13 720	0.40	0.09	0.06
梨树县	185 912	19 423	166 489	18 107	0.29	0.06	0.03
伊通县	87 579	10 316	77 263	5 734	0.24	0.04	0.02
辽源市	**145 889**	**15 845**	**130 044**	**8 235**	**0.22**	**0.04**	**0.01**
市区	5 416	437	4 979	1 803	0.09	0.04	0.03
东丰县	73 771	10 862	62 909	1 288	0.25	0.04	
东辽县	66 702	4 546	62 156	5 144	0.21	0.03	0.02
通化市	**195 631**	**54 096**	**141 535**	**34 114**	**0.15**	**0.07**	**0.03**
市区	4 732	283	4 449	1 327	0.07	0.02	0.02
梅河口市	63 636	23 314	40 322	12 846	0.18	0.10	0.04
集安市	14 758	2 460	12 298	1 440	0.10	0.03	0.01
通化县	27 481	5 207	22 274	2 863	0.15	0.04	0.02
辉南县	39 391	13 732	25 659	7 808	0.18	0.10	0.04

11—16 续表 (1996年)

市、县	耕地面积(公顷)	水田	旱地	#水浇地	平均每一农业人口占有(公顷) 耕地面积	有效灌溉面积	#水浇地
柳河县	45 633	9 100	36 533	7 830	0.17	0.06	0.03
白山市	**56 178**	**2 042**	**54 136**	**3 468**	**0.12**	**0.01**	**0.01**
市区	7 721	656	7 065	454	0.10	0.02	0.01
临江市	9 245	278	8 967	172	0.12	0.01	
抚松县	14 948	49	14 899	401	0.13		
靖宇县	9 977	416	9 561	544	0.12	0.01	0.01
长白县	7 158	520	6 638	1 140	0.15	0.03	0.02
江源县	7 129	123	7 006	757	0.10	0.01	0.01
松原市	**703 886**	**28 405**	**675 481**	**77 535**	**0.36**	**0.05**	**0.04**
市区	41 080	1 591	39 489	8 729	0.21	0.05	0.05
长岭县	181 965	1 130	180 835	9 600	0.36	0.02	0.02
前郭县	181 757	20 079	161 678	24 361	0.43	0.10	0.06
乾安县	72 975	347	72 628	8 263	0.36	0.04	0.04
扶余县	226 109	5 258	220 851	26 582	0.35	0.05	0.04
白城市	**543 460**	**40 373**	**503 087**	**144 277**	**0.45**	**0.15**	**0.12**
市区	78 946	12 436	66 510	34 234	0.39	0.23	0.17
洮南市	120 966	7 394	113 572	51 726	0.44	0.21	0.19
大安市	91 314	4 945	86 369	31 005	0.34	0.13	0.11
镇赉县	104 142	14 334	89 808	13 236	0.48	0.13	0.06
通榆县	148 092	1 264	146 828	14 076	0.62	0.06	0.06
延边朝鲜族自治州	**222 084**	**46 244**	**175 840**	**27 576**	**0.26**	**0.09**	**0.03**
延吉市	8 034	1 517	6 517	943	0.15	0.05	0.02
图们市	8 687	1 620	7 067	1 970	0.24	0.10	0.05
敦化市	63 133	7 607	55 526	7 843	0.28	0.07	0.03
龙井市	33 326	9 302	24 024	3 348	0.27	0.10	0.03
珲春市	21 498	8 109	13 389	2 811	0.26	0.13	0.03
和龙市	24 806	8 291	16 515	2 749	0.25	0.11	0.03
汪清县	35 500	5 479	30 021	4 591	0.27	0.08	0.04
安图县	27 100	4 319	22 781	3 321	0.24	0.07	0.03

11—17 农业生产条件

项目	单位	1992年	1993年	1994年	1995年	1996年
一、户数、人口、劳动力						
乡村总户数	万户	347.76	348.35	348.40	348.82	351.10
乡村总人口	万人	1 477.36	1 466.15	1 445.04	1 434.54	1 436.90
乡村劳动力	万人	646.63	638.82	643.56	631.11	629.05
# 农林牧渔业	万人	565.80	556.53	553.73	537.44	534.15
工业	万人	24.64	22.80	24.29	23.70	21.34
建筑业	万人	10.55	13.22	14.57	15.45	16.51
运输业	万人	7.40	8.64	10.14	10.70	11.23
商业、饮食业	万人	7.88	9.71	12.13	12.69	13.10
二、农业机械化情况						
1. 农业机械总动力	万千瓦	591.41	607.06	598.83	661.43	718.67
2. 大中型农用拖拉机	万台	3.75	3.47	3.10	2.91	2.82
3. 小型拖拉机	万台	19.96	20.54	20.87	23.78	26.54
4. 大中型机引农具	万部	4.21	3.71	3.43	3.93	4.24
5. 联合收割机	台	130	108	104	103	136
6. 农用排灌机械	万台	21.34	21.89	21.71	23.15	24.04
7. 农用载重汽车	辆	6929	7 593	7 032	7 621	8 102
三、耕地面积	千公顷	3 931.6	3 937.8	3 955.4	3 953.2	3 958.5
水田	千公顷	455.4	433.7	416.8	425.2	441.9
旱地	千公顷	3 476.2	3 504.2	3 538.6	3 528.0	3 516.6
# 水浇地	千公顷	459.3	475.0	493.4	479.2	494.0
四、农业现代化水平						
1. 机耕面积占耕地面积比重	%	48.5	45.2	42.3	48.4	47.3
2. 有效灌溉面积占耕地面积比重	%	23.3	23.1	23.0	22.9	23.6
3. 化肥施用量（实物量）	万吨	245.01	236.94	245.11	266.57	283.90
4. 每公顷耕地施用化肥	公斤	623	602	620	675	717
5. 农村用电量	亿千瓦小时	18.96	19.84	21.53	21.52	22.08
6. 每公顷耕地用电量	千瓦小时	483.00	504.00	544.32	544.37	557.90
五、农作物播种面积						
总播种面积	千公顷	4 048.7	4 050.7	4 059.6	4 059.8	4 063.0

11—18 主要农业机械拥有量

项　　目	单　位	1992 年	1993 年	1994 年	1995 年	1996 年
农业机械总动力	**万千瓦**	**591.41**	**607.06**	**598.83**	**661.43**	**718.67**
一、耕作机械						
大中型农用拖拉机	混合台	37 457	34 712	30 950	29 128	28 239
小型拖拉机	台	199 621	205 427	208 667	237 823	265 423
大中型机引农具	部	42 058	37 138	34 279	39 327	42 414
小型拖拉机机引农具	部	317 885	302 285	316 603	385 869	478 435
机动水稻插秧机	部	5 918	5 502	4 668	4 417	3 512
二、排灌机械						
农用排灌机械	台	213 440	218 875	217 087	231 455	240 429
农用水泵	台	204 945	209 739	203 540	217 804	237 187
喷灌机械	套	7 553	11 270	10 378	7 961	6 156
三、收获机械						
联合收割机	台	130	108	104	103	136
机动收割机	台	143	122	63	19	84
机动脱粒机	台	107 591	108 631	110 249	115 684	120 642
四、农产品加工机械						
碾米机、磨面机	台	99 363	97 611	96 195	94 814	92 942
榨油机	台	3 214	3 110	2 885	3 113	2 860
五、运输机械						
农用载重汽车	辆	6 929	7 593	7 032	7 621	8 102
大中型拖车	辆	28 557	26 281	22 946	21 574	21 093

11—19 各市县主要农业机械拥有量

（1996 年）

市 、 县	农业机械总动力（千瓦特）	大中型农用拖拉机（混合台）	农用小型及手扶拖拉机（台）	大中型机引农具（部）	农用排灌动力机械（台）	磨面机碾米机（台）
长春市	**1 694 668**	**5 110**	**54 513**	**15 033**	**78 140**	**24 207**
市区	270 502	732	8 452	1 234	9 320	3 444
九台市	192 674	530	5 688	1 194	9 128	2 919
榆树市	488 078	1 427	14 068	5 978	28 138	5 571
德惠市	357 493	1 113	11 921	2 626	26 690	5 150
农安县	385 921	1 308	14 384	4 001	4 864	7 123
吉林市	**994 193**	**1 563**	**32 300**	**957**	**40 392**	**13 377**
市区	191 958	275	4 034	209	6 168	755
桦甸市	89 494	134	3 436	66	1 574	1 777
蛟河市	108 818	169	4 102	56	5 579	2 243
舒兰市	276 342	603	8 919	463	9 665	1 828
磐石市	133 863	152	4 550	96	2 887	3 489
永吉县	193 718	230	7 259	67	14 519	3 285
四平市	**918 382**	**3 565**	**32 717**	**8 158**	**43 355**	**13 284**
市区	30 764	208	1 132	140	2 205	267
公主岭市	285 320	1 122	12 982	2 674	7 708	3 567
双辽市	307 274	1 147	7 452	4 413	22 534	5 067
梨树县	133 524	512	4 132	509	5 325	2 170
伊通县	161 500	576	7 019	422	5 583	2 213
辽源市	**238 703**	**688**	**7 118**	**1 284**	**9 614**	**5 609**
市区	14 083	47	296	191	701	524
东丰县	114 312	499	3 612	1 023	4 569	2 803
东辽县	110 308	142	3 210	70	4 344	2 282
通化市	**506 624**	**1 400**	**14 400**	**1 047**	**12 121**	**7 712**
市区	31 220	126	401	2	845	492
梅河口市	106 706	380	4 189	398	3 923	1 704
集安市	74 520	100	1 167	36	2 967	1 257
通化县	87 386	211	1 510	101	961	1 861
辉南县	121 204	389	3 998	481	1 823	1 378

11—19 续表　　　　　　　　　　　　（1996 年）

市　、县	农业机械总动力（千瓦特）	大中型农用拖拉机（混合台）	农用小型及手扶拖拉机（台）	大中型机引农具（部）	农用排灌动力机械（台）	磨面机碾米机（台）
柳河县	85 588	194	3 135	29	1 602	1 020
白山市	**175 873**	**407**	**3 012**	**117**	**1 651**	**3 887**
市区	23 385	88	246	7	375	535
临江市	30 303	67	394	2	168	1 865
抚松县	39 824	75	902	66	108	623
靖宇县	20 127	82	887	21	46	280
长白县	33 540	42	287	19	240	348
江源县	28 694	53	296	2	714	236
松原市	**1 103 276**	**8 168**	**52 284**	**9 579**	**23 655**	**11 450**
市区	83 056	877	1 807	606	3 125	606
长岭县	221 286	449	15 053	166	613	1 706
前郭县	294 833	2 730	11 213	4 430	6 785	3 966
乾安县	185 057	1 950	10 683	1 597	1 237	1 052
扶余县	319 044	2 162	13 528	2 780	11 895	4 120
白城市	**968 881**	**4 038**	**49 871**	**4 749**	**27 360**	**8 687**
市区	226 538	572	10 275	609	8 994	1 023
洮南市	261 291	870	13 814	1 443	7 042	2 253
大安市	171 531	235	10 236	178	5 668	2 074
镇赉县	144 820	643	7 988	1 155	2 542	1 652
通榆县	164 701	1 718	7 558	1 364	3 114	1 685
延边朝鲜族自治州	**586 140**	**3 300**	**19 208**	**1 490**	**4 141**	**4 729**
延吉市	48 794	244	896	112	1 068	193
图们市	25 569	101	840	42	198	162
敦化市	152 873	1 201	5 183	330	536	1 186
龙井市	100 946	348	4 287	437	483	913
珲春市	45 208	503	1 850	84	659	334
和龙市	87 367	187	2 668	87	131	514
汪清县	70 936	309	2 160	248	789	635
安图县	54 447	407	1 324	150	277	792

11—20 农业现代化水平

项目	单位	1992年	1993年	1994年	1995年	1996年
一、农业机械化						
机耕面积	千公顷	1 905.1	1 781.4	1 673.3	1 913.0	1 871.1
占耕地面积比重	%	48.5	45.2	42.3	48.4	47.3
机播面积	千公顷	1 805.1	1 770.0	1 827.5	2 004.3	2 149.9
占耕地面积比重	%	45.9	44.9	46.2	50.7	54.3
机收面积	千公顷	15.5	9.8	9.9	10.0	21.9
二、农业电气化						
农村用电量	万千瓦小时	189 639	198 419	215 279	215 178	220 845
每公顷用电量	千瓦小时	483.0	504.0	544.3	544.4	557.9
三、农业水利化						
有效灌溉面积	千公顷	914.8	908.9	910.1	904.4	936.0
占耕地面积比重	%	23.3	23.1	23.0	22.9	23.6
机电灌溉面积	千公顷	603.8	765.4	767.5	586.2	799.3
占有效灌溉面积比重	%	66.0	84.2	84.3	64.8	85.4
四、农业化学化						
化肥施用量（实物量）	万吨	245.01	236.94	245.11	266.57	283.90
氮　肥	万吨	177.04	167.72	170.51	183.28	196.10
磷　肥	万吨	22.18	27.31	27.42	31.18	34.00
钾　肥	万吨	7.41	7.15	7.97	9.29	12.05
复合肥	万吨	38.38	34.76	39.21	42.82	41.75
每公顷化肥施用量	公斤	623	602	620	675	717

11—21 各市县农业现代化水平

（1996 年）

市 、县	机耕面积（千公顷）	机耕面积占耕地面积比重（%）	机播面积（千公顷）	机播面积占耕地面积比重（%）	机械脱粒粮食产量（万吨）	农村用电量（千千瓦小时）
长春市	**640.0**	**58.1**	**688.3**	**62.5**	**6 088.0**	**544 654**
市区	51.3	34.8	72.7	49.3	848.0	181 878
九台市	77.2	48.3	94.4	59.1	700.0	89 309
榆树市	191.1	65.7	235.8	81.1	1 970.0	92 633
德惠市	130.0	61.2	113.5	53.5	970.0	119 216
农安县	190.4	65.4	171.9	59.1	1 600.0	61 618
吉林市	**159.4**	**41.2**	**182.8**	**47.2**	**245.8**	**319 973**
市区	18.0	61.4	3.7	12.6	27.8	35 480
桦甸市	16.2	36.0	17.9	39.7	29.0	26 077
蛟河市	24.0	48.2	16.0	32.1	33.0	39 644
舒兰市	32.2	38.9	60.7	73.4	53.0	49 510
磐石市	26.0	40.2	28.0	43.2	26.0	68 323
永吉县	43.0	37.3	56.5	49.0	77.0	100 939
四平市	**239.3**	**39.7**	**493.2**	**81.7**	**432.0**	**383 873**
市区	2.8	22.0	6.0	47.2	5.8	87 586
公主岭市	97.0	44.3	197.9	90.4	154.5	107 438
双辽市	40.1	40.9	68.3	69.7	55.5	61 409
梨树县	87.7	47.2	162.0	87.1	149.0	70 600
伊通县	11.7	13.4	59.0	67.4	67.2	56 840
辽源市	**47.2**	**32.4**	**61.2**	**41.9**	**986.0**	**83 819**
市区	1.2	22.2	1.2	22.2	70.0	7 761
东丰县	34.0	46.1	29.0	39.3	405.0	43 822
东辽县	12.0	18.0	31.0	46.5	511.0	32 236
通化市	**81.9**	**41.9**	**25.5**	**13.0**	**123.3**	**224 433**
市区	0.4	8.5			4.8	20 854
梅河口市	39.7	62.4	11.3	17.8	67.4	85 570
集安市	5.6	37.9	0.3	2.0	3.6	21 967
通化县	8.2	29.8	1.1	4.0	8.5	19 705
辉南县	17.8	45.2	11.5	29.2	17.8	28 337

11—21 续表 1 （1996年）

市、县	机耕面积（千公顷）	机耕面积占耕地面积比重（%）	机播面积（千公顷）	机播面积占耕地面积比重（%）	机械脱粒粮食产量（万吨）	农村用电量（千千瓦小时）
柳河县	10.3	22.6	1.3	2.8	21.2	48 000
白山市	**14.9**	**26.5**	**4.8**	**8.5**	**15.8**	**47 245**
市区	2.4	31.1	0.8	10.4	1.5	13 171
临江市	2.0	21.6	1.0	10.8	0.5	9 441
抚松县	2.0	13.4	0.8	5.4	12.0	5 529
靖宇县	4.7	47.1	0.7	7.0	0.9	4 307
长白县	2.3	32.1	0.8	11.2	0.7	5 697
江源县	1.5	21.0	0.7	9.8	0.2	9 100
松原市	**360.0**	**51.1**	**446.1**	**63.4**	**564.4**	**245 998**
市区	11.3	27.5	15.1	36.8	132.0	28 786
长岭县	51.7	28.4	123.2	67.7	112.0	58 600
前郭县	142.0	78.1	129.0	71.0	120.0	83 297
乾安县	30.0	41.1	46.0	63.0	50.4	25 000
扶余县	125.0	55.3	132.8	58.7	150.0	50 315
白城市	**205.2**	**37.8**	**173.1**	**31.9**	**150.0**	**145 665**
市区	26.8	33.9	30.3	38.4	35.0	36 592
洮南市	41.4	34.2	38.2	31.6	38.0	26 103
大安市	26.9	29.5	18.0	19.7	29.0	29 130
镇赉县	47.4	45.5	53.3	51.2	33.0	27 000
通榆县	62.7	42.3	33.3	22.5	15.0	26 840
延边朝鲜族自治州	**123.1**	**55.4**	**74.9**	**33.7**	**522.7**	**212 792**
延吉市	3.4	42.3	0.3	3.7	15.0	21 750
图们市	4.0	46.0	0.6	6.9	18.1	7 070
敦化市	49.8	78.9	44.2	70.0	106.0	49 470
龙井市	18.7	56.1	11.8	35.4	122.0	33 800
珲春市	12.2	56.7	2.8	13.0	62.0	31 290
和龙市	13.3	53.6	3.7	14.9	61.7	15 300
汪清县	14.0	39.4	7.3	20.6	68.4	25 720
安图县	7.7	28.4	4.2	15.5	69.5	28 392

11－21 续表 2 （1996年）

市、县	有效灌溉面积（千公顷）	有效灌溉面积占耕地面积比重（%）	配套机电井（眼）	化肥施用量（实物量）（吨）	#氮肥	磷肥
长春市	**189.61**	**17.22**	**7 253**	**837 813**	**633 908**	**78 011**
市区	30.35	20.6	1 437	118 365	90 778	5 531
九台市	27.72	17.36	1 650	124 456	98 302	14 112
榆树市	55.85	19.21	1 737	200 623	159 901	8 918
德惠市	52.19	24.58	930	177 883	135 930	10 131
农安县	23.50	8.08	1 499	216 486	148 997	39 319
吉林市	**159.77**	**41.29**	**4 844**	**342 261**	**262 653**	**10 426**
市区	17.53	59.8	800	23 828	19 627	887
桦甸市	9.36	20.78	117	34 329	21 924	728
蛟河市	16.03	32.21	174	33 762	23 389	1 792
舒兰市	35.67	43.11	718	69 292	55 171	1 398
磐石市	25.89	39.98	516	71 433	54 838	1 103
永吉县	55.29	47.92	2 519	109 617	87 704	4 518
四平市	**105.21**	**17.44**	**6 462**	**505 640**	**340 720**	**43 931**
市区	1.13	8.9	184	12 425	8 048	1 279
公主岭市	28.01	12.79	1 490	178 993	118 974	11 885
双辽市	22.49	22.94	1 980	86 592	58 641	12 571
梨树县	37.53	20.19	1 367	164 804	110 600	14 115
伊通县	16.05	18.33	1 441	62 826	44 457	4 081
辽源市	**24.08**	**16.51**	**1 456**	**96 821**	**67 800**	**8 709**
市区	2.24	41.5	331	4 291	3 247	599
东丰县	12.15	16.47	495	51 677	36 502	943
东辽县	9.69	14.53	630	40 853	28 051	7 167
通化市	**88.21**	**45.09**	**1 314**	**173 309**	**138 790**	**6 816**
市区	1.61	34.3	287	4 011	3 356	324
梅河口市	36.16	56.82	221	78 811	65 914	4 053
集安市	3.90	26.43	50	9 994	7 193	579
通化县	8.07	29.37	100	15 963	12 804	291
辉南县	21.54	54.68	225	36 219	30 412	1 393

11—21 续表 3 (1996 年)

市 、 县	有效灌溉面积(千公顷)	有效灌溉面积占耕地面积比重(%)	配套机电井(眼)	化肥施用量(实物量)(吨)		
					#氮肥	磷肥
柳河县	16.93	37.1	431	28 311	19 111	176
白山市	**5.51**	**9.81**	**550**	**22 655**	**12 989**	**681**
市区	1.11	14.38	28	4 727	3 564	55
临江市	0.45	4.87	52	4 174	2 827	53
抚松县	0.45	3.01	151	3 886	1 313	198
靖宇县	0.96	9.62	134	4 810	2 097	183
长白县	1.66	23.19	92	1 475	945	4
江源县	0.88	12.34	93	3 583	2 243	188
松原市	**105.94**	**15.05**	**7 336**	**518 974**	**306 980**	**131 227**
市区	10.32	25.12	785	25 105	16 062	5 946
长岭县	10.73	5.9	1 732	198 129	113 545	49 496
前郭县	44.44	24.45	1 986	86 489	55 047	18 191
乾安县	8.61	11.8	1 584	58 523	33 108	13 560
扶余县	31.84	14.08	1 249	150 728	89 218	44 034
白城市	**184.65**	**33.98**	**28 879**	**257 664**	**140 139**	**53 938**
市区	46.67	59.12	7 933	31 263	22 590	4 015
洮南市	59.12	48.87	13 899	58 426	31 151	13 130
大安市	35.95	39.37	2 841	48 410	26 889	11 591
镇赉县	27.57	26.47	1 960	30 681	18 201	4 912
通榆县	15.34	10.36	2 246	88 884	41 308	20 290
延边朝鲜族自治州	**73.82**	**33.24**	**3 195**	**83 822**	**56 978**	**6 246**
延吉市	2.46	30.62	313	4 415	3 646	312
图们市	3.59	41.33	164	3 589	2 865	541
敦化市	15.45	24.47	538	20 149	8 429	2 845
龙井市	12.65	37.96	1 033	19 705	15 575	1 184
珲春市	10.92	50.8	160	8 189	5 957	39
和龙市	11.04	44.51	453	11 880	10 102	561
汪清县	10.07	28.37	305	8 739	6 014	510
安图县	7.64	28.19	229	7 156	4 390	254

11—22 农业事业机构和气象台站

单位:个

项　　目	1992 年	1993 年	1994 年	1995 年	1996 年
农业技术推广站	947	920	843	1 087	1 041
畜牧兽医站	1 053	1 064	1 066	1 106	918
国营良种（原种）场	48	44	46	46	56
气象台、站	59	61	61	62	62
气象台	7	8	8	9	9
气象站	52	53	53	53	53

11—23 自然灾害受灾和成灾面积

单位:万公顷

项　　目	1992 年	1993 年	1994 年	1995 年	1996 年
受灾面积	301.3	211.5	241.0	233.0	130.3
#旱　灾	202.6	37.7	96.7	89.0	62.0
水　灾	20.5	93.9	123.7	57.0	35.4
风雹灾	28.6	51.8	15.0	11.0	20.9
霜冻灾	39.2	28.0	4.6	74.0	8.0
病虫灾	9.4		0.8	1.0	4.0
成灾面积	214.0	146.1	177.5	180.0	96.3
#旱　灾	149.8	18.7	67.3	70.0	54.2
水　灾	15.1	63.7	95.1	48.0	22.9
风雹灾	19.7	38.9	12.3	7.0	11.8
霜冻灾	28.6	24.7	2.4	53.0	5.1
病虫灾	0.3				2.3

11－24 历年畜牧饲养、畜禽和水产品产量

年　份	年底大牲畜头数（万头）	年底猪头数（万头）	年底羊只数（万只）	猪牛羊肉（万吨）	禽蛋（万吨）	绵羊毛（吨）	水产品（万吨）
1952	219.64	239.69	18.30				0.95
1957	170.91	206.75	38.30				1.63
1962	183.42	142.54	65.71				2.36
1965	214.20	240.84	89.05				1.67
1970	245.28	301.71	110.72				0.54
1975	246.36	560.92	140.73				1.70
1978	231.62	581.64	123.77	15.64	3.94	3 470	1.03
1979	234.27	585.73	149.28	20.47	3.61	3 951	0.81
1980	236.76	592.89	170.90	24.57	4.41	4 812	0.84
1981	231.83	547.95	167.94	25.11	5.12	5 209	1.30
1982	234.44	518.94	161.11	28.29	7.36	4 916	1.54
1983	245.71	413.54	152.48	26.33	7.38	5 109	1.79
1984	279.59	411.99	152.61	26.22	15.70	5 215	2.14
1985	294.59	496.98	151.17	29.93	17.55	5 137	2.96
1986	284.89	481.17	142.90	34.46	18.12	4 975	3.83
1987	274.52	416.08	151.88	34.31	17.42	5 323	4.51
1988	281.90	446.30	193.09	34.96	20.50	6 557	5.81
1989	292.17	494.13	223.01	38.39	22.92	7 956	6.61
1990	309.07	507.50	233.64	43.38	25.00	8 487	7.09
1991	318.55	522.61	228.69	46.78	27.44	9 124	7.86
1992	341.12	544.76	227.56	50.12	30.49	9 042	8.49
1993	359.26	567.85	241.89	57.94	32.73	9 869	9.79
1994	424.03	666.03	271.47	74.77	40.41	10 972	10.50
1995	498.66	764.36	336.95	96.66	48.89	12 178	11.06
1996	572.20	847.39	391.79	130.85	56.50	15 373	12.08

11—25 畜 牧 业 生 产 情 况

项目	单位	1992年	1993年	1994年	1995年	1996年
大牲畜年末头数	万头	341.12	359.26	424.03	498.66	572.20
牛	万头	222.88	241.90	310.24	384.33	457.57
#奶牛	万头	4.88	4.58	5.20	5.11	10.23
马	万头	79.04	78.46	75.63	77.12	76.27
驴	万头	14.33	15.02	14.84	15.52	16.68
骡	万头	24.87	23.88	23.32	21.68	21.68
肉类总产量	吨	640 431	766 644	1 009 837	1 345 361	1 845 309
#猪肉	吨	428 939	482 843	617 527	772 962	1 025 225
牛肉	吨	61 467	84 573	116 156	174 877	257 370
羊肉	吨	10 813	12 016	14 037	18 729	25 931
肉猪出栏头数	万头	464.45	514.72	649.92	837.83	1 069.24
猪年末头数	万头	544.76	567.85	666.03	764.36	847.39
#能繁殖母猪	万头	49.29	50.91	59.64	74.12	79.77
羊年末只数	万只	227.56	241.89	271.47	336.95	391.79
山羊	万只	15.86	19.31	23.57	39.13	53.10
绵羊	万只	211.70	222.59	247.89	297.82	338.69
鹿年末只数	只	100 837	120 403	128 260	137 950	162 093
养蜂	箱	74 887	81 348	78 921	70 668	63 283
牛奶	吨	109 445	93 510	104 052	102 475	112 792
羊奶	吨	3 782	4 448	4 821	10 676	8 698
绵羊毛	吨	9 042	9 869	10 972	12 178	15 373
#细羊毛	吨	6 810	8 573	9 500	10 292	13 387
蜂蜜	吨	2 239	3 345	2 297	2 369	2 021
禽蛋	吨	304 942	327 251	404 107	488 920	565 015
鹿茸	公斤	40 681	54 969	58 758	59 914	65 261

11—26 各市县畜牧业生产情况

(1996年)

市、县	大牲畜年末存栏(头)	#牛	羊年末存栏(只)	生猪年末存栏(头)	肉猪出栏(头)	鹿年末存栏(只)
长春市	**1 336 624**	**1 039 656**	**364 907**	**2 370 547**	**3 193 569**	**59 151**
市区	162 664	128 702	7 215	282 757	432 743	57 642
九台市	184 133	155 774	19 355	267 589	356 066	199
榆树市	314 512	249 389	73 758	733 446	887 997	94
德惠市	263 831	208 735	48 637	370 163	430 169	310
农安县	411 484	297 056	215 942	716 592	1 086 594	906
吉林市	**948 704**	**883 708**	**123 894**	**1 115 232**	**1 321 563**	**24 305**
市区	39 581	32 800	11 883	110 836	130 364	5 118
桦甸市	155 122	148 740	18 930	127 305	146 694	1 243
蛟河市	199 596	187 972	25 937	146 665	152 813	5 283
舒兰市	218 952	200 938	24 186	300 659	345 097	350
磐石市	192 646	183 652	18 897	126 741	215 985	8 472
永吉县	142 807	129 606	24 061	303 026	330 610	3 839
四平市	**902 606**	**687 314**	**557 859**	**1 652 632**	**2 579 070**	**32 649**
市区	13 582	8 767	12 071	23 970	40 099	95
公主岭市	304 095	242 122	113 731	601 352	919 674	1 336
双辽市	136 000	75 000	290 055	241 172	272 034	1 600
梨树县	269 654	197 321	101 573	619 009	1 116 487	3 618
伊通县	179 275	164 104	40 429	167 129	230 776	26 000
辽源市	**315 775**	**291 309**	**52 787**	**310 563**	**394 622**	**17 263**
市区	8 660	6 566	6 758	37 329	32 233	
东丰县	141 444	132 849	29 076	123 009	185 878	12 413
东辽县	165 671	151 894	16 953	150 225	176 511	4 850
通化市	**509 891**	**480 512**	**119 895**	**595 338**	**858 181**	**7 949**
市区	11 075	9 904	6 579	32 113	63 488	177
梅河口市	162 111	154 829	5 874	209 236	409 067	915
集安市	30 236	27 670	20 289	63 311	58 063	1 122
通化县	97 385	89 448	37 245	91 411	107 324	2 023
辉南县	83 716	78 835	18 681	106 886	127 776	2 899

11—26 续表 1 （1996年）

市、县	大牲畜年末存栏（头）	#牛	羊年末存栏（只）	生猪年末存栏（头）	肉猪出栏（头）	鹿年末存栏（只）
柳河县	125 368	119 826	31 227	92 381	92 463	813
白山市	**204 688**	**193 301**	**96 259**	**234 105**	**296 037**	**3 703**
市区	29 875	28 761	21 049	42 952	72 170	
临江市	34 575	34 025	15 451	40 124	56 426	
抚松县	50 293	45 390	19 418	53 667	42 672	895
靖宇县	40 284	36 249	10 313	29 131	40 696	1 512
长白县	21 971	21 900	8 391	23 184	24 294	808
江源县	27 690	26 976	21 637	45 047	59 779	488
松原市	**545 850**	**325 847**	**1 186 728**	**1 057 957**	**957 391**	**1 127**
市区	29 552	12 753	22 847	56 337	82 375	
长岭县	181 185	93 800	503 898	392 480	232 845	
前郭县	137 687	91 006	342 073	232 010	325 274	260
乾安县	45 554	20 681	188 687	102 827	102 855	150
扶余县	151 872	107 607	129 223	274 303	214 042	717
白城市	**531 675**	**273 745**	**1 287 157**	**839 968**	**738 025**	**2 660**
市区	32 303	8 017	74 153	115 800	115 548	
洮南市	98 750	42 450	387 800	209 600	167 000	2 030
大安市	142 806	63 282	265 870	148 028	153 424	
镇赉县	75 986	44 866	235 334	214 890	191 253	548
通榆县	181 830	115 130	324 000	151 650	110 800	82
延边朝鲜族自治州	**426 217**	**400 301**	**128 392**	**297 602**	**353 898**	**13 286**
延吉市	15 035	14 649	4 485	20 500	20 150	779
图们市	12 159	12 064	8 860	14 297	16 000	
敦化市	179 029	162 100	62 048	95 451	104 939	6 200
龙井市	40 896	40 706	19 583	30 842	56 092	870
珲春市	34 081	32 418	2 499	30 846	32 839	2 000
和龙市	38 993	38 766	12 565	33 479	41 792	1 460
汪清县	55 036	50 652	10 251	30 124	37 500	861
安图县	50 988	48 946	8 101	42 063	44 586	1 116

11－26 续表 2 (1996年)

市、县	肉类总产量	#猪牛羊肉	绵羊毛产量	牛奶产量	禽蛋产量
长春市	**651 352**	**371 835**	**1 208**	**41 303**	**196 063**
市区	80 571	50 018	14	31 591	84 297
九台市	52 322	38 776	64	1 940	19 125
榆树市	130 928	107 088	90	1 490	42 020
德惠市	146 075	51 150	178	2 863	23 581
农安县	241 456	124 803	862	3 419	27 040
吉林市	**212 690**	**165 192**	**67**	**19 659**	**76 474**
市区	25 464	14 046	20	17 203	21 656
桦甸市	23 572	20 518	1	382	10 772
蛟河市	29 447	26 895	2	10	6 079
舒兰市	47 461	33 834	15	271	10 805
磐石市	35 078	31 705	20	125	6 901
永吉县	51 668	38 194	9	1 668	20 261
四平市	**379 052**	**319 914**	**1 689**	**25 723**	**108 596**
市区	5 699	4 733	40	2 669	3 556
公主岭市	127 488	100 768	242	5 519	50 969
双辽市	41 173	35 890	1 013	1 080	10 011
梨树县	152 296	138 035	266	15 501	25 860
伊通县	52 396	40 488	128	954	18 200
辽源市	**72 903**	**58 601**	**107**	**2 604**	**18 159**
市区	5 698	3 586	32	2 116	3 392
东丰县	36 271	28 163	40	130	5 558
东辽县	30 934	26 852	35	358	9 209
通化市	**171 336**	**97 287**	**123**	**428**	**33 586**
市区	12 419	7 573	17	278	8 928
梅河口市	85 919	41 716	2	128	9 924
集安市	7 121	6 434	3		1 609
通化县	15 394	14 561	29	19	4 400
辉南县	17 987	14 551	14		5 025

11－26 续表 3　　(1996 年)

市　、县	肉类总产量	#猪牛羊肉	绵羊毛产量	牛奶产量	禽蛋产量
柳河县	32 496	12 452	58	3	3 700
白山市	**43 349**	**38 680**	**42**	**36**	**21 033**
市区	10 980	9 558	2		4 428
临江市	7 068	6 236	5	5	4 362
抚松县	6 888	6 250	4	31	2 803
靖宇县	6 396	5 649			1 311
长白县	3 098	2 897	21		1 400
江源县	8 919	8 090	10		6 729
松原市	**142 906**	**118 290**	**6 423**	**7 354**	**66 745**
市区	12 768	12 108	72	300	2 842
长岭县	28 991	27 353	2 668	220	15 453
前郭县	52 177	37 987	2 300	1 275	10 800
乾安县	16 268	12 542	915		6 010
扶余县	32 702	28 300	468	5 559	31 640
白城市	**116 827**	**88 087**	**5 331**	**14 868**	**27 057**
市区	13 735	11 765	305	2 010	4 051
洮南市	23 880	19 086	1 588	3 800	5 540
大安市	32 297	19 392	1 328	1 808	7 686
镇赉县	28 740	22 844	810	2 050	5 680
通榆县	18 175	15 000	1 300	5 200	4 100
延边朝鲜族自治州	**54 894**	**50 640**	**384**	**817**	**17 302**
延吉市	3 516	2 881	27	310	1 800
图们市	1 762	1 683	26	180	1 124
敦化市	19 454	17 211	190	180	6 765
龙井市	7 490	7 215	63	41	1 852
珲春市	3 977	3 785	5	54	1 389
和龙市	6 683	6 372	45		981
汪清县	6 268	5 982	26	35	1 282
安图县	5 744	5 511	2	17	2 109

11—27 林业、渔业和其他生产情况

项　　目	单 位	1992年	1993年	1994年	1995年	1996年
造林面积	千公顷	103.7	104.1	134.7	66.2	64.5
# 用材林	千公顷	47.9	41.1	44.3	34.2	24.3
经济林	千公顷	8.7	20.9	42.6	16.1	22.1
防护林	千公顷	44.6	40.3	46.4	15.3	16.2
零星植树	万株	5 564	4 083	3 314	3 213	2 745
年末实有育苗面积	千公顷	5.1	4.6	3.6	11.5	4.0
水产品产量	吨	84 862	97 920	104 970	110 550	120 756
# 养殖产量	吨	59 155	68 263	72 999	78 418	86 862
养殖面积	千公顷	189.1	198.7	202.3	318.6	223.8
水果总产量	吨	145 700	181 013	186 715	279 717	310 614
年末实有水果面积	千公顷	68.0	74.7	80.2	93.7	98.4
蚕茧产量	吨	901	1 653	1 238	1 031	863

11—28 主要农作物播种面积

单位:万公顷

项　　目	1992年	1993年	1994年	1995年	1996年
农作物总播种面积	404.9	405.1	406.0	406.0	406.3
粮食作物	353.7	352.7	356.7	357.7	362.4
谷物	298.5	283.2	287.0	305.1	319.8
# 水　稻	44.2	42.8	41.6	42.4	43.4
小　麦	8.1	11.4	10.1	8.0	7.7
玉　米	223.4	203.9	210.0	234.4	248.1
高　粱	11.8	14.1	16.0	12.8	15.0
谷　子	6.3	5.7	4.8	3.4	2.7
豆　类	47.2	60.7	60.4	43.6	34.1
薯　类	8.0	8.8	9.3	8.9	8.5
油　料	15.4	15.3	15.4	15.1	11.9
# 葵花籽	10.9	9.1	8.7	9.1	7.3
甜　菜	4.2	4.4	4.3	4.3	2.9
麻　类	0.3	0.2	0.3	0.2	0.2
烤　烟	3.9	2.4	1.4	1.2	2.3
园　参	0.4	0.4	0.3	0.2	0.2
蔬　菜	18.1	18.5	21.5	22.7	19.9

11－29 各市县水产、特产生产情况

（1996 年）

市　、县	水产品产量（吨）	水果产量（吨）	鹿茸产量（公斤）	蜂蜜产量（吨）	木耳产量（公斤）	蚕茧产量（公斤）
长　春　市	**17 074**	**30 235**	**26 010**	**163**	**3 800**	
市　　区	2 696	10 129	25 615	30		
九台市	3 702	2 917	19	15		
榆树市	1 210	5 320	38	28	3 800	
德惠市	4 660	2 857	61	18		
农安县	4 806	9 012	277	72		
吉　林　市	**19 968**	**85 919**	**11 899**	**629**	**89 842**	**270 500**
市　　区	3 805	8 610	2 682	46	17 000	
桦甸市	1 252	20 456	544	51	27 222	60 000
蛟河市	1 571	2 001	2 483	119	2 980	23 000
舒兰市	4 520	4 035	37	108		
磐石市	3 410	5 019	5 107	82	40 640	16 500
永吉县	5 410	45 798	1 046	223	2 000	171 000
四　平　市	**5 878**	**59 635**	**7 523**	**32**		**8 150**
市　　区	653	5 732	12			
公主岭市	1 920	5 849	330	11		
双辽市	1 050	629	600	8		
梨树县	1 015	7 425	1 581	4		2 150
伊通县	1 240	40 000	5 000	9		6 000
辽　源　市	**2 139**	**10 574**	**6 139**	**82**		**19 000**
市　　区	58	424				2 000
东丰县	1 130	7 678	3 724	54		
东辽县	951	2 472	2 415	28		17 000
通　化　市	**8 618**	**17 414**	**4 421**	**103**	**121 728**	**38 640**
市　　区	50	999	25	14		
梅河口市	5 418	3 681	160	15		
集安市	755	3 517	371	23	5 728	38 640
通化县	410	1 852	1 450	40	103 000	
辉南县	1 085	3 775	2 115		8 000	

11—29 续表 (1996年)

市 、县	水产品产量（吨）	水果产量（吨）	鹿茸产量（公斤）	蜂蜜产量（吨）	木耳产量（公斤）	蚕茧产量（公斤）
柳河县	900	3 590	300	11	5 000	
白山市	**3 260**	**9 844**	**1 502**	**203**	**77 084**	
市区	680	3 657		57	6 075	
临江市	900	2 131		16	16 837	
抚松县	1 020	708	286	21	30 530	
靖宇县	450	463	631	26	5 782	
长白县	140	1 733	428	62	9 775	
江源县	70	1 152	157	21	8 085	
松原市	**23 729**	**48 479**	**459**	**88**		
市区	2 700	6 504				
长岭县	400	13 570		60		
前郭县	13 600	21 094	200	22		
乾安县	729	1 300	45			
扶余县	6 300	6 011	214	6		
白城市	**36 500**	**2 417**	**920**	**80**		
市区	1 273	1 703		10		
洮南市	4 527	367	720	35		
大安市	13 000	35				
镇赉县	13 200	73	170	35		
通榆县	4 500	239	30			
延边朝鲜族自治州	**3 700**	**46 097**	**6 388**	**641**	**373 560**	**500 000**
延吉市	85	5 959	470	32	3 850	
图们市	40	1 575		3	5 640	
敦化市	1 930	3 120	3 006	146	95 470	500 000
龙井市	380	25 355	330	58	12 660	
珲春市	560	3 053	600	74	20 160	
和龙市	125	5 023	1 022	50	34 500	
汪清县	100	1 424	610	52	168 494	
安图县	480	588	350	226	32 786	

11—30 各市县农作物播种面积

（1996 年）　　单位:公顷

市、县	农作物总播种面积	#粮食作物	#谷物	#水稻	玉米	#豆类	#大豆
长春市	**1 124 429**	**979 061**	**878 513**	**92 929**	**724 974**	**68 951**	**64 506**
市区	155 953	121 309	105 200	14 335	86 443	14 478	14 291
九台市	160 332	143 682	120 995	16 993	98 981	19 315	17 535
榆树市	292 294	256 109	234 255	25 273	187 546	14 114	13 471
德惠市	216 022	184 586	163 933	33 003	117 048	14 412	12 946
农安县	299 828	273 375	254 130	3 325	234 956	6 632	6 263
吉林市	**388 804**	**343 769**	**280 907**	**108 115**	**168 711**	**56 757**	**55 340**
市区	30 773	20 884	18 411	9 616	8 532	2 473	2 456
桦甸市	46 190	41 151	27 151	6 258	20 532	13 384	13 148
蛟河市	49 754	42 129	27 015	9 801	17 038	14 495	14 008
舒兰市	82 641	76 695	64 546	29 113	33 732	11 013	10 777
磐石市	66 626	60 117	50 340	16 692	32 992	7 928	7 636
永吉县	112 820	102 793	93 444	36 635	55 885	7 464	7 315
四平市	**611 016**	**586 325**	**561 635**	**48 738**	**471 965**	**16 558**	**15 360**
市区	13 367	11 276	10 289	47	8 937	987	981
公主岭市	219 648	210 036	202 240	10 098	187 884	3 749	3 724
双辽市	100 263	96 840	93 682	8 770	76 141	2 860	1 736
梨树县	189 553	182 144	174 491	19 423	130 021	4 478	4 437
伊通县	88 185	86 029	80 933	10 400	68 982	4 484	4 482
辽源市	**149 761**	**138 662**	**118 972**	**16 009**	**99 992**	**15 329**	**14 980**
市区	5 949	2 627	2 346	424	1 645	281	246
东丰县	75 592	71 282	60 908	10 874	49 635	8 105	7 853
东辽县	68 220	64 753	55 718	4 711	48 712	6 943	6 881
通化市	**198 256**	**176 485**	**144 234**	**53 170**	**88 087**	**24 628**	**23 611**
市区	6 346	2 673	1 836	314	1 378	837	773
梅河口市	64 172	58 297	52 023	22 294	29 244	2 928	2 883
集安市	17 899	14 962	11 295	2 494	8 422	2 878	2 672
通化县	28 765	24 951	16 880	4 996	11 384	6 874	6 537
辉南县	40 259	36 884	32 160	13 680	18 106	3 476	3 378

11—30 续表 1　　(1996年)　　单位:公顷

市、县	农作物总播种面积	#粮食作物	#谷物	#水稻	玉米	#豆类	#大豆
柳河县	40 815	38 718	30 040	9 392	19 553	7 635	7 368
白山市	**62 877**	**49 105**	**30 376**	**2 008**	**25 629**	**17 057**	**16 510**
市区	8 606	6 524	4 096	656	3 016	2 061	1 965
临江市	11 616	9 233	5 678	245	4 975	3 297	3 136
抚松县	15 882	12 512	7 392	55	6 972	4 781	4 675
靖宇县	11 020	8 957	5 770	410	5 079	2 961	2 863
长白县	8 097	6 304	3 791	520	2 473	2 106	2 064
江源县	7 656	5 575	3 649	122	3 114	1 851	1 807
松原市	**731 802**	**672 947**	**639 577**	**32 529**	**531 602**	**21 235**	**14 542**
市区	41 545	38 787	37 273	2 179	29 249	758	598
长岭县	183 404	156 328	144 759	1 549	130 234	5 908	3 964
前郭县	183 710	174 148	165 554	23 196	117 881	6 493	4 275
乾安县	99 724	96 562	93 337	347	77 910	2 107	1 310
扶余县	223 419	207 122	198 654	5 258	176 328	5 969	4 395
白城市	**573 819**	**494 719**	**441 194**	**35 642**	**318 774**	**46 400**	**19 833**
市区	79 202	67 966	58 258	8 008	38 953	9 708	2 440
洮南市	142 677	124 765	107 300	7 357	79 237	13 953	4 658
大安市	93 464	78 412	72 919	5 164	49 190	3 776	2 020
镇赉县	108 725	99 637	93 779	13 830	66 513	4 833	3 108
通榆县	149 751	123 939	108 938	1 283	84 881	14 130	7 607
延边朝鲜族自治州	**222 237**	**183 459**	**103 051**	**44 985**	**51 562**	**74 165**	**71 380**
延吉市	7 454	5 151	3 064	1 328	1 606	1 903	1 861
图们市	8 521	6 645	3 690	1 607	1 907	2 782	2 730
敦化市	64 420	51 205	25 047	7 640	16 898	24 318	23 294
龙井市	34 838	27 945	18 069	8 935	8 135	9 053	8 855
珲春市	21 299	18 999	13 811	8 039	5 603	4 680	4 577
和龙市	24 267	20 465	12 580	7 749	4 529	7 301	6 952
汪清县	35 123	29 985	15 182	5 471	6 545	13 759	13 449
安图县	26 315	23 064	11 608	4 216	6 339	10 369	9 662

11—30 续表 2 （1996年） 单位:公顷

市、县	油料	#葵花籽	麻类	甜菜	烟叶	药材	蔬菜瓜类
长春市	**22 721**	**12 652**	**1 316**	**4 225**	**4 601**	**75**	**105 940**
市区	2 115	193	171	35	4	55	31 197
九台市	1 165	144	70	28	1 528	2	13 075
榆树市	5 567	814	765	2 392	2 114		24 342
德惠市	4 021	2 050	310	750	700	18	23 251
农安县	9 853	9 451		1 020	255		14 075
吉林市	**3 638**	**1 000**	**122**	**2 434**	**4 950**	**528**	**28 570**
市区			1	102		61	9 014
桦甸市	191	84		429	550	204	1 651
蛟河市	544	493		326	2 726	100	2 996
舒兰市	274	92	19	460	1 257	4	3 832
磐石市	816	281	98	1 047	297	144	3 674
永吉县	1 813	50	4	70	120	15	7 403
四平市	**1 941**	**1 780**	**44**	**421**	**366**		**21 479**
市区			1	9			2 072
公主岭市	39	37	1	127	47		9 035
双辽市	1 738	1 709		215			1 470
梨树县	113	19	14	70	150		7 028
伊通县	51	15	28		169		1 874
辽源市	**162**	**156**	**19**	**37**	**946**	**17**	**9 305**
市区	43	40	7				3 225
东丰县	91	89	11	37	79	15	3 883
东辽县	28	27	1		867	2	2 197
通化市	**1 558**	**1 059**	**40**	**170**	**853**	**3 156**	**15 273**
市区	90	38		1	15	71	3 461
梅河口市	250	176	7	50	185	164	4 819
集安市	208	41	14		31	1 468	1 178
通化县	615	492	15		97	1 161	1 769
辉南县	250	230	1	86	159	194	2 627

11—30 续表 3　　(1996年)　　单位:公顷

市、县	油料	#葵花籽	麻类	甜菜	烟叶	药材	蔬菜瓜类
柳河县	145	82	3	33	366	98	1 419
白山市	**1 055**	**795**	**20**	**1**	**213**	**5 306**	**6 353**
市区	165	159	2		18	125	1 676
临江市	308	227	6		94	319	1 383
抚松县	350	230	9		48	1 549	1 315
靖宇县	93	73	1	1	16	1 315	536
长白县	68	35			17	1 303	329
江源县	71	71	2		20	695	1 114
松原市	**36 093**	**21 962**	**15**	**8 121**	**316**		**12 722**
市区	21	19					2 358
长岭县	19 032	18 217		4 491	150		2 993
前郭县	3 077	2 338		2 661			3 262
乾安县	1 243	1 043		618			1 301
扶余县	12 720	345	15	351	166		2 808
白城市	**48 665**	**32 509**	**90**	**9 586**	**5 641**		**12 634**
市区	5 681	1 464	90	243			5 079
洮南市	10 619	7 190		5 054	30		1 678
大安市	7 130	5 990		602	4 387		2 933
镇赉县	4 308	3 766		328	1 224		1 967
通榆县	20 927	14 099		3 359			977
延边朝鲜族自治州	**3 941**	**1 438**	**30**	**4 533**	**13 973**	**1 290**	**12 631**
延吉市	693	38		12	223		1 289
图们市	183	13		19	530		959
敦化市	1 056	790		3 019	5 300	471	2 371
龙井市	701	101		244	2 211	6	3 010
珲春市	21	3		7	796	33	1 312
和龙市	286	61		66	1 931	96	1 277
汪清县	549	39	30	822	2 421	212	1 045
安图县	452	393		344	561	472	1 368

11—31 历年主要农产品产量

单位:万吨

年份	粮食作物合计	#小麦	高粱	玉米	水稻	油料	甜菜	烤烟
1952	613.20	9.01	139.10	144.17	35.30	3.89	17.61	1.35
1957	429.35	3.43	74.56	107.15	51.03	2.42	21.71	0.87
1962	437.10	4.70	89.43	153.15	34.05	1.05	7.39	0.55
1965	525.10	7.21	96.21	162.93	63.25	1.76	35.71	1.55
1970	738.80	18.96	121.63	250.45	93.10	1.30	34.58	1.65
1975	906.50	16.46	76.55	496.82	128.04	8.69	42.55	1.98
1978	914.70	19.89	81.53	489.49	121.15	12.29	45.13	1.97
1979	903.34	17.82	71.79	533.77	101.77	14.22	56.94	1.39
1980	859.60	16.80	67.59	506.90	107.40	26.60	117.66	1.28
1981	921.91	15.64	69.93	527.32	112.58	34.52	90.28	1.30
1982	1 000.04	15.65	62.23	589.23	144.62	29.27	67.89	2.10
1983	1 477.98	14.63	105.67	941.02	151.27	39.23	95.07	1.10
1984	1 634.46	15.38	99.05	1 103.75	190.84	59.78	68.00	1.70
1985	1 225.26	10.33	56.84	793.13	183.66	48.36	87.69	1.54
1986	1 397.71	6.70	43.74	1 016.42	174.29	38.85	59.76	1.07
1987	1 675.81	6.30	45.83	1 231.58	222.75	35.26	69.00	1.52
1988	1 693.25	5.15	61.09	1 220.97	224.38	35.43	129.60	2.61
1989	1 351.29	8.58	45.65	983.90	185.58	34.80	66.00	3.82
1990	2 046.52	12.75	55.72	1 529.55	289.42	46.74	116.40	3.36
1991	1 898.87	14.52	46.01	1 400.13	306.30	43.54	109.56	4.38
1992	1 840.30	22.10	50.70	1 326.60	303.00	35.82	91.81	5.54
1993	1 900.90	30.80	57.50	1 344.60	289.00	28.62	97.19	3.99
1994	2 015.70	22.00	78.80	1 439.40	292.70	28.68	97.56	2.15
1995	1 992.40	19.10	57.50	1 478.50	296.90	25.55	83.64	1.72
1996	2 326.60	20.60	74.80	1 753.40	347.40	21.70	70.21	3.88

注：1992 年以后的粮食作物产量为抽样调查数。

11—32 主要农产品产量

单位:万吨

项　　目	1992年	1993年	1994年	1995年	1996年
一、粮食作物合计	1 840.3	1 900.9	2 015.7	1 992.4	2 326.6
1. 谷　物	1726.0	1 746.4	1 857.3	1 867.9	2 211.9
#水　稻	303.0	289.0	292.7	296.9	347.4
玉　米	1 326.6	1 344.6	1 439.4	1 478.5	1 753.4
高　粱	50.7	57.5	78.8	57.5	74.8
谷　子	14.0	14.0	13.2	8.6	7.6
2. 豆　类	82.3	119.9	130.6	89.7	74.9
#大　豆	75.4	108.1	106.8	78.3	63.4
3. 薯　类	32.0	34.6	27.8	34.8	39.8
二、油　料	35.82	28.62	28.68	25.55	21.70
#葵花籽	27.87	17.84	16.39	16.83	14.32
三、麻　类	0.37	0.30	0.40	0.25	0.18
四、甜　菜	91.81	97.19	97.56	83.64	70.21
五、烟　叶	8.52	7.35	4.19	3.07	5.79
#烤　烟	5.54	3.99	2.15	1.72	3.88
六、园　参(吨)	19 649	20 680	17 195	13 521	14 087
七、蔬　菜	447.35	497.35	572.34	530.55	587.59
八、水　果	14.57	18.10	18.67	27.97	31.06

注：本表粮食作物产量为抽样调查数。

11—33 各市县主要农产品产量

（1996年） 单位：吨

市、县	粮食作物合计	谷物	#水稻	玉米	豆类	#大豆	薯类
长春市	**7 502 489**	**7 113 619**	**783 433**	**6 041 261**	**169 361**	**157 641**	**219 509**
市区	922 077	884 746	118 053	751 226	31 432	30 963	5 899
九台市	973 136	917 911	127 063	772 640	38 396	34 988	16 829
榆树市	2 160 875	2 068 849	239 937	1 701 778	37 606	35 994	54 420
德惠市	1 270 536	1 198 121	278 856	861 033	37 814	33 850	34 601
农安县	2 175 865	2 043 992	19 524	1 954 584	24 113	21 846	107 760
吉林市	**2 373 202**	**2 190 597**	**871 933**	**1 307 306**	**157 268**	**154 637**	**25 337**
市区	142 910	139 066	67 097	70 821	3 844	3 820	
桦甸市	335 767	274 666	76 982	196 384	57 064	56 457	4 037
蛟河市	270 558	218 303	70 325	147 609	49 599	48 481	2 656
舒兰市	527 719	501 643	245 002	251 994	19 504	19 227	6 572
磐石市	472 326	449 279	170 148	277 344	15 800	15 359	7 247
永吉县	623 922	607 640	242 379	363 154	11 457	11 293	4 825
四平市	**5 450 785**	**5 360 190**	**489 059**	**4 671 119**	**42 129**	**40 640**	**48 466**
市区	90 116	87 981	353	81 906	2 135	2 122	
公主岭市	2 050 001	2 010 580	119 032	1 870 374	10 862	10 775	28 559
双辽市	780 564	772 926	75 083	659 782	5 832	4 485	1 806
梨树县	1 775 600	1 748 416	205 900	1 414 181	11 921	11 882	15 263
伊通县	754 504	740 287	88 691	644 876	11 379	11 376	2 838
辽源市	**1 119 289**	**1 057 510**	**128 803**	**915 516**	**37 265**	**36 468**	**24 514**
市区	16 731	16 177	2 824	12 009	554	520	
东丰县	552 530	522 583	90 449	430 802	17 928	17 360	12 019
东辽县	550 028	518 750	35 530	472 705	18 783	18 588	12 495
通化市	**1 248 112**	**1 146 967**	**468 365**	**670 575**	**47 786**	**46 215**	**53 359**
市区	8 378	6 079	1 287	5 506	1 399	1 332	
梅河口市	501 337	463 236	209 006	252 580	7 423	7 357	30 678
集安市	66 989	59 331	13 607	44 803	4 607	4 367	3 051
通化县	106 449	90 658	29 234	60 566	11 495	11 000	4 296
辉南县	300 378	286 555	133 511	151 674	8 537	8 336	5 286

11—33 续表 1 (1996年) 单位:吨

市、县	粮食作物合计	谷物	#水稻	玉米	豆类	#大豆	薯类
柳河县	264 581	240 208	81 710	155 446	14 325	13 823	10 048
白山市	**226 924**	**186 085**	**12 697**	**168 496**	**34 967**	**34 085**	**5 872**
市区	25 814	21 117	3 792	16 757	3 560	3 407	1 137
临江市	42 002	34 990	2 097	32 040	5 904	5 640	1 108
抚松县	56 649	44 918	339	43 825	10 206	10 092	1 525
靖宇县	49 778	42 155	2 120	39 216	6 886	6 695	737
长白县	29 011	22 525	3 575	17 519	5 357	5 244	1 129
江源县	23 670	20 380	774	19 139	3 054	3 007	236
松原市	**5 048 388**	**4 942 653**	**289 990**	**4 214 284**	**44 193**	**31 448**	**61 542**
市区	274 021	268 635	17 185	221 374	1 547	1 245	3 839
长岭县	1 258 607	1 216 839	8 490	1 130 817	12 227	8 556	29 541
前郭县	1 250 850	1 226 354	213 142	879 250	12 985	8 524	11 511
乾安县	702 540	697 152	2 890	602 045	2 848	1 661	2 540
扶余县	1 562 370	1 533 673	48 283	1 380 798	14 586	11 462	14 111
白城市	**2 542 269**	**2 451 955**	**239 920**	**1 873 137**	**64 935**	**29 242**	**25 379**
市区	414 450	404 495	68 775	285 803	9 955	3 249	
洮南市	758 334	723 148	46 369	580 120	18 467	7 080	16 719
大安市	350 321	341 452	16 692	268 315	4 866	2 857	4 003
镇赉县	516 632	505 141	100 331	359 618	7 709	5 104	3 782
通榆县	502 532	477 719	7 753	379 281	23 938	10 952	875
延边朝鲜族自治州	**716 053**	**535 087**	**253 031**	**269 986**	**159 548**	**154 935**	**21 418**
延吉市	23 063	19 528	9 010	10 301	3 037	2 984	498
图们市	21 736	17 152	7 314	9 500	4 091	4 042	493
敦化市	230 005	142 618	39 269	102 243	78 759	76 357	8 628
龙井市	137 622	118 713	64 485	51 446	16 157	15 925	2 752
珲春市	67 000	59 428	34 489	24 758	6 071	5 961	1 501
和龙市	86 079	73 681	49 365	23 710	10 915	10 554	1 483
汪清县	80 506	56 063	28 332	22 722	21 351	20 933	3 092
安图县	70 042	47 904	20 767	25 306	19 167	18 179	2 971

11—33 续表 2 （1996年） 单位：吨

市、县	油料	#葵花籽	麻类	甜菜	烟叶	蔬菜瓜类
长春市	**53 043**	**34 416**	**1 233**	**105 049**	**9 626**	**2 498 248**
市区	2 504	306	92	175	12	759 854
九台市	1 668	207	85	1 246	3 874	178 620
榆树市	12 690	1 548	827	60 555	3 711	648 835
德惠市	6 406	3 678	229	22 738	1 372	473 479
农安县	29 775	28 677		20 335	657	437 460
吉林市	**4 566**	**1 600**	**85**	**43 567**	**10 637**	**984 941**
市区			1	420		235 692
桦甸市	391	225		8 465	1 045	119 466
蛟河市	875	809		3 851	5 550	112 573
舒兰市	350	97	16	9 761	3 474	179 300
磐石市	1 116	416	64	20 220	531	28 572
永吉县	1 834	53	4	850	37	309 338
四平市	**2 469**	**2 125**	**108**	**13 578**	**784**	**832 381**
市区			2	95		79 979
公主岭市	128	123	2	5 517	141	353 740
双辽市	1 986	1 957		4 576		50 114
梨树县	256	13	48	3 390	356	306 019
伊通县	99	32	56		287	42 529
辽源市	**320**	**313**	**32**	**260**	**2 124**	**212 876**
市区	94	90	18			112 302
东丰县	119	117	13	260	93	55 810
东辽县	107	106	1		2 031	44 764
通化市	**2 972**	**1 711**	**54**	**1 833**	**1 507**	**513 117**
市区	277	78		15	26	97 372
梅河口市	382	273	6	288	317	182 716
集安市	481	49	19		36	37 216
通化县	1 035	608	21		179	40 284
辉南县	597	567	3	1 110	520	77 909

11—33 续表 3　　(1996年)　　单位:吨

市、县	油料	#葵花籽	麻类	甜菜	烟叶	蔬菜瓜类
柳河县	200	136	5	420	429	77 620
白山市	**1 707**	**1 239**	**27**	**30**	**597**	**271 012**
市区	279	272	1		56	57 166
临江市	603	406	17		349	82 311
抚松县	471	302	7		86	52 681
靖宇县	162	113	1	30	37	15 707
长白县	107	61			46	13 789
江源县	85	85	1		23	49 358
松原市	**86 373**	**56 355**	**8**	**208 577**	**931**	**453 048**
市区	60	55				138 970
长岭县	49 000	47 778		130 290	600	104 289
前郭县	8 006	6 923		56 394		70 983
乾安县	1 175	1 061		11 105		56 562
扶余县	28 132	538	8	10 788	331	82 244
白城市	**60 700**	**43 140**	**152**	**250 026**	**7 627**	**397 224**
市区	7 220	1 982	150	4 694		139 305
洮南市	13 370	8 734		128 837	30	44 662
大安市	10 934	9 913		15 064	6 436	111 941
镇赉县	5 899	5 285		5 147	1 161	52 291
通榆县	23 277	17 226	2	96 284		49 025
延边朝鲜族自治州	**4 859**	**2 322**	**60**	**79 145**	**24 072**	**325 509**
延吉市	668	37		200	482	39 717
图们市	226	15		282	987	28 654
敦化市	1 701	1 341		52 837	9 237	65 255
龙井市	694	134		4 243	3 960	63 723
珲春市	26	4		35	1 371	27 002
和龙市	359	113		1 064	3 436	37 277
汪清县	485	43	60	17 047	3 576	31 011
安图县	700	635		3 437	1 023	32 870

11—34 主要农产品单位面积产量

单位:公斤/公顷

项目	1992年	1993年	1994年	1995年	1996年
一、粮食作物	5 355	5 390	5 651	5 570	6 419
谷物	5 959	6 167	6 471	6 122	6 916
#水稻	7 065	6 757	7 011	6 911	8 003
玉米	6 135	6 594	6 854	6 307	7 067
高粱	4 275	4 090	4 928	4 478	4 977
谷子	2 205	2 456	2 762	2 500	2 804
豆类	1 663	1 976	2 162	2 058	2 196
#大豆	1 665	1 989	2 115	2 068	2 141
薯类	4 230	3 933	3 009	3 880	4 682
二、油料	2 325	1 867	1 861	1 691	1 812
#葵花籽	2 565	1 956	1 892	1 847	1 953
三、甜菜	21 855	22 134	22 797	17 089	23 776
四、麻类	1 155	1 445	1 431	1 962	1 037
五、烟叶	1 545	1 757	1 772	1 597	1 818
#烤烟	1 425	1 647	1 524	1 284	1 715
六、园参	6 510	5 421	6 269	5 152	4 835
七、蔬菜	24 705	26 882	27 490	29 184	29 563
八、水果	2 145	2 423	2 327	2 987	3 157

注：粮食作物单产按抽样调查资料计算。

11—35 农垦生产建设基本情况

项　目	单位	1992年	1993年	1994年	1995年	1996年
企业、事业单位个数	个	143	144	164	201	140
职工人数	人	89 302	89 704	90 178	94 131	93 223
耕地面积	公顷	63 050	64 370	65 078	64 670	66 893
农作物播种面积	公顷	62 140	62 350	63 540	63 761	66 581
粮食作物播种面积	公顷	54 410	55 750	56 669	57 909	61 426
粮食总产量	吨	285 158	309 524	322 289	358 908	423 076
油料作物面积	公顷	2 370	2 300	2 889	2 157	1 820
油料总产量	吨	2 753	2 764	2 714	2 563	1 846
甜菜作物面积	公顷	470	270	132	410	444
甜菜总产量	吨	8 214	4 037	2 082	8 858	3 456
园参面积	公顷	494	536	418	394	469
人参总产量	吨	2 385	2 238	2 009	1 912	1 776
大牲畜年末存栏	头	40 300	40 100	40 361	43 144	50 288
# 牛	头	20 200	20 300	20 415	24 899	30 735
猪年末存栏	头	55 100	69 300	71 762	80 460	71 987
羊年末存栏	只	51 000	52 000	54 881	58 048	66 133
鹿年末存栏	只	59 903	59 510	59 821	60 785	61 400
家　禽	万只	160.5	176.5	204.3	189.4	204.5
肉类总产量	吨	7 264	7 743	9 100	110 563	14 608
# 猪　肉	吨	3 050	3 718	3 880	52 815	7 888
牛奶总产量	吨	2 925	3 519	3 408	3 214	3 499
羊毛总产量	吨	199	204	218	200	219
禽蛋总产量	吨	12 961	13 433	17 261	14 565	15 765
鹿　茸	公斤	28 681	26 054	24 328	24 474	25 111
农业机械总动力	千瓦	186 334	177 078	201 634	222 951	231 098
大中型拖拉机	混合台	1 285	1 189	1 184	1 149	1 173
农用载重汽车	辆	336	304	315	271	262

注：园参面积是指绿色面积。

11－36 乡镇企业单位数及职工人数

年份	合计	农业	工业	建筑业	交通运输业	商业饮食业	其他
一、企业单位数（个）							
1978	18 009	7 387	9 242	262	126		992
1979	17 283	6 967	8 517	409	263		1 127
1980	17 716	6 134	8 708	544	447		1 883
1981	18 243	6 210	8 548	591	732		2 162
1982	18 995	5 935	8 847	642	1 193		2 378
1983	18 480	5 232	8 469	762	1 422		2 595
1984	22 897	4 597	10 892	1 236	1 942	2 901	1 329
1985	21 489	4 188	11 435	1 028	994	631	3 213
1986	315 894	4 759	127 234	13 072	69 216	81 865	19 748
1987	411 189	5 313	150 583	26 101	97 002	107 452	24 738
1988	471 198	6 041	168 611	30 943	116 715	127 423	21 465
1989	477 588	6 456	163 827	33 997	121 378	133 226	18 704
1990	464 568	6 186	153 828	32 241	120 792	133 272	18 249
1991	467 477	6 088	154 581	30 393	124 589	134 266	17 560
1992	496 552	7 471	154 686	36 096	133 810	143 193	21 296
1993	557 991	8 395	168 839	40 125	148 553	168 313	23 766
1994	632 562	8 722	186 261	45 241	167 931	197 972	26 435
1995	657 813	8 364	164 854	46 192	178 711	229 498	30 194
1996	703 163	7 861	168 120	48 144	196 477	48 231	234 330
二、职工人数（万人）							
1978	36.50	8.20	25.40	1.60	0.30		1.00
1979	39.10	9.10	25.80	2.40	0.50		1.30
1980	42.30	8.80	27.60	3.40	0.50		2.00
1981	42.80	8.50	27.80	3.70	0.70		2.10
1982	46.90	7.70	30.50	5.40	1.20		2.10
1983	47.70	7.00	30.60	6.30	1.20		2.60
1984	52.80	6.20	33.20	8.40	1.60	2.40	1.00
1985	51.20	5.20	34.10	8.00	0.80	0.50	2.00
1986	113.40	5.70	60.60	17.00	12.60	13.90	3.60
1987	140.60	6.30	71.00	22.70	17.40	18.90	4.30
1988	162.50	7.50	80.60	22.60	20.80	23.60	3.40
1989	162.10	7.50	78.60	26.00	21.50	24.60	3.00
1990	155.30	7.40	73.10	25.20	21.30	25.69	2.70
1991	159.00	7.60	75.00	25.40	21.70	26.10	2.70
1992	168.30	8.10	78.30	26.70	23.30	28.50	3.40
1993	191.70	8.10	86.10	30.50	27.00	35.70	4.30
1994	206.10	8.70	92.90	32.70	28.30	39.40	3.90
1995	213.90	8.40	89.60	32.30	30.70	47.60	5.30
1996	225.00	8.10	94.60	32.20	32.40	13.60	44.10

11—37 乡镇企业总产值

单位:万元

年份	合计	农业	工业	建筑业	交通运输业	商业饮食业	其他
按当年价格计算							
1978	71 088	9 682	56 725	2 063	560		2 058
1979	86 904	12 958	65 311	3 362	1 376		3 897
1980	90 879	15 556	61 664	4 658	1 682		7 319
1981	99 276	16 519	64 525	5 548	2 208		10 476
1982	126 112	17 038	78 115	11 855	4 040		15 064
1983	149 496	20 230	84 315	20 113	5 909		18 929
1984	221 506	26 210	124 106	39 192	9 879	16 724	5 395
1985	242 146	22 478	156 848	42 778	5 391	3 525	11 126
1986	548 898	31 181	299 572	88 812	71 421	57 912	
1987	858 338	46 686	466 284	131 513	118 602	95 253	
1988	1 220 013	63 178	648 603	186 751	173 410	148 071	
1989	1 441 527	62 795	779 689	210 043	210 336	178 664	
1990	1 525 378	64 851	837 215	207 815	230 880	184 581	
1991	1 612 569	73 444	852 233	233 315	245 322	208 355	
1992	2 110 733	93 387	1 115 801	306 202	313 493	281 850	
1993	3 312 959	131 928	1 782 929	478 196	453 620	466 286	
1994	4 977 166	201 452	2 709 892	635 728	662 331	767 763	
1995	6 418 765	255 541	3 423 962	702 990	913 408	1 122 864	
1996	8 545 204	323 958	4 359 282	1 035 891	1 179 990	476 174	1 169 909
按1970年不变价格计算							
1978	71 088	9 682	56 725	2 063	560		2 058
1979	86 904	12 958	65 311	3 362	1 376		3 897
1980	100 786	15 556	71 571	4 658	1 682		7 319
1981	106 198	16 518	71 449	5 548	2 206		10 477
按1980年不变价格计算							
1981	109 983	16 518	75 234	5 548	2 206		10 477
1982	135 219	17 038	87 222	11 855	4 040		15 064
1983	161 155	20 230	95 974	20 113	5 909		18 929
1984	217 632	26 129	120 258	39 420	9 879	16 551	5 395
1985	230 772	21 972	145 980	42 778	5 391	3 525	11 126
1986	530 942	29 128	283 669	88 812	71 421	57 912	
1987	776 616	44 359	386 889	131 513	118 602	95 253	
1988	1 097 608	59 057	530 319	186 751	173 410	148 071	
1989	1 265 696	66 854	615 416	210 043	210 336	163 047	
1990	1 356 063	75 109	670 323	207 863	218 187	184 581	
按1990年不变价格计算							
1990	1 460 000	75 482	771 510	209 589	218 838	184 581	
1991	1 622 215	83 868	257 229	232 876	244 572	203 670	
1992	2 128 860	100 528	1 126 787	306 202	313 493	281 850	
1993	3 254 019	137 848	1 718 069	478 196	453 620	466 286	
1994	4 838 207	206 280	2 566 105	635 728	662 331	767 763	
1995	6 222 752	250 305	3 179 514	794 475	900 346	1 098 112	
1996	8 156 321	319 195	4 071 988	1 025 302	1 146 293	468 130	1 125 413

11—38 乡镇企业主要产品产量

项　目	单　位	1992年	1993年	1994年	1995年	1996年
发电量	万千瓦小时	8 959	9 608	11 530	9 893	9 201
原　煤	万吨	451	653	829	980	1 304
磷　肥	吨	1 881	584	1 733	805	1 206
砖	万块	938 526	1 111 001	1 275 636	1 067 837	905 994
机制纸及纸板	吨	54 506	63 377	74 983	62 845	60 234
服　装	万件	479	869	2 572	885	875
水果罐头	吨	776	1 049	901	729	225
蔬菜罐头	吨	9	1 286	1 116	1 200	2 400
白　酒	吨	37 856	52 968	64 485	86 139	78 884
啤　酒	吨	177 510	252 128	282 296	305 824	334 252
汽　水	吨	53 536	58 425	84 005		74 144
食用植物油	吨	46 326	71 662	69 764	68 826	50 845
配合饲料	万吨	13	22	19	22	25

11—39 各市县乡镇企业总产值

(1996年)　　单位:万元

市、县	合计	农业	工业	建筑业	交通运输业	商业饮食业
长春市	**2 980 411**	**81 891**	**1 593 640**	**418 899**	**378 092**	**507 889**
市区	1 754 029	22 707	927 367	261 587	225 208	317 160
九台市	287 204	8 151	134 532	54 950	41 861	47 710
榆树市	322 213	22 629	164 853	34 812	38 968	60 951
德惠市	250 276	17 847	133 941	30 699	30 748	37 041
农安县	366 689	10 557	232 947	36 851	41 307	45 027
吉林市	**1 348 680**	**28 170**	**683 117**	**156 942**	**217 816**	**262 635**
市区	305 094	335	172 564	28 525	53 008	50 662
桦甸市	145 926	3 188	62 504	25 177	28 373	26 684
蛟河市	211 358	4 597	98 979	26 364	31 771	49 647
舒兰市	200 196	5 396	88 310	21 963	27 852	56 675
磐石市	200 881	4 876	118 214	16 338	26 249	35 204
永吉县	285 225	9 778	142 546	38 575	50 563	43 763
四平市	**1 187 689**	**46 635**	**603 035**	**146 073**	**181 351**	**210 575**
市区	210 739	1 960	157 106	20 506	21 028	10 139
公主岭市	467 760	8 041	176 590	70 324	90 879	121 926
双辽市	88 312	11 424	40 456	6 835	11 175	18 422
梨树县	284 761	15 442	152 015	33 410	44 741	39 153
伊通县	136 097	9 768	76 868	14 998	13 528	20 935
辽源市	**446 450**	**12 131**	**263 734**	**47 886**	**61 446**	**61 253**
市区	81 441	190	43 381	10 742	13 170	13 958
东丰县	187 497	8 986	99 140	20 247	24 370	34 754
东辽县	177 512	2 955	121 213	16 897	23 906	12 541
通化市	**831 068**	**33 609**	**401 442**	**92 274**	**113 929**	**189 814**
市区	103 158	1 018	48 898	8 148	14 366	30 728
梅河口市	336 347	11 323	155 803	47 767	55 211	66 243
集安市	90 282	3 227	35 786	5 760	9 682	35 827
通化县	118 309	2 416	65 929	15 537	17 202	17 225
辉南县	106 700	6 610	60 470	9 865	7 250	22 505

注：本表按当年价格计算。

11—39 续表　　　　　　　　　　　　　　　　(1996年)　　　　　　　　　　　　　　　　单位:万元

市、县	合计	农业	工业	建筑业	交通运输业	商业饮食业
柳河县	76 272	9 015	34 556	5 197	10 218	17 286
白山市	**473 897**	**42 989**	**233 242**	**25 677**	**53 078**	**118 911**
市区	140 197	5 378	69 627	9 188	14 394	41 610
临江市	61 661	2 417	35 083	3 696	7 163	13 302
抚松县	74 397	21 547	25 924	4 604	9 747	12 575
靖宇县	23 218	1 634	8 407	804	4 465	7 908
长白县	53 983	8 472	22 543	3 036	5 768	14 164
江源县	120 441	3 541	71 658	4 349	11 541	29 352
松原市	**414 270**	**29 901**	**184 904**	**46 248**	**57 830**	**95 387**
市区	52 890	1 861	23 590	10 103	9 133	8 203
长岭县	92 000	3 635	46 400	8 485	8 610	24 870
前郭县	94 330	9 853	31 200	11 897	18 877	22 503
乾安县	41 500	2 951	15 954	2 762	5 008	14 825
扶余县	133 550	11 601	67 760	13 001	16 202	24 986
白城市	**390 963**	**30 721**	**166 201**	**58 432**	**53 639**	**81 970**
市区	100 110	8 384	59 108	10 447	8 676	13 495
洮南市	83 360	5 825	30 592	15 570	12 084	19 289
大安市	111 182	9 500	44 898	15 916	14 012	26 856
镇赉县	55 774	5 467	22 792	6 928	9 597	10 990
通榆县	40 537	1 545	8 811	9 571	9 270	11 340
延边朝鲜族自治州	**456 726**	**13 962**	**230 736**	**43 468**	**63 216**	**105 344**
延吉市	59 342	105	28 978	6 954	7 780	15 525
图们市	22 664	310	8 338	3 833	3 240	6 943
敦化市	163 530	1 109	93 871	21 689	26 134	20 727
龙井市	50 817	3 326	27 989	1 855	4 453	13 194
珲春市	30 200	1 041	13 370	1 116	3 210	11 463
和龙市	33 646	1 532	16 083	1 902	4 095	10 034
汪清县	57 973	5 469	20 530	4 909	7 967	19 098
安图县	38 554	1 070	21 577	1 210	6 337	8 360

統計資料 12

工 业

INDUSTRY

12 工　业

1996 年乡及以乡上工业总产值(当年价)	1 232.57 亿元
轻工业产值	324.97 亿元
重工业产值	907.60 亿元
1996 年独立核算工业企业增加值	381.34 亿元
1996 年独立核算工业企业资本金合计	568.30 亿元
1996 年独立核算工业企业流动资产合计	1 036.17 亿元
1996 年独立核算工业企业固定资产原价	1 477.13 亿元
1996 年独立核算工业企业利税总额	69.63 亿元

工业总产值构成(%)

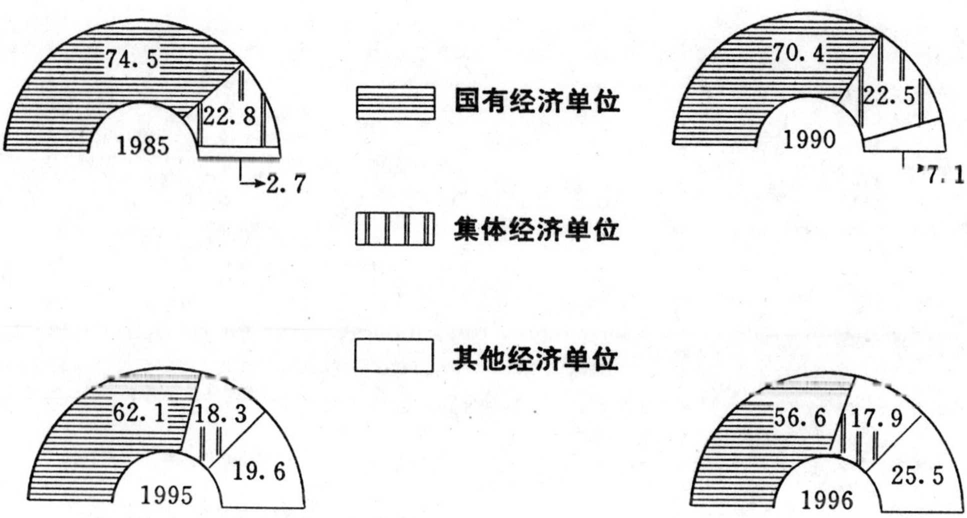

12—1 各种经济类型工业企业单位数和总产值

项　　目	1992 年	1993 年	1994 年	1995 年	1996 年
一、企业单位数（个）	**173 637**	**194 197**	**215 116**	**162 226**	**189 889**
国　有　工　业	2 838	2 837	2 813	3 136	3 017
集体所有制工业	21 157	22 818	18 814	17 711	17 800
# 村办工业	6 518	7 580	7 899	7 604	7 565
城乡合作经营工业	3 995	4 649	533	536	555
城镇合作经营工业	594	547	533	534	555
农村合作经营工业	3 401	4 102		2	
城乡个体工业	149 561	168 270	193 042	140 946	168 164
城镇个体工业	20 590	21 392	36 326	21 714	37 407
农村个体工业	128 971	146 878	156 716	119 232	130 757
其他经济类型工业	81	272	447	433	908
二、工业总产值（万元）	**7678 118**	**10 332 517**	**12 108 787**	**14 341 587**	**15 377 000**
国　有　工　业	5 357 029	6 758 356	7 586 463	8 905 322	8 700 742
集体所有制工业	1 576 103	2 073 396	2 361 120	2 632 355	3 185 225
# 村办工业	284 654	454 907	512 356	734 783	1 185 169
城乡合作经营工业	24 447	60 829	21 201	30 045	25 334
城镇合作经营工业	14 661	19 234	21 201	29 955	25 334
农村合作经营工业	9 786	41 595		90	
城乡个体工业	504 964	769 780	1 127 299	1 237 434	1 866 110
城镇个体工业	73 114	118 726	262 530	300 635	442 364
农村个体工业	431 850	651 054	864 769	936 799	1 423 746
其他经济类型工业	240 022	730 985	1 033 905	1 566 476	1 624 923

12—2 乡及乡以上工业企业单位数和总产值

单位:万元

项目	1995年		1996年	
	企业单位数(个)	工业总产值	企业单位数(个)	工业总产值
总计	**13 974**	**12 335 438**	**13 605**	**12 325 721**
一、按经济类型分				
国有经济	3 136	8 905 322	3 017	8 700 742
集体经济	9 993	1 867 528	9 680	2 000 056
其他经济	845	1 562 588	908	1 624 923
二、按轻重工业分				
轻工业	6 589	3 596 333	6 395	3 249 710
以农产品为原料	4 858	2 909 069	4 633	2 604 315
以非农产品为原料	1 731	687 264	1 761	645 357
重工业	7 385	8 739 106	7 210	9 076 011
采掘工业	858	1 019 662	824	1 132 399
原料工业	1 672	3 569 974	1 633	3 470 790
制造工业	4 855	4 149 470	4 753	4 472 822
三、按企业规模分				
大型企业	155	7 053 835	173	7 319 663
中型企业	488	2 042 634	495	1 668 599
小型企业	13 331	3 238 969	12 937	3 337 459
四、按工业行业分				
煤炭采选业	254	203 001	237	227 328
石油和天然气开采业	6	359 230	6	404 649
黑色金属矿采选业	21	7 664	23	10 251
有色金属矿采选业	85	64 662	89	61 030
非金属矿采选业	429	53 391	413	73 050
其他矿采选业	5	1 016	5	1 066
木材及竹材采运业	58	330 698	51	355 027
食品加工业	731	930 334	735	759 246
食品制造业	540	217 020	512	215 159
饮料制造业	577	282 288	546	286 050
烟草加工业	10	132 125	10	98 948

注：1996年工业总产值按新规定计算。下表同。

12—2 续表

单位:万元

项　　目	1995年		1996年	
	企业单位数(个)	工业总产值	企业单位数(个)	工业总产值
纺织业	339	297 677	325	245 321
服装及其他纤维制品制造业	400	109 104	391	86 712
皮革、毛皮、羽绒及其制品业	181	36 030	169	36 652
木材加工及竹、藤、棕、草制品业	880	174 203	875	199 583
家具制造业	221	30 730	207	32 876
造纸及纸制品业	395	268 802	378	279 323
印刷业、记录媒介的复制	761	80 615	732	71 117
文教体育用品制造业	112	9 573	101	8 089
石油加工及炼焦业	84	256 116	80	246 130
化学原料及化学制品制造业	812	1 664 010	779	1 630 170
医药制造业	388	392 913	379	425 863
化学纤维制造业	20	207 352	19	138 879
橡胶制品业	156	55 006	144	50 001
塑料制品业	522	179 114	509	173 302
非金属矿物制品业	1 676	591 842	1 635	605 709
黑色金属冶炼及压延加工业	176	579 897	162	581 523
有色金属冶炼及压延加工业	82	205 546	82	157 685
金属制品业	855	163 568	840	152 985
普通机械制造业	761	234 554	755	231 781
专用设备制造业	522	248 894	513	261 642
交通运输设备制造业	775	2 834 150	782	3 092 038
武器弹药制造业	4	40 835	4	50 236
电气机械及器材制造业	445	184 108	424	164 376
电子及通信设备制造业	84	80 681	84	68 842
仪器仪表及文化、办公用机械制造业	109	34 649	113	33 005
其他制造业	212	31 528	200	35 596
电力、蒸汽、热水的生产和供应业	195	688 773	197	691 783
煤气生产和供应业	16	35 795	15	33 795
自来水的生产和供应业	75	37 944	84	48 906

12—3 工　业　总　产　值

单位:万元

年　份	总　计	国有经济	集体经济	城乡个体	其他经济	在总计中:大中型企业	在总计中:轻工业企业
1952	104 803	90 659	14 144				58 860
1957	207 990	186 109	21 881				95 294
1962	300 549	272 151	28 398				124 375
1965	474 888	438 040	36 848				194 021
1970	634 654	569 664	64 990				243 451
1975	993 058	819 108	173 950				393 233
1978	1 128 650	890 656	237 994				447 540
1979	1 257 448	992 089	265 359				464 557
1980	1 346 714	1 059 418	286 470		826	607 745	539 697
1981	1 366 359	1 070 304	294 530		1 525	613 518	587 105
1982	1 487 482	1 153 829	331 247		2 406	665 278	633 416
1983	1 720 398	1 332 461	383 942		3 995	750 688	700 147
1984	2 088 429	1 584 651	497 343		6 435	899 770	818 150
1985	2 567 505	1 913 800	585 423	66 133	2 149	1 216 726	974 824
1986	2 824 802	2 062 506	666 207	95 073	1 016	1 363 565	1 142 555
1987	3 594 639	2 580 523	849 206	160 040	4 870	1 774 866	1 448 991
1988	4 542 440	3 209 410	1 080 306	243 801	8 923	2 230 157	1 894 571
1989	5 303 646	3 700 465	1 265 127	324 627	13 427	2 587 046	2 235 122
1990	5 523 601	3 886 736	1 244 443	375 167	17 255	2 741 322	2 313 296
1991	6 143 789	4 394 739	1 335 634	387 196	26 220	3 122 083	2 448 399
1992	7 678 118	5 357 029	1 576 103	504 964	240 022	4 760 270	2 726 616
1993	10 332 517	6 758 356	2 073 396	769 780	730 985	6 354 912	3 176 379
1994	12 108 787	7 586 463	2 361 120	1 127 299	1 033 905	7 453 209	3 675 953
1995	14 341 587	8 905 322	2 632 355	1 237 434	1 566 476	7 053 835	4 720 829
1996	15 377 000	8 700 742	3 185 225	1 866 110	1 624 923	8 988 262	4 866 917

12—3 续表 1

单位:万元

年　份	工业总产值	#大中型企业	按经济类型分			
			国有经济	集体经济	城乡个体	其他经济
按 1952 年不变价格计算						
1952	111 359		96 330	15 029		
1957	236 882		214 469	22 413		
按 1957 年不变价格计算						
1957	215 700		192 277	23 423		
1962	284 142		258 511	25 631		
1965	465 367		430 821	34 546		
1970	681 764		615 509	66 255		
1971	802 489		723 240	79 249		
按 1970 年不变价格计算						
1971	746 997		669 265	77 732		
1975	1 021 874		841 780	180 094		
1978	1 176 078	501 946	924 782	251 296		
1979	1 274 054	550 343	1 005 191	268 863		
1980	1 348 179	589 045	1 062 061	285 271		847
1981	1 363 982	565 728	1 065 306	297 060		1 616
按 1980 年不变价格计算						
1981	1 382 255	586 828	1 081 078	299 665		1 512
1982	1 483 908	669 920	1 149 442	332 172		2 294
1983	1 695 504	758 006	1 315 445	376 228		3 831
1984	1 966 991	838 634	1 474 195	486 408		6 388
1985	2 281 448	1 022 503	1 646 487	566 615	66 133	2 213
1986	2 449 157	1 111 583	1 717 810	635 408	95 073	866
1987	2 891 775	1 371 741	2 014 894	748 316	124 832	3 733
1988	3 416 872	1 602 849	2 320 391	901 326	190 562	4 593
1989	3 632 725	1 664 909	2 379 266	995 381	252 641	5 437
1990	3 701 444	1 654 644	2 392 590	1 000 623	299 113	9 118
按 1990 年不变价格计算						
1990	5 553 790	2 740 355	3 897 361	1 257 330	382 670	16 429
1991	5 853 625	2 899 416	4 128 365	1 320 027	380 598	24 635
1992	6 862 336	4 028 589	4 657 842	1 052 028	496 733	655 733
1993	7 993 202	4 648 303	5 048 399	1 812 075	595 500	537 228
1994	8 630 084	4 936 098	5 091 797	1 984 972	793 966	759 349
1995	9 665 352	5 710 611	5 632 260	2 050 796	875 720	1 106 576
1996	11 762 137	6 441 870	6 109 965	2 748 756	1 492 888	1 410 528

12—3 续表 2

单位:万元

年份	按轻重工业分						
	轻工业	以农产品为原料	以非农产品为原料	重工业	采掘工业	原料工业	制造工业
按1952年不变价格计算							
1952	62 081	53 946	8 135	49 278	20 572	12 908	15 798
1957	107 386	89 251	18 135	129 496	26 388	33 276	69 832
按1957年不变价格计算							
1957	98 763	82 101	16 662	116 937	25 241	27 931	63 765
1962	113 564	89 385	24 179	170 578	33 108	53 000	84 470
1965	183 589	116 347	67 242	281 778	38 089	87 278	156 411
1970	251 004	132 782	118 222	430 760	56 860	167 904	205 996
1971	281 701	152 981	128 720	520 788	57 132	217 753	245 903
按1970年不变价格计算							
1971	273 510	170 734	102 776	473 487	69 860	188 881	214 746
1975	407 004	248 538	158 466	614 870	86 903	173 881	354 086
1978	468 003	297 821	170 182	708 075	98 437	198 742	410 896
1979	475 998	336 363	139 635	798 056	103 508	269 084	425 464
1980	537 460	374 601	162 859	810 719	102 543	281 997	426 179
1981	590 930	412 010	178 920	773 052	100 369	282 375	390 308
按1980年不变价格计算							
1981	595 242	430 921	164 321	787 013	127 904	293 467	365 642
1982	632 071	458 962	173 109	851 837	134 807	315 245	401 785
1983	679 361	489 221	190 140	1 016 143	139 933	395 541	480 669
1984	789 287	559 904	229 383	1 177 704	154 244	429 968	593 492
1985	929 849	675 192	254 657	1 351 599	164 533	471 780	715 286
1986	1 058 048	767 274	290 774	1 391 109	169 929	519 096	702 084
1987	1 224 122	870 273	353 849	1 667 653	185 787	583 838	898 028
1988	1 479 391	1 045 336	434 055	1 937 481	204 246	635 890	1 097 345
1989	1 599 853	1 068 915	530 938	2 032 872	216 465	668 147	1 148 260
1990	1 652 151	1 178 225	473 926	2 049 293	232 869	685 295	1 131 129
按1990年不变价格计算							
1990	2 390 935	1 801 827	589 108	3 162 855	487 196	1 206 037	1 469 622
1991	2 462 166	1 857 827	604 339	3 391 459	477 969	1 279 323	1 634 167
1992	2 692 986	2 013 024	679 962	4 169 350	518 556	1 428 036	2 222 764
1993	2 862 479	1 985 679	876 800	5 130 723	590 950	1 592 552	2 947 221
1994	2 945 032	2 188 818	756 214	5 685 052	686 264	1 790 619	3 208 170
1995	3 427 564	2 596 588	830 976	6 237 788	662 001	1 954 762	3 621 025
1996	4 005 128	2 984 136	1 020 992	7 757 009	865 326	2 221 757	4 669 927

12—4 工业总产值构成

单位：%

年份	总计	国有经济	集体经济	其他经济	在总计中：大中型企业	在总计中：轻工业企业
1952	100	86.50	13.50			56.16
1957	100	89.48	10.52			45.82
1962	100	90.55	9.45			41.38
1965	100	92.24	7.76			40.86
1970	100	89.76	10.24			38.36
1975	100	82.48	17.52			39.60
1978	100	78.91	21.09			39.65
1979	100	78.90	21.10			36.94
1980	100	78.67	21.27	0.06	45.13	40.08
1981	100	78.33	21.56	0.11	44.90	42.97
1982	100	77.57	22.27	0.16	44.73	42.58
1983	100	77.45	22.32	0.23	43.63	40.70
1984	100	75.88	23.81	0.31	43.08	39.18
1985	100	74.54	22.80	2.66	47.39	37.97
1986	100	73.01	23.58	3.41	48.27	40.45
1987	100	71.79	23.62	4.59	49.38	40.31
1988	100	70.65	23.78	5.57	49.10	41.71
1989	100	69.77	23.85	6.38	48.78	42.14
1990	100	70.37	22.53	7.10	49.63	41.88
1991	100	71.53	21.74	6.73	50.82	39.85
1992	100	69.77	20.53	9.70	62.00	35.51
1993	100	65.41	20.07	14.52	61.51	30.74
1994	100	62.35	20.00	17.65	61.31	31.04
1995	100	62.10	18.35	19.55	58.48	32.92
1996	100	56.58	17.88	25.54	58.45	31.65

12—5 工业总产值指数

（以1949年为100）

年　份	工业总产值	#大中型企业	按经济类型分 国有经济	集体经济	城乡个体	其他经济
1949	100.0		100.0	100.0		
1952	295.7		309.9	228.8		
1957	629.1		690.0	341.2		
1962	828.7		927.7	373.4		
1965	1 357.3		1 546.0	503.2		
1970	1 988.5		2 208.7	965.1		
1975	3 201.8		3 264.2	2 674.5		
1978	3 684.9	100.0	2 810.5	3 731.9		
1979	3 991.9	109.6	3 897.9	3 992.8		
1980	4 224.1	117.4	4 118.4	4 236.5		100.0
1981	4 273.7	112.7	4 132.0	4 548.0		190.8
1982	4 587.9	128.7	4 392.2	5 041.3		289.5
1983	5 242.1	145.6	5 026.5	5 709.9		483.4
1984	6 081.5	161.1	5 633.1	7 382.1		806.1
1985	7 053.7	196.4	6 291.5	8 599.4	100.0	279.2
1986	7 572.2	214.3	6 564.0	9 643.5	143.8	109.3
1987	8 940.7	263.5	7 699.3	11 357.0	188.8	471.0
1988	10 564.2	307.8	8 866.6	13 268.5	288.1	579.6
1989	11 231.7	319.8	9 091.4	14 653.8	382.0	686.1
1990	11 444.1	317.8	9 142.3	14 731.0	452.3	1 150.6
1991	12 062.0	336.2	9 684.2	15 465.5	449.8	1 725.2
1992	14 140.5	467.2	10 926.2	12 325.6	587.1	45 922.7
1993	16 470.8	539.1	11 842.4	21 230.4	703.8	37 623.0
1994	19 225.6	618.8	12 282.5	25 599.3	1 056.6	115 784.4
1995	19 916.4	662.2	13 212.0	24 027.2	1 035.0	77 495.4
1996	24 237.0	747.1	14 332.6	32 204.6	1 764.5	98 781.7

注：1996年工业总产值指数按新规定计算。下表同。

12—5 续表 1

（以上年为100）

年份	工业总产值	#大中型企业	按经济类型分 国有经济	集体经济	城乡个体	其他经济
1952	146.03		150.96	120.74		
1957	120.79		123.15	102.03		
1962	90.20		92.11	74.62		
1965	122.18		122.36	120.04		
1970	121.06		120.31	128.54		
1975	117.88		118.68	142.13		
1978	109.28	100.00	109.21	109.51		
1979	108.33	109.64	108.69	106.99		
1980	105.82	107.03	105.66	106.10		100.00
1981	101.17	96.04	100.31	104.13		190.79
1982	107.35	114.16	106.32	110.85		151.72
1983	114.26	113.15	114.44	113.26		167.00
1984	116.01	110.64	112.07	129.29		166.74
1985	115.99	121.92	111.69	116.49	100.00	34.61
1986	107.35	109.10	104.33	112.14	143.76	39.13
1987	118.07	122.96	117.29	117.77	131.30	431.06
1988	118.16	116.85	115.16	120.45	152.65	123.04
1989	106.32	103.87	102.54	110.44	132.58	118.38
1990	101.89	99.38	100.56	100.53	118.39	167.70
1991	105.40	105.80	105.93	104.99	99.46	149.95
1992	117.23	138.94	112.83	79.70	130.51	2 661.80
1993	116.48	115.38	108.38	172.25	119.88	81.93
1994	116.73	114.80	108.78	120.58	150.12	307.75
1995	112.00	115.69	110.61	103.32	110.30	145.73
1996	123.51	113.69	109.43	139.29	159.03	137.23

12—5 续表 2　　(以上年为100)

年份	按轻重工业分						
	轻工业	以农产品为原料	以非农产品为原料	重工业	采掘工业	原料工业	制造工业
1952	144.06	146.53	129.58	148.58	153.91	136.84	152.39
1957	106.59	104.58	117.72	135.80	115.72	152.80	137.52
1962	90.65	91.18	88.73	89.80	79.81	79.63	103.40
1965	133.90	117.23	177.60	115.59	100.05	117.00	119.31
1970	113.44	111.33	115.90	126.00	119.65	137.96	119.32
1975	117.98	111.26	130.32	117.82	112.64	107.46	125.15
1978	104.75	100.80	112.45	112.49	104.82	96.10	125.00
1979	101.71	112.94	82.05	112.71	105.15	135.39	103.55
1980	112.91	111.37	116.63	101.59	99.07	104.80	100.17
1981	109.95	109.99	109.86	95.35	97.88	100.13	91.58
1982	106.19	106.51	105.35	108.24	105.40	107.42	109.88
1983	107.48	106.59	109.84	119.29	103.80	125.47	119.63
1984	116.18	114.45	120.64	115.90	110.23	180.70	123.47
1985	117.81	120.59	111.02	114.77	106.67	109.72	120.52
1986	113.79	113.64	114.18	102.92	103.28	110.03	98.15
1987	115.70	113.42	121.69	119.88	109.33	112.47	127.91
1988	120.85	120.12	122.67	116.18	109.94	108.92	122.19
1989	108.14	102.26	122.32	104.92	105.98	105.07	104.64
1990	103.27	110.23	89.26	100.81	107.58	102.57	98.51
1991	102.98	103.11	102.59	107.23	98.11	106.08	111.20
1992	109.37	108.35	112.51	122.94	108.49	111.62	136.02
1993	106.29	98.64	128.95	123.06	113.96	111.52	132.59
1994	113.36	120.30	97.65	118.60	116.13	112.44	122.43
1995	116.38	118.63	109.89	109.72	96.46	109.17	112.87
1996	119.90	118.13	125.38	125.45	130.27	114.69	130.39

12—6 各市县乡及乡以上工业企业单位数和总产值

(1996年)

市、县	总计		轻工业		重工业	
	企业单位数（个）	工业总产值（万元）	企业单位数（个）	工业总产值（万元）	企业单位数（个）	工业总产值（万元）
长春市	**3 002**	**4 757 848**	**1 342**	**996 415**	**1 660**	**3 761 433**
市区	2 091	4 234 544	906	663 573	1 185	3 570 971
九台市	243	56 389	79	19 622	164	36 767
榆树市	252	92 634	142	56 146	110	36 488
德惠市	205	243 123	113	190 051	92	53 073
农安县	211	131 158	102	67 024	109	64 134
吉林市	**2 928**	**2 962 682**	**1 174**	**616 580**	**1 754**	**2 346 102**
市区	1 578	2 459 386	651	506 164	927	1 953 223
桦甸市	304	126 427	107	12 472	197	113 954
蛟河市	227	74 125	84	19 092	143	55 033
舒兰市	235	100 233	90	35 031	145	65 201
磐石市	284	152 919	114	20 513	170	132 405
永吉县	300	49 592	128	23 307	172	26 286
四平市	**1 435**	**839 520**	**655**	**389 403**	**780**	**450 118**
市区	519	388 102	259	169 861	260	218 241
公主岭市	327	189 233	136	110 516	191	78 717
双辽市	248	122 109	119	62 203	129	59 906
梨树县	181	49 253	61	23 481	120	25 772
伊通县	160	90 824	80	23 341	80	67 482
辽源市	**826**	**351 478**	**400**	**121 933**	**426**	**229 545**
市区	440	230 374	217	76 457	223	153 917
东丰县	200	83 206	96	27 503	104	55 703
东辽县	186	37 897	87	17 973	99	19 924
通化市	**1 475**	**851 637**	**750**	**334 826**	**725**	**516 811**
市区	465	390 444	239	80 972	226	309 472
梅河口市	309	180 158	165	118 683	144	61 475
集安市	149	41 710	81	16 409	68	25 301
通化县	174	103 829	87	62 602	87	41 227
辉南县	186	79 635	74	24 320	112	55 315

注：本表工业总产值按当年价格计算。

12—6 续表 1

(1996年)

市、县	总计 企业单位数(个)	总计 工业总产值(万元)	轻工业 企业单位数(个)	轻工业 工业总产值(万元)	重工业 企业单位数(个)	重工业 工业总产值(万元)
柳河县	192	55 863	104	31 841	88	24 021
白山市	**691**	**506 147**	**286**	**90 964**	**405**	**415 183**
市区	160	211 492	60	28 445	100	183 047
临江市	100	62 312	41	11 656	59	50 656
抚松县	126	99 273	68	20 138	58	79 136
靖宇县	126	17 383	50	6 861	76	10 522
长白县	92	27 599	44	8 588	48	19 012
江源县	87	88 088	23	15 277	64	72 811
松原市	**672**	**834 158**	**361**	**95 749**	**311**	**738 409**
市区	137	613 824	65	19 111	72	594 712
长岭县	131	35 230	77	23 959	54	11 271
前郭县	157	130 871	81	22 036	76	108 835
乾安县	81	24 428	52	18 065	29	6 363
扶余县	166	29 805	86	12 578	80	17 228
白城市	**859**	**335 360**	**499**	**187 236**	**360**	**148 124**
市区	255	165 258	144	82 496	111	82 763
洮南市	152	52 087	92	35 379	60	16 708
大安市	180	57 817	98	26 520	82	31 297
镇赉县	132	31 958	78	18 188	54	13 770
通榆县	140	28 240	87	24 653	53	3 587
延边朝鲜族自治州	**1 717**	**886 891**	**927**	**416 568**	**790**	**470 323**
延吉市	440	206 584	263	135 870	177	70 714
图们市	149	100 971	88	68 904	61	32 067
敦化市	209	192 377	101	74 486	108	117 891
龙井市	242	97 785	145	69 357	97	28 428
珲春市	136	79 548	64	22 125	72	57 423
和龙市	175	60 624	86	12 756	89	47 868
汪清县	201	70 259	96	16 570	105	53 689
安图县	165	78 743	84	16 500	81	62 243

12—6 续表 2　　(1996年)

市、县	国有经济 企业单位数(个)	国有经济 工业总产值(万元)	集体经济 企业单位数(个)	集体经济 工业总产值(万元)	其他经济 企业单位数(个)	其他经济 工业总产值(万元)
长春市	**568**	**3 331 444**	**2 236**	**581 259**	**198**	**845 145**
市区	423	3 159 412	1 484	390 972	184	684 159
九台市	47	22 765	195	30 228	1	3 396
榆树市	29	33 472	217	45 708	6	13 454
德惠市	42	49 171	157	50 631	6	143 322
农安县	27	66 624	183	63 720	1	814
吉林市	**551**	**2 245 315**	**2 234**	**427 736**	**143**	**289 631**
市区	245	1 889 400	1 223	287 321	110	282 665
桦甸市	65	92 388	233	33 827	6	212
蛟河市	53	43 726	165	28 053	9	2 346
舒兰市	58	73 675	171	24 928	6	1 630
磐石市	61	121 297	218	30 103	5	1 519
永吉县	69	24 828	224	23 505	7	1 259
四平市	**348**	**427 946**	**1 004**	**274 805**	**83**	**136 770**
市区	135	206 596	343	108 884	41	72 622
公主岭市	67	69 114	231	62 089	29	58 030
双辽市	65	63 042	179	54 913	4	4 154
梨树县	45	15 153	130	33 072	6	1 029
伊通县	36	74 041	121	15 847	3	936
辽源市	**176**	**212 688**	**620**	**122 829**	**30**	**15 961**
市区	114	168 165	311	48 698	15	13 511
东丰县	39	36 940	159	44 300	2	1 966
东辽县	23	7 583	150	29 831	13	483
通化市	**337**	**562 501**	**1 076**	**180 785**	**62**	**108 352**
市区	108	315 979	329	45 889	28	28 575
梅河口市	40	76 482	257	74 818	12	28 858
集安市	48	32 613	95	8 468	6	629
通化县	38	43 548	129	19 599	7	40 682
辉南县	62	50 780	121	20 677	3	8 178

12—6 续表 3 (1996年)

市、县	国有经济		集体经济		其他经济	
	企业单位数（个）	工业总产值（万元）	企业单位数（个）	工业总产值（万元）	企业单位数（个）	工业总产值（万元）
柳河县	41	43 100	145	11 334	6	1 430
白山市	**182**	**334 887**	**470**	**117 579**	**39**	**53 681**
市区	56	147 356	94	29 165	10	34 971
临江市	15	32 518	71	20 888	14	8 907
抚松县	32	76 406	90	21 178	4	1 689
靖宇县	32	9 892	93	7 272	1	219
长白县	31	16 350	55	9 081	6	2 168
江源县	16	52 365	67	29 996	4	5 728
松原市	**135**	**736 801**	**496**	**80 661**	**41**	**16 696**
市区	24	589 706	104	19 282	9	4 836
长岭县	28	20 709	102	14 521	1	
前郭县	40	108 346	111	15 789	6	6 737
乾安县	28	11 273	47	8 977	6	4 178
扶余县	15	6 768	132	22 092	19	945
白城市	**274**	**238 080**	**573**	**88 674**	**12**	**8 606**
市区	84	128 445	166	28 677	5	8 137
洮南市	57	38 046	93	13 628	2	413
大安市	53	29 573	125	28 244	2	
镇赉县	38	20 931	94	11 027		
通榆县	42	21 085	95	7 099	3	56
延边朝鲜族自治州	**446**	**611 080**	**971**	**122 569**	**300**	**153 242**
延吉市	87	131 503	238	19 143	115	55 938
图们市	43	88 721	89	7 630	17	4 620
敦化市	48	95 273	122	45 961	39	51 143
龙井市	75	76 812	143	14 039	24	6 934
珲春市	34	56 557	76	7 635	26	15 356
和龙市	57	43 020	97	8 277	21	9 327
汪清县	55	54 457	129	11 141	17	4 661
安图县	47	64 737	77	8 743	41	5 263

12—7 历年主要工业产品产量

年份	纱（万吨）	布（亿米）	机制纸及纸板（万吨）	自行车（万辆）	电视机（万部）	#彩电	家用电冰箱（万台）	糖（万吨）	合成洗涤剂（万吨）
1952		0.22	7.1					1.42	
1957		0.20	15.2	0.06				3.05	
1962		0.15	12.6	0.45				0.90	
1965	0.16	0.27	17.7	3.04				3.80	0.01
1970	1.25	0.69	19.8	6.65				5.98	0.12
1975	2.23	1.13	29.9	8.30	0.04			4.08	0.87
1978	2.38	1.23	34.0	8.41	0.21			4.88	1.28
1979	2.56	1.40	36.9	11.00	0.71			5.33	1.68
1980	3.10	1.66	36.5	17.00	2.52			7.09	1.48
1981	3.60	1.64	34.9	24.58	4.91			8.20	1.80
1982	4.34	1.92	36.96	32.40	4.95			7.91	1.80
1983	4.31	1.88	40.89	34.46	10.52			9.07	2.01
1984	4.37	1.72	43.85	29.63	14.14			8.30	2.40
1985	4.54	1.69	48.89	45.08	24.15	3.22		7.15	3.02
1986	5.39	1.99	50.73	54.63	10.49	4.72		7.59	3.06
1987	5.77	2.01	55.07	64.10	21.51	12.90	0.55	5.22	3.18
1988	5.65	2.07	58.32	45.84	30.05	15.22	5.00	7.21	3.70
1989	5.41	2.07	57.72	37.33	33.26	16.75	9.59	10.10	3.62
1990	4.97	1.97	57.02	28.68	28.71	11.90	10.72	5.84	3.53
1991	5.38	1.93	60.3	26.53	21.43	11.21	13.23	9.24	2.03
1992	5.58	1.88	61.21	20.49	18.88	13.09	14.01	10.49	1.69
1993	3.58	1.56	53.75	8.37	10.66	6.10	17.25	10.93	1.72
1994	4.69	1.44	55.63	5.00	10.28	8.86	17.16	2.98	2.13
1995	5.04	1.35	59.44	1.22	5.87	5.37	7.28	6.14	2.85
1996	4.67	1.34	57.91	0.57	3.08	3.08	5.09	6.95	3.12

12—7 续表

年份	原煤（万吨）	原油（万吨）	发电量（亿千瓦小时）	钢（万吨）	成品钢材（万吨）	水泥（万吨）	平板玻璃（万重量箱）	农用化肥（折100%万吨）	小型拖拉机（万台）
1952	418.8	0.6	13.41						
1957	679.3	3.7	30.04	0.1	0.1			0.55	
1962	1 052.0	3.1	44.34	1.2	2.1	6.6		7.77	
1965	1 028.0	5.4	58.20	1.5	5.2	25.6		17.24	
1970	1 410.0	80.5	69.88	8.7	9.1	41.2	5.29	17.33	
1975	1 716.0	135.5	91.66	17.2	15.5	119.6	24.49	26.48	0.56
1978	2 060.0	185.1	93.24	20.1	23.6	138.3	48.28	26.78	0.85
1979	2 080.0	186.2	101.62	24.0	30.3	157.7	49.79	26.80	0.30
1980	1 807.0	176.4	111.83	24.3	30.65	179.4	74.17	29.02	0.09
1981	1 807.1	163.2	126.35	21.0	29.16	171.5	96.17	28.90	0.25
1982	1 893.2	170.0	115.22	24.4	31.92	203.2	108.87	29.80	0.81
1983	1 981.8	178.56	122.28	29.14	36.38	227.57	125.75	30.70	2.89
1984	2 136.7	191.4	131.68	32.96	39.01	256.7	117.35	32.40	4.94
1985	2 311.8	213.02	133.76	37.86	43.34	295.57	132.28	25.50	5.49
1986	2 133.01	237.02	162.96	42.59	54.27	339.15	86.49	25.98	6.19
1987	2 108.72	286.48	165.34	39.56	53.75	378.46	124.80	29.25	7.85
1988	2 277.85	315.05	165.83	54.86	58.25	421.06	159.00	27.70	7.54
1989	2 438.49	342.24	157.51	65.22	59.44	413.4	228.60	29.69	6.71
1990	3 610.25	356.7	174.46	74.6	61.97	374.54	163.04	30.15	4.09
1991	2 558.75	342.3	199.80	83.64	67.45	473.16	192.75	29.05	6.35
1992	2 503.51	344.06	204.04	104.03	86.69	572.04	209.47	30.06	5.48
1993	2 423.93	338.43	244.93	117.5	93.48	639.57	223.28	27.93	2.45
1994	2 474.82	332.46	259.97	105.73	87.56	639.96	229.29	31.09	4.27
1995	2 644.31	342.73	284.60	115.93	88.21	678.46	251.87	31.38	6.83
1996	2 599.64	373.6	293.98	119.11	101.57	608.48	178.13	33.33	6.27

12—8 主要工业产品产量

项目	单位	1992年	1993年	1994年	1995年	1996年
化学纤维	吨	33 723	35 200	54 900	60 362	54 027
纱	吨	55 774.6	35 819.7	46 885	50 427	46 704
布	万米	18 782.64	15 612.98	14 383	13 502	13 355
# 纯棉布	万米	10 474.65	8 592.87	6 615	5 873	5 306
毛线	吨	2 396.4	2 023.5	1 988	1 755	1 055
呢绒	万米	590	469.5	449	384	451
麻袋	万条	2 546.9	2 646.05	2 594	2 191	2 494
丝	吨	12	21.4	20	15	12
机制纸及纸板	万吨	61.21	53.75	55.63	59.44	57.91
自行车	万辆	20.49	8.37	5.00	1.22	0.57
表	万只	113.80	116.36	116.30	123.84	66.61
# 手表	万只	113.80	116.36	116.30	123.16	66.28
钟	万只	23.20	21.28	17.55	11.88	3.33
日用搪瓷制品	吨	2 522.5	1 959	1 874	608	267
日用精铝制品	吨	1 149	758.85	586	519	443
灯泡	万只	5 072.1	4 258.58	3 453	4 414	6 151
合成洗涤剂	吨	16 934.5	17 200	21 334	28 488	31 153
肥皂	吨	16 375.9	10 936.6	8 017	5 007	5 389
糖	万吨	10.49	10.93	2.98	6.14	6.95
卷烟	万箱	66.00	70.52	61.03	58.53	59.10
罐头	万吨	1.51	1.38	0.97	1.05	0.77
饮料酒	万吨	67.73	78.06	82.93	86.06	89.92
# 啤酒	万吨	49.58	61.06	68.27	69.90	75.87
乳制品	吨	9 005.4	6 418.8	6 749	3 749	3 080
味精	吨	5 692	4 510	3 788	2 412	1 363
食用植物油	万吨	21.30	23.52	21.93	25.81	20.81
化学原料药（24大类药品）	吨	8152.88	9 873	10 914	20 446	10 734
中成药	吨	17 718.72	14 035.24	13 773	12 895	12 118
塑料制品	吨	101 065	118 638.43	89 601	160 415	115 050
鞣制皮革（折牛皮）	万张	45.63	28.30	20.59	9.73	5.86
皮鞋	万双	319.12	289.00	213.29	187.00	174.62
家用电冰箱	台	140 138	172 500	171 609	72 753	50 905
家用洗衣机	台	287 954	284 300	202 632	26 148	19 780
电视机	部	188 836	106 600	102 796	58 692	30 756
# 彩色电视机	部	130 938	61 000	88 580	53 720	30 756
收录放音机	万部	5.47	4.81	4.75		2.62
原煤	万吨	2 503.51	2 423.93	2 474.82	2 644.31	2 599.64
原油	万吨	344.06	338.43	332.46	342.73	373.60
发电量	亿千瓦小时	204.04	244.93	259.97	284.60	293.98
# 水电	亿千瓦小时	38.69	49.91	61.44	83.16	60.91
铁矿石	万吨	240.94	270.19	284.84	340.41	351.63

12—8 续表

项　　目	单　位	1992年	1993年	1994年	1995年	1996年
生　　铁	万吨	84.11	89.39	93.81	103.52	117.71
钢	万吨	104.03	117.50	105.73	115.93	119.11
成品钢材	万吨	86.69	93.48	87.56	88.21	101.57
铁合金	万吨	25.18	29.45	29.28	37.30	34.93
炭素制品	万吨	11.26	10.88	10.91	14.43	14.32
焦　　炭	万吨	111.74	114.09	114.81	135.79	143.79
# 机制焦炭	万吨	110.40	114.06	113.36	135.78	143.79
水　　泥	万吨	572.04	639.57	639.96	678.46	608.48
平板玻璃	万重量箱	209.47	223.28	229.29	251.87	178.13
木　　材	万立方米	515.28	537.57	564.44	543.29	590.67
# 原　　木	万立方米	472.13	492.33	522.25	505.96	541.12
硫　　酸	吨	113 948	111 900	122 801	125 628	136 415
浓硝酸	吨	60 521	68 200	71 040	70 380	90 298
纯　　碱	吨	4 952	26 300	31 977	29 194	39 887
烧　　碱	吨	91 000.5	76 600	89 302	100 460	102 530
合成氨	万吨	49.11	43.65	47.39	52.58	55.70
农用化肥	万吨	30.06	27.93	31.09	31.38	33.33
# 氮　　肥	万吨	29.70	27.81	31.03	31.19	33.17
磷　　肥	万吨	0.35	0.12	0.05	0.19	0.16
化学农药	吨	2 329.6	2 557	2 402	4 323	4 861
乙　　稀	吨	119 190	119 021	26 312	128 618	172 281
电石（折合量）	吨	89 969	86 600	60 960	92 574	87 182
塑　　料	吨	60 274	66 064	79 181	81 982	105 135
合成橡胶	吨	63 324	63 871	69 709	78 629	88 274
轮胎外胎	万条	120.19	98.85	93.53	100.73	100.46
矿山设备	吨	9 412	10 973	9 743	6 767	5 945
石油设备	吨	8 676	11 734	11 867	18 040	15 200
化工设备	吨	4 537.9	4 957	2 073	7 656	4 405
变压器	万千伏安	156.78	154.60	224.39	161.69	143.94
交流电动机	万千瓦	64.58	74.05	60.90	45.36	20.89
金属切削机床	台	2 118	2 305	1 611	1 146	658
汽　　车	辆	145 123	176 992	188 993	189 177	232 213
# 载重汽车	辆	81 989	101 398	121 215	89 738	116 613
摩托车	辆	54 006	85 435	118 659	140 623	136 748
滚动轴承	万套	840.97	987.36	977.56	895.00	1 012.00
拖拉机（14.7千瓦及以上）	台	2700	1 293	895	305	1 639
小型拖拉机	台	54 778	24 500	42 658	68 320	62 693
联合收割机	台	909	230	346	978	1 562
机动脱粒机	台	8 720	2 933	2 602	5 000	6 751
铁路客车	辆	825	882	1 022	1 101	1 160

12—9 各市州主要工业产品产量

（1996年）

市　州	纱（吨）	布（万米）	机制纸及纸板（万吨）	合成洗涤剂（吨）	糖（吨）	化学纤维（吨）	电视机（部）	饮料酒（吨）
长春市	11 560	2 938	2.60	5			3 758	214 001
吉林市	6 052	263	19.20	311	30 840	41 013		167 559
四平市	2 399	599	2.96	29 580	19 770	7 871		217 106
辽源市	2 590	1 210	1.41	814		5 047		61 893
通化市	2 661	681	7.86			96	26 998	73 771
白山市	3 122	798	3.34	44				25 681
松原市		38	0.27					17 089
白城市	8 877	4 668	5.10	21	18 936			40 937
延边朝鲜族自治州	9 403	2 160	15.17	378				81 143

12—9 续表　　（1996年）

市　州	原煤（万吨）	钢（吨）	钢材（吨）	铁合金（吨）	焦炭（吨）	硫酸（吨）	纯碱（吨）	合成氨（吨）
长春市	133.99	59 065	67 428	240	404 257	7 133		23 185
吉林市	727.34	75 828	49 756	291 226	219 802	92 007	35 855	321 481
四平市	39.03	83 545	142 804			18 375		
辽源市	447.00	5 537	842	20 395				
通化市	146.87	957 520	747 586	15 079	772 696			86 548
白山市	642.34			6 232	41 174			
松原市			450			17 480	4 032	114 616
白城市	37.35		37	4 984		1 417		
延边朝鲜族自治州	398.73	9 587	6 803	11 155				11 167

12—10 主要工业产品生产能力

项目	单位	1992年	1993年	1994年	1995年	1996年
化学纤维	万吨	4.47	4.93	6.58	7.08	7.10
粘胶纤维	万吨	2.00	2.15	3.66	4.34	4.30
合成纤维	万吨	2.47	2.78	2.92	2.74	2.80
机制纸及纸板	万吨	66.20	66.00	63.00	36.20	85.70
自行车	万辆	90	75	75	80	160
手表	万只	150	150	160	170	170
日用陶瓷制品	万件	4 892	4 250	3 650	2 476	2 490
灯泡	万只	6 260	4 970	3 605	3 040	4 300
合成洗涤剂	吨	40 400	40 400	65 000	88 219	88 219
糖	万吨	0.85	14.30		14.24	13.70
卷烟	万箱	87.00	80.00	87.32	101.31	101.31
啤酒	万吨	34.46	60.26		113.98	120.00
家用电冰箱	万台	30.00	30.00	30.00	20.00	20.00
家用洗衣机	万台	98.90	98.90	98.90	93.90	93.90
电视机	万部	109.00	109.00	109.00	89.00	89.00
#彩色电视机	万部	82.0	82.0	82.0	77.0	77.0
原煤	万吨	1 530	1 542	1 432	2 027	2 027
原油	万吨	365.19	338.00	320.00	359.00	371.00
发电装机容量	万千瓦	557.63	632.22	666.50	969.42	710.52
水电装机容量	万千瓦	259.24	298.56	299.89	300.48	301.51
火电装机容量	万千瓦	298.39	333.66	366.61	400.01	400.01
生铁	万吨	103.81	73.20	108.31	130.16	141.00
钢	万吨	114.43	133.92	131.29	159.54	165.00
钢材	万吨	166.30	168.54	174.14	189.75	220.00
铁合金（电炉）	万吨	46.74	52.76	53.53	46.53	56.00
焦炭（机焦）	万吨	102.50	142.50	142.50	189.60	190.00
水泥	万吨	732.90	804.60	838.11	1 050.86	1 050.86
平板玻璃	万重量箱	232.30	241.90	241.90	233.05	147.90
木材	万立方米	403.00	408.00	411.00	459.19	450.19
锯材	万立方米	123.70	123.70	117.20	252.09	252.09
胶合板	万立方米	6.10	6.30	10.60	30.02	30.02
纤维板	万立方米	4.50	4.50	5.60	17.89	17.89
刨花板	万立方米	16.20	16.20	19.20	35.71	35.71
合成氨	万吨	54.50	53.00	56.00	59.00	58.00
农用化肥	万吨	38.93	40.73	42.73	41.66	42.00
化学农药	万吨	0.52	0.62	0.62	0.89	0.90
油漆	万吨	7.81	7.77	7.09	8.24	7.00
染料	吨	10 650	10 950	10 950	12 512	11 065
电石	万吨	18.31	18.31	16.94	16.76	16.10
合成橡胶	万吨	8.28	9.28	9.28	9.35	9.30
塑料制品	万吨	17.50	18.00	19.00	13.74	27.64
化学原料药	吨	14 533	15 001	16 586	45 017	10 734
中成药	万吨	3.71	4.06	4.41	8.65	4.68
轮胎外胎	万条	168.50	170.50	175.50	156.00	178.00
轮胎内胎	万条	152.50	154.50	159.50	155.00	175.00
汽车	万辆	16.10	20.10	24.10	33.01	33.01
大中型拖拉机	万台	0.54	0.54	0.54	0.55	0.55
小型拖拉机	万台	6.30	6.30	6.30	8.57	8.57
铁路客车	辆	1 300	1 300	1 300	1 200	1 200

12—11 全部独立核算工业企业主要财务指标

单位:亿元

年 份	年底固定资产		流动资产平均余额	产品销售收入	产品销售税金及附加	盈亏相抵后的利润总额	利税总额	工业总产值	
	原 值	净 值						不变价格	当年价格
1987	317.08	220.28	91.82	311.16	24.08	25.33	49.41	387.22	320.35
1988	358.93	249.78	182.71	380.08	29.84	33.81	63.64	447.41	398.43
1989	410.85	287.59	240.44	421.11	33.56	31.52	65.08	463.66	459.04
1990	469.04	330.44	326.74	424.13	33.96	13.38	47.33	479.94	478.24
1991	547.18	388.07	415.79	519.2	38.35	9.75	48.1	511.8	539.35
1992	624.55	393.69	510.01	638.17	40.56	17.74	58.31	583.67	662.93
1993	818.61	580.58	659.52	941.28	53.99	31.43	85.43	686.2	890.43
1994	996.17	623.15	778.83	895.38	26.91	20.69	98.79	770.65	1 061.58
1995	1 242.75	896.74	901.91	1 021.11	25.16	-1.94	79.5	795.38	1 207.17
1996	1 477.13	1 075.55	967.8	1 136.16	26.29	-12.33	69.63	907.41	1 202.75

12—12 全部独立核算工业企业主要经济效益指标

单位:元

年 份	每百元固定资产原值实现产值		每百元固定资产原值实现的利税	每百元资金实现的利税	每百元工业总产值实现的利税		每百元销售收入实现的利税
	不变价格	当年价格			不变价格	当年价格	
1987	122.12	101.03	15.58	15.83	12.76	15.42	8.14
1988	124.65	111.01	17.73	14.72	14.22	15.97	8.89
1989	112.85	111.73	15.84	12.33	14.04	14.18	7.40
1990	102.32	101.96	10.09	7.20	9.86	9.90	3.15
1991	93.53	98.57	8.79	5.98	9.40	8.92	1.88
1992	93.45	106.15	9.34	6.45	9.99	8.80	2.78
1993	83.83	108.77	10.44	6.89	12.45	9.59	9.08
1994	77.36	106.57	9.92	7.05	12.82	9.31	11.03
1995	64.00	97.13	6.40	4.74	10.00	6.59	7.79
1996	61.43	81.42	4.71	3.63	7.67	5.79	6.13

12—13 全部独立核算工业企业主要财务指标

(1996年)　　　　单位:万元

项目	企业单位数(个)	#亏损企业	工业总产值(新规定)(当年价)	工业增加值(生产法)	资本金合计	年末资产总计
总计	**12 867**	**3 704**	**12 027 540**	**3 813 437**	**5 682 954**	**25 290 784**
按经济类型分						
国有经济	2 673	1 266	8 605 953	2 655 594	4 155 097	19 689 371
集体经济	9 310	2 087	1 941 425	616 515	570 026	2 423 559
私营经济	126	22	28 734	11 852	8 035	33 918
联营经济	18	6	6 874	2 343	7 352	27 835
股份制经济	159	51	518 867	219 699	186 671	891 633
外商投资经济	445	212	741 189	244 272	659 812	1 836 400
中外合资经营企业	343	156	692 054	229 372	606 173	1 709 394
中外合作经营企业	36	22	26 149	7 216	20 716	67 742
外资企业	66	34	22 986	7 684	32 923	59 264
港、澳、台投资经济	124	56	183 828	62 955	95 396	386 628
其他经济	12	4	670	208	565	1 440
按企业规模分						
大型企业	173	73	7 319 663	2 380 133	3 533 050	15 721 040
中型企业	495	265	1 671 758	493 198	813 825	4 245 847
小型企业	12 199	3 366	3 036 119	940 106	1 336 079	5 323 897
按轻重工业分						
轻工业	6 019	1 967	3 028 266	929 843	1 456 732	6 220 891
重工业	6 848	1 737	8 999 274	2 883 594	4 226 223	19 069 893
按工业行业分						
煤炭采选业	223	51	221 996	75 354	164 662	760 963
石油和天然气开采业	6	2	404 649	284 060	317 164	1 140 386
黑色金属矿采选业	22	7	10 249	3 164	3 602	26 107
有色金属矿采选业	80	11	59 529	22 704	38 906	127 797
非金属矿采选业	399	34	68 463	24 730	21 639	111 279
其他矿采选业	4	3	1 031	406	301	3 453
木材及竹材采运业	30	5	350 418	158 862	252 268	667 681
食品加工业	626	205	570 651	144 826	177 279	893 139
食品制造业	468	144	209 937	64 646	97 544	406 896
饮料制造业	518	149	283 180	89 966	195 951	701 795

12—13 续表 1　　(1996 年)　　单位:万元

项　　目	企业单位数(个)	#亏损企业	工业总产值(新规定)(当年价)	工业增加值(生产法)	资本金合计	年末资产总计
烟草加工业	10	2	98 948	38 712	45 837	145 895
纺织业	315	129	244 233	56 740	114 381	631 742
服装及其他纤维制品制造业	375	121	85 409	22 823	37 841	128 150
皮革、毛皮、羽绒及其制品业	168	66	36 650	10 138	19 453	98 703
木材加工及竹、藤、棕、草制品业	760	175	187 216	57 633	103 005	329 254
家具制造业	196	63	32 418	8 613	18 869	63 803
造纸及纸制品业	369	144	278 307	88 263	117 780	565 027
印刷业、记录媒介的复制	706	215	68 120	21 883	35 981	132 866
文教体育用品制造业	94	27	6 084	1 276	7 345	19 626
石油加工及炼焦业	79	23	245 945	75 729	71 847	214 239
化学原料及化学制品制造业	756	209	1 628 438	422 029	832 186	4 020 416
医药制造业	341	134	416 858	190 263	179 888	841 602
化学纤维制造业	19	5	138 879	21 598	53 642	271 450
橡胶制品业	140	40	49 787	12 252	14 751	175 807
塑料制品业	502	169	170 214	49 532	69 217	272 929
非金属矿物制品业	1 575	347	574 236	188 013	254 406	1 306 623
黑色金属冶炼及压延加工业	159	51	581 445	167 451	218 938	1 125 294
有色金属冶炼及压延加工业	79	28	156 779	42 868	70 418	321 090
金属制品业	820	232	151 933	42 084	70 199	296 196
普通机械制造业	747	214	231 136	68 766	112 359	563 266
专用设备制造业	493	126	261 252	62 377	92 500	512 246
交通运输设备制造业	724	208	3 082 290	856 996	768 001	4 931 356
武器弹药制造业	4	2	50 236	14 802	26 578	144 629
电气机械及器材制造业	414	129	163 094	50 424	80 468	413 728
电子及通信设备制造业	84	27	68 842	18 862	51 189	279 762
仪器仪表及文化、办公用机械制造业	112	39	32 970	10 314	28 098	164 968
其他制造业	189	52	34 460	10 982	12 311	52 729
电力、蒸汽、热水的生产和供应业	174	68	690 439	299 770	765 407	2 088 289
煤气生产和供应业	15	6	33 795	12 575	64 573	171 118
自来水的生产和供应业	72	42	47 025	20 952	76 172	168 486

12—13 续表 2　　(1996年)　　单位:万元

项　　目	流动资产合　计	流动资产年平均余　额	固定资产合　计	固定资产原　价
总　　计	**10 361 710**	**9 677 995**	**12 825 662**	**14 771 312**
按经济类型分				
国有经济	7 596 103	7 198 667	10 809 276	12 455 943
集体经济	1 453 655	1 319 946	839 840	1 031 043
私营经济	20 575	20 247	10 979	12 787
联营经济	9 408	8 508	17 888	16 036
股份制经济	477 310	363 642	329 957	403 705
外商投资经济	632 062	621 093	624 989	662 016
中外合资经营企业	578 295	576 133	560 668	591 056
中外合作经营企业	30 298	25 316	34 215	37 869
外资企业	23 468	19 644	30 106	33 092
港、澳、台投资经济	171 582	144 897	192 425	189 391
其他经济	1 017	994	310	390
按企业规模分				
大型企业	5 637 285	5 362 855	8 604 629	9 823 049
中型企业	1 966 548	1 797 265	1 953 967	2 328 858
小型企业	2 757 878	2 517 875	2 267 066	2 619 405
按轻重工业分				
轻　工　业	3 067 383	2 846 907	2 680 477	3 034 732
重　工　业	7 294 328	6 831 088	10 145 186	11 736 580
按工业行业分				
煤炭采选业	221 247	220 046	488 841	627 738
石油和天然气开采业	529 136	389 457	594 578	974 963
黑色金属矿采选业	8 518	7 909	16 848	17 027
有色金属矿采选业	35 764	31 379	86 810	108 495
非金属矿采选业	42 297	34 148	63 476	70 543
其他矿采选业	2 790	1 834	586	702
木材及竹材采运业	231 420	240 616	390 539	526 426
食品加工业	498 235	447 888	335 804	422 092
食品制造业	172 240	149 544	208 698	227 209
饮料制造业	290 095	261 918	369 755	405 933

12—13 续表 3　　(1996年)　　单位:万元

项　　目	流动资产合计	流动资产年平均余额	固定资产合计	固定资产原价
烟草加工业	80 578	91 886	61 557	43 311
纺织业	283 779	288 066	290 482	334 709
服装及其他纤维制品制造业	69 964	72 043	47 356	58 998
皮革、毛皮、羽绒及其制品业	61 234	58 657	29 675	30 449
木材加工及竹、藤、棕、草制品业	170 028	153 014	143 003	171 936
家具制造业	32 233	29 832	26 361	30 477
造纸及纸制品业	236 062	218 836	292 706	304 744
印刷业、记录媒介的复制	74 090	69 293	50 574	66 645
文教体育用品制造业	10 343	10 231	7 050	9 170
石油加工及炼焦业	96 921	109 329	110 647	160 625
化学原料及化学制品制造业	1 114 861	1 224 265	2 619 381	2 123 920
医药制造业	511 970	447 239	245 937	264 362
化学纤维制造业	100 438	99 149	156 140	186 200
橡胶制品业	63 946	63 247	95 456	51 881
塑料制品业	146 109	132 650	108 187	130 627
非金属矿物制品业	574 975	536 869	635 126	747 938
黑色金属冶炼及压延加工业	525 014	506 082	577 958	643 139
有色金属冶炼及压延加工业	112 319	113 923	182 492	201 107
金属制品业	178 538	164 616	102 809	128 399
普通机械制造业	329 487	315 662	213 767	272 933
专用设备制造业	307 435	272 506	182 604	242 120
交通运输设备制造业	2 298 609	2 097 478	1 687 215	1 911 983
武器弹药制造业	66 195	61 867	66 546	98 068
电气机械及器材制造业	227 004	206 717	153 754	174 954
电子及通信设备制造业	131 153	120 622	116 539	128 687
仪器仪表及文化、办公用机械制造业	65 677	61 304	87 070	100 172
其他制造业	28 905	24 888	20 828	22 343
电力、蒸汽、热水的生产和供应业	353 771	274 486	1 704 896	2 450 774
煤气生产和供应业	48 158	40 314	116 936	133 479
自来水的生产和供应业	30 175	28 187	136 590	166 034

12—13 续表 4 （1996年） 单位：万元

项　　目	固定资产净值年平均余额	流动负债合计	流动负债年平均余额	长期负债合计
总　　计	**9 478 742**	**11 878 544**	**7 874 692**	**6 079 200**
按经济类型分				
国有经济	7 819 802	9 112 669	6 979 656	4 903 173
集体经济	726 959	1 552 858	246 610	371 310
私营经济	10 143	24 060		10 550
联营经济	13 650	17 453	12 055	7 164
股份制经济	266 479	335 919	208 583	87 682
外商投资经济	489 905	650 693	341 725	583 020
中外合资经营企业	429 751	585 975	329 374	558 654
中外合作经营企业	32 771	36 170	12 351	20 235
外资企业	27 382	28 549		4 131
港、澳、台投资经济	151 522	184 032	86 064	116 129
其他经济	282	860		174
按企业规模分				
大型企业	5 975 846	6 249 181	5 644 085	4 217 744
中型企业	1 586 006	2 457 976	2 213 324	949 192
小型企业	1 916 890	3 171 388	17 284	912 264
按轻重工业分				
轻　工　业	2 224 974	3 740 913	1 949 257	1 107 909
重　工　业	7 253 768	8 137 632	5 925 435	4 971 291
按工业行业分				
煤炭采选业	445 482	273 849	219 547	198 215
石油和天然气开采业	513 508	476 044	371 300	270 860
黑色金属矿采选业	14 629	17 181		5 027
有色金属矿采选业	74 545	43 706	13 149	24 007
非金属矿采选业	58 591	51 353	9 029	14 444
其他矿采选业	512	3 139		4
木材及竹材采运业	351 685	295 417	295 424	96 312
食品加工业	311 937	677 721	386 787	64 903
食品制造业	172 306	246 781	108 807	132 523
饮料制造业	305 961	375 411	181 113	143 529

12—13 续表 5　　(1996年)　　单位:万元

项　　目	固定资产净值年平均余额	流动负债合计	流动负债年平均余额	长期负债合计
烟草加工业	33 982	86 000	86 145	11 283
纺织业	240 844	456 896	316 135	156 322
服装及其他纤维制品制造业	40 519	79 117	14 797	26 078
皮革、毛皮、羽绒及其制品业	22 707	76 632	17 609	16 892
木材加工及竹、藤、棕、草制品业	126 955	191 787	40 361	53 381
家具制造业	24 478	47 668	5 295	7 172
造纸及纸制品业	221 899	285 574	154 149	138 679
印刷业、记录媒介的复制	46 068	80 076	13 598	22 280
文教体育用品制造业	6 606	13 586	3 514	3 441
石油加工及炼焦业	109 123	107 475	93 415	21 319
化学原料及化学制品制造业	1 155 251	1 373 067	960 132	1 406 278
医药制造业	197 375	453 879	166 424	103 352
化学纤维制造业	119 650	130 105	116 668	47 078
橡胶制品业	35 103	99 004	62 586	79 059
塑料制品业	92 579	146 175	53 516	63 953
非金属矿物制品业	550 330	667 041	329 685	293 714
黑色金属冶炼及压延加工业	440 701	699 858	620 160	135 213
有色金属冶炼及压延加工业	136 017	165 932	110 820	58 858
金属制品业	86 336	210 909	52 592	45 229
普通机械制造业	168 278	341 507	217 946	89 172
专用设备制造业	157 949	359 248	233 141	66 857
交通运输设备制造业	1 064 243	2 321 139	1 924 433	1 278 211
武器弹药制造业	57 261	84 789	82 113	16 370
电气机械及器材制造业	123 329	243 815	162 889	82 140
电子及通信设备制造业	94 340	174 533	135 223	76 475
仪器仪表及文化、办公用机械制造业	71 365	81 315	51 026	41 436
其他制造业	16 777	25 348	5 624	16 263
电力、蒸汽、热水的生产和供应业	1 560 301	307 525	178 025	744 207
煤气生产和供应业	104 341	74 427	60 283	11 091
自来水的生产和供应业	124 879	33 518	21 231	17 575

12—13 续表 6 (1996年) 单位:万元

项目	年末所有者权益	产品销售收入	产品销售成本	产品销售费用	产品销售税金及附加
总计	**7 333 039**	**11 361 568**	**9 260 451**	**275 672**	**262 866**
按经济类型分					
国有经济	5 673 530	8 361 468	6 856 580	144 934	221 230
集体经济	499 390	1 638 066	1 327 427	57 213	27 708
私营经济	-692	30 478	18 890	6 971	336
联营经济	3 218	6 817	6 641	219	79
股份制经济	468 032	506 978	368 348	25 737	5 204
外商投资经济	602 688	673 256	571 579	30 728	6 966
中外合资经营企业	564 766	641 278	541 059	29 364	6 607
中外合作经营企业	11 338	20 203	17 633	591	349
外资企业	26 584	11 775	12 887	773	10
港、澳、台投资经济	86 468	143 926	110 580	9 860	1 339
其他经济	406	579	406	10	5
按企业规模分					
大型企业	5 254 116	7 149 341	5 829 136	108 610	189 102
中型企业	838 679	1 586 378	1 290 799	60 303	35 112
小型企业	1 240 244	2 625 849	2 140 516	106 759	38 652
按轻重工业分					
轻工业	1 372 070	2 638 247	2 085 160	128 459	86 741
重工业	5 960 969	8 723 322	7 175 291	147 213	176 125
按工业行业分					
煤炭采选业	288 899	209 018	167 654	9 081	2 352
石油和天然气开采业	393 483	373 819	305 138	400	13 360
黑色金属矿采选业	3 899	7 005	5 358	482	268
有色金属矿采选业	60 085	52 954	37 899	569	372
非金属矿采选业	45 481	55 839	41 800	3 411	1 519
其他矿采选业	311	814	675	5	14
木材及竹材采运业	275 952	358 973	251 839	4 594	14 076
食品加工业	150 515	481 349	434 290	11 634	1 770
食品制造业	27 592	171 996	141 580	9 230	1 002
饮料制造业	182 855	268 158	192 332	18 666	26 684

12—13 续表 7　　(1996年)　　单位:万元

项　　目	年末所有者权益	产品销售收入	产品销售成本	产品销售费用	产品销售税金及附加
烟草加工业	48 612	113 747	63 082	949	37 976
纺织业	18 524	207 000	179 647	5 020	865
服装及其他纤维制品制造业	22 955	76 986	67 005	1 787	676
皮革、毛皮、羽绒及其制品业	5 179	28 478	25 019	730	181
木材加工及竹、藤、棕、草制品业	84 087	155 756	129 476	6 306	2 117
家具制造业	8 963	23 868	23 653	708	226
造纸及纸制品业	140 774	244 287	196 061	3 233	1 770
印刷业、记录媒介的复制	30 510	66 589	53 036	1 969	860
文教体育用品制造业	2 599	7 453	6 147	203	70
石油加工及炼焦业	85 444	241 681	196 274	1 848	21 893
化学原料及化学制品制造业	1 241 071	1 405 402	1 114 330	19 751	47 050
医药制造业	284 371	302 860	172 220	48 739	2 679
化学纤维制造业	94 267	130 368	115 847	1 009	196
橡胶制品业	-2 255	45 671	37 810	1 371	2 110
塑料制品业	62 800	150 608	123 321	3 970	857
非金属矿物制品业	345 868	496 192	392 304	23 086	6 767
黑色金属冶炼及压延加工业	290 223	593 413	532 116	6 351	3 437
有色金属冶炼及压延加工业	96 301	143 004	118 678	1 629	1 088
金属制品业	40 059	135 309	113 766	3 093	1 403
普通机械制造业	132 587	218 297	174 562	9 648	3 937
专用设备制造业	86 141	242 035	194 589	5 947	1 217
交通运输设备制造业	1 332 006	3 115 313	2 616 705	40 815	51 050
武器弹药制造业	43 470	49 320	37 992	629	391
电气机械及器材制造业	87 773	152 271	116 109	5 477	1 060
电子及通信设备制造业	28 754	57 258	44 630	1 844	246
仪器仪表及文化、办公用机械制造业	42 218	29 821	21 144	1 327	254
其他制造业	11 118	31 385	26 520	988	288
电力、蒸汽、热水的生产和供应业	1 036 558	834 143	715 797	3 103	6 829
煤气生产和供应业	85 601	37 877	36 889	3 791	220
自来水的生产和供应业	117 394	45 223	37 160	3 284	741

12—13 续表 8 （1996年） 单位：万元

项目	产品销售利润	管理费用	利息支出	利润总额	利税总额
总计	**1 562 580**	**1 184 062**	**690 068**	**−123 258**	**696 271**
按经济类型分					
国有经济	1 138 724	919 370	564 773	−202 790	441 171
集体经济	225 718	163 462	66 735	11 947	112 051
私营经济	4 281	2 146	610	1 613	3 935
联营经济	−123	746	796	−1 545	−1 244
股份制经济	107 690	31 816	14 159	76 903	116 947
外商投资经济	63 983	53 782	31 773	−11 704	12 024
中外合资经营企业	64 248	49 348	29 119	−11 050	11 525
中外合作经营企业	1 630	1 919	2 350	−2 202	−1 327
外资企业	−1 895	2 514	304	1 548	1 826
港、澳、台投资经济	22 148	12 610	11 191	2 312	11 359
其他经济	158	131	31	6	29
按企业规模分					
大型企业	1 022 495	673 078	414 966	56 330	608 837
中型企业	200 163	208 034	132 237	−122 016	−6 705
小型企业	339 922	302 950	142 866	−57 571	94 140
按轻重工业分					
轻工业	337 887	299 848	195 737	−116 463	91 454
重工业	1 224 693	884 214	494 331	−6 795	604 818
按工业行业分					
煤炭采选业	29 931	51 363	7 696	−19 195	−4 597
石油和天然气开采业	54 921	18 901	36 113	5 023	45 526
黑色金属矿采选业	897	1 018	595	−1 050	−522
有色金属矿采选业	14 114	13 609	3 089	636	1 582
非金属矿采选业	9 109	5 869	2 167	2 460	6 394
其他矿采选业	121	89	105	−19	29
木材及竹材采运业	88 464	69 725	10 544	5 940	28 712
食品加工业	33 656	37 984	41 789	−41 904	−34 725
食品制造业	20 185	14 955	13 746	−8 221	−49
饮料制造业	30 477	27 815	19 850	−14 666	26 543

12—13 续表 9 (1996年) 单位:万元

项　　目	产品销售利润	管理费用	利息支出	利润总额	利税总额
烟草加工业	11 741	6 822	2 911	1 070	47 919
纺织业	21 469	31 107	24 442	-34 369	-25 959
服装及其他纤维制品制造业	7 517	10 753	3 606	-5 231	-2 374
皮革、毛皮、羽绒及其制品业	2 549	4 423	2 674	-2 218	-1 272
木材加工及竹、藤、棕、草制品业	17 858	18 638	7 707	-3 073	6 695
家具制造业	-718	3 240	1 796	-1 005	-92
造纸及纸制品业	43 223	32 098	16 778	-6 728	9 810
印刷业、记录媒介的复制	10 724	12 009	3 453	-4 343	55
文教体育用品制造业	1 033	1 198	511	-887	-594
石油加工及炼焦业	21 666	18 265	7 266	-3 122	29 850
化学原料及化学制品制造业	224 272	180 589	67 831	-922	114 830
医药制造业	79 222	38 135	20 299	29 837	58 140
化学纤维制造业	13 316	9 830	6 693	1 464	8 116
橡胶制品业	4 381	5 693	4 622	-6 713	-2 519
塑料制品业	22 461	16 742	10 136	-2 286	3 341
非金属矿物制品业	74 036	61 300	33 569	-8 796	24 872
黑色金属冶炼及压延加工业	51 510	40 303	30 544	-17 626	13 610
有色金属冶炼及压延加工业	21 609	13 487	8 597	-165	8 858
金属制品业	17 048	19 219	9 630	-9 856	-3 390
普通机械制造业	30 150	37 360	21 569	-20 656	-5 664
专用设备制造业	40 283	33 214	21 300	-13 124	-5 481
交通运输设备制造业	394 772	255 892	144 049	41 112	223 229
武器弹药制造业	10 308	10 477	5 651	-972	1 166
电气机械及器材制造业	29 625	23 165	13 974	-5 001	4 359
电子及通信设备制造业	10 537	12 976	10 917	-9 535	-7 000
仪器仪表及文化、办公用机械制造业	7 096	10 722	4 174	-5 871	-3 874
其他制造业	3 589	3 423	1 465	-1 022	437
电力、蒸汽、热水的生产和供应业	108 413	17 354	64 871	49 783	136 577
煤气生产和供应业	-3 023	4 395	2 705	-6 651	-4 591
自来水的生产和供应业	4 038	9 908	637	-5 356	-1 674

12—14 各市县全部独立核算工业企业主要财务指标

(1996年) 单位:万元

市、县	企业单位数(个)	#亏损企业	工业总产值(新规定)(当年价)	工业增加值(生产法)	资本金合计
长春市	**2 928**	**738**	**4 574 942**	**1 336 499**	**1 539 280**
市区	2 030	599	4 213 852	1 220 070	1 443 009
九台市	239	64	56 359	16 647	23 909
榆树市	252	29	92 634	28 696	27 724
德惠市	196	32	80 939	28 152	20 011
农安县	211	14	131 158	42 934	24 628
吉林市	**2 702**	**661**	**2 934 592**	**957 485**	**1 665 429**
市区	1 549	384	2 454 034	760 341	1 301 916
桦甸市	221	62	119 449	69 942	189 802
蛟河市	207	72	70 435	23 311	35 510
舒兰市	213	43	95 631	34 235	51 488
磐石市	243	39	151 994	51 960	67 697
永吉县	269	61	43 050	17 698	19 016
四平市	**1 390**	**398**	**834 071**	**231 490**	**377 528**
市区	507	193	385 424	117 711	258 894
公主岭市	324	101	188 976	53 070	62 390
双辽市	244	45	121 573	29 174	31 655
梨树县	171	28	48 655	15 785	12 350
伊通县	144	31	89 443	15 750	12 239
辽源市	**792**	**210**	**349 009**	**76 878**	**194 353**
市区	430	136	230 310	47 792	163 796
东丰县	192	29	81 829	19 655	23 238
东辽县	170	45	36 870	9 431	7 318
通化市	**1 442**	**432**	**824 903**	**261 938**	**390 922**
市区	456	180	388 636	108 076	215 906
梅河口市	304	60	164 214	50 823	37 896
集安市	149	63	41 710	15 401	36 511
通化县	168	38	103 429	49 608	49 771
辉南县	175	38	78 609	26 451	30 185

12—14 续表 1　　(1996 年)　　单位:万元

市 、 县	企业单位数(个)	#亏损企业	工业总产值(新规定)(当年价)	工业增加值(生产法)	资本金合计
柳河县	190	53	48 306	11 580	20 654
白山市	**629**	**180**	**482 132**	**183 680**	**290 873**
市区	158	53	209 860	63 347	127 364
临江市	98	17	58 697	28 394	36 086
抚松县	110	24	92 487	44 477	62 925
靖宇县	115	29	14 268	5 055	8 837
长白县	63	17	20 278	10 195	16 422
江源县	85	40	86 542	32 213	39 240
松原市	**642**	**109**	**831 613**	**405 492**	**482 285**
市区	123	36	612 748	351 032	380 013
长岭县	127	17	35 160	7 891	12 656
前郭县	151	35	130 691	30 425	68 974
乾安县	76	11	23 244	5 676	16 161
扶余县	165	10	29 769	10 468	4 482
白城市	**790**	**341**	**330 822**	**79 253**	**153 472**
市区	225	113	163 782	47 402	92 947
洮南市	151	80	52 032	6 658	21 164
大安市	178	67	57 666	10 958	16 073
镇赉县	123	48	30 596	8 061	16 276
通榆县	113	33	26 746	6 174	7 013
延边朝鲜族自治州	**1 552**	**635**	**865 456**	**280 724**	**588 813**
延吉市	412	210	201 169	71 491	153 651
图们市	140	68	100 719	29 354	56 994
敦化市	199	29	189 115	73 704	94 522
龙井市	221	100	96 676	14 341	75 293
珲春市	120	61	74 647	25 184	55 639
和龙市	133	63	55 464	17 988	41 034
汪清县	182	50	69 405	23 864	51 832
安图县	145	54	78 261	24 798	59 848

12—14 续表 2 (1996年) 单位:万元

市、县	年末资产总计	流动资产合计	流动资产年平均余额	固定资产合计	固定资产原价
长春市	**8 193 845**	**3 747 224**	**3 429 223**	**3 268 400**	**3 754 390**
市区	7 736 971	3 506 447	3 199 871	3 076 165	3 529 344
九台市	105 692	62 338	59 458	40 741	51 619
榆树市	137 694	69 292	64 330	58 077	67 504
德惠市	119 695	53 752	50 711	56 324	57 600
农安县	93 793	55 394	54 853	37 093	48 323
吉林市	**7 034 278**	**2 303 405**	**2 320 292**	**4 356 445**	**4 387 702**
市区	5 999 296	1 977 997	2 017 914	3 680 014	3 486 005
桦甸市	349 401	56 737	51 681	288 223	416 772
蛟河市	101 358	41 185	41 334	48 455	65 979
舒兰市	216 846	74 247	74 865	132 329	171 572
磐石市	285 665	117 938	102 092	163 170	193 000
永吉县	81 712	35 301	32 407	44 254	54 375
四平市	**1 808 959**	**726 409**	**682 391**	**994 812**	**1 172 618**
市区	917 228	386 889	376 011	474 887	574 465
公主岭市	309 826	159 804	140 981	137 048	163 133
双辽市	159 621	90 015	86 546	64 989	86 661
梨树县	60 655	33 245	26 617	25 728	31 098
伊通县	361 629	56 456	52 237	292 160	317 261
辽源市	**959 692**	**416 708**	**377 553**	**469 497**	**587 683**
市区	739 014	300 482	275 284	377 101	478 799
东丰县	146 937	81 738	75 096	62 597	78 403
东辽县	73 741	34 487	27 174	29 799	30 481
通化市	**1 718 913**	**789 394**	**742 558**	**857 271**	**996 826**
市区	924 971	358 296	339 356	531 799	594 909
梅河口市	209 305	111 649	103 557	88 210	87 913
集安市	137 514	67 894	66 876	65 474	106 185
通化县	200 266	112 511	101 981	74 413	78 143
辉南县	148 721	88 663	83 138	53 364	76 676

市 、县	年末资产总计	流动资产合计	流动资产年平均余额	固定资产合计	固定资产原价
柳河县	98 138	50 380	47 650	44 012	53 001
白山市	**1 057 568**	**389 686**	**357 576**	**570 317**	**748 379**
市区	576 022	196 574	171 764	325 919	410 974
临江市	98 939	34 285	27 923	53 305	75 425
抚松县	166 266	69 827	68 224	82 581	117 881
靖宇县	32 627	12 915	11 465	18 774	21 366
长白县	52 142	20 855	22 996	23 530	26 928
江源县	131 572	55 229	55 206	66 208	95 805
松原市	**1 756 561**	**798 183**	**642 902**	**913 552**	**1 426 338**
市区	1 329 546	627 366	497 001	681 065	1 102 608
长岭县	85 743	52 445	45 882	24 615	29 399
前郭县	235 875	62 269	55 005	165 564	245 637
乾安县	62 146	31 313	26 387	26 458	29 501
扶余县	43 253	24 789	18 627	15 850	19 194
白城市	**774 514**	**370 722**	**352 576**	**364 580**	**439 919**
市区	412 643	155 579	143 216	237 894	279 961
洮南市	144 937	80 347	75 794	57 596	70 260
大安市	79 192	46 763	45 311	27 332	35 976
镇赉县	82 876	53 864	56 844	25 067	32 238
通榆县	54 866	34 169	31 411	16 692	21 484
延边朝鲜族自治州	**1 986 455**	**819 981**	**772 926**	**1 030 789**	**1 257 457**
延吉市	443 508	168 956	156 707	253 338	271 955
图们市	216 571	83 012	82 514	122 691	157 998
敦化市	329 886	176 812	157 102	137 835	175 928
龙井市	266 236	113 646	104 544	130 164	166 614
珲春市	265 587	85 825	82 096	137 141	170 298
和龙市	138 580	54 349	53 693	69 777	90 334
汪清县	145 932	65 690	65 149	75 188	94 876
安图县	180 155	71 691	71 121	98 655	129 454

12—14 续表 4　　(1996年)　　单位:万元

市、县	固定资产净值年平均余额	流动负债合计	流动负债年平均余额	长期负债合计	年末所有者权益
长春市	**2 374 449**	**4 020 434**	**2 871 885**	**1 990 893**	**2 182 518**
市区	2 206 486	3 735 282	2 750 295	1 914 828	2 086 861
九台市	39 744	66 507	30 854	14 428	24 757
榆树市	48 183	91 253	36 909	26 563	19 878
德惠市	44 088	66 523	31 047	27 997	25 175
农安县	35 949	60 869	22 780	7 077	25 848
吉林市	**2 651 248**	**2 706 975**	**1 982 996**	**1 854 800**	**2 472 502**
市区	2 028 121	2 313 880	1 782 469	1 666 084	2 019 333
桦甸市	287 687	80 136	29 252	74 063	195 202
蛟河市	40 996	48 807	28 283	18 820	33 731
舒兰市	116 928	78 918	52 336	52 356	85 571
磐石市	136 648	142 977	82 150	34 029	108 660
永吉县	40 868	42 257	8 505	9 448	30 006
四平市	**855 963**	**914 308**	**587 211**	**547 657**	**346 993**
市区	412 116	471 201	305 443	187 545	258 482
公主岭市	114 131	199 982	130 383	57 799	52 046
双辽市	62 012	104 794	113 348	24 456	30 371
梨树县	24 219	37 316	4 435	17 724	5 616
伊通县	243 484	101 017	33 601	260 134	479
辽源市	**415 883**	**530 165**	**305 523**	**185 553**	**243 974**
市区	343 106	381 023	250 009	141 790	216 201
东丰县	56 234	97 966	46 747	21 447	27 524
东辽县	16 543	51 176	8 767	22 316	249
通化市	**694 740**	**935 873**	**517 444**	**283 063**	**499 977**
市区	430 201	486 114	378 623	155 279	283 577
梅河口市	65 382	121 724	35 806	56 686	30 894
集安市	57 330	80 222	14 602	12 401	44 890
通化县	56 825	90 218	34 268	22 199	87 848
辉南县	46 409	92 663	37 422	20 391	35 668

12—14 续表 5　　(1996年)　　单位:万元

市、县	固定资产净值年平均余额	流动负债合计	流动负债年平均余额	长期负债合计	年末所有者权益
柳河县	38 593	64 931	16 723	16 107	17 100
白山市	**503 599**	**491 136**	**310 339**	**221 897**	**344 535**
市区	278 019	242 819	158 298	153 298	179 905
临江市	46 949	41 619	18 907	19 557	37 764
抚松县	72 837	84 990	61 972	15 989	65 287
靖宇县	17 678	13 826	592	12 930	5 872
长白县	23 011	22 020	6 828	3 860	26 262
江源县	65 105	85 863	63 742	16 264	29 445
松原市	**802 688**	**768 683**	**537 248**	**400 748**	**587 131**
市区	601 327	573 896	449 835	280 604	475 046
长岭县	23 397	62 430	32 835	17 013	6 300
前郭县	142 534	64 976	26 507	80 148	90 751
乾安县	23 725	31 617	16 816	21 027	9 501
扶余县	11 704	35 765	11 255	1 956	5 532
白城市	**314 948**	**495 511**	**184 226**	**147 149**	**131 854**
市区	201 322	199 604	110 576	85 627	127 413
洮南市	53 041	115 783	52 964	29 444	-290
大安市	26 645	59 555	11 923	13 637	6 001
镇赉县	20 598	71 451	7 996	10 142	1 283
通榆县	13 342	49 119	768	8 300	-2 553
延边朝鲜族自治州	**865 224**	**1 015 460**	**577 821**	**447 440**	**523 554**
延吉市	181 375	194 235	88 192	87 722	161 551
图们市	106 314	117 793	76 879	55 910	42 868
敦化市	117 557	187 509	95 045	34 916	107 460
龙井市	117 006	154 444	99 139	72 966	38 826
珲春市	117 780	117 642	73 893	105 600	42 345
和龙市	64 794	72 650	41 869	20 428	45 502
汪清县	69 812	74 984	53 358	25 040	45 908
安图县	90 585	96 203	49 446	44 858	39 094

12—14 续表 6 (1996年) 单位:万元

市、县	产品销售收入	产品销售成本	产品销售费用	产品销售税金及附加	产品销售利润
长春市	**4 427 664**	**3 690 958**	**97 675**	**88 813**	**550 218**
市区	4 120 364	3 435 047	90 134	78 728	516 455
九台市	51 115	42 390	1 235	1 221	6 270
榆树市	87 493	75 706	2 159	1 657	7 972
德惠市	61 715	52 133	2 184	1 307	6 090
农安县	106 977	85 683	1 964	5 900	13 431
吉林市	**2 672 491**	**2 132 657**	**40 525**	**62 112**	**437 197**
市区	2 208 431	1 773 248	31 437	55 173	348 574
桦甸市	121 409	85 616	1 219	1 998	32 577
蛟河市	61 947	47 831	1 761	1 017	11 339
舒兰市	96 779	78 025	2 182	1 398	15 173
磐石市	145 919	117 388	3 232	1 727	23 572
永吉县	38 006	30 549	694	799	5 963
四平市	**791 582**	**653 686**	**31 416**	**18 690**	**87 790**
市区	381 890	308 083	18 679	13 727	41 401
公主岭市	161 194	132 224	5 265	1 252	22 453
双辽市	94 166	75 830	3 097	1 502	13 737
梨树县	38 542	33 033	1 532	884	3 093
伊通县	115 790	104 516	2 843	1 325	7 106
辽源市	**326 170**	**267 875**	**8 942**	**5 212**	**44 140**
市区	234 115	196 956	5 205	1 847	30 107
东丰县	66 692	52 041	2 759	2 913	8 979
东辽县	25 363	18 878	979	453	5 054
通化市	**823 847**	**657 789**	**26 889**	**9 254**	**129 915**
市区	450 306	373 839	7 590	4 213	64 664
梅河口市	133 324	116 307	2 772	1 718	12 527
集安市	37 592	31 560	1 343	412	4 277
通化县	89 227	51 095	8 365	1 199	28 569
辉南县	74 507	54 032	4 685	1 104	14 687

12—14 续表 7　　(1996年)　　单位:万元

市、县	产品销售收入	产品销售成本	产品销售费用	产品销售税金及附加	产品销售利润
柳河县	38 891	30 957	2 134	609	5 191
白山市	**439 211**	**343 125**	**14 640**	**9 888**	**71 558**
市区	188 311	157 011	5 060	1 976	24 264
临江市	53 109	40 038	1 422	1 385	10 265
抚松县	90 575	65 435	2 138	2 958	20 045
靖宇县	12 715	9 898	920	314	1 583
长白县	15 154	11 645	319	971	2 220
江源县	79 345	59 099	4 781	2 285	13 181
松原市	**766 630**	**641 388**	**9 262**	**32 385**	**83 595**
市区	584 716	475 850	2 868	30 303	75 696
长岭县	19 300	16 992	864	236	1 207
前郭县	113 828	111 363	1 218	901	347
乾安县	20 549	16 058	732	155	3 605
扶余县	28 238	21 126	3 580	791	2 741
白城市	**281 362**	**239 319**	**7 868**	**3 391**	**30 784**
市区	155 811	134 768	3 058	1 441	16 545
洮南市	37 481	30 936	2 169	523	3 853
大安市	42 659	33 437	850	486	7 887
镇赉县	25 543	22 162	667	682	2 032
通榆县	19 868	18 016	1 124	260	468
延边朝鲜族自治州	**832 612**	**633 654**	**38 456**	**33 120**	**127 382**
延吉市	196 658	144 289	5 930	20 104	26 335
图们市	95 041	78 606	2 231	2 676	11 528
敦化市	188 655	125 146	21 390	2 975	39 144
龙井市	85 898	74 362	1 899	846	8 791
珲春市	69 670	59 935	1 304	825	7 606
和龙市	50 010	39 436	969	1 580	8 025
汪清县	68 197	48 424	2 274	2 273	15 226
安图县	78 483	63 456	2 459	1 841	10 727

12—14 续表 8 (1996年) 单位:万元

市、县	管理费用	利息支出	利润总额	利税总额
长春市	**403 093**	**237 975**	**-6 066**	**287 037**
市区	382 493	222 448	-4 318	267 529
九台市	4 736	3 094	-514	2 631
榆树市	5 312	3 365	-868	3 221
德惠市	5 381	5 463	-5 176	-1 604
农安县	5 172	3 605	4 810	15 259
吉林市	**321 342**	**140 486**	**37 473**	**226 965**
市区	256 381	106 806	23 553	186 069
桦甸市	15 413	15 825	21 377	26 351
蛟河市	8 535	2 132	497	3 362
舒兰市	17 641	3 464	-3 867	1 875
磐石市	17 149	9 632	-2 114	8 273
永吉县	6 223	2 626	-1 974	1 035
四平市	**79 661**	**81 616**	**-61 735**	**3 707**
市区	49 173	29 562	-29 261	10 084
公主岭市	17 192	14 513	-7 155	1 979
双辽市	7 511	5 536	712	5 362
梨树县	2 673	2 367	-1 062	1 422
伊通县	3 111	29 637	-24 969	-15 140
辽源市	**45 494**	**22 331**	**-21 384**	**-33**
市区	35 536	14 846	-20 371	-6 909
东丰县	6 466	4 775	-555	5 311
东辽县	3 492	2 710	-459	1 565
通化市	**70 203**	**49 589**	**23 786**	**70 986**
市区	33 605	27 338	6 174	32 724
梅河口市	6 810	4 633	1 603	7 019
集安市	4 515	6 289	-1 712	700
通化县	10 121	4 167	18 895	26 318
辉南县	9 800	4 815	1 701	5 644

12—14 续表 9　　(1996年)　　单位:万元

市、县	管理费用	利息支出	利润总额	利税总额
柳河县	5 352	2 347	-2 876	-1 419
白山市	**63 674**	**22 148**	**-6 717**	**24 421**
市区	25 539	13 268	-8 251	5 275
临江市	8 905	2 760	1 162	5 864
抚松县	15 294	2 094	950	6 972
靖宇县	1 396	529	-173	858
长白县	2 702	349	146	1 842
江源县	9 839	3 147	-551	3 610
松原市	**46 699**	**52 078**	**-5 555**	**66 604**
市区	33 437	42 272	6 350	73 767
长岭县	1 912	1 352	-1 284	-688
前郭县	8 260	3 750	-8 643	-6 409
乾安县	1 293	1 747	379	1 108
扶余县	1 797	2 958	-2 358	-1 173
白城市	**33 588**	**33 452**	**-34 781**	**-9 626**
市区	15 479	12 250	-8 036	8 830
洮南市	6 873	9 301	-12 738	-10 187
大安市	5 353	3 999	-2 244	497
镇赉县	3 582	3 840	-5 822	-3 684
通榆县	2 301	4 063	-5 941	-5 082
延边朝鲜族自治州	**120 308**	**50 394**	**-48 277**	**26 211**
延吉市	21 920	10 652	-6 250	25 236
图们市	14 180	9 416	-12 056	-4 395
敦化市	23 872	9 013	7 905	21 129
龙井市	14 883	6 966	-11 436	-6 746
珲春市	10 048	2 191	-3 246	1 454
和龙市	9 595	2 897	-4 234	-474
汪清县	12 782	3 301	-1 425	3 149
安图县	13 028	5 958	-17 535	-13 142

12—15 全部独立核算工业企业主要经济效益指标

(1996年)

项目	总资产贡献率(%)	资本保值增值率(%)	资产负债率(%)	流动资产周转次数(次)	成本利润率(%)	全员劳动生产率(元/人)	产品销售率(%)
总计	**7.24**	**111.32**	**71.01**	**1.17**	**-1.08**	**15 612**	**94.91**
按经济类型分							
国有经济	6.70	107.45	71.18	1.16	-2.39	16 694	96.02
集体经济	8.73	99.79	79.39	1.24	0.74	8 589	89.96
私营经济	14.96	-7.37	102.04	1.51	5.64	25 303	107.44
联营经济	-2.02	816.42	88.44	0.80	-18.39	14 626	99.15
股份制经济	20.81	153.03	47.51	1.39	17.48	38 879	95.95
外商投资经济	3.94	142.46	67.18	1.08	-1.70	44 830	94.50
中外合资经营企业	4.04	145.24	66.96	1.11	-1.70	49 078	95.71
中外合作经营企业	1.76	91.34	83.26	0.80	-9.79	16 801	79.72
外资企业	4.53	121.97	55.14	0.60	9.39	22 226	75.14
港、澳、台投资经济	7.61	123.75	77.64	0.99	1.60	38 182	92.22
其他经济	4.70	372.84	71.78	0.58	0.99	6 050	84.68
按企业规模分							
大型企业	9.03	117.35	66.58	1.33	0.80	26 198	97.45
中型企业	3.71	90.75	80.25	0.88	-7.21	10 782	92.94
小型企业	5.34	104.62	76.70	1.04	-2.14	8 731	89.89
按轻重工业分							
轻工业	5.66	109.43	77.94	0.93	-4.30	12 402	91.43
重工业	7.80	111.77	68.74	1.28	-0.08	17 033	96.09
按工业行业分							
煤炭采选业	0.47	144.66	62.04	0.95	-8.14	4 178	94.92
石油和天然气开采业	9.04	104.55	65.50	0.96	1.39	72 516	100.13
黑色金属矿采选业	0.32	40.13	85.07	0.89	-14.08	12 224	90.58
有色金属矿采选业	4.41	98.14	52.98	1.69	1.15	8 521	95.46
非金属矿采选业	9.23	195.62	59.13	1.64	4.62	10 135	91.56
其他矿采选业	5.72	71.24	91.01	0.44	-2.20	9 983	87.66
木材及竹材采运业	6.63	118.92	58.67	1.49	1.76	7 779	96.31
食品加工业	0.93	82.05	83.15	1.07	-7.97	20 853	92.64
食品制造业	4.26	216.47	93.22	1.15	-4.58	15 232	93.83
饮料制造业	8.17	126.37	73.94	1.02	-5.67	15 342	93.12

12—15 续表 (1996年)

项目	总资产贡献率(%)	资本保值增值率(%)	资产负债率(%)	流动资产周转次数(次)	成本利润率(%)	全员劳动生产率(元/人)	产品销售率(%)
烟草加工业	40.38	98.33	66.68	1.24	1.45	50 552	98.63
纺织业	-0.29	54.31	97.07	0.72	-14.31	4 830	93.68
服装及其他纤维制品制造业	1.09	88.51	82.09	1.07	-6.29	5 758	96.42
皮革、毛皮、羽绒及其制品业	1.72	708.47	94.75	0.49	-6.75	6 126	82.65
木材加工及竹、藤、棕、草制品业	5.14	101.07	74.46	1.02	-1.90	5 581	88.48
家具制造业	3.14	85.80	85.95	0.80	-3.42	6 481	95.46
造纸及纸制品业	6.03	100.33	75.09	1.12	-2.71	12 933	92.08
印刷业、记录媒介的复制	3.04	103.29	77.04	0.96	-6.16	5 442	99.55
文教体育用品制造业	-0.50	79.40	86.76	0.73	-11.01	1 986	91.90
石油加工及炼焦业	16.99	100.74	60.12	2.21	-1.40	60 885	99.72
化学原料及化学制品制造业	7.68	104.75	69.13	1.15	-0.07	22 806	95.83
医药制造业	12.17	143.48	66.21	0.68	10.68	28 890	76.81
化学纤维制造业	6.77	107.22	65.27	1.31	1.10	11 827	95.51
橡胶制品业	2.14	-36.10	101.28	0.72	-13.56	6 874	94.46
塑料制品业	5.98	133.25	76.99	1.14	-1.48	12 265	91.72
非金属矿物制品业	5.38	88.98	73.53	0.92	-1.72	8 874	93.56
黑色金属冶炼及压延加工业	4.66	98.98	74.21	1.17	-2.89	16 658	94.63
有色金属冶炼及压延加工业	6.98	132.38	70.01	1.26	-0.12	17 830	93.61
金属制品业	2.49	81.42	86.48	0.82	-6.76	6 380	87.98
普通机械制造业	3.29	110.75	76.46	0.69	-8.50	6 832	90.49
专用设备制造业	3.67	125.51	83.18	0.89	-5.15	7 769	92.97
交通运输设备制造业	11.62	147.02	72.00	1.49	1.34	34 775	97.03
武器弹药制造业	5.72	116.86	69.94	0.80	-1.78	8 218	96.06
电气机械及器材制造业	5.55	104.69	78.78	0.74	-3.15	9 105	95.43
电子及通信设备制造业	1.82	114.81	89.72	0.47	-13.55	9 107	94.05
仪器仪表及文化、办公用机械制造业	0.23	89.95	74.41	0.49	-15.71	4 465	89.56
其他制造业	4.56	97.11	78.92	1.26	-3.16	8 874	91.30
电力、蒸汽、热水的生产和供应业	10.98	97.55	50.36	3.04	6.21	50 365	100.60
煤气生产和供应业	-1.30	110.12	49.98	0.94	-13.92	15 527	104.70
自来水的生产和供应业	-0.68	98.73	30.32	1.60	-10.50	14 172	98.07

12—16 各市县全部独立核算工业企业主要经济效益指标

(1996年)

市 、县	总资产贡献率(%)	资本保值增值率(%)	资产负债率(%)	流动资产周转次数(次)	成本利润率(%)	全员劳动生产率(元/人)	产品销售率(%)
长春市	**9.05**	**123.60**	**73.36**	**1.29**	**-0.14**	**22 770**	**95.38**
市区	9.06	124.88	73.03	1.29	-0.10	24 742	95.61
九台市	5.77	103.82	76.58	0.86	-1.00	7 833	91.80
榆树市	5.85	97.41	85.56	1.36	-1.00	10 902	89.03
德惠市	4.07	113.42	78.97	1.22	-7.94	11 050	104.30
农安县	20.77	91.57	72.44	1.95	4.99	20 650	88.54
吉林市	**7.39**	**104.36**	**64.85**	**1.15**	**1.42**	**18 459**	**96.44**
市区	7.24	103.76	66.34	1.09	1.09	22 298	96.78
桦甸市	12.43	94.31	44.13	2.35	18.10	18 970	96.38
蛟河市	6.67	109.20	66.72	1.50	0.82	8 791	92.63
舒兰市	2.78	106.79	60.54	1.29	-3.82	6 096	93.00
磐石市	7.50	141.71	61.96	1.43	-1.43	13 742	95.05
永吉县	5.00	105.52	63.28	1.17	-4.92	8 689	95.61
四平市	**5.55**	**116.28**	**80.82**	**1.16**	**-7.29**	**11 641**	**92.59**
市区	5.03	125.33	71.82	1.02	-7.22	12 817	94.48
公主岭市	6.46	143.17	83.20	1.14	-4.23	11 153	95.51
双辽市	7.34	100.20	80.97	1.09	0.77	9 196	88.60
梨树县	7.45	49.98	90.74	1.45	-2.68	14 794	85.13
伊通县	4.90	3.35	99.87	2.22	-17.82	9 243	87.75
辽源市	**2.81**	**170.62**	**74.58**	**0.86**	**-6.20**	**4 753**	**90.60**
市区	1.28	195.48	70.74	0.85	-8.07	3 909	93.58
东丰县	7.68	93.84	81.27	0.89	-0.84	7 633	87.97
东辽县	9.78	8.10	99.66	0.93	-1.76	6 869	77.84
通化市	**8.39**	**113.47**	**70.91**	**1.11**	**2.96**	**11 800**	**92.25**
市区	7.80	110.33	69.34	1.33	1.40	11 019	93.57
梅河口市	6.90	78.23	85.24	1.29	1.23	14 393	92.05
集安市	5.63	110.03	67.36	0.56	-3.92	8 487	99.23
通化县	19.20	152.88	56.13	0.87	25.62	25 605	89.54
辉南县	8.07	122.13	76.02	0.90	2.32	7 765	88.73

12—16 续表 (1996年)

市、县	总资产贡献率(%)	资本保值增值率(%)	资产负债率(%)	流动资产周转次数(次)	成本利润率(%)	全员劳动生产率(元/人)	产品销售率(%)
柳河县	1.08	102.74	82.58	0.82	-7.05	6 812	87.77
白山市	**5.41**	**107.32**	**67.42**	**1.23**	**-1.51**	**8 554**	**94.01**
市区	4.12	94.37	68.77	1.10	-4.11	8 512	94.31
临江市	11.52	91.49	61.83	1.90	2.19	9 799	95.57
抚松县	6.43	129.47	60.73	1.33	1.12	8 006	92.82
靖宇县	4.76	49.58	82.00	1.11	-1.35	8 457	93.74
长白县	4.76	130.11	49.63	0.66	0.97	11 885	98.45
江源县	5.62	441.09	77.62	1.44	-0.72	7 814	92.53
松原市	**8.21**	**103.88**	**66.58**	**1.19**	**-0.74**	**40 463**	**96.36**
市区	10.57	102.53	64.27	1.18	1.15	62 809	100.48
长岭县	0.96	69.73	92.65	0.42	-6.08	8 843	75.76
前郭县	-1.35	117.18	61.53	2.07	-6.94	19 471	88.86
乾安县	5.70	128.55	84.71	0.78	1.91	7 305	73.50
扶余县	5.88	69.19	87.21	1.52	-8.00	8 720	86.64
白城市	**3.57**	**75.49**	**82.98**	**0.80**	**-11.07**	**6 701**	**92.57**
市区	6.12	89.76	69.12	1.09	-4.85	9 610	97.04
洮南市	-0.69	-2.95	100.20	0.49	-25.85	2 720	91.09
大安市	6.25	61.70	92.42	0.94	-5.14	5 944	93.44
镇赉县	0.20	14.13	98.45	0.45	-19.25	5 666	91.09
通榆县	-2.28	-26.20	104.65	0.63	-23.30	5 231	67.87
延边朝鲜族自治州	**4.68**	**102.85**	**73.64**	**1.08**	**-5.73**	**8 740**	**93.81**
延吉市	10.62	102.52	63.57	1.25	-3.42	17 044	97.60
图们市	2.66	75.18	80.21	1.15	-11.54	13 024	97.01
敦化市	10.97	154.37	67.42	1.20	4.41	9 645	90.77
龙井市	0.10	88.93	85.42	0.82	-11.66	4 730	90.00
珲春市	1.82	110.69	84.06	0.85	-4.42	7 246	95.44
和龙市	2.04	93.28	67.17	0.93	-8.00	4 417	87.82
汪清县	4.78	112.50	68.54	1.05	-2.13	5 479	93.66
安图县	-4.44	73.31	78.30	1.10	-20.65	8 014	94.84

12—17 国有独立核算工业企业主要财务指标

单位:亿元

年份	年底固定资产		流动资产平均余额	产品销售收入	产品销售税金及附加	盈亏相抵后的利润总额	利税总额	工业总产值	
	原值	净值						不变价格	当年价格
1987	285.02	196.61	121.20	247.99	20.30	20.09	40.38	196.95	201.57
1988	320.66	221.52	139.73	301.30	24.99	26.36	51.34	227.19	252.65
1989	366.06	253.30	184.59	333.31	27.97	24.19	51.91	232.16	361.34
1990	417.61	292.57	258.32	340.86	28.24	9.41	37.65	381.20	380.39
1991	489.48	346.27	333.28	421.97	31.86	4.66	36.05	404.58	431.13
1992	556.41	395.98	398.07	515.56	33.62	13.43	46.52	455.93	526.13
1993	716.45	501.26	507.80	733.86	42.84	23.76	66.59	500.14	671.13
1994	842.79	516.49	581.56	680.58	21.03	10.37	71.18	543.16	791.64
1995	1 062.21	753.13	676.96	754.83	21.27	-7.49	55.87	551.67	890.53
1996	1 245.59	891.36	719.87	836.15	22.12	-20.28	44.12	603.56	860.60

12—18 国有独立核算工业企业主要经济效益指标

单位:元

年份	每百元固定资产原值实现产值		每百元固定资产原值实现的利税	每百元资金实现的利税	每百元工业总产值实现的利税		每百元销售收入实现的利税
	不变价格	当年价格			不变价格	当年价格	
1987	69.10	88.64	14.20	15.20	20.50	15.98	16.28
1988	70.90	98.09	17.32	18.39	24.44	17.65	17.78
1989	63.59	98.98	14.22	14.51	22.36	14.37	15.57
1990	55.92	91.09	9.02	8.71	16.12	9.90	11.04
1991	82.66	88.08	7.37	7.09	8.91	8.36	8.54
1992	81.94	94.56	8.36	6.24	10.20	8.84	9.02
1993	69.81	93.67	9.29	7.18	13.31	9.92	9.07
1994	64.45	93.93	8.45	6.48	13.10	8.99	10.46
1995	51.94	83.84	5.26	4.23	10.12	6.27	7.40
1996	48.46	69.09	3.54	2.94	7.31	5.13	5.28

12—19 国有独立核算工业企业主要财务指标

(1996 年)　　单位:万元

项　　目	企业单位数(个)	#亏损企业	工业总产值(新规定)(当年价)	工业增加值(生产法)	资本金合计
总　　计	**2 673**	**1 266**	**8 605 953**	**2 655 594**	**4 155 097**
按企业规模分					
大型企业	150	67	6 571 639	2 092 829	3 073 088
中型企业	409	228	1 195 116	318 203	629 878
小型企业	2 114	971	839 199	244 562	452 131
按轻重工业分					
轻　工　业	1 338	706	1 596 265	445 005	780 843
重　工　业	1 335	560	7 009 688	2 210 589	3 374 255
按工业行业分					
煤炭采选业	50	22	168 146	56 802	153 939
石油和天然气开采业	4	2	404 136	283 887	317 051
黑色金属矿采选业	4	3	1 833	192	476
有色金属矿采选业	26	6	46 649	18 180	33 254
非金属矿采选业	36	10	16 422	6 597	12 178
其他矿采选业	1		498	214	254
木材及竹材采运业	26	5	349 901	158 653	251 666
食品加工业	246	143	369 625	80 163	124 441
食品制造业	170	64	54 875	13 478	45 272
饮料制造业	139	85	117 401	36 300	46 405
烟草加工业	5	1	91 604	40 102	44 546
纺织业	102	60	169 526	37 090	80 069
服装及其他纤维制品制造业	31	20	19 106	3 518	9 442
皮革、毛皮、羽绒及其制品业	23	13	10 598	2 488	8 365
木材加工及竹、藤、棕、草制品业	67	33	23 736	5 020	20 009
家具制造业	13	8	10 585	3 015	2 989

12—19 续表 1 (1996 年) 单位:万元

项目	企业单位数(个)	#亏损企业	工业总产值(新规定)(当年价)	工业增加值(生产法)	资本金合计
造纸及纸制品业	67	33	206 911	65 821	89 872
印刷业、记录媒介的复制	128	52	29 232	9 284	16 216
文教体育用品制造业	9	6	1 710	98	1 295
石油加工及炼焦业	15	8	220 359	64 149	60 479
化学原料及化学制品制造业	157	59	1 416 022	361 353	735 644
医药制造业	145	75	189 023	65 965	74 554
化学纤维制造业	8	3	56 869	2 758	28 095
橡胶制品业	19	9	34 545	6 675	7 156
塑料制品业	46	22	40 093	10 756	8 582
非金属矿物制品业	247	104	283 748	92 018	141 044
黑色金属冶炼及压延加工业	36	18	419 169	110 212	184 800
有色金属冶炼及压延加工业	20	10	128 917	33 874	66 474
金属制品业	71	38	28 306	6 025	21 572
普通机械制造业	120	61	106 071	26 539	68 403
专用设备制造业	113	48	174 159	37 226	68 673
交通运输设备制造业	166	61	2 530 921	660 926	426 312
武器弹药制造业	4	2	50 236	14 802	26 578
电气机械及器材制造业	80	39	91 292	24 670	53 692
电子及通信设备制造业	35	14	54 318	14 494	35 704
仪器仪表及文化、办公用机械制造业	37	21	24 003	7 195	24 815
其他制造业	9	5	15 545	6 470	2 736
电力、蒸汽、热水的生产和供应业	128	59	569 566	255 262	721 966
煤气生产和供应业	13	6	33 644	12 514	64 465
自来水的生产和供应业	57	38	46 653	20 810	75 619

12—19 续表 2　　(1996年)　　单位:万元

项　　目	年末资产总计	流动资产合计	流动资产年平均余额	固定资产合计	固定资产原价
总　　计	**19 689 371**	**7 596 103**	**7 198 667**	**10 809 276**	**12 455 943**
按企业规模分					
大型企业	13 855 367	5 028 516	4 790 289	7 937 860	9 116 825
中型企业	3 464 026	1 517 261	1 428 431	1 684 337	1 981 269
小型企业	2 369 979	1 050 326	979 947	1 187 079	1 357 849
按轻重工业分					
轻　工　业	3 838 924	1 806 043	1 715 494	1 731 626	1 962 325
重　工　业	15 850 447	5 790 060	5 483 173	9 077 650	10 493 619
按工业行业分					
煤炭采选业	725 563	199 951	200 419	476 814	609 878
石油和天然气开采业	1 140 048	528 985	389 307	594 395	974 752
黑色金属矿采选业	12 274	2 620	2 132	9 554	8 761
有色金属矿采选业	113 004	28 959	25 650	79 185	99 385
非金属矿采选业	81 079	25 017	19 369	51 562	56 639
其他矿采选业	2 154	1 700	773	377	442
木材及竹材采运业	666 847	230 819	240 060	390 364	526 107
食品加工业	720 092	390 518	353 041	275 812	351 155
食品制造业	175 316	70 041	59 441	89 493	105 237
饮料制造业	335 352	146 880	133 222	167 702	186 191
烟草加工业	132 343	69 491	85 955	59 493	40 688
纺织业	520 739	223 827	232 587	245 260	279 942
服装及其他纤维制品制造业	36 428	17 605	19 613	17 475	22 863
皮革、毛皮、羽绒及其制品业	35 147	19 360	20 319	11 992	14 026
木材加工及竹、藤、棕、草制品业	99 229	38 969	40 412	52 049	60 733
家具制造业	7 753	2 753	1 343	4 537	4 830

12—19 续表 3　　(1996 年)　　单位:万元

项　　目	年末资产总计	流动资产合计	流动资产年平均余额	固定资产合计	固定资产原价
造纸及纸制品业	453 048	176 256	160 554	245 757	249 196
印刷业、记录媒介的复制	69 654	35 168	33 128	29 914	40 918
文教体育用品制造业	6 026	2 024	2 150	2 628	3 714
石油加工及炼焦业	177 009	79 445	93 285	91 204	141 545
化学原料及化学制品制造业	3 692 388	960 298	1 075 182	2 485 240	1 968 583
医药制造业	408 028	249 171	233 480	122 967	134 468
化学纤维制造业	132 805	52 012	50 850	74 510	88 403
橡胶制品业	144 952	44 104	45 652	85 260	39 702
塑料制品业	71 748	34 394	33 507	33 190	39 935
非金属矿物制品业	852 547	358 917	342 588	432 212	514 652
黑色金属冶炼及压延加工业	958 133	406 869	393 812	532 975	584 328
有色金属冶炼及压延加工业	292 799	98 546	101 372	171 975	190 891
金属制品业	111 797	60 640	59 139	47 448	60 250
普通机械制造业	376 823	202 103	198 991	163 536	210 755
专用设备制造业	382 517	217 471	195 577	151 126	202 112
交通运输设备制造业	3 618 619	1 883 705	1 687 386	1 323 022	1 533 979
武器弹药制造业	144 629	66 195	61 867	66 546	98 068
电气机械及器材制造业	269 781	131 584	118 759	112 518	119 010
电子及通信设备制造业	249 728	118 225	111 403	105 880	117 724
仪器仪表及文化、办公用机械制造业	146 624	51 253	47 651	83 522	95 246
其他制造业	23 169	10 557	8 603	11 711	11 343
电力、蒸汽、热水的生产和供应业	1 964 642	281 769	251 988	1 657 161	2 370 852
煤气生产和供应业	170 743	47 895	40 067	116 838	133 287
自来水的生产和供应业	167 795	30 011	28 036	136 072	165 354

12—19 续表 4 （1996 年） 单位:万元

项目	固定资产净值年平均余额	流动负债合计	流动负债年平均余额	长期负债合计	年末所有者权益
总计	**7 819 802**	**9 112 669**	**6 979 656**	**4 903 173**	**5 673 530**
按企业规模分					
大型企业	5 480 529	5 627 671	5 092 087	3 556 147	4 671 549
中型企业	1 351 309	2 052 154	1 875 259	830 369	581 502
小型企业	987 964	1 432 844	12 310	516 656	420 479
按轻重工业分					
轻工业	1 419 573	2 464 932	1 565 715	727 140	646 853
重工业	6 400 229	6 647 737	5 413 941	4 176 033	5 026 677
按工业行业分					
煤炭采选业	433 495	250 989	219 547	194 803	279 772
石油和天然气开采业	513 325	475 863	371 300	270 815	393 371
黑色金属矿采选业	7 948	10 689		1 404	181
有色金属矿采选业	67 430	37 397	13 149	22 404	53 203
非金属矿采选业	47 023	35 182	9 029	9 949	35 948
其他矿采选业	303	1 895			259
木材及竹材采运业	351 518	294 752	295 424	96 286	275 809
食品加工业	254 590	564 689	360 299	40 706	114 697
食品制造业	77 006	121 110	52 261	55 971	-1 766
饮料制造业	135 946	226 435	110 045	75 348	33 569
烟草加工业	31 932	72 808	86 145	11 156	48 379
纺织业	198 656	386 433	297 719	129 611	4 696
服装及其他纤维制品制造业	14 789	24 986	8 900	5 602	5 841
皮革、毛皮、羽绒及其制品业	10 744	30 803	16 087	6 356	-2 011
木材加工及竹、藤、棕、草制品业	42 864	53 121	24 707	29 031	17 077
家具制造业	4 143	5 077	2 828	1 374	1 302

12—19 续表 5　　(1996年)　　单位:万元

项　　目	固定资产净值年平均余额	流动负债合计	流动负债年平均余额	长期负债合计	年末所有者权益
造纸及纸制品业	181 892	211 649	137 273	118 783	122 616
印刷业、记录媒介的复制	26 098	45 636	13 360	14 162	9 857
文教体育用品制造业	2 514	5 212	2 811	872	-58
石油加工及炼焦业	93 811	88 621	93 415	14 895	73 493
化学原料及化学制品制造业	1 033 831	1 183 741	875 317	1 372 569	1 136 079
医药制造业	98 142	272 389	100 767	65 563	70 076
化学纤维制造业	61 197	79 082	73 649	35 135	18 588
橡胶制品业	26 377	76 749	62 586	75 980	-7 778
塑料制品业	27 874	39 326	27 340	27 446	4 976
非金属矿物制品业	374 668	420 449	270 943	210 561	221 537
黑色金属冶炼及压延加工业	398 681	583 254	546 703	123 457	251 422
有色金属冶炼及压延加工业	126 827	146 963	110 820	56 749	89 087
金属制品业	40 323	84 892	45 578	17 889	9 016
普通机械制造业	127 271	229 237	207 281	63 717	83 868
专用设备制造业	129 686	280 543	221 407	51 419	50 555
交通运输设备制造业	825 723	1 910 579	1 675 517	729 271	978 769
武器弹药制造业	57 261	84 789	82 113	16 370	43 470
电气机械及器材制造业	84 212	156 163	118 425	65 486	48 132
电子及通信设备制造业	86 467	158 271	135 223	75 467	15 991
仪器仪表及文化、办公用机械制造业	67 750	72 193	51 026	37 635	36 795
其他制造业	9 431	8 165	5 624	11 565	3 439
电力、蒸汽、热水的生产和供应业	1 519 442	275 026	173 525	738 754	950 862
煤气生产和供应业	104 241	74 105	60 283	11 091	85 547
自来水的生产和供应业	124 370	33 407	21 231	17 521	116 868

12—19 续表 6　　(1996年)　　单位:万元

项　　目	产　品 销售收入	产　品 销售成本	产　品 销售费用	产　品 销售税金 及附加	产　品 销售利润
总　　计	**8 361 468**	**6 856 580**	**144 934**	**221 230**	**1 138 724**
按企业规模分					
大型企业	6 423 258	5 246 779	80 122	181 038	915 319
中型企业	1 156 276	957 668	34 433	30 217	133 957
小型企业	781 935	652 133	30 379	9 975	89 448
按轻重工业分					
轻　工　业	1 382 580	1 114 927	47 767	64 804	155 083
重　工　业	6 978 888	5 741 652	97 168	156 426	983 641
按工业行业分					
煤炭采选业	165 300	132 575	6 882	1 434	24 408
石油和天然气开采业	373 319	304 739	400	13 360	54 819
黑色金属矿采选业	1 773	1 439	318	118	-103
有色金属矿采选业	39 472	28 124	134	205	11 008
非金属矿采选业	16 623	11 063	807	421	4 332
其他矿采选业	416	357	2		57
木材及竹材采运业	358 718	251 642	4 592	14 063	88 421
食品加工业	304 764	281 921	7 623	676	14 545
食品制造业	49 057	40 950	2 617	354	5 128
饮料制造业	112 352	80 431	5 729	14 145	12 047
烟草加工业	99 835	54 500	548	37 856	6 931
纺织业	148 552	129 387	2 933	547	15 685
服装及其他纤维制品制造业	19 843	17 879	536	46	1 382
皮革、毛皮、羽绒及其制品业	6 350	5 379	190	30	751
木材加工及竹、藤、棕、草制品业	19 914	18 042	723	226	923
家具制造业	11 797	11 654	47	5	92

12—19 续表 7 (1996 年) 单位:万元

项　　目	产品销售收入	产品销售成本	产品销售费用	产品销售税金及附加	产品销售利润
造纸及纸制品业	186 941	147 692	1 948	1 185	36 116
印刷业、记录媒介的复制	27 578	21 829	723	253	4 774
文教体育用品制造业	2 184	1 801	101	9	273
石油加工及炼焦业	218 843	177 060	1 231	21 737	18 816
化学原料及化学制品制造业	1 225 956	971 128	12 679	44 832	197 317
医药制造业	106 844	73 996	9 876	637	22 335
化学纤维制造业	49 451	44 946	619	173	3 713
橡胶制品业	32 382	27 877	1 019	1 954	1 532
塑料制品业	35 018	30 517	711	77	3 713
非金属矿物制品业	262 307	203 388	11 984	2 192	44 743
黑色金属冶炼及压延加工业	454 988	407 824	3 367	2 770	41 028
有色金属冶炼及压延加工业	118 346	97 093	1 105	794	19 355
金属制品业	25 944	21 937	759	100	3 149
普通机械制造业	108 741	88 152	5 363	1 873	13 353
专用设备制造业	166 038	136 290	3 442	490	25 816
交通运输设备制造业	2 596 109	2 179 380	39 020	51 181	326 528
武器弹药制造业	49 320	37 992	629	391	10 308
电气机械及器材制造业	83 008	62 971	3 430	497	16 110
电子及通信设备制造业	45 697	33 267	1 583	209	10 639
仪器仪表及文化、办公用机械制造业	21 564	15 790	1 050	163	4 561
其他制造业	15 919	14 291	180	45	1 402
电力、蒸汽、热水的生产和供应业	717 689	617 604	3 046	5 236	91 802
煤气生产和供应业	37 704	36 775	3 785	220	-3 076
自来水的生产和供应业	44 815	36 890	3 205	729	3 991

12—19 续表 8　　(1996 年)　　单位:万元

项目	管理费用	利息支出	利润总额	利税总额
总计	**919 370**	**564 773**	**-202 790**	**441 171**
按企业规模分				
大型企业	622 048	383 710	25 348	540 580
中型企业	171 289	110 397	-139 452	-55 569
小型企业	126 033	70 667	-88 686	-43 840
按轻重工业分				
轻工业	190 368	134 570	-154 437	-26 844
重工业	729 002	430 203	-48 353	468 015
按工业行业分				
煤炭采选业	48 026	6 550	-20 683	-9 094
石油和天然气开采业	18 875	36 103	4 958	45 435
黑色金属矿采选业	448	232	-970	-809
有色金属矿采选业	12 435	2 682	-1 093	-544
非金属矿采选业	4 064	1 433	195	1 792
其他矿采选业	42	38		
木材及竹材采运业	69 706	10 544	5 916	28 659
食品加工业	29 488	33 358	-44 003	-40 168
食品制造业	8 830	4 472	-7 033	-5 484
饮料制造业	15 661	11 789	-14 844	7 911
烟草加工业	6 052	2 348	-1 110	44 471
纺织业	24 423	21 372	-31 017	-24 976
服装及其他纤维制品制造业	3 119	1 614	-3 044	-2 634
皮革、毛皮、羽绒及其制品业	1 641	845	-1 388	-1 250
木材加工及竹、藤、棕、草制品业	4 923	3 298	-6 468	-5 437
家具制造业	363	64	-322	-263

12－19 续表 9 (1996年) 单位:万元

项　　目	管理费用	利息支出	利润总额	利税总额
造纸及纸制品业	25 398	14 142	-4 598	8 803
印刷业、记录媒介的复制	6 448	2 561	-3 478	-1 587
文教体育用品制造业	591	374	-663	-589
石油加工及炼焦业	16 571	6 613	-4 219	27 877
化学原料及化学制品制造业	161 688	59 770	-4	105 369
医药制造业	19 553	14 094	-9 942	-2 382
化学纤维制造业	7 197	3 734	-7 066	-4 629
橡胶制品业	3 925	3 433	-6 409	-3 180
塑料制品业	4 110	3 331	-2 897	-2 209
非金属矿物制品业	40 439	23 801	-12 103	7 185
黑色金属冶炼及压延加工业	29 784	23 891	-16 244	7 424
有色金属冶炼及压延加工业	12 429	7 714	-643	7 342
金属制品业	7 598	4 654	-8 121	-7 035
普通机械制造业	24 826	16 042	-21 197	-13 368
专用设备制造业	23 067	17 767	-14 750	-10 663
交通运输设备制造业	212 711	126 141	33 267	195 044
武器弹药制造业	10 477	5 651	-972	1 166
电气机械及器材制造业	14 279	11 106	-7 976	-3 127
电子及通信设备制造业	10 712	10 774	-8 753	-6 423
仪器仪表及文化、办公用机械制造业	8 778	3 882	-6 338	-5 113
其他制造业	1 099	843	-505	-62
电力、蒸汽、热水的生产和供应业	15 360	64 377	34 655	110 052
煤气生产和供应业	4 351	2 702	-6 657	-4 606
自来水的生产和供应业	9 885	634	-5 370	-1 726

12—20 国有独立核算工业企业主要经济效益指标

（1996 年）

项　　目	总资产贡献率（%）	资本保值增值率（%）	资产负债率（%）	流动资产周转次数（次）	成本利润率（%）	全员劳动生产率（元/人）	产品销售率（%）
总　　计	**6.70**	**107.45**	**71.18**	**1.16**	**-2.39**	**16 694**	**96.02**
按企业规模分							
大型企业	9.00	114.86	66.28	1.34	0.40	24 795	97.52
中型企业	1.97	86.46	83.21	0.81	-10.95	8 185	93.52
小型企业	1.36	77.77	82.26	0.80	-10.09	6 832	87.78
按轻重工业分							
轻　工　业	3.44	92.83	83.15	0.81	-10.38	10 722	90.87
重　工　业	7.56	109.67	68.29	1.27	-0.69	18 802	97.19
按工业行业分							
煤炭采选业	-0.40	147.76	61.44	0.82	-10.66	3 604	96.47
石油和天然气开采业	9.03	104.55	65.50	0.96	1.38	72 693	100.14
黑色金属矿采选业	-5.73	2.36	98.52	0.83	-39.81	3 617	94.62
有色金属矿采选业	2.30	100.29	52.92	1.54	-2.52	8 280	96.04
非金属矿采选业	4.86	218.57	55.66	0.86	1.12	5 804	101.40
其他矿采选业	3.53	78.48	87.98	0.54		10 700	93.37
木材及竹材采运业	6.63	118.92	58.64	1.49	1.76	7 810	96.30
食品加工业	-1.12	78.94	84.07	0.86	-12.49	15 218	91.53
食品制造业	-0.74	74.83	101.01	0.83	-13.95	4 863	88.67
饮料制造业	7.32	67.11	89.99	0.84	-13.07	10 417	96.39
烟草加工业	39.72	98.77	63.44	1.16	-1.75	57 477	100.54
纺织业	-0.84	43.30	99.10	0.64	17.41	4 228	95.06
服装及其他纤维制品制造业	-2.97	73.46	83.97	1.01	-13.15	4 115	94.73
皮革、毛皮、羽绒及其制品业	-1.30	-115.00	105.72	0.31	-17.23	3 825	76.21
木材加工及竹、藤、棕、草制品业	-2.57	59.86	82.79	0.49	-23.97	3 457	91.57
家具制造业	-3.62	62.88	83.21	8.79	-2.65	12 257	111.21

12—20 续表　　　　　　　　　　　　（1996年）

项　　目	总资产贡献率（%）	资本保值增值率（%）	资产负债率（%）	流动资产周转次数（次）	成本利润率（%）	全员劳动生产率（元/人）	产品销售率（%）
造纸及纸制品业	6.70	97.52	72.94	1.16	-2.43	18 671	92.93
印刷业、记录媒介的复制	1.64	102.27	85.85	0.83	-11.02	4 907	99.72
文教体育用品制造业	-4.62	-94.24	100.96	1.02	-23.14	534	98.14
石油加工及炼焦业	18.43	93.86	58.48	2.35	-2.09	78 972	101.13
化学原料及化学制品制造业	7.83	105.32	69.23	1.14		26 537	96.86
医药制造业	3.53	89.28	82.83	0.46	-8.46	16 952	64.31
化学纤维制造业	-0.80	74.46	86.00	0.97	-12.51	2 804	91.76
橡胶制品业	0.35	-192.76	105.37	0.71	-17.68	8 394	97.53
塑料制品业	1.83	117.31	93.06	1.05	-7.49	12 187	93.42
非金属矿物制品业	4.32	94.27	74.01	0.77	-4.33	9 861	96.81
黑色金属冶炼及压延加工业	3.95	101.04	73.76	1.16	-3.49	17 249	97.30
有色金属冶炼及压延加工业	6.60	134.17	69.57	1.17	-0.54	17 376	93.63
金属制品业	-2.39	54.25	91.94	0.44	-23.24	3 584	90.48
普通机械制造业	0.82	103.70	77.74	0.55	-15.77	4 711	90.48
专用设备制造业	2.18	118.54	86.78	0.85	-8.17	6 909	96.69
交通运输设备制造业	12.78	140.18	72.95	1.54	1.30	36 045	96.86
武器弹药制造业	5.72	116.86	69.94	0.80	-1.78	8 218	96.06
电气机械及器材制造业	3.93	104.23	82.16	0.70	-8.69	8 142	92.72
电子及通信设备制造业	2.20	80.74	93.60	0.41	-15.54	7 920	93.19
仪器仪表及文化、办公用机械制造业	-1.07	86.88	74.91	0.45	-21.48	3 824	89.87
其他制造业	4.33	79.23	85.16	1.85	-3.08	31 952	101.12
电力、蒸汽、热水的生产和供应业	9.85	95.99	51.60	2.85	4.95	48 950	100.74
煤气生产和供应业	-1.32	110.12	49.90	0.94	-13.98	15 649	104.79
自来水的生产和供应业	-0.72	98.56	30.35	1.60	-10.61	14 379	98.05

統計資料 13

交通运输和邮电通讯业

TRANSPORTAION, POSTAL AND TELECOMMUNICATIONS SERVICES

13 交通运输和邮电通讯业

1996 年旅客运输量	2.06 亿人
1996 年旅客周转量	168.21 亿人公里
1996 年货物运输量	2.76 亿吨
1996 年货物周转量	501.88 亿吨公里
1996 年民用汽车拥有量	26.80 万辆
1996 年邮电业务总量	29.00 亿元

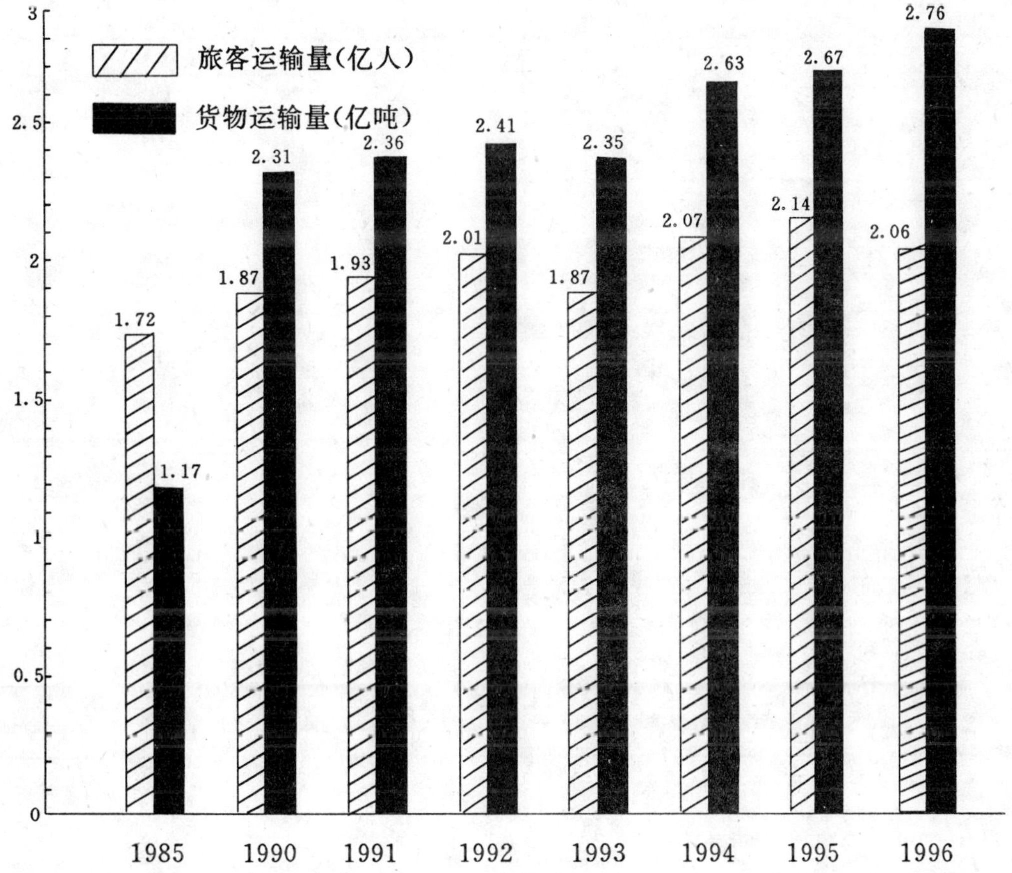

13—1 历年旅客、货物周转量和邮电业务总量

年份	旅客周转量（亿人公里）	#铁路	公路	水运	货物周转量（亿吨公里）	#铁路	公路	水运	邮电业务总量（万元）
1952	2.35	1.66	0.69		4.34	3.56	0.70	0.08	770
1957	5.33	3.90	1.41	0.02	7.71	6.42	1.12	0.17	1 090
1962	15.50	13.18	2.27	0.05	26.54	24.66	1.69	0.19	1 965
1965	26.12	22.87	3.24	0.01	34.28	32.41	1.76	0.11	2 016
1970	45.92	39.85	6.04	0.03	111.19	108.11	2.91	0.17	2 501
1975	63.45	52.65	10.78	0.02	171.08	165.31	5.41	0.36	3 466
1978	78.02	65.14	12.86	0.02	257.82	250.42	6.87	0.53	3 853
1979	81.81	68.12	13.66	0.03					5 690
1980	84.29	69.46	14.80	0.03	245.58	239.67	5.62	0.29	4 055
1981	91.69	75.55	16.11	0.03	246.63	240.09	6.13	0.41	6 057
1982	99.47	80.85	18.59	0.03	280.38	272.12	7.78	0.48	6 293
1983	109.31	88.57	20.71	0.03	315.76	307.47	7.90	0.39	6 779
1984	123.92	98.17	25.72	0.03	318.82	307.26	10.95	0.61	7 517
1985	134.64	106.71	27.91	0.02	343.16	330.77	11.60	0.79	8 886
1986	151.13	112.09	39.01	0.03	381.30	335.56	44.91	0.83	9 503
1987	167.53	122.59	44.91	0.03	422.57	359.92	61.62	1.03	10 540
1988	187.73	139.76	47.94	0.03	433.73	368.65	63.70	1.38	13 539
1989	176.49	129.68	46.75	0.06	466.23	398.38	66.58	1.27	17 046
1990	147.88	104.30	43.50	0.07	434.71	378.58	54.80	1.33	41 556
1991	155.11	106.25	48.78	0.08	450.28	387.60	61.48	1.20	51 394
1992	172.21	117.21	54.92	0.08	467.76	405.99	60.87	0.90	70 063
1993	171.71	128.12	43.52	0.07	479.80	411.46	67.31	1.03	106 797
1994	178.09	130.59	47.34	0.16	495.64	413.50	80.02	2.12	155 114
1995	177.11	125.52	51.48	0.11	497.31	420.23	76.00	1.07	212 153
1996	168.21	113.98	54.11	0.11	501.88	422.30	78.50	1.08	290 041

注：1. 旅客周转量不包括市内交通。
2. 1990 年后的邮电业务总量数字是按 1990 年不变价格计算的。

13—2 交通运输里程

单位:公里

项目	1992年	1993年	1994年	1995年	1996年
一、铁路					
正线延展里程	3 799	3 808	3 822	3 815	3 809
营业里程	3 473	3 473	3 487	3 480	3 479
二、公路通车里程	27 192	28 374	29 581	31 321	32 098
等级路	25 031	26 276	27 748	29 508	30 378
#汽车专用公路		106	113	118	272
高速公路					133
一级		66	73	78	82
二级		40	40	40	56
#一般公路		26 170	27 635	29 390	30 106
二级		1 321	1 472	1 688	1 888
三级		7 175	7 681	7 973	8 476
四级		17 674	18 482	19 729	19 741
等外路	2 161	2 097	1 833	1 812	1 719
三、内河通航里程	1 114	1 114	1 114	1 296	1 296
四、民航		59 233	63 520	68 297	72 398

13—3 客运量

单位:万人

项目	1992年	1993年	1994年	1995年	1996年
全社会总计	**20 135**	**18 667**	**20 716**	**21 367**	**20 620**
铁路	7 630	7 973	8 305	7 894	6 781
公路	12 458	10 656	12 310	13 371	13 728
水运	22	13	64	48	52
民航	25	25	37	54	59

13—4 旅客周转量

单位:万人公里

项目	1992年	1993年	1994年	1995年	1996年
全社会总计	**1 722 129**	**1 717 129**	**1 780 877**	**1 771 080**	**1 682 065**
铁路	1 172 083	1 281 200	1 305 900	1 255 200	1 139 800
公路	549 190	435 244	473 348	514 828	541 121
水运	856	685	1 629	1 052	1 144

13—5 货运量

单位:万吨

项目	1992年	1993年	1994年	1995年	1996年
全社会总计	**24 055**	**23 497**	**26 285**	**26 655**	**27 604**
铁路	6 516	6 844	6 531	6 123	6 154
公路	17 519	16 629	19 333	20 477	21 394
水运	20	24	421	55	56

13—6 货物周转量

单位:万吨公里

项目	1992年	1993年	1994年	1995年	1996年
全社会总计	**4 677 593**	**4 798 023**	**4 956 435**	**4 973 051**	**5 018 787**
铁路	4 059 900	4 114 600	4 135 000	4 202 300	4 223 000
公路	608 688	673 147	800 255	760 025	785 021
水运	9 005	10 276	21 180	10 726	10 766

13－7 民用汽车拥有量

单位:辆

项　　目	1992年	1993年	1994年	1995年	1996年
民用汽车合计	**187 978**	**218 706**	**233 085**	**236 147**	**267 955**
1. 载客汽车	65 514	85 745	96 058	104 782	150 698
大　型	10 897	11 504	18 531	10 759	15 477
小　型	54 617	74 241	77 527	94 023	135 221
2. 普通载货汽车	111 687	121 835	127 977	106 834	100 466
大　型	75 018	78 472	77 002	59 501	55 960
小　型	36 669	43 363	50 975	47 333	44 506
3. 专用载货汽车	4171	5 611	4 942	4 404	4 673
4. 其他专用汽车	3824	2 770	1 612	9 220	5 416
5. 特种汽车	2782	2 745	2 496	10 907	6 702
在合计中：					
私人汽车	34 285	47 843	45 425	43 409	52 090
1. 载客汽车	19 631	26 454	24 856	29 811	32 139
大　型	787	1 198	2 133	1 081	1 165
小　型	18 844	25 256	22 723	28 730	30 974
2. 普通载货汽车	14 110	21 312	20 489	13 250	19 700
大　型	9 655	12 129	12 702	7 679	11 268
小　型	4 455	9 183	7 787	5 571	8 432
3. 专用载货汽车	491	21	74	10	10
4. 其他专用汽车	44	56	1	23	11
5. 特种汽车	9		5	315	230

13—8 民用其他车辆拥有量

单位:辆

项　　目	1992 年	1993 年	1994 年	1995 年	1996 年
民用其他车辆					
轮胎式拖拉机	227 308	233 789	231 981	181 528	216 667
# 手扶拖拉机	61 843	62 948	59 000	119 196	143 000
摩　托　车	86 244	115 903	127 631	136 338	248 048
# 两轮摩托车	64 715	82 486	94 572	96 612	151 436
# 轻便摩托车	11 494	17 562	20 408	19 682	
其他机动车	380	2 002	1 500	10 466	11 875
载货挂车	7 931	8 018	7 210	3 527	2 182
在民用其他车辆中私人其他车辆					
轮胎式拖拉机	219 805	224 061	226 828	73 106	195 000
# 手扶拖拉机	60 759	61 782	58 000	56 907	128 700
摩　托　车	61 553	08 028	100 104	56 889	151 309
# 两轮摩托车	58 381	77 433	76 734	41 414	113 482
#轻便摩托车	10 686	17 496	17 480	6 539	
其他机动车	362	1 656	187	5 848	6 635
载货挂车	1 758	1 228	1 635	98	220

13—9 独立核算运输企业财务状况

（1996年） 单位：万元

	总　计	按经济类型分			按专业类型分		
		国有经济	集体经济	其他经济	公路运输	水上运输	港　口
企业个数（个）	231	131	97	3	224	5	2
#亏损企业	105	55	49	1	101	3	1
资本金合计	58 938	48 645	10 112	182	52 576	6 116	246
流动资产合计	55 878	40 121	15 520	237	51 428	4 220	230
#存货	5 193	4 390	802	2	4 981	125	87
固定资产合计	108 768	86 616	21 393	759	97 448	7 071	4 249
固定资产原价合计	142 701	111 720	30 061	920	128 708	9 452	4 542
#生产经营用	107 605	85 074	21 666	865	95 297	8 512	3 797
累计折旧	41 390	30 836	10 388	165	38 372	2 723	295
#本年折旧	7 538	5 213	2 259	66	6 900	628	10
资产合计	167 842	129 447	37 345	1 049	151 990	11 373	4 479
流动负债合计	77 281	56 532	19 760	989	69 542	7 341	397
长期负债合计	25 816	18 265	7 519	31	22 346	1 764	1 706
所有者权益合计	103 097	74 797	27 279	1 020	91 888	9 105	2 103
负债合计	64 745	54 650	10 066	29	60 102	2 268	2 375
#股本	22		2	20	22		
营运业务收入	67 096	50 725	16 057	315	62 645	3 349	1 102
营运业务成本	49 134	36 498	12 351	285	44 820	3 274	1 039
营运费用	877	467	409	1	877		
营运税金及附加	2 449	1 851	588	10	2 368	50	31
营运业务利润	14 635	11 906	2 710	19	14 578	25	32
管理费用	19 218	14 421	4 708	89	18 585	447	186
#税金	487	307	180		482	4	
劳动、待业保险金	1 512	1 216	296		1 501	12	
利润总额	-3 548	-1 660	-1 789	-100	-3 141	-401	-7
应交所得税	169	133	36		166	3	
转作奖金的利润	10	9		1	10		
应付利润	68	47	21		68		
本年应付工资总额	13 174	8 729	4 333	112	12 665	372	136
本年应付福利费总额	1 493	1 028	455	10	1 423	49	22

13—10 邮电通信网

项　　目	单 位	1992 年	1993 年	1994 年	1995 年	1996 年
邮电局、所	处	1 061	1 085	1 132	1 278	1 338
# 在农村的	处	870	857	884	928	917
邮路长度	公里	123 052	132 248	152 222	151 810	161 200
# 铁路邮路	公里	9 116	8 932	9 060	8 862	8 700
汽车邮路	公里	13 524	13 853	14 553	16 241	16 644
长话电路	路	8 244	10 793	20 071	21 657	35 325
电报电路	路	342	360	347	300	294

13—11 邮政主要设备和长途电信线路

项　　目	单 位	1992 年	1993 年	1994 年	1995 年	1996 年
邮 政 设 备						
火 车 邮 箱	辆	20	19	19	23	23
邮 运 汽 车	辆	320	379	408	479	610
长途电信线路						
架空明线线条	对公里	18 561	17 101	17 101	14 600	12 270
电 缆 线 路	公里	566	887	2 475	4 230	4 126
#光缆线路	公里			1 495	3 250	3 793

13—12 电 信 主 要 设 备

项 目	单 位	1992年	1993年	1994年	1995年	1996年
微 波 站	个	79	80	80	81	86
载波电报机	部	157	167	167	170	170
交换机容量	门	879 783	1 252 919	1 791 260	2 501 105	3 189 912
#程控交换机容量	门	477 850	908 506	1 508 182	2 275 323	3 018 187
市 话	门	701 081	1 039 453	1 515 450	2 086 767	2 608 132
农 话	门	178 702	213 466	275 810	414 338	575 780
电 话 机	部	603 308	825 665	1 146 885	1 584 077	1 986 799
市 话	部	496 356	699 755	989 625	1 361 860	1 674 151
农 话	部	106 952	125 910	157 260	222 217	312 648

13—13 邮 电 业 务 量

项 目	单 位	1992年	1993年	1994年	1995年	1996年
邮电业务总量	万元	70 063	106 797	155 114	212 153	290 041
# 函件	万件	12 369	13 831	15 416	15 333	14 045
包件	万件	275	345	410	445	444
电报	万份	620	510	354	266	203
报纸期发数	万份	299	308	307	220	163
杂志期发数	万份	198	186	203	253	139
长途电话	万张	7 414	11 488	16 258	21 440	26 332
市内电话	户	330 210	498 711	759 064	1 078 226	1 375 941
# 住宅电话	户	178 711	334 748	563 056	857 636	1 126 976
农村电话	户	67 820	84 474	111 856	183 140	272 304
无线寻呼期末户数	户	35 677	135 818	280 043	507 472	719 289
移动电话期末户数	户	2 747	13 163	31 567	79 197	156 011
邮政储蓄余额	亿元	9.2	14.4	24.3	46.8	59.2

統計資料 14

建筑业

CONSTRUCTION

14—1 建筑业

（19

指标名称	单位	总计	#大中型	按经济类型分				
				国有经济	中央企业	地方企业	城镇集体经济	其他经济
企业个数	个	970	50	450	59	391	477	43
建筑业产值	万元	1 396 758	871 488	1 060 731	341 919	718 812	271 535	64 492
1. 建筑工程	万元	1115 751	691 470	866 451	277 529	588 922	195 328	53 972
2. 安装工程	万元	252 315	168 307	182 280	59 494	122 786	62 079	7 956
3. 房屋构筑物修理	万元	21 308	7 222	7 267	2 904	4 363	12 416	1 625
4. 非标准设备制造	万元	7386	4 489	4 733	1 992	2 741	1 712	941
竣工产值	万元	1 018 136	603 440	744 486	156 248	588 238	229 945	43 705
单位工程施工个数	个	11 036	4 071	7 196	2 807	4 389	3 494	346
# 本年新开工	个	8 535	2 796	5 383	2 213	3 170	2 863	289
投标承包个数	个	2 544	1 518	2 016	1 148	868	489	39
房屋建筑施工面积	万平方米	1 345	635	951.3	175.3	776	321.6	72.1
# 本年新开工	万平方米	805.4	321	530.2	92.2	438	230	45.2
投标承包	万平方米	539	292	395	129.4	265.6	127.1	16.9
房屋建筑竣工面积	万平方米	802.7	298.6	508.8	85.4	423.4	247.9	46
# 优良工程面积	万平方米	295.7	139	191.1	29.4	161.7	81.8	22.8
自有机械设备年末总台数	台	66 509	34 699	48 035	14 883	33 152	16 634	1 840
自有机械设备净值	万元	156 425	98 566	124 532	41 097	83 435	25 271	6 622
平均人数	万人	39.7	18.21	27.65	7.08	20.57	10.5	1.55

企业生产情况

96年）

按行业类别分							
土木工程建筑业	#房屋建筑业	铁路公路隧道桥梁建筑业	其它土木工程建筑业	线路管道设备安装业	线路管道安装业	设备安装业	建筑物装修装饰业
746	593	74	11	158	94	64	66
1 241 790	814 660	298 613	20 268	145 214	68 920	76 294	9 755
1 074 458	701 595	284 178	14 717	37 737	26 152	11 585	3 555
144 264	95 164	11 618	3 257	104 690	42 375	62 315	3 360
18 703	14 164	2 191	2 294	705	382	323	1 899
4 363	3 737	626		2 082	11	2 071	941
924 062	728 273	147 243	18 879	87 460	37 668	49 792	6 614
8 439	5 527	2 081	378	2 386	1 501	885	211
6 491	4 064	1 735	341	1 856	1 211	645	188
2 444	1 164	1 057	32	85	44	41	15
1 292.3	1 122.4	91.2	17.9	49.9	26.8	23.1	2.8
764.9	666.4	44.2	15.8	38	23.5	14.5	2.5
530.5	386.5	87.2	9.2	7.3	0.5	6.8	1.2
775.5	681.6	31.5	14.1	24.9	5.3	19.6	2.3
284.6	237.2	17.4	4	10	0.9	9.1	1.1
59 356	42 398	8 820	1 298	6 444	2 672	3 772	709
138 987	72 489	45 976	3 292	15 832	7 959	7 873	1 606
35.69	27.08	5.74	0.9	3.36	1.7	1.66	0.65

14—2 建筑业企

(19

指 标 名 称	总 计	按经济类型分				
		国有经济	中央企业	地方企业	城镇集体经济	其他经济类型
资本金合计	343 983	263 610	64 661	198 949	64 817	15 556
固定资产原值年末合计	642 406	541 577	162 279	379 298	83 965	16 864
资产年末合计	1 740 464	1 380 354	401 937	978 417	267 551	92 559
流动负债年末合计	1 210 463	963 573	277 800	685 773	183 376	63 514
长期负债年末合计	54 316	46 697	21 645	25 052	5 895	1 724
所有者权益年末合计	475 684	370 084	102 492	267 592	78 281	27 319
工程结算收入	1 357 970	1 037 132	340 089	697 043	260 663	60 175
工程结算成本	1 190 206	915 484	292 278	623 206	228 163	46 559
工程结算税金及附加	41 928	30 972	10 528	20 444	8 733	2 223
工程结算利润	125 837	90 676	37 283	53 393	23 767	11 394
管理费用	108 481	84 837	26 621	58 216	19 684	3 960
利润总额	-7 297	-17 926	-716	-17 210	1 975	8 654
应交所得税	3 647	1 509	557	952	1 065	1 073
转作奖金利润	226	113	17	95	112	2
应付利润	4 797	411	32	379	283	4 103
本年应付工资额	231 441	174 698	64 180	110 518	47 164	9 579
本年应付福利费总额	23 951	17 515	5 253	12 263	5 447	989
建筑业增加值	462 665	349 220	129 149	220 071	88 138	25 307
亏损企业个数（个）	281	132	7	125	130	19

业财务状况

96年）

单位：万元

按行业类别分				
土木工程建筑业	#房屋建筑业	线路管道设备安装业	线路管道安装业	设备安装业
303 143	207 880	35 849	19 209	16 640
564 426	362 570	74 755	36 026	38 729
1 534 761	1 057 497	192 744	101 934	90 810
1 088 931	772 669	112 267	61 390	50 877
48 214	27 429	5 715	2 649	3 066
397 616	257 399	74 763	37 896	36 867
1 211 510	779 897	136 731	66 518	70 231
1 071 837	687 629	110 060	50 688	59 372
37 092	26 092	4 549	2 335	2 214
102 581	66 177	22 141	13 496	8 645
93 272	64 004	14 018	7 472	6 546
-13 977	-10 791	6 769	5 853	916
2 580	2 162	1 023	728	295
180	147	44	25	19
713	671	4 080	4 065	15
207 755	141 327	22 041	8 884	13 157
20 730	15 720	3 029	1 219	1 810
403 868	271 495	55 470	27 524	27 946
217	180	39	26	13

14—3 附营建筑业施

(19

	单位	总计	按经济类型分				
			国有经济	中央企业	地方企业	城镇集体经济	股份制经济
企业个数	个	39	22	2	20	16	1
建筑业总产值	万元	11 776	6 723	671	6 052	4 711	342
1. 建筑工程	万元	7989	4 561	455	4 106	3 196	232
2. 安装工程	万元	3038	1 735	173	1 562	1 215	88
3. 房屋构筑物修理	万元	687	392	39	353	275	20
4. 非标准设备制造	万元	62	35	4	31	25	2
竣工产值	万元	10 016	5 719	571	5 148	4 007	290
单位工程施工个数	个	483	276	28	248	193	14
#本年新开工个数	个	426	243	24	219	171	12
单位工程竣工个数	个	470	268	27	241	188	14
竣工的优良单位工程个数	个	70	40	4	36	28	2
房屋建筑施工面积	万平方米	8	5	1	4	3	
#本年新开工	万平方米	7	4	1	3	3	
房屋建筑竣工面积	万平方米	7	4	1	3	3	
#住宅	万平方米	2	1		1	1	
房屋建筑优良工程竣工面积	万平方米	1	1		1		
自有机械设备年末总台数	台	915	522	52	470	366	27
自有机械设备年末总功率	万千瓦	5	3		3	2	
#施工机械功率	万千瓦	5	3		3	2	
从业人员报酬	万元	3 741	2 136	213	1 923	1 497	108

工单位生产情况

96年）

按行业类别分						
土木工程建筑业	房屋	其他土木工程	线路管道设备安装业	线路管道安装业	设备安装业	装修装饰业
26	22	4	5	3	2	8
7 737	6 724	1 013	1 683	1 012	671	2 356
5 249	4 562	687	1 142	687	455	1 598
1 996	1 735	261	434	261	173	608
451	392	59	98	59	39	138
41	35	6	9	5	4	12
6 581	5 719	862	1 432	861	571	2 003
317	276	41	69	42	27	97
280	243	37	61	37	24	85
309	268	41	67	40	27	94
69	69					1
8	8					
7	7					
7	7					
2	2					
1	1					
601	522	79	131	79	52	183
5	5					
5	5					
2 458	2 136	322	535	322	213	748

統計資料 15

批发零售贸易和餐饮业

WHOLESALE, RETAILSALES AND CATERING TRADE

15 批发零售贸易和餐饮业

1996 年社会消费品零售总额	555.57 亿元
1996 年批发零售贸易业商品购进总额	555.38 亿元
1996 年批发零售贸易业商品销售总额	573.90 亿元
1996 年批发零售贸易业商品库存总额	237.73 亿元
1996 年城乡集市贸易成交额	358.02 亿元
城市	281.16 亿元
乡村	76.86 亿元

社会消费品零售总额(亿元)

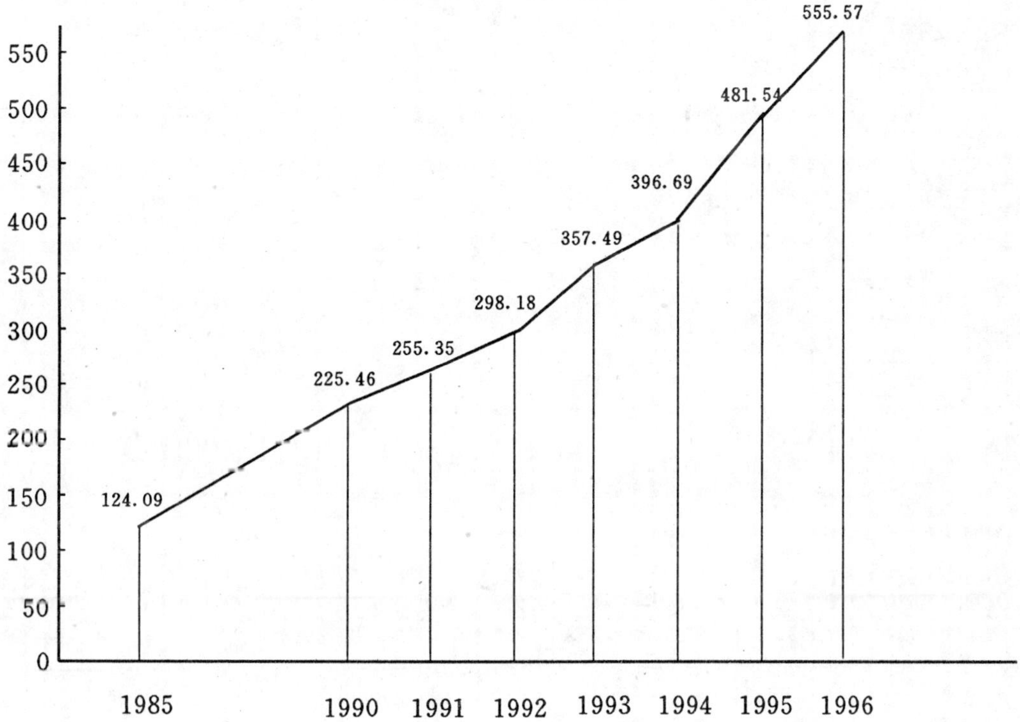

15—1 按市县分的零售商业、饮食业网点和人员

项　　目	1992 年	1993 年	1994 年	1995 年	1996 年
一、网点（个）	**255 851**	**271 739**	**351 609**	**421 299**	**479 409**
1. 零售商业	226 336	238 187	306 317	368 284	418 078
市	118 164	120 030	158 335	208 212	243 707
县	43 386	48 493	54 661	61 373	64 019
县以下	64 786	69 664	93 321	98 699	110 352
2. 饮食业	29 515	33 552	45 292	53 015	61 331
市	18 126	20 297	28 295	34 693	39 920
县	6 268	7 275	8 348	7 798	9 660
县以下	5 121	5 980	8 649	10 524	11 751
二、人员（人）	**850 775**	**829 837**	**803 674**	**931 109**	**1 046 678**
1. 零售商业	734 624	712 585	666 421	776 890	857 770
市	420 622	419 297	378 301	467 518	523 714
县	140 980	132 485	124 553	123 469	131 449
县以下	173 022	160 803	163 567	185 903	202 607
2. 饮食业	116 151	117 252	137 253	154 219	188 908
市	80 291	79 523	92 080	103 476	133 352
县	20 210	21 535	23 456	22 936	24 744
县以下	15 650	16 194	21 717	27 807	30 812

15—2 零售商业、饮食业的服务情况

项　　目	1992 年	1993 年	1994 年	1995 年	1996 年
一、平均每一机构服务的人数（人）					
零　售　商　业	109	104	82	69	62
饮　　食　　业	838	741	553	481	423
二、平均每一机构的零售额（万元）					
零　售　商　业	10.0	11.1	9.0	8.9	8.6
饮　　食　　业	4.9	6.1	6.7	7.2	9.3
三、平均每一人员服务的人数（人）					
零　售　商　业	34	35	38	33	30
饮　　食　　业	213	213	183	165	137
四、平均每一人员的零售额（万元）					
零　售　商　业	3.1	3.7	4.1	4.2	4.2
饮　　食　　业	1.2	1.7	2.2	2.4	3.0

15—3 零售贸易业网点

（1996年末）　　　　单位：个

项　　目	合　计	市	县	县以下
总　计	**418 078**	**243 707**	**64 019**	**110 352**
按经济类型分				
国有经济	6 248	3 997	1 192	1 059
集体经济	9 169	3 495	513	5 161
私营经济	892	804	44	44
联营经济	3	3		
个体经济	401 478	235 123	62 268	104 087
股份制经济	256	254	2	
外商投资经济	11	11		
港澳台投资经济	19	18		1
其他经济	2	2		
按国民经济行业分				
食品、饮料、烟草零售业	188 220	109 263	27 546	51 411
日用百货零售业	85 559	56 964	8 628	19 967
纺织品、服装及鞋帽零售业	72 526	41 086	13 480	17 960
日用杂品零售业	20 985	7 983	5 559	7 443
五金、交电、化工零售业	16 648	9 766	2 789	4 093
药品及医疗器械零售业	6 988	3 290	1 409	2 289
图书报刊零售业	6 565	3 312	1 438	1 815
其他零售业	20 587	12 043	3 170	5 374

15—4 零售贸易业人员

（1996年末）　　　　单位：人

项　目	合　计	市	县	县以下
总　计	**857 770**	**523 714**	**131 449**	**202 607**
按经济类型分				
国有经济	135 590	96 510	23 292	15 788
集体经济	86 562	40 669	9 137	36 756
私营经济	8 546	7 703	377	466
联营经济	20	20		
个体经济	604 401	356 425	98 395	149 581
股份制经济	19 396	19 148	248	
外商投资经济	892	892		
港澳台投资经济	2 346	2 330		16
其他经济	17	17		
按国民经济行业分				
食品、饮料、烟草零售业	336 145	205 853	46 774	83 518
日用百货零售业	234 444	147 189	27 165	60 090
纺织品、服装及鞋帽零售业	117 380	69 650	21 401	26 329
日用杂品零售业	36 152	14 590	10 600	10 962
五金、交电、化工零售业	44 973	30 696	7 795	6 482
药品及医疗器械零售业	22 121	13 655	4 578	3 888
图书报刊零售业	14 245	7 853	3 897	2 495
其他零售业	52 310	34 228	9 239	8 843

15—5 餐饮业网点

(1996年末) 单位:个

项目	合计	市	县	县以下
总计	**61 331**	**39 920**	**9 660**	**11 751**
按经济类型分				
国有经济	698	506	161	31
集体经济	697	549	58	90
私营经济	183	149	7	27
联营经济	2	1		1
个体经济	59 624	38 595	9 433	11 596
股份制经济	25	23		2
外商投资经济	71	69		2
港澳台投资经济	31	28	1	2
其他经济				
按国民经济行业分				
正餐	37 379	25 002	6 109	6 268
快餐	17 011	10 915	2 486	3 610
其他餐饮业	6 941	4 003	1 065	1 873

15—6 餐饮业人员

(1996年末) 单位:人

项目	合计	市	县	县以下
总计	**188 908**	**133 352**	**24 744**	**30 812**
按经济类型分				
国有经济	13 464	12 128	972	364
集体经济	7 922	6 717	507	698
私营经济	2 748	2 394	67	287
联营经济	17	1		16
个体经济	159 082	106 793	23 186	29 103
股份制经济	600	585		15
外商投资经济	2 670	2 511		159
港澳台投资经济	2 405	2 223	12	170
其他经济				
按国民经济行业分				
正餐	130 648	96 094	16 559	17 995
快餐	39 306	26 637	5 413	7 256
其他餐饮业	18 954	10 621	2 772	5 561

15—7 各市县按城乡分的零售贸易业、餐饮业网点

（1996年末） 单位：个

市、县	城乡合计		城镇		乡村	
	零售贸易业	餐饮业	零售贸易业	餐饮业	零售贸易业	餐饮业
长春市	**118 741**	**12 513**	**98 560**	**11 139**	**20 181**	**1 374**
市区	74 399	8 360	74 227	8 347	172	13
九台市	6 653	569	4 239	390	2 414	179
榆树市	14 143	747	8 929	486	5 214	261
德惠市	11 380	842	4 881	477	6 499	365
农安县	12 166	1 995	6 284	1 439	5 882	556
吉林市	**71 935**	**15 271**	**48 378**	**12 780**	**23 557**	**2 491**
市区	32 604	10 142	32 520	10 137	84	5
桦甸市	6 172	568	4 012	379	2 160	189
蛟河市	6 850	1 396	4 088	842	2 762	554
舒兰市	6 794	644	2 360	358	4 434	286
磐石市	7 131	684	1 789	329	5 342	355
永吉县	12 384	1 837	3 609	735	8 775	1 102
四平市	**41 987**	**5 981**	**28 057**	**4 475**	**13 930**	**1 506**
市区	16 166	2 877	16 163	2 874	3	3
公主岭市	9 473	734	5 811	464	3 662	270
双辽市	3 038	706	1 684	403	1 354	303
梨树县	10 864	1 205	3 075	403	7 789	802
伊通县	2 446	459	1 324	331	1 122	128
辽源市	**19 037**	**2 795**	**14 608**	**2 707**	**4 429**	**88**
市区	9 062	1 667	9 058	1 667	4	
东丰县	5 755	912	3 722	843	2 033	69
东辽县	4 220	216	1 828	197	2 392	19
通化市	**36 633**	**5 727**	**24 809**	**3 545**	**11 824**	**2 182**
市区	7 044	1 651	7 012	1 651	32	
梅河口市	10 342	2 163	7 280	941	3 062	1 222
集安市	4 834	484	1 118	254	3 716	230
通化县	2 850	333	1 481	220	1 369	113
辉南县	6 118	877	3 693	338	2 425	539

15—7 续表 (1996年末) 单位:个

市、县	城乡合计		城镇		乡村	
	零售贸易业	餐饮业	零售贸易业	餐饮业	零售贸易业	餐饮业
柳河县	5 445	219	4 225	141	1 220	78
白山市	**18 214**	**3 159**	**13 247**	**2 535**	**4 967**	**624**
市区	5 623	526	5 596	523	27	3
临江市	2 519	716	1 972	580	547	136
抚松县	2 535	527	1 292	305	1 243	222
靖宇县	2 327	315	1 185	315	1 142	
长白县	1 972	495	1 273	322	699	173
江源县	3 238	580	1 929	490	1 309	90
松原市	**37 317**	**3 843**	**24 113**	**2 876**	**13 204**	**967**
市区	8 270	1 552	7 633	1 306	637	246
长岭县	6 350	589	4 068	358	2 282	231
前郭县	11 372	493	6 201	373	5 171	120
乾安县	4 494	711	2 800	521	1 694	190
扶余县	6 831	498	3 411	318	3 420	180
白城市	**34 445**	**5 388**	**22 066**	**3 433**	**12 379**	**1 955**
市区	13 237	1 797	7 767	1 420	5 470	377
洮南市	5 866	494	3 857	384	2 009	110
大安市	5 151	890	3 321	597	1 830	293
镇赉县	4 650	1 310	2 133	518	2 517	792
通榆县	5 541	897	4 988	514	553	383
延边朝鲜族自治州	**39 769**	**6 651**	**33 888**	**6 090**	**5 881**	**564**
延吉市	11 561	1 908	11 547	1 906	14	2
图们市	3 043	994	3 005	993	38	1
敦化市	6 035	876	4 450	749	1 585	127
龙井市	4 238	560	3 341	503	897	57
珲春市	4 599	547	3 797	453	802	94
和龙市	3 100	622	2 095	505	1 005	117
汪清县	4 392	533	3 245	425	1 147	108
安图县	2 801	614	2 408	556	393	58

15—8 各市县按城乡分的零售贸易业、餐饮业人员

（1996年末） 单位：人

市、县	城乡合计		城镇		乡村	
	零售贸易业	餐饮业	零售贸易业	餐饮业	零售贸易业	餐饮业
长春市	**251 472**	**56 633**	**221 420**	**51 518**	**30 052**	**5 115**
市区	176 480	45 010	175 477	44 520	1 003	490
九台市	13 227	2 209	8 985	1 558	4 242	651
榆树市	23 158	967	14 840	607	8 318	360
德惠市	15 922	2 674	8 587	1 698	7 335	976
农安县	22 685	5 773	13 531	3 135	9 154	2 638
吉林市	**132 094**	**38 474**	**96 373**	**33 426**	**35 721**	**5 048**
市区	65 928	27 097	65 627	27 031	301	66
桦甸市	11 981	2 027	7 712	1 365	4 269	662
蛟河市	11 187	3 045	7 209	1 883	3 978	1 162
舒兰市	12 757	1 775	6 263	1 071	6 494	704
磐石市	12 479	1 366	4 239	809	8 240	557
永吉县	17 762	3 164	5 323	1 267	12 439	1 897
四平市	**80 891**	**16 463**	**53 744**	**12 294**	**27 147**	**4 169**
市区	24 473	6 908	24 447	6 843	26	65
公主岭市	17 763	3 924	12 054	2 498	5 709	1 426
双辽市	7 613	1 498	5 331	826	2 282	672
梨树县	24 467	2 821	8 251	1 144	16 216	1 677
伊通县	6 575	1 312	3 661	983	2 914	329
辽源市	**36 822**	**7 642**	**29 447**	**7 439**	**7 375**	**203**
市区	21 331	4 945	21 284	4 945	47	
东丰县	8 371	2 061	5 445	1 923	2 926	138
东辽县	7 120	636	2 718	571	4 402	65
通化市	**80 451**	**18 110**	**53 498**	**12 307**	**26 953**	**5 803**
市区	19 629	6 203	19 400	6 203	229	
梅河口市	25 679	6 906	16 078	3 231	9 601	3 675
集安市	10 588	1 015	2 539	480	8 049	535
通化县	5 015	1 195	2 876	926	2 139	269
辉南县	10 305	2 227	5 577	1 085	4 728	1 142

15－8 续表 （1996年末） 单位:人

市、县	城乡合计		城镇		乡村	
	零售贸易业	餐饮业	零售贸易业	餐饮业	零售贸易业	餐饮业
柳河县	9 235	564	7 028	382	2 207	182
白山市	**46 093**	**8 941**	**28 395**	**7 306**	**17 698**	**1 635**
市区	10 870	2 134	10 609	2 127	261	7
临江市	4 245	1 421	3 441	1 033	804	388
抚松县	14 515	2 412	6 786	1 632	7 729	780
靖宇县	4 686	595	2 820	595	1 866	
长白县	3 799	1 000	2 048	748	1 751	252
江源县	7 978	1 379	2 691	1 171	5 287	208
松原市	**73 978**	**11 892**	**51 565**	**9 406**	**22 413**	**2 486**
市区	15 775	5 969	14 344	5 242	1 431	727
长岭县	18 308	1 674	12 585	1 118	5 723	556
前郭县	18 536	1 325	11 549	913	6 987	412
乾安县	9 834	1 921	7 066	1 535	2 768	386
扶余县	11 525	1 003	6 021	598	5 504	405
白城市	**77 028**	**13 463**	**53 672**	**8 764**	**23 356**	**4 699**
市区	26 160	4 448	16 929	3 317	9 231	1 131
洮南市	10 389	1 329	7 423	1 094	2 966	235
大安市	14 274	2 286	10 454	1 654	3 820	632
镇赉县	11 745	3 074	7 415	1 375	4 330	1 699
通榆县	14 460	2 326	11 451	1 324	3 009	1 002
延边朝鲜族自治州	**78 941**	**17 290**	**67 049**	**15 636**	**11 892**	**1 654**
延吉市	26 479	5 065	26 377	5 046	102	19
图们市	5 880	2 030	5 778	2 024	102	6
敦化市	11 354	1 935	8 541	1 662	2 813	273
龙井市	8 617	2 109	5 808	1 814	2 809	295
珲春市	9 036	1 982	7 609	1 771	1 427	211
和龙市	5 311	1 380	3 655	971	1 656	409
汪清县	7 813	1 436	5 579	1 132	2 234	304
安图县	4 451	1 353	3 702	1 216	749	137

15—9 历年社会消费品零售总额

单位:万元

年 份	社会消费品零售总额	按城乡分		按行业分				
		城 镇	乡 村	批发零售贸易业	餐饮业	制造业	其他行业	农民对非农业居民零售
1952	73 775	48 243	25 532	61 742	2 359	6 174	3 500	3 500
1957	119 450	79 584	39 866	105 891	4 666	5 220	3 673	3 298
1962	189 327	128 869	60 458	161 282	8 888	9 139	10 018	6 988
1965	186 846	134 155	52 691	168 837	8 048	5 468	4 493	3 469
1970	231 586	176 005	55 581	206 185	8 123	4 634	12 644	5 700
1975	338 102	277 124	60 978	303 817	15 274	9 145	9 866	6 200
1978	385 620	291 514	94 106	346 032	15 854	11 793	11 941	6 600
1979	453 079	316 707	136 372	388 943	18 937	19 068	26 131	14 900
1980	528 330	377 198	151 132	438 715	24 509	34 348	30 758	19 519
1981	592 590	430 405	162 185	481 611	29 934	42 249	38 796	25 787
1982	670 226	490 219	180 007	531 540	38 307	48 895	51 484	34 763
1983	755 406	555 884	199 522	589 343	46 380	55 575	64 108	46 086
1984	914 002	662 759	251 243	711 368	52 394	63 918	86 322	64 229
1985	1 119 958	843 468	276 490	862 671	65 462	74 616	117 209	89 726
1986	1 278 126	979 384	298 742	972 965	71 948	95 171	138 042	106 416
1987	1 454 974	1 131 042	323 932	1 086 680	81 881	116 283	170 130	131 456
1988	1 808 111	1 441 649	366 462	1 344 761	104 819	136 487	222 044	168 784
1989	1 982 953	1 592 980	389 973	1 479 969	112 779	135 131	255 074	194 313
1990	1 989 470	1 607 039	382 431	1 478 528	108 295	124 700	277 947	218 431
1991	2 236 919	1 840 771	396 148	1 666 612	117 840	132 724	319 743	260 283
1992	2 614 745	2 199 504	415 241	1 924 394	143 653	168 133	378 565	301 710
1993	3 254 677	2 787 690	466 987	2 359 630	200 252	199 894	494 901	374 554
1994	3 966 935	3 395 695	571 240	2 750 725	303 050	245 559	667 601	551 348
1995	4 815 374	4 176 082	639 292	3 262 315	382 543	256 673	913 843	822 335
1996	5 555 705	4 720 044	835 661	3 602 594	573 122	266 212	1 113 777	1 053 094

15—10 社会消费品零售总额

单位:万元

项　　目	1992年	1993年	1994年	1995年	1996年
社会消费品零售总额	**2 614 745**	**3 254 677**	**3 966 935**	**4 815 374**	**5 555 705**
一、按销售地区分:					
市的零售额	1 783 138	2 281 429	2 828 691	3 583 513	4 121 110
县的零售额	416 366	506 261	567 004	592 569	598 934
县以下的零售额	415 241	466 987	571 240	639 292	835 661
二、按经济类型分:					
国有经济	1 161 952	1 057 844	1 104 186	1 149 541	1 113 207
集体经济	443 359	447 229	500 749	507 648	487 002
私营经济		1 583	56 757	101 662	129 780
联营经济		982	721	880	1 492
个体经济	679 471	1 086 866	1 507 764	1 899 555	2 380 519
股份制经济		134 195	191 377	248 488	296 122
外商投资经济		144 323	41 592	4 562	17 851
港澳台投资经济		2 209	2 142	69 985	70 866
其他经济	329 963	379 416	561 647	833 053	1 058 866
三、按行业分:					
批发零售贸易业	1 924 394	2 359 630	2 750 725	3 262 315	3 602 594
餐饮业	143 653	200 252	303 050	382 543	573 122
制造业	168 133	199 894	245 559	256 673	266 212
其　他	378 565	494 901	667 601	913 843	1 113 777
# 农民对非农业居民零售	301 710	374 554	551 348	822 335	1 053 094

15—11 各市县社会消费品零售总额

（1996 年）　　　　单位：万元

市　、　县	社会消费品零售总额	按行业分				
		批发、零售贸易业	餐饮业	制造业	其他	农民对非农业居民
长　春　市	**1 713 536**	**1 012 247**	**210 901**	**43 537**	**446 851**	**443 547**
市　　区	1 437 849	820 888	193 970	26 708	396 283	396 162
九台市	78 487	61 161	4 837	5 631	6 858	6 858
榆树市	73 019	42 823	2 726	2 265	25 205	22 290
德惠市	49 804	35 945	3 590	3 014	7 255	6 987
农安县	74 377	51 430	5 778	5 919	11 250	11 250
吉　林　市	**1 170 562**	**771 002**	**134 810**	**86 506**	**178 244**	**163 134**
市　　区	838 193	574 452	100 295	51 971	111 475	98 688
桦甸市	57 021	42 609	2 362	4 054	7 996	7 410
蛟河市	52 652	33 403	8 220	2 457	8 572	7 645
舒兰市	73 403	36 041	7 675	14 838	14 849	14 295
磐石市	63 007	41 533	8 024	1 532	11 918	11 902
永吉县	86 286	42 964	8 234	11 654	23 434	23 194
四　平　市	**505 668**	**320 986**	**39 732**	**25 367**	**119 583**	**106 854**
市　　区	215 097	152 367	17 880	7 441	37 409	37 031
公主岭市	91 929	40 694	9 963	4 675	36 597	36 597
双辽市	63 948	31 294	3 000	7 921	21 733	15 382
梨树县	88 388	76 865	3 549		7 974	7 974
伊通县	46 306	19 766	5 340	5 330	15 870	9 870
辽　源　市	**188 980**	**123 709**	**21 712**	**7 769**	**35 790**	**31 376**
市　　区	130 694	85 090	12 704	4 934	27 966	25 099
东丰县	38 027	26 354	5 907	1 997	3 769	2 222
东辽县	20 259	12 265	3 101	838	4 055	4 055
通　化　市	**416 303**	**323 902**	**29 562**	**20 586**	**42 253**	**34 671**
市　　区	125 619	88 937	13 831	7 352	15 499	12 711
梅河口市	115 690	98 919	4 951	4 819	7 001	5 027
集安市	36 450	26 922	1 017	1 823	6 688	6 523
通化县	32 592	22 308	3 514	1 995	4 775	3 680
辉南县	45 693	37 171	3 669	541	4 312	3 264

15—11 续表 1 (1996年) 单位:万元

市、县	社会消费品零售总额	按行业分 批发、零售贸易业	餐饮业	制造业	其他	农民对非农业居民
柳河县	60 259	49 645	2 580	4 056	3 978	3 466
白山市	**282 493**	**154 553**	**22 938**	**40 513**	**64 489**	**59 655**
市区	89 777	61 235	7 481	5 723	15 338	10 504
临江市	49 980	27 388	4 794	6 726	11 072	11 072
抚松县	52 299	22 110	4 166	769	25 254	25 254
靖宇县	18 713	14 874	2 089	494	1 256	1 256
长白县	15 190	11 394	1 557	1 889	350	350
江源县	56 534	17 552	2 851	24 912	11 219	11 219
松原市	**322 841**	**210 282**	**19 177**	**11 017**	**82 365**	**72 386**
市区	72 019	38 963	6 802	3 283	22 971	18 495
长岭县	72 008	55 709	3 196	1 453	11 650	9 750
前郭县	95 008	62 933	6 020	4 801	21 254	19 254
乾安县	34 332	27 574	2 453	896	3 409	3 323
扶余县	49 474	25 103	706	584	23 081	21 564
白城市	**349 703**	**248 812**	**24 264**	**12 934**	**63 693**	**63 693**
市区	148 419	98 878	12 334	5 405	31 802	31 802
洮南市	61 874	41 004	4 235	1 550	15 085	15 085
大安市	45 699	36 494	2 608	2 120	4 477	4 477
镇赉县	32 877	25 310	976	570	6 021	6 021
通榆县	60 834	47 126	4 111	3 289	6 308	6 308
延边朝鲜族自治州	**605 620**	**437 101**	**70 026**	**17 983**	**80 510**	**77 777**
延吉市	279 015	204 027	32 886	4 745	37 357	37 357
图们市	40 875	26 229	7 315	1 242	6 089	5 180
敦化市	86 236	71 541	5 371	732	8 592	8 592
龙井市	42 725	27 151	4 191	3 372	8 011	6 707
珲春市	50 732	38 031	8 093	919	3 689	3 689
和龙市	32 524	21 204	3 462	1 938	5 920	5 645
汪清县	38 973	26 125	3 437	2 415	6 996	6 751
安图县	34 540	22 793	5 271	2 620	3 856	3 856

15—11 续表 2　　(1996年)　　单位:万元

市、县	按经济类型分				
	国有	集体	股份制	个体	其他
长春市	**283 826**	**87 466**	**194 243**	**609 401**	**538 600**
市区	217 264	49 541	194 229	485 601	491 214
九台市	19 620	4 213		47 796	6 858
榆树市	11 165	14 129	14	25 421	22 290
德惠市	22 762	9 087		10 968	6 987
农安县	13 015	10 497		39 615	11 250
吉林市	**246 785**	**127 325**	**22 522**	**544 580**	**229 350**
市区	156 226	75 946	20 758	427 949	157 314
桦甸市	13 374	5 975	1 305	27 065	9 302
蛟河市	19 419	8 290		16 109	8 834
舒兰市	29 164	16 425		12 457	15 357
磐石市	14 024	6 820	459	28 588	13 116
永吉县	14 578	13 869		32 412	25 427
四平市	**102 197**	**66 969**	**17 687**	**197 752**	**121 063**
市区	37 613	16 021	11 716	106 507	43 240
公主岭市	8 354	7 658	4 435	30 896	40 586
双辽市	17 775	8 582	165	18 034	19 392
梨树县	35 105	28 941		16 368	7 974
伊通县	3 350	5 767	1 372	25 947	9 870
辽源市	**42 559**	**17 657**	**1 471**	**92 852**	**34 441**
市区	29 769	8 027	1 471	63 263	28 164
东丰县	8 652	6 359		20 794	2 222
东辽县	4 138	3 271		8 795	4 055
通化市	**98 727**	**31 854**	**515**	**245 499**	**39 708**
市区	31 713	14 728	140	65 078	13 960
梅河口市	28 393	4 748	36	75 001	7 512
集安市	6 699	4 194		18 818	6 739
通化县	8 792	3 355		16 513	3 932
辉南县	11 404	1 361		29 064	3 864

15—11 续表 3　　(1996年)　　单位:万元

市、县	按经济类型分				
	国有	集体	股份制	个体	其他
柳河县	11 725	3 468	340	41 025	3 701
白山市	**56 696**	**46 889**	**7 787**	**105 118**	**66 003**
市区	12 416	19 805	7 787	36 400	13 369
临江市	10 052	10 817		17 284	11 827
抚松县	16 319	1 982		6 629	27 369
靖宇县	4 138	1 688		11 018	1 869
长白县	5 257	1 179		8 404	350
江源县	8 514	11 418		25 383	11 219
松原市	**94 387**	**41 571**	**320**	**103 037**	**83 526**
市区	23 716	6 410	320	18 218	23 355
长岭县	27 936	15 965		16 457	11 650
前郭县	25 609	12 321		37 823	19 255
乾安县	8 704	2 783		17 866	4 979
扶余县	8 421	4 091		12 673	24 289
白城市	**93 630**	**26 944**	**1 022**	**159 469**	**68 638**
市区	28 691	8 302	676	74 529	36 221
洮南市	11 820	5 849		29 001	15 204
大安市	19 422	5 302	346	16 152	4 477
镇赉县	17 632	4 171		5 053	6 021
通榆县	16 064	3 320		34 734	6 716
延边朝鲜族自治州	**94 401**	**40 328**	**50 551**	**322 811**	**97 526**
延吉市	29 298	4 425	46 222	151 502	47 568
图们市	5 574	2 129	1 052	24 943	7 177
敦化市	16 156	13 233	1 602	45 793	9 452
龙井市	10 876	5 030	425	18 175	8 219
珲春市	9 358	2 148	1 252	31 916	6 058
和龙市	8 727	2 903		13 721	7 173
汪清县	9 718	7 333		14 671	7 251
安图县	4 693	3 128		22 090	4 629

15—12 批发零售贸易业商品购进总额

（1996年） 单位：万元

	商品购进总额	从生产者购进		从批发、零售贸易业购进	进口	其他
			农副产品购进			
总额	**5 553 788**	**3 539 763**	**1 223 348**	**1 811 506**	**179 137**	**23 382**
一、按经济类型分：						
国有经济	3 886 136	2 743 865	1 139 064	1 010 160	125 541	6 570
集体经济	1 133 545	414 341	62 126	653 687	52 534	12 983
其他	534 107	381 557	22 158	147 659	1 062	3 829
二、按企业规模分：						
大型企业、活动单位	1 058 826	624 063	65 357	327 883	106 880	
中型企业、活动单位	1 839 418	1 087 551	190 787	706 232	40 558	5 077
小型企业、活动单位	2 655 544	1 828 149	967 204	777 391	31 699	18 305
三、按市、州分						
长春市	2 323 465	1 560 441	383 719	637 697	116 716	8 611
吉林市	808 927	526 017	149 339	264 118	11 686	7 106
四平市	603 238	368 704	171 776	233 743	108	683
辽源市	151 759	91 150	47 775	59 004	1 298	307
通化市	295 059	169 766	56 902	121 710	1 961	1 622
白山市	147 880	72 289	5 900	67 944	6 170	1 477
松原市	438 942	335 861	230 370	102 752		329
白城市	302 570	188 480	95 715	113 309	423	358
延边朝鲜族自治州	481 948	227 055	81 852	211 229	40 775	2 889

注：本表不包括个体批发零售贸易数。

15—13 各市县批发零售贸易业商品购进总额

(1996 年)　　单位:万元

市 、县	商品购进总额				
	合 计	从生产者购 进	从批发零售贸易业购进	进口	其 他
长 春 市	**2 323 465**	**1 560 441**	**637 698**	**116 716**	**8 610**
市 区	1 854 562	1 215 135	514 676	116 692	8 059
九 台 市	110 620	90 226	20 342		52
榆 树 市	150 033	106 528	43 459	24	22
德 惠 市	70 610	49 016	21 394		200
农 安 县	137 640	99 536	37 827		277
吉 林 市	**808 929**	**526 018**	**264 118**	**11 687**	**7 106**
市 区	503 496	328 341	158 131	11 687	5 337
桦 甸 市	51 470	30 534	20 395		541
蛟 河 市	46 485	26 499	19 723		263
舒 兰 市	85 175	58 190	26 666		319
磐 石 市	43 257	25 662	17 203		392
永 吉 县	79 046	56 792	22 000		254
四 平 市	**603 238**	**368 704**	**233 743**	**108**	**683**
市 区	139 532	75 684	63 104	108	636
公主岭市	163 794	117 128	46 653		13
双 辽 市	87 333	57 249	30 054		30
梨 树 县	181 614	106 283	75 327		4
伊 通 县	30 965	12 360	18 605		
辽 源 市	**151 759**	**91 150**	**59 004**	**1 298**	**307**
市 区	62 248	32 722	28 040	1 298	188
东 丰 县	53 563	31 841	21 605		117
东 辽 县	35 948	26 587	9 359		2
通 化 市	**295 059**	**169 766**	**121 710**	**1 961**	**1 622**
市 区	83 584	43 324	38 792	1 028	440
梅河口市	90 893	58 600	31 180	275	838
集 安 市	20 164	8 017	11 342	658	147
通 化 县	28 467	12 744	15 705		18
辉 南 县	41 420	30 768	10 648		4

15—13 续表 （1996年） 单位:万元

市、县	商品购进总额				
	合计	从生产者购进	从批发零售贸易业购进	进口	其他
柳河县	30 531	16 313	14 043		175
白山市	**147 879**	**72 288**	**67 943**	**6 170**	**1 478**
市区	62 151	39 258	20 640	2 005	248
临江市	21 993	7 819	13 974		200
抚松县	27 715	12 836	14 591		288
靖宇县	8 342	2 210	5 744		388
长白县	18 387	5 568	8 310	4 165	344
江源县	9 291	4 597	4 684		10
松原市	**438 942**	**335 861**	**102 752**		**329**
市区	98 958	72 366	26 270		322
长岭县	81 713	61 732	19 981		
前郭县	99 462	73 768	25 694		
乾安县	51 981	40 846	11 135		
扶余县	106 828	87 149	19 672		7
白城市	**302 569**	**188 480**	**113 309**	**422**	**358**
市区	106 303	60 125	45 598	422	158
洮南市	55 920	37 896	18 008		16
大安市	33 024	19 441	13 543		40
镇赉县	49 844	26 993	22 851		
通榆县	57 478	44 025	13 309		144
延边朝鲜族自治州	**481 948**	**227 055**	**211 229**	**40 775**	**2 889**
延吉市	219 967	96 167	93 262	30 522	16
图们市	21 837	6 822	12 483	2 470	62
敦化市	69 897	47 858	21 924	115	
龙井市	48 794	26 814	18 556	3 166	258
珲春市	37 450	15 098	17 886	3 555	911
和龙市	21 814	6 881	12 664	947	1 322
汪清县	38 926	15 919	22 941		66
安图县	23 263	11 496	11 513		254

15—14 批发零售贸易业商品销售、库存总额

（1996 年）　　单位:万元

	商品销售总额	对生产经营者的批发	对批发零售贸易业批发	出口	对居民和社会集团商品零售额	年末库存
总额	**5 739 044**	**1 384 824**	**2 116 696**	**509 063**	**1 728 461**	**2 377 303**
一、按经济类型分：						
国有经济	3 886 102	847 405	1 606 811	500 486	931 400	1 903 010
集体经济	1 210 458	444 485	418 771	2 661	344 541	356 854
其他经济	642 484	92 934	91 114	5 916	452 520	117 439
二、按企业规模分：						
大型企业、活动单位	1 218 897	101 252	501 468	263 292	352 885	167 280
中型企业、活动单位	2 075 571	683 738	878 690	28 407	484 736	634 424
小型企业、活动单位	2 444 576	599 834	736 538	217 364	890 840	1 575 599
三、按市、州分：						
长春市	2 493 410	549 423	942 043	416 258	585 686	820 088
吉林市	863 393	236 833	252 997	42 541	331 022	381 532
四平市	590 597	150 167	262 543	2 049	175 838	203 287
辽源市	123 960	36 934	44 071	2 935	40 020	100 961
通化市	299 818	75 231	117 319	6 202	101 066	139 152
白山市	160 259	27 927	57 236	1 365	73 731	48 477
松原市	365 860	82 410	148 725	937	133 788	332 719
白城市	323 167	90 205	113 601	1 191	118 170	160 163
延边朝鲜族自治州	518 580	135 694	178 161	35 585	169 140	190 924

注：本表不包括个体批发零售贸易业数。

15—15 各市县批发零售贸易业商品销售、库存总额

（1996年） 单位：万元

市、县	商品销售总额						年末库存额
	合计	批发				对居民和社会集团商品零售额	
		合计	对生产经营者的批发	对批发零售贸易业批发	出口		
长春市	**2 493 410**	**1 907 724**	**549 424**	**942 043**	**416 257**	**585 686**	**820 088**
市区	2 123 591	1 625 437	445 328	763 852	416 257	498 154	446 093
九台市	78 471	60 251	12 329	47 922		18 220	63 859
榆树市	114 002	91 027	39 616	51 411		22 975	109 372
德惠市	76 947	48 202	20 158	28 044		28 745	45 446
农安县	100 399	82 807	31 993	50 814		17 592	155 318
吉林市	**863 393**	**532 371**	**236 833**	**252 997**	**42 541**	**331 022**	**381 532**
市区	610 284	374 097	161 662	169 894	42 541	236 187	180 440
桦甸市	47 905	25 620	13 247	12 373		22 285	27 316
蛟河市	41 124	26 555	14 708	11 847		14 569	23 168
舒兰市	74 143	42 113	16 207	25 906		32 030	56 446
磐石市	39 941	27 897	12 089	15 808		12 044	37 749
永吉县	49 996	36 089	18 920	17 169		13 907	56 413
四平市	**590 597**	**414 759**	**150 166**	**262 543**	**2 050**	**175 838**	**203 287**
市区	158 675	95 065	43 610	49 405	2 050	63 610	35 937
公主岭市	156 476	137 072	42 423	94 649		19 404	33 608
双辽市	75 568	57 235	21 391	35 844		18 333	42 370
梨树县	168 388	104 382	29 883	74 499		64 006	86 292
伊通县	31 490	21 005	12 859	8 146		10 485	5 080
辽源市	**123 960**	**83 940**	**36 934**	**44 071**	**2 935**	**40 020**	**100 961**
市区	58 770	33 664	12 432	18 297	2 935	25 106	28 286
东丰县	41 808	33 140	12 506	20 634		8 668	34 774
东辽县	23 382	17 136	11 996	5 140		6 246	37 901
通化市	**299 818**	**198 752**	**75 232**	**117 319**	**6 201**	**101 066**	**139 153**
市区	82 949	59 132	27 552	31 013	567	23 817	36 569
梅河口市	94 761	59 301	16 905	40 046	2 350	35 460	50 284
集安市	21 880	14 699	6 355	6 849	1 495	7 181	8 421
通化县	28 224	18 955	6 708	10 458	1 789	9 269	9 897
辉南县	40 283	28 507	11 330	17 177		11 776	21 872

15—15 续表 (1996年) 单位:万元

市、县	商品销售总额						年末库存额
	合计	批发				对居民和社会集团商品零售额	
		合计	对生产经营者的批发	对批发零售贸易业批发	出口		
柳河县	31 721	18 158	6 382	11 776		13 563	12 110
白山市	**160 258**	**86 527**	**27 926**	**57 236**	**1 365**	**73 731**	**48 477**
市区	72 182	48 759	15 851	31 543	1 365	23 423	18 730
临江市	24 878	9 152	4 459	4 693		15 726	3 754
抚松县	31 574	11 564	3 233	8 331		20 010	11 291
靖宇县	8 129	2 305	1 422	883		5 824	1 792
长白县	15 782	11 235	1 513	9 722		4 547	4 718
江源县	7 713	3 512	1 448	2 064		4 201	8 192
松原市	**365 861**	**232 073**	**82 411**	**148 725**	**937**	**133 788**	**332 719**
市区	97 987	66 136	25 635	40 038	463	31 851	35 381
长岭县	92 733	49 106	9 892	39 214		43 627	82 845
前郭县	84 594	51 661	20 231	31 430		32 933	67 399
乾安县	44 222	31 838	12 910	18 776	152	12 384	44 350
扶余县	46 325	33 332	13 743	19 267	322	12 993	102 744
白城市	**323 167**	**204 997**	**90 204**	**113 601**	**1 192**	**118 170**	**160 162**
市区	116 138	79 064	39 155	38 717	1 192	37 074	49 585
洮南市	61 964	45 902	15 710	30 192		16 062	32 205
大安市	43 377	18 307	10 343	7 964		25 070	15 363
镇赉县	42 243	20 460	8 870	11 590		21 783	30 668
通榆县	59 445	41 264	16 126	25 138		18 181	32 341
延边朝鲜族自治州	**518 580**	**349 440**	**135 694**	**178 161**	**35 585**	**169 140**	**190 924**
延吉市	228 579	143 392	76 311	58 695	8 386	85 187	74 282
图们市	24 748	16 820	4 770	10 919	1 131	7 928	11 537
敦化市	77 525	59 583	11 371	44 621	3 591	17 942	33 780
龙井市	50 199	36 929	10 195	15 264	11 470	13 270	17 906
珲春市	44 082	30 605	12 163	12 917	5 525	13 477	15 379
和龙市	28 317	17 659	5 804	8 943	2 912	10 658	11 785
汪清县	42 736	28 941	7 972	19 315	1 654	13 795	15 617
安图县	22 394	15 511	7 108	7 487	916	6 883	10 629

15—16 批发零售贸易业商品销售、库存类值

(1996年)　　　　单位:万元

商品分类	大中型企业					
	销售额合计	批发	对生产经营者	出口	零售	年末库存
类值合计	**3 294 468**	**2 456 847**	**784 990**	**291 700**	**837 621**	**801 704**
食品、饮料、烟酒类	1 068 871	882 710	91 932	131 033	186 161	350 629
纺织品类	64 433	16 239	452	7 416	48 194	15 998
服装、鞋帽类	237 943	104 530	69	101 866	133 413	30 348
日用品类	129 630	42 776	640	1 169	86 854	29 866
家用电器类	170 338	47 026	228	609	123 312	44 092
文化体育用品类	46 296	15 368	10 136	1 424	30 928	9 691
化妆品类	20 574	6 835	1		13 739	3 099
首饰类	20 222	3 398			16 824	5 762
中西药品类	48 095	23 912	897	218	24 183	25 311
书报、杂志类	75 877	38 233	59	44	37 644	5 861
石油及制品类	316 551	292 087	146 028	833	24 464	10 233
煤炭及制品类	23 086	9 122	9 078	10	13 964	3 098
化工材料及制品类	497 672	496 002	237 703	10 294	1 670	123 853
木材类	5 511	5 500	2 975	2 396	11	566
建筑材料类	24 832	22 347	21 193	599	2 485	6 366
黑色金属材料类	79 870	79 726	50 389	7 272	144	20 770
有色金属材料类	3 449	3 391	955	2 261	58	1 627
机电设备类	293 650	223 764	129 681	3 484	69 886	66 288
其他类	167 568	143 881	82 574	20 772	23 687	48 246
#生活消费品	8 605	3 638			4 967	3 086

15－16 续表　　(1996年)　　单位:万元

商口分类	小型企业				
	销售额合计	批发	对生产经营者	零售	年末库存
类值合计	**2 444 577**	**1 553 737**	**599 835**	**890 840**	**1 575 599**
食品、饮料、烟酒类	854 264	587 546	99 147	266 718	1 051 951
纺织品类	72 298	33 920	5 812	38 378	23 061
服装、鞋帽类	83 168	28 533	478	54 635	26 376
日用品类	89 915	20 615	4 109	69 300	40 089
家用电器类	90 416	24 285	2 294	66 131	35 022
文化体育用品类	47 711	28 784	4 840	18 927	12 064
化妆品类	14 239	2 574	42	11 665	6 001
首饰类	11 050	2 015	17	9 035	6 822
中西药品类	90 896	41 159	5 990	49 737	55 978
书报、杂志类	19 912	2 717	538	17 195	2 816
石油及制品类	83 641	44 596	30 851	39 045	15 142
煤炭及制品类	49 206	25 872	23 041	23 334	11 420
化工材料及制品类	135 315	112 739	83 159	22 576	30 521
木材类	53 980	43 666	14 045	10 314	8 887
建筑材料类	94 366	56 965	38 328	37 401	26 629
黑色金属材料类	115 676	106 262	67 496	9 414	35 442
有色金属材料类	14 509	12 531	7 780	1 978	5 405
机电设备类	181 638	139 021	75 439	42 617	58 262
其他类	342 377	239 937	136 429	102 440	123 711
#生活消费品	18 373	5 446	1 891	12 927	11 101

15—17 大中型批发零售贸易企业商品销售、库存数量

(1996 年)

商品名称	单位	销售量合计	批发	对生产经营者	出口	零售	年末库存
粮食	吨	2 591 118	1 930 306	566 248	162 649	660 812	2 866 030
食用植物油	吨	52 093	31 637	1 699		20 456	29 332
猪和猪肉	吨	7 449	5 959	13	1 543	1 490	753
鲜蛋	吨	208	2			206	10
水产品	吨	17 508	16 778	13		730	3 730
盐	吨	28 286	27 513	12 419		773	7 926
食糖	吨	12 720	11 971	3 000		749	6 495
卷烟	箱	930 720	908 570			22 150	45 151
酒	吨	17 213	13 539	101	95	3 674	4 742
布	百米	135 704	70 585	520	63 450	65 119	62 135
#棉布	百米	35 182	5 104	301	178	30 078	23 750
呢绒	百米	58 708	41 846	159	40 788	16 862	18 130
绸缎	百米	15 988	1 865	154	715	14 123	11 507
服装	百件	207 227	156 270		156 059	50 957	20 844
针织内衣裤	百件	65 790	9 764		7 011	56 026	42 465
鞋	百双	70 453	12 368		345	58 085	27 672
#皮鞋	百双	26 391	213		52	26 178	6 894
黄金饰品	千元	195 703	33 849			161 854	49 561
照相机	架	23 898	1 668	544		22 230	10 195
自行车	辆	308 753	203 217	3	450	105 536	122 113
摩托车	辆	58 890	42 449	165		16 441	9 698
电视机	台	330 533	169 981	127		160 552	86 806
#彩电	台	298 581	159 300	127		139 281	65 913
录音机	台	94 287	28 554			65 733	47 736
#组合音响	台	30 655	6 422			24 233	13 341
录像机	台	25 222	8 731			16 491	6 085
摄像机	台	5 579	1 736			3 843	8 525
家用电脑	台	5 900	1 566			4 334	3 506
家用电风扇	台	91 746	47 600	281	2 500	44 146	109 507
家用洗衣机	台	184 223	95 133	125		89 090	96 811
家用电冰箱	台	135 111	55 552	1 079		79 559	63 552
房间空调器	台	2 401	1 136	620	145	1 265	1 474

15－17 续表 (1996 年)

商品名称	单位	销售量合计	批发	对生产经营者	出口	零售	年末库存
抽油烟机	台	48 652	17 712	1 260		30 940	32 297
化学肥料	吨	2 163 637	2 163 637	932 373			706 276
化学农药	吨	7 961	7 961	2 933	387		4 017
农用塑料薄膜	吨	30 453	30 453	20 989	285		5 326
农用动力机械	台	43 002	43 002	31 962			31 079
汽车	辆	13 203	10 028	6 618	31	3 175	1 934
#载货汽车	辆	7 388	7 388	5 836			923
小轿车	辆	3 797	939	338		2 858	433
生铁	吨	11 518	11 518	8 785			3 564
钢材	吨	223 178	223 178	161 423	20 115		38 968
铜	吨	87	87	79			105
铝	吨	22	22	22			
铅	吨	9	9	6			4
锌	吨	81	81	9			
锡	吨	5	5	2			2
铜材	吨	44	44	39			19
硫酸	吨	2 199	2 199	1 025			1 127
烧碱	吨	679	679	224			956
纯碱	吨	972	972	972			2 218
天然橡胶	吨	22	22	22			15
合成橡胶	吨	355	355	323			43
水泥	吨	875 324	869 555	342 555		5 769	105 756
平板玻璃	箱	169 153	168 175	9 471		978	15 140
原木	立方米	45 551	45 551	43 899	927		3 824
锯材	立方米	229 283	229 283	228 899	384		11 387
煤炭	万吨	105	39	29		66	15
焦炭	吨	874	874	752	18		581
原油	吨	467	467	467			
汽油	吨	847 088	799 433	383 610	2 118	47 655	58 048
柴油	吨	434 949	424 018	218 271	614	10 931	14 504
煤油	吨	2 365	2 363	1 357		2	1 011
燃料油	吨	135 031	135 031	135 031			1 877

15—18 城乡集市贸易情况

项　　目	单位	1992年	1993年	1994年	1995年	1996年
一、集市数	个	**1 529**	**1 717**	**1 803**	**1 868**	**1 950**
城　　市	个	484	583	627	728	792
乡　　村	个	1 045	1 134	1 176	1 140	1 158
二、集市贸易成交额	万元	**760 994**	**1 085 992**	**1 448 045**	**2 514 648**	**3 580 217**
城　　市	万元	542 283	806 526	1 071 621	1 821 486	2 811 593
乡　　村	万元	218 711	279 466	376 424	693 162	768 624
在成交额中：						
粮食油脂油料类	万元	31 724	48 324	86 923	144 167	157 909
肉禽蛋类	万元	150 032	205 894	319 221	443 007	531 019
水产品类	万元	47 746	83 564	102 699	140 703	168 626
蔬菜类	万元	90 156	126 311	170 396	222 745	263 553
干鲜果类	万元	68 191	106 700	116 977	129 593	139 975
饲料农具种苗类	万元	1 730	2 270	3 966	8 260	
大牲畜类	万元	7 722	9 082	11 210	33 885	34 169
其他类	万元	363 693	503 847	636 653	1 392 288	2 284 966
三、集市贸易成交量						
粮　　食	吨	148 527	188 351	239 111	268 789	361 774
食用植物油及料折油	吨	18 881	18 802	66 410	76 669	108 852
猪　　肉	吨	141 107	153 402	163 699	183 620	214 759
牛　　肉	吨	37 053	54 366	65 818	58 354	81 490
羊　　肉	吨	4 793	6 926	7 964	9 428	19 030
鲜　　蛋	吨	39 384	49 857	59 613	72 415	93 076
家　　禽	吨	8 568	9 508	9 446	14 876	10 891
蔬　　菜	吨	694 596	806 170	790 779	992 995	1 024 854
水 产 品	吨	83 308	123 101	121 265	148 873	175 883
干 鲜 果	吨	337 006	368 566	335 354	396 241	379 197

15—18 续表

项目	单位	1995年 合计	1995年 城市	1995年 乡村	1996年 合计	1996年 城市	1996年 乡村
商品交易市场总数	个	**1 868**	**728**	**1 140**	**1 950**	**792**	**1 158**
一、消费品市场	个	1 747	682	1 065	1 826	734	1 092
1. 综合市场	个	693	186	507	702	240	462
2. 农副产品市场	个	729	347	382	758	329	429
3. 工业消费品市场	个	169	96	73	177	99	78
4. 其他	个	156	53	103	189	66	123
二、生产资料市场	个	121	46	75	124	58	66
1. 综合市场	个	46	27	19	48	35	13
2. 工业生产资料市场	个	38	14	24	34	14	20
3. 农业生产资料市场	个	17	1	16	11	1	10
4. 其他	个	20	4	16	31	8	23
商品交易市场成交额	**万元**	**2 514 648**	**1 821 486**	**693 162**	**3 580 217**	**2 811 593**	**768 624**
一、消费品市场	万元	2 018 234	1 377 241	640 993	2 835 190	2 084 687	750 503
1. 综合市场	万元	862 522	557 033	305 489	1 759 907	1 153 084	606 823
2. 农副产品市场	万元	369 653	238 729	130 924	231 762	198 845	32 917
3. 工业消费品市场	万元	668 215	522 180	146 035	517 477	410 659	106 818
4. 其他	万元	117 844	59 299	58 545	326 044	322 099	3 945
二、生产资料市场	万元	496 414	444 245	52 169	745 027	726 906	18 121
#综合市场	万元	32 615	32 562	53	1 043	1 043	

統計資料 16

对外经济贸易和旅游业

FOREIGN ECONOMY TRADE AND INTERNATIONAL TOURISM

16　对外经济贸易和旅游业

1996 年进出口贸易总额	28.37 亿美元
进口总额	13.33 亿美元
出口总额	15.04 亿美元
1996 年实际利用外资额	10.03 亿美元

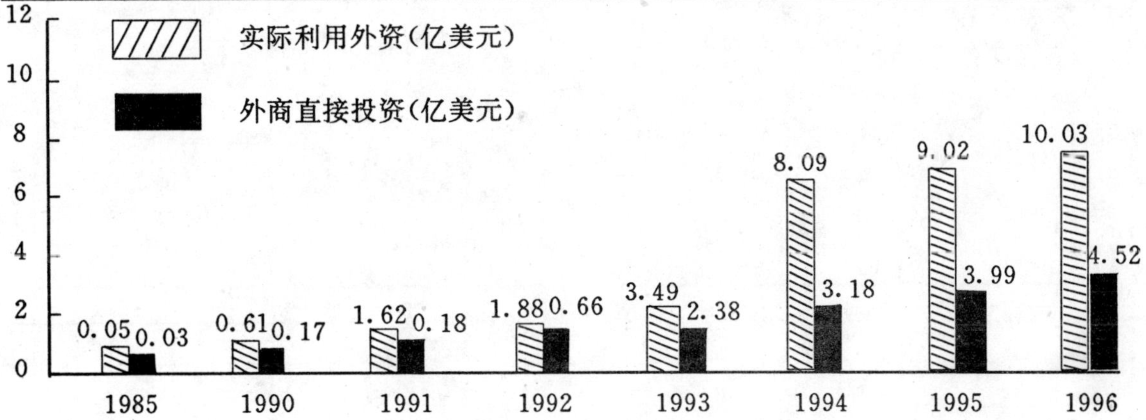

进出口总额构成(%)

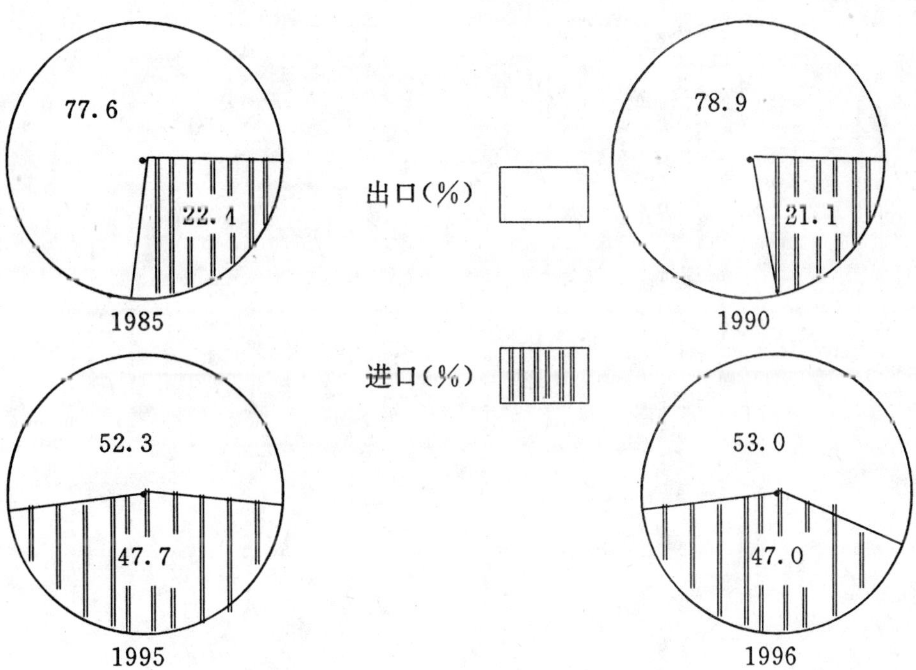

16—1 历年进出口贸易总额

年　份	进出口总额（万美元）	出口总额	进口总额	进出口总额（万元）	出口总额	进口总额
1957	1 106	1 106		2 881	2 881	
1962	849	829	20	2 091	2 042	49
1965	3 021	2 888	133	7 436	7 109	327
1970	495	93	402	1 218	228	990
1975	2 623	1 886	737	5 164	3 713	1 451
1978	3 704	2 357	1 347	6 372	4 055	2 317
1979	6 067	4 413	1 654	9 683	6 840	2 843
1980	11 108	6 625	4 483	16 024	9 344	6 680
1981	17 196	12 896	4 300	30 093	22 568	7 525
1982	17 753	13 207	4 546	34 172	25 422	8 750
1983	21 884	16 661	5 223	42 833	32 610	10 223
1984	34 046	24 972	9 074	75 048	55 046	20 002
1985	55 072	42 712	12 360	176 295	136 731	39 564
1986	71 716	52 515	19 201	266 855	195 408	71 447
1987	63 946	46 766	17 180	237 981	174 044	63 937
1988	70 766	53 214	17 552	263 363	198 041	65 322
1989	94 459	68 447	26 012	351 538	254 732	96 806
1990	95 272	75 172	20 100	449 821	354 920	94 901
1991	134 933	102 707	32 226	716 204	545 154	171 050
1992	192 278	130 678	61 600	1 095 985	744 865	351 120
1993	298 100	161 649	136 451	2 592 173	1 405 643	1 186 530
1994	361 209	202 247	158 962	3 052 216	1 708 987	1 343 229
1995	271 474	141 932	129 542	2 266 997	1 185 231	1 081 766
1996	283 725	150 440	133 285	2 354 918	1 248 652	1 106 266

注：本表为外贸部门统计数，进出口总额中未包括口岸代理进口数。

16—2 外贸部门主要商品出口数量

项目	单位	1992年	1993年	1994年	1995年	1996年
大豆	吨	4 616	35 378	139 948	29 458	2 359
玉米	万吨	387.49	530.00	495.81	10.00	1.07
活牛	头	6 795	5 120	6 087	5 688	3 371
冻家禽	吨	3 787	6 600	25 604	36 000	54 373
罐头	吨	90 263	13 604	25 186	13 045	10 226
葡萄酒	吨	459	329	213	18	5
园参	吨	810	1 580	1 075	926	1 273
鹿茸	公斤	5 433	6 006	16 397	35 318	18 998
棉纱	件	11 384	22 281	13 560	14 842	33 880
服装	万美元	6 633	6 661	11 647	10 074	19 243
原木	立方米	17 813	20 260	12 874	13 661	12 184
人参露酒	箱	18 043	10 119	12 937	10 953	7 309
纸张	吨	16 509	18 057	27 773	103 476	14 067
汽车	辆	1 812	1 198	1 714	1 927	5 116
豆粕	吨	122 033	129 727	306 029	297 694	128 617

16—3 外贸部门进出口贸易总额

单位:万美元

项　　目	1992年	1993年	1994年	1995年	1996年
进出口总额	192 278	298 100	361 209	271 474	283 725
出口额	130 678	161 649	202 247	141 932	150 440
进口额	61 600	136 451	158 962	129 542	133 285
在出口额中:					
农产品	71 442	85 693	93 499	27 858	33 235
轻工产品	37 570	51 594	72 254	63 402	44 705
重工产品	21 666	24 362	36 494	50 582	72 500
比　重(%)					
农产品	54.7	53.0	46.2	19.6	22.1
轻工产品	28.7	31.9	35.7	44.7	29.7
重工产品	16.6	15.1	18.0	35.7	48.2

16—4 利用外资情况

单位:万美元

年　份	签订合同数(个)	签订利用外资协议(合同)额				实际利用外资额			
		合计	对外借款	外商直接投资	外商其他投资	合计	对外借款	外商直接投资	外商其他投资
1992	632	47 454	5 402	39 988	2 064	18 776	11 242	6 597	937
1993	1 451	85 977	4 701	76 575	4 701	34 909	7 382	23 784	3 743
1994	1 108	168 319	80 798	82 608	4 913	80 852	49 018	31 834	
1995	700	175 766	85 985	85 733	4 048	90 202	49 400	39 876	926
1996	419	71 792	5 515	65 420	857	100 298	55 143	45 155	

16—5 各市州外商投资企业情况

单位:万美元

	1994年		1995年		1996年	
	企业数(个)	合同外资金额	企业数(个)	合同外资金额	企业数(个)	合同外资金额
合计	**1 064**	**82 608**	**667**	**85 734**	**407**	**65 420**
长春市	250	22 370	145	27 816	126	30 604
#开发区	46	5 575	42	8 955	52	20 672
吉林市	101	4 058	55	3 293	26	3 949
四平市	24	4 149	24	6 235	14	1 864
辽源市	16	196	4	91	18	887
通化市	53	2 092	40	2 371	22	1 266
#梅河口市	16	387	11	1 766	8	677
白山市	31	1 594	18	1 826	18	1 160
松原市	14	748	11	309	7	1 786
白城市	18	894	2	78	1	514
延边朝鲜族自治州	207	12 951	181	16 708	130	6 621
#珲春市	32	1 700	14	961	26	1 635
省直	350	33 556	187	27 007	45	16 769

16—6 对外承包和劳务出口情况

年份	对外承包工程			对外劳务合作		
	签定合同(个)	合同额(万美元)	完成营业额(万美元)	签定合同(个)	合同额(万美元)	完成营业额(万美元)
1992	8	866	1 850	57	13 431	5 342
1993	10	6 265	1 269	81	9 519	5 796
1994	20	8 914	4 173	103	14 852	7 597
1995	17	7 287	5 083	150	18 599	10 702
1996	8	8 324	2 302	203	19 231	14 421

16—7 旅 游 事 业 发 展 情 况

项　　目	单 位	1992 年	1993 年	1994 年	1995 年	1996 年
接待旅游总人数	**人**	**83 572**	**78 802**	**106 546**	**156 119**	**188 350**
外 国 人	人	53 190	56 261	92 522	144 947	175 898
华　侨	人	1 005	205	224	127	58
港澳台同胞	人	29 377	22 336	13 800	11 045	12 394
接待的旅游人天数	**人天**	**202 261**	**188 656**	**209 817**	**284 630**	**363 637**
外 国 人	人天	145 084	143 528	179 886	260 798	338 958
华　侨	人天	2 861	739	687	340	120
港澳台同胞	人天	54 316	44 389	29 244	23 492	24 559

16—8 旅 游 部 门 接 待 能 力

项　　目	单 位	1992 年	1993 年	1994 年	1995 年	1996 年
旅游管理机构	个	25	30	22	19	21
全年平均职工人数	人	8 801	10 135	15 217	15 926	19 689
旅游涉外宾馆	个	39	45	51	54	78
#星级饭店	个	35	38	48	52	70
旅行社（一、二类）	个	23	29	29	29	21
客　房　数	间	4 132	4 657	5 356	5 967	9 373
客房床位数	张	8 934	12 296	11 907	12 704	20 489
旅游汽车	辆	301	386	120	316	430

統計資料 17

金融和保险

BANKING AND INSURANCE

17—1 银行存款余额

单位:万元

项　　目	1992年	1993年	1994年	1995年	1996年
各项存款合计	**4 088 685**	**4 945 738**	**6 112 556**	**7 911 517**	**10 378 342**
企业存款	983 532	1 129 110	1 526 099	1 807 762	2 413 811
财政存款	39 056	72 396	125 586	177 440	235 722
机关团体存款	123 030	126 995	144 038	142 261	167 064
城镇储蓄存款	2 515 780	3 080 691	4 205 376	5 745 661	7 497 809
农村存款	211 679	243 509	97 821	29 346	38 210
其他存款	215 608	293 037	13 636	9 047	25 726

17—2 银行贷款余额

单位:万元

项　　目	1992年	1993年	1994年	1995年	1996年
各项贷款合计	**7 620 010**	**9 348 798**	**10 997 659**	**13 027 583**	**16 088 401**
工业贷款	2 273 852	2 727 128	3 169 129	3 652 895	4 279 288
商业贷款	3 416 313	4 158 392	4 639 690	5 636 617	7 397 574
建筑企业贷款	110 774	131 919	167 271	194 512	208 453
个体工商业贷款	3 443	6 449	15 967	10 900	16 748
乡镇企业贷款	138 958	171 297	185 946	226 206	263 125
农业贷款	418 508	475 598	385 812	490 578	593 335
固定资产贷款	999 788	1 372 483	1 869 493	2 072 391	2 347 166
其他贷款	258 374	305 532	564 351	743 484	982 712

17—3 银 行 现 金 收 入

单位:万元

项　　目	1992年	1993年	1994年	1995年	1996年
收入合计	**10 072 222**	**15 820 531**	**20 796 263**	**27 192 956**	**32 576 734**
商品销售收入	1 819 939	2 150 914	2 547 557	2 832 743	3 240 800
服务事业收入	404 031	590 124	742 314	929 061	1 193 840
税款收入	37 097	51 161	65 406	80 461	117 378
农村信用社收入	273 807	290 500	393 093	470 713	403 207
乡镇企事业收入	35 539	42 576	86 952	112 678	125 669
城乡个体经营收入	26 710	38 859	78 433	116 356	209 942
储蓄存款收入	4 621 167	7 179 308	9 752 387	13 624 288	16 674 682
其他金融机构收入	286 444	436 938	706 802	916 502	1 273 095
汇兑收入	110 888	160 833	272 987	448 185	530 177
债券收入	52 535	181 127	170 827	317 142	243 149
其他收入	2 404 065	4 698 191	5 979 505	7 344 827	8 564 795

17—4 银 行 现 金 支 出

单位:万元

项　　目	1992年	1993年	1994年	1995年	1996年
支出合计	**10 907 181**	**17 002 006**	**22 189 654**	**28 451 950**	**34 409 260**
工资及对个人其他支出	1 750 315	2 094 016	2 658 595	3 152 606	3 557 229
农副产品采购支出	816 616	1 236 964	1 363 139	1 397 604	2 051 873
工矿产品收购支出	47 961	100 276	92 262	92 442	98 369
行政企业管理费支出	626 742	962 729	1 202 684	1 286 901	1 554 392
农村信用社支出	436 573	351 532	398 733	554 090	498 295
乡镇企事业支出	66 300	82 792	117 418	143 236	153 866
城乡个体经营支出	41 659	69 043	122 059	152 288	238 842
储蓄存款支出	4 182 439	6 676 338	8 764 511	12 370 439	15 292 198
其他金融机构支出	482 398	805 490	1 137 419	1 358 140	1 592 959
汇兑支出	67 226	109 262	142 931	287 537	358 445
债券支出	42 559	35 140	77 234	179 331	197 106
其他支出	2 346 393	4 478 424	6 112 669	7 477 336	8 815 686

17—5 国内保险主要险种业务开展情况

项　　目	单　位	1993年	1994年	1995年	1996年
财产保险					
保险金额	亿元	1 260.4	1 517.1	1 390.0	2 378.2
储金余额	万元	62 090	68 960	14 835	7 524
保费收入	万元	48 469	54 174	74 734	94 583
满期给付	万元	36 185	75 708	7 171	5 729
赔　　款	万元	34 266	59 065	60 982	51 330
赔 付 率	%	70.7	109.0	81.6	54.3
人身保险					
保险金额	亿元	260.3	445.0	979.0	735.9
储金余额	万元	22 324	25 203	4 128	2 069
保费收入	万元	11 488	20 724	27 607	27 857
满期给付	万元	6 940	3 000	3 670	3 019
赔　　款	万元			9 114	6 623
赔 付 率	%	50.7	43.1	33.0	35.7
农业保险					
保险金额	亿元	84.9	50.3	34.0	54.4
储金余额	万元	5 219	4 793	11.8	
保费收入	万元	4 672	4 498	3 262	3 801.4
满期给付	万元	4 644	4 093	165	
赔　　款	万元	4 644	4 093	2 173	3 223
赔 付 率	%	99.4	91.0	66.6	84.8

注：1993、1994年的储金余额、满期给付为当年的业务收入和业务支出。

17—6 保险业务经济技术指标

项　　目	单　位	1992年	1993年	1994年	1995年	1996年
一、国内业务						
（一）承保额	万元	9008 220	9 880 103	10 300 996	11 280 770	16 492 638
1. 企业财产	万元	5621 543	7 186 321	7 400 135	8 393 344	13 020 828
2. 运输工具	万元	1253 544	1 365 878	1 664 473	1 786 898	1 812 525
3. 家庭财产	万元	2133 133	1 327 904	1 236 388	1 100 528	1 659 285
（二）业务收入	万元	82 933	87 974	100 529	105 619	123 717
1. 企业财产险	万元	12 056	14 022	19 401	19 946	23 926
2. 运输工具及责任险	万元	17 074	23 113	30 115	41 809	42 632
3. 家庭财产险	万元	5898	16 524	17 991	5 818	5 053
4. 养老金险	万元	22 976	3 340	2 168	2 580	2 466
5. 人身意外伤害险	万元	5518	8 593	9 338	7 570	13 759
6. 储金性人身险	万元	5682	10 392	8 997	12 011	12 829
7. 农业险	万元	4899	5 219	4 793	3 262	3 801
8. 货物运输险	万元	4179	5 159	5 730	6 666	7 121
9. 其他险	万元	4651	1 612	1 996	5 957	12 130
（三）赔案件数	件	374 949	251 518	243 059	217 503	206 969
1. 已　决	件	340 148	185 353	211 715	193 484	200 647
2. 未　决	件	34 801	66 165	31 344	24 019	6 322
（四）业务支出	万元	43 903	52 131	85 162	68 185	91 354
1. 企业财产险	万元	4782	7 712	14 702	17 330	35 506
2. 家庭财产险	万元	1971	4 800	19 821	5 882	6 091
3. 运输工具及责任险	万元	10 434	21 223	33 004	30 077	33 995
4. 货物运输险	万元	370	1 652	2 205	1 724	2 591
5. 人身意外伤害险	万元	2175	4 036	5 462	4 812	7 059
6. 人身险	万元	1148	6 158	2 895	4 043	1 145
7. 养老金险	万元	18 361	1 294	2 045	347	457
8. 农业险	万元	3154	4 644	4 099	2 173	3 223
9. 其他险	万元	1508	612	929	1 797	1 287
二、国外业务						
（一）承保额	亿美元	5.3	11.8	15.6	9.8	
1. 进口货物运输	亿美元	3.5	5.7	7.3	7.8	
2. 出口远洋货运	亿美元	1.4	5.8	7.8	1.8	
3. 出口港澳货运	亿美元	0.4	0.3	0.5	0.2	
（二）保　　费	万美元	662	831	934	835	
1. 进口运输货物险	万美元	105	167	257	159.6	
2. 出口远洋运输货物险	万美元	85	85	98	112.2	
3. 出口港、澳货物险	万美元	34	21	37	11	
4. 船舶险	万美元	25	36	11	33.9	
5. 其他险	万美元	413	522	531	518.3	
（三）赔案件数	件	594	1 065	1 217	1 144	
1. 已　　决	件	580	918	1 082	1 090	
2. 未　　决	件	14	147	135	54	
（四）已决赔款	万美元	171	981	487	496.5	
1. 进口货物运输险	万美元	6	93	60	43.6	
2. 出口远洋货物运输险	万美元	33	23	38	78.1	
3. 出口港澳货物运输险	万美元	12	2	2	1.5	
4. 船舶险	万美元		563	211	24.9	
5. 其他险	万美元	120	300	176	348.4	

注：1996年数据为国内、国外险合计数。

統計資料 18

教育、科技和文化事业

EDUCATION,SCIENCE AND CULTURE

18—1 各级各类学校数

单位:所

项　　目	1992年	1993年	1994年	1995年	1996年
普通高等学校	42	42	43	43	40
中等学校	2 366	2 324	2 275	2 241	2 223
中等专业学校	117	119	120	123	120
中等技术学校	94	96	97	99	97
中等师范学校	23	23	23	24	23
普通中学	1 911	1 888	1 845	1 819	1 804
高　中	315	304	300	289	289
初　中	1 596	1 584	1 545	1 530	1 515
职业中学	338	317	310	299	299
小　　学	10 635	10 572	10 374	10 202	10 112
盲、聋哑学校	25	26	26	26	25
幼儿园	2 059	1 971	4 267	4 869	4 361

注：1994 年以后的幼儿园的数字中包括民办幼儿园，以下各表同。

18—2 各级各类学校教职工数

单位:人

项　　目	1992年	1993年	1994年	1995年	1996年
普通高等学校	38 582	38 701	39 463	39 708	40 052
中等学校	152 139	151 942	152 823	154 100	155 408
中等专业学校	17 248	17 621	17 956	18 425	17 622
中等技术学校	14 292	14 546	14 804	15 199	14 325
中等师范学校	2 956	3 075	3 152	3 226	3 297
普通中学	119 896	119 598	120 059	120 920	123 038
职业中学	14 995	14 723	14 808	14 755	14 748
小　　学	177 937	178 245	180 361	181 873	180 892
盲、聋哑学校	1 414	1 424	1 454	1 389	1 548
幼　儿　园	33 193	32 262	30 648	31 795	33 182

18—3 各级各类学校教师数

单位:人

项目	1992年	1993年	1994年	1995年	1996年
普通高等学校	14 706	14 864	14 956	15 024	15 497
中等学校	104 489	105 149	106 326	107 533	109 883
中等专业学校	7 885	8 047	8 475	8 816	8 703
中等技术学校	6 409	6 490	6 840	7 120	6 930
中等师范学校	1 476	1 557	1 635	1 696	1 773
普通中学	86 962	87 622	88 238	88 908	91 241
高　　中	15 552	15 114	14 938	14 945	15 650
初　　中	71 410	72 508	73 300	73 963	75 591
职业中学	9 642	9 480	9 613	9 809	9 939
小　　学	146 337	147 678	150 242	152 584	153 537
盲、聋哑学校	899	905	961	911	955
幼 儿 园	20 533	21 325	20 781	21 567	22 844

18—4 各级各类学校在校学生数

单位:人

项目	1992年	1993年	1994年	1995年	1996年
普通高等学校	75 686	86 261	95 242	100 785	105 026
中等学校	1 523 639	1 529 549	1 514 674	1 551 773	1 568 163
中等专业学校	74 115	86 001	96 720	113 969	132 985
中等技术学校	53 307	63 610	72 238	86 992	103 830
中等师范学校	20 808	22 391	24 482	26 977	29 155
普通中学	1 297 953	1 294 562	1 266 409	1 287 429	1 287 092
高　　中	173 848	166 959	173 389	191 760	202 849
初　　中	1 124 105	1 127 603	1 093 020	1 095 669	1 084 243
职业中学	151 571	148 986	151 545	150 375	148 086
小　　学	2 599 504	2 573 496	2 641 898	2 690 280	2 749 146
盲、聋哑学校	3 972	4 122	4 132	4 088	4 119
幼 儿 园	474 837	488 659	550 703	583 584	540 223

18—5 各级各类学校招生数

单位:人

项　　目	1992年	1993年	1994年	1995年	1996年
普通高等学校	24 912	30 637	30 916	32 161	33 531
中等学校	565 052	551 634	534 362	577 115	533 762
中等专业学校	26 237	34 300	35 957	42 883	46 106
中等技术学校	19 167	26 560	27 935	34 099	36 977
中等师范学校	7 070	7 740	8 022	8 784	9 129
普通中学	469 201	451 111	431 836	468 263	429 471
高　　中	59 747	59 318	65 985	75 488	69 070
初　　中	409 454	391 793	365 851	392 775	360 401
职业中学	69 614	66 223	66 569	65 969	58 185
小　　学	422 799	462 950	499 130	490 253	468 561
盲、聋哑学校	661	539	443	502	530

18—6 各级各类学校毕业生数

单位:人

项　　目	1992年	1993年	1994年	1995年	1996年
普通高等学校	21 597	19 959	22 032	26 225	29 110
中等学校	427 113	473 381	469 195	489 102	470 881
中等专业学校	20 890	22 707	20 890	23 462	26 851
中等技术学校	15 135	16 502	15 014	17 026	19 876
中等师范学校	5 755	6 205	5 876	6 436	6 975
普通中学	354 446	396 124	392 366	404 310	388 570
高　　中	57 632	52 524	50 393	51 039	52 181
初　　中	296 814	343 600	341 973	353 271	336 389
职业中学	51 777	54 550	55 939	61 330	55 460
小　　学	466 410	443 285	400 584	419 415	389 798
盲、聋哑学校	413	406	375	301	308

18－7 高等学校研究生情况

单位：人

项　　目	1992年	1993年	1994年	1995年	1996年
研 究 生					
毕业生数	1 181	1 143	1 219	1 282	1 819
招生数	1 285	1 845	1 871	1 819	2 098
在学研究生数	3 717	4 470	5 192	5 707	5 960
毕业班学生数	1 229	1 289	1 300	1 916	1 773
攻读博士学位研究生					
毕业生数	109	65	151	133	150
招生数	134	171	286	320	338
在学研究生数	402	514	651	841	1 027
毕业班学生数	155	210	163	201	255
攻读硕士学位研究生					
毕业生数	1 072	1 078	1 068	1 149	1 669
招生数	1 151	1 674	1 585	1 499	1 760
在学研究生数	3 315	3 956	4 541	4 866	4 933
毕业班学生数	1 074	1 079	1 137	1 715	1 518

18—8 高等学校分科在学研究生数

单位:人

项　　目	1992年	1993年	1994年	1995年	1996年
总　　计	**3 717**	**4 470**	**5 192**	**5 707**	**5 960**
#女	1 242	1 514	1 879	2 121	2 279
哲　　学	71	94	129	133	114
经 济 学	234	439	644	793	773
法　　学	280	380	519	548	594
教 育 学	102	128	153	191	205
文　　学	269	308	358	412	465
历 史 学	189	199	244	241	262
理　　学	1 068	1 168	1 158	1 184	1 199
工　　学	971	1 116	1 267	1 384	1 495
农　　学	89	100	112	131	149
医　　学	444	538	608	690	704

18—9 高等学校分科毕业研究生数

单位:人

项　　目	1992年	1993年	1994年	1995年	1996年
总　　计	**1 181**	**1 143**	**1 219**	**1 282**	**1 819**
#女	338	372	404	424	654
哲　　学	31	26	24	21	52
经 济 学	79	61	71	93	270
法　　学	78	83	84	107	183
教 育 学	42	36	30	33	60
文　　学	81	89	86	90	134
历 史 学	67	58	60	72	63
理　　学	346	328	376	349	420
工　　学	296	289	307	338	383
农　　学	21	26	32	29	36
医　　学	140	147	149	150	218

18—10　各高等学校培养研究生情况

（1996 年）　　　　单位：人

项　目	在校研究生	博士学位	硕士学位	毕业生数	博士学位	硕士学位
总　计	**5 960**	**1 027**	**4 933**	**1 819**	**150**	**1 669**
一、中央部委所属院校	5 265	1 004	4 261	1 635	146	1 489
1. 国家教委所属院校	3128	527	2 601	1 052	90	962
东北师范大学	1 057	130	927	356	22	334
吉林大学	2 071	397	1 674	696	68	628
2. 其他部委所属院校	2137	477	1 660	583	56	527
白求恩医科大学	587	133	454	170	24	146
吉林工业大学	824	222	602	225	21	204
东北电力学院	107		107	32		32
长春光学精密机械学院	231	9	222	48	2	46
长春地质学院	356	113	243	104	9	95
长春税务学院	32		32	4		4
二、地方所属院校	695	23	672	184	4	180
1. 教育部门所属院校	396	11	385	97	2	95
延边大学	393	11	382	97	2	95
四平师范学院	3		3			
2. 其他部门所属院校	299	12	287	87	2	85
吉林农业大学	127	12	115	34	2	32
吉林工学院	75		75	18		18
吉林医学院	30		30	12		12
长春中医学院	56		56	23		23
吉林艺术学院	11		11			

18—11 高等学校分科在校学生数

(1996年) 单位:人

项目	招生		在校生		毕业生	
	本科	专科	本科	专科	本科	专科
总计	**16 800**	**16 731**	**61 195**	**43 831**	**12 505**	**16 605**
哲学	25		121		35	19
经济学	1 469	2 863	4 787	7 673	677	3 140
法学	530	532	1 618	1 267	258	331
教育学	782	934	2 681	1 888	622	801
文学	1 966	2 255	6 407	5 111	1 407	2 217
历史学	333	413	1 430	788	272	390
理学	2 170	1 459	8 294	3 605	1 723	1 486
工学	7 426	6 436	27 035	17 862	5 893	6 573
农学	710	595	2 681	1 877	581	645
医学	1 389	1 244	6 141	3 760	1 037	1 003

18—12 高等学校分科专任教师数

(1996年) 单位:人

项目	合计	正高级	副高级	中级	初级	无职称
合计	**15 497**	**1 253**	**4 189**	**5 799**	**3 496**	**760**
哲学	427	33	129	174	81	10
经济学	868	35	204	361	208	60
法学	309	17	50	144	80	18
教育学	799	29	206	362	167	35
文学	2 583	124	641	1 030	667	121
历史学	412	37	110	146	69	50
理学	2 934	232	827	1 134	623	118
工学	4 634	413	1 366	1 679	967	209
农学	712	66	160	270	182	34
医学	1 819	267	496	499	452	105

18—13 各高等学校基本情况

（1996年） 单位：人

项目	在校研究生数	本专科毕业生数	本专科招生数	本专科在校学生数	教职工人数	#专任教师	正高级、副高级	中级
大学、专门学院、专科学校								
总　计	**5 960**	**28 306**	**32 898**	**103 333**	**39 597**	**15 264**	**5 393**	**5 715**
#女	2 279	9 890	12 535	37 567	15 243	5 825	1 336	2 497
综合大学	2 464	4 605	5 579	18 215	8 346	3 022	945	1 099
吉林大学	2 071	1 839	2 081	7 252	4 223	1 177	453	420
延边大学	393	1 807	2 404	7 316	3 185	1 453	401	542
长春大学		959	1 094	3 647	938	392	91	137
理工院校	1 593	11 167	12 829	41 129	15 091	5 368	1 971	2 130
吉林工业大学	824	1 872	2 195	7 290	3 420	1 004	388	446
长春光学精密机械学院	231	1 246	1 231	4 205	1 449	548	214	213
长春地质学院	356	1 319	1 450	4 391	2 224	785	370	276
东北电力学院	107	789	1 064	3 714	1 276	465	226	123
长春邮电学院		499	719	2 389	901	265	78	138
吉林工学院	75	1 323	1 390	4 950	1 266	522	185	171
吉林建筑工程学院		652	714	2 500	732	305	96	114
吉林化工学院		546	600	1 951	752	303	105	104
吉林粮油食品高等专科学校		332	380	1 091	393	180	41	72
长春工业高等专科学校		568	770	2 192	384	151	45	72
长春汽车工业高等专科学校		186	156	496	543	251	58	149
长春建筑高等专科学校		613	700	1 960	496	177	49	60
吉林电气化高等专科学校		633	670	1 932	657	197	58	97
长春水利电力高等专科学校		589	790	2 068	598	215	58	95
农业院校	127	1 047	1 160	3 744	2 451	806	226	276
吉林农业大学	127	783	910	3 063	2 068	652	205	223
吉林农垦特产高等专科学校		264	250	681	383	154	21	53
林业院校		599	649	2 211	845	219	74	87

注：不包括短期职业大学和高校分校、大专班数字。

18—13 续表 (1996年) 单位:人

项目	在校研究生数	本专科毕业生数	本专科招生数	本专科在校学生数	教职工人数	#专任教师	正高级、副高级	中级
吉林林学院		599	649	2 211	845	219	74	87
医药院校	673	1 677	2 188	8 259	3 796	1 796	772	533
白求恩医科大学	587	722	1 018	3 895	2 216	1 048	566	239
吉林医学院	30	514	450	1 795	664	364	96	127
长春中医学院	56	441	400	1 469	614	249	100	96
长春医学高等专科学校			320	1 100	302	135	37	71
师范院校	1 060	6 434	7 536	21 151	6 582	2 936	1 054	1 109
东北师范大学	1 057	1 770	2 230	6 782	2 791	1 110	503	409
吉林师范学院		880	1 080	2 950	816	387	80	164
通化师范学院		578	650	1 700	478	243	58	104
四平师范学院	3	1 059	1 320	3 818	1 010	425	185	127
吉林职业师范学院		525	656	2 115	514	265	67	95
长春师范学院		877	840	2 128	534	279	110	127
白城师范高等专科学校		745	760	1 658	439	227	51	83
财经院校	32	2 142	2 188	6 471	1 658	723	229	304
长春税务学院	32	465	650	2 293	702	295	120	127
吉林财税高等专科学校		844	600	1 617	346	145	21	76
吉林商业高等专科学校		458	570	1 521	336	170	36	58
长春金融高等专科学校		375	368	1 040	274	113	52	43
政法院校		197	225	648	264	92	17	43
吉林公安高等专科学校		197	225	648	264	92	17	43
体育院校		214	220	647	179	80	34	32
吉林体育学院		214	220	647	179	80	34	32
艺术院校	11	224	324	858	385	222	71	102
吉林艺术学院	11	224	324	858	385	222	71	102

18—14 中等专业分类别学校数

单位:所

项目	1992年	1993年	1994年	1995年	1996年
合计	**117**	**119**	**120**	**123**	**120**
工业	24	25	25	26	26
农林	12	12	12	12	12
医药	13	13	13	12	11
师范	23	23	23	24	23
财经	15	16	15	15	14
其他	30	30	32	34	34

18—15 中等专业学校分科在校学生数

单位:人

项目	1992年	1993年	1994年	1995年	1996年
合计	**74 115**	**86 001**	**96 720**	**113 969**	**132 985**
工科	19 624	20 141	26 831	32 444	34 505
农林科	6 009	11 670	7 043	6 389	22 556
医药	6 160	7 213	8 671	9 450	9 365
师范	22 738	22 391	27 760	31 543	29 155
财经	14 955	11 945	15 652	19 437	14 509
其他	4 629	12 641	10 763	14 706	22 895

18—16 中等专业学校分科招生数

单位：人

项目	1992年	1993年	1994年	1995年	1996年
合计	**26 237**	**34 300**	**35 957**	**42 883**	**46 106**
工科	6 654	8 000	9 382	11 972	12 610
农林科	2 053	4 266	2 427	2 171	7 429
医药	2 114	3 030	3 447	3 217	3 206
师范	7 777	7 740	9 252	10 409	9 129
财经	6 127	5 845	6 685	8 067	5 451
其他	1 512	5 419	4 764	7 047	8 281

18—17 中等专业学校分科毕业生数

单位：人

项目	1992年	1993年	1994年	1995年	1996年
合计	**20 890**	**22 707**	**20 890**	**23 462**	**26 851**
工科	5 102	5 751	4 909	6 228	6 565
农林	1 314	2 666	1 546	1 430	3 206
医药	2 867	1 823	2 379	1 897	2 758
师范	6 605	6 205	6 354	7 021	6 975
财经	3 861	3 243	3 809	3 800	2 829
其他	1 141	3 019	4 893	3 086	4 518

18—18 中等专业学校分类别教职工数

单位:人

项　　目	1992 年	1993 年	1994 年	1995 年	1996 年
合　　计	**17 248**	**17 621**	**17 956**	**18 425**	**17 622**
工　　业	4 885	4 657	5 250	5 340	4 570
农　　林	2 534	2 525	2 541	2 580	2 599
医　　药	2 554	2 662	2 203	2 186	1 865
师　　范	2 601	3 075	3 152	3 226	3 297
财　　经	1 718	1 839	1 776	1 823	1 777
其　　他	2 956	2 863	3 034	3 270	3 514

18—19 中等专业学校分类别专任教师数

单位:人

项　　目	1992 年	1993 年	1994 年	1995 年	1996 年
合　　计	**7 885**	**8 047**	**8 475**	**8 816**	**8 703**
工　　业	2 118	2 106	2 458	2 508	2 230
农　　林	1 118	1 097	1 141	1 175	1 191
医　　药	903	929	812	821	706
师　　范	1 447	1 557	1 635	1 696	1 773
财　　经	823	877	850	862	835
其　　他	1 476	1 481	1 579	1 754	1 878

18—20 技工学校基本情况

项　　目	单位	1992年	1993年	1994年	1995年	1996年
学校数	所	150	149	150	156	165
#地方	所	117	118	118	124	133
招生数	人	20 700	24 316	26 069	27 490	24 004
#地方	人	16 283	19 061	20 546	22 972	20 009
在校学生数	人	56 372	62 415	69 888	72 406	66 547
#地方	人	43 266	48 019	54 710	58 421	54 214
毕业生数	人	16 296	17 855	19 267	25 459	28 771
#地方	人	12 082	13 645	14 701	20 701	23 057
教职工数	人	10 664	10 578	10 913	11 651	11 860
#地方	人	7 631	7 445	7 889	8 734	9 118

18—21 技工学校按行业分类学生情况

（1996年）　　　　单位：人

行　　业	招生数	#中央	在校生数	#中央	毕业生数	#中央
总　　计	**24 004**	**3 995**	**66 547**	**12 333**	**28 771**	**5 714**
农、林、牧、渔、水利业	824		2 684		1 594	
机械制造、加工业	3 929	1 032	13 463	3 659	5 134	1 709
地质矿产业	98		643	93	376	160
冶金工业	312		1 260		926	264
煤炭工业	773	280	1 816	740	804	319
电力工业	574	574	1 838	1 838	663	663
石油工业	815	70	2 466	210	670	70
化学工业	1 158	370	3 681	974	1 055	175
有色金属工业	135		535	50	234	25
轻工业（食品、烟草、造纸、皮毛、印刷、服装等）	1842		3 694	83	1 253	79
纺织工业	2 446		4 470		2 388	
电子、仪器、仪表工业	809	45	2 143	169	861	98
电工、电气	1 045	197	3 250	514	1 031	227
医药、医疗	87		296		211	
建材、建工、城建	1 113		3 331	70	1 957	257
交通、运输	1 504	608	2 740	1 401	804	255
邮电、通讯	56	56	605	605	158	158
商业、饮食、旅游、服务业	3 303	14	9 062	14	3 775	26
其　　他	3 181	749	8 570	1 913	4 877	1 229

18—22 各级各类成人教育在校学生数

单位:人

项　　目	1992年	1993年	1994年	1995年	1996年
一、成人高等学校	**52 804**	**62 429**	**77 769**	**90 040**	**95 832**
广播电视大学	7 450	10 892	13 754	16 949	17 888
职工大学	10 719	11 555	12 665	13 621	13 226
农民大学	263	299	694	966	999
函授大学、夜大学	30 632	34 856	44 981	52 039	56 710
管理干部学院	1 907	3 543	4 185	4 624	5 112
教育学院	1 833	1 284	1 490	1 841	1 897
二、成人中等学校	**1 976 760**	**1 200 296**	**1 242 035**	**1 645 789**	**1 461 083**
职工中等专业学校	16 299	19 287	22 627	29 274	28 650
干部中等专业学校	598	565	750	1 034	989
农民中等专业学校	12 245	2 992	11 781	5 418	19 003
教师进修学校	678	2 646		976	1 413
成人中学	8 274	10 744	10 129	8 028	4 735
广播电视和函授中等专业学校	12 124	11 553	14 652	16 382	16 543
成人技术培训学校	1 926 542	1 152 509	1 182 096	1 584 677	1 389 750
三、成人初等学校	**119 330**	**89 935**	**101 304**	**67 505**	**60 282**
“技术班(职工初等学校)	8687	6 436	3 180	1 693	665
小　学　班	48 722	50 118	56 921	39 845	39 258
扫　盲　班	61 921	33 381	41 203	25 967	20 359

18—23 平均每万人口在校学生数和大中小学学生构成

项　　目	单位	1992年	1993年	1994年	1995年	1996年
各级学校在校学生数占全省						
人口的比重	%	17.0	16.8	16.9	17.0	17.1
平均每万人口中						
大　学　生	人	30.6	34.6	37.9	39.5	40.7
中　学　生	人	616	613	602	608	608
小　学　生	人	1 051	1 031	1 050	1 055	1 066
大中小学学生占学生总数比重						
大　学　生	%	1.8	2.1	2.2	2.3	2.4
中　学　生	%	36.3	36.5	35.6	35.8	35.5
小　学　生	%	61.9	61.4	62.2	61.9	62.2

18—24 各级学校教师负担学生数

单位:人

项　　目	1992年	1993年	1994年	1995年	1996年
高等学校					
教　师　数	14 706	14 868	14 956	15 024	15 497
平均每个教师负担学生数	5.1	5.8	6.4	6.7	6.8
中等学校					
教　师　数	104 489	105 149	106 326	107 533	109 883
平均每个教师负担学生数	14.6	14.5	14.2	14.4	14.3
小　　学					
教　师　数	146 337	147 678	150 242	152 734	153 537
平均每个教师负担学生数	17.8	17.4	17.6	17.6	17.9

18—25 初中毕业生和小学毕业生升学率

项　　目	单位	1992年	1993年	1994年	1995年	1996年
初中毕业生数	万人	29.68	33.00	35.81	36.94	35.06
高级中等学校招生数	万人	12.92	15.49	16.75	18.66	16.86
升　学　率	%	43.50	46.90	46.80	50.52	48.09
小学毕业生数	万人	46.64	44.33	40.06	41.94	38.98
初级中等学校招生数	万人	42.60	40.96	37.91	40.37	36.97
升　学　率	%	91.30	91.10	94.60	96.24	94.83

18—26 小学学龄儿童入学率和巩固率

项　　目	单位	1992年	1993年	1994年	1995年	1996年
全省学龄儿童数	万人	242.1	241.5	250.6	257.1	265.1
已入学儿童数	万人	238.4	239.8	249.7	256.4	264.2
学龄儿童入学率	%	98.5	99.3	99.6	99.7	99.7
城　　市	%	99.2	99.6	99.7	99.7	99.9
县　　镇	%	98.5	99.7	99.7	99.8	99.3
农　　村	%	98.1	99.0	99.5	99.7	99.7
#女儿童入学率	%	98.5	99.0	99.6	99.7	99.7
小学巩固率	%	98.7	98.1	98.9	99.2	99.2

18—27 幼 儿 园 基 本 情 况

项　目	单位	1992年	1993年	1994年	1995年	1996年
园　数	所	2 059	1 971	4 267	4 869	4 361
在园幼儿数	万人	47.48	48.87	55.07	58.36	54.02
教职工数	人	33 193	32 262	30 648	31 795	33 182
#教　师	人	20 533	21 325	20 781	21 567	22 844

18—28 盲、聋、哑学校基本情况

项　目	单位	1992年	1993年	1994年	1995年	1996年
学 校 数	所	25	26	26	26	25
招 生 数	人	661	539	443	502	530
在校学生数	人	3 972	4 122	4 132	4 088	4 119
毕 业 生 数	人	413	406	375	301	308
教 职 工 数	人	1 414	1 424	1 454	1 389	1 548
#专任教师数	人	899	905	961	911	955

18—29 各市县各类学校数

（1996 年）　　　　单位：所

市、县	普通中学	职业中学	小学	幼儿园	盲、聋、哑学校
全省	**1 804**	**299**	**10 112**	**4 361**	**25**
长春市	**421**	**94**	**1 915**	**894**	**6**
市区	172	52	493	567	2
九台市	48	7	323	43	1
榆树市	68	11	398	93	1
德惠市	55	5	310	102	1
农安县	78	19	391	89	1
吉林市	**291**	**49**	**1 669**	**885**	**7**
市区	87	13	222	565	1
桦甸市	35	7	202	52	1
蛟河市	32	4	247	71	1
舒兰市	43	4	299	43	2
磐石市	43	5	289	80	1
永吉县	51	16	410	74	1
四平市	**188**	**17**	**1 278**	**426**	**4**
市区	23	4	63	202	2
公主岭市	50	5	428	87	1
双辽市	32	3	190	50	
梨树县	53	4	366	83	
伊通县	30	1	231	4	1
辽源市	**91**	**6**	**576**	**89**	**1**
市区	25	3	64	64	1
东丰县	45	2	235	20	
东辽县	21	1	277	5	
通化市	**191**	**23**	**1 050**	**364**	**2**
市区	29	7	69	125	1
梅河口市	48	6	275	131	1
集安市	21	3	138	37	
通化县	26	1	167	11	
辉南县	30	3	156	22	

18—29 续表 (1996年) 单位:所

市、县	普通中学	职业中学	小学	幼儿园	盲、聋、哑学校
柳河县	37	3	245	38	
白山市	**107**	**18**	**599**	**266**	**1**
市区	28	4	95	2	1
临江市	12	3	106	7	
抚松县	25	5	153	146	
靖宇县	13	2	118	102	
长白县	13	1	43	3	
江源县	16	3	84	6	
松原市	**167**	**25**	**1 224**	**145**	**1**
市区	12	3	73	66	1
长岭县	40	1	271	2	
前郭县	56	11	294	5	
乾安县	26	3	189	1	
扶余县	33	7	397	71	
白城市	**157**	**32**	**1 000**	**270**	**1**
市区	41	4	160	166	1
洮南市	30	8	247	1	
大安市	31	8	226	2	
镇赉县	27	2	176	100	
通榆县	28	10	191	1	
延边朝鲜族自治州	**191**	**35**	**801**	**1 022**	**2**
延吉市	19	3	42	228	1
图们市	16	1	35	59	
敦化市	39	20	300	107	1
龙井市	25	3	68	160	
珲春市	18	2	65	129	
和龙市	22	1	61	107	
汪清县	27	2	131	112	
安图县	25	3	99	120	

18—30 各市县各类学校招生数

（1996年） 单位:人

市 、县	普通中学	职业中学	小 学	盲、聋、哑学校
全 省	**429 471**	**58 185**	**468 561**	**530**
长 春 市	**110 258**	**16 457**	**126 498**	**107**
市 区	47 394	6 144	41 872	24
九 台 市	12 758	1 184	15 660	17
榆 树 市	16 430	1 752	23 006	14
德 惠 市	15 709	2 388	19 682	22
农 安 县	17 967	4 989	26 278	30
吉 林 市	**71 940**	**9 098**	**68 371**	**163**
市 区	25 006	2 697	19 614	43
桦 甸 市	6 346	1 255	9 086	10
蛟 河 市	9 887	1 809	7 535	20
舒 兰 市	10 485	1 093	10 654	64
磐 石 市	8 618	600	8 045	10
永 吉 县	11 598	1 644	13 437	16
四 平 市	**50 954**	**3 765**	**62 061**	**61**
市 区	6 808	516	6 811	42
公主岭市	18 894	716	24 125	11
双 辽 市	6 213	1 190	6 248	
梨 树 县	12 420	745	18 363	
伊 通 县	6 619	598	6 514	8
辽 源 市	**18 043**	**1 320**	**18 963**	**14**
市 区	6 477	231	6 698	14
东 丰 县	6 259	869	6 382	
东 辽 县	5 307	220	5 883	
通 化 市	**41 626**	**4 176**	**37 253**	**39**
市 区	7 598	722	5 877	20
梅河口市	12 305	1 481	10 685	9
集 安 市	3 131	549	3 193	
通 化 县	3 797	137	4 241	
辉 南 县	6 754	248	5 030	2

18—30 续表　　(1996年)　　单位:人

市　、县	普通中学	职业中学	小　学	盲、聋、哑学校
柳河县	8 041	1 039	8 227	8
白　山　市	**20 934**	**4 577**	**22 697**	**48**
市　区	6 030	1 127	6 528	48
临江市	2 539	486	2 488	
抚松县	5 839	1 505	6 157	
靖宇县	2 187	95	3 051	
长白县	1 531	720	1 393	
江源县	2 808	644	3 080	
松　原　市	**41 980**	**8 631**	**60 800**	**24**
市　区	4 771	431	5 076	24
长岭县	10 257	1 042	17 600	
前郭县	12 877	3 405	16 554	
乾安县	5 251	986	6 734	
扶余县	8 824	2 767	14 836	
白　城　市	**32 209**	**7 111**	**35 577**	**30**
市　区	8 701	846	8 005	30
洮南市	6 449	1 265	8 383	
大安市	6 212	2 210	7 424	
镇赉县	5 504	922	4 865	
通榆县	5 343	1 868	6 900	
延边朝鲜族自　治　州	**41 527**	**3 050**	**36 341**	**44**
延吉市	7 353	857	5 928	12
图们市	3 127	219	2 299	
敦化市	9 027	415	8 171	32
龙井市	5 004	364	3 805	
珲春市	4 092	502	3 723	
和龙市	3 808	378	3 632	
汪清县	5 058	175	4 410	
安图县	4 058	140	4 373	

18—31 各市县各类学校在校学生数

（1996 年）　　单位：人

市、县	普通中学	职业中学	小　　学	幼儿园	盲、聋、哑学校
全　　省	**1 287 092**	**148 086**	**2 749 146**	**540 223**	**4 119**
长 春 市	**327 044**	**37 473**	**715 737**	**152 816**	**1 193**
市　区	142 082	16 545	244 742	77 729	367
九台市	39 984	3 142	88 429	13 613	231
榆树市	46 007	3 342	123 219	19 314	184
德惠市	45 935	5 050	110 307	24 959	240
农安县	53 036	9 394	149 040	17 201	171
吉 林 市	**227 319**	**22 332**	**418 053**	**106 782**	**1 107**
市　区	77 414	8 386	120 091	43 031	290
桦甸市	19 589	2 211	53 309	11 219	45
蛟河市	31 324	3 078	49 075	12 456	94
舒兰市	31 804	3 738	63 232	12 096	432
磐石市	31 130	1 245	58 206	15 400	155
永吉县	36 058	3 674	74 140	12 580	91
四 平 市	**149 432**	**8 209**	**356 757**	**50 423**	**454**
市　区	21 196	1 159	41 258	12 436	362
公主岭市	53 267	2 176	139 901	14 593	55
双辽市	19 338	2 505	35 717	6 526	11
梨树县	35 903	1 694	102 548	13 382	
伊通县	19 728	675	37 333	3 486	26
辽 源 市	**57 053**	**3 277**	**116 516**	**15 821**	**176**
市　区	19 818	1 282	42 448	5 461	176
东丰县	20 618	1 435	38 191	7 012	
东辽县	16 617	560	35 877	3 348	
通 化 市	**127 642**	**11 773**	**236 002**	**38 431**	**301**
市　区	22 973	1 015	36 038	7 395	150
梅河口市	38 424	4 354	70 614	10 344	120
集安市	10 829	2 026	19 601	5 320	
通化县	10 882	371	28 417	2 305	
辉南县	20 632	653	34 126	3 549	4

18—31 续表　　(1996年)　　单位:人

市、县	普通中学	职业中学	小　学	幼儿园	盲、聋、哑学校
柳河县	23 902	2 454	47 206	9 518	27
白山市	**61 791**	**11 089**	**129 935**	**24 024**	**204**
市区	18 296	3 364	38 144	3 370	201
临江市	7 091	1 414	16 201	3 210	
抚松县	17 818	3 718	31 326	8 622	
靖宇县	6 485	185	18 624	4 345	3
长白县	4 591	1 121	7 918	2 160	
江源县	7 510	1 287	17 722	2 317	
松原市	**120 546**	**23 793**	**333 939**	**39 498**	**119**
市区	14 599	1 548	29 570	5 703	115
长岭县	29 244	3 112	94 153	9 746	
前郭县	36 373	9 885	92 695	1 392	
乾安县	15 000	1 473	37 896	6 457	
扶余县	25 330	7 775	79 625	16 200	4
白城市	**93 920**	**19 871**	**211 079**	**46 624**	**171**
市区	25 125	2 093	44 747	18 916	171
洮南市	19 467	3 863	47 973	9 310	
大安市	19 449	6 265	47 780	8 255	
镇赉县	15 027	1 032	29 197	4 243	
通榆县	14 852	6 618	41 382	5 900	
延边朝鲜族自治州	**122 345**	**10 269**	**231 128**	**65 804**	**394**
延吉市	21 913	2 701	38 558	15 289	145
图们市	8 701	752	14 796	4 180	1
敦化市	25 913	3 540	48 356	11 656	243
龙井市	14 554	646	25 873	10 204	
珲春市	11 964	919	24 647	5 645	5
和龙市	11 848	741	24 907	4 922	
汪清县	15 236	480	27 204	6 558	
安图县	12 216	490	26 787	7 350	

18—32 各市县各类学校教师数

(1996 年)　　单位:人

市、县	普通中学	职业中学	小　学	幼儿园
全　省	**91 241**	**9 939**	**153 537**	**22 844**
长春市	**23 691**	**2 053**	**38 348**	**6 715**
市　区	10 230	907	13 002	3 536
九台市	3 198	118	5 346	1 023
榆树市	3 947	234	8 266	867
德惠市	2 776	228	4 704	459
农安县	3 540	566	7 030	830
吉林市	**14 809**	**1 518**	**24 203**	**4 110**
市　区	5 573	755	6 439	2 507
桦甸市	1 538	134	3 329	198
蛟河市	1 514	143	2 930	284
舒兰市	1 945	161	3 988	272
磐石市	1 954	120	4 059	384
永吉县	2 285	205	3 458	465
四平市	**9 881**	**772**	**18 134**	**1 764**
市　区	1 756	233	1 961	391
公主岭市	2 829	170	5 586	398
双辽市	1 222	179	2 288	313
梨树县	2 653	129	5 408	465
伊通县	1 358	61	2 891	197
辽源市	**4 036**	**221**	**6 426**	**816**
市　区	1 394	92	1 668	265
东丰县	1 510	85	2 260	367
东辽县	1 132	44	2 498	184
通化市	**8 586**	**1 007**	**12 749**	**2 083**
市　区	1 782	301	1 811	447
梅河口市	2 517	242	3 615	489
集安市	914	144	1 474	318
通化县	899	31	1 653	154
辉南县	1 198	107	1 832	280

18—32 续表 (1996年) 单位:人

市 、县	普通中学	职业中学	小 学	幼儿园
柳河县	1 276	182	2 364	395
白 山 市	**4 785**	**757**	**7 837**	**1 032**
市 区	1 383	229	1 945	51
临江市	581	99	1 118	161
抚松县	1 300	225	1 925	403
靖宇县	462	30	957	195
长白县	452	59	750	148
江源县	607	115	1 142	74
松 原 市	**9 015**	**1 316**	**18 413**	**1 198**
市 区	1 042	153	1 577	356
长岭县	1 831	35	4 069	58
前郭县	3 206	515	5 867	126
乾安县	1 106	103	2 415	314
扶余县	1 830	510	4 485	344
白 城 市	**6 701**	**1 341**	**13 083**	**1 263**
市 区	1 629	166	2 019	265
洮南市	1 219	285	2 224	414
大安市	1 497	369	3 595	160
镇赉县	1 426	52	2 557	298
通榆县	930	469	2 688	126
延边朝鲜族自治州	**9 737**	**954**	**14 344**	**3 863**
延吉市	1 814	285	2 286	1 046
图们市	712	102	818	233
敦化市	1 809	177	3 449	620
龙井市	1 102	73	1 350	433
珲春市	984	93	1 517	420
和龙市	1 084	64	1 667	372
汪清县	1 213	102	1 895	419
安图县	1 019	58	1 362	320

18—33 县级和县级以上独立研究与开发机构数

单位:个

项　　目	1992 年	1993 年	1994 年	1995 年	1996 年
机 构 总 数	**209**	**205**	**202**	**199**	**202**
1. 县级及县级以上政府部门属					
自然科学研究机构	189	185	182	179	182
国务院各部门	18	18	18	19	19
省　　级	60	59	58	58	57
市　　级	77	76	75	71	76
县　　级	34	32	31	31	30
2. 社会、人文研究机构	20	20	20	20	20

18—34 各市州县级和县级以上独立研究与开发机构数

(1996 年)

单位:个

市 、 州	机构总数	县级以上政府部门属		县级自然科学研究机构	情报机构
		自然科学研究机构	社会、人文研究机构		
全　　省	**202**	**141**	**20**	**30**	**11**
长　春　市	103	78	17	3	5
吉　林　市	28	25	2		1
四　平　市	11	7		3	1
辽　源　市	7	5		1	1
通　化　市	10	7		2	1
白　山　市	10	4		5	1
松　原　市	1			1	
白　城　市	11	7		4	
延边朝鲜族自治州	21	8	1	11	1

18—35 县级和县级以上政府部门属研究与开发机构数

（自然科学技术领域）　　单位：个

项　　目	1992 年	1993 年	1994 年	1995 年	1996 年
总　计	**177**	**173**	**170**	**167**	**171**
一、按隶属关系分					
中　央	18	18	18	19	19
地　方	159	155	152	148	152
省　级	56	55	54	54	53
市　级	69	68	67	63	69
县　级	34	32	31	31	30
二、按地区分					
长 春 市	85	83	82	83	81
吉 林 市	22	22	22	18	25
四 平 市	8	11	11	11	10
辽 源 市	9	6	6	6	6
通 化 市	12	10	10	10	9
白 山 市	10	10	9	9	9
松 原 市		1	1	1	1
白 城 市		10	10	10	11
延边朝鲜族					
自 治 州	20	20	19	19	19
三、按行业分					
农、林、牧、渔、水利业	48	48	48	48	48
工　业	78	75	73	71	75
地质普查和勘探业	4	4	4	4	4
建 筑 业	3	2	2	2	2
交通运输、邮电通讯业	3	3	3	3	3
其他行业	41	41	40	39	39

注：本表不包括情报机构。

18－36 县级和县级以上政府部门属研究与开发机构人员

（自然科学技术领域） 单位：人

项　　目	1992年	1993年	1994年	1995年	1996年
一、职工总数	29 933	29 836	28 673	27 514	27 997
中　　央	11 864	11 969	11 105	11 150	10 688
地　　方	18 069	17 867	17 568	16 364	17 309
省　　级	9 599	9 316	9 030	8 798	8 535
市　　级	7 788	7 853	7 804	6 849	7 947
县　　级	682	698	734	717	827
二、从事科技活动人员	18 264	17 987	16 842	15 529	16 004
中　　央	7 312	7 118	6 646	5 764	6 300
地　　方	10 952	10 869	10 196	9 765	9 704
省　　级	6 792	6 827	6 316	6 105	5 247
市　　级	3 713	3 648	3 479	3 272	4 088
县　　级	447	394	401	388	369
在从事科技活动人员中科学家、工程师	9 772	9 355	9 574	9 196	10 148
中　　央	4 481	4 235	4 023	3 889	4 170
地　　方	5 291	5 120	5 551	5 307	5 978
省　　级	3 584	3 342	3 738	3 615	3 836
市　　级	1 520	1 602	1 612	1 501	1 998
县　　级	187	176	201	191	144
其他科技人员	4 502	4 796	4 261	3 449	4 532
中　　央	1 172	1 384	1 363	778	1 348
地　　方	3 330	3 412	2 898	2 671	3 184
省　　级	1 854	1 966	1 573	1 461	1 413
市　　级	1 274	1 258	1 144	967	1 587
县　　级	202	188	181	243	184

18—37 国有单位自然科学技术人员

项　　目	单位	1992年	1993年	1994年	1995年	1996年
一、科技人员总计	人	394 357	386 886	401 276	406 731	325 170
工程技术人员	人	189 017	180 536	187 831	189 280	131 810
农业技术人员	人	19 230	17 224	18 498	18 597	19 903
卫生技术人员	人	97 344	96 814	100 847	103 413	88 951
科学研究人员	人	9 112	9 211	9 324	9 234	3 308
教 学 人 员	人	79 654	83 101	84 776	86 207	81 198
二、各类技术人员占总计比重	%	100	100	100	100	100
工程技术人员	%	47.9	46.7	46.8	46.5	40.5
农业技术人员	%	4.9	4.5	4.6	4.6	6.1
卫生技术人员	%	24.7	25.0	25.1	25.4	27.4
科学研究人员	%	2.3	2.4	2.4	2.3	1.0
教 学 人 员	%	20.2	21.4	21.1	21.2	25.0
三、平均每万人口中科技人员	人	159.4	155.0	159.5	159.4	126.1
工程技术人员	人	76.4	72.3	74.7	74.2	51.1
农业技术人员	人	7.8	6.9	7.4	7.3	7.7
卫生技术人员	人	39.3	38.8	40.1	40.5	34.5
科学研究人员	人	3.7	3.7	3.7	3.6	1.3
教 学 人 员	人	32.3	33.3	33.7	33.8	31.5
四、平均每万职工中科技人员	人	1 039.8	1 018.5	756.9	781.6	633.5
工程技术人员	人	498.4	475.3	354.3	363.7	256.8
农业技术人员	人	50.7	45.3	34.9	35.7	38.8
卫生技术人员	人	256.7	254.9	190.2	198.7	173.3
科学研究人员	人	24.0	24.2	17.6	17.7	6.4
教 学 人 员	人	210.0	218.8	159.9	165.7	158.2

注：本表1993年以后不包括行政机关科学技术人员，其中：1996年不含中央驻吉林省人数。

18—38 科学技术成果项目数

单位:项

项　　目	1992年	1993年	1994年	1995年	1996年
全　省	**651**	**722**	**655**	**326**	**661**
#获国家发明奖的	6	6		10	5
已推广应用的	461	498	367	156	396
在总计中：					
农业方面	128	144	145	82	156
工业方面	369	289	222	110	302

18—39 三种专利申请受理量和批准量

项　　目	单位	1992年	1993年	1994年	1995年	1996年
一、绝对值						
受理量	项	1 539	1 718	1 556	1 389	1 626
发明	项	266	326	291	253	285
实用新型	项	1 198	1 277	1 190	1 019	1 214
外观设计	项	75	115	75	117	127
批准量	项	761	1 346	918	824	681
发明	项	35	92	59	38	33
实用新型	项	696	1 176	813	723	603
外观设计	项	30	78	46	63	45
二、构成						
受理量	%	100.0	100.0	100.0	100.0	100.0
发明	%	17.3	19.0	18.7	18.2	17.5
实用新型	%	77.8	74.3	76.5	73.4	74.7
外观设计	%	4.9	6.7	4.8	8.4	7.8
批准量	%	100	100	100	100	100
发明	%	4.6	6.8	6.4	4.7	4.9
实用新型	%	91.5	87.4	88.6	87.7	88.5
外观设计	%	3.9	5.8	5.0	7.6	6.6

18—40 已受理的三种专利申请分布状况

项　　目	单位	1992年	1993年	1994年	1995年	1996年
一、绝对值						
受理的三种专利申请合计	项	1 539	1 718	1 556	1 389	1 626
个　　人	项	1 160	1 371	1 255	1 135	1 298
大专院校	项	61	50	50	32	41
科研单位	项	95	87	78	98	102
工矿企业	项	105	136	99	100	169
机关团体	项	118	74	74	24	16
二、构　　成						
受理的三种专利申请合计	%	100	100	100	100	100
个　　人	%	75.3	79.8	80.6	81.7	79.8
大专院校	%	4.0	2.9	3.2	2.3	2.5
科研单位	%	6.2	5.1	5.0	7.1	6.3
工矿企业	%	6.8	7.9	6.4	7.2	10.4
机关团体	%	7.6	4.3	4.8	1.7	1.0

18—41 已批准的三种专利分布状况

项　　目	单位	1992年	1993年	1994年	1995年	1996年
一、绝对值						
批准的三种专利合计	项	761	1 346	918	824	681
个　　人	项	532	1 001	719	664	527
大专院校	项	33	56	28	24	25
科研单位	项	66	89	37	34	45
工矿企业	项	86	111	100	66	63
机关团体	项	44	89	34	36	21
二、构　　成						
批准的三种专利合计	%	100	100	100	100	100
个　　人	%	69.9	74.4	78.3	80.6	77.4
大专院校	%	4.3	4.2	3.1	2.9	3.7
科研单位	%	8.7	6.6	4.0	4.1	6.6
工矿企业	%	11.3	8.2	10.9	8.0	9.3
机关团体	%	5.8	6.6	3.7	4.4	3.0

18—42 大中型工业企业技术开发机构

单位:个

项　　目	1992年	1993年	1994年	1995年	1996年
总　　计	**357**	**404**	**461**	**425**	**301**
按规模分:					
大型企业	96	111	186	178	160
中型企业	261	293	275	247	141
按隶属关系分:					
中央企业	46	52	64	66	63
地方企业	311	352	397	359	238
按经济类型分:					
国有企业	324	349	381	359	267
集体企业	29	36	37	38	15
中外合资	3	3	9	7	2
其　　他	1	16	34	21	17
按地区分:					
长 春 市	99	114	121	118	77
吉 林 市	95	107	155	142	99
四 平 市	37	43	39	36	21
辽 源 市	20	21	20	30	26
通 化 市	36	43	38	34	22
白 山 市	21	25	21	14	11
松 原 市	3	4	7	7	7
白 城 市	16	20	22	17	8
延边朝鲜族自 治 州	30	27	38	27	30

18－43 大中型工业企业技术开发人员

单位：人

项　　目	1992年	1993年	1994年	1995年	1996年
总　　计	**22 965**	**24 812**	**26 207**	**26 600**	**28 213**
按规模分：					
大型企业	14 239	14 444	15 819	18 337	21 771
中型企业	8 726	10 368	10 388	8 263	6 442
按隶属关系分：					
中央企业	7 049	7 020	6 946	8 776	9 829
地方企业	15 916	17 792	19 261	17 808	18 384
按经济类型分：					
国有企业	22 087	22 964	23 469	24 949	26 336
集体企业	775	1 039	970	858	1 116
中外合资	64	89	659	68	126
其　　他	39	720	1 109	725	635
按地区分：					
长 春 市	7 989	7 998	7 577	9 583	8 147
吉 林 市	6 024	7 440	8 175	7 931	7 408
四 平 市	1 486	1 889	1 345	1 277	1 307
辽 源 市	997	367	635	1 287	1 584
通 化 市	1 171	1 417	2 400	1 330	1 148
白 山 市	827	1 219	1 034	983	471
松 原 市	1 664	1 533	1 814	2 181	3 408
白 城 市	543	734	798	566	280
延边朝鲜族自 治 州	2 264	2 215	2 429	1 462	4 460

18—44 大中型工业企业技术开发经费筹集额

单位:万元

项　　目	1992年	1993年	1994年	1995年	1996年
总　　计	**57 121**	**85 103**	**76 434**	**80 057**	**87 874**
按规模分:					
大型企业	32 367	33 470	52 815	55 413	65 225
中型企业	24 754	51 633	23 619	24 644	22 649
按隶属关系分:					
中央企业	19 734	21 341	23 079	24 887	33 933
地方企业	37 387	63 762	53 355	55 170	53 941
按经济类型分:					
国有企业	53 884	71 321	65 388	70 505	73 896
集体企业	3 064	11 711	4 662	5 507	2 255
中外合资	159	242	1 650	2 341	2 123
其　　他	14	1 829	4 734	1 704	9 600
按地区分:					
长 春 市	17 928	22 346	24 332	26 022	39 097
吉 林 市	12 256	19 620	22 216	17 010	22 168
四 平 市	4 924	12 728	2 269	6 013	2 031
辽 源 市	7 954	5 155	5 542	4 038	2 183
通 化 市	2 701	3 064	5 681	8 597	2 596
白 山 市	914	1 383	869	1 154	1 656
松 原 市	4 428	3 943	6 633	8 523	12 500
白 城 市	812	13 330	4 908	541	504
延边朝鲜族自 治 州	5 204	3 534	3 984	8 159	5 139

18－45　大中型工业企业技术开发经费支出额

单位:万元

项　　目	1992 年	1993 年	1994 年	1995 年	1996 年
总　　计	**51 560**	**84 918**	**72 719**	**74 860**	**88 157**
按规模分:					
大型企业	30 146	34 319	49 198	52 695	73 433
中型企业	21 414	50 599	23 521	22 165	14 724
按隶属关系分:					
中央企业	19 709	21 899	21 351	24 667	34 641
地方企业	31 851	63 019	51 368	50 193	53 516
按经济类型分:					
国有企业	48 580	71 401	62 018	65 899	81 287
集体企业	2 809	11 618	4 706	4 920	2 050
中外合资	156	261	1 705	2 328	1 340
其　　他	15	1 638	4 290	1 713	3 480
按地区分:					
长 春 市	16 661	23 018	23 604	26 198	31 045
吉 林 市	10 771	20 358	20 411	17 710	22 033
四 平 市	3 880	12 794	2 472	4 184	2 057
辽 源 市	7 975	4 703	3 435	3 510	2 069
通 化 市	2 294	3 427	5 280	9 148	2 487
白 山 市	907	1 447	868	1 137	1 654
松 原 市	4 313	3 723	6 635	8 525	21 221
白 城 市	724	12 261	6 124	777	463
延边朝鲜族					
自 治 州	4 035	3 187	3 890	3 671	5 128

18—46 各类技术合同签定与执行情况

单位:万元

	1992年	1993年	1994年	1995年	1996年
签定合同总数(项)	**7812**	**8 175**	**5 572**	**6 096**	**6 234**
技术开发	988	1 168	795	805	640
技术转让	742	684	490	654	547
技术咨询	1 677	1 877	1 054	1 378	1 735
技术服务	4 405	4 446	3 233	3 259	3 312
合同金额	**43 174**	**67 275**	**60 485**	**51 217**	**76 492**
技术开发	9 237	20 339	18 705	13 985	13 899
技术转让	7 195	4 991	3 638	11 071	17 625
技术咨询	5 511	8 366	4 286	6 094	11 263
技术服务	21 231	33 579	33 856	20 067	33 705
#技术交易额	26 642	58 292	40 564	26 617	49 428
技术开发	5 240	17 064	10 644	6 892	7 857
技术转让	4 174	4 132	2 274	6 013	15 954
技术咨询	3 808	7 534	2 800	2 656	7 406
技术服务	13 420	29 562	24 846	11 056	18 211
实现金额	**13 655**	**10 612**	**8 099**	**12 926**	**20 855**
技术开发	1 799	2 252	1 483	1 680	5 418
技术转让	1 576	1 307	1 656	3 978	4 338
技术咨询	5 335	1 143	772	1 069	1 390
技术服务	4 945	5 910	4 188	6 199	9 709
#技术交易额	7 000	6 014	6 077	10 001	15 815
技术开发	985	708	1 049	1 063	2 658
技术转让	1 300	938	1 369	3 408	3 878
技术咨询	1 277	884	664	845	954
技术服务	3 438	3 484	2 995	4 685	8 325

18—47 各级计划项目进入技术市场项目数

单位:项

	1992年	1993年	1994年	1995年	1996年
合　　计	**1 260**	**1 343**	**676**	**685**	**914**
科研机构	306	182	94	129	226
大中专院校	41	45	14	35	100
工业企业	35	241	65	64	125
技术贸易机构	840	817	454	383	400
个人及个人合伙	11	33	22	30	27
其他	27	25	27	44	36
国家、部门计划项目合计	**497**	**320**	**117**	**127**	**136**
科研机构	108	74	29	45	29
大中专院校	25	11	8	11	13
工业企业	14	41	9	20	23
技术贸易机构	339	188	67	48	60
个人及个人合伙	5	1	2		8
其他	6	5	2	3	3
省、自治区、计划单列市项目合计	**441**	**406**	**142**	**152**	**271**
科研机构	78	51	18	39	54
大中专院校	8	4		14	29
工业企业	6	69	21	11	17
技术贸易机构	330	260	92	68	154
个人及个人合伙	3	5			9
其他	16	17	11	20	8
地、市、县计划项目合计	**322**	**617**	**417**	**406**	**507**
科研机构	120	57	47	45	143
大中专院校	8	30	6	10	58
工业企业	15	131	35	33	85
技术贸易机构	171	369	295	267	186
个人及个人合伙	3	27	20	30	10
其他	5	3	14	21	25

18－48 各级计划项目进入技术市场金额

单位:万元

	1992年	1993年	1994年	1995年	1996年
合　　计	**5 954**	**11 226**	**16 136**	**11 842**	**12 272**
科研机构	1 772	1 759	1 105	2 016	2 062
大中专院校	260	280	246	476	1 487
工业企业	302	1 450	11 168	2 347	2 850
技术贸易机构	2 963	7 415	3 168	6 772	3 764
个人及个人合伙	54	138	110	103	308
其他	603	184	339	128	1 801
国家、部门计划项目合计	**3 275**	**2 862**	**1 676**	**4 648**	**2 601**
科研机构	922	1 325	397	856	215
大中专院校	208	92	119	171	205
工业企业	92	86	226	1 957	1 259
技术贸易机构	1 443	1 291	912	1 636	785
个人及个人合伙	32	6	20		122
其他	578	62	2	28	15
省、自治区、计划单列市项目合计	**1 260**	**2 757**	**5 294**	**2 116**	**4 096**
科研机构	401	186	298	623	521
大中专院校	17	39		193	453
工业企业	62	933	4 014	261	406
技术贸易机构	737	1 474	670	986	1 235
个人及个人合伙	22	3			55
其他	21	122	312	53	1 426
地、市、县计划项目合计	**1 419**	**5 607**	**9 167**	**5 077**	**5 576**
科研机构	449	247	411	536	1 325
大中专院校	35	150	127	110	830
工业企业	147	431	6 926	130	1 185
技术贸易机构	783	4 650	1 587	4 151	1 744
个人及个人合伙	2	128	90	103	132
其他	3	1	26	47	360

18—49 技术贸易机构和人员

（1996年）　　单位：人

	合 计	全民所有制	集体所有制	私 营	个体或合伙	其 他
机构数（个）	2625	1 046	1 166	193	168	52
从事技术贸易活动人员合计	64 251	29 975	24 376	3 735	3 252	2 913
专职	39 370	17 487	12 481	3 497	3 032	2 873
兼职	24 881	12 488	11 895	238	220	40
专职科技人员合计	33 435	13 894	10 834	3 131	2 787	2 789
初级职称	12 736	5 048	4 330	1 328	1 153	877
中级职称	17 598	7 378	5 616	1 487	1 419	1 698
高级职称	3 056	1 458	868	314	202	214
其他	45	10	20	2	13	
经过培训考核取得资格证明人数	3 707	1 704	1 322	66	412	203

18—50 技术交易会情况

	1992年	1993年	1994年	1995年	1996年
次数（次）	23	22	8	4	11
展出技术（项）	7158	7 184	3 348	5 200	1 130
成交技术合同（项）	147	140	107	21	6
成交金额（万元）	1638	1 571	710	3 000	93

18—51 受让技术所服务的社会经济目标

	1992年	1993年	1994年	1995年	1996年
项数合计（项）	**7812**	**8 175**	**5 572**	**6 096**	**6 234**
陆地、海洋和大气的开发与估价	77	49	24	21	7
民用宇宙空间	41	26	23	19	22
农业、林业和渔业的发展	437	297	201	345	203
促进工业发展	3 507	3 753	2 700	2 798	2 954
能源的生产、储存和分配	533	666	506	616	558
交通、通讯事业的发展	780	868	580	729	767
教育事业的发展	70	84	50	75	81
卫生事业的发展	338	210	136	147	98
社会发展和社会经济服务	908	842	420	288	358
环境保护	305	277	289	175	313
知识的全面发展	52	50	37	96	48
其他目标（民用）	697	986	589	759	817
国防	67	67	17	28	8
金额合计（万元）	**43 174**	**67 275**	**60 485**	**51 217**	**76 492**
陆地、海洋和大气的开发与估价	800	243	173	38	48
民用宇宙空间	99	221	223	79	129
农业、林业和渔业的发展	1 362	1 937	1 470	2 518	2 705
促进工业发展	20 658	36 663	39 206	20 283	23 137
能源的生产、储存和分配	3 879	6 227	4 911	6 084	12 368
交通、通讯事业的发展	7 396	8 587	5 385	11 333	13 179
教育事业的发展	172	512	728	385	624
卫生事业的发展	1 442	1 112	1 028	700	1 023
社会发展和社会经济服务	4 071	4 214	2 578	4 935	6 930
环境保护	736	1 294	1 054	865	1 432
知识的全面发展	216	142	219	296	1 177
其他目标（民用）	2028	5 014	3 402	3 269	13 605
国防	315	1 109	108	432	135

18—52 技术流

(19

	合计		技术开发	
	项数	金额	项数	金额
全国	**6 234**	**76 492**	**640**	**13 899**
北京市	134	2 172	42	1 523
天津市	60	699	13	364
河北省	54	1 024	23	374
山西省	36	390	7	105
内蒙古自治区	80	1 648	5	255
辽宁省	409	6 554	89	1 389
沈阳市	100	1 691	16	252
大连市	51	416	8	177
吉林省	4 214	36 050	301	6 295
长春市	1 957	14 403	150	3 252
黑龙江省	251	6 606	23	143
哈尔滨市	77	3 678	9	49
上海市	64	915	21	581
江苏省	181	7 890	23	634
南京市	15	240	8	76
浙江省	71	549	8	197
宁波市	4	43		
安徽省	30	337	2	103
福建省	16	350	11	185
厦门市				
江西省	43	545	3	136
山东省	125	3 236	23	382
青岛市	10	188	1	5
河南省	63	846	11	43
湖北省	46	464	5	202
武汉市	5	60		
湖南省	38	1 817	7	50
广东省	51	1 386	9	349
广州市	19	817	1	26
广西壮族自治区	37	218	1	30
海南省	6	55	1	36
四川省	77	596	6	118
成都市	11	73	4	38
重庆市	10	150		
贵州省	33	325		
云南省	40	824	1	5
西藏自治区				
陕西省	38	429	3	144
西安市	13	202	3	144
甘肃省	17	148	1	17
青海省	5	315	1	239
宁夏回族自治区	3	12		
新疆维吾尔族自治区	12	97		

向地域概况

96年）

金额单位:万元

技术转让		技术咨询		技术服务	
项数	金额	项数	金额	项数	金额
547	**17 525**	**1 735**	**11 363**	**3 312**	**33 705**
7	126	4	8	81	515
10	233	1		36	102
6	82	3	60	22	508
5	14			24	271
14	329	21	153	40	911
23	1 597	130	1 448	167	2 120
3	17	21	290	60	1 132
4	47	7	78	32	114
251	4 224	1 401	8 206	2 261	17 325
95	993	848	3 401	864	6 757
31	560	64	662	133	5 241
7	40	14	97	47	3 492
		5	46	38	288
27	6 307	22	132	109	817
2	28	1		4	136
15	216	18	14	30	122
3	43	1			
6	111	3	1	19	122
3	162			2	3
6	193	5	162	29	54
31	621	14	58	57	2 175
				9	183
17	364	5	58	30	381
8	15	7	72	26	175
1	1			4	59
11	1 631	3	3	17	133
11	164	1	15	30	858
3	36			15	755
7	39	6	30	23	119
		2	3	3	16
33	328	3	1	35	149
1	2			6	33
1	100	3	1	6	49
10	76	14	228	9	21
1	3			38	816
7	71	3	5	25	209
3	42	3	5	4	11
7	60			9	71
				4	76
				3	12
				12	97

18—53 从事科技活动人员

(1996年) 单位:人

项　　目	合　计	#科学家与工程师	技术人员
总　计	**77 451**	**46 904**	**17 737**
一、按单位类型分			
科学研究与技术开发机构	17 050	10 170	4 532
科技情报与文献机构	268	199	69
全日制普通高等学校	30 641	17 505	13 136
大中型工业企业	28 213	18 233	
大中型建筑企业	1 279	797	
二、按隶属关系分			
中　央	26 883	17 546	5 718
地　方	50 568	29 358	12 019
#省　属	34 172	17 546	10 248
三、按学科领域分			
自然科学	7 785	3 342	4 343
农业科学	6 264	3 208	2 619
医学科学	10 700	7 193	3 416
工程与技术科学	42 593	25 906	4 572
人文与社会科学	10 109	7 255	2 787

18—54 科技活动经费筹集与使用总额

(1996年) 单位:万元

项　　目	当年科技活动经费筹集总额	#政府资金	自筹资金	银行贷款	当年科技活动经费使用总额	#内部支出
总　计	**198 289**	**54 175**	**82 997**	**25 703**	**198 620**	**196 878**
一、按单位类型分						
科学研究与技术开发机构	93 432	44 251	12 748	11 089	94 533	94 434
科技情报与文献机构	623	495	67	15	593	593
全日制普通高等学校	14 721	6 084	731	383	13 994	13 832
大中型工业企业	87 874	3 188	68 195	14 024	88 157	86 691
大中型建筑企业	1 639	157	1 256	192	1 343	1 328
二、按隶属关系分						
中　央	91 098	21 389	33 528	11 159	92 819	91 636
地　方	107 191	32 786	49 469	14 544	105 801	105 242
#省　属	50 390	15 247	25 318	3 157	58 587	58 442

18—55 科技活动机构概况

(1996年)

项目	机构数(个)	从事科技活动人员合计(人)	#科学家和工程师	机构经费总支出(万元)	机构课题(项目)数(个)	技术性总收入(万元)
总计	**697**	**32 539**	**21 857**	**125 857**	**2 536**	**12 563**
一、研究与开发机构小计	686	32 271	21 658	125 264	2 522	12 450
科学研究与技术开发机构	192	17 050	10 170	94 434	2 102	12 450
全日制普通高等学校属研究与发展机构	173	3 010	2 883	2 063	420	
大中型工业企业属研究与发展机构	301	11 999	8 430	28 208		
大中型建筑企业属研究与发展机构	20	212	175	559		
二、科技服务机构小计	11	268	199	593	14	113

18—56 科技成果概况

(1996年)

项目	发表科技论文(篇)	出版科技著作(种)	获奖成果合计(项)	#国家级奖	省、部级奖	地、市级奖
总计	**16 725**	**1 233**	**1 094**	**54**	**437**	**603**
一、按单位类型分						
科学研究与技术开发机构	3 535	88	337	13	142	182
科技情报与文献机构	85		1		1	
全日制普通高等学校	13 105	1 145	354	8	173	173
大中型工业企业			392	33	115	244
大中型建筑企业			10		6	4
二、按学科领域分						
自然科学	4 421	159	132	6	91	35
农业科学	1 298	70	128	1	55	72
医药科学	2 624	48	73	1	35	37
工程与技术科学	3 261	100	559	40	217	302
人文与社会科学	5 121	856	202	6	39	157

18—57 文化艺术、文物事业单位数

单位:个

项　　目	1992年	1993年	1994年	1995年	1996年
文化馆、艺术馆	57	57	58	58	108
公共图书馆	49	50	57	51	58
博 物 馆	16	16	16	16	16
电 影 院	203	194	143	134	91
电 影 队	3 273	2 894	2 195	2 107	1 492
艺术表演团体	72	66	67	68	67
艺术表演场所	62	62	63	60	60

18—58 文化事业机构和人员数

(1996年)

项　　目	合　计		文　化　部　门				其他部门	
			国有单位		集体单位		集体单位及个体	
	机构数	人　数	机构数	人　数	机构数	人　数	机构数	人　数
总　　计	**1 400**	**15 997**	**1 058**	**15 476**	**65**	**154**	**277**	**367**
艺术事业	198	7 307	193	7 218	5	89		
图书馆事业	58	1 739	58	1 739				
群众文化事业	1 008	3 762	671	3 330	60	65	277	367
教育事业	4	1 089	4	1 089				
文物事业	60	1 141	60	1 141				
其他文化事业	72	959	72	959				

18—59 艺术事业机构和人员数

(1996年)

项目	合计		国有单位		集体单位	
	机构数（个）	人数（人）	机构数（个）	人数（人）	机构数（个）	人数（人）
总计	**198**	**7 307**	**193**	**7 218**	**5**	**89**
一、艺术表演团体	67	4 839	62	4 750	5	89
话剧、儿童剧、滑稽剧团	4	381	4	381		
歌剧、舞剧、歌舞剧团	5	791	5	791		
乐团、合唱团	1	83	1	83		
文工团、艺术团	16	1 149	16	1 149		
戏曲剧团	38	2 187	33	2 098	5	89
曲、杂、木、皮团	3	248	3	248		
二、艺术表演场所	60	1 822	60	1 822		
#剧场、影剧院	59	1 762	59	1 762		
三、艺术创作机构	46	329	46	329		
四、其他	25	317	25	317		

18—60 艺术表演团体演出情况

(1996年)

项目	演出场数（场）	#到农村演出	观众人数（千人次）
总计	**10 356**	**5 881**	**8 846**
国营剧团	9 966	5 575	8 548
集体经营剧团	390	306	298
按剧种分			
话剧、儿童剧、滑稽剧团	576	239	829
歌舞剧团	559	212	406
文工团、艺术团	3 264	1 306	2 211
乐团	57		29
戏曲剧团	5 609	4 033	5 149
曲、杂、木、皮团	291	91	222

18—61 艺术表演团体收支情况

（1996年）

项目	补贴团数（个）	拨入经费（万元）	业务及其他收入（万元）	#演出收入	总支出（万元）
总计	**67**	**34 468**	**15 850**	**8 090**	**52 132**
国营剧团	62	34 323	15 678	8 003	51 815
集体经营剧团	5	145	172	87	317
按剧种分					
话剧、儿童剧、滑稽剧团	4	3 352	1 854	1 199	5 561
歌舞剧团	5	7 077	2 934	1 456	10 319
文工团、艺术团	16	8 049	2 612	1 961	11 291
乐团、合唱团	1	668	198	98	865
戏曲剧团	38	13 207	6 480	2 066	20 020
曲、杂、木、皮团	3	2 115	1 772	1 310	4 076

18—62 电影事业机构和人员数

项目	1992年	1993年	1994年	1995年	1996年
机构数合计（个）	**4092**	**3 661**	**2 805**	**2 604**	**1 934**
文化及广播电视部门	199	162	158	131	131
工矿及其他部门	576	515	431	338	358
集体或个体经营	3 317	2 984	2 216	2 135	1 445
人员数合计（人）	**11 977**	**10 262**	**8 826**	**8 284**	**7 735**
文化及广播电视部门	4 261	3 907	3 509	3 410	3 412
工矿及其他部门	3 589	3 037	2 508	2 089	2 293
集体或个体经营	4 127	3 318	2 809	2 785	2 030

18—63 图书出版数量

项目	单位	1992年	1993年	1994年	1995年	1996年
种数	种	3 091	3 073	3 150	2 901	3 330
#新出版	种	2 498	2 254	2 314	1 765	1 912
印数	亿册	1.40	1.10	1.36	1.16	1.53
总张数	亿印张	6.10	6.33	7.60	6.13	10.56

18—64 杂志出版数量

项目	单位	1992年	1993年	1994年	1995年	1996年
种数	种	170	175	194	192	204
总印数	亿册	0.55	0.60	0.55	0.52	0.56
总印张数	亿印张	1.54	1.54	3.01	1.48	1.58

18—65 报纸出版数量

项目	单位	1992年	1993年	1994年	1995年	1996年
种数	种	48	50	58	57	58
总印数	亿份	4.30	4.70	6.21	4.79	3.97
总印张数	亿印张	3.23	3.20	5.73	4.84	2.88

18—66 广播、电视事业发展情况

项　　目	单　位	1992年	1993年	1994年	1995年	1996年
广播电台	座	22	26	28	43	43
广播中短波发射台	座	36	33	36	32	31
电视台	座	34	40	43	43	43
电视发射转播台（一千瓦以上）	座	60	60	63	60	64
县市有线广播站	个	43	41	40	39	43
广播喇叭	万只	212	168	178	138	107
广播专用线杆	杆公里	67 945	91 239	70 555	78 836	21 498
广播人口覆盖率	%	85.0	85.0	85.0	86.0	88.9
电视人口覆盖率	%	81.0	82.0	83.5	84.0	88.0

18—67 广播、电视宣传基本情况

（1996年）

项　　目	节目套数（套）	平均每日(周)播音时间（时:分）	自办节目时　间（时:分）			
				新闻节目	教育节目	文艺节目
无线广播合计	51	462:20	325:20	38:41	6:00	167:49
省　　台	5	79:35	77:05	4:20	1:00	48:30
地 市 台	13	148:59	133:09	15:27	3:20	64:34
县 市 台	33	233:46	115:06	18:54	1:40	54:45
电视播映合计	44	2 230:48	1 049:81	97:50	25:40	687:30
省　　台	2	146:00	142:30	9:10	2:55	100:35
地 市 台	9	571:30	427:04	37:52	18:45	268:06
县 市 台	33	1 513:18	480:47	50:48	4:00	318:49

統計資料 19

体育、卫生和其他事业

SPORTS, PUBLIC HEALTY AND OTHERS

19—1 体委系统职工人数

单位：人

项目	1992年	1993年	1994年	1995年	1996年
合计	**3 921**	**4 137**	**3 905**	**4 418**	**4 415**
专职教练员	827	755	758	748	738
运动员	570	534	505	657	676
管理干部	1 127	1 320	1 310	1 256	1 315
专职教师	165	176	199	201	187
科技人员	74	35	36	50	44
医务人员	44	45	47	47	47
工人及其他	1 114	1 272	1 050	1 459	1 408

19—2 等级教练员、裁判员、运动员发展人数

单位：人

项目	1992年	1993年	1994年	1995年	1996年
等级教练员合计	1 184	666	655	669	638
高级教练员	136	85	87	86	83
教练员	544	316	306	301	262
助理教练员	504	265	262	282	293
等级裁判员合计	1 730	1 783	1 190	1 288	1 512
国际级裁判		6			
国家级裁判		15	9	33	7
一级裁判员	89	70	150	100	99
二级裁判员	452	613	325	329	439
三级裁判员	1 189	1 079	706	826	967
等级运动员合计	662	801	521	740	1 088
国家级运动健将		2	8	11	5
运动健将		35	3	24	10
一级运动		3	16	54	54
二级运动	91	179	124	133	143
三级运动	313	359	303	254	323
少年级运动员	258	223	67	264	553

19—3 举办运动会情况及"达标"人数

项目	1992年	1993年	1994年	1995年	1996年
举办运动会（体委系统）					
次数（次）	558	1 055	493	451	499
参加人数（人）	219 162	277 908	26 638	247 984	354 751
训练体育干部人数（人）	11 480	14 480	9 201	8 417	9 219
按《国家体育锻炼标准》发展人数（人）	2407 502	3 127 407	2 329 938	2 583 971	2 486 316

19—4 优秀运动队在队运动员、专职教练员分项人数

单位:人

项　　目	在队运动员				在队教练员			
	1993年	1994年	1995年	1996年	1993年	1994年	1995年	1996年
总　计	**485**	**384**	**491**	**473**	**147**	**141**	**140**	**121**
1. 田　径	43	28	45	32	17	13	13	9
2. 举　重	22	14	17	22	4	4	4	4
3. 体　操	13	8	13		14	7	7	
4. 射　击	24	8	42	46	5	8	7	7
5. 射　箭	12	9	30	29	1	1	1	2
6. 摔　跤	33	31	50	19	7	8	8	6
7. 柔　道	21	19	23	15	5	3	3	3
8. 自行车	16	7	8	7	3	2	2	2
9. 滑　雪	51	54	34	44	13	15	16	16
10. 冰　球	30	37	18	26	3	4	4	5
11. 速　滑	3	67	62	86	29	30	27	27
12. 花　滑	22	19	14	15	11	12	13	13
13. 蓝　球	18	16	43	29	9	10	10	7
14. 网　球			3	8	1	1	1	1
15. 足　球	44	36	28	43	9	6	7	6
16. 乒乓球	6	4	3		6	3	3	1
17. 曲棍球	17	10	22	22	3	3	3	3
18. 拳　击	8	4	6	10	2	5	3	3
19. 现代冬季两项	6	6	4	2	2	3	1	2
20. 武　术	7	7	12	11	2	2	2	2
21. 无线电测向	6				1	1	2	2
22. 其　他			4	7				

19—5 卫 生 机 构 数

单位:个

项　　目	1992年	1993年	1994年	1995年	1996年
总　计	**4 189**	**4 006**	**3 920**	**3 891**	**3 720**
一、医院合计	1 344	1 340	1 384	1 415	1 433
1. 县级以上医院小计	440	463	460	428	442
综合医院	312	325	324	294	304
中医医院	55	60	63	64	65
医学院校附属医院	13	13	8	8	8
传染病院	7	7	7	7	7
精神病院	9	9	10	9	10
结核病院	7	7	7	7	7
妇幼保健院	16	15	16	16	19
儿童医院	2	2	2	2	2
麻疯病院	1	1	1	1	1
职业病院	1	1	1	1	1
肿瘤医院	2	2	2	2	2
其他医院	15	21	19	17	16
2. 区乡（镇）卫生院	850	843	881	882	885
3. 其它医院	54	34	43	105	106
二、疗养院、所	31	32	30	29	28
三、门诊部、所	2 387	2 200	2 075	2 011	1 821
四、专科防治所、站	63	63	63	63	63
五、卫生防疫站	97	108	110	110	113
六、妇幼保健所、站	76	70	71	71	69
七、药品检验所、室	54	54	54	54	56
八、医学科学研究机构	5	6	5	5	5
九、其他卫生机构	118	64	62	67	67
十、高等医药院、校	4	7	7	8	8
十一、中等医药学校	10	60	59	58	57

19－6 卫 生 技 术 人 员 数

单位：人

项　　目	1992年	1993年	1994年	1995年	1996年
总　　计	**127 686**	**129 066**	**132 287**	**134 186**	**134 158**
一、医院合计	96 064	97 391	101 908	103 349	104 557
1. 县级以上医院小计	74 550	76 529	79 216	78 237	79 116
综合医院	51 715	52 809	54 888	53 578	54 322
中医医院	7 337	8 162	8 672	8 941	8 988
医学院校附属医院	5 797	5 777	5 681	5 801	5 604
传染病院	895	850	969	958	955
精神病院	1 712	1 596	1 636	1 492	1 684
结核病院	1 037	1 099	1 061	1 100	1 043
妇幼保健院	2 511	1 676	1 796	1 794	1 953
儿童医院	949	940	918	897	901
麻疯病院	55	66	67	78	74
职业病院	81	94	96	123	127
肿瘤医院	601	621	639	639	662
其他医院	1 860	2 839	2 793	2 836	2 803
2. 区乡（镇）卫生院	19 532	19 318	20 805	20 979	21 404
3. 其它医院	1982	1 544	1 887	4 133	4 037
二、疗养院、所	1 523	1 561	1 478	1 451	1 437
三、门诊部、所	12 484	11 506	9 909	9 601	8 539
四、专科防治所、站	1 118	1 211	1 290	1 308	1 287
五、卫生防疫站	6 128	6 690	6 851	6 914	6 970
六、妇幼保健所、站	2 058	1 969	2 087	2 145	2 243
七、药品检验所、室	690	737	789	824	861
八、医学科学研究机构	573	589	579	540	608
九、其他卫生机构	2 596	1 627	1 713	1 802	1 788
十、高等医药院、校	1 075	1 099	1 058	1 202	1 366
十一、中等医药学校	532	1 427	1 407	1 451	1 508
十二、个体开业	2 845	3 216	3 218	3 599	2 994
平均每万人口中有卫生技术人员	51.6	51.7	52.6	52.6	52.0

19—7 卫生机构人员分类情况

（1996 年）　　　　单位：人

项目	人员合计	卫生技术人员	#医生	#中医	西医师	西医士	护师、护士	管理人员	工勤人员
总　计	**174 539**	**134 158**	**55 612**	**8 330**	**34 737**	**12 194**	**41 405**	**16 625**	**20 457**
一、医院合计	133 968	104 557	40 473	6 468	24 819	8 922	35 681	12 263	16 003
1. 县级以上医院小计	103 171	79 116	30 146	4 455	20 483	4 990	29 832	9 351	13 777
综合医院	70 173	54 322	20 326	1 506	14 907	3 814	21 168	5 835	9 411
中医医院	11 247	8 988	3 762	2 281	934	510	2 585	1 042	1 159
医学院校附属医院	7 469	5 604	2 281	318	1 896	8	2 097	676	1 058
传染病院	1 451	955	298	36	204	57	371	225	261
精神病院	2 449	1 684	519	95	315	100	782	333	422
结核病院	1 678	1 043	321	15	253	53	495	173	455
妇幼保健院	2 446	1 953	920	22	657	241	516	224	248
儿童医院	1 330	901	284	21	224	39	456	202	218
麻疯病院	124	74	38	2	31	5	25	21	29
职业病院	203	127	48	7	27	14	38	43	33
肿瘤医院	956	662	273	7	261	5	272	168	110
其他医院	3 645	2 803	1 076	145	774	144	1 027	409	373
2. 区乡（镇）卫生院	25 842	21 404	8 752	1 764	3 251	3 717	4 570	2 370	1 864
3. 其它医院	4955	4 037	1 575	249	1 085	215	1 279	542	362
二、疗养院、所	2 672	1 437	470	76	308	85	585	448	762
三、门诊部、所	8 731	8 539	3 776	470	2 313	953	2 854	97	81
四、专科防治所、站	1 781	1 287	656	40	464	152	263	282	181
五、卫生防疫站	8 653	6 970	4 509	99	3 111	1 297	286	836	702
六、妇幼保健所、站	2 810	2 243	1 315	70	915	330	431	309	226
七、药品检验所、室	1 155	861	47	12	20	15	10	183	95
八、医学科学研究机构	857	608	268	147	115		136	135	89
九、其他卫生机构	3 551	1 788	547	22	411	108	445	619	1 006
十、高等医药院、校	4 133	1 366	998	146	842	6	27	813	776
十一、中等医药学校	3 234	1 508	965	161	627	175	198	640	536
十二、个体开业	2 994	2 994	1 588	619	792	151	489		

19—8 卫生机构床位数

单位:张

项　　目	1992年	1993年	1994年	1995年	1996年
总　计	**94 856**	**96 516**	**94 723**	**96 645**	**94 942**
一、医院合计	85 570	87 035	85 764	87 768	87 485
1. 县级以上医院小计	68 520	70 894	69 989	69 630	69 915
综合医院	47 069	68 695	48 352	47 837	47 376
中医医院	4 988	5 996	6 134	6 550	6 570
医学院校附属医院	4 991	5 020	4 326	4 446	4 721
传染病院	1 160	1 153	1 160	1 159	1 222
精神病院	3 075	2 933	2 839	2 578	2 959
结核病院	1 852	1 862	1 862	1 912	1 902
妇幼保健院	2 011	1 153	1 215	1 132	1 063
儿童医院	797	816	816	816	816
麻疯病院	93	100	100	100	300
职业病院	200	200	200	300	192
肿瘤医院	647	671	671	671	671
其他医院	1 637	2 295	2 314	2 129	2 123
2. 区乡（镇）卫生院	15 407	14 964	14 509	14 444	14 210
3. 其它医院	1643	1 177	1 266	3 694	3 360
二、疗养院、所	5 899	6 137	5 904	5 586	5 320
三、门诊部、所	1 311	1 327	1 210	1 375	193
四、专科防治所、站	150	129	118	129	100
五、卫生防疫站					8
六、妇幼保健所、站	406	423	429	436	490
七、药品检验所、室					
八、医学科学研究机构	484	472	465	466	463
九、其他卫生机构	1 036	993	833	885	883
十、高等医药院、校					
十一、中等医药学校					
十二、个体开业					
平均每万人口中有医疗床位数	38.3	38.7	37.7	37.9	36.8

19—9 全额单位财务状况

（1996年）

	单位个数（个）	从业人员年末人数（人）	经费实际支出（万元）	#工资	补助工资	离、退休人员费用	公务费
总计	**13 924**	**682 707**	**757 664**	**226 619**	**138 977**	**73 392**	**129 006**
按国民经济行业分组							
1. 公共设施服务业	161	14 940	18 023	4 453	3 325	2 067	2 892
2. 居民服务业	28	193	324	54	36	18	54
3. 旅馆业	6	288	413	47	25	25	25
4. 租赁服务业							
5. 娱乐服务业	2	72	161	43	25	9	36
6. 信息、咨询服务业	104	1 073	1 455	367	254	46	363
7. 计算机应用服务业	2	33	836	12	10	1	28
8. 卫生	389	18 333	20 935	5 689	3 880	1 895	2 028
9. 体育	41	2 136	4 277	684	1 230	160	889
10. 社会福利保障业	219	2 794	5 466	931	554	456	1 128
11. 教育	5 057	391 371	328 223	120 521	76 442	38 453	34 330
12. 文化艺术业	415	7 303	8 010	2 304	1 684	787	1 151
13. 广播电影电视业	267	7 164	13 280	2 303	1 862	515	1 753
14. 科学研究业	155	10 229	13 880	4 224	1 798	1 588	2 395
15. 综合技术服务业	252	6 979	8 551	2 420	1 392	747	1 518
16. 国家机关	5 776	202 966	297 946	75 623	43 159	23 918	68 680
17. 政党机关	719	12 903	27 873	5 142	2 526	1 954	9 507
18. 社会团体	331	3 930	8 013	1 804	777	753	2 232

19－9 续表　　　　　　　　　　(1996年)

				预算外支出(万元)	专用基金支出(万元)	专项资金支出(万元)	年末固定资产原值(万元)
	设备购置费	业务费	差额补助费				
总计	**33 849**	**49 669**	**5 019**	**177 034**	**23 492**	**54 114**	**1 436 043**
按国民经济行业分组							
1. 公共设施服务业	766	2 052	12	716	370	1 572	13 935
2. 居民服务业	25	16	1	16		30	1 056
3. 旅馆业	12	130		161			243
4. 租赁服务业							
5. 娱乐服务业	6		3	11	3		542
6. 信息、咨询服务业	88	172		201	13	666	2 327
7. 计算机应用服务业	70	2				173	366
8. 卫生	990	2 869	400	7 182	994	515	27 819
9. 体育	109	712		97			8 650
10. 社会福利保障业	372	674	11	243	397	60	9 736
11. 教育	11 144	10 735	120	99 580	14 021	28 755	720 867
12. 文化艺术业	701	520	33	831	320	218	19 294
13. 广播电影电视业	2676	2 859		3 939	548	314	31 584
14. 科学研究业	1165	1 015	53	1 467	833	783	38 956
15. 综合技术服务业	450	1 061	5	1 462	230	865	17 465
16. 国家机关	12 687	22 860	4 167	60 897	5 661	19 946	496 414
17. 政党机关	2175	2 981	194	90	66	100	35 218
18. 社会团体	413	1 011	19	143	37	117	11 572

19—10 差额和自收自支事业单位财务状况

（1996 年）

	单位数（个）	从业人员年末人数（人）	业务活动收支情况（万元）				
			上年结余（收益）结转本年数	本年收入合计	业务（事业）收入	本年支出	
						合计	业务（事业）支出 小计
总计	**4 032**	**214 314**	**-3 786**	**416 497**	**301 275**	**460 846**	**383 585**
#差额单位	2 399	173 713	-4 258	320 628	238 777	369 005	306 810
按国民经济行业分组：							
1. 公共设施服务业	300	27 719	-1 693	22 636	12 316	32 915	29 063
2. 居民服务业	63	1 371	47	4 886	4 468	4 429	4 309
3. 旅馆业	60	3 948	-120	7 727	4 178	7 678	5 698
4. 租赁服务业	1	162	51	927	775	933	346
5. 娱乐服务业	3	85	-10	111	90	107	104
6. 信息、咨询服务业	287	3 715	525	10 318	8 416	10 203	8 467
7. 计算机应用服务业	2	25	2	46	36	49	41
8. 卫生	1 269	110 184	-1 537	234 825	180 109	250 601	209 308
9. 体育	11	381	2	509	246	963	941
10. 社会福利保障业	193	2 750	1 004	6 043	4 029	5 537	4 525
11. 教育	227	7 455	904	12 015	7 871	13 347	11 848
12. 文化艺术业	241	9 526	411	23 467	14 035	26 732	22 063
13. 广播电影电视业	194	4 560	-1 360	6 924	4 867	7 630	6 551
14. 科学研究业	61	10 879	343	23 685	18 236	28 269	23 301
15. 综合技术服务业	341	10 458	609	17 959	13 693	20 005	18 326
16. 国家机关	725	20 579	-2 936	42 774	27 153	50 221	37 607
17. 政党机关	1	6		16	16	16	16
18. 社会团体	53	511	-31	1 631	740	1 212	1 072

19—10 续表 1 (1996年)

	业务活动收支情况（万元）						
	本年支出						
	业务（事业）支出						
	工资	补助工资	职工福利费	离、退休人员费用	公务费	设备购置费	修缮费
总计	**78 899**	**46 982**	**9 247**	**23 401**	**31 729**	**17 462**	**16 358**
#差额单位	60 387	40 773	6 700	20 077	19 006	13 822	13 095
按国民经济行业分组：							
1. 公共设施服务业	9070	3 388	1 732	1 795	4 340	1 816	694
2. 居民服务业	517	309	166	147	757	308	574
3. 旅馆业	1432	424	128	220	552	223	313
4. 租赁服务业	30	54	8	1	141		
5. 娱乐服务业	32			13	40	1	3
6. 信息、咨询服务业	2252	720	255	110	1 316	348	351
7. 计算机应用服务业	18		2		4		
8. 卫生	34 975	30 338	3 505	12 087	5 950	9 027	8 348
9. 体育	120	99	26	54	297	25	113
10. 社会福利保障业	1054	660	180	91	1 228	122	200
11. 教育	3067	1 560	476	644	2 177	894	723
12. 文化艺术业	4003	1 890	433	1 721	1 925	767	735
13. 广播电影电视业	1383	571	170	297	1 161	394	290
14. 科学研究业	5133	1 891	405	2 712	2 153	979	879
15. 综合技术服务业	4990	1 700	652	1 323	2 950	658	388
16. 国家机关	10 547	3 325	1 096	2 099	6 504	1 871	2 716
17. 政党机关	5	3		5	2		1
18. 社会团体	272	50	16	85	232	32	31

19—10 续表 2 （1996年）

	业务活动收支情况（万元）					
	本年支出					
	业务（事业）支出			税金	上交上级支出	其他支出
	业务费	主要副食品价格补贴	其他费用			
总计	**65 598**	**9 211**	**84 698**	**4 364**	**5 898**	**66 999**
#差额单位	51 192	8 603	73 156	2 089	1 893	58 213
按国民经济行业分组：						
1. 公共设施服务业	2801	310	3 118	425	436	2 991
2. 居民服务业	1225	68	240	1	36	83
3. 旅馆业	1094	201	1 113	302	193	1 485
4. 租赁服务业	38	8	65		530	57
5. 娱乐服务业			16	1		1
6. 信息、咨询服务业	1365	43	1 708	403	190	1 143
7. 计算机应用服务业	8	1	7	8		1
8. 卫生	32 970	7 770	64 340	312	265	40 716
9. 体育	163	15	28	16		6
10. 社会福利保障业	529	13	448	37	202	773
11. 教育	1204	125	980	166	712	621
12. 文化艺术业	5409	30	5 150	579	75	4 015
13. 广播电影电视业	1332	56	898	254	68	758
14. 科学研究业	7420	51	1 680	199	43	4 726
15. 综合技术服务业	3959	246	1 462	434	253	992
16. 国家机关	5831	273	3 346	1 226	2 800	8 589
17. 政党机关						
18. 社会团体	252	3	101	2	95	42

19—10 续表 3 （1996 年）

	业务活动收支情况（万元）		专用基金支出（万元）	专项资金支出（万元）	固定资产情况（万元）		
	本年拨入的差额补助费	业务（事业）收支结余			年末固定资产原值	已提取折旧的固定资产原值	当年提取折旧
总　　计	**58 580**	**10 444**	**33 620**	**12 306**	**482 879**	**128 451**	**6 139**
#差额单位	58 580	5 945	27 763	10 660	345 111	76 109	3 317
按国民经济行业分组：							
1. 公共设施服务业	7773	-4 199	991	2 679	34 324	11 198	655
2. 居民服务业	259	762	466	53	4 792	577	38
3. 旅馆业	215	145	50	240	25 862	15 590	325
4. 租赁服务业		44	65		49	34	6
5. 娱乐服务业		-6	2		241	5	
6. 信息、咨询服务业	112	753	266	37	7 187	3 805	372
7. 计算机应用服务业	1				130	13	1
8. 卫生	31 368	14 055	24 333	4 023	189 717	36 578	1 884
9. 体育	466	15	5		1 466	143	6
10. 社会福利保障业	287	1 797	1 596	214	13 728	806	124
11. 教育	2018	1 591	536	65	23 827	1 449	196
12. 文化艺术业	5299	2 445	631	273	29 231	15 238	657
13. 广播电影电视业	279	-1 787	249	93	13 285	4 662	584
14. 科学研究业	6468	2 227	1 490	1 009	50 121	15 688	215
15. 综合技术服务业	2410	973	773	267	19 940	8 330	457
16. 国家机关	1564	-8 820	2 135	3 347	67 185	14 232	613
17. 政党机关					174		
18. 社会团体	61	450	33	6	1 620	104	8

19—11 服务业企业和企业化管理的事业单位财务状况

（1996 年）

	单位数（个）	从业人员年末人数（人）	资本金合计（万元）	年末资产负债（万元）				
				流动资产合计	存货	固定资产合计	固定资产原价	生产经营用
总　　计	**1 462**	**104 437**	**357 849**	**243 563**	**44 115**	**671 022**	**765 766**	**491 631**
一、按经济类型分组								
1. 国有经济	774	85 428	233 917	167 860	34 191	450 054	534 881	327 005
2. 城镇集体经济	477	10 841	8 586	9 122	1 824	10 843	11 549	5 533
3. 联营经济	2	12	300	223		510	911	50
4. 私营经济	84	922	3 218	1 028	212	3 899	4 381	970
5. 股份制经济	41	863	12 069	17 941	1 258	26 078	29 058	20 475
6. 外商投资经济	56	5 029	83 985	37 256	5 511	147 076	151 557	108 017
7. 港、澳、台投资经济	28	1 342	15 773	10 134	1 120	32 564	33 428	29 581
8. 其他经济								
二、按国民经济行业分组								
1. 公共设施服务业	75	27 724	40 668	68 104	15 532	71 068	98 805	67 032
2. 居民服务业	292	13 128	82 620	14 119	2 349	123 335	136 407	126 809
3. 旅馆业	519	31 385	93 953	65 776	12 398	258 631	275 057	167 442
4. 租赁服务业	21	675	12 804	6 597	1 148	25 339	27 781	26 111
5. 娱乐服务业	62	1 707	30 526	9 539	610	42 079	40 738	7 538
6. 信息、咨询服务业	164	2 328	9 304	14 206	1 494	9 994	13 148	8 665
7. 计算机应用服务业	30	590	1 349	4 623	877	849	1 326	564
8. 卫生	17	2 754	1 484	3 277	684	17 109	20 305	15 938
9. 体育								
10. 社会福利保障业	3	24	6	54	43	9	10	10
11. 教育	24	4 076	4 800	1 102	23	17 587	18 897	127
12. 文化艺术服务业	22	1 426	2 421	7 360	712	5 277	4 612	2 526
13. 广播电影电视业	64	3 923	23 123	12 358	4 371	22 950	27 888	24 161
14. 科学研究业	15	3 066	1 860	4 729	280	13 989	20 489	19 755
15. 综合技术服务业	147	11 035	35 740	27 817	3 437	35 106	46 478	23 096

19—11 续表 1 (1996年)

	年末资产负债（万元）					
	累计折旧	本年折旧	无形及递延资产	无形资产	资产总计	流动负债合计
总　　计	**142 423**	**24 579**	**29 980**	**9 171**	**987 275**	**311 216**
一、按经济类型分组						
1. 国有经济	111 029	15 585	8 817	2 428	644 130	174 015
2. 城镇集体经济	2827	629	509	163	21 104	8 294
3. 联营经济	502	134	15		747	449
4. 私营经济	498	50	2 242	2 205	7 179	3 428
5. 股份制经济	4801	2 280	1 517	656	46 078	29 252
6. 外商投资经济	9301	3 503	15 255	3 107	223 130	70 263
7. 港、澳、台投资经济	13 464	2 398	1 626	612	44 908	25 515
8. 其他经济						
二、按国民经济行业分组						
1. 公共设施服务业	30 037	7 078	2 878	684	143 361	89 484
2. 居民服务业	21 121	492	1 118	118	140 097	16 891
3. 旅馆业	38 010	8 134	15 495	4 012	358 878	108 916
4. 租赁服务业	2465	1 024	127	4	32 538	8 397
5. 娱乐服务业	2954	692	6 763	2 341	64 603	20 782
6. 信息、咨询服务业	3394	1 085	1 465	728	29 956	22 417
7. 计算机应用服务业	479	118	99	11	5 664	2 669
8. 卫生	3373	494	129	105	20 611	3 019
9. 体育						
10. 社会福利保障业	2				71	52
11. 教育	1877	225	7		24 760	1 537
12. 文化艺术服务业	1459	265	1		12 805	3 679
13. 广播电影电视业	5357	436	469	343	36 583	9 410
14. 科学研究业	11 196	1 098	120	2	18 839	2 084
15. 综合技术服务业	14 476	2 266	1 241	824	66 764	19 927

19—11 续表 2

(1996年)

	年末资产负债（万元）			损益及分配（万元）			
	长期负债合计	负债合计	所有者权益合计	主营业务收入	主营业务成本	营业费用	业务税金及附加
总计	**132 437**	**453 718**	**533 557**	**253 643**	**142 202**	**50 173**	**9 292**
一、按经济类型分组							
1. 国有经济	54 206	231 006	413 125	194 905	115 457	35 062	6 709
2. 城镇集体经济	1848	10 239	10 864	14 690	8 014	3 900	682
3. 联营经济	200	649	98	201		191	11
4. 私营经济	85	3 524	3 655	1 590	1 106	111	84
5. 股份制经济	3498	32 876	13 202	7 903	3 838	718	315
6. 外商投资经济	66 320	143 352	79 778	22 865	7 140	8 466	1 112
7. 港、澳、台投资经济	6279	32 073	12 835	11 490	6 648	1 726	380
8. 其他经济							
二、按国民经济行业分组							
1. 公共设施服务业	8236	97 720	45 640	47 738	43 309	1 512	1 359
2. 居民服务业	2025	18 956	121 141	19 477	14 157	3 804	491
3. 旅馆业	92 420	207 223	151 656	79 764	25 285	31 563	4 274
4. 租赁服务业	7623	16 021	16 518	4 596	1 185	682	227
5. 娱乐服务业	9101	33 298	31 305	6 021	1 634	3 626	327
6. 信息、咨询服务业	1415	23 944	6 013	7 318	4 269	1 133	266
7. 计算机应用服务业	122	3 146	2 518	7 246	6 075	284	60
8. 卫生	3027	6 046	14 565	13 910	8 044	81	5
9. 体育							
10. 社会福利保障业	25	77	−6	110	94	21	1
11. 教育		1538	23 222	7 623	754	37	8
12. 文化艺术服务业	1954	5 632	7 172	10 173	5 934	1 029	385
13. 广播电影电视业	1270	10 687	25 895	6 303	3 912	1 037	290
14. 科学研究业	341	2 425	16 414	1 794	1 678	10	18
15. 综合技术服务业	4175	24 350	42 413	37 615	21 963	5 312	1 577

19—11 续表 3 (1996 年)

	损益及分配（万元）					本年应付工资（万元）	本年应付福利费（万元）
	主营业务利润	管理费用	劳动待业保险费	营业利润	利润总额		
总　　计	**51 908**	**82 664**	**3 187**	**-18 786**	**-31 253**	**61 373**	**7 817**
一、按经济类型分组							
1. 国有经济	37 678	61 806	3 016	-12 133	-16 760	51 702	6 000
2. 城镇集体经济	2094	3 145	110	-115	-267	4 118	695
3. 联营经济	-1	35		-42	-42	6	1
4. 私营经济	289	231	1	49	32	361	6
5. 股份制经济	2963	1 467	12	991	1 148	418	46
6. 外商投资经济	6148	12 166	15	-5 529	-13 134	3 810	958
7. 港、澳、台投资经济	2737	3 815	33	-2 007	-2 230	958	113
8. 其他经济							
二、按国民经济行业分组							
1. 公共设施服务业	1557	13 233	834	-4 409	-7 003	16 600	1 446
2. 居民服务业	1021	3 858	310	-2 163	-2 527	6 319	714
3. 旅馆业	18 642	25 601	614	-5 031	-14 935	14 468	2 912
4. 租赁服务业	2503	929	2	532	705	311	55
5. 娱乐服务业	435	2 799	22	-2 584	-2 898	1 017	62
6. 信息、咨询服务业	1651	2 684	23	-847	-716	1 314	161
7. 计算机应用服务业	826	829	7	-19	47	462	37
8. 卫生	5780	5 794	62	-19	-9	969	269
9. 体育							
10. 社会福利保障业	-6			-8		10	
11. 教育	6824	6 863	87	5	-29	4 115	301
12. 文化艺术服务业	2825	1 609	12	1 041	1 083	1 126	187
13. 广播电影电视业	1041	2 715	144	-1 255	-1 128	1 862	219
14. 科学研究业	88	526		-1 484	-1 491	2 675	223
15. 综合技术服务业	8722	14 376	1 068	-2 609	-2 302	9 500	1 155

19—12 各市县全额单位财务状况

（1996年）　　单位:万元

市 、县	单位数（个）	经费实际支出	预算外支出	专用基金支出	专项资金支出	年末固定资产原值
长春市	**2 323**	**292 155**	**80 068**	**13 464**	**32 632**	**598 171**
市区	1 390	244 573	68 955	13 007	30 686	540 765
九台市	215	10 365	1 961	47	789	17 459
榆树市	304	14 064	6 008	69	447	19 203
德惠市	183	11 070	612	25	220	5 587
农安县	231	12 083	2 531	317	490	15 158
吉林市	**2 027**	**111 241**	**28 861**	**3 202**	**9 268**	**243 466**
市区	794	71 178	18 497	2 743	7 294	143 572
桦甸市	193	6 888	1 642	122	366	49 095
蛟河市	157	6 588	1 598	39	77	8 986
舒兰市	322	8 851	1 673	80	112	12 270
磐石市	271	8 968	2 054	73	647	14 432
永吉县	290	8 770	3 397	147	772	15 111
四平市	**1 346**	**66 023**	**18 461**	**1 089**	**1 358**	**111 263**
市区	388	24 878	5 155	245	558	34 065
公主岭市	324	16 186	11 094	812	407	20 008
双辽市	188	7 050	1 120	5	301	9 022
梨树县	249	10 131	773	22	47	35 537
伊通县	197	7 778	320	6	45	12 631
辽源市	**723**	**26 608**	**4 938**	**209**	**980**	**46 317**
市区	360	13 725	2 842	150	814	28 133
东丰县	182	6 444	1 073	4	57	5 036
东辽县	181	6 439	1 023	55	109	13 148
通化市	**2 661**	**56 039**	**10 181**	**1 626**	**1 836**	**96 733**
市区	444	22 314	3 873	1 181	686	34 275
梅河口市	671	8 792	2 765	270	816	16 908
集安市	296	5 839	965	24	192	12 584
通化县	486	7 053	1 092	110	112	11 178
辉南县	317	6 498	780	40	27	10 040

19—12 续表　　(1996年)　　单位:万元

市、县	单位数(个)	经费实际支出	预算外支出	专用基金支出	专项资金支出	年末固定资产原值
柳河县	447	5 544	706		3	11 749
白山市	**1 146**	**35 250**	**3 940**	**803**	**1 384**	**47 716**
市区	380	11 680	1 555	108	468	19 407
临江市	124	3 330	221		21	5 146
抚松县	148	6 058	1 023	76	788	6 956
靖宇县	116	3 554	438		9	6 447
长白县	245	3 936	107	8	3	3 003
江源县	133	6 692	594	611	97	6 757
松原市	**1 100**	**43 746**	**6 206**	**215**	**712**	**67 608**
市区	271	14 638	2 454	113	188	18 286
长岭县	211	7 148	1 306	2	156	11 399
前郭县	237	9 408	1 355	76	299	16 250
乾安县	149	4 715	1 083	11	31	8 493
扶余县	232	7 836	8	14	38	13 181
白城市	**1 137**	**43 766**	**7 470**	**346**	**862**	**97 522**
市区	315	17 763	3 077	147	186	45 627
洮南市	193	7 154	823	117	98	16 672
大安市	192	7 067	1 030	33	240	12 436
镇赉县	171	5 611	1 354	33	195	14 365
通榆县	266	6 170	1 186	16	144	8 422
延边朝鲜族自治州	**1 461**	**82 837**	**16 911**	**2 539**	**5 082**	**127 246**
延吉市	341	34 932	7 488	738	2 142	47 802
图们市	117	5 406	729	184	341	6 008
敦化市	182	10 043	3 799	829	179	13 910
龙井市	169	8 553	1 761	29	380	14 362
珲春市	208	6 910	322	30	934	13 639
和龙市	144	5 812	990	113	87	7 649
汪清县	147	5 081	622	470	867	12 600
安图县	153	6 101	1 200	147	152	11 277

19—13 各市县差额和自收自支事业单位财务状况

(1996年)　　单位:万元

市、县	单位数(个)	业务活动收入	业务活动支出	专用基金支出	专项资金支出	年末固定资产原值
长春市	**836**	**182 217**	**198 520**	**17 310**	**5 983**	**226 611**
市区	549	161 407	176 757	15 581	5 585	211 278
九台市	63	6 212	6 690	293	216	4 679
榆树市	111	7 805	7 396	893	84	5 393
德惠市	62	4 038	4 489	334	9	3 413
农安县	51	2 756	3 188	209	89	1 848
吉林市	**626**	**59 291**	**66 443**	**4 703**	**1 187**	**75 203**
市区	253	40 667	45 705	3 560	874	55 956
桦甸市	57	3 483	4 143	109	23	4 130
蛟河市	58	4 378	5 116	409	65	5 203
舒兰市	122	3 819	4 112	166	150	3 268
磐石市	71	3 752	3 521	372	47	4 339
永吉县	65	3 192	3 847	88	28	2 299
四平市	**460**	**36 031**	**35 851**	**2 430**	**645**	**36 029**
市区	149	18 264	19 849	1 418	426	26 953
公主岭市	129	6 385	6 161	266	41	2 793
双辽市	46	3 234	3 415	115	102	836
梨树县	75	4 936	3 050	164	42	2 983
伊通县	61	3 212	3 376	468	35	2 464
辽源市	**208**	**11 914**	**13 535**	**794**	**523**	**11 348**
市区	84	7 217	8 582	526	301	7 340
东丰县	57	2 197	2 419	208	186	1 895
东辽县	67	2 500	2 534	61	36	2 113
通化市	**489**	**28 300**	**31 212**	**1 737**	**1 204**	**26 074**
市区	141	11 444	13 017	902	133	11 290
梅河口市	77	5 411	5 484	171	39	4 359
集安市	89	1 909	2 392	32	26	2 350
通化县	53	1 936	2 310	223	2	2 108
辉南县	70	4 676	5 060	103	1 002	2 243

19—13 续表 （1996年） 单位:万元

市、县	单位数（个）	业务活动收入	业务活动支出	专用基金支出	专项资金支出	年末固定资产原值
柳河县	59	2 925	2 950	307	2	3 725
白山市	**230**	**9 127**	**10 639**	**393**	**203**	**11 482**
市区	71	3 477	4 115	304	17	5 421
临江市	26	1 166	1 328	3		1 313
抚松县	36	1 345	1 564	33	135	1 655
靖宇县	36	1 098	1 362	13	29	1 201
长白县	44	1 439	1 651	34	22	1 532
江源县	17	603	618	6	1	360
松原市	**390**	**23 551**	**26 240**	**898**	**162**	**27 484**
市区	69	8 016	8 863	7		8 714
长岭县	57	4 966	5 748	18		2 380
前郭县	119	5 845	6 016	729	6	8 520
乾安县	63	2 615	3 080	78	156	1 932
扶余县	82	2 109	2 534	67		5 939
白城市	**293**	**19 941**	**23 583**	**1 065**	**520**	**23 725**
市区	78	9 092	10 904	572	231	13 793
洮南市	46	3 359	4 010	120	166	4 004
大安市	56	3 877	4 351	291	11	2 931
镇赉县	38	1 840	2 256	59	97	1 839
通榆县	75	1 773	2 062	22	16	1 157
延边朝鲜族自治州	**500**	**46 125**	**54 824**	**4 289**	**1 878**	**44 923**
延吉市	141	21 874	27 198	1 747	1 231	20 418
图们市	36	2 276	2 047	642	17	1 785
敦化市	55	4 599	3 428	487	37	3 555
龙井市	63	4 064	4 258	102	17	2 964
珲春市	62	4 554	8 637	608	272	6 543
和龙市	48	3 259	3 757	398	80	3 849
汪清县	37	2 890	3 127	178	112	2 706
安图县	58	2 611	2 372	127	112	3 105

19—14 各市县服务业企业和企业化管理的事业单位财务状况

（1996 年）　　单位：万元

市　、县	单位数（个）	资本金	资产总计	负债合计	所有者权益合计	主营业务收入	利润总额
长春市	**545**	**185 030**	**565 288**	**300 602**	**264 686**	**152 634**	**-16 220**
市区	502	183 822	562 680	298 868	263 812	151 426	-16 092
九台市							
榆树市	21	249	870	855	14	570	-7
德惠市	11	584	1 211	737	474	443	-116
农安县	11	375	528	142	386	195	-5
吉林市	**258**	**103 144**	**244 368**	**69 301**	**175 067**	**55 702**	**-7 230**
市区	190	101 502	237 755	67 091	170 663	53 631	-7 244
桦甸市	16	155	1 438	797	641	640	-22
蛟河市	13	171	2 152	390	1 762	489	6
舒兰市	9	614	1 492	587	905	324	33
磐石市	18	609	1 364	368	996	435	-5
永吉县	12	93	167	68	99	184	2
四平市	**72**	**3 112**	**10 415**	**3 525**	**6 891**	**3 882**	**-182**
市区	44	1 680	5 722	2 620	3 102	2 346	-190
公主岭市	15	988	3 314	210	3 104	1 175	16
双辽市	3	51	863	521	343	146	-2
梨树县	6	104	182	135	47	105	-7
伊通县	4	290	334	40	295	110	
辽源市	**35**	**1 098**	**5 457**	**2 962**	**2 496**	**2 972**	**-238**
市区	29	865	4 931	2 890	2 041	2 590	-232
东丰县	6	233	526	71	455	382	-7
东辽县							
通化市	**130**	**6 485**	**18 422**	**11 578**	**6 843**	**8 561**	**609**
市区	78	5 558	13 703	8 091	5 613	6 506	703
梅河口市	15	155	2 551	2 380	171	705	-14
集安市	15	512	1 324	626	698	813	-76
通化县	4	71	82	136	-54	42	-7
辉南县	8	45	488	147	341	345	6

19—14 续表　　(1996年)　　单位:万元

市、县	单位数(个)	资本金	资产总计	负债合计	所有者权益合计	主营业务收入	利润总额
柳河县	10	144	273	198	75	150	-4
白山市	**58**	**3 288**	**9 665**	**3 534**	**6 131**	**2 587**	**-171**
市区	20	2 112	7 032	1 941	5 092	1 938	-58
临江市	7	131	1 122	1 146	-25	169	-63
抚松县	9	308	655	302	353	325	-34
靖宇县	9	18	89	84	5	12	
长白县	7	561	595	37	558	111	-14
江源县	6	158	172	25	147	32	-2
松原市	**48**	**1 239**	**7 118**	**3 431**	**3 687**	**3 088**	**-278**
市区	19	499	2 722	2 429	294	1 446	-50
长岭县	1		225		225	9	63
前郭县	13	174	2 401	263	2 138	1 200	-289
乾安县	8	168	924	415	509	225	-3
扶余县	7	398	847	325	522	208	
白城市	**78**	**4 521**	**8 536**	**2 893**	**5 643**	**3 085**	**-363**
市区	33	3 222	6 549	1 982	4 567	2 163	-313
洮南市	13	414	617	252	366	275	-1
大安市	12	143	349	226	123	133	-12
镇赉县	12	397	543	159	384	282	-12
通榆县	8	345	478	274	204	232	-25
延边朝鲜族自治州	**238**	**49 932**	**118 006**	**55 892**	**62 114**	**21 132**	**-7 180**
延吉市	146	43 153	106 960	50 098	56 863	17 004	-6 995
图们市	9	781	1 691	1 001	689	412	-13
敦化市	13	1 484	1 631	1 042	589	1 267	99
龙井市	23	1 090	1 364	849	515	624	-106
珲春市	14	2 019	3 504	1 168	2 337	498	-125
和龙市	9	436	921	359	561	305	-39
汪清县	6	310	626	365	261	79	-33
安图县	18	659	1 310	1 011	300	943	32

19—15 民政事业费支出情况

单位:万元

项　　目	1992年	1993年	1994年	1995年	1996年
总　支　出	**16 553**	**18 461**	**24 648**	**30 876**	**28 910**
抚恤事业费	4 375	4 523	5 146	6 537	6 468
离、退休费	1 842	1 709	2 463	2 569	2 997
社会救济事业费	4 598	4 989	6 234	6 959	7 023
自然灾害救济费	4 252	4 506	7 519	10 616	8 995
其　　他	1 486	2 724	3 285	4 195	3 427

19—16 社会福利事业单位情况

项　　目	单位	1992年	1993年	1994年	1995年	1996年
单　　位	个	19	19	30	30	31
床 位 数	张	4 913	5 000	6 322	6 289	6 721
职工人数	人	1 598	1 642	2 318	2 303	2 366
#医护人员	人	629	688	1 044	1 355	1 162
年末收养人员	人	4 430	4 626	5 687	5 687	5 887
#三无对象	人	2 917	3 425	3 424	3 415	3 801

19—17 全省优待、抚恤、补助救济情况

项　　目	单 位	1992年	1993年	1994年	1995年	1996年
优待军属	户	48 365	45 199	49 120	47 973	46 242
优待金额	万元	1 492	1 662	2 397	2 987	3 901
户均优待	元/年	308	368	488	623	845
伤残抚恤	人	28 854	28 743	28 632	28 609	28 652
抚恤金额	万元	944	949	1 007	1 352	1 459
三属抚恤	人	13 222	13 538	13 441	13 215	12 986
抚恤金额	万元	667	703	829	1 102	1 078
在乡复员军人	人	79 801	78 125	77 597	76 822	74 964
享受定补	人	66 720	68 095	68 807	69 647	69 154
定补面	%	83.6	87.2	88.7	90.7	92.2
定补金额	万元	1 596	1 641	1 750	2 547	2 881
人均定补	元/年	239	241	254	366	417
社会城镇困难职工救济	人	16 337	17 650	20 045	17 965	18 959
国家定救金额	万元	330	408	481	450	524
人均救济	元/年	202	231	240	250	276
精减、退职职工救济	人	12 049	11 970	11 861	11 804	11 586
救济金额	万元	387	390	399	453	467
人均救济	元/年	321	325	336	384	403

19—18 敬　老　院　情　况

项　目	单 位	1992 年	1993 年	1994 年	1995 年	1996 年
院　数	个	900	900	898	898	884
职 工 人 数	人	5 280	4 938	4 780	5 170	5 198
收 养 人 员	人	26 712	26 722	26 859	26 270	26 084
#老　人	人	24 067	24 022	24 730	23 303	23 247
集体供给金额	万元	1 850	1 962	3 152	2 563	3 001
人均供给金额	元	693	734	1 173	976	1 151

19—19 分散“五保户”情况

项　目	单 位	1992 年	1993 年	1994 年	1995 年	1996 年
符合五保的人数	人	59 440	53 480	54 226	56 102	51 929
集体供养的人数	人	46 939	42 064	40 763	41 862	37 107
#老　人	人	40 230	36 363	35 821	38 070	34 254
集体供养的金额	万元	2 815	2 268	2 432	2 777	2 744
人均供养金额	元	600	539	597	663	739

19—20 社会福利企业单位情况

项　　目	单位	1992年	1993年	1994年	1995年	1996年
企业单位数	个	1 427	1 607	1 722	1 757	1 453
职工人数	人	53 372	51 020	49 524	50 912	44 132
# 残疾职工	人	22 120	22 132	21 115	23 887	20 891
增加值	万元	77 316	31 727	27 510	33 440	33 200
利润	万元	4 260	785	5 749	8 463	15 311

19—21 殡葬事业单位情况

项　　目	单位	1992年	1993年	1994年	1995年	1996年
火葬厂数	个	41	41	42	42	42
职工人数	人	771	858	802	942	994
固定资产原值	万元	2 410	2 853	3 741	5 558	7 324
火化炉数	台	84	90	86	95	96
运尸车数	辆	95	104	102	118	112
全年火化遗体数	具	111 698	110 293	110 908	115 782	125 592
死亡人数	人	123 341	124 965	128 337	123 704	126 872
火化率	%	90.6	88.3	86.4	93.6	98.9
利润	万元	477	583	695	873	615
年末流动资金占用额	万元	319	239	197	503	956

19—22 婚姻登记情况

项　　目	单位	1992年	1993年	1994年	1995年	1996年
准予登记结婚	对	220 496	222 251	216 443	211 672	199 478
初　　婚	人	415 116	417 576	407 660	391 536	369 392
再　　婚	人	25 876	26 926	25 226	31 808	29 564
离　　婚	对	18 702	19 608	20 580	21 484	23 748

19—23 律师、公证、调解工作基本情况

项　　目	单位	1992年	1993年	1994年	1995年	1996年
一、律师工作						
律师事务所	个	99	120	140	158	167
律师工作者	人	1 620	2 019	2 221	2 206	2 028
#律　师	人	1 485	1 895	995	923	972
二、公证工作						
公证处	个	75	76	78	81	81
公证人员	人	401	497	515	546	578
公证员	人	387	319	375	373	396
助理公证员	人	112	97	63	54	65
办理公证文书	件	164 709	169 091	187 167	212 831	236 536
三、人民调解工作						
专职司法助理员	人	1 018	1 234	1 237	1 210	1 270
人民调解委员会	个	17 544	20 021	20 636	19 825	19 784
调解人员	人	173 352	209 294	227 421	223 273	229 288
调解民事纠纷	件	118 959	137 141	126 503	135 481	142 912

19—24 火灾情况

项目	单位	1992年	1993年	1994年	1995年	1996年
火灾数	起	2 061	2 584	2 987	3 216	4 132
城市	起	1 456	1 668	1 897	1 797	2 231
农村	起	605	916	1 090	1 419	1 901
死亡人数	人	58	79	52	89	51
城市	人	34	42	39	54	35
农村	人	24	37	13	35	16
受伤人数	人	69	105	85	76	60
城市	人	50	91	60	49	45
农村	人	19	14	25	27	15
损失金额	万元	1 817	4 603	4 425	2 332	2 665
城市	万元	1 365	3 516	3 369	1 226	1 351
农村	万元	452	1 087	1 056	1 106	1 314

19—25 各市州火灾情况

(1996年)

市州	火灾数(起)	#城市	死伤人数(人)	#城市	损失金额(万元)	#城市
全省	**4 132**	**2 231**	**111**	**80**	**2 665**	**1 351**
长春市	1 338	945	41	39	458	278
吉林市	753	528	13	8	318	239
四平市	100	13	5	2	202	50
辽源市	547	223	26	20	80	56
通化市	411	167	4	2	203	96
白山市	147	95	4		375	210
松原市	418	52	8	1	280	58
白城市	281	141	3	3	238	107
延边朝鲜族自治州	132	66	7	5	493	247
铁路、林业	5	1			18	10

19—26 交通事故情况

项　　目	单位	1992年	1993年	1994年	1995年	1996年
交通事故数	起	3 607	3 970	4 101	5 117	7 938
城　　市	起	1 440	2 007	2 038	2 804	4 384
农　　村	起	2 167	1 963	2 063	2 313	3 554
死亡人数	人	1 597	1 537	1 603	1 813	2 383
城　　市	人	492	494	527	559	688
农　　村	人	1 105	1 043	1 076	1 254	1 695
受伤人数	人	2 012	1 969	2 113	2 595	3 675
城　　市	人	819	926	899	1 159	1 574
农　　村	人	1 193	1 043	1 214	1 436	2 101
损失金额	万元	1 068	1 196	1 392	1 947	3 223
城　　市	万元	248	432	532	820	1 231
农　　村	万元	820	764	860	1 127	1 992

19—26 续表　　单位:起

项　　目	1992年	1993年	1994年	1995年	1996年
机动车	3 390	3 425	3 589	4 562	7 226
汽　车	3 021	2 991	3 103	3 094	6 316
摩托车	203	233	254	327	548
拖拉机	144	149	146	137	198
其　他	28	52	86	104	164
非机动车	154	306	286	260	286
自行车	126	288	264	239	251
行人、乘车人	57	192	175	254	291

附錄1：

东北三省国民经济主要指标

东北三省国民经济主要指标（1）

（1996年）

	单 位	东北三省合 计	吉 林	辽 宁	黑龙江
人口和就业					
年末总人口	万人	10 363.9	2 579.1	4 056.8	3 728
#市镇人口	万人	7 729.6	2 257.1	3 465	2 007.5
从业人员	万人	4 846.4	1 257.1	2 031.7	1 557.6
#职工总人数	万人	2 325.6	513.3	997.7	814.6
乡村劳动者	万人	2 088.9	629.1	871.3	588.5
城镇个体劳动者	万人	327	108	99.3	119.7
国内生产总值	亿元	6 897.5	1 337.2	3 157.7	2 402.6
第一产业	亿元	1 315.9	376	474.1	465.8
第二产业	亿元	3 361.9	543.2	1 537.7	1 281
第三产业	亿元	2 219.7	418	1 145.9	655.8
全社会固定资产投资总额	亿元	1 839.3	394.6	876.1	568.6
#国有单位固定资产投资额	亿元	1 225	248.9	548.5	427.6
#基本建设投资额	亿元	666.8	179.3	277.8	209.7
集体单位固定资产投资额	亿元	159.8	24.6	102.9	32.3
城乡个人建房投资额	亿元	167	48.1	59.4	59.5
在总投资中：住宅投资	亿元	357.4	80.9	164	112.5
财政收支					
地方预算收入	亿元	415	76.4	211.7	126.9
地方预算支出	亿元	669.2	145.5	314.8	208.9
预算外资金收入	亿元	344.3	81.4	148.1	114.8
人民生活					
职工平均货币工资额	元		5 370	5 269	4 564
城镇居民人均生活费收入	元		3 453.7	3 746	3 325
农村居民人均纯收入	元		2 125.6	2 150	2 182
城乡居民储蓄年末余额	亿元	4 665.4	955.5	2 291	1 418.9
#城镇居民储蓄	亿元	4 114.4	847.9	1 978	1 288.5
物 价（上年为100）					
零售物价总指数	%		105.1	105.4	105.1
居民生活费用价格总指数	%		107.2	107.9	107.1
农副产品收购价格总指数	%		105.1	103.7	109
农 业					
农林牧渔业总产值（现价）	亿元	2204.1	505.8	892.6	805.7
农林牧渔业增加值（现价）	亿元	1315.9	376	474.1	465.8
农林牧渔业商品产值	亿元	1 642.3	425.3	640.9	576.1
耕地面积	万公顷	1 651.8	395.9	338.4	917.5
主要农业产品产量					
粮食和大豆	万吨	7 033.2	2 326.6	1 660.1	3 046.5

东北三省国民经济主要指标（2）

（1996 年）

	单 位	东北三省合 计	吉 林	辽 宁	黑龙江
油料作物	万吨	55.5	21.7	17	16.8
甜　　菜	万吨	620.7	70.2	58.6	491.9
水　　果	万吨	293.6	31.1	248	14.5
造林面积	万公顷	55.2	6.5	18.8	29.9
大牲畜年末存栏头数	万头	1 819.8	572.2	505.4	742.2
#牛	万头	1 422	475.5	330.9	615.6
生猪年末存栏头数	万头	3 555.1	847.4	1 426.5	1 281.2
羊年末存栏头数	万只	1 362.4	391.8	403.1	567.5
肉 类 产 量	万吨	608.4	184.5	255.1	168.8
#猪 牛 羊 肉	万吨	453.2	130.9	190.4	131.9
水 产 品 产 量	万吨	299.1	12.1	258	29
牛 奶 产 量	万吨	213.2	11.3	17	184.9
工　业					
全部工业总产值	亿元	9 514.2	1 537.7	5 602.3	2 374.2
#轻工业产值	亿元	3 162	486.7	1 853.8	821.5
重工业产值	亿元	6 352	1 051	3 748.3	1 552.7
#乡及乡以上工业总产值	亿元	6 554.9	1 232.6	3 354.6	1 967.7
主要工业产品产量					
糖	万吨	57.4	7	4	46.4
化 学 纤 维	万吨	40.2	5.4	20.7	14.1
呢　　绒	万米	1 503	451	745.4	306.6
机制纸及纸板	万吨	218.9	57.9	95.7	65.3
电 视 机	万台	119.5	3.1	56.7	59.7
#彩色电视机	万台	112.3	3.1	50.1	59.1
原　　煤	万吨	16 837.5	2 599.6	6 040.1	8 197.8
原　　油	万吨	7 479.6	373.6	1 504.3	5 601.7
发 电 量	亿千瓦小时	1 284.3	294	583.9	406.4
生　　铁	万吨	1 545.4	117.7	1 358.5	69.2
钢	万吨	1 572.6	119.1	1 369.3	84.2
成 品 钢 材	万吨	1 383.7	101.6	1 210.3	71.8
平 板 玻 璃	万重量箱	2 332.7	178.1	1 591.6	563
水　　泥	万吨	3 007	608.5	1 743.1	655.4
木　　材	万立方米	2 021.9	590.7	146.1	1 285.1
汽　　车	万辆	32.5	23.2	2.8	6.5
农 用 化 肥	万吨	160.1	33.3	82	44.8
全部独立核算工业企业财务指标					
工业增加值	亿元	2 101.8	381.3	919.3	801.2
资本金合计	亿元	2 784.9	568.3	1 529.4	687.2

东北三省国民经济主要指标（3）

（1996 年）

	单 位	东北三省合 计	吉 林	辽 宁	黑龙江
流动资金年平均余额	亿元	5 469.5	967.8	3 196	1 305.7
利 税 总 额	亿元	557.2	69.6	213.3	274.3
#利润总额	亿元	105.1	-12.3	10.4	107
运 输 邮 电					
铁路：货运周转量	亿吨公里	2 180.2	422.3	1 003.6	754.3
客运周转量	亿人公里	515.9	114	261	140.9
公路：货运周转量	亿吨公里	379.2	78.5	245.1	55.6
客运周转量	亿人公里	257.3	54.11	149.4	53.8
邮电业务总量	亿元	131	29	62.5	39.5
年末电话机总数	万部	816.7	198.7	373.2	244.8
国内外经济贸易					
社会消费品零售总额	亿元	2 627.2	555.6	1 289.4	782.2
城乡集市贸易成交额	亿元	1 690	358	944.3	387.7
外贸商品进口总额	亿美元	59.5	13.3	29.1	17.1
外贸商品出口总额	亿美元	116.5	15	83.4	18.1
实际利用外资额	万美元	416 938	100 298	237 915	78 725
金 融					
银行现金收入	亿元	12 951.8	3 257.7	5 274.4	4 419.7
银行现金支出	亿元	13 212	3 440.9	5 292.2	4 478.9
教 育 科 技					
高等学校在校学生	万人	40.4	10.5	18.3	11.6
中等学校在校学生	万人	38.9	13.3	14.4	11.2
普通中学在校学生	万人	519.8	128.7	203	188.1
大中型工业企业技术开发人员	万人	17.6	2.8	10.2	4.6
国有单位各类技术人员	万人	341.4	75.6	172	93.8
#中级以上技术人员	万人	123.2	23.8	62.1	37.3
文 化 卫 生					
广播人口覆盖率	%		88.9	88.7	82
电视人口覆盖率	%		88	87.7	85.7
报纸出版	亿份	19.8	4	8.8	7
杂志出版	亿册	2.7	0.6	1.4	0.7
图书出版	亿册	4.8	1.5	2.3	1
医疗卫生机构	个	17 118	3 720	6 333	7 065
#医 院	个	5 608	1 433	2 177	1 998
医疗病床	万张	41.7	9.5	20.1	12.1
#医 院	万张	38.2	8.7	17.9	11.5
卫生技术人员数	万人	54.5	13.4	23.3	17.8
#医 生	万人	22.7	5.6	9.6	7.5

附录 2：

主要统计指标解释

主要统计指标解释

综　合

国内生产总值　是按市场价格计算的国内生产总值的总称。它是一个国家(地区)所有常住单位在一定时期内生产活动的最终成果。国内生产总值有三种表现形态,即价值形态、收入形态和产品形态。从价值形态看,它是所有常住单位在一定时期内所生产的全部货物和服务价值超过同期投入的全部非固定资产货物和服务价值的差额,即所有常住单位的增加值之和;从收入形态看,它是所有常住单位在一定时期内所创造并分配给常住单位和非常住单位的初次分配收入之和;从产品形态看,它是最终使用的货物和服务减去进口货物和服务。在实际核算中,国内生产总值的三种表现形态表现为三种计算方法,即生产法、收入法和支出法。三种方法分别从不同的方面反映国内生产总值及其构成。

国民生产总值　是按市场价格计算的国民生产总值的总称。它是一个国家所有常住单位在一定时期内收入初次分配的最终成果。一国常住单位从事生产活动所创造的增加值在初次分配过程中主要分配给该国的常住单位,但也有一部分以劳动者报酬和财产收入等形式分配给该国的非常住单位,同时,国外生产所创造的增加值也有一部分以劳动者报酬和财产收入等形式分配给该国的常住单位。从而产生了国民生产总值概念,它等于国内生产总值加上来自国外的劳动者报酬和财产收入减去付给国外的劳动者报酬和财产收入。与国内生产总值不同,国内生产总值是一个生产概念,而国民生产总值则是个收入概念。

国民生产总值同社会总产值、国民收入的区别,从核算范围看,社会总产值和国民收入都只计算物质生产部门的劳动成果,而国民生产总值除计算物质生产部门劳动成果外,还计算非物质生产部门的劳动成果。从这三个指标的价值构成看,社会总产值计算了社会产品的全部价值;国民生产总值计算在生产产品和提供劳务过程中增加的价值,即增加值,不计算中间产品和中间投入的价值;而国民收入除了不计算中间产品价值外,还不包括固定资产折旧价值,即只计算净产值。

三次产业　根据社会生产活动历史发展的顺序对产业结构的划分,产品直接取自自然界的部门称为第一产业,对初级产品进行再加工的部门称为第二产业,为生产和消费提供各种服务的部门称为第三产业。它是世界上通用的产业结构分类,但各国的划分不尽一致。我国的三次产业划分是:

第一产业:农业(包括种植业、林业、牧业、副业和渔业)。

第二产业:工业(包括采掘工业、制造业、自来水、电力、蒸汽、热水、煤气)和建筑业。

第三产业:除第一、第二产业以外的其他各业。由于第三产业包括的行业多、范围广,根据我国的实际情况,第三产业可分为两大部门;一是流通部门,二是服务部门。具体又可分为四个层次。

第一层次:流通部门,包括交通运输业、邮电通讯业、商业、饮食业、物资供销和仓储业。

第二层次:为生产和生活服务的部门,包括金融、保险业,地质普查业,房地产、公用事业,居民服务业,咨询服务业和综合技术服务业,农、林、牧、渔、水利服务业和水利业,公路、内河(湖)航道养护业等。

第三层次:为提高科学文化水平和居民素质服务的部门,包括教育、文化、广播、电视、科学研究、卫生、体育和社会福利事业等。

第四层次:为社会公共需要服务的部门,包括国家机关、政党机关、社会团体,以及军队和警察等。

总消费　总消费是指常住单位在一定时期内对于物质产品和服务的全部最终消费支出。总消费分为居民消费和社会消费。

(1)居民消费是指常住居民用于生活消费的各种物质产品和服务。具体包括:1、居民以货币直接购买的用于生活消费的各种物质产品支出，有各种耐用消费品和非耐用消费品支出，不包括居民购买的房屋和用于生产目的的支出;2、居民直接购买的用于生活消费的各种服务支出，包括交通费、房租、洗理、日用修理、医疗保健、教育、文化、家庭保姆等支出;3、居民以实物工资获得的各种生活消费，包括免费或低于市场价格获得的各种货物和服务;4、居民自产自用的计入核算期社会产品中的物质产品及自有住房的虚拟房租消费等;5、职工从单位享受的公费医疗和集体福利设施及补贴。

(2)社会消费指政府部门的总产出扣除服务收入后的价值。换句话讲，就是指社会公共服务部门将其生产活动总成果提供给政府，由政府部门购买并提供给社会享用的消费品和劳务。

总投资　是指常住单位在核算期内对固定资产和库存的投资支出合计，分为固定资产形成和库存增加两项。

总产出　是一个国家或地区所有常住单位在一定时期内生产的所有货物和服务的价值。它是货物和服务的全部价值，包括转移价值和新增价值两部分。

固定资产形成　是指常住单位在核算期内购置、转入和为自用而生产的固定资产，扣除已有固定资产的销售和转出后的价值。

库存增加　即存货变动，是指常住单位在核算期内库存实物量变动的市场价值。期初与期末差额为正值，表示库存增加;负值表示库存减少。

直接消耗系数　指某一个部门生产单位总产出需要直接消耗各部门产品和服务的数量，也称为投入系数。它反映该部门与其他部门之间直接的技术经济联系和直接依赖关系。

完全消耗系数　指增加某一个部门单位总产出需要完全消耗各部门产品和服务的数量。完全消耗系数等于直接消耗系数和全部间接消耗系数之和，它是全面揭示国民经济各部门之间技术经济的全部联系和相互依赖关系的主要指标。

人　口

人口数　指一定时点，一定地区范围内的有生命的个人的总和。

年度统计的年末人口数是指每年 12 月 31 日 24 时的人口数。

人口密度　指一定时点，一定地区的人口数与该时点、该地区的面积之比，即一定时点的单位土地面积上的人口数，通常以每平方公里的居民人数来表示:

$$人口密度=\frac{该地区的人口数}{该地区的土地面积}$$

出生率　(又称粗出生率)　指在一定时期内(通常为一年内)平均每千人所出生的人数的比率，一般用千分率表示。计算公式:

$$出生率=\frac{年出生人数}{年平均人数}\times 1000‰$$

出生人数是指活产婴儿，即胎儿脱离母体时(不管怀孕月数)，有过呼吸或其他生命现象。年平均人数是年初、年末人口数的平均数，也可用年中人口数代替。

死亡率　指在一定时期内(通常为一年)一定地区的死亡人数与同期平均人数(或期中人数)之比，一般用千分率表示。计算公式:

$$死亡率=\frac{年死亡人数}{年平均人数}\times 1000‰$$

人口自然增长率　在一定时期内(通常为一年内)人口自然增加数(出生人数减死亡人数)与平均人数(或期中人数)之比。一般用千分率表示。计算公式:

$$人口自然增长率=\frac{年出生人数-死亡人数}{年平均人数}\times 1000‰$$

$$人口自然增长率=人口出生率-人口死亡率$$

性别比　反映两性人口间比例的指标，指在总人口中或各年龄组人口中，男性人数与女性人数之比。通常以每 100 个女性人口相对应的男性人口数表示。计算公式：

$$性别比=\frac{男性人口}{女性人口}\times 100$$

从业人员和职工工资

劳动力资源总数 指一定时点上在劳动年龄内人口总数中，有劳动能力的人口数和不足或超过劳动年龄，但实际经常参加社会劳动并取得劳动报酬或经营收入的人口数。包括社会劳动者、城镇待业人员和其他在劳动年龄内有劳动能力人口数。但不包括现役军人、在劳动年龄内的在押犯人和因病残而丧失劳动能力的人口数。

从业人员 指从事一定社会劳动并取得劳动报酬或经营收入的全部劳动力。包括：(1)全部职工；(2)城镇私营企业从业人员；(3)城镇个体劳动者；(4)农村社会劳动者；(5)其他社会劳动者。

这一指标反映了一定时期内全部劳动力资源的实际利用情况，是研究我国基本国情国力的重要指标。

各单位的从业人员是指在各级国家机关、政党机关、社会团体及企业、事业单位中工作，并取得劳动报酬的全部人员。包括职工、再就业的离退休人员、民办教师以及在各单位中工作的外方人员和港、澳、台方人员。

各单位的从业人员反映了各单位实际参加生产或工作的全部劳动力。

城镇失业率 是城镇失业人数同在业人数加城镇失业人数之比。计算公式：

$$城镇失业率(\%)=\frac{城镇失业人数}{城镇在业人数+城镇失业人数}$$

职工工资总额 指各单位在一定时期内直接支付给本单位全部职工的劳动报酬总额。

工资总额的计算原则应以直接支付给职工的全部劳动报酬为根据。各单位支付给职工的劳动报酬以及其他根据有关规定支付的工资，不论是计入成本的还是不计入成本的，不论是按国家规定列入计征奖金税项目的，还是未列入计征奖金税项目的，不论是以货币形式支付的还是以实物形式支付的，均包括在工资总额内。

职工平均工资 指企业、事业机关单位的职工在一定时期内平均每人所得的货币工资额。它表明一定时期职工工资收入的高低程度，是反映职工工资水平的主要指标。计算公式：

$$职工平均工资=\frac{报告期实际支付的全部职工工资总额}{报告期全部职工平均人数}$$

职工平均实际工资 指扣除物价变动因素后的职工平均工资。计算公式：

$$职工平均工资=\frac{报告期职工平均工资}{报告期居民生活费价格指数}$$

固定资产投资

全社会固定资产投资额 固定资产投资是社会固定资产再生产的主要手段。通过建造和购置固定资产的活动，国民经济不断采用先进技术装备，建立新兴部门，进一步调整经济结构和生产力的地区分布，增强经济实力，为改善人民物质文化生活创造物质条件。这对我国的社会主义现代化建设具有重要意义。

固定资产投资额是以货币表现的建造和购置固定资产活动的工作量，它是反映固定资产投资规模、速度、比例关系和使用方向的综合性指标。全社会固定资产投资包括国有经济单位投资、城乡集体经济单位投资、各种经济类型的单位投资和城乡居民个人投资。按照我国现行计划管理体制,国有经济单位固定资产投资总额分为基本建设、更新改造、商品房屋建设投资和其他固定资产投资四个部分;城乡集体经济单位投资包括城镇集体所有制单位投资和农村集体所有制单位投资;各种经济类型的单位投资包括联营经济、股份制经济、中外合资经营、中外合作经营、外资、与大陆合资经营、与大陆合作经营、港澳台独资及其他经济类型的单位投资。城乡居民个人投资包括城市、县城、镇、工矿区所辖范围内的个人建房和农村个人建房及购买生产性固定资产的投资。

基本建设投资　基本建设是国有企业、事业单位以扩大生产能力或工程效益为主要目的的新建、扩建工程及有关工作。包括工厂、矿山、铁路、桥梁、港口、农田水利、商店、住宅、学校、医院等工程的建造和机器设备、车辆、船舶、飞机等的购置。

基本建设投资额是以货币表现的基本建设完成的工作量,是反映一定时期内基本建设规模和建设进度的综合性指标。它是根据工程的实际进度按预算价格(预算价格是编制施工图预算时所用的价格)计算的工作量,没有形成工程实体的建筑材料和没有开始安装的设备,都不计算投资完成额。

更新改造投资　更新改造是指国有企业、事业单位对原有设施进行固定资产更新和技术改造,以及相应配套的工程和有关工作(不包括大修理和维护工程)。更新改造投资是以货币表现的更新改造完成的工作量。根据我国现行统计制度,基本建设和更新改造的划分是:(1)列入基本建设计划的项目作为基本建设投资,列入更新改造计划的项目作为更新改造投资;(2)更新改造计划与基本建设计划结合安排的项目及未列入计划的项目,根据工程性质分别作为基本建设投资或更新改造投资。属于对企业、事业单位原有设施进行技术改造或更新的项目和增建主要生产车间、分厂等,其新增生产能力或效益尚未达到大中型标准的项目,以及由于城市环境保护和安全生产的需要而进行的迁建工程,作为更新改造投资。

其他固定资产投资　是指按照国家规定不纳入基本建设和更新改造计划管理,其总投资在五万元以上的固定资产投资。具体包括:国有经济单位用油田维护费和石油开发基金进行的油田维护和开发工程;煤炭、铁矿、森林工业等采掘采伐业用维简费进行的开拓延伸工程;交通部门用公路养路费对原有公路、桥梁进行改建的工程;商业部门用简易建筑费建造的仓库工程。

新增生产能力　指通过固定资产投资活动而增加的设计能力或工程效益,它是用实物形态表示的固定资产投资的成果。新增生产能力的计算,是以能独立发挥生产能力或效益的单项工程(或项目)为对象。当单项工程(或项目)建成,经有关部门鉴定合格,正式移交投入生产,即可计算新增生产能力。

新增生产能力或工程效益有以下几种表现形式:(1)以建设项目或单项工程建成后的年产能力表示。如煤炭开采、石油开采等。

(2)以建设项目或单项工程建成后处理原料的能力表示。如选矿工程的年处理矿石能力,洗煤厂年洗原煤能力等。

(3)以新增的主要设备数量或容量表示。如棉纺锭枚数、发电机组容量等。

(4)以建筑物容积、容量、面积或长度表示。如水库容量、铁路公路里程等。

新增生产能力的数量一般按设计能力计算。设计能力是指设计文件中规定的在正常情况下能够达到的生产能力,而不论投产后的实际产量如何。以设备数量,建筑物容积、面积、长度等表示的新增生产能力(或效益),则按建成的实际数量计算。

施工和竣工房屋建筑面积　房屋建筑面积是从房屋外墙线算起的各层平面面积的总和,包括房屋结构(如柱、墙)占用的面积和地下室面积。多层建筑按各自然层面积总和计算,包括房屋内的楼隔层,突出墙面的眺望间、门斗、有柱雨罩的面积。不包括突出墙面结构的构件、艺术装饰等所占的面积,如台阶等。凹阳台、挑阳台按其水平投影面积一半计算建筑面积。

新增固定资产 指通过投资活动所形成的新的固定资产价值。包括已经建成投入生产或交付使用的工程价值和达到固定资产标准的设备、工具、器具的价值及有关应摊入的费用。它是以价值形式表示的固定资产投资成果的综合性指标，可以综合反映不同时期、不同部门、不同地区的固定资产投资成果。

固定资产交付使用率 指一定时期新增固定资产与同期完成投资额的比率。它是反映各个时期固定资产动用速度，衡量建设过程中投资效果的一个综合性指标。

能源和原材料消费

能源生产总量 指一定时期内全国(地区)一次能源生产量的总和，是观察全国(地区)能源生产水平、规模、构成和发展速度的总量指标。一次能源生产量包括原煤、原油、天然气、水电及其他动力能(如风能、地热能等)发电量。不包括低热值燃料生产量、生物质能、太阳能等的利用和由一次能源加工转换而成的二次能源产量。

能源消费总量 指一定时期内全国(地区)物质生产部门、非物质生产部门和生活消费的各种能源的总和，是观察能源消费水平、构成和增长速度的总量指标。能源消费总量包括原煤和原油及其制品、天然气、电力。不包括低热值燃料、生物质能和太阳能等的利用。能源消费总量分为三部分，即终端能源消费量，能源加工转换损失量和损失量。

(1)终端能源消费量指一定时期内全国(地区)物质生产部门、非物质生产部门和生活消费的各种能源在扣除了用于加工转换二次消费量和损失量以后的数量。

(2)能源加工转换损失量指一定时期内全国(地区)投入加工转换的各种能源数量之和与产出各种能源产品之和的差额。它是观察能源在加工转换过程中损失量变化的指标。

(3)能源损失量指一定时期内能源在输送、分配、储存过程中发生的损失和由客观原因造成的各种损失量，不包括各种气体能源放空、放散量。

主要物资国内消费量 指一定时期内生产、建设单位实际消耗某种物资的数量，包括生产消费量和基本建设消费量。它是观察某种物资的消费规模、水平、构成的总量指标。

国内消费的统计原则是：谁消费谁统计。其核算方法是物资投入生产、建设的第一道工序后，改变了原来的形态、性能，或已构成了工程实体，即作消费量统计。

生产消费量 指一定时期内生产企业、事业单位实际消耗某种物资的数量，主要包括产品生产消费、经营维修消费和更新改造措施消费。

产品生产消费是指直接用于产品生产过程中的工艺性消耗和构成新产品实体的消耗数量。

经营维修消费是指生产企业、事业单位对生产性、非生产性的固定资产、设备等的维修以及经营管理部门等的用料。

更新改造措施消费是指以内涵性扩大再生产为主要目的，对现有企业、事业单位原有设施进行技术改造(包括固定资产更新)以及相应配套的辅助性生产、生活福利设施等工程和有关工作用料。不包括建筑安装企业承包的更新改造措施工程用料。这一部分包括在“基本建设消费量”中。

基本建设消费量 指一定时期内从事基本建设活动的建设单位、施工单位、地质勘探单位在基本建设工程、更新改造措施工程、预制构件等方面实际消耗某种物资的数量，包括基本建设消费和更新改造措施消费。

基本建设消费是指以外延性扩大再生产为主要目的的新建、扩建工程及有关工程用料。

更新改造措施消费专指建筑安装企业承包

的更新改造措施工程用料和建安企业自身的更新改造措施用料。

财　政

财政收入　是国家通过财政各环节筹集的财政资金的总称，它是保证国家行使其职能不可缺少的财力。主要包括：各项税收、企业收入、债务收入及其他收入。

(1)企业收入包括各部分所属全民所有制企业、事业单位上交国家的利润和事业收入。1985年，实行国营企业第二步利改税办法，企业利润主要以税收形式上交后，只有尚未实行利改税办法的企业和少数实行利润包干企业上交的收入。

(2)各项税收包括产品税、增值税、资源税、企业所得税、盐税、关税、农牧业税、屠宰税、牲畜交易税、集市交易税以及有关罚款补税收入等。

(3)债务收入包括国外借款、国内公债收入、国库券收入以及专业银行购买财政专项债券等。

(4)其他收入包括专款收入、基本建设贷款归还收入、国家能源交通重点建设基金收入。

财政支出　是国家政权行使其职能，对筹集的财政资金进行有计划的使用的总称。

(1)基本建设拨款是指国家预算的基本建设拨款，不包括国家预算外自筹的各种基本建设资金。

为加强基本建设投资规模的控制，提高资金使用效益，国家从1985年起，对预算内基本建设拨款实行拨款改贷款的新的管理办法。即由原来直接无偿的拨给建设单位，改为拨给建设银行视同信贷基金管理，建设银行根据国家预算安排的建设项目，给予有偿贷款，用投产后新增利润还本付息。因改革之中情况不一，目前仍有一些基建项目未实行拨改贷办法。

(2)增拨企业流动资金是指国家预算增拨各部门所属全民所有制企业的流动资金和增拨银行的信贷资金。

(3)文教科学卫生事业费包括科学、文化、教育、卫生、公费医疗、体育、通讯和广播、地震、海洋、文物、计划生育等方面的事业费。

物　价

零售价格指数　是反映城乡商品零售价格变动趋势的一种经济指数。零售物价的调整变动直接影响到城乡居民的生活支出和国家的财政收入，影响居民购买力和市场供需平衡，影响消费与积累的比例。因此，计算零售价格指数，可以从一个侧面对上述经济活动进行观察和分析。

零售价格指数采用加权算术平均公式计算。每年根据住户调查资料调整一次权数。1992年全国有146个市、80个县城作为基层填报单位。城市指数所选商品352种左右，县城指数所选商品404种左右。每种商品的指数采用代表规格品的平均价格计算。

居民消费价格总指数　是反映一定时期内城乡居民所购买的生活消费品价格和服务项目价格变动趋势和程度的相对数。是综合了城市居民消费价格指数和农民消费价格指数计算取得。利用居民消费价格指数，可以观察和分析消费品的零售价格和服务价格变动对城乡居民实际生活费支出的影响程度。

1952年以前采用固定数量加权综合法(即总值法)计算，1953年到1956年采用加权算术平均公式计算，1957年以后根据消费品零售价格指数与服务项目价格指数汇编居民生活费用价格指数。1993年计算指数所选商品和服务项目为382种。

城市居民消费价格指数 是反映城市职工及其家庭所购买的生活消费品和服务项目价格变动趋势及其程度的相对数。编制城市居民消费价格指数，可以观察和分析消费品的零售价格和服务项目价格变动对职工货币工资的影响，作为研究职工生活和确定工资政策的依据。

农村居民消费价格指数 是反映农村居民家庭所购买的生活消费品的价格和服务项目价格变动趋势和程度的相对数。用它可以观察农村消费品的零售价格和服务项目价格变动对农村居民生活消费支出的影响，直接反映农村生活水平的实际变化情况，为分析和研究农村居民生活问题提供依据。

农产品收购价格总指数 是反映国有商业、集体商业、个体商业、外贸部门、国家机关、社会团体等各种经济类型的商业企业和有关部门收购农产品价格的变动趋势和程度的相对数。农产品的收购价格指数可以观察和研究农产品收购价格总水平的变化情况，以及对农民货币收入的影响，作为制定和检查农产品价格政策的依据。1993年计算指数所选的商品有11大类、包括276种农副土特产品。采用加权倒数平均公式(即按报告期实际收购金额加权综合法)计算。

农村工业品零售价格指数 是反映农村市场工业品零售价格水平变动趋势和程度的相对数。通过农村工业品零售价格指数，可以观察工业品零售价格变动对农民货币支出的影响。

农村工业品零售价格指数的计算是根据农村国营商品零售物价指数中的食用植物油、干菜、调味品、食糖、烟酒茶、糖果、糕点、奶及奶制品、罐头、西药及医疗用品以及衣着、日用品、文化娱乐用品、书报杂志、建筑材料、燃料和农业生产资料等类指数加权计算。

工农业商品综合比价指数 是反映农副产品和工业品交换比价变动情况的经济指数。根据农副产品收购价格指数和农村工业品零售价格指数计算。反映用农副产品交换工业品的比价变化情况，即不同时期由于价格变动，农民用等量的农副产品换到的工业品数量是增多了还是减少了，以及增多或减少的程度。

工业品出厂价格指数 是反映全部工业产品出厂价格总水平的变动趋势和程度的相对数。其中除包括工业企业售给商业、外贸、物资部门的产品外，还包括售给工业和其它部门的生产资料以及直接售给居民的生活消费品。通过工业生产价格指数能观察出厂价格变动对工业总产值的影响。

固定资产投资价格指数 是反映固定资产投资额价格变动趋势和程度的相对数。固定资产投资额是由建筑安装工程投资完成额、设备、工器具购置投资完成额和其它费用投资完成额三部分组成的。编制固定资产投资价格指数应首先分别编制上述三部分投资的价格指数，然后采用加权算术平均法求出固定资产投资价格总指数。

编制固定资产投资价格指数可以准确地反映固定资产投资中涉及的各类商品和取费项目价格变动趋势和变动幅度，消除按现价计算的固定资产投资指标中的价格变动因素，真实地反映固定资产投资的规模、速度、结构和效益，为国家科学地制定，检查固定资产投资计划并提高宏观调控水平，为完善国民经济核算体系提供科学的，可靠的依据。

人 民 生 活

城镇居民家庭全部收入 指被调查城镇居民家庭全部的实际现金收入，包括经常或固定得到的收入和一次性收入。不包括周转性收入，如提取银行存款、向亲友借入款、收回借出款以及其他各种暂收款。

城镇居民家庭可支配收入 指被调查城镇居民家庭在支付个人所得税之后，所余下的实际收入。

城镇居民家庭生活费收入 指被调查的城镇居民家庭全部收入中能用于安排家庭日常生活的实际收入。即城镇居民家庭的全部实际收入扣除“赡养支出”和缴纳的各种税款以及被调查户非本家庭人口的经济用饭人口所交的“搭伙费”。

城镇居民家庭消费性支出 指被调查的城镇居民家庭用于日常生活的全部支出，包括购买商品支出和文化生活、服务等非商品性支出。不包括罚没、丢失款和缴纳的各种税款(如个人所得税、牌照税、房产税等)，也不包括个体劳动者生产经营过程中发生的各项费用。

城镇居民家庭购买商品支出 指被调查的城镇居民家庭购买商品的全部支出，包括从商店、工厂、饮食业、工作单位食堂、集市以及直接从农民购买各种商品的开支。共分九类：食品、衣着品、日用品、文化娱乐用品、书报杂志、药及医疗用品、房屋及建筑材料、燃料、其他商品。不论自用的或赠送亲友的都包括在内。

农村居民家庭纯收入 指农村常住居民家庭总收入，扣除从事生产和非生产经营费用支出、缴纳税款和上交集体承包任务金额以后剩余的，可直接用于进行生产性、非生产性建设投资、生活消费和积蓄的那一部分收入。它是反映农民家庭实际收入水平的综合性的主要指标。农民家庭纯收入，即包括从事生产性和非生产性的经营收入，又包括取自在外人口寄回和带回和国家财政救济、各种补贴等非经营性收入；即包括货币收入，又包括自产自用的实物收入。但不包括向银行、信用社和向亲友借款等属于借贷性的收入。

农村居民家庭生活消费支出 指农村常住居民年内用于日常生活的全部开支。它是用来反映和研究农民家庭实际生活消费水平高低的重要指标。农民家庭生活消费支出，包括用于吃、穿、住、烧、用等生活消费品开支和文化、生活服务费用开支两大部分。

农村居民家庭商品性生活消费支出 指农村常住居民家庭用其货币收入，在市场上购买食品、衣着、家庭用家具器皿、日用杂品、燃料、耐用消费品，以及文教卫生用品等生活消费总量。包括向国有商店、集体商店和集市贸易市场以及其他流通渠道购买的全部生活消费品。农民家庭商品性生活消费支出，是农民家庭生活消费支出的一个重要组成部分，是用来反映和分析农民家庭生活消费水平的商品化程度，及其由自给性经济向商品经济发展趋势的重要指标，也是研究和预测农民家庭对市场消费品需求，制定商品供应计划的重要依据。

城乡居民储蓄年末余额 包括城镇居民储蓄和农民个人储蓄两部分的年末余额。不包括工矿企业、部队、机关团体等集团存款。

城镇居民储蓄年末余额是指工商银行的城市居民储蓄、农业银行的镇的居民储蓄和中国银行的华侨储蓄之和。农村居民储蓄是指信用社社员储蓄。

市政公用事业

年末自来水生产能力 指年末城建部门管理的自来水厂和社会各单位自备水源的取水、净化、送水出厂输水干管等环节的实际生产能力。

年末供水管道长度 指从送水泵至用户水表之间所有管道的长度。

全年供水总量 指公用自来水厂和社会单位自备水源全年的供水总量，包括有效供水量及损失水量。

生活用水量 指居民日常生活与公共福利设施的用水量。包括饮食店、旅馆、医院、理发店、浴池、洗衣店、游泳池、商店、学校、机关、部队等单位的用水量。

人工煤气生产能力 指城市煤气厂制气、净化、输送等环节的综合实际生产能力。

输气管道长度 指由压缩机、鼓风机、储气罐的出口到用户立管之间的全部管道长度。

煤气供气总量 指售给各类用户的全部煤气量。包括工业用量、家庭用量和其他用量。

城市供热能力 指热电厂和热力公司每小时向城市输送的蒸汽、热水能力。

供热总量 指热电厂和热力公司全年向城市输送的全部蒸汽、热水量。

供热管道长度 指热电厂和热力公司管理的集中供热热源到用户之间的全部供气、供热水的管道长度。

年末实有铺装道路长度 指除土路外，路面经过铺装宽度在3.5米以上的道路，包括高级、次高级道路和普通道路。

城市桥梁 指市范围内，修建在河道上桥梁和道路与道路立交、道路跨越铁路的立交桥以及人行天桥。包括永久性和半永久性桥，不包括临时性桥、铁路桥、涵洞。

城市下水道总长度 指所有排水总管、干管、支管及暗渠、检查井、连接井进出水口等长度之和。

城市污水日处理能力 指污水处理厂每昼夜处理污水量的设计能力。

年末实有公共汽(电)车辆 指年底可参加营运的全部车辆数，包括年底营运车辆数和库存查封不参加营运的车辆，不包括非营运车辆，如架线车、油罐车、工程车、货车及其他专用车辆和借入的客运车辆。

运营线路长度 指设置的固定营运线路长度，包括郊区营运线路长度。不包括临时行驾的线路长度。

城市园林绿地面积 指城市公共绿地、专用绿地、生产绿地、防护绿地、效区风景名胜区的全部面积。

公共绿地 指供游览休息的各种公园、动物园、植物园、陵园以及花园、游园和供游览休息用的林荫道绿地、广场绿地。不包括一般栽植的人行道树及林荫道的面积。

城市人口用水、用气普及率 指城市人口中的非农业人口用自来水、用煤气(包括人工煤气、液化石油气、天然气用气量)的普及情况。

农　业

农业总产值 是以货币表现的农、林、牧、渔业全部产品的总量，它反映一定时期内农业生产的总规模和总成果。

农、林、牧、渔业的统计范围是：

(1)农业　包括农作物种植业和其他农业。

农作物种植业　包括谷物、豆类、薯类、棉、油料、糖料、麻类、烟叶、蔬菜、药材、瓜类和其他农作物的种植以及茶园、桑园、果园的生产经营。

其他农业　包括采集野生植物的果实、纤维、树胶、树脂、油料以及柴草、野生药材、菌类等及农民家庭兼营的商品性工业。

(2)林业包括林木的栽培(不包括茶园、桑园和果园的栽培、管理和收获等活动)、林产品的采集和村及村以下合作经济组织和农户的竹木采伐。

(3)牧业包括除渔业养殖以外的一切动物饲养和放牧以及野生动物的捕猎和饲养。

(4)渔业包括水生动物和海藻类植物的养殖和捕捞。

从所有制看，包括国有经济的各种专业农(林、牧、渔)场以及国家各级机关团体学校、科研机构、部队经营的农业；集体所有制的乡镇村各级办农场；农村各级经济组织经营的农林牧渔业以及工矿企业家属集体经营的农业；农民家庭自营的农林牧渔业及兼营商品性工业等。

农业总产值的计算方法通常是按农林牧渔

业产品及其副产品的产量分别乘以各自单位产品价格求得，少数生产周期长，当年没有产品或产品产量不易统计的，则采取间接方法匡算其产值，然后将四业产品产值相加即为农业总产值。

1957年以前的农业总产值中包括了厩肥和农民自给性手工业(如农民自制衣服、鞋、袜，从事粮食初步加工等)。1958年及以后的农业总产值，林业中增加了村及村以下竹木采伐产值；牧业中取消厩肥产值；副业中取消了农民自给性手工业产值，增加了村及村以下办的工业产值；渔业中增加了海洋捕捞水产品产值。1980年及以后的农业总产值，在副业中增加了农民家庭兼营工业商品部分的产值。从1984年起村及村以下办工业产值划归工业。从1993年起，取消副业。将野生动物的捕猎划入牧业，野生植物采集和农民家庭兼营商品性工业划归农业。

农业增加值 是指报告期内从事农业、林业、牧业、渔业生产活动的各种单位从事农业、林业、牧业、渔业经营活动所提供的最终成果的货币表现。统计范围：

包括农村农户、集体统一经营、中外合资、合营、外资以及国营农场、但不包括农业科研机构和国营农场附属的工业、建筑业、运输业、商业、饮食业、服务业等，也不包括军事部门的军马生产等。

农业增加值的计算方法

农业增加值采用生产法和分配法(收入法)两种方法计算：

1、生产法计算公式：

农业增加值＝农业总产出－农业中间消耗

2、分配法计算公式：

农业增加值＝劳动者所得＋福利基金＋利润＋税金＋固定资产折旧及大修理基金＋其他

粮食产量 指全社会的产量。包括国有经济经营的、集体统一经营的和农民家庭经营的粮食产量，还包括工矿企业家属办的农场和其他生产单位的产量。粮食除包括稻谷、小麦、玉米、高粱、谷子及其它杂粮外，还包括薯类和大豆。其产量计算方法，豆类按去豆夹后的干豆计算；薯类(包括干薯和马铃薯，不包括芋头和木薯)1963年以前按每4公斤鲜薯折1公斤粮食计算，从1964年开始及以后改为按5公斤鲜薯折1公斤粮食计算。城市郊区作为蔬菜的薯类(如马铃薯等)按鲜品计算，并且不作为粮食统计。其他粮食一律按脱粒后的原粮计算。

油料产量 指全部油料作物的生产量。包括花生、油菜籽、芝麻、向日葵籽、胡麻籽(亚麻籽)和其他油料。不包括大豆，也不包括木本油料和野生油料。花生以带壳干花生计算。

水产品产量 指人工养殖的水产品和天然生长的水产品的捕捞量。包括海水的鱼类、虾蟹类、贝类和藻类以及内陆水域的鱼类、虾蟹类和贝类，不包括淡水生植物。

猪、牛、羊肉产量 指当年出栏并已屠宰后除去头蹄下水后带骨肉(即酮体肉)的重量。

耕地面积 指年初可以用来种植农作物、经常进行耕锄的田地，除包括熟地、当年新开荒地、连续撂荒未满三年的耕地和当年的休闲地(轮歇地)外、还包括以种植农作物为主并附带种植桑树、茶树、果树和其他林木的土地，以及沿海、沿湖地区已围垦利用的“海涂”、“湖田”等的面积。但不包括属于专业性的桑园、茶园、果园、果木苗圃、林地、芦苇地、天然或人工草地面积。

农作物播种面积 指实际播种或移植有农作物的面积。凡实际种植有农作物的面积，不论种植在耕地上还是种植在非耕地上，均包括在农作物种植面积中，同时还包括因遭灾而重新改种和补种的农作物面积，种一公顷算一公顷。

农用化肥施用量 指本年内实际用于农业生产的化肥数量。包括氮肥、磷肥、钾肥和复合肥。化肥施用量要求按折纯量计算数量。折纯法化肥施用量是把氮肥、磷肥和钾肥分别按含氮、含五氧化二磷、含氧化钾的百分之一百成分折算后的数量。复合肥按其所含主要成分折算。

农业机械总动力 指主要用于农、林、牧、渔业的各种动力机械的动力总和。包括耕作机械、排灌机械、收获机械、农产品加工机械、运输机械、植物保护机械、牧业机械、林业机械、渔业机械和其他农业机械(内燃机按引擎马力折成瓦特计算)，电动机按功率折成瓦特　计算。不包括专门用于乡、镇、村、组办工业、基本建设、非农业运输、科学试验和教学等非农业生产方面用的动力机械与作业机械。

期初(末)畜禽存栏头(只)数　指本期期初(末)农村各种合作经济组织和国营农场、农民个人、机关、团体、学校、工矿企业、部队等单位以及城镇居民饲养的大牲畜、猪、羊、家禽等畜禽的存栏头(只)数。

工　业

工业　指从事自然资源的开发，对采掘品和农产品进行加工和再加工的物质生产部门。具体包括：

(1)对自然资源的开采，如采矿、晒盐、森林采伐等(但不包括禽兽捕猎和水产捕捞)；(2)对农副产品的加工、再加工，如粮食加工、食品加工、轧花、缫丝、纺织、制革等；(3)对采掘品的加工、再加工，如炼铁、炼钢、化工生产、石油加工、机器制造、木材加工等，以及电力、自来水、煤气的生产和供应等；(4)对工业品的修理、翻新，如机器设备的修理、交通运输工具(包括小卧车)的修理等。

1984 年以前农村的村及村以下办工业归属农业，1984 年以后划归工业。

国有经济工业(即过去的全民所有制工业或国营工业)　指生产资料归国家所有的一种经济类型。包括中央和地方各级国家机关、部队、科研机构、学校、人民团体和国有经济企事业单位等举办的国有经济工业。1957 年以前的公私合营和私营工业，后均改造为国营工业，1992 年改为国有工业，这部分工业的资料不单独分列时，均包括在国有工业内。

集体经济工业　指生产资料归公民集体所有的一种经济类型，是社会主义公有制经济的组成部分。包括城乡所有使用集体投资举办的企业，以及部分个人通过集资自愿放弃所有权并依法经工商行政管理机关认定为集体所有制的企业。

其他经济类型工业　指除国有经济工业、集体经济工业以外的其他经济类型工业企业(单位)。包括私营经济、个体经济、联营经济、股份制经济(股份有限公司，有限责任公司)；外商投资经济(中外合资经济、中外合作经济、外资企业)；港、澳、台投资经济(与大陆合资经营、以大陆合作经营、港、澳、台独资企业)及其他经济类型的工业。

轻工业　指主要提供生活消费品和制作手工工具的工业。按其所使用的原料不同，可分为两大类：(1)以农产品为原料的轻工业，是指直接或间接以农产品为基本原料的轻工业。主要包括食品制造、饮料制造、烟草加工、纺织、缝纫、皮革和毛皮制作、造纸以及印刷等工业；(2)以非农产品为原料的轻工业，是指以工业品为原料的轻工业。主要包括文教体育用品、化学药品制造、合成纤维制造、日用化学制品、日用玻璃制品、日用金属制品、手工工具制造、医疗器械制造、文化和办公用机械制造等工业。

重工业　是指为国民经济各部门提供物质技术基础的主要生产资料的工业。按其生产性质和产品用途，可以分为下列三类：(1)采掘(伐)工业，是指对自然资源的开采，包括石油开采、煤炭开采、金属矿开采、非金属矿开采和木材采伐等工业；(2)原材料工业，指向国民经济各部门提供基本材料、动力和燃料的工业。包括金属冶炼及加工、炼焦及焦炭化学、化工原料、水泥、人造板以及电力、石油和煤炭加工等工业；(3)加工工业，是指对工业原材料进行再加工制造的工业。包括装备国民经济各部门的机械设备制造工业、金属结构、水泥制品等工业，以及为农业提供的生产资料如化肥、农药等工业。

根据上述划分原则，修理业中以重工业产品为修理作业对象的划为重工业，反之划为轻工业。

工业总产值 是以货币表现的工业企业在一定时期内生产的已出售或可供出售的工业产品总量，它反映一定时期内工业生产的总规模和总水平。它包括：在本企业内不再进行加工，经检验、包装入库(规定了需包装的产品除外)的成品价值，工业性作业价值、自制半成品、在产品期末期初差额价值(生产周期较长的企业计算)。工业总产值采用"工厂法"计算，即以工业企业作为一个整体，按企业工业生产活动的最终成果来计算，企业内部不允许重复计算，不能把企业内部各个车间(分厂)生产的成果相加。但在企业之间、行业之间、地区之间存在着重复计算。

轻重工业总产值的划分也是按"工厂法"计算的，即一个工业企业在正常情况下生产的主要产品的性质属于轻工业，则该企业的全部总产值作为轻工业总产值；一个工业企业的主要产品的性质属于重工业，则该企业的全部总产值作为重工业总产值。

工业销售产值 是以货币表现的工业企业在一定时期内销售的本企业生产的工业产品产量。包括已销售的成品、半成品价值，对外提供的工业性作业价值和对本单位基本建设部门、生活福利部门等提供的产品和工业性作业及自制设备的价值。已销售的成品、半成品不论是本期生产的、还是上期生产的，只要是本期销售出去的均包括在内。对外提供的工业性作业是指企业按合同对外提供的工业性劳务。企业为本单位基本建设部门、生活福利部门等提供的产品和工业性作业及自制设备也应视同销售，这部分也作为销售统计。

工业销售产值的计算范围、计算价格和计算方法与工业总产值一致，但两者计算的基础不同：工业销售产值计算的基础是产品销售总量，工业总产值计算的基础是工业产品生产总量。

工业增加值 是指工业行业在报告期内以货币表现的工业生产活动的最终成果。

工业企业主要财务指标

(一)企业资本金

资本金 是指企业在工商行政管理部门登记的注册资金。企业筹集的资本金主要分为国家资本金、法人资本金、个人资本金以及外商资本金等。

(1)国家资本金指有权代表国家投资的政府部门或者机构以国有资产投入企业形成的资本金。

(2)法人资本金指其他法人单位以其依法可以支配的资产投入企业形成的资本金。

(3)个人资本金指社会个人或者企业内部职工以个人合法财产投入企业形成的资本金。

(二)资产负债

资产 是企业拥有或控制的能以货币计量的经济资源，包括各种财产、债权和其他权利。资产按流动性质一般分为流动资产、长期投资、固定资产、无形资产、递延资产和其他资产。

负债 是企业所承担的能以货币计量、并以资产或劳务偿付的债务。负债一般是按负债的偿还期长短进行分类的，分为流动负债和长期负债。

1、**流动资产合计** 流动资产是指可以在一年或者超过一年的一个营业周期内变现或者耗用的资产，包括现金及各种存款、短期投资、应收及预付货款、存货等。流动资产的一个重要特点是它在参加生产经营时，其价值一次转移到产品成本或费用中去。

(1)**货币资金** 反映企业的各种现金、银行存款和其他货币资金。

(2)**存货** 指企业在生产经营过程中为销售或者耗用而储存的各种资产。包括原材料、包装物、低值易耗品、在产品、自制半成品、产成品等。其中：

产成品 指企业已经完成全部生产过程并已验收入库合乎标准规格的技术条件，可以按照合同规定的条件送交订货单位，或者作为商品以及销售的产品。企业接受外来原材料加工制造的代制品和为外单位加工修理的代修品，制造和修理完成验收入库后，视同企业的产成品。

2、**流动资产平均余额** 指全部流动资产报告期平均余额。

3、**长期投资合计** 长期投资是指企业不准备在一年内变现的投资，它包括购置股票和长期债券以及对其他单位的投资等形式。

4、**固定资产原价合计** 固定资产原价指企业在建筑、购置、安装、扩建、技术改造某项固定资产时所支出的全部货币总额。一般包括买价、包装费、运杂费和安装费等。

5、**累计折旧** 指企业在报告期期末提取的各年固定资产折旧累计数。

本年折旧 指企业在本年度内累计提取的折旧。

6、**固定资产净值期末数** 指固定资产原价减去历年所提取折旧后的净额。

7、**固定资产净值平均余额** 指企业全部固定资产净值报告期平均余额。

8、**固定资产合计** 指企业固定资产净值、固定资产清理、在建工程、待处理固定资产净损失所占用的资金。

9、**无形及递延资产合计** 无形资产是指企业长期使用而没有实物形态的资产，包括专利权、非专利技术、商标权、著作权、土地使用权、商誉等；递延资产是指不能全部计入当年损益、应当在以后各年度内分期摊销的各种费用，包括开办费、租入固定资产的改良及大修理支出等。本项目反映年末企业无形资产和递延资产之和。

10、**其他长期资产合计** 指除流动资产、长期投资、固定资产、无形资产、递延资产以外的其他长期投资。如特种储备物资、银行冻结存款、冻结物资、涉及诉讼中的财产等。

11、**流动负债合计** 流动负债是指将在一年或者超过一年的一个营业周期内偿还的债务。包括短期借款、应付票据、应付账款、预收货款、应付工资、应交税金、应付利润、其他应付款、预提费用等。

未交税金 反映企业应交未交的各种税金(多交数以"—"号填列)。

12、**营运资金** 指流动资产减流动负债后的净额。

13、**流动负债平均余额** 指企业流动负债报告期平均余额。

14、**长期负债合计** 长期负债是指偿还期在一年或者超过一年的一个营业周期以上的债务。它是除了投资人投入企业的资本以外，企业向债权人筹集，可供企业长期使用的资金。

15、**所有者权益合计** 所有者权益是指企业投资人对企业净产值的所有权，包括企业所有者投入资金以及留存收益等。

股本 是指股份制企业以发行股票的方式筹集的资本。反映企业发行股票时按股票面值收到的股票本金。

(三)损益及分配

1、**产品销售收入** 指企业销售产品的销售收入和提供劳务等主要经营业务取得的业务总额。

(1)**产品销售成本** 指企业销售产品或提供劳务等主要经营业务的实际成本。

(2)**产品销售收入及附加** 指企业销售产品、提供劳务主要经营业务应负担的产品税、增值税、营业税、城市维护建设税、资源税和教育费附加。

(3)**产品销售利润** 指企业销售产品或提供劳务等主要业务收入扣除其成本、费用、税金后的利润。

(亏损以"—"号表示)

2、**管理费用** 指企业行政管理部门为组织和管理生产经营活动而发生的各种费用。包括工资和福利费、折旧、工会经费、业务招待费、房产税、车船使用税、土地使用税、印花税、技术使用费、无形资产摊销、职工教育经费、劳动保险费、待业保险费、研究开发费、坏账损失以及其它管理费用。

税金 指企业按照规定支付的房产税、车船使用税、土地使用税、印花税等。

3、**财务费用** 指企业为筹集生产经营所需资金等发生的费用。包括利息支出(减利息收入)、汇兑损失(减汇兑收益)以及相关的手续费等。

4、**成本费用总额** 指企业的产品销售收入成本、产品销售费用、管理费用和财务费用之和。

5、**营业利润** 指企业生产经营活动所发生的利润。分为主营业务利润和其他业务利润。营业利润是企业营业收入减去营业成本、营业费用(包括销售费用、管理费用、财务费用),再减去营业收入应负担的营业税金(流动转税金)后的余额(亏损以"—"号表示)。计算公式为:

营业利润=产品销售利润+其他业务利润-管理费用-财务利润

6、**实现利税总额** 指企业产品销售税金及附加和利润总额之和。

资金利税率 指在一定时期内已实现的利润、税金总额与同期的资产(固定 资产净值和流动资产)之比。计算公式:

$$\text{资金利税率}(\%)=\frac{\text{报告期累计实现利税总额}}{\text{固定资产净值平均余额}+\text{流动资产平均余额}}$$

资金利税率反映每单位(通常是每万元)资金所提供的利润税金额。它是考察和评价部门或企业资金运用的经济效益,分析资金投入效果的主要分析指标。

工业成本费用利润率 指在一定时期内实现的利润与成本费用之比,是反映工业生产成本及费用投入的经济效益指标,同时也是反映降低成本的经济效益的指标。计算公式:

$$\text{工业成本费用利润率}(\%)=\frac{\text{利润总额}}{\text{成本费用总额}}\times 100\%$$

工业增加值率 指在一定时期内工业增加值占同期工业总产值的比重,反映降低中间消耗的经济效益。计算公式:

$$\text{工业增加值率}(\%)=\frac{\text{工业增加值(现价)}}{\text{工业总产值(现价)}}$$

流动资金周转次数 指在一定时期内流动资产完成的周转次数,反映流动资金的周转速度。计算公式:

$$\text{流动资金周转次数}=\frac{\text{产品销售收入}}{\text{全部流动资产平均余额}}$$

产品销售率 指一定时期内销售产值与同期全部工业总产值之比,反映工业产品生产已实现销售的程度。计算公式:

$$\text{工业产品销售率}(\%)=\frac{\text{报告期现价工业销售产值}}{\text{报告期现价工业总产值}}$$

全员劳动生产率 指根据产品的价值量指标计算的平均每一个职工在单位时间内的产品生产量。是考核企业经济活动的重要指标,是企业生产技术水平、经营管理水平、职工技术熟练程度和劳动积极性的综合表现。目前我国的全员劳动生产率是将工业企业的工业增加值除以同一时期全部职工的平均人数来计算。计算公式:

$$\text{全员劳动生产率}=\frac{\text{工业增加值}}{\text{全部职工平均人数}}$$

交通运输和邮电通讯业

铁路营业里程 又称营业长度,指办理客货运输业务的铁路正线总长度。凡是全线或部分建成双线及以上的线路,以第一线的实际长度计算;复线、站线、段管线、岔线和特别用途线以及不计算运费的联络线都不计算营业里程。铁路营业里程是反映铁路运输业基础设施发展水平的重要指标,也是计算客货周转量、运输密度和机车车辆运用效率等指标的基础资料。

公路里程 指在一定时期内实际达到《公路工程技术标准 JTJ01—88》规定的等级公路,并经公路主管部门正式验收交付使用的公路里程数。其计算单位为:KM。包括大中城市的郊区公路以及通过小城镇街道部分的公路里程,也包括桥梁、渡口的长度,但不包括大中城市的街道、厂矿、林区生产用道和农业生产用道的里程。两条或多条公路共同经由同一路段,只计算一次,不得重复计算里程长度。公路里程是反映公路建设发展规模的重要指标,也是计算运输网密度等指标的基础资料。

内河航道里程 也称"内河通航里程",是反映内河水运网规模、水平和发展情况的主要指标;是指在一定时期内,能通航运输船舶及排筏的天然河流、湖泊水库、运河及通航渠道的长度。包括全年季节性通航累计三个月以上的航道,但不包括仅供零散流放竹、木排的河道。

货(客)运量 指在一定时期内,各运输部门实际运送的货物和(旅客)数量。是反映运输业为国民经济和人民生活服务的数量指标,也是制订和检查运输生产计划,研究运输发展规模和速度的重要指标。货运按吨计算,客运按人计算。货运不论运输距离长短,货物类别,均按实际重量统计;旅客不论行程远近或票价多少,均按一人一次作为客运量统计。半价票、小孩票也按一人统计。

货物(旅客)周转量 指在一定时期内,由各种运输工具运送的货物(旅客)数量与其相应运输距离的乘积之总和,是反映运输业生产总成果的重要指标,也是编制和检查运输生产计划,计算运输效率、劳动生产率以及核算运输单位成本的主要基础资料。通常以吨公里和人公里为计算单位。计算货物周转量通常按发出站与到达站之间的最短距离,也就是计费距离计算。

邮电业务总量 指以货币表现的邮电部门用于传递信息和提供其他邮电服务的总数量。它综合反映了一定时期邮电工作的总成果,是研究邮电业务量构成和发展趋势的重要指标。根据邮电管理体制不同,分为中央国营业务总量和地方国营业务总量。它用各种邮电分类业务量,如函件件数、电报份数、长话张数、市内电话和农村电话的年均户数、订销报刊累计份数等,分别乘以相应的平均单价(不变价),加总后再加上出租电路和设备的收入、代用户维护电话交换机和线路等设备的收入、其他业务收入求得。

建　筑　业

建筑业总产值(即自行完成施工产值) 指建筑业企业或附属施工单位自行完成的按工程进度计算的建筑安装生产总值。施工产值包括:

(1)建筑工程产值:指列入建筑工程预算内的各种工程价值。(2)设备安装工程产值:指设备安装工程价值。(3)房屋、购筑物修理产值:指房屋、构筑物修理所完成的价值,但不包括被修理房屋、购筑物本身的价值和生产设备的修理价值。(4)非标准设备制造产值:指加工制造没有定型的、非标准的生产设备的加工费和原材料价值,不论是现场还是附属加工厂为本单位承建工程制造的非标准设备的价值,都应计算产值。

竣工产值 指在报告期内,按照设计所规定的工程内容全部完成,达到了设计规定的交工条件,经有关部门检查验收鉴定合格的单位工程价值之和。

房屋建筑施工面积 指在报告期内施工的全部房屋建筑面积。包括本期内新开工的、上期施工跨入本期继续施工、上期停建本期复工的房屋建筑面积;不包括上期开工后又停工,本期未施工的房屋建筑面积。

房屋建筑竣工面积 指在报告期内,按照设计所规定的工程内容全部完成,达到了设计规定的交工条件,经有关部门检查验收鉴定合格的房屋建筑面积。

住宅竣工面积 指房屋建筑竣工面积中供居住用的房屋建筑竣工面积。

自有机械设备年末总台数 指归本企业(或单位)所有,属于本企业固定资产的生产性机械设备年末总台数。包括施工机械、生产设备、运输设备以及其他设备。

自有机械设备年末总功率 指本企业(或单位)自有施工机械、生产设备、运输设备以及其他设备等列为在册固定资产的生产性机械设备年末总功率,按设定能力或查定能力计算。包括机械本身的动力和为该机械服务的单独动力设备,如电动机等。计量单位用千瓦,动力换算可按1马力=0.735千瓦折合成千瓦数。电焊机、变压器、锅炉不计算动力。

工程结算收入 指企业(或单位)按工程的分部分项目自行完成的建筑产品价值并已与甲方在报告期内办理结算手续的工程价款收入,以及向甲方收取的除工程价款以外的按规定列作营业收入的各种款项，如临时设施费、劳动保险费、施工机械调迁费等以及向甲方收取的各种索赔款。

批发零售贸易业和餐饮业

批发零售贸易、餐饮业机构 指各种经济类型独立核算法人批发零售贸易企业、餐饮企业的单位个数。机构应同时具备以下条件：(1)依法成立，有自己的名称、组织机构和场所，能够独立承担民事责任；(2)独立拥有和使用资产，承担负债，有权与其他单位签订合同；(3)独立核算盈亏，并能够编制资产负债表。

批发零售贸易、餐饮业网点 指各种经济类型独立核算法人批发零售贸易企业、餐饮企业独立的从事商品批发、零售贸易业务和从事餐饮活动的自然单位数，以及各行业附设的从事商品批发、零售贸易业务和从事餐饮活动的自然单位数。凡具有独立固定的营业场所，配备一定的业务人员，不论单位大小，不论是否单独核算，均按自然点计算，即有一个点就算一个网点。

批发零售贸易、餐饮业从业人员 指批发零售贸易企业、餐饮企业的全部工作人员，包括行政管理人员、售货人员、服务人员等。即包括长期职工、合同制职工、临时职工，也包括再就业的离、退休人员。

社会消费品零售额 指各种经济类型的批发零售贸易业、餐饮业、制造业、和其他行业对城乡居民和社会集团的消费品零售额。这个指标反映通过各种商品流通渠道向居民和社会集团供应的生活消费品来满足他们生活需要，是研究人民生活、社会消费品购买力、货币流通等问题的重要指标。社会消费品零售额包括：(1)售给城乡居民作为生活用的商品和住房及修建房屋用的建筑材料；(2)售给机关、团体、学校、部队、企业、事业和单位的职工食堂和旅店(招待所)附设专门供本店旅客食用，不对外营业的食堂的各种食品、燃料；企业、单位和国营农场直接售给本单位职工和职工食堂的自己生产的产品；(3)售给部队干部、战士生活用的粮食、副食品、衣着品、日用品、燃料；(4)售给来华的外国人、华侨、港澳台同胞的消费品；(5)居民自费购买的中、西药品、中药材及医疗用品；(6)报社、出版社直接售给居民和社会集团的报纸、图书、杂志、集邮公司出售的新、旧纪念邮票、特种邮票、首日封、集邮册、集邮工具等；(7)旧货寄售商店自购、自销部分商品零售额；(8)煤气公司、液化石油气站售给居民和社会集团的煤气灶具和罐装液化石油气；(9)城市建设、房产管理等部门、企业、事业单位售给居民的商品房；(10)农民售给非农业居民和社会集团的商品。不包括售给国民经济各部门企业、事业单位(包括国有经济的农场)生产经营用的各种原材料、燃料、设备、工具等和售给批发零售贸易业、餐饮业作为转卖的商品，旧货寄售商店受托寄卖出的商品、服务业的营业收入、邮局出售邮票的收入、自来水、电力、煤气生产(供应)单位的产品供应收入，也不包括农民之间的商品销售。

批发零售贸易业商品购、销、存总额 指以各种经济类型的批发、零售贸易业(不包括个体)为总体的商品购、销、存。

商品购进总额 指从本企业(单位)以外的单位和个人购进(包括从国外直接进口)作为转卖或加工后转卖的商品。这个指标反映批发零售贸易业从国内、国外市场上购进商品的总量。商品购进总额包括：(1)从工农业生产者购进的商品；(2)从出版社、报社的出版、发行部门购进的图书、杂志和报纸；(3)从各种经济类型的批发零售贸易企业(单位)购进的商品；(4)从其他单位购进的商品，如从机关、团体、企业单位购进的剩余物资，从餐饮业、服务业购进的商品，从海关、市场管理部门购进的缉私和没收的商品，从居民收购的废旧商品等；(5)从国(境)外直接进口的商品。不包括企业(单位)为自身经营用和未通过买卖行为而收入的商品以及销售退回、商品升溢等。

商品销售总额 指对本企业(单位)以外的单位和个人出售(包括对国(境)外直接出口的商品。这个指标反映批发零售贸易业在国内市场上销售商品以及出售商品的总量。商品销售总额包括：(1)售给城乡居民和社会集团消费用的商品；(2)售给工业、农业、建筑业、运输邮电业、批发零售贸易业、餐饮业、服务业等作为生产、经营使用的商品；(3)售给批发零售贸易业作为转卖或加工后转卖的商品；(4)对国(境)外直接出口的商品。不包括：出售本企业(单位)自用的废旧包装用品，未通过买卖行为付出的商品，经本单位介绍，由买卖双方直接结算，本单位只收取手续费的业务，购货退出的商品以及商品损耗和损失等。

批发零售贸易业年末库存 指年末各种经济类型的批发零售贸易企业(单位)已取得所有权的商品。它反映各地区、各批发零售贸易企业(单位)的商品库存情况和对市场商品供应的保证程度。期末库存包括：(1)存放在批发零售贸易业经营单位(如门市部、批发站、经营处)仓库、货场、货柜和货架中的商品；(2)挑选、整理、包装中的商品；(3)已记入购进而尚未运到本单位的商品，即发货单或银行承兑凭证已到而货未到部分；(4)寄放他处的商品，如因购货方拒绝承付而暂时存放在购货方的商品和已办完加工成品收回手续而未提回的商品；(5)委托其他单位代销(未作销售或调出)尚未售出的商品；(6)代其他单位购进尚未交付的商品。不包括所有权不属于本单位的商品、拨付除批发零售贸易业以外的其他行业所属独立核算加工厂等加工生产尚未收回的商品、代国家物资储备部门保管的商品等。期末库存总额的计算方法是：农副产品采购单位，按购进价计算，批发单位按进货价计算，零售单位按什么价格核算就按什么价格计算。

城乡集市贸易成交额 指在农村集市和城市集市上买卖双方(包括农民、非农业居民、机关、团体、工商企业、个体商贩)成交的全部商品金额，是反映集市规模的综合性指标。

社会农副产品收购 指国民经济各部门(包括批发零售贸易业、餐饮业、制造业和其他行业)以及非农业居民直接从居民、国有农场、劳改农场、机关和部门农场等农业生产者收购的农、林、牧、渔业产品，以及从农业生产者收购的这些产品的加工品，如土糖、土纸、草席等。不包括农业生产者之间相互购买的农副产品。它反映农业向工业提供了多少生产原料，向居民提供了多少生活消费品。

对外经济贸易和旅游业

进出口总额 海关进出口总额指实际进出我国国境的货物总金额。包括对外贸易实际进出口货物，来料加工装配进出口货物，国家间、联合国及国际组织无偿援助物资和赠送品，华侨、港澳台同胞和外籍华人捐赠品，租赁期满归承租人所有的租赁货物，进料加工进出口货物，边境地方贸易及边境地区小额贸易进出口货物(边民互市贸易除外)，中外合资经营企业、中外合作经营企业、外商独资经营企业进出口货物和公用物品，到、离岸价格在规定限额以上的进出口货样和广告品(无商业价值、无使用价值和免费提供出口的除外)，从保税仓库提取在中国境内销售的进口货物，以及其他进出口货物。进出口总额用以观察一个国家在对外贸易方面的总规模。我国规定出口货物按离岸价格统计，进口货物按到岸价格统计。

利用外资 是指我国各级政府、部门、企业、中国银行和其他单位通过对外借款吸收客商直接投资和外商其他投资方式从国外和港澳地区筹措的资金。

对外借款 是我国利用外资的主要部分，包括我国通过外国政府贷款、国际金融组织贷款、外国银行商业贷款、出口信贷以及对外发行证券等方式，从国外和港澳地区借用的资金。

外商直接投资 是指外国企业和经济组织或个人(包括华侨、港澳同胞以及我国在境外注册的企业)按我国有关政策、法规，在我国境外开办外商独资企业、合作经营企业或合作开发资源的投资(包括外商从企业得到收益的再投资)，以及政府有关部门批准的项目投资总额内，企业从境外借入的资金。

对外承包工程 包括各对外承包公司以招标议标承包方式承揽的下列业务。(1)承包的国外建设项目；(2)承包我国对外经援项目；(3)承包我国驻外机构的工程建设项目；(4)承包我国境内利用外资进行建设的工程项目；(5)与外国承包公司合营或联合承包工程项目时我国公司分包的部分；(6)以服务成果向业主收费的技术服务项目(包括承担的地形地貌测绘；地质资源勘探与普查；建设区域规划；提供设计文件、图纸、生产工艺技术资料和工程技术经济咨询；工程项目的可行性考察、研究和评估；进行技术指导和培训人员等)；(7)对外承包兼营的房屋开发业务。对外承包工作的营业额是以货币表现的本期内完成的对外承包工程的工作量，包括以前年度签订的合同和本年度新签订的合同在报告期完成的工作量。

对外劳务合作 指我国对外承包公司派出工程技术人员、工人、管理人员等以收取工资及其他费用的形式向雇主提供技术劳务的活动。劳务合作营业额是本期实际从雇主收取的工资及其他费用收入。

旅游人数 指来我国参观、访问、旅行、探亲、访友、休养、考察、参加会议和从事经济、科技、文化、教育、体育、宗教等活动的外国人、华侨、港澳和台湾同胞的人数。不包括外国在我国的机构，如领馆、通讯社、企业办事处的工作人员和来我国常住的外国专家、留学生等。

金融和保险

存款 企业、机关、团体或居民根据可以收回的原则，把货币资金存入银行或其他信用机构保管并取得一定利息的一种信用活动形式。根据存款对象的不同可划分为企业存款、财政存款、机关团体存款、基本建设存款、城镇储蓄存款、农村存款等科目。它是银行信贷资金的主要来源。

贷款 银行或其他信用机构根据必须归还的原则，按一定利率，为企业、个人等提供资金的一种信用活动形式。我国银行贷款，分流动资金贷款、固定资产贷款、城乡个体工商户贷款以及农户贷款等项目。

承保额 又叫保险金额。它是保险人对被保险人负担损失补偿或约定给付的金额。它是保险合同上的最高责任额，也是计算保费的依据。

保费 又叫保险费。是保险人根据保险合同的有关规定，为被保险人取得因约定危险事故发生所造成的经济损失补偿(或给付)权利，付给保险人的代价。包括财产险和人身险储金收入。

赔款 保险事故发生后，经查证确属保险责任范围以内的保险标的损失，保险人根据保险合同的规定履行赔偿义务，给予被保险人的款项叫做赔款。赔款可分为已决赔款和未决赔款两种。

教育、科技、文化和卫生事业

普通高等学校 指按照国家规定的审批程序批准举办，通过全国统一招生考试，招收高级中等学校毕业生和具有同等学历者，实施高等教育，培养高等专门人才的学校。包括大学、专门学院、专科学校和短期职业大学。

成人高等学校 指按照国家规定的审批程序批准举办，招收在职高中毕业或同等学历者，利用多种形式对成人实施高等教育，培养相当普通高等学校专科或本科毕业水平的专门人才的学校。包括广播电视大学、职工高等学校、农民高等学校、干部管理学院、教育学院、独立函授学院以及普通高等学校举办的函授、夜大学等。

小学学龄儿童入学率 指调查范围内已入小学学习的学龄儿童占校内外学龄儿童总数（包括弱智儿童在内，但不包括盲聋哑儿童）的比重。计算公式：

$$小学学龄儿童入学率=\frac{已入学的小学学龄儿童数}{校内外小学学龄儿童总数}$$

独立研究与开发机构 指有明确的任务和研究方向，有一定学术水平和业务骨干和一定数量的研究人员，具有研究、开发、开展学术工作的基本条件，主要进行科学研究与技术开发活动，并且在行政上有独立的组织形式，财务上独立核算盈亏，有权与其它单位签订合同，在银行有单独户头的单位。包括国务院各部门、中国科学院、中国社会科学院和各省、自治区、直辖市以及地（市）以上含地（市）各部门所属的国有独立的科学研究与技术开发机构。

科技活动 是指在所有科学技术领域内，即自然科学、农业科学、医药科学、工程与技术科学、人事与社会科学中，与科技知识的产生、发展、传播和应用密切相关的全部的、有组织的、系统的科技活动。所谓有组织的、系统的科技活动，是指在一个机构的范围之内，并列入这一机构的工作计划，由这一机构的人员有计划地进行的科技活动。目前，我们统计的科技活动，是指调查范围内有组织有系统地开展的科技活动。它包括三类活动：(1)研究与发展活动；(2)研究与发展成果应用活动；(3)科技服务活动。

从事科技活动的人员 指各种研究与开发课题（项目）组织人员；各类科技服务人员（如从事图书、情报、咨询等工作的人员）；管理人员、实验室、试验性工厂（车间）、农场的工人等。

科学家、工程师 指大学毕业及以上文化程度和其他具有高、中级职称的从事科技活动人员。

其他科技人员 指大专、中专毕业和具有初级职称的从事科技活动的人员。

自然科学技术人员 指已取得科学技术职称，或大学、中专的理工、农、医科系毕业，以及国民经济各部门从工作实践中提拔，从事理工、农、医等自然科学技术的研究、教学、生产（事业）技术方面的专业人员和在机关、企业、事业中从事科学技术业务管理工作的专业人员 。

工程技术人员 指在国民经济各行业从事工程技术工作的自然科学技术的专业人员，包括：高级工程师、工程师、助理工程师、技术员和未评定职称的技术人员。

农业技术人员 指在国民经济各行业从事农业技术工作的自然科学技术的专业人员，包括：高级农艺师、农艺师、助理农艺师、技术员和未评定职称的技术人员。

卫生技术人员 指在国民经济各行业从事卫生医务工作的自然科学技术专业人员，包括：正副主任医师、主治医师、医师、医（护）士和未评定职称的技术人员。

科学研究人员 指在国民经济各行业从事科学技术活动的自然科学技术的专业人员，包括：正副研究员、助理研究员、研究实习员、技术员和未评定技术职称的技术人员。

教学人员 指在国民经济各行业从事科学技术活动的自然科学技术的专业人员，包括：正副教授、讲师、助教、教师和在中学从事自然科学技术方面教学活动的人员。

科技活动经费筹集总额 指报告期内调查单位从各种渠道筹集到的科技活动经费(含科研基建费)。包括政府拨款、自筹资金、银行贷款、接受外单位委托和其他。

文化事业机构 指从事专业文化工作和为专业文化工作服务的单独核算、独立建制的单位。不包括文化主管部门直属单位举办的其他行业和各部门的业余文化组织。

艺术表演团体 指从事戏曲、音乐、舞蹈、杂技等专业艺术表演,有独立帐户,实行单独核算的团体。不包括半工半艺、半农半艺的业余剧团。

电影放映单位 指具有放映机器设备、固定或不固定的放映场所与专职或兼职的放映技术人员经文化行政部门登记批准,经常为一定的观众对象放映电影的机构。包括经批准对外开放进行营业,并与电影发行放映管理机构分帐的专用放映单位或军委系统租片单位在内。

电影观众人数 指各类型放映单位及军委系统租片单位映出的观众人数。一个观众连续看了一部长片和短片专场规定的短片,为二人次。

艺术表演观众人数 指售票、包场演出或民族地区免费演出的艺术表演观众人次数。不包括彩排审查和内部观摩演出的观看人次数。

等级运动员人数 指经考核正式批准授予等级运动员称号的人数。运动员等级分为国际级运动健将、运动健将、一级运动员、二级运动员、三级运动员、少年级运动员。

等级裁判员 指经考核正式批准授予等级裁判员称号的人数。裁判员等级分为国际裁判、国家级裁判、一级裁判、二级裁判、三级裁判。

医院 指名称为医院,设有固定病人住院并能为病人提供医疗、护理服务的医疗机构。包括县及县以上医院、农村乡卫生院、其他医院三部分。按所属性质分为卫生部门、工业及其他部门、集体所有制三类。其中,县及县以上医院按业务性质分为综合医院和专科医院。

医生 经卫生部门审查合格,从事医疗工作的专业人员。分为中医医生和西医医生。包括卫生技术人员中的中医师、西医师、中西医结合高级医师、中医士、西医士和其他中医。

发明 专利法及其实施细则所称的发明是指对有关产品、方法或其改进所提出的新的技术方案。

实用新型 专利法及其实施细则所称的实用新型是指对产品的形状、构造或者其结合所提出的适于实用的新的技术方案。

外观设计 专利法及其实施细则所称的外观设计是指对产品的形状、图案、色彩或者其结合所作出的富有美感并适于工业上应用的新设计。